江苏文脉整理与研究工程

江苏文库

研究编

江苏历代文化名人传

江苏历代文化名人传·吴伟业

李忠明 著

江苏人民出版社

图书在版编目(CIP)数据

江苏历代文化名人传. 吴伟业 / 李忠明著. -- 南京 ：
江苏人民出版社，2024. 12. -- (江苏文库). -- ISBN
978 - 7 - 214 - 29323 - 7

Ⅰ. K825.4；K825.6

中国国家版本馆 CIP 数据核字第 2024G99X40 号

书　　　名　江苏历代文化名人传·吴伟业
著　　　者　李忠明
出 版 统 筹　张　凉
责 任 编 辑　石　路
责 任 监 制　王　娟
装 帧 设 计　姜　嵩
出 版 发 行　江苏人民出版社
地　　　址　南京市湖南路 1 号 A 楼,邮编:210009
照　　　排　江苏凤凰制版有限公司
印　　　刷　苏州市越洋印刷有限公司
开　　　本　718 毫米×1000 毫米　1/16
印　　　张　31.75　插页 4
字　　　数　460 千字
版　　　次　2024 年 12 月第 1 版
印　　　次　2024 年 12 月第 1 次印刷
标 准 书 号　ISBN 978 - 7 - 214 - 29323 - 7
定　　　价　105.00 元

(江苏人民出版社图书凡印装错误可向承印厂调换)

江苏文脉整理与研究工程

总主编

信长星　许昆林

第二届学术指导委员会

编纂出版委员会

主　　编　　徐　缨　夏心旻

副　主　编　　梁　勇　赵金松　章朝阳　樊和平　程章灿

编　　委　　（按姓氏笔画排序）

马　欣	王　江	王卫星	王月清	王华宝
王建朗	王燕文	双传学	左健伟	田汉云
朱玉麒	朱庆葆	全　勤	刘　东	刘西忠
江庆柏	许佃兵	许益军	孙　逊	孙　敏
孙真福	李　扬	李贞强	李昌集	佘江涛
沈卫荣	张乃格	张伯伟	张爱军	张新科
武秀成	范金民	尚庆飞	罗时进	周　琪
周　斌	周建忠	周新国	赵生群	赵金松
胡发贵	胡阿祥	钟振振	姜　建	姜小青
贺云翱	莫砺锋	夏心旻	徐　俊	徐　海
徐　缨	徐小跃	徐之顺	徐兴无	陶思炎
曹玉梅	章朝阳	梁　勇	彭　林	蒋　寅
程章灿	傅康生	焦建俊	赖永海	熊月之
樊和平				

分卷主编　　徐小跃　姜小青（书目编）
　　　　　　周勋初　程章灿（文献编）
　　　　　　莫砺锋　徐兴无（精华编）
　　　　　　茅家琦　江庆柏（史料编）
　　　　　　左健伟　张乃格（方志编）
　　　　　　王月清　张新科（研究编）

出版说明

　　江苏文化源远流长、历久弥新，文化经典与历史文献层出不穷，典藏丰富；文化巨匠代有人出、彪炳史册，在中华民族乃至整个人类文明的发展史上有着相当重要的地位。为科学把握江苏文化的内涵与特征，在新时代彰显江苏文化对中华文化的贡献，江苏省委、省政府决定组织实施"江苏文脉整理与研究工程"，以梳理江苏文脉资源，总结江苏文化发展的历史规律，再现江苏历史上的文化高地，为当代江苏构筑新的文化高地把准脉动、探明趋势、勾画蓝图。

　　组织编纂大型江苏历史文献总集《江苏文库》，是"江苏文脉整理与研究工程"的重要工作。《文库》以"编纂整理古今文献，梳理再现名人名作，探究追溯文化脉络，打造江苏文化名片"为宗旨，分六编集中呈现：

　　（一）书目编。完整著录历史上江苏籍学人的著述及其历史记录，全面反映江苏图书馆的图书典藏情况。

　　（二）文献编。收录历代江苏籍学人的代表性著作，集中呈现自历史开端至一九一一年的江苏文化文本，呈现江苏文化的整体景观。

　　（三）精华编。选取历代江苏籍学人著述中对中外文化产生重要影响、在文化学术史上具有经典性代表性的作品进行整理，并从中选取十余种，组织海外汉学家翻译成各国文字，作为江苏对外文化交流的标志性文化成果。

　　（四）方志编。从江苏现存各级各类旧志中选择价值较高、保存较好的志书，以充分发挥地方志资治、存史、教化等作用，保存江苏的地方文献与历史文化记忆。

（五）史料编。收录有关江苏地方史料类文献，反映江苏各地历史地理、政治经济、文化教育、宗教艺术、社会生活、风土民情等。

（六）研究编。组织、编纂当代学者研究、撰写的江苏文化研究著作。

文献、史料、方志三编属于基础文献，以影印方式出版，旨在提供原始文献，以满足学术研究需要；书目、精华、研究三编，以排印方式出版，既能满足学术研究的基本需求，又能满足全民阅读的基本需求。

"江苏文脉整理与研究工程"工作委员会

江苏文库·研究编编纂人员

主　编

王月清　张新科

副主编

徐之顺　姜　建　王卫星　胡发贵　胡传胜　刘西忠

一脉千古成江河

——江苏文库·研究编序言

樊和平

"江苏文脉整理与研究工程"是江苏文化史上继往开来的一个浩大工程。与当下方兴未艾的全国性"文库热"相比,江苏文脉工程有三个基本特点:一是全面系统的整理;二是"整理"与"研究"同步;三是以"文脉"为主题。在"书目编—文献编—精华编—史料编—方志编—研究编"的体系结构中,"研究编"是十分独特的板块,因为它是试图超越"修典"而推进文化传承创新的一种学术努力。

"盛世修典"之说不知起源于何时,不过语词结构已经表明"盛世"与"修典"之间的某种互释甚至共谋,以及由此而衍生的复杂文化心态。历史已经表明,"修典"在建构巨大历史功勋的同时,也包含内在的巨大文化风险,最基本的是"入典"的选择风险。《四库全书》的文化贡献不言自明,但最终其收书的数量竟与禁书、毁书、改书的数量大致相当,还有高出近一倍的书目被宣判为无价值。"入典"可能将一个时代的局限甚至选择者个人的局限放大为历史的文化局限,也可能由此扼杀文化多样性而产生文化专断。另一个更为潜在和深刻的风险,是对待传统的文化态度。文献整理,尤其是地域典籍的整理,在理念和战略上面临的最大考验,是以何种心态对待文化传统。当今之世,无论对个体还是社会,传统已经不仅是文化根源,而且是文化和经济发展的资源甚至资本。然而一旦传统成为资源和资本,邂逅市场逻辑的推波助澜,就面临沦为消费和运作对象的风险,从而以一种消费主义和工具主义的文化态度对待文化传统和文献整理。当传统成为消费和运作的对象，其文化价值不仅可能被误读误用，而且也可能在对传统的消费中使文化坐吃山空，造就出文化上的纨绔子弟，更可能在市场运作中使文化不断被糟蹋。"江苏文脉整理与研究工程"的"整理工程"以全面系统的整理的战略应对可能存在的第一种风险，即入典选择的风险；以"研究工程"应对第二种可能的风险，即消费主义与工具主义的风险。我们不仅是既往传统的继承者，更应当是未来传统的创造者；现代人的使命，不仅是继承优秀传统，更应当创造新的优秀传统，这便是传统的创造性转化与创新性发展的真义。诚然，创造传统任重道远，需要经过坚忍不拔的卓越努力和大浪淘沙般的历史积淀，但对"江苏文脉整理与研究工程"而言，无论如何必须在"整理"的同时开启"研究"的千里之行，在研究中继承和发展传统。这便是"研究编"的价值和使命所在，也是"江苏文脉整理与研究工程"在"文库热"中于顶层设计层面的拔群之处。

一　倾听来自历史深处的文化脉动

20 世纪是文化大发现的世纪，20 世纪以来西方世界最重要的战略，就是文化战略。20 世纪 20 年代，德国社会学家马克斯·韦伯的《新教伦理与资本主义精神》，揭示了西方资本主义文明的文化密码，这就是"新教伦理"及其所造就的"资本主义精神"，由此建构"新教伦理＋资本主义"的所谓"理想类型"，为西方资本主义进行了文化论证尤其是伦理论证，奠定了 20 世纪以后西方中心论的文化基础。20 世纪 70 年代，哈佛大学教授丹尼尔·贝尔的《资本主义文化矛盾》，揭示了当代资本主义最深刻的矛盾不是经济矛盾，也不是政治矛盾，而是"文化矛盾"，其集中表现是宗教释放的伦理冲动与市场释放的经济冲动分离与背离，进而对现代西方文明发出文化预警。20 世纪 70 年代之后，亨廷顿的《文明的冲突与世界秩序的重建》将当今世界的一切冲突归结为文明冲突、文化冲突，将文化上升为西方世界尤其是美国国家战略的高度。以上三部曲构成西方世界尤其是美国文化帝国主义的国家文化战略，正如一些西方学者所发现的那样,时至今日,文化帝国主义被另一个概念代替——"全球化",显而易见,全球化不仅是一种浪潮,更是一种思潮,是西方世界的国家文化战略。文化虽然受经济发展制约甚至被经济发展水平所决定,但回顾从传统到现代的中国文明史,文化问题不仅逻辑地而且历史地成为文明发展的最高最难的问题,正因为如此,文化自信才成为比理论自信、道路自信、制度自信更具基础意义的最重要的自信。

在全球化背景下,文脉整理与研究具有重大的国家文化战略意义,不仅必要,而且急迫。文化遵循与经济社会不同的规律,全球化在造就广泛的全球市场并使全球成为一个"地球村"的同时,内在的最大文明风险和文化风险便是同质性。全球化催生的是一个文化上的独生子女,其可能的镜像是:一种文化风险将是整个世界的风险,一次文化失败将是整个人类的文化失败。文化的本质是什么?梁漱溟先生说,文化就是人的生活的根本样法,文化就是"人化"。丹尼尔·贝尔指出,文化是为人的生命过程提供解释系统,以对付生存困境的一种努力。据此,文化的同质化,最终导致的将是人的同质化,将是民族文化或西方学者所说地方性知识的消解和消失;同时,由于文化是人类应对生存困境的大智慧,或治疗生活世界痼疾的抗体,它所建构的是与自然世界相对应的精神世界和意义世界,文化的同质性将导致人类在面临重大生存困境时智慧资源的贫乏和生命力的苍白,从而将整个人类文明推向空前的高风险。应对全球化的挑战和西方文化帝国主义的国家战略,"江苏文脉整理与研究工程"是整个中华民族浩大文化工程的一部分和具体落实,其战略意义决不止于保存文化记忆的自持和自赏,在这个全球化的高风险正日益逼近的时代,完整地保存地方文化物种,认同文化血脉,畅通文化命脉,不仅可以让我们在遭遇全球化的滔滔洪水之时可以于故乡文化的山脉之巅"一览众山小"地建设自己的精神家园和文化根据地,而且可以在患上全球化的文化感冒甚至某种文化瘟疫之后,不致乞求"西方药"来治"中国病",而是根据自己的文化基因和文化命理,寻找强化自身的文化抗体和文化免疫力之道,其深远意义,犹如在今天经过独生子女时代穿越时光隧道,回首当年我们的"兄弟姐妹那么多"

和父辈们儿孙满堂的那种天伦风光,不只是因为寂寞,而且是为了中华民族大家庭的文化安全和对未来文化风险的抗击能力。

"江苏文脉整理与研究工程"是以江苏这一特殊地域文化为对象的一次集体文化自觉和文化自信,与其他同类文化工程相比,其最具标识意义的是"文脉"理念。"文脉"是什么?它与"文献"和文化传统的关系到底如何?这是"文脉工程"必须解决的基本问题。

庞朴先生曾对"文化传统"与"传统文化"两个概念进行了审慎而严格的区分,认为"传统文化"可能是历史上曾经存在过的一切文化现象,而"文化传统"则是一以贯之的文化道统。在逻辑和历史两个维度,文化成为传统都必须同时具备三个条件:历史上发生的,一以贯之的,在现实生活中依然发挥作用的。传统当然发生于历史,但历史上发生的一切,从《道德经》《论语》到女人裹小脚,并不都成为传统,即便当今被考古或历史研究所不断发现的现象,也只能说是"文化遗存",文化成为传统必须在历史长河中一以贯之而成为道统或法统,孔子提供的儒家学说,老子提供的道家智慧,之所以成为传统,就是因为它们始终与中国人的生活世界和精神世界相伴随,并成为人的生命和生活的文化指引。然而,文化并不只存在于文献典籍之中,否则它只是精英们的特权,作为"人的生活的根本样法"和"对付生存困境"的解释系统,它必定存在于芸芸众生的生命和生活之中,由此才可能,也才真正成为传统。《论语》与《道德经》之所以成为传统,不只是因为它们作为经典至今还为人们所学习和研究,而且因为在中国人精神的深层结构中,即便在未读过它们的田夫村妇身上,也存在同样的文化基因。中国人在得意时是儒家,"明知不可为而偏为之";在失意时是道家,"后退一步天地宽";在绝望时是佛家,"四大皆空",从而建立了与自给自足的自然经济结构相匹合的自给自足的文化精神结构,在任何境遇下都不会丧失安身立命的精神基地,这就是传统。文化传统必须也必定是"活"的,是在现实中依然发挥作用的,是构成现代人的文化基因的生命因子。这种与人的生活和生命同在的文化传统就是"脉",就是"文脉"。

文脉以文献、典籍为载体,但又不止于文献和典籍,而是与负载它的生命及其现实生活息息相关。"文脉"是什么?"文脉"对历史而言是

"血脉",对未来而言是"命脉",对当下而言是"山脉"。"江苏文脉"就是江苏人的文化血脉、文化命脉、文化山脉,是历史、现在、未来江苏人特殊的文化生命、文化标识、文化家园,以及生生不息的文化记忆和文化动力。虽然它们可能以诸种文化典籍和文化传统的方式呈现和延续,但"文脉工程"致力探寻和发现的则是跃动于这些典籍和传统,也跃动于江苏人生命之中的那种文化脉动。"江苏文脉整理与研究工程"的最大特点就在于它是"文脉工程"而不是一般的"文化工程",更不是"文库工程"。"文化工程""文库工程"可能只是一般的文化挖掘与整理,而"文脉工程"则是与地域的文化生命深切相通,贯穿地域的历史、现在与未来的生命工程。

　　"江苏文脉整理与研究工程"是"整理"与"研究"的璧合,在"研究工程"中能否、如何倾听到来自历史深处的文化脉动,关键是处理好"文献"与"文脉"的关系。"整理工程"是对文脉的客观呈现,而"研究工程"则是对文脉的自觉揭示,若想取得成功,必须学会在"文献"中倾听和发现"文脉"。"文献"如何呈现"文脉"? 文献是人类文明尤其是人类文化记忆的特殊形态,也是人类信息交换和信息传播的特殊方式。回首人类文明史,到目前为止,大致经历了三种信息方式。最基本也是最原初的是口口交流的信息方式,在这种信息方式中,信息发布者和信息传播者都同时在场,它是人的生命直接和整体在场并对话的信息传播方式,是从语言到身体、情感的全息参与,是生命与生命之间的直接沟通,但具有很大的时空局限。印刷术的产生大大扩展了人类信息交换的广度和深度,不仅可以以文字的方式与不在场的对象交换信息,而且可以以文献的方式与不同时代、不同时空的人们交换信息,这便是第二种信息方式,即以印刷为媒介的信息方式或印刷信息方式。第三种信息方式便是现代社会以电子网络技术为媒介的信息方式,即电子信息方式。文献与典籍是印刷信息方式的特殊形态,它将人类文化史和文明史上具有特殊价值的信息以印刷媒介的方式保存下来,供后人学习和研究,从而积淀为传统。文字本质上是人的生命的表达符号,所谓"诗言志"便是指向生命本身。然而由于它以文字为中介,一旦成为文献,便离开原有的时空背景,并与创作它的生命个体相分离,于是便需要解读,在解读中便可能发生误读,但无论如何,解读的对象并不只是文字本身,而是文字背后的生命现象。

文献尤其是典籍是不同时代人们对于文化精华的集体记忆,它们不仅经受过不同时代人们的共同选择,而且经受过大浪淘沙的历史洗礼,因而其中不仅有创造它的那个个体或文化英雄如老子、孔子的生命表达,而且有传播和接受它的那个民族的文化脉动,是负载它的那个民族的文化生命,这种文化生命一言以蔽之便是文化传统。正因为如此,作为集体记忆的精华,文献和典籍是个体和集体的文化脉动的客观形态,关键在于,必须学会倾听和揭示来自远方的生命旋律。由于它们巨大的时空跨度,往往不能直接把脉,而需要具有一种"悬丝诊脉"的卓越倾听能力。同时,为了把握真实的文化脉动,不仅需要对文献和典籍即"文本"进行研究,而且需要对创造它们的主体包括创作的个体和传播接受的集体的生命即"人物"进行研究。正如席勒所说,每个人都是时代的产儿,那些卓越的哲学家和有抱负的文学家却可能成为一切时代的同代人。文字一旦成为文献或典籍,便意味着创作它的个体成为一切时代的同代人,但无论如何,文献和它们的创造者首先是某个时代的产儿,因而要在浩如烟海的文献和典籍中倾听到来自传统深处的文化脉动,还需要将它们还原到民族的文化生命之中,形成文化发展的"精神的历史"。由此,文本研究、人物研究、学派流派研究、历史研究,便成为"文脉研究工程"的学术构造和逻辑结构。

二 中国文化传统中的江苏文脉

江苏文脉是中国文化传统的一部分,二者之间的关系并不只是部分与整体的关系,借助宋明理学的话语,是"理一"与"分殊"的关系。文脉与文化传统是民族生命的文化表达和自觉体现,如果只将它们理解为部分与整体的关系,那么江苏文脉只是中国文化传统或整个中华文化脉统中的一个构造,只是中华文化生命体中的一个器官。朱熹曾以佛家的"月映万川"诠释"理一分殊"。朗月高照,江河湖泊中水月熠熠,此番景象的哲学本真便是"一月普现一切水，一切水月一月摄"。天空中的"一月"与江河中的"一切水月"之间的关系是"分享"关系，不是分享了"一月"的某一部分，而是全部。江苏文脉与中国文化传统之间的关系便是"理一分殊"，中国文化传统是"理一"，江苏文脉是"分殊"，正因为如此，关于江苏文脉的研究必须在与整个中国文化传统的关系中整体性地把握和展开。其中，文化与地域的关系、江苏文化在中华文化发展中的贡献和地位，是两个基本课题。

到目前为止的一切人类文明的大格局基本上都是由以山河为标志的地理环境造就的，从轴心文明时代的四大文明古国，到"五大洲四大洋"的地理区隔，再到中国山东—山西、广东—广西、河南—河北，江苏的苏南—苏北的文化与经济差异，山河在其中具有基础性意义。在这个意义上，可以将在此以前的一切文明称为"山河文明"。如今，科技经济发展迎来一个"高"时代：高铁、高速公路、电子高速公路……正在并将继续推倒由山河造就的一切文明界碑，即将造就甚至正在造就一个"后山河时代"。"后山河时代"的最后一道屏障，"山河时代"遗赠给"后山河时代"的最宝贵的文明资源，便是地域文化。在这个意义上，江苏文脉的整理与研究，不仅可以为经过全球化席卷之后的同质化世界留下弥足珍贵的"文化大熊猫"，而且可以在未来的芸芸众生饱尝"独上高楼、望尽天涯路"的孤独之后，缔造一个"蓦然回首"的文化故乡，从中可以鸟瞰文化与世界关系的真谛。江苏独特的地域环境与江苏文化、江苏文脉之间的关系，已经不是所谓"一方水土一方人"所能表达，可以说，地脉、水脉、山脉与江苏文脉之间的关系，已经是一脉相承。

我们通过考察和反思发现，水系，地势，山势，大海，是对江苏文脉尤其是文化性格产生重大影响的地理因素。露水不显山，大江大河入大海，低平而辽阔，黄河改道，这一切的一切与其说是自然画卷和自然事件，不如说是江苏文脉的大地摇篮和文化宿命的历史必然，它们孕生和哺育了江苏文明，延绵了江苏文脉。历史学家发现，江苏是中国唯一同时拥有大海、大江、大湖、大平原的省份，有全国第一大河长江，第二大河黄河（故道），第三大河淮河，世界第一大人工河大运河，全国第三大淡水湖太湖，全国第四大淡水湖洪泽湖。江苏也是全国地势最低平的一个省区,绝大部分地区在海拔 50 米以下,少量低山丘陵大多分布于省际边缘,最高峰即连云港云台山的玉女峰也只有 625 米。丰沛而开放的水系和低平而辽阔的地势馈赠给江苏的不只是得天独厚的宜居,更沉潜、更深刻的是独特的文化性格和文脉传统,它们是对江苏地域文化产生重大影响的两个基本自然元素。

不少学者指证江苏文化具有水文化特性,而在众多水系中又具长江文化的特性。"水"的文化特性是什么?"老聃贵柔",老子尚水,以水演绎世界真谛和人生大智慧。"天下莫柔弱于水,而攻坚强者莫之能胜。"柔弱胜刚强,是水的品质和力量。西方文明史上第一个哲学家和科学家泰勒斯向全世界宣告的第一个大智慧便是:水是万物的始基。辽阔的平原在中国也许还有很多,却没有像江苏这样"处下"。老子也曾以大海揭示"处下"的智慧:"江海所以能为百谷王者,以其善下之,故能为百谷王。"历史上江苏的文化作品、江苏人的文化性格,相当程度上演绎了这种"水性"与"处下"的气质与智慧。历史上相当时期黄河曾经从江苏入海,然而黄河改道、黄河夺淮,几番自然力量或人力所为,最终黄河在江苏留下的只是一个"故道"的背影。黄河在江苏的改道当然是一个自然事件或历史事件,但我们也可能甚至毋宁将它当作一个文化事件,数次改道,偶然之中有必然,从中可以发现和佐证江苏文脉的"长江"守望和江南气质。不仅江苏的地脉"露水不显山",而且江苏的文化作品,江苏人的文化性格,一句话,江苏文脉,也是"露水不显山",虽不是"壁立千仞",却是"有容乃大"。一般说来,充沛的水系,广阔的平原,往往造就自给自足的自我封闭,然而,江苏东临大海,无论长江、淮河,还是历史上的黄河,都从这里入大海,归大海,不只昭示江苏的开放,而且演绎江苏文化、江苏文脉、江苏人海纳百川的博大和静水深流的仁厚。

黄河与长江好似中华文脉的动脉与静脉,也好似人的身体中的任督二脉,以长江文化为基色的江苏文化在中华文脉的缔造和绵延中作出了杰出贡献。有学者指出,在中国文明史上,长江文化每每在黄河文化衰弱之后承担起"救亡图存"的重任。人们常说南京古都不少为小朝廷,其实这正是"救亡图存"的反证,"天下兴亡,匹夫有责"的口号首先由江苏人顾炎武喊出,偶然之中有必然。学界关于江苏文化有三次高峰或三次大贡献,与两次大贡献之说。第一次高峰是开启于秦汉之际的汉文化,第二次高峰是六朝文化,第三次高峰是明清文化。人们已对六朝文化与明清文化两大高峰对中国文化的贡献基本达成共识,但江苏的汉文化高峰及其贡献也应当得到承认,而且三次文化高峰都发生于中国社会的大转折时期,对中国文化的承续作出了重大贡献。在秦汉之际的大变革和大一统国家的建构中,不仅在江苏大地上曾经演绎了波澜壮阔的对后来中国文明产生深远影响的历史史诗,而且演绎这些历史史诗的主角刘邦、项羽、韩信等都是江苏人,他们虽然自身不是文化人,但无疑对中国文化产生了深远影响。董仲舒提出"罢黜百家,独尊儒术"的主张,奠定了大一统的思想和文化基础,他本人虽不是江苏人,却在江苏留下印迹十多年。江苏的汉文化高峰对中国文化的最大贡献,一言概之即"大一统",包括政治上的大一统和思想文化上的大一统。六朝被公认为中国文化发展的高峰,不少学者将它与古罗马文明相提并论,而六朝文化的中心在江苏、在南京。以南京为核心的六朝文化发生于三国之后的大动乱,它接纳大量流入南方的北方士族,使南北方文化合流,为保存和发展中国文化作出了杰出贡献。明朝是中国历史上第一次在南京,也是第一次在江苏建立统一的帝国都城,江苏的经济文化在全国处于举足轻重的地位,扬州学派、泰州学派、常州学派,形成明清时代中国文化的江苏气象,形成江苏文化对中国文化的第三次重大贡献。三大高峰是江苏的文化贡献,在重大历史转折关头或者民族国家危难之际挺身而出,海纳百川,则是江苏文化的精神和品质,这就是江苏文脉。也正因为如此,江苏文化和江苏文脉在"匹夫有责"的担当精神中总是透逸出某种深沉的忧患意识。

江苏文脉对中国文化的独特贡献及其特殊精神气质在文化经典中得到充分体现。中国四大文学名著,其中三大名著的作者都来自江苏,这就是《西游记》《红楼梦》《水浒》,其实《三国演义》也与江苏深切相关,虽然罗贯中不是江苏人,但却以江苏为重要的时空背景之一。四大名著中不仅有明显的江苏文化的元素,甚至有深刻的江苏地域文化的基因。《西游记》到底是悲剧还是喜剧?仔细反思便会发现,《西游记》就

一脉千古成江河

是文学版的《清明上河图》。《清明上河图》表面呈现一幅盛世生活画卷,实际却是一幅"盛世危情图",空虚的城防,懈怠的守城士兵……被繁华遗忘的是正在悄悄到来的深刻危机。《西游记》以唐僧西天取经渲染大唐的繁盛和开放,然而在经济的极盛之巅,中国人的精神世界却空前贫乏,贫乏得需要派一个和尚不远万里,请来印度的佛教,坐上中国意识形态的宝座,入主中国人的精神世界。口袋富了,脑袋空了,这是不折不扣的悲剧。然而,《西游记》的智慧,江苏文化的智慧,是将悲剧当作喜剧写,在喜剧的形式中潜隐悲剧的主题,就像《清明上河图》将空虚的城防和懈怠的士兵淹没于繁华的海洋一样。《西游记》喜剧与悲剧的二重性,隐喻了江苏文脉的忧患意识,而在对大唐盛世,对唐僧取经的一片颂歌中,深藏悲剧的潜主题,正是江苏文脉"匹夫有责"的担当精神和文化智慧的体现。鲁迅说,悲剧将人生的有价值的东西毁灭给人看。《西游记》是在喜剧形式的背后撕碎了大唐时代人的精神世界的深刻悲剧。把悲剧当作喜剧写,喜剧当作悲剧读,正是江苏文化、江苏文脉的大智慧和特殊气质所在,也是当今江苏文脉转化发展的重要创新点所在。正因为如此,"江苏文脉研究"必须以深刻的哲学洞察力和深厚的文化功力,倾听来自历史深处的江苏文化的脉动,读懂江苏,触摸江苏文脉。

三 通血脉,知命脉,仰望山脉

江苏文化的巨大魅力和强大生命力,是在数千年发展中已经形成一种传统、一种脉动,不仅是一种客观呈现的文化,而且是一种深植个体生命和集体记忆的生生不息的文脉。这种文化和文脉不仅成为共同的价值认同,而且已经成为一种地域文化胎记。在精神领域,在文化领域,江苏不仅有灿若星河的文学家,而且有彪炳史册的思想家、学问家,更有数不尽的才子骚客。长江在这片土地上流连,黄河在这片土地上改道,淮河在这片土地上滋润,太湖在这片土地上一展胸怀。一代代中国人,一代代江苏人,在这里缔造了文化长江、文化黄河、文化淮河、文化太湖,演绎了波澜壮阔的历史诗篇,这便是江苏文脉。

为了在全球化时代完整地保存江苏文脉这一独特地域文化的集体记忆,以在"后山河时代"为人类缔造精神家园提供根源与资源,为了继承弘扬并创造性转化、创新性发展中国优秀传统文化,2016 年江苏启动了"江苏文脉整理与研究工程"。根据"文脉"的理念,我们将研究工程或"研究编"的顶层设计以一句话表达:"通血脉,知命脉,仰望山脉。"由此将整个工程分为五个结构:江苏文化通史,江苏历代文化名人传,江苏文化专门史,江苏地方文化史,江苏文化史专题。

"江苏文化通史"的要义是"通血脉",关键词是"通"。"通"的要义,首先是江苏文化与中国文明的息息相通,与人类文明的息息相通,由此才能有民族感或"中国感",也才有世界眼光,因而必须进行关于"中国文化传统中的江苏文脉"的整体性研究;其次是江苏文脉中诸文化结构之间的"通",由此才是"江苏",才有"江苏味";再次是历史上各个重要历史时期文化发展之间的"通",由此才能构成"史",才有历史感;最后是与江苏人的生命与生活的"通",由此"江苏文脉"才能真正成为江苏人的文化血脉、文化命脉和文化山脉。达到以上"四通","江苏文化通史"才是真正的"通"史。

"江苏文化专门史"和"江苏文化史专题"的要义是"知命脉",关键词是"专",即"专门"与"专题"。"江苏文化专门史"在框架上分为物质文化史、精神文化史、制度文化史、特色文化史等,深入研究各类专门史,总体思路是系统研究和特色研究相结合,系统研究整体性地呈现江苏历史上的重要文化史,如哲学史、文学史、艺术史等,为了保证基本的完整性,我们根据国务院学科分类目录进行选择;特色研究着力研究历史上具有江苏特色的历史,如民间工艺史、昆曲史等。"江苏文化史专题"着力研究江苏历史上具有全国性影响的各种学派、流派,如扬州学派、泰州学派、常州学派等。

"江苏地方文化史"的要义是"血脉延伸和勾连",关键词是"地方"。"江苏地方文化史"以现省辖市区域划分为界,13 市各市一卷。每卷上编为地方文化通史,讲述地方整体历史脉络中的文化历史分期演化和内在结构流变,注重把握文化运动规律和发展脉络,定位于地方文化总体性研究；下编为地方文化专题史，按照科学技术、教育科举、文学语言、宗教文化等专题划分，以一定逻辑结构聚焦对地方文化板块加以具体呈现，定位于凸显文化专题特色。每卷都是对一个地方文化的总结和梳理，这是江苏文化血脉的伸展和渗入，是江苏文化多样性、丰富性的生动呈现和重要载体。

"江苏历代文化名人传"的要义是"仰望山脉"，关键词是"文化"。它不是一般性地为江苏历朝历代的"名人"作传，而只是为文化意义上的名人作传。为此，传主或者自身就是文化人并为中国文化的发展、为江苏文脉的积累积淀作出了重要贡献；或者虽然自身主要不是文化人而是政治家、社会活动家等，但对中国文化发展具有重大影响。如何对历史人物进行文化倾听、文化诠释、文化理解，是"文化名人传"的最大难点，也是其最有意义的方面。江苏历史上的文化名人汗牛充栋，"文化名人传"计划为100位江苏文化名人作传，为呈现江苏文化名人的整体画卷，同时编辑出版一部"江苏文化名人辞典"，集中介绍历史上的江苏文化名人1000位左右。

一脉千古成江河，"茫茫九派流中国"。江苏文脉研究的千里之行已经迈出第一步，历史馈赠我们一次千载难逢的宝贵机遇，让我们巡天遥看，一览江苏数千年文化银河的无限风光，对创造江苏文化、缔造江苏文脉的先行者们献上心灵的鞠躬。面对奔涌如黄河、悠远如长江的江苏文脉，我们惟有以跋涉探索之心，怵惕敬畏之情，且行且进，循着爱因斯坦的"引力波"，不断走近并播放来自江苏文脉深处的或澎湃，或激越，或温婉静穆的天籁之音。

我们一直在努力；

我们将一直努力！

目　录

引　子

万历三十七年(1609)，五月二十，凌晨。[①]

南直隶太仓州城长春坊，吴宅，西厢房。[②]

年仅二十四岁的朱氏做了一个奇怪的梦。梦中，一位神仙身穿朱红色衣服，手托一座牌坊，牌坊上书"会元坊"三个大字，自称是邓以讃，特来给她道喜。[③] 朱氏并不知道邓以讃是谁，缘何送她牌坊，正想细细询问，突然一阵剧痛惊醒了她："快！要生了！"

这是朱氏的第二个孩子。说老实话，对这个孩子的到来，朱氏喜忧参半：吴氏家族人丁不旺，三代仅有一孙，这时又添男丁，而且还带着会元的喜兆，固然是好事；可是长子刚刚三岁，自己身体不好，操劳勤苦，家境并不宽裕，全家上下六七口，虽然号称书香门第，可是谁都没功名，丈夫连秀才都还没考上，坐吃山空。会元还不知道是哪一天的事，眼下这个时候增丁添口，就更加忙不过来了，谁来照顾他们母子呢？

幸运的是，婆婆汤氏大包大揽，代为鞠育，并拉上了大儿媳张氏协助帮忙，这才解决了朱氏的忧愁。

吴伟业出生时，其家族组成情况是这样的：祖父这一辈中，伯祖吴

---

① 为了更好地体现传主生活的时代气息，本书所使用的人名、地名、纪年方式，除非特别说明，一般情况下都以当时习惯使用的方式为主。

② 吴伟业家的梅村，据考在长春坊，参见秦柯《吴伟业梅村考略》，《中国园林》2017 年第 6 期。

③ 顾师轼《吴梅村先生年谱》卷一："母朱太淑人妊先生时，梦朱衣人送邓以讃会元坊至，遂生先生。"邓以讃(1541—?)，字汝德，号定宇，江西新建人，隆庆五年辛未科会元、探花，历官翰林院编修、国子监司业、南国子监祭酒、礼部右侍郎兼翰林院侍读学士掌院事、吏部右侍郎等职，卒，赠礼部尚书、谥文洁。有学者认为朱氏之梦是吴伟业考取会元之后编造出来的，详见第三章第三节。

谏，以嫡长子身份独占家产，并从昆山移居苏州，从此与吴伟业这一支失去联系，吴议等人只知道他虽然生有一子一女，可是儿子早已夭折，女儿则不知嫁入谁家；祖父吴议，因为庶出，幼年即从昆山入赘太仓王氏，生有二子吴瑗、吴琨；叔祖吴诰亦为庶出，长兄吴谏移居苏州后，他孤身一人，贫困无依，只得到太仓投靠仲兄，衣食于卜肆，无后。父亲这一辈中，伯父吴瑗（吴议嫡长子），无后；父亲吴琨、母亲朱氏。同辈中，吴伟业本来还有一个三岁的兄长（不久后夭折）。用吴伟业的话说，此时的吴家，正是"衰门凋替""衰门贫约"的时候。

正是在这样的情况下，吴伟业出生了。家族添丁，吴议特别高兴：吴琨有了两个儿子，就可以考虑过继一个给吴瑗。如果长子吴瑗过继给兄长吴谏，这样吴家长房长孙有了着落，家族嗣继问题就能顺利解决。何况朱氏虽然不知道邓以讚是谁，吴议可是很清楚的，那是他们同辈文人中的偶像，隆庆五年（1571）的会元、探花，学问醇厚，品行高洁，官至侍郎，卒谥文洁。这个孩子顶着这样的光环出生，那可是吴家的未来希望所在。毫不犹豫，吴议给这个孙子取名伟业、字骏公，寄寓了将来能够成为千里神骏、建立宏图伟业、重振家族荣耀的良好愿望。

那么，这孩子能考中会元么？凭什么考中会元？考中会元后，能像邓以讚一样，洁身自好，为人师表，功成名就，流芳百世么？

第一章　时代与地域

　　明末清初著名的文学家吴伟业，出生于万历三十七年五月二十（1609 年 6 月 21 日），去世于康熙十年十二月二十四（1672 年 1 月 23 日），祖籍江苏昆山，出生地为江苏太仓。吴伟业这一生，从时间上来讲，处于典型的明末清初，经历了明清易代，历仕两朝；从空间上来看，他曾经三上京师（北京），[①]到南京三次以上，[②]因公出差到湖北、河南各一次，到苏州、杭州、嘉兴、宜兴、常熟、镇江、湖州等地走亲访友、游山玩水若干次，短暂离家到 70 公里外的昆山矾清湖避难两个月，其余时间基本生活在家乡太仓，也就是说，吴伟业一生中绝大部分时间生活在传统意义上的江南地区。

吴伟业像

---

① 吴伟业第一次到北京参加会试、殿试，任职翰林院，到钦赐归娶，不到一年时间；第二次是假满还朝任职，从崇祯九年到十三年，大概四年时间；第三次是应清廷之召赴京，从顺治十年年底到十三年，大概三年时间，合计八年左右。

② 可以确定的是，他到南京参加乡试、同人聚会，以及担任南京国子监司业不到一年、担任南明弘光政权少詹事两个月，到南京向两江总督马国柱当面辞谢推荐等等，还由其他事由可能到过南京，加起来不到两年时间。

第一节　时代风貌

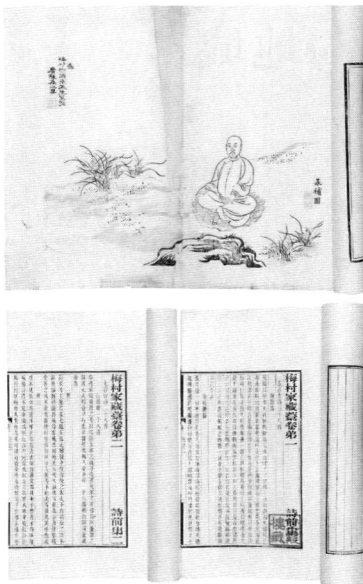

为梅村祭酒先生写照图

吴伟业所生活的 17 世纪，是个自然环境、政治经济、思想文化等各方面都极其脆弱的时代，也是面临转折的时期。这对吴伟业的文学创作从内容选择到风格形成有着极大的影响。其脆弱、转折等特征主要体现在：首先是从自然环境来看，17 世纪是明清小冰期的极盛期，全球气候变冷，气候严寒，灾害频仍。恶劣的自然条件给人类社会带来了巨大的影响，崇祯大旱涉及范围之广、持续时间之长、导致灾情之重（旱灾、蝗灾、瘟疫接踵而至），堪称百年难遇；政府应对不力，农民起义风起云涌、经久不息，而北方游牧民族生存环境的恶劣又导致他们连年南下侵袭。入清以后，寒冷偏干的状况继续加剧，自然环境仍然恶劣。其次，从政治形势上看，晚明党争、宦官干政，天灾人祸，内忧外患，最终崇祯无力回天，自缢煤山，明清易代，少数民族入主中原。清军入关后，大量起用明末官僚，朝中不但延续了晚明的党争，还新增了满汉之争。清兵南下，强迫汉人薙发易服，激起了江南士绅巨大的反抗。同时，继弘光政权之后，鲁王监国、唐王隆武、绍武政权、桂王永历等南明政权相继建立，前后延续十余年。清朝统治者对所有反抗行为一律给予血腥镇压，典型事件如扬州屠城十日、江阴屠城、嘉定三屠、广州屠城七日等。这些行为极大地加剧了民族矛盾，也影响了经济社会的恢复发展。第三，从经济发展上看，由于自然环境的恶劣，引发经济危机，加上从农民起义到明清易代、三藩之乱等系列战争，连年征伐，经济基础被严重破坏。恶劣的天气条件和满族统治者的有意镇压，导致明清易代后，大量富裕人口也跌入贫困线以下。当然，明代中叶以来，东南沿海地区出现了新的生产关系的萌芽，物质生产、经济水平、生活方式等都有了全新的变化，新的阶层崛起，对人们的观念带来了较大的冲击。第四，从思想领域来看，一方面，晚明阳明心学逐渐取代程朱理学，成为主流思想，李卓吾与王学左派的思想更为激进，一定程度上代表了当时正在兴起的市民阶层的价值观。另一方面，随着明朝灭亡，在总结经验教训的时候，心学思潮受到广泛批评，清朝统治者更是对具有叛逆色彩的新思潮给予严厉控制，有意培植信奉程朱的理学名家，资本主义萌芽与人性解放思潮双双被打断。与此同时，利玛窦、罗明坚、龙华民、金尼阁、汤若望、罗雅谷等大量传教士相继进入中国，他们凭借西方先进的数学、天文学、军事学等科学技术，迅速征服中国的统治者和知识界，并乘机扩大基督教影响，让像徐光启这样的儒家知识分子和朝廷高官成为天主教徒，汤若望等传教士成为掌管天文历法的钦天监负责人，这都是过去及之后难以想象的。所以，无论从哪个方面来看，这一时期的中国社会都面临着全新的挑战。旧的传统很脆弱，一捅就破；新的萌芽也很脆弱，一压就死。这些时代特色，在吴伟业作品中都有着深刻的反映。

吴伟业所生活的时代，是一个政治较为黑暗、君主高度集权的时代。朱明王朝建立之初，就采取各种措施，不断加强君主专制，废除宰相制度，集所有权力于帝王个人一身。同时实施特务统治，先后设立锦衣卫、东厂、西厂（还短暂成立过内厂）；频兴大狱，动辄株连，制造恐怖气氛；实施文字狱，钳制言论，打击异端，控制思想。到了中后期，更是帝王荒唐，大臣党争，宦官干政，贿赂公行。吴伟业出生时，万历皇帝已经十几年不上朝了，当时绝大多数朝臣终其一生未见过皇帝一面，其后期更是因为立储与内阁对立，内阁想要调和，又演变为内阁与朝议的对立，进而引发党争，国本之争的恶劣影响一直延续到南明弘光时期。万历之子光宗泰昌皇帝，从小就没得到父亲的宠爱，也没有接受良好的教育，本想励精图治，不料登基一月而亡，赍志以殁。光宗长子天启皇帝则是极为优秀的木工，"明熹宗天性极巧，癖爱木工，手操斧斤，营建栋宇,即大匠不能及。又好髹漆器皿,朝夕修制,不殚烦劳",①在位七年,他懒得处理政务,而是让魏忠贤等人代劳。自万历以来,东林党、宣党、齐党、浙党、昆党等派系林立,到天启初期逐渐演变为东林党相对强大,其余各党转而投靠阉党。万历后期以来的党争逐渐演化为东林党与阉党的强烈对抗,并以东林党人前赴后继的惨烈献身而告一段落。天启皇帝去世,兄终弟及,崇祯继位,念念求治,清除阉党,却也防着东林一党独大,结党乱政,因而宸衷独断,万事圣裁。由于他求治太急,疑心极重,刚愎自用,短短十七年,内阁用人 40 人以上,后来还是倚赖上了宦官,临终痛恨"诸臣误我",其实所有大臣也还是崇祯自己挑选的。入清之后,清朝统治者一方面施行高压政策,运用屠城、薙发、通海案、哭庙案、文字狱(如明史案)、科场案、奏销案等残酷手段严厉打击汉人的反抗意识与文化自信,对晚明以来的士人结党也甚为提防,开始严禁党社活动,并进一步控制舆论,强化思想钳制。另一方面运用怀柔手段,普遍接受前明官员的投诚(投诚官员再举荐,动辄数十人),立即恢复科举(甚至顺治三年、四年、六年连续开科取士,录取一千余名进士),迅速扩大了统治基础,政权逐渐稳固。这是吴伟业一生经历的主要政治背景。吴伟业本人的从政生涯与政治反思,也和这样的背景密切相关。

吴伟业所处的时代,面临的最大问题是自然灾害的频繁发生导致生存环境的不断恶化,造成经济衰退、社会动乱等严重危机。由于 17世纪进入小冰期的极盛期,全球气温普遍下降。一般认为,17 世纪中国的年平均气温比当今要低 1.5—2℃。气温降低的同时,降水减少。因此,寒冷、旱灾成了 17 世纪的普遍现象。这对中国这样靠天吃饭的农业大国,产生了极大的影响。② 特别是西北和华北地区,比如陕西、山西等人口大省,由于大部分地域位于黄土高原,处在东亚季风北部边

---

① 赵吉士:《寄园寄所寄》卷六,康熙三十五年刻本,第 34 页。

② 参见竺可桢《中国近五千年气候变化的初步研究》(《考古学报》1972 年第 1 期)、葛全胜等《中国历朝气候变化研究》(科学出版社,2010)、沈小英等《太湖流域粮食生产与气候变化》(《地理科学》1991 年第 3 期)、陈家其等《明清时期气候变化对太湖流域农业经济的影响》(《中国农史》1991 年第 3 期)、李忠明等《论明清易代与气候变化之关系》(《学海》2011 年第 5 期)、方修琦等《环境演变对中华文明影响研究的进展与展望》(《古地理学报》2004 年第 6 期)、赵红军等《公元 11 世纪后的气候变冷对宋以后经济发展的动态影响》(《社会科学》2011 年第 12 期)、张兰生等《全球变化》(高等教育出版社,2017)等论著。

缘,水热条件差,环境脆弱,受旱灾威胁严重,农业生产受到气候变化的强烈制约。西北地区从16世纪晚期就开始逐步干旱化,到17世纪生态环境达到崩溃的边缘,这也是明末农民起义率先从陕北爆发的重要原因之一。由于温度降低、降水减少,北方适宜耕种的土地面积不断缩减,农业的种植界限明显南退,农作物的生长周期变长,产量下降。即使是南方,由于天气的寒冷,许多地方已经不能栽植双季稻。张家诚、郝志新等学者都曾经发表过令人信服的研究成果,认为温度降低对粮食产量的影响是,年均温升高1℃,单产上升10%以上,气温降低则相应减产;而降水减少(尤其是北方地区)对粮食产量也表现为正相关关系。不仅是农业,中国古代商业的发展、繁荣极其倚赖商业运输,主要是航运,但在小冰期的极致气候条件下,年降雪量大,降雪频繁,冬季漫长而严寒,无论是河道还是海运,主要的水运通道等都出现了较长时间的冰冻或者多次冰冻,严重影响航运效率。另外,小冰期的气候变化和极端气象灾害也对生态环境造成巨大的破坏,加剧了如旱、涝、雹、蝗等自然灾害的发生频次。

对于气候变化带来的寒冷、干旱等极端天气现象及其次生灾害,吴伟业及其同时代的人,以各种各样的方式,进行了详细的记录。虽然很多记录很琐碎,而且偏重个人感受,局限于一隅,但是那些记录都是亲身经历,如果综合起来看,那就是触目惊心。何况文学创作往往来源于自然现象、社会现实的刺激,因此,深入了解这些灾害,对我们理解吴伟业的创作内容与文学风格,同样有着不可或缺的助益。

从明代中期开始,极端气象灾害频发。尤其是从万历末期开始,干旱、洪涝灾害往往在同一地区交替发生或者在不同地区同时发生。比如万历三十六年(1608),长江中下游发生严重的水灾,"江南诸郡自三月二十九日以至五月二十四日,淫雨为灾,昼夜不歇",[1]连续两个月的持续降水,引发巨大的洪涝灾害,导致"漂没田室无算""三吴、三楚皆然,数百年异灾也",[2]"自留京以至苏松常镇诸郡,皆被淹没,盖二百年

---

① 万历《常州府志》卷七《蠲赈》。
② 顺治《望江县志》卷九《灾异》。

来未有之灾"。① 这一场大雨导致江南地区夏收颗粒无收，夏种无从下手，江西临川人周怀鲁（时任应天巡抚都御史）报称南京"圩岸无不冲决，庐舍无不倾颓，暴骨漂尸，凄凉满目，弃妻失子，号哭震天。甚至旧都宫阙监局，向在高燥之地者，今皆荡为水乡，街衢市肆尽成长河，舟航遍于陆地，鱼鳖游于人家，盖二百年来未有之灾也"。② 杭州亦是如此，"四月至五月终，大雨数十日不止"，导致钱塘江倒灌，"江上水逆入龙山闸进城，西湖水满，从涌金门入湖。舟撑至华光庙桥边，城门闭十余日。从清波门入府堂，水深四尺。黄泥塘居民水及屋梁，余杭南湖塘为居民所决，水直下钦贤等二十余里，一夜水涨丈余，墙屋俱塌，溺死者无算，得活者舣舟以居，一月水始退，浩荡如云海无际，稍露一二树杪，盖二百年来未见此灾，米涌贵，至一日斗米增百钱，居民汹汹思乱"。③ 洪涝灾害造成的巨大伤害尚未恢复，很快就迎来了旱灾。首辅叶向高在自编年谱里面记录了有关灾情："（万历）三十八年庚戌，余五十二岁。五月，自仲春至是，皆不雨，亢旱已极，畿辅山东山西河南皆饥荒。……未几得雨，人情乃安（卷三）"；大面积的亢旱之后，又是水灾，"三十九年辛亥，六月。京师淫雨，连旬大水，公私庐舍崩塌无数，街市如河。"④

这样的灾情发生在吴伟业的童年时期，也许他的印象并不深刻。后来，旱涝灾害的发生日趋频繁、灾情益趋严重。崇祯四年，当年轻的吴伟业兴高采烈地参加完殿试，高中榜眼、入职翰林的时候，朝中大多数臣子（包括皇上）其实是很难受的，因为已经干旱很长时间了。倪元璐的年谱记载："崇祯四年四月，上忧旱，步祷南郊，群臣从。"也就是说，天下大旱，形势严峻，已经到了皇上不得不带领满朝文武，沐浴更衣、下诏罪己、祷告上天的地步了。可惜，灾情还在继续，形势不断严峻，"崇祯五年五月，京师大旱，上步祷南郊，还宫，释华亭（李按，指钱龙锡）于狱，遣戍宁海卫，是夕大雨"。⑤ 崇祯即位不久，通过打击魏忠贤阉党赢

---

① 《明神宗实录》卷四四七，万历三十六年六月己卯。
② 康熙《长洲县志》卷十《税粮》。
③ 万历《钱塘县志》卷八《灾祥》。
④ 叶向高《蘧编》相关条目，民国二十四年乌丝栏抄本。
⑤ 倪会鼎编：《倪文正公年谱》，咸丰四年刻本。

得清流的拥护，但并没有换取太多时间的安宁，很快朝中党争复起，东林、复社与内阁，朝廷内部的周延儒与温体仁，甚至东林、复社内部（张溥与周延儒的过于亲近的关系，引发了东林元老们的疑虑），错综复杂的斗争，引来了巨大的政治危机。东林巨子倪元璐，不知有意还是无意，就将这两年绵延的旱灾与人事斗争联想到了一起。遗憾的是，上天似乎并不同情崇祯，无论崇祯怎样斋戒祈祷，上苍总是不停地降下亢旱、洪涝等极端气象灾害，①短短的十七年，明代的正史野史里充斥着皇上诚心诚意"步祷南郊"的字样。②

　　崇祯四年，吴伟业考取会元、榜眼进入仕途后不久，因陷入党争纠纷，被崇祯保护钦赐归娶。南通人范凤翼用诗歌记载了吴伟业往来京城必然经过的淮河流域，在崇祯四年北方遍地旱灾、数月不雨的惨痛背景下，竟然经历了匪夷所思的洪涝灾害，描述当时的所见所闻，对朝廷未能及时救灾的无奈之感。诗题直接说明《辛未长淮大浸，所见饥民皆食浮萍，可悯》，诗云："尧水横行此再经，长淮大浸接沧溟。埋沉井灶风烟惨，排荡湖波天地腥。渔父遮身惟破网，田家寄命以浮萍。眼穿未下蠲租檄，痛哭荒原可忍听。"③这一时期吴伟业已经开始写诗，虽然他应该亲眼见到了这样的灾情，可惜他的作品中没有留下关于这一巨大灾害的片言只语。

　　当然，当时更多的地方是旱灾。不但皇上在求雨，地方官也在各尽所能救灾之余，祈求上苍。崇祯十四年，不仅仅是北方，全国都陷入了连续性的旱灾之中。吴伟业的家乡太仓也逃不过旱灾的肆虐，太仓知州（崇祯十年任）钱肃乐的年谱记载，"崇祯十四年辛巳，三十五岁。太

① 吴甘来年谱中记载，"崇祯七年甲戌，先生三十六岁。四月，京师久不雨，宫中久祷不应，因上《恤民回天疏》"（《庄介吴公苇庵先生年谱》，漆嘉祉编，咸丰七年刻本）。"久祷不应"，看来崇祯经常祷告，只是要求次数多了上天也无法满足。
② 这在私人文献中亦有体现，比如崇祯时期优秀的经济管理人才、户部尚书毕自严的年谱里，就频频记录大旱以及崇祯祷雨或命令祷雨和应验后疏谢的情况。
③ 范凤翼：《范勋卿诗集》卷十一，崇祯刻本，页十四；陈红彦等主编：《清代诗文集珍本丛刊》，第二册，第 27 页，国家图书馆出版社 2017 年版。李按：据年谱，范凤翼生卒年及生平经历很清楚，不是一般辞书所谓"生卒年不详"。又，范凤翼为南通人，曾寄寓南京（年谱中记载"崇祯六年癸酉，买山乌龙潭"），在南京与诸多名流相往还。见范凤翼年谱（《真隐先生年谱》，张有誉编，刘之勃注，民国三十三年抄本），"万历三年乙亥，先生生于是年四月二十二日巳时"，"顺治十二年乙未，先生年八十一，四月二十四日卒于家"。

仓大旱,祷于神,悲呼达旦,雨随至。设厂四隅,出常平米煮粥以赈。复分别贫户,上贫赈米,次贫减价粜,州以不饥。蝗虫弥野,率四民亲行捕捉,下令:捕蝗一升,出升米易之。徒步烈日中,病几不起"。① 崇祯十四年太仓旱灾最严重的时候,张溥四月去世,八月会葬,这一期间吴伟业有没有回过家乡,我们目前无法确知。从现有材料看,当时他在南京国子监司业任上,六月份被提任左中允,还在犹豫着是不是上京赴任,直到初秋方才送母回到家乡。那时,灾害尚未结束。

不但地方官在求雨,实在没办法时,地方上的绅士也会挺身而出,祈求上苍。吴伟业的好友、昆山归庄就做过这样的事,"崇祯五年壬申,二十岁。夏,东南大旱,民不堪命,有司祈请无有效,公致斋三日,乃以六月十五日上城隍书祈雨,至下午风雨大作,田禾霑濡"。② 这个案例说明,并不是每个州县的地方官员都能像太仓知州钱肃乐一样能感动上苍,昆山知县祈祷无效,倒是与顾炎武并称为"归奇顾怪"的归庄,在斋戒三日后,以一篇祈雨文呼风唤雨,感动城隍,聊解燃眉之急。虽然从科学的角度看,斋戒祈雨具有迷信的成分,但是举国上下频频组织这样的活动,足见灾情严重,人们不得不寄希望于上苍了。崇祯五年,吴伟业就在家乡太仓,紧邻昆山,"东南大旱,民不堪命"的情形,他是亲眼所见的,不知道他对归庄的这一行为知不知道,如若知道,又作何评价。

面对连续的大旱,这些零星的祈祷上苍所带来的降水并不能从根本上解决问题。于是一些关心民瘼的地方官及时向朝廷申报灾情,想方设法为民请命。比如崇祯七年的苏松大旱(本次大旱为许多方志所缺载),应天等处十府巡按张国维特地上疏朝廷,陈述利害,恳求减免赋税,给予赈灾,疏云:"该臣谨会同巡按苏松等处监察御史祁彪佳看得:三吴赋税倍于往昔,灾浸困于连年,民之愁困匪伊朝夕矣……而臣更鳃鳃隐虑者,盖谓东西盗作,处处萑苻,惟此江南一块土尚称安谧。然百年未有之灾频年浐告,恐不聊生之走险而不择也。臣等念切痌瘝,亟欲为民请命……然此数邑之灾已不堪命,乃更有大可忧者。入夏以来,全吴皆苦恒旸。长河之内仅容芥舟,青野之中惟有旱草。凿隧徒尔为其

① 冯贞群编:《钱忠介公年谱》,民国四年张氏刻本。
② 归曾祁编:《归玄恭先生年谱》,民国七年蓝格稿本。

劳,桔槔无所施其械。至今六月,黍稷方华之候,而秧犹未浴,仓箱已竭。泛舟不来,米价腾涌,每斗至百四十钱,尚无称贷,浸假而五日十日犹然无雨,则一谷二谷难望其升。将东南数百万之生灵,倚何为命?西北数百万之供亿,从何灌输?其可寒心孰甚……。(崇祯七年六月初一具题。七月初三奉圣旨:该部知道。)"①这个时间段,吴伟业也在家乡,应该目睹了灾情的严重。随后,吴伟业返京入朝。这次入朝之后,吴伟业在朝廷之上突然变得果敢坚决,其刚烈为一生中所仅见,这也许与他在家乡所见的民不聊生有着直接关系。

整个崇祯时期,灾情不断,尤其是旱灾连年,其中又以崇祯十三、十四年的灾情最为严重。姚廷麟在自己的日记《历年记》中,描述崇祯十四年"三月至九月无雨,江南大旱,草木皆枯死。我地向来无蝗,其年甚多,飞则蔽天,止则盈野,所到之处,无物不光,亦大异事也"。②就是在这一年,常熟钱谦益大兴土木,营造绛云楼,迎娶柳如是,而龚鼎孳娶了顾横波;次年,江南灾情并未缓解,太仓陆世仪年谱中记载:"崇祯十三年庚辰,三十岁。春正月,积雪经旬。是岁大旱,禾稼尽槁","崇祯十四年辛巳,三十一岁。年饥,约同志为同善会。《行实》:辛巳大饥,人相食,道路僵仆者相望","崇祯十五年壬午,三十二岁。春大饥。《行状》:壬午春,大饥,家饱糠覆屑榆为粥,人相食","崇祯十七年甲申,三十四岁。《行实》:甲申,娄江全塞,吴中复大旱,民病于漕。"③在年年"人相食"的背景下,崇祯十四年,冒辟疆与董小宛情定苏州,次年秋天钱谦益拿出三千多两银子,为董小宛赎身,嫁给冒襄;而崇祯十五年开始,吴伟业亦频频参加相关青楼活动,并与卞玉京热恋,崇祯十六年春,吴伟业在苏州给族兄吴继善送行时,卞玉京亦赋诗相赠。

频发的水旱灾害,伴随着明清易代的整个过程。当时属于普通地主阶层的儒生陆世仪,用平实的诗歌记录了亲身经历的一次次天灾人祸。比如曾经为太仓祈雨成功的钱肃乐,因故被贬,《邑侯希贤钱公治

① 张国维:《抚吴疏草》,崇祯刻本,《四库禁毁书丛刊》史部第39册,北京出版社1997年版。
② 姚廷麟:《历年记》,《历代日记汇抄》本,上海人民出版社1982年版,第50页。
③ 凌锡祺编,王祖畲、唐受祺参阅:《尊道先生年谱》,光绪二十六年刻本。

娄有惠政，以远年南粮被谪将去官，时江南大旱，娄地尤岌岌，一日不可无钱公。士民群赴京口叩两台挽留之。予与圣传、虞九同舟，途中有感杂咏十绝》，其三：“江南赤地已难耕，此土宁堪螟螣争。寄语草根休食尽，幸留残叶活苍生。”再比如寒冷与亢旱交替，《苦热行（六七两月奇旱奇热百年未有）》：“去年寒，寒于冰，两月积雪断人行。今年热，热于火，炽炭红炉无术躲。”还有酷暑连连、干旱无雨，《后旱六七月无雨八月尚不雨》：“羿射十日九日休，三千年后来报仇。青天被焚欲焦赤，云霞著火烧成毯。”①

比陆世仪这些书生更贫苦的是普通平民，嘉兴手工业者王翃，也用诗歌表达了普通老百姓在炎炎烈日下的痛苦，其《忧旱》诗云：“五月六月天不雨，原田憔悴无青苗。老农穷困饥莫诉，欲语不得唇苦焦。闻昔万历十七年，江南之土皆不毛。山川涤涤赤日烈，旻天降酷同燔烧。岂有斗米盈千钱，百物腾价如今朝。城隅积尸满沟壑，闾阎家室同逋逃。流民啸聚食无所，乱形已见当弭消。有司置之莫以告，犹严法令烦征徭。昔时烽尘掩朔漠，襄洛盗贼今如毛。东南半壁少舒息，赖出贡赋供天朝。邦之根本重在是，万一不惜群情摇。吁嗟黎民痛云汉，囟首垢面争呼号。吾侪小人负私叹，窃恐旦夕妖星高。安得五日一风十日雨，使彼康衢鼓腹长歌谣！”②可惜的是，这一时期吴伟业的诗歌创作，较少关注这样的百姓生活。

易代之际，亦是江南地区灾害达到极盛之时。上海地区“（顺治元年）六月亢旱，直至冬至不雨，井汲俱竭。除浦潮而外，其余支流尽涸。舟楫断绝，陆行者假道河中，遂成坦途。争水衅者，往往斗殴成讼。其后各从池底凿井深一二丈，方得咸浊之水，澄而炊饮。其有随凿随涸，终不得泉者。令君彭公报荒疏中有‘米价贵，水价倍贵；饥欲死，渴更欲

---

① 《陆陈两先生诗文钞》，光绪六年凝修堂刻本，陆世仪：《桴亭先生诗钞》卷一，第31页；卷八（庚戌至辛亥），第323页；陈红彦等主编：《清代诗文集珍本丛刊》第62册，国家图书馆出版社2017年版，第325页。

② 王翃《二槐草存》一卷，康熙十一年王庭刻本，《清代诗文集珍本丛刊》第25册，第293页。李按：王翃（1603—1653），字介人，浙江嘉兴人，世居王店镇，少年失学，本业染工。20岁时偶然读《琵琶记》，欣然会意，遂学词曲，进而学诗，卓然成家。身遭世乱，心怀亡国之痛，作品多含悲愤忧抑之情，常与镇上诗人相唱和，流风所及，有梅里诗派之称。文学家陈子龙极赏识他的诗才，称其有盛唐之风格，著名画家陈洪绶亦是知交，《嘉兴府志》卷十七页七十八有其小传（袁国梓等纂修，康熙二十一年刻本）。

死'二语,盖实事也。商旅不行,物价腾涌。至十二月,始得一雨连日,方快沾足,而民已困惫矣",①从六月份到冬至,整整干旱了半年,这是怎样的煎熬;吴江"夏六月,大旱,太湖底坼";②宜兴亦"大旱,溪河皆涸,两湖见古井街衢,舆马通行,斗米三钱五分"。③ 种种记载,触目惊心,江南鱼米之乡,竟然连饮水都成问题,可见旱灾的严重程度。

入清之后,旱涝灾情时断时续,并未缓解,④直到吴伟业去世的康熙十年,江南地区仍有严重的水旱灾害等灾情记载。据《江南通志》记载,该年"江南大旱,江宁巡抚马祐、安徽巡抚靳辅题蠲被灾田地起运正赋十分之一二三不等,漕粮改折外,耗赠米俱奉蠲免,又行各属安庆等府分厂设糜,普赈饥民";⑤六合县,"大旱,赤地无收,冻馁死者不可胜记";⑥仪征,"夏酷热,疫大作,人多暴死。旱,蝗,大饥";⑦上海县,"四月至七月,亢旱,港底生尘",⑧"亢旱异常";⑨嘉定,"春,知县赵昕赈粥。夏秋大旱,河底凿井,禾尽槁,至八月二十四日始雨。九月二十七日,大风雨,棉花铃尽腐,岁大祲";⑩江西诗人贺贻孙有《辛亥八月暑似三伏时不雨已五十余日矣》:"秋半犹烦热,平芜草欲焚。天低疑近日,潭涸不兴云。"⑪吴伟业的家乡太仓,则是"六月不雨,至七月。干河如杨林湖川河底龟坼,七浦盐铁舟不能行,潮汐往来仅通一线"。⑫ 可见,吴伟业出生和去世的时候,都是极端气象灾害频发的年份。

恶劣的气候条件不止于此,除了频发的旱涝灾害之外,严寒亦是当

---

① 叶梦珠:《阅世编》卷一。

② 康熙《吴江县志续编》卷八。

③ 嘉庆《增修宜兴县旧志》卷末《祥异》。

④ 详细资料,可以参见中央气象局气象科学研究院编《中国近五百年旱涝分布图集》,地图出版社1981年版;张德二主编:《中国三千年气象记录总集》(增订版),江苏教育出版社2013年版。

⑤ 康熙《江南通志》卷二十三《蠲恤》。

⑥ 康熙《六合县志》卷四《惠政》。

⑦ 道光《重修仪征县志》卷四十六《祥异》。

⑧ 康熙《上海县志》卷十二《祥异》。

⑨ 乾隆《上海县志》卷五《荒政》。

⑩ 康熙《嘉定县志》卷三《祥异》。

⑪ 贺贻孙:《水田居文集五卷存诗三卷》,清敕书楼刻本,诗集卷二,页三十三;《清代诗文集珍本丛刊》第33册,第65页。

⑫ 道光《璜泾志稿》卷七《灾祥》。

时社会常见的气象灾害。① 与晚明时期才频频出现极度干旱不同,明代的气候严寒出现更早,开始于 15 世纪。郑文康的诗歌《甲戌岁》记载了景泰五年(1454)昆山地区的大雪严寒天气,"陇头一夜雪平城,海口潮来水就冰。百岁老人都解说,眼中从小不曾见"。② 既然是百岁老人都未曾见识过的奇寒,当然是极端天气现象。只是在这之后,严寒成了常态。王鏊《瑞柑诗序》记载弘治到正德年间苏州洞庭柑橘的生长情况,反映其时的严寒状况:"洞庭柑橘名天下,弘治、正德之交,江东频岁大寒,其树尽枯,民间复种,又槁,包贡则市诸江西、福建,谓柑橘自此绝矣。"③不仅是苏州洞庭,许多地区均有严寒记载,而且时间上具有连续性,空间上具有广泛性:从江南到海南岛,从 15 世纪到 17 世纪,各类记载比比皆是。比如正德元年(1506)"冬,万州大雪",海南当地举人王世亨作有长诗,发表感慨,歌云:"严威寒透黑貂裘,霎时白遍东山路。……粤中自古原无雪,万州更在天南绝。岩花开发四时春,葛衫穿过三冬月。昨夜家家人索衣,槟榔落尽山头枝。小儿向火围炉坐,百年此事洵稀奇。"④看来不仅是江南的昆山地区,就是海南岛东南端临海的万州,都出现了百年不遇的奇寒。

此后,各种严寒、大雪记载不断。比如李日华《味水轩日记》记载的万历四十四年(1616)二月,嘉兴突降大雪,连续三天,积雪四至五寸,之后连续降雪一个多月,持续到三月十六,而杭州自从去年腊月廿七下雪,也是一直下到正月底,"平地雪高六尺,路皆冻断,今稍能通步耳"。⑤

最典型的严寒出现在崇祯九年冬,"十二月,极寒,黄浦、泖湖皆冰",⑥这是在江南的松江地区,而南方的福建寿宁,本年"冬大寒,溪冰

---

① 对这一问题学术界有不同看法,张丕远、王绍武尤其是张德二等人认为明朝末年崇祯一朝是较为寒冷的时期(参见张丕远等《十六世纪以来中国气候变化的若干特征》,《地理学报》1979 年第 3 期;王绍武等《1470 年以来我国华东四季与年平均气温变化的研究》,《气象学报》1990 年第 1 期;张德二等《近五百年我国南部冬季温度状况的初步分析》,《全国气候变化学术讨论会文集(1978)》,科学出版社 1981 年版),而满志敏等人认为明代正德前后最为寒冷而万历以后相对温暖(《中国历史时期气候变化研究》,山东教育出版社 2009 年版,第 267 页)。
② 郑文康:《平桥集》卷三。
③ 王鏊:《震泽集》卷七。
④ 正德《琼台志》卷四十一《志异》。
⑤ 李日华:《味水轩日记》,上海远东出版社 1996 年版,第 515 页。
⑥ 康熙《松江府志》卷五十一《祥异》。

厚近尺,可履而越,凡数月始解,花木多冻死";①广东长乐,"冬大冻,乐土从来霜凝仅一粟厚,是年冰冻寸余,凡竹木花果俱冻死"。② 甚至海南岛亦复如此,十二月望,临高县"雨雪三日夜,树木尽枯";万宁县,"十二月,大寒,木叶凋落"。③

夸张的是,在极端干旱的年份,长江中下游地区曾经有过连续下雪两个月的记录。安徽贵池的吴应箕年谱里说,"崇祯十四年冬十一月,过当涂访吴令君韩起,寓陶氏斋中。是年大雪凡两月,有《咏雪三和东坡韵》及《效欧阳近体》,又著《雪竹赋》,遂留当涂度岁",④本来是准备从南京返回家乡过年的,没有料到在当涂被连续两个月的大雪堵住了路,只能苦中作乐,诗赋咏雪,客居度岁了。

入清之后,相关记载屡见不鲜。叶梦珠记载,"江西橘柚,向为土产,不独山间广种以规利,即村落园圃,家户种之以供宾客",但是自"顺治十一年甲午冬,严寒大冻,至春,橘、柚、橙、柑之类尽槁,自是人家罕种,间有复种者,每逢冬寒,辄见枯萎。至康熙十五年丙辰十二月朔,奇寒凛冽,境内秋果无有存者,而种植之家遂以为戒矣"。⑤ 地方志也记载,顺治十二年"冬大寒,太湖冰厚二尺,连二十日,橘柚死者过半"。⑥ 不仅江南,海南也是如此,康熙《文昌县志》记载,康熙二十二年,地处海南岛东北部的文昌县冬天"大寒",又下雨又下雪,河里的鱼冻死不算,连槟榔树都枯死了。第二年冬天,文昌隔壁的琼山县也遭遇雨雪天气,康熙《琼山县志》记载,十一月,琼山"雨雪,卉木陨落,椰、榔枯死过半"。

较长时间连续性的重大自然灾害,给当时当地的人民生活带来了巨大的影响。堵胤锡自己记录的年谱里,描述灾害之后个人的生活场景:"天启六年丙寅,年二十六岁,依陈氏。自记:自四年大水、五年大旱,斗米二百钱,内子针纺佐食,冻疮裂甚,十指如悬槌,日得一炊便相

① 崇祯《寿宁待志》卷下《祥异》。
② 康熙《长乐县志》卷七《祥异》。
③ 康熙《万州志》卷一《事纪》。
④ 夏燮编:《忠节吴次尾先生年谱》,同治六年刻本。
⑤ 叶梦珠:《阅世编》卷七《种植》。
⑥ 乾隆《吴江县志》卷四十。

庆幸，予入室，值内子私泪，虑予之觉之也，强为笑容，予心然，亦弗敢诘也。"① 堵胤锡为东林骨干、无锡人马世奇（吴伟业的进士同年）的弟子，因为父母双亡，所以投靠岳父陈大懋，天启六年的时候，他已经是廪膳生员，能够领取膏火银、助学金了，可是遇到灾荒，仍然生活艰难。至于一般老百姓，那日子就更惨了。吴甘来亲眼所见，"崇祯九年丙子，先生三十八岁，居城南。初春舣舟迎座师何香山（吾驺）相国于章江。是岁，江南大祲，籴价踊贵，所在皆攘劫，稚耄瘠弱者殍死道路"② 还没到明朝灭亡的时候，富庶的江南地区，已经到处抢劫、饿殍遍野了。吴伟业父祖辈的经济并不富裕，后来也只有吴伟业一人有官职在身，尽管吴伟业多次强调自己生活困苦，但是相对于同时代的大多数人来说，应该可以算是小康之家，包括能够花费万金修治园林，其经济来源颇值得研究。

由旱灾带来的次生灾害如蝗灾、瘟疫等，在明末也是出现了叠加效应，加剧了社会危机。特别是崇祯十三年开始，大面积干旱，十四年达到极盛，前后持续四年之久，食物极度匮乏的情形下，鼠疫暴发，从山西、河南、河北、山东到天津、北京，乃至陕西、安徽、浙江、南京，传染范围极广。人口密度大的北京情况最为严重，计六奇记载当时的情况，说"（崇祯十六年）八月至十月，京城内外号疙瘩病。兵科曹良直方与客对坐，举茶打恭，不起而殂。兵部朱希莱拜客急回，入室而殂。宜兴吴彦升授温州通判，一仆先卒，一仆买棺而卒于卖棺处。有一友姓鲍，劝移寓，随行李去，入门而殂。吴速看视，亦即殂。又金吾钱晋明同客对谈，言未绝而殂。其夫人同奴仆辈，一刻间殂十五人。……沿街小户，收掩十之五六，街坊间的儿为之绝影。有棺无棺，九门计数，二十余万也"。③ 翰林院编修程正揆说，某些瘟疫是有偏方可治的，"病人身间，忽起红子，大如豆，三日渐大，必死。闻中有羊毛数根，谓之羊毛瘟。死者日以数千计，宫中亦不免。自东北方行之西南，惨不可言。或初起时用

---

① 堵胤锡自记，佚名编，吴骞校：《堵忠肃公年谱》，嘉庆十年抄本。
② 漆嘉祉编：《庄介吴公苇庵先生年谱》，咸丰七年刻本。
③ 计六奇：《明季北略》卷十九《志异》，中华书局 1984 年版，第 402 页。李按：《明季北略》，每卷都有"志异"，其中很多就是灾害记录，可参考。

利刀割去红点,间有生者。予得一方,以白术加数味末饮之即消,施此药活人颇多,亦不解所以也"。① 但是,大多数人显然没逃脱瘟疫的戕害,李自成攻入北京的时候,几乎没遭到什么像样的防守,原因之一就是严重的疫情导致人员大量死亡。他后来很快也撤离北京,除了败于清军外,不敢待在北京亦是重要因素。《中国人口史》第四卷《明时期》的作者曹树基等人认为,崇祯末期北方鼠疫大流行,造成人口损失达500万之巨。②

崇祯在位期间,尽管他孜孜求治,但是一方面确实天灾连年,屋漏偏逢连夜雨,另一方面内忧外患、战火连绵,朝廷开支激增,国库空虚,加上他生性苛察、为人多疑、善财难舍,所以灾区百姓陷入水深火热之中,许多灾区都有地方士绅为民请命、自主赈灾的记载,比如如皋冒氏家族。冒辟疆年谱中就记载了他很多次赈灾的经历:"崇祯十三年庚辰,三十岁。岁大饥。陈维崧《寿序》:崇祯末年,大江南北率苦饥,而庚辰尤甚,斗米估值钱千贯,麦钱四百,他荞花麦梗儿与米谷等。甚有不得食者,人多相食。阮元《广陵诗事》同郡许若鲁直序云:岁庚辰,江南北飞蝗蔽天,赤地千里,吾邑斗米千钱,僵尸载道。辟疆捐金破产,躬自倡赈,日待哺者四千余人";"崇祯十四年辛巳,三十一岁。岁大旱。《墓志》:辛巳,岁大旱,上官才先生,委以赈其邑人,条法甚具,全活无算。不足,自鬻产、出簪珥继之";"顺治九年壬辰,四十二岁。岁大饥。《墓志》:壬辰,复大祲,先生赈如前。民疫死者众,先生日行道馑中,亦病且殆。"③再比如北京大兴的金铉,"崇祯十三年庚辰,伯兄三十一岁。是岁北地大蝗,民饥,人相食,入冬尤甚。伯兄暨道邻史公、北海孙公(李按:指史可法、孙承泽)捐资赈济,伯兄、史公躬任其事,给粥散蚨,身冒风雪中,所全活者甚众";"崇祯十六年癸未,伯兄三十四岁。秋七月,京师大疫,日死人不可胜记,甚有空一门空一巷者,伯兄制五瘟丹施之,亲自和药,昼夜不息者数月,所全活甚众。家中上下几五十人,绝无病且死者,

---

① 程正揆:《先朝遗事》,页三十四,抄本,《稀见明史史籍辑存》第11册,影印本,线装书局2003年版,第136页。
② 参见曹树基等《鼠疫:战争与和平——中国的环境与社会变迁(1230—1960年)》,山东画报出版社2006年版。
③ 冒广生编:《冒巢民先生年谱》,光绪至民国刻本。

都人奇之"。①

即使是富庶的江南,遭逢连年灾害,普通百姓也难以自救。吴伟业的乡试同年、苏州文人郑敷教(他与吴伟业还有转折的姻亲关系),其年谱中记载"崇祯十一年戊寅,四十三岁。夏,大旱。自此吴中旱蝗相仍";"崇祯十四年辛巳,四十六岁。自戊寅以后比岁不登,是岁饥,春夏间当事存心赈救,立平粜法,复设粥厂,以食不能出粜者。诸生张我城,仿宋刘彝立慈幼局,收弃婴孩于路者,募贫妇,月给米,乳育之。先生主持总理,全活甚多";可是,有更多的贫民无路可走,"崇祯十五年壬午,四十七岁。时当荒馑之后,疾疫死亡尤甚"。② 无锡人计六奇"忆是岁(崇祯十五年)春大饥,予随内父杭济之先生读书于舅氏,闻有饥者自沉于河。一日,二母舅进书斋云:'今日西门桥又有以妇人携三岁儿投掷河中矣,以不忍其子之饥也。'言之惨然。时死者甚众,凡途间贫人,倾仆即死,腹内空虚故耳。家孟伯雄馆于苏之沈氏,时米每石三两余,百姓大饥。纱縠停造,织机坊内,一夕饿死纺户十七人,其他可知"。③ 这些亲身经历的细致描写,形象反映了当时老百姓水深火热的生存场景。

不仅普通百姓,由于灾害频仍、物价腾涌,甚至一些清廉的政府官员生活亦难以为继。安徽贵池著名文人、学者刘城,就曾经资助过黄道周等人,"崇祯十一年戊寅,先生四十一岁。春,池州大旱,继以大水,岁饥,人食白土。秋,应召到京师,寓真如寺,脱资赠黄詹事道周、成御史勇、陈晋州弘绪。诗文有《与吴骏公伟业》"。④

气候变化导致的极端气象灾害频发,干旱、严寒、洪涝等交替出现。降水不足,该下雨的时候不下,不该下雨的时候暴雨,日照不足,低温冻害,这些都给农业生产带来了巨大的影响。农业危机引发经济危机,物价上涨,进一步放大了灾情;经济危机又转化为财政危机,物价上涨和通货膨胀使得政府收入实际上下降,灾害频发导致各地税收越来越难

① 金镜编,金鐊订:《金忠洁年谱》,光绪五年刻本。
② 郑敷教自记,徐云祥等续编:《郑桐庵先生年谱》,民国二十三年铅印本。
③ 计六奇:《明季北略》卷十八,中华书局1984年版,第337页。
④ 刘世珩编:《刘伯宗先生年谱》,光绪、民国间刻本;刘城《峄桐诗集》卷二有《与吴骏公伟业》"吴子奋鸿藻"一诗,光绪十九年养云山庄刻本。

以足额,明朝收入基本来自农业税,这使其财政状况日益恶化,万历时期开征矿税(实质为商业税,始于万历二十四年),并因此受到了知识阶层的严厉指控与激烈抵制,但其根源则在于中央政府财力不足;财政危机继而上升为统治危机,突出地体现为政府救荒能力的下降。① 另外,万历之后,粮食仓储制度被败坏,中央仓储粮急剧下降,预备仓(常平仓)、社仓(义仓)已名存实亡,平粜、赈济、蠲免,三大救荒措施,至万历晚期(17世纪初)已基本被明政府所放弃,灾害的增多与政府的不作为,对当时社会心理产生明显影响,万历之后救荒专著大量涌现,反映出处于崩溃前夜的社会普遍焦躁不安的情绪。

这样的情形在明清之际文人的别集中亦有体现。昆山朱用纯年谱中记载:"崇祯十六年癸未,十七岁。吴中荒旱,飞蝗蔽天,斗米九百钱,道馑接踵,正供无出,民间力难代输,先生父节孝先生上《乞免昆邑代兑书》。"② 显然地方政府难以满足这样的请求,东北、陕北、中原相继用兵,正指望江南地区的赋税支撑。不得以,民间只能依靠自己组织救灾防荒,《孙奇逢年谱》中说"崇祯十三年庚辰,五十七岁。春夏不雨,岁大饥,人相食。饥民聚啸,余与百楼乡邻修备御"。③ 但是能够减免、赈济、自卫的毕竟是少数,于是群盗并起、国无宁日矣。

明末动乱开始于陕西、山西,这两省大部位于黄土高原,处于东亚季风北部边缘,水热条件差,旱灾威胁加剧,水土流失严重,生态环境脆弱,农业生产受气候变化的影响极其明显。同时,西北远离政治、经济中心,明代东南沿海商品经济的发达对内陆影响甚微。由于上述因素,明末大旱首先发生在陕西,迅速造成了严重饥荒,进而引发大规模的动乱。早在崇祯二年,这些地区的危机就很严重了。该年四月二十六日,行人马懋才上书朝廷,备陈大饥,词曰:"臣陕西安塞县人,中天启五年进士,备员行人。……臣乡延安府,自去岁一年无雨,草木枯焦。九八月间,民争采山间蓬草而食,其粒类糠皮,其味苦而涩,食之仅可延以不

---

① 张兆裕《明代万历时期灾荒中的蠲免》(《中国经济史研究》1999年第3期)一文认为,万历二十七年(1599)是重要的明显的转折点,前27年发生灾荒239次,蠲免赋税115次;后期灾荒200次,蠲免赋税40次,可见赈灾力度严重下降。

② 朱用纯编,金吴澜补编,李祖荣校辑:《朱柏庐先生编年毋欺录》,光绪六年刻本。

③ 汤斌等编,方苞订正:《征君孙先生年谱》,康熙刻本。

死。至十月以后，而蓬尽矣，则剥树皮而食，诸树惟榆皮差善，杂他树皮以为食，亦可稍缓其死。迨年终而树皮又尽矣，则又掘其山中石块而食，石性冷而味腥，少食辄饱，不数日则腹胀下坠而死。民有不甘于食石而死者，始相聚为盗，而一二稍有积贮之民遂为所劫，而抢掠无遗矣。……最可悯者，如安塞城西有粪城之处，每日必弃一二婴儿于其中，有号泣者，有呼其父母者，有食其粪土者。至次晨，所弃之子已无一生，而又有弃之者矣。更可异者，童稚辈及独行者，一出城外，便无踪迹。后见门外之人，炊人骨以为薪，煮人肉以为食，始知前之人，皆为其所食。而食人之人亦不免，数日后面目赤肿，内发燥热而死。于是死者枕藉，臭气熏天。……幸有抚臣岳和声弭盗赈饥，捐俸煮粥，而道府州县各有所施，然粥有限而饥者无穷，杯水车薪，其何能济乎？又安得不相率而为盗也？且有司束于功令之严，不得不严为催科，仅存之遗黎，止有一逃耳！此处逃之于彼，彼处复逃之于此，转相逃，则转相为盗，此盗之所以遍秦中也。"①这亲眼所见、亲身经历，陈述灾情、盗情，思考冷静，触目惊心。吴伟业在《绥寇纪略》中探究明末农民起义的原因时，也多次描述了类似的情形。

晚明农民起义军在当时被官方称为"流寇"，他们也确实长期处于流动状态，主要活动于三个区域，分别是旱灾灾区、山区（秦巴山区、大别山）、非灾区（特别是江淮富庶区域）。因为灾区有丰富的兵源可以随时补充，起义军规模迅速扩大的时段都是在灾区活动（特别是关中、河南）时，但人数的急剧增多就会导致补给的缺乏，特别是冬春季节，迫使起义军向物产丰富区域流动。不过经济发达地区虽然可以提供补给，但是缺乏群众支持，而且地形简单，易被政府军捕捉围攻，所以起义军往往利用地形复杂的山区作为老营以及大范围机动的往来枢纽。只是交通不便的山区虽然可以逃避官兵的征剿，可人力、物资两缺，条件艰苦，容易造成大量减员。这是晚明农民起义经常声势浩大、突然销声匿迹，有时会接受招安，转眼又成燎原之势，迅速席卷天下，却又一击即溃的重要原因。

---

① 计六奇：《明季北略》卷五，中华书局 1984 年版，第 105 页。

哪怕到了清初稳定下来,哪怕就是相对富庶的江南地区,由于经历了惨痛的易代之乱(多处屠城),加上连续性的自然灾害,普通百姓的生活同样非常困苦。浙江学者陈确的年谱里详细记录了当时贵得离谱的物价:"顺治三年丙戌,四十三岁。是时物价腾踊,桑叶每百斤四千,稻秆每百斤七百,炭每斤一百,米每斗八百五十,油每斤四百,他物称是。"①自然灾害不但影响了生产,导致供应不足,而且影响了交通,阻碍了商品流通,市场无法提供足够的商品,进一步抬高了物价。姚廷麟《历年记》记载,由于"黄浦江俱冻结,条条河俱连底冻紧,过渡金涨至每人十文,竟性命相搏斗……年货件件皆贵,因客舡胶断故也"。②

由于赋税很重、收成减少、物价上涨,不要说普通老百姓,就是许多大地主都觉得生活困难了。吴伟业的同乡好友、王锡爵的孙子、清初四王之一的王时敏,于顺治三年春,与五位成年儿子"析产,诸子各授田二千五百亩,房租一百八十金,童仆亦皆分属",③其目的就是拆散大家庭,降低生活成本,由诸子继承田产、分担赋税等开支。同样,清初没有一官半职赋闲在家的吴伟业,其经济收入亦成问题,为了养活一大家子并维持风雅的生活,他的政治取舍就需要再三掂量。

对于江南经济的困境,地方官员一直有着清醒的认识。明末应天巡抚张国维就曾担心:"三吴数年以来,水旱频仍,风雹涝至。正供与杂项并急,公帑如洗;积逋与预征交并,敲扑日烦。家无隔宿之储,人鲜乐生之念。憔悴支离,郑图难绘。且年来军器改造,弓箭改造,辽饷加征,民力已竭。而额外可缓之需,复责以累年浮坐之数,则皮尽而毛安附?恐不能为半壁之东南深长虑也。"④晚明社会动乱,西北、东北战事吃紧,幸得东南财税支撑,一旦江南经济崩溃,则后果可想而知。

入清后,著名理学家、江宁巡抚汤斌曾经详细梳理、认真分析了明代以来江南的经济状况,结合清初面临的新问题,特别是地方官为了完成征收赋税任务不择手段,导致民不聊生(要不就是官不聊生),恳请朝

---

① 吴骞编:《陈乾初先生年谱》,民国四年铅印本。
② 姚廷麟:《历年记》,上海人民出版社1982年版,第138页。
③ 王宝仁:《奉常公年谱》"顺治三年",道光十八年刻本,《北京图书馆藏珍本年谱丛刊》第66册。
④ 张国维:《回奏绢匹疏》,《抚吴疏草》"崇祯七年奏疏",崇祯刻本,第13页。

廷为了地方的长治久安和可持续发展,必须适当调整、减轻该地区的赋税:"苏松土隘人稠,一夫所耕不过十亩。而倚山傍湖,旱涝难均,即丰稔之岁所得亦自有限。而条银漕白正耗,以及白粮经费,漕赠五米十银,杂项差徭,不可胜计。而仰事俯育,婚嫁丧葬,举出其中。终岁勤动,不能免鞭扑之苦。故苏松俗好浮华,而独耕田输税之农民艰难实甚。两府与常镇嘉湖皆壤地相接,而赋额轻重悬殊。即江浙闽楚并号财赋之乡,区区两府田不加广,而可当大省百余州县之赋,民力所以日绌也。夫两府田赋之重,固起自明初。尝考洪武年间,籍没张士诚将士私产,号为官田,赋额特重,而民田之起科较轻。永乐以后,漕运愈远,加耗滋多。宣德正统间巡抚周忱奏减苏州租七十余万石、松江租三十余万石,民困稍苏。至嘉靖初,苏州知府王仪请行均田之法,尽括官民田而衰益之。当时稍救官田之敝,但正耗兼配,科则繁杂,吏易为奸。其后以耗米作为正粮,又运纲诸费,额外取之于民,因事派征,又如所谓九厘地亩之类,日渐加益,非复正嘉以前之旧。至启祯时,军饷孔殷,加派日繁,民不堪命矣。本朝定鼎,田赋悉照万历年间则例,尽革明末无艺之征,洵称救民水火。近年因时制宜,如白粮经费、运军行月、永折加价等项载在全书。其官收官兑之法最称便民,不可更易。然亦因明朝赋重役繁,以耗作正,不得已为此补救之计,而民力则已殚也。顺治初年钱粮起存相半,考成之例尚宽。后因兵饷急迫,起解数多,又定十分考成之例,一分不完,难逭部议。以四十余万钱粮之州县,至与小县钱粮不上数千或仅一二万者一例考成,官斯土者虽贤如黄霸鲁恭,何能自免谪谴。夫人千里而来为吏,谁肯以催科无术甘心自弃,一存顾惜功名之念,则展转苟且之计必生。或以存留而抵起解,或以此项而借彼款,或以新粮而抵旧欠。参罚期迫,则以欠作完,赔补维艰,又以完为欠,种种弊窦,莫可究诘。一经发觉,身家俱丧。官之更代日勤,蠹胥因之作奸。头绪纷淆,侵渔任意,虽严加追比,究之款额空悬,惟二十二年适遇岁丰,二十三年荷蒙圣恩蠲漕,故仅有一二县地丁全完,而仍多挂欠,以年外报完未副议叙之例。夫人才力不甚相远,岂他省之吏干济独优,苏松之官催科偏拙?以百姓之脂膏既竭,有司之智勇俱困,前途之功名绝望,官箴之砥砺难期。心已灰矣,地方何赖?吏治人才皆足惜也,积欠年久惟待赦蠲。我国家弘敷大赉，每一赦诏，苏松免租多者百万，少者七八十万。是粮额虽重，原非可完之数。与其赦免于追呼既穷之后，何若酌减于征比未加之先，使得完肌肤而乐升平，且无损国家岁入之实数乎？"①汤斌的意思其实很简单，就是由于既往的赋税定额太高，百姓天生交不出、官员铁定完不成，长期拖欠，已成痼疾，每逢灾荒，只得减免，与其苛责地方官员、普通百姓，不如降低税额，一劳永逸，百姓官员皆大欢喜，朝廷征收到手的总额并没有减少，还赢得了民心。虽然该奏疏本意是为了更好地巩固清王朝的统治，客观上却也反映了封建王朝对江南地区的政治压迫和经济敲诈。可惜汤斌并不真的了解最高统治者的心理：正是利用高额赋税等系列措施，清初统治者保持着对江南士绅的高压政策，即使遭遇大灾给予蠲免也是朝廷恩赐，更可以借口江南地区长期拖欠，随时利用诸如"奏销案"之类全面严厉打击传统士绅阶层。政治、经济手段的双重措施，是统治者对付江南士绅的双保险。所谓"探花不值一文钱"就是这种时代背景下的产物，而吴伟业也正是因为"奏销案"被剥夺了功名。

吴伟业所生活的时代，尽管自然环境恶劣、社会动乱频仍、农业生产倒退，但是工商业发展很快。尤其是东南沿海地区，地少人多，明代以来赋税极重，传统的小农经济根本无法解决生存问题。穷则思变，为了应对自然条件和国家政策的双重压迫，江南地区的经济形式产生较大的变化，商业、手工业、纺织业、文化产业等领域发展迅速。浙江仁和退休官员张瀚（1510—1593）回忆自己家族的经济发展史时曾说："毅庵祖家道中微，以酤酒为业，成化末年值水灾，时祖居傍河，水淹入室，所酿酒尽败"，"因罢酤酒业，购机一张，织诸色纻帛，备极精工。每一下机，人争鬻之。计获利五当一。积两旬，复增一机。后增至二十余。商贾所货者，常满户外，尚不能应。自是家业大饶"。② 苏州人冯梦龙创作的小说《施润泽滩阙遇友》，仿佛就是张家发展历程的形象写照，施复家中本来只有一张织机，因事事顺利，"几年间，就增上三四张绸机，家中颇颇饶裕"，"夫妻依旧省吃俭用，昼夜营运。不上十年，就长有数千金

① 汤斌：《苏松逋赋疏》，《汤子遗书》卷二，四库全书本。
② 张瀚：《松窗梦语》卷六"异闻纪"。

家事。又买了左近一所大房居住,开起三四十张绸机",不仅仅他们家,其所在的"苏州府吴江县离城七十里,有个乡镇,地名盛泽。镇上居民稠广,土俗淳朴,俱以蚕桑为业。男女勤谨,络纬机杼之声,通宵彻夜。那市上两岸绸丝牙行,约有千百余家,远近村坊织成绸匹,俱到此上市。四方商贾来收买的,蜂攒蚁集,挨挤不开,路途无仃足之隙。乃出产绵绣之乡,积聚绫罗之地","这镇上都是温饱之家"。① 文学描写正是当时社会现实的反映,明代中后期,江南地区民间商业资本不断壮大,并逐渐向工业资本转移,商品流通的范围、规模、效益都在增加。李伯重借鉴工业化理论,认为"明代中期,江南经济开始加速成长","在此经济成长中,工业发展具有最重要的地位","江南早期工业化大约始于明嘉靖中后期","虽然遭遇了明清之际的破坏和清代初年的萧条,但江南工业的发展基本上保持了一种持续发展的趋势"。② 晚明以来,江南市镇经济的高度繁荣,显然是这种早期工业化的产物。

晚明江南地区商品经济的高度繁荣,直接带来了市民阶层的壮大,改变了社会格局,市民阶层吹响了时代主旋律,从经济生活逐步介入政治、文化、思想领域。陈宝良认为:"从正德时期到明末,以肯定个人的情欲与追求人格独立为主潮的人文主义,实际上是资本主义萌芽这一经济因素在文化思想上的折射。"③ 晚明思想界的先锋李贽说:"盖声色之来,发于情性,由乎自然。是可以牵合矫强而致乎? 故自然发乎情性,则自然止于礼义,非情性之外复有礼义可止也。惟矫强乃失之,故以自然之为美耳。"④ 晚明社会市民阶层的迅速壮大,通俗文学的勃然兴盛(比如苏州冯梦龙搜集的《山歌》《夹竹桃》等流行民歌,编撰的"三言"等通俗小说),思想界对人追求物质利益、满足自然欲望的充分肯定,尤其是将个人权利与社会责任并驾齐驱、共同认可,反对利用道德绑架扼杀个人选择,对明清之际士大夫阶层的人生选择有着重要的潜在影响。另外,典型的苏州市民的反阉党斗争,其代表人物颜佩韦等五人捐躯,

---

① 冯梦龙:《醒世恒言》卷十八,人民文学出版社 1994 年版。
② 李伯重:《江南的早期工业化(1550—1850)》,社会科学文献出版社 2000 年版,第 24—25 页。
③ 陈宝良:《晚明文化新论》,《江汉论坛》1990 年第 6 期。
④ 李贽:《焚书》卷三《读律肤说》,明刻本,第 77 页。

敢于出资为之安葬的是文震孟、姚希孟等人，"与同社诸君子，哀斯墓之徒有其石也，而为之记"的是张溥（《五人墓碑记》），这些活动，发生在血气方刚的少年吴伟业身边，也会对他的成长产生直接影响。吴伟业后来曾为李玉《清忠谱》作序，对这部歌颂东林党人与苏州市民共同反抗阉党残暴统治的时事戏，给予了极高评价，认为其"事俱按实，其言亦雅驯；虽云填词，目之信史可也"，并借此反思明朝灭亡的原因，将陕晋农民起义的发生、发展乃至南明政权的期年而亡，与阉党及其余孽联系起来，正与早年接受的感动有关。

城镇经济的迅速发展，获益的除了辛勤劳动、承担风险的经营者（作坊主、行商、手工业者等）之外，更多的是传统的官宦集团、士绅阶层。他们依仗独特的身份优势，在土地资源极为有限的江南地区，侵占、囤积了大量良田（晚明松江华亭徐阶据说家有良田18万亩，子弟豪横、嗜利贪纵），控制了纺织业、粮食加工业等产业的原料来源，利用资本优势，涉足钱庄、当铺等金融产业（清初昆山徐乾学曾经以白银十万两给盐商项景元，月息三分），更有甚者，官商勾结，以获取高额回报（从晚明时期《金瓶梅》中描写的西门庆借助官府势力迅速崛起，到清前期《红楼梦》中皇商薛家与其他贾、王、史几大家族构成的利益共同体，一荣俱荣一损俱损，都是整个明清社会官商勾结的典型）。这些获利阶层基本上在郡城、县城、集镇上购置房产，扩大规模，居住、经营。显而易见的是，明清江南大量集镇的迅速崛起，正是当时城镇经济繁荣的外在表现。

积聚了大量财富的巨商大贾、士绅阶层，生活豪奢，挥金如土，这也刺激了全社会的消费欲望。巫仁恕曾经"从市场购物的频率增高、奢侈品成为日常用品、奢侈消费的普及化、流行时尚的形成、身份等级制度的崩解与奢侈观念的新思维"等方面，论证"晚明已进入'消费社会'的形成时期"，并"从晚明的经济、社会与思想等方面，探析消费社会形成的诸多背景因素，包括了商品经济与市场、都市化、家庭收入与浪漫情欲观等等"。[①] 而明清时期江南地区最流行、最奢靡的消费项目就是造

---

① 巫仁恕：《品味奢华：晚明的消费社会与士大夫》，中华书局2008年版，第20页。

第一章　时代与地域

025

园活动。晚明松江华亭戏曲家何良俊曾说江南地区"凡家累千金,垣屋稍治,必欲营治一园。若士大夫之家,其力稍赢,尤以此相胜。大略三吴城中,园苑棋置,侵市肆民居大半"。[1] 在这一狂热的造园竞争中,吴伟业的私家园林梅村,其建造过程就极为耐人寻味。晚明后七子的领袖、太仓人王世贞,独掌文坛二十年,四方求文无虚日(李时珍完成《本草纲目》后也曾经求取王世贞的序言,方才为世人所广泛接受),风华绝代,广有资产,构建弇山园,极其奢华豪阔,号称"东南第一名园"。可是,其长子王士骐仍不满意,继续"兴作无虚日""性喜多费",并将弇山园的一部分改造为贲园;士骐长子王瑞庭更是有过之而无不及,"性似父而汰尤甚",创建廓然堂,稍有不满,刚建好就拆了重建,"不当意立命拽毁之,再构又然,至三始成",终于败家,贲园转手后为吴伟业所购买(参见《顾谱》相关记载)。吴伟业购得贲园后,继续拓展改造,其后亦将廓然堂收购。吴伟业去世前,跟儿子交代,"吾生平无长物,惟经营贲园,约费万金"(《与子暻疏》),花费万两银子以修建园林(当然这应该是保守估计,因为从明代购入,一直在增修、扩建,入清后还请著名造园设计师张涟改造过,另外还需要维护、修缮),可见其生活消费之奢华。明末钱谦益为了迎娶柳如是而修建绛云楼,楼中广藏善本,两人诗酒唱和,一时传为佳话;入清后王时敏一边哭穷、分家,另一边却大兴土木,营建西田别苑,[2]有农庆堂、稻香庵、霞外阁、锦镜亭、西庐、绿画诸胜,写《西田杂兴》诗,遍邀亲友唱和。诸如此类,都反映出明清之际江南士绅阶层对园林生活的狂热追求。

　　当然,江南士绅竞相修建私人园林,仅仅是其奢侈生活的表象。营造园林,只是创设了空间、提供了场所、营造了氛围。在这样的雅致空间里举行的文人聚会、诗文唱和、戏曲演出等文学艺术活动,才是这些园林真正价值的体现。无论是退居林下还是逃避政治,拥有独立的私家园林,构建心灵的世外桃源,良辰美景,赏心乐事,诗酒风流,相得益彰,这才是江南文人最理想的生活。陈子龙读书宋氏南园,徐孚远、李雯、宋征璧等人纷纷来聚集,几社活动大多在此展开,成就了云间诸子

---

① 何良俊:《西园雅会集序》,《何翰林集》卷十二,《四库全书存目丛书》集部142册,第109页。
② 据王抃《王巢松年谱》,王时敏营建西田别墅,先后花费了四五千金,见该谱顺治三年。

的文采风流,更编纂了《皇明经世文编》等皇皇巨著。朱丽霞说"明清之际,云间几社所倡导的文学复古即将园林宴游作为诠释策略","借助于园林建构了此际的文化理想并进而诠释了自己的文学使命,从而开启了清代文学的新局面"。① 王时敏营建西田,"乃日偕高僧隐君子往来赠答,间召集梨园老乐工,用丝竹陶写,以此行年七十,齿发不衰"(吴伟业《王奉常烟客七十序》),吴伟业就是那里的常客,西田赏菊成了每年的保留节目。而吴伟业自家梅村里的乐志堂、娇雪楼、梅花庵、廓然堂、鹿樵溪舍等,除了经常性地接待地方官以及当地的友朋之外(如陆世仪就曾来梅花庵陪同接待过前任太仓知州白登明),还接待过太仓之外的著名文人如余怀、尤侗、归庄、叶方蔼、姜宸英、秦松龄、吴绮、田茂遇、魏宪、林云凤等。每一次外地友人来到梅村,往往也是太仓当地文人欢聚的时候。比如吴绮来到娄东,吴伟业就召集多人作陪,魏宪《百名家诗选》卷八十三中收录了毛师柱《辛亥元夕,吴梅村先生招陪吴湖州园次同余澹心、王湘碧、惟夏、次谷、许九日、顾伊人、沈台臣讌集乐志堂,即席分赋兼呈湖州》之作,而沈受宏《白溇集》卷一《和王次谷元夕听雨有感》有云:"去岁元夕,梅村师招同吴湖州园次、余澹心、王湘碧、次谷、许九日、顾伊人、毛亦史讌集乐志堂。"可见这次聚集给他带来了深刻的印象,到第二年元夕都记忆犹新。余怀每一次到访梅村,都是娄东文士欢快的聚会。王昊《硕园诗稿》卷八有《白门余澹心来娄,同昭芑、子俶、九日、圣符、周臣、端士、异公集梅村先生梅花庵》,记载了这次聚会唱和。余怀的《三吴游览志》亦记载了多次在吴伟业梅村里的文酒聚会,其中"六月初七,晴,骏公招饮五亩之园,园弇州所制,因水凿石,石嶙峋若天生。长槐茂柏,濵岚荫渚,烟垂云委,岫壑冲深,萝径所绝。……园之近人而可乐者,莫此为全。……同集者,朱昭芑、周子俶、许九日、王羲伯、王周臣兄弟、王公沂、吴圣符、顾右民、徐介石,女郎冯静容,宾主士女共十四人",②可见聚会规模之盛。余怀对吴伟业的"五亩之园"极为倾倒,从春夏秋冬四季之景到各个建筑物的形态、风格特点,都做了精彩点

① 朱丽霞:《园林宴游与文学的生态变迁——以明清之际云间几社的文学活动为例》,《文艺理论研究》2007年第4期。
② 余怀:《三吴游览志》,《余怀全集》(下册),上海古籍出版社2011年版,第391页。

评,多次在此"剧饮",动辄赋诗作词,兴会所至,诗兴勃发,往往四首、六首,或者"赠以长句"。精美园林的空间价值,得以完美呈现。

至于园林与戏曲活动的关系,那就更为密切了,对此研究者评述已多,不再赘述,仅举一例:董雁曾阐述说"江南自古乃水乡泽国,清澈灵秀的江南之水与士人在精神和艺术上追求的某种品格甚为契合。朝飞暮卷之日,池中倒映的云霞翠轩甚为绚烂;雨丝风片之时,烟波水亭中游动着伶人袅娜的舞姿。于此,园与曲、实与虚、景与情的交融合一得到完美展现","昆曲与园林同为高雅的艺术部类,艺术品性上存在着天然的契合,都讲究品位与意境,因而园林戏场最适宜演出昆曲",①可谓知音。

吴伟业所生活的时代,虽然自然环境恶劣、政治氛围严峻,但是思想界、文艺界却异常繁荣。明代自嘉靖以后,封建社会母体内出现或孕育着的资本主义萌芽,在东南沿海地区逐渐成长。城市经济的迅猛发展,市民阶层的不断壮大,自然给思想界带来了巨大的冲击。王汎森曾经总结说:"从明代中叶正德、嘉靖以后,社会、文化、思想一时俱变。在社会方面,商业活动与城市文化的发达,社会身份的分别日渐模糊,习俗世界产生了重大的变化,它的新样貌及渗透力对内在超越之路产生冲击,对价值观念、道德的标准、人性论的最根本成分等产生了深刻的改变。"②特别是明朝灭亡之际,对封建君主专制的质疑,对阳明心学、程朱理学的反思与批判性继承(尤其是对晚明思想解放大潮的反省),对四书五经八股文科举考试制度与人才培养及选拔机制的检讨,都达到极其深刻的地步,也诞生了一批优秀的思想家。李贽之后,除了号称明末清初三大儒的顾炎武、黄宗羲、王夫之之外,著名学者刘宗周、黄道周、唐甄、颜元、傅山、李颙、孙奇逢、张履祥、李因笃、陆世仪、陈瑚、陈确等,在思想创新、学术传承或者笃行传统上均有所建树,成一代楷模,产生了重要影响。吴伟业本人,也或多或少地受到了这种时代思潮的洗礼。

明清之际的思想界还有一个重要特色,那就是中西会通。万历二

---

① 董雁:《明清士人园林戏场与戏曲的生态变迁》,《中华戏曲》2017年第2期,第55辑。

② 王汎森:《晚明清初思想十论》,《序》,复旦大学出版社2004年版,第2页。

十九年（1601），利玛窦来到北京，获得了万历皇帝的接见，用自鸣钟和世界地图打动了封建帝国的统治阶层。从此以后，庞迪我、龙华民、邓玉函、罗雅谷、金尼阁、熊三拔、汤若望、南怀仁等相继来到中国，积极参与传教、译著、修历等工作，并迅速完成了天主教的本土化，取得了一批中国知识精英的信任，培养出了徐光启、李之藻、杨廷筠这三位"中国圣教三柱石"，以及瞿太素、冯应京、王徵、金声、李天经、孙元化、瞿式耜等一大批科技界、思想界的重要人物，对中国政治、科技、文化、思想等领域的发展产生了重大影响。周振鹤在概括西方传教士利用科技知识进行传教的特点时说："从晚明起西方传教士所引进的科学技术知识有很宽的谱带。记其要者，即有如下数端：天文学方面介绍了托勒密体系，地理学方面则展示了如《山海舆地全图》以及《坤舆外纪》等全球知识，数学方面突出的是《几何原本》的翻译，光学方面以三棱镜展示了日光的构成，机械学方面则有时钟的陈列，测量学、水工学、解剖学也各有专著翻译。至于人文学科方面也很广泛，不但有交友论，甚至还有切合科举士人需要的记忆法。用一句粗俗或不恰当的比喻来说，这些或许只是西式烹饪里的开胃菜而不是主菜。但恰恰是这些开胃菜几乎无一例外地吸引了中国士人的注目，甚至于移情。"①当然，晚明西方宗教之所以这么快在中国本土生根发芽，除了其依仗独特的思想文化、先进的科学技术外，也与当时中国社会面临重大的自然环境的挑战和内忧外患的战争压力有关。思想解放、思维灵活的知识精英，勇敢地接受西方的新知识与新思想，试图借鉴西方先进的科学技术特别是天文历法、机械制造、农田水利、兵工火器等方面的知识与运用，应对明末天灾人祸、国势日颓的惨烈现实，挽狂澜于既倒。在这一进程中，吴伟业也曾与相关人士如徐光启、瞿式耜等人有过交往，甚至与汤若望感情颇深，他在顺治十三年写作的《通玄老人龙腹竹歌》中说"京师公卿谁旧识？与君异国同周行"，说的就是他与汤若望从明末崇祯朝相识，到顺治年间再次相遇的经历，回忆崇祯朝汤若望给他介绍世界知识的情形，"手披地图向我说，指点西极天微茫"，并借物咏志，通过龙腹竹"纵使长房投葛陂，

---

① 周振鹤：《明清之际西方传教士汉籍丛刊》（第一辑），《前言》，凤凰出版社 2013 年版，第 7 页。

此龙僵卧难扶策","天留异质在无用,任将抛掷生尘埃"的遭遇,诉说两人怀才不遇的眼前现实。

正是由于经济形势的变化、社会现实的刺激,以及中外文化的交流、各种思想的碰撞,明清之际的思想界冲破了封建传统的藩篱,达到了全新的高度。而有思想的时代,文学艺术也不会差到哪儿去。17世纪代表性的文人社团如东林党、复社,以及各种各样的诗社文派,前赴后继、层出不穷;著名艺术家董其昌、清初四王(娄东画派)、八大山人等,著名山人如陈继儒、李渔,文学流派如竟陵派、钱谦益与虞山派、吴伟业本人为代表的娄东派、陈子龙与云间派、陈维崧与阳羡词派、朱彝尊与浙西词派、沈璟与吴江派、李玉与苏州派,文学批评家如金圣叹、叶燮与毛宗岗父子,小说戏曲作家如冯梦龙、凌濛初、洪昇,包括以吴江沈氏与叶氏为代表的女性作家群(包括名妓文学如柳如是、女性结社如蕉园五子)等,一时群星璀璨。从传统雅文学的诗词歌赋,到俗文学的小说戏曲,包括女性文学与民间文学,无论从哪个角度看,17世纪都是一个成果丰硕的时代,而太湖流域无疑是17世纪中国文学最活跃的地区。

之所以出现这样的巅峰,一方面是由于江山不幸诗家幸,明清之际改朝换代的巨变、天崩地解的现实、狂飙突进的思潮、民族矛盾的尖锐等等,给予作家强烈的刺激、言说的冲动,进而引发创作的热潮;另一方面是传统雅文学(诗词文)、俗文学(小说戏曲)的各种文学式样,经过较长时间的积累,各自走向巅峰又相互刺激、共同发展;也还因为这一时期独特的自然因素特别是气候条件,对文学有着奇特的影响。文学是人学。一方面,文学作品是作为"人"的作家独立创作的结晶;另一方面,文学作品描写了人的生活,包括人所生活于其中的自然与社会,以及作家对人自身、对社会与自然的种种思考。自然现象、社会生活、人类情感既是文学描写的对象,也是刺激、影响作家创作的主要动因。作为多姿多彩、神妙莫测的自然现象,天气现象与气候变化是作家热衷表现的重要题材;作为影响人类生活最直接、最重要的自然因素之一,气象与气候对文学创作的激发与内涵也有着极大的影响。"昔我往矣,杨柳依依,今我来思,雨雪霏霏",风云变幻、雨雪交加等气象因素不但是文学作品经常描摹的对象,而且逐渐凝结为内涵丰富的文学意象,由天气变化引发的伤春悲秋更是成为中国文学反复吟唱的固定主题;同时,一方水土养一方人,作为自然环境的重要组成部分,气候条件对地域内民族性格、生活习惯、文化传统、抒情方式等,都会产生直接影响;另外,疾风暴雨、急剧降温等极端天气及其产生的气象灾害与衍生灾害,会直接刺激作家的身体与心灵,带来强烈的震撼,引发作家的创作冲动与灵感;还有,气候变化对人类社会的影响,比如政治动荡、经济崩溃、环境恶化等,也会影响作家的生存环境,从而间接影响文学创作的内容与风格。总之,气象与气候因素不但是文学作品极其重要的描写对象,也是影响文学作品内容与表现的重要因素。17世纪是小冰期的极盛期,对政治经济乃至日常生活的影响,如前所述,极为明显,进而影响了这一时期的文学艺术,这也是吴伟业所生活时代的独特性之一。在这种氛围中,吴伟业脱颖而出,既是时代的产物,也是个体的幸运。

综上所述可知,吴伟业生活的时代,由于气候变化带来的自然环境日趋恶劣,灾害频仍、经济凋零,寒冷、干旱、瘟疫、地震等等灾难不断,[1]严重影响了靠天吃饭的小农经济;朝堂之上君臣无能、党争激烈、宦官擅权,面对灾难应对无方。天灾人祸,引发社会动乱,农民起义、外敌入侵,内忧外患、改朝换代,少数民族政权入主中原。环境危机、社会动乱叠加,阶级矛盾、民族矛盾并存,民间思想解放、朝廷钳制言论,城市畸形繁荣、农村加剧衰落,是吴伟业从事文学创作的大背景,也是吴伟业文学创作所反映的重要内容。

第二节　地域特征

姑苏城的娄门外,有一条河,出城后一路向东、偏北,迤逦而行,经昆山、太仓,至浏河口汇入长江、通向大海,这条河叫娄江(又叫浏河)。

---

[1] 吴伟业《绥寇纪略》卷十二"虞渊沉",就是详细记载崇祯十七年期间发生的天文异象、气象灾害等现象,比如"大雨雹、本冰""风霾、雾、昼晦""雷震""地震""旱蝗、人相食""水灾"等,既借鉴了传统史书五行志的体例,也意识到自然条件变化对社会发展、改朝换代的巨大影响。

娄江所流经的区域,是晚明时期全国经济、文化最为发达的地区。太仓当地文人吴伟业,曾创作《望江南》组词,从不同角度全方位描写了令人神往的明末江南水乡典雅精致的日常生活:

江南好,聚石更穿池。水槛玲珑帘幕隐,杉斋精丽缭垣低,木榻纸窗西。

江南好,翠翰木兰舟。窄袖袯衣持楫女,短箫急鼓采菱讴,逆桨打潮头。

江南好,博古旧家风。宣庙乳炉三代上,元人手卷四家中,厂盒斗鸡钟。

江南好,兰蕙伏盆芽。茉莉缕藏新茗椀,木瓜香透小窗纱,换水胆瓶花。

江南好,蒲博擅纵横。红鹤八番金叶子,玄卢五木玉楸枰,掷采坐人倾。

江南好,茶馆客分棚。走马布帘开瓦肆,博羊饧鼓卖山亭,傀儡弄参军。

江南好,皓月石场歌。一曲轻圆同伴少,十番粗细听人多,弦索应云锣。

江南好,黄爵紫车螯。鸡臛下豉浇苦酒,鱼羹加芼捣丹椒,小吃砌宣窑。

江南好,樱笋荐春羞。梅豆渐黄探鹤顶,芡盘初软剥鸡头,橘柚洞庭秋。

江南好,机杼夺天工。孔翠装花云锦烂,冰蚕吐凤雾绡空,新样小团龙。

江南好,狮子法王宫。白足禅僧争坐位,黑衣宰相话遭逢,拂子塞虚空。

江南好,闹扫斗新妆。鸦色三盘安钿翠,云鬟一尺压蛾黄,花让牡丹王。

江南好,艳饰绮罗仙。百褶细裙金线柳,半装高履玉台莲,故故立风前。

江南好,绣帅出针神。雾鬟湘君波窈窕,云幢大士月空明,刻画类天成。

江南好,巧技棘为猴。髹漆湘筠香垫几,戗金螺钿酒承舟,锻镂匠心搜。

江南好,狎客阿侬乔。赵鬼揶揄工调笑,郭尖儇巧善诙嘲,幡绰小儿曹。

江南好,旧曲话湘兰。薛素弹丸豪士戏,王微书卷道人看,一树柳摧残。

江南好,五色锦鳞肥。反舌巧偷红嘴慧,画眉羞傍白头栖,翡翠逐金衣。

这十八首《望江南》,从衣食住行等方面,描摹了明清江南地区优美绮丽的自然风光,丰富多样的地方物产以及精致优雅的生活追求,充分表现了吴伟业对家乡的热爱和自豪。吴伟业的一生,主要生活在以太仓为核心的江南地区;他的创作,就是这样的自然环境、生活氛围、文化传承所熏陶出来的。哪怕是在明末清初那个天崩地坼、血雨腥风的动荡时代,由于地方乡绅牺牲名节,主持大局,和平交接,未被屠城,相对而言,太仓成为如诗如画一般的存在,可以隐居,可以欢聚,饮酒赋诗。"枳篱茅舍掩苍苔,乞竹分花手自栽。不好诣人贪客过,惯迟作答爱书来。闲窗听雨摊诗卷,独树看云上啸台。桑落酒香卢橘美,钓船斜系草堂开",这是吴伟业笔下的梅村,不仅是他的家,也是他大部分时间生活着的小环境——太仓的形象写照。

吴伟业祖籍昆山,祖父吴议因为入赘移家太仓,所以吴伟业的出生地就是太仓。太仓历史悠久,一般认为春秋时期吴王在此置仓,故称太仓,又名东仓。朱元璋于 1367 年设立太仓卫,弘治十年(1497 年),割昆山之新安、惠安、湖川三乡,常熟之双凤乡,嘉定之乐智、循义两乡,正式建立太仓州,并辖崇明县,隶苏州府。太仓州的刘家港,为明代最为重要的出海口,有"六国码头"之美誉,郑和七次下西洋,均由此出海。因此,太仓可谓是明代江南的政治、经济、军事重镇。吴伟业对太仓的历史也非常关心,其文集中多次陈述太仓的历史,比如在《重修太仓州城隍庙碑记》中溯源:"太仓之为州也,在弘治九年,而庙始于二年。其未为州也,则为昆山州城隍祠。昆山州之祀城隍始于此乎?曰:非也,改也。乌乎改？昆山州治在今太仓卫基，泰定甲子始即州之前立庙，其后州治迁，而庙之祀如故也。今庙则为元时朱清所建东岳行宫，孝皇在御，诏毁天下淫祠，知昆山事杨侯甫以旧庙湫尘瘅陋，不称于明神，乃即行宫改焉，迄今二百余年矣。"借助城隍庙的变迁，梳理太仓的历史，特别突出太仓未独立成州之前，曾经是昆山州治所在地，以说明地理位置之重要和传承历史之悠久。他的弟子黄与坚也曾经作《太仓考》，对太仓的历史沿革、交通地位、政治价值、军事意义等做了全面梳理。

太仓的地理位置非常独特而重要，特别是贯穿其中的娄江，在吴淞江被黄浦江取代之前，是太湖东泄入海的最重要通道，哺育着左右两岸广袤的土地。其尽头刘家港，地处长江和大海的交汇口，地理位置极其优越。曾担任柳州通判的太仓人桑悦所作《太仓州志》，是第一部太仓专志，在分析太仓的地理形势时说"娄江横其前，古塘枕其后，左控沧海，右接马鞍，郡城东南莫胜于此"，并引用龚璛《新学记》云"带江控海，商贾之区，漕州之津，或以海邦乐土称之。矧今高城深池，文以敷教，武以保障，实为吴中之雄镇"。① 其后张寅所纂《太仓州志》总结为"沧海东濒，玉峰西望，娄江南绕，虞山北障"，②也非常形象。

尽管太仓地理位置极为重要，甚至早在春秋时期就成为囤粮之所，但是太仓的真正繁荣得益于元代海运的开发。当时，由于北方旱灾频仍、中原战乱不断，传统的大运河运力严重受损，不足以支撑北方地区的巨大需求，只得通过海道南粮北运，完成大都以及周围地区的粮食供应。桑悦《太仓志》记载"元至元十九年，宣慰朱清、张瑄自崇明徙居太仓，创开海道漕运，而海外诸番因得于此交通市易，是以四关居民间阎相接，粮艘海舶，蛮商夷贾，辐辏而云集，当时谓之六国码头"，③张寅更直接说"太仓，古娄县之惠安乡耳，至元朱清、张瑄创海运于此，而诸番辏集为市。国初，由此而漕定辽，由此而使西洋，遂为东南巨州"。宋元之际的崇明人朱清、嘉定人张瑄，本为私盐贩子，后为海盗，熟悉南北海道以及诸岛门户，先后被南宋、元代朝廷招安，后迁居太仓，疏浚浏河，

---

① 弘治《太仓州志》卷一"形胜"，宣统元年汇刻本，第 3 页。
② 嘉靖《太仓州志》卷一"形势"，崇祯二年重刻本，第 6 页。
③ 弘治《太仓州志》卷一"沿革"，第 1 页。

扩大港口,建造巨舰,新开海路,每年通过海路运送漕粮至大都高达40余万石,最多的时候有三百多万石,对大元王朝延续统治做出巨大贡献。《元史·食货志》评价说:"元都于燕,去江南极远,而百司庶府之繁,卫士编民之众,无不仰给于江南。自丞相伯颜献海运之言,而江南之粮分为春夏二运。盖至于京师者一岁多至三百万余石,民无挽输之劳,国有储蓄之富,岂非一代之良法欤。"①正是因为做出了如此贡献,朱清、张瑄两人均被元朝封为漕运万户,并获利无数,上而贿赂朝中权贵,下而广置太仓田产。不但自己贵显,"弟侄甥婿皆大官,田园宅馆遍天下,库藏仓庾相望,巨艘大舸帆交番夷中,舆骑塞隘门巷,左右仆从皆佩於菟金符,为万户、千户,累爵积赀,气意自得"。② 比如其养子"朱日新,号中斋,本杨氏子,幼育于左丞朱清家,因冒其姓,历任海道千户、宣武将军、婺州路总管,居官廉敏,赋役平公,数平反冤狱。岁歉,出己粟以赈,饥民皆恩之,为刻石颂德。迁江州路总管,亦以清闻"。③ 桑悦在修志时曾经感慨朱清、张瑄等人未能入传,说"然太仓始以海滨僻壤,遂成万家之邑,是虽气数使然,亦由海漕诸公为之创始也,备而载之,何伤于繁",④并咏《朱清花园》曰:"朱郎天锡鱼龙器,来往三溟若平地。家园万卉斗芳菲,又把春光作儿戏。一道威权掌握中,更有余力驱天公。伊祈常在朱门内,妆点浅白并深红。曲曲栏杆张翠幕,啼鸟歌声杂丝竹。左丞事业岂平泉,巨盗根基类金谷(石崇少时亦劫商致富)。谁知乐极生悲酸,白饭为蠹鼠戴冠(《晋书》石崇将败,饭化为蠹;《汉书》霍光之家将籍时,夜恒见鼠戴冠而出)。繁华尽逐浮云散,园扉叶落霜风寒。可怪名花真势利,东家倾覆西家去。我心爱草同濂溪,焉往不得萋萋处。"⑤

其实,在桑悦、张寅等人编纂《太仓州志》之前,甚至在弘治九年太仓独立成州之前,曾经有人给朱清做过传记,那就是明朝初年的陈伸,他编写的《太仓事迹》中就有朱清传,并高度评价了朱清对太仓发展做出的开创性贡献。虽然《太仓事迹》现已失传,但是王祖畲的《太仓州

① 《元史·食货志》,中华书局1976年版,第2364页。
② 陶宗仪:《南村辍耕录》卷五,元刻本,第12页。
③ 弘治《太仓州志》卷六"仕宦",第5页。
④ 弘治《太仓州志》卷六"仕宦",第6页。
⑤ 弘治《太仓州志》卷十上,第9页。

志》中收录了陈伸的自序，其序云："太仓本田畴之村落，濒大海，枕长江，阻三泖，恃五湖，元初藉朱司农营卜第宅，邱墟遂成阛阓，港汊悉为江河，漕运万艘，行商千舶，集如林木，高楼大宅，琳宫梵宇，列若鳞次，实为东南之富域矣"，（太仓）"历晋唐宋，田畴半辟，居民尚不满百，元初朱清自崇明至太仓，开海运，通直沽，舟市货殖，通诸蛮夷，遂成万家之邑"，"官第甲于东南，税家漕户，番商贾客，云集阛阓，粮艘商舶，高樯大桅，集如林木，琳宫梵宇，朱门大宅，不可胜记，四方谓之天下第一马头"，虽经元末战乱，"太仓千门万户，俱成瓦砾"，但是明初恢复极快，尤其是到了"永乐承平之岁，薄海内外，靡敢不服，九夷百番，进贡方物，道途相属，方舟大船，次第来泊，太仓复旧之宏规，老夫耄矣，尚可企足而待也"。① 正如陈伸所预计的那样，永乐以后，随着郑和七下西洋，频频以刘家港为出发地，太仓繁华，顿复旧观。

经过朱清、张瑄等人世代开拓，太仓不仅成为当时国内最为重要的漕运码头，也因此成为国际知名的重要港口，日本、高丽、吕宋、占城、琉球、古里、爪哇等地的商船，源源不断地往来刘家港，进行经济贸易与文化交流，进一步带动了本地经济的转型升级，太仓也因此在江南城市中脱颖而出，成为经济繁荣、物产丰富、文化昌盛、思想先进、教育发达的江南名城。当时苏州地区的民谣都说"金太仓，银嘉定，铜常熟，铁崇明，豆腐吴江，叫化昆山，纸长洲，空心吴县。言金银富厚，铜臭铁刚，豆腐淡，叫化龌龊，纸薄，空心虚伪也"。② 由此可见民间百姓对太仓地区经济发达、富而好礼的高度认同。

正是在这样的背景下，从元代以来，太仓地区关于自身的各种记载，充满着自信和自豪，如"沃野坟腴，秔稻油油，控江带湖，与海通波。山川孕灵，人物魁殊"，"滨海通漕，商贾辏集，民以富庶，视旧过之"。③ 但是，由于气候与自然环境的演变，明代中叶以后，太仓、昆山等地的水利优势逐步丧失，其中特别重要的是吴淞江的不断淤积、阻塞，导致其地位逐渐被黄浦江所取代。顾炎武曾详细交代这一重大水利工

① 民国《太仓州志》卷末"旧序"，民国八年刻本，第3页。
② 褚人获：《坚瓠集》卷二"吴评"，康熙刻本，第5页。
③ 嘉靖《太仓州志》卷一"形势"，第6页。

程的变迁：

> 大明永乐二年，命户部尚书夏原吉开昆山东南下界浦，掣吴淞
> 江之水，北达刘家河。又挑嘉定县四顾浦，南引吴淞江水，北贯吴
> 塘，亦由刘家河入海。又浚常熟白茅塘，导引太湖诸水入扬子江。
> 于上海东北浚范家浜，接黄浦，通流入海。
>
> （夏）原吉奏曰：吴淞江延袤二百五十余里，广一百五十余丈，
> 西接太湖，东通大海。前代屡疏导之，然当潮汐之冲，沙泥淤积，屡
> 浚屡塞，不能经久。自吴江之长桥至夏驾浦（下界），约一百二十余
> 里，虽云通流，多有浅狭之处。自夏驾浦抵上海县南跄浦口，一百
> 三十余里，潮沙壅障，茭芦丛生，已成平陆。欲即开浚，工费浩大，
> 且潏沙游泥，浮泛动荡，难以施工。臣等相视得嘉定之刘家港，即
> 古娄江，径通大海；常熟之白茅港，径通大江，皆系大川，水流迅急。
> 宜浚吴淞江南北两岸安亭等地浦港，以引太湖诸水入刘家、白茅二
> 港，使直注江海。又松江大黄浦乃通吴淞江要道，今下流壅遏，难
> 即疏浚，傍有范家浜至南跄浦口，可径达海，宜浚令深阔，上接大黄
> 浦，以达泖湖之水。此即《禹贡》"三江入海"之迹。俟既开通，相度
> 地势，各置石闸，以时启闭。每至水涸之时，修筑圩岸以御暴流。
> 如此，则事功可成，于民为便。①

太仓境内，水网纵横，上接太湖，下连长江，兼通大海，虽然占尽水
利，但亦颇多隐患，主要是潮水之害。"潮汐时候不一，每半月省潮一
次，以应月之盈亏；且潮有江海之分，味有咸淡之别。江水淡可以灌田
而不可以煮盐，海水咸宜于煮盐而不宜于耕牧，故疏浚堤防，二者交相
为用，昔人设水门以蓄泄潮水，名曰冈门。……然遇外潮滋大，内水横
溢，区区冈门，力不能敌，则仍泛滥而为害"。尤其是上游来水携带泥
沙，下游涨水随潮冲击，所以太仓、昆山境内的诸多水系泥沙淤积，逐渐
阻塞河道、抬高陆地，导致河流不畅，进而恶性循环。过去人讲吴淞古
江，故道深广，可敌千浦，可是随着下游淤塞，逐步成为高地，必然导致

---

① 顾炎武：《天下郡国利病书》《苏州备录上》，《顾炎武全集》第12册，上海古籍出版社2011年版，第
428页。

越来越多的河道、支流阻塞,这一太湖泄水进入大海的主要干道,再怎么疏浚也难以完成这份艰巨任务了。

对这样的时代地理变迁,吴伟业也曾经做过深入的研究,他作于清代顺治年间的《浚刘家河记》中说:"在前元时,海运千艘所聚。爰及胜国,户部尚书夏公原吉奉命来浚。面势宏阔,泷涛莽壮,为西水入海孔道,北境虽有七浦承昆阳诸湖之委,不若是河之尤驶。海潮迅涌,会于州境,西溢昆而却回。维时鹾舫番舶,樯帆辐辏,奇珍玮宝,绎络候馆,鲛人海贾之利,几被天下。引以溉田,则沟塍周布,杭稌栉比,下无羡湿,高无亢干,滋液渗漉,何生不育。故濒河之地,号为土膏,其价亩直(千)金;旁县以湖水通行之速,不苦积水病田,田亦肥美。三吴之民,用是繁富安乐,足供国家百万之财赋。邑屋华丽,人文郁郁,其利赖于东南甚巨。然湖水自西下,而海潮自东上,清流每不胜浊泥之滓,不可一日而不浚。百年以来,水土之政不修,人力懈于疏导,驯致潮泥填淤反上,又河漘地衍沃,豪民往往围占为田,与水争尺寸之壤;以此河流涓涓,日就湮塞。沿至崇祯子、丑之间,渐成平陆。河口涨沙横亘,隐然隆起,名曰海舌。径石家塘而西弥望皆茭蒲荭藙,不通舟楫,湖水稍北徙,趋七浦以达于海,行回远而流益弱。而州境纵横塘沥,诸酾引刘河者,惟见止水蕴藻,不任灌溉,昔日上腴,废为斥卤。土瘠民贫,职此之由。"这段分析,实事求是,切中肯綮,体现出吴伟业对家乡的深切关注和实事求是的科学态度。

吴淞江的不断淤塞,导致太仓、昆山、嘉定、青浦这一区域的地形地貌等自然环境发生了重大变化,旱涝灾害发生频率提高,旱情敏感度激增。由于河流蓄水能力下降,一旦出现较大强度的降水,立即发生洪涝灾害;反之,稍微长时间没有降水,又会迅速转为旱灾。而明代中后期气候变冷、偏干,这一片传统的江南水乡被干田化、荒田化,传统作物也转化为以棉作物为主,棉纺织业与市镇经济因此兴盛。

由于经济发达、百姓富庶,所以风俗亦为之一变:"吴中风俗,君子尚礼,庸庶淳庞,故风俗澄清而道教隆洽。太仓地属吴郡之昆山,在昔风俗,亦当不殊。以今考之,时势变迁,或有不能不殊者。盖自元氏海运以来,太仓最为富庶,税家漕户,各以豪侈相高,习染成俗。朱长文所谓营栋宇,丰庖厨,嫁娶丧葬,奢厚逾度……国朝(指明朝)修养禁制,百有余年,前时奢僭之俗,渐以革矣,况今学校之教日兴,科目之材辈出,士大夫家冠婚丧祭,皆由于礼。风俗之美,犹有未艾者乎。"①刚刚开始富庶的时候,还仅仅是因钱多而奢侈,追求物质享受;富庶日久,逐渐就尊师重教,争取从科举出身,努力改换门庭,实现从富庶到富贵的转移。等到真正富贵的时候,又会珍惜身家性命,于是性格柔媚,"自建州邑来,今昔或同或异,大抵敦本畏刑、重文崇耻。士尚志节、好清议;农勤四体,男女耕作,终岁不息。性柔葸、鲜特操,一唱百和,随风旋转。人士相嘲,谓之孛娄。风习尚奢汰"。② 梳理不同时期的太仓志,可见当时当地的有识之士,对太仓民风士风的了解、凝炼也是非常准确的。吴伟业的性格特征,显然也在一定程度上受到了太仓民情士风的影响,尤其是在遇到明清易代这样的重大历史事件时,表现得很明显。

太仓不仅地理位置优越,直接带来经济的繁荣,太仓的自然风光也极为优美,当时人们曾有各种概括,比如马麐《沧江八景》所列为"西寺晚钟""古塘秋月""半泾潮生""淮云雪霁""娄江馈饷""岳麓晴烟""武陵市舍""吴浦归帆",而高宗本则增加为《太仓十景》,包括"娄江古渡""沧海洪波""玉峰霁雪""宝山晴云""东亭柳月""西馆风帆""南仓烟草""北郭霜枫""学宫巢鸦""刘港潮头"。③ 遗憾的是,吴伟业本人似乎对太仓的自然景观不是特别在意,除了早年作有《穿山》之外,后来几乎很少歌咏家乡山水。

有了充裕的经济保障,太仓地区的文教事业开始发达,标志之一是读书、藏书之风日盛。太仓的世家大族重视读书,家家藏书成风,比如琅琊王氏的王世贞、王世懋兄弟就藏书甚多,胡应麟记载:"王长公小西馆在弇州园凉风堂后,藏书凡三万卷,二典不与,构藏经阁贮焉,尔雅楼庋宋刻书,皆绝精。"④王氏小西馆藏书三万卷,还不包括道家与佛教的相关书籍;九友斋则专门收罗书画作品,王世贞曾在收藏到赵子昂所书

---

① 嘉靖《太仓州志》卷二"风俗",第1页。
② 民国《太仓州志》卷三"风土",第1页。
③ 弘治《太仓州志》卷十上,第2—7页。
④ 胡应麟:《少室山房笔丛》卷四"经籍会通四",明万历刻本,第15页。

唐诗墨迹后，自豪地说"六观堂藏赵书无不佳者，《阴符经》《枯树赋》，及此而三，今皆为九友斋中物矣。书此以志沾沾"。① 王世贞藏书中，最珍贵的是尔雅楼所珍藏的宋版书，尤其是宋刻《汉书》五函四十四册，乾隆曾说"内府藏旧刻书甚夥，而前后汉书雕镂纸墨并极精妙，实为宋本之冠"，为了这两部前后《汉书》，王世贞可是卖了一座庄园才换回来的，②可惜后来被豪奢败家的子孙质押流出，王世贞长子王士骐跋云："此先尚书九友斋中第一宝也，近为国税新旧并急，不免归之质库中。书此志愧。"③其后归于钱谦益，牧斋为了娶柳如是，又将其中一部卖给了谢三宾，入清后流入内府。

　　由于经济发达、文化繁荣、教育兴盛，太仓地区科举达到鼎盛，自从明代弘治十年（1497）单独立州以来，到崇祯十六年（1643）明朝最后一次会试结束，一百四十六年间，先后考取进士的有黄瑄、周墨、徐祯卿、朱表、周广、张宽、蔡芝、周坤、姜龙、陆伸、何璧、俞璋、王经、茅贡、周在、唐符、吴鸾、顾济、朱洸、张淮、王积、瞿祥、王世芳、张寅、顾溱、龚辕、蔡子举、王三锡、郏鼎、曹逵、顾存仁、陈儒纶、张珪、朱默、周复俊、王三接、赵汴、朱家相、叶遇春、周土、王忬、徐履祥、季德甫、凌汝志、凌云翼、顾允扬、王世贞、徐敦、王任用、周道光、张大韶、顾章志、徐爌、曹灼、王道充、王世懋、徐廷裸、张振之、王锡爵（会元、榜眼）、周铎、王周绍、王鼎爵、王一诚、管志道、杨士元、吴之彦、刘玉成、丁元复、毛在、顾绍芳、张新、苏鄼、徐申、江有源、徐泰时、陆起龙、沈昌期、龚闻道、陆大成、张辅之、浦士衡、徐元正、王士骐、王临亨、黄元勋、钱桓、孙文龙、王在晋、钱九思、顾士琦、张大咸、王衡（榜眼）、俞彦、姚汝化、王遇宾、陆献明、王志坚、黄元会、李继贞、徐宪卿、陆文献、李吴滋、王永祚、江用世、许国荣、李模、顾燕诒、张采、李正春、吴伟业（会元、榜眼）、曹三用、钱增、管正传、凌必正、张溥、吴克孝、吴继善、孙以敬、胡周鼒、沈云祚、吴国杰、曾五典等92人，平均每科有两名进士，其中会元两名、榜眼三人；共有举

① 倪涛：《六艺之一录》卷三百五十五，四库全书本，第7页。

② 钱谦益：《书旧藏宋雕两汉书后》："赵吴兴家藏宋椠两汉书，王弇州先生鬻一庄得之陆水村太宰家，后归于新安富人。余以千二百金，从黄尚宝购之。崇祯癸未，损二百金，售诸四明谢氏。"见《牧斋有学集》卷四十六，上海古籍出版社1996年版，第1529页。

③ 《天禄琳琅书目》卷二，四库全书本，第5页。

人 258 人，①平均每科 5 人以上。吴伟业所生活的明朝末年，更是太仓科举的鼎盛时期。如此庞大的科甲队伍、人才资源，成为太仓政治、经济、文教事业可持续发展的重要动力源泉。

太仓不但具有雄厚的教育、科举资源，更洋溢着浓厚的文学艺术氛围。吴伟业在《太仓十子诗选》的序言中，曾经回顾了太仓的文学渊源："吾州固昆山分也。当至正之季，顾仲瑛筑玉山草堂，招诸名士以倡和，而熊梦祥、卢昭、秦约、文质、袁华十数君子，所居在雅村、鹤市之间，考之，定为吾州人。盖其时法令稀简，民人宽乐，城南为海漕市舶之所，帆樯灯火，歌舞之音不绝，虾须三尺，海人七寸，至以形诸篇什。居人慕江南四大姓之风，治馆舍，庀酒食，杨廉夫、张伯雨之徒自远而至。鸣呼，抑何其盛也！ 淮张之难，城毁于兵。休息生养百五十载，张沧洲始以诗才重馆阁，与李茶陵相亚，而早死，则弗以其名传。桑民怿、徐昌国家本穿山与凤里，名成之后，徙而去之，则弗以其地传。至于琅琊、太原两王公而后大。两王既没，雅道渐灭。吾党出，相率通经学古为高，然或不屑屑于声律。又二十年，十子者乃以所为诗问海内。然则诗道之兴，岂不甚难矣哉！'昔我有先正，其言明且清。'士君子居其地，读其书，未有不原本前贤以为损益者也。"从元代玉山雅集到明代中后期王锡爵、王世贞以及复社诸子，一直延续到太仓十子，诗道渐兴，风气渐成，这一回顾为后来娄东诗派的认定初步进行了较为明确的梳理。

不但诗歌创作，太仓在戏曲、书画等艺术形式上，也取得了极高的成就。比如被称为昆曲之祖、曲圣的魏良辅，嘉靖年间寄寓太仓，"魏良辅居邑之南城，善声律，转声若丝，时张小泉、季敬坡、戴梅叶、包郎郎之属争师事之，而良辅自谓不如过百户云适，每有得，必请过称善乃行。有《曲律》二十则，邑进士张新取其本，偕赵瞻云、雷敷民辈传板度节，谓之南码头曲"。② 由于魏良辅改革的昆腔能博采众家之长、融南北曲于一体，很快全国流行，吴伟业曾高度评价其对戏曲艺术的贡献，有"里人度曲魏良辅，高士填词梁伯龙"（《琵琶行》）之句。可见昆曲之流行，肇

---

① 依据宣统《太仓州志》卷十"选举"统计，民国八年刻本。
② 嘉庆《太仓州志》卷十七"风俗下方言"，嘉庆七年刻本，第 11 页。

第一章 时代与地域

始于太仓。尽管有人怀疑汤显祖的《牡丹亭》有影射太仓王锡爵父女之嫌,但是王锡爵家却热热闹闹地率先上演昆曲《牡丹亭》;①不管是王世贞还是唐仪凤,总之是太仓人创作的首部反映时事、以杨继盛与严嵩父子斗争为题材的昆曲《鸣凤记》,②风靡一时,王世贞的家乐也搬演过此剧作。《鸣凤记》之最早上演,应该比梁辰鱼《浣纱记》还早。③ 吴伟业酷爱戏曲艺术,深谙曲理和曲律(有《〈北词广正谱〉序》《〈杂剧三集〉序》等理论文章),并创作了传奇《秣陵春》、杂剧《通天台》和《临春阁》等戏曲作品,即使赋诗抒情,特别是其拿手的歌行体,往往也呈现出擅长叙事、情文并茂的特点,正是与这样的戏曲艺术氛围密切相关的。

至于书画艺术,明清之际的太仓更是站上了中国书画史的巅峰。"娄东画派"被认为是代表了中国画的正脉,他们远学黄公望,近师董其昌,崇奉南宗,是清代三百年间影响最大的书画流派。娄东画派的代表人物"四王",王时敏、王鉴、王原祁均出自太仓,而王翚虽出自常熟,后亦入王时敏之门,他们均与吴伟业往来密切。吴伟业作《画中九友歌》,从董其昌起,包括王时敏、王鉴、李流芳、杨文骢、张学曾、程嘉燧、卞文瑜,最后以邵弥作结。这里面他与邵弥相识相知最早,"僧弥善书画,能诗,性耿介,耻干谒,为余叙述先贤往投不往见之义,庶几于其身亲见之。又自以与余善,窃用石田自许,而取文定望余。乃不幸僧弥早世,而余颓然放废以老。……余少与僧弥用诗文书画相砥砺,顾念逝者已矣,老而才退,于所学无所成名"(《沈伊在诗序》);董其昌声名最高、资历最老,对吴伟业有赏识之恩;而王时敏与吴伟业交往时间最长,相知最深。从这样的"九友"就可看出,太仓及其周边地区,书画艺术达到了何等的高度。吴伟业既有家学渊源,又有地域优势,更有时代激荡,师友相互激励,其文学艺术取得极高成绩,自在情理之中。

总之,明末清初的太仓,生产力发展较快,城镇化水平较高,商品经济繁荣,水网四通八达,交通便利,生活富庶(明清易代对当地的经济影响,相对江南其他地区,破坏较小),思想开放,民风柔弱,教育发达,科

---

① 朱彝尊:《静志居诗话》卷十五,嘉庆二十四年钱塘姚祖恩扶荔山房刻本,第36页。
② 刘致中:《〈鸣凤记〉作者考辨》,《艺术百家》2008 年第 5 期。
③ 王永健:《关于〈鸣凤记〉的几个问题》,《江苏师院学报》1980 年第 3 期。

举极盛,文学艺术形式多样、流派纷呈、名家辈出、生态良好。在这样的环境下生活的吴伟业,其思想性格、为人处世、文学创作、艺术表现都一定程度打上了地域的烙印。吴伟业本人对此也极为敏感,他在评价福建诗人林衡者的诗风时曾说:"衡者诗文极多,以闽南不辨四声,多拗体,此五首骎骎江南风致矣。"(《梅村诗话》)可见,他也是非常关注、极为欣赏衡者诗风的这种"江南风致"的。

第二章　家世变迁

　　吴伟业先世为河南人,七世祖子才,始迁昆山。六世祖埕,字公式,早亡。五世祖凯,字相虞,号冰蘗,为遗腹子,由母亲陈氏抚养成人,因善书被荐修《永乐大典》,书成,赐金放还,后考取举人,曾任刑部、礼部主事,去世后入祀乡贤祠。高祖愈,字惟谦,号遯庵,为吴凯第三子,成化十一年乙未(1475)进士,先后担任刑部主事、四川叙州知州、河南参政。曾祖南,字明方,号方塘,吴愈次子,因为二伯吴惪无子,过继为吴惪嗣子,太学生,赠内阁中书,曾任鸿胪寺序班。祖父议,字子礼,号竹台,吴南次子,入赘太仓琅琊王氏,遂为太仓人。父琨,字禹玉、蕴玉,号约斋,吴议次子,诸生。母朱氏,为太仓名宿曹胤儒的外孙女。这是吴伟业家世的主要情况。

　　吴伟业家族以书画艺术起家,渐成昆山巨族,却因倭寇之乱家道中落,更因嫡庶之争,祖父吴议入赘太仓王氏而跌入低谷。吴氏家族这样的曲折经历,对吴伟业的性格形成、人生道路影响甚大。

第一节　昆山巨族

　　虽然吴伟业出生在太仓,但是他的祖籍应该算是昆山。据顾师轼《梅村先生世系》记载,吴伟业的七世祖,名无考,字子才,[①]元朝末年

---

① 顾师轼所撰《吴梅村年谱》(包括《世系》),是研究吴伟业及其家族不可或缺的史料,他自称是顾鼎臣的后代,如此说来,他也算与吴氏家族沾亲带故了。

躲避战乱,所以从河南迁居苏州府昆山县玉山镇积善乡,妻子费氏;六世祖吴埕,字公式,①妻沈氏、陈氏,因为儿子吴凯显贵,所以正统元年赠吴埕承德郎、行在刑部云南清吏司主事,封陈氏太安人。吴氏家族的鼎盛,始于吴伟业的五世祖吴凯。吴凯(1387—1471),字相虞,自号冰蘗道人,乡里私谥"贞孝先生"。吴凯是遗腹子,"公在妊而父亡,既生公,家复被灾,母年尚少,甘贫守节,育而教之","公自幼秀朗异常儿","以能书赴京,预修《永乐大典》,书成受赏而返"。② 其后,贡入太学,中顺天府乡试,宣德五年,授刑部广东司主事,改行在云南司。吴凯凭借科举和书法特长登上仕途,吴氏家族也从此逐步成为昆山名门。吴凯晚年得子,"而连得三子,治生有道,日以殷裕,享优游之乐者几四十年",成化七年七月四日卒,寿八十有五。配沈氏,赠安人。子男三人:吴恩、吴惎、吴愈;女二人,婿顾恂、龚绶。

　　吴凯一生中,除了自己具有较高的艺术天赋,走上仕途、改换门庭外,还给后代留下了良好的家族基因:擅书画,美仪容,能长寿。更重要的是,他通过姻亲关系,缔结了一个以艺术专长的官宦世家,其中最值得骄傲、对后代影响最大的是长女和三子的婚姻。吴凯第三子吴愈的岳父夏昶是明初著名的书法家、宫廷画家,且满门善书。夏昶(1388—1470),字仲昭,"永乐中成进士,改翰林院庶吉士,以善书召见,令备顾问,又直东宫,眷顾优至","兄昺,字孟旸,亦善书,为永宁县丞,坐事戍隆庆。昶既被遇,太宗一日问书所传,以兄昺对,即命驰驿入见,试书称旨,授中书舍人"。③ 除了长兄夏昺外,其三弟夏杲亦工书善诗。郑文康《夏季明墓志铭》说:"君姓夏氏,讳杲,字季明也,世家苏之昆山,曾祖君实,祖文通,考伯亮,别号商潜,母石氏,伯兄中书舍人孟旸,仲兄太常卿仲昭,并立于朝。……君涉猎经史,能为长短诗歌,工楷书,又善隶古。"④可见夏氏三兄弟都是书画高手、艺文兼擅。夏昶不但精于书法,同样擅长绘画,尤其以画竹知名,"人谓画竹一枝直金一锭"。叶盛《水

① 同治《苏州府志》卷五十"冢墓二","封礼部主事吴公式墓,在巡检巷西,子贞孝先生凯祔,叶盛铭,王鏊撰碑",光绪九年刊本,第 10 页。
② 叶盛:《故礼部主客司主事吴公墓志铭》,《泾东小稿》卷六,弘治二年刻本。
③ 嘉庆《直隶太仓州志》卷二十六"夏昶传"。
④ 郑文康:《夏季明墓志铭》,《平桥稿》卷十四,四库全书本。

东日记》卷五"张夏各推所长"："张学士士谦、夏太常仲昭，两人同登第，乡谊甚密，皆及与陈嗣初、王孟端诸人游，皆有志作文写竹。一日，馆阁命《石渠阁赋》题，士谦稿先就，仲昭见之，即不复下笔。既而士谦以仲昭写竹石愈己也亦然。两人竟各以所长名世。"吴凯与夏昶兄弟一起，不但交流书画艺术，而且常常诗酒唱和。典型的如正统十一年春天，夏氏兄弟、吴凯，与昆山知县罗永年，以及当地士绅卫靖、陆垗、甘霖、陈暭、屈昉、夏佑、蒋明、僧人文律、郑文康等人，模仿前贤作"玉山雅集"，"谐浪笑傲，林谷响应，随寓随酌，酒多尽醉"，"交唱互答，没日以返"。① 元末顾瑛组织的"玉山雅集"，是中国文学史和艺术史上最重要的文人聚会之一。夏昶兄弟与吴凯继承其流风余韵，组织志同道合的文学艺术之士进行雅集（上述诸人中，卫靖因善书被荐任中书舍人，陆垗也因善书被荐与修《永乐大典》、与夏昶为儿女亲家），一定程度上再现了元末昆山地域文学艺术的兴盛景象。

吴凯的长女则嫁给了顾恂。顾恂（1418—1505），字惟诚，元末明初著名文人顾瑛（1310—1369）的四世孙（吴凯、夏昶对文士雅集的关注，一定程度上是受到了顾瑛的影响）。顾瑛家世豪富，诗文俱优，书画兼善，尤精戏曲，收藏丰富，筑有玉山草堂，广集名人雅士，是元末"玉山雅集"的核心人物。顾恂的父亲顾良，字士良，居雍里，曾让产于兄士贤，独身居约，久乃大殖。旦入城市，多携钱，施贫乏者。顾恂性和厚，益修父业，力行善事，痛母早逝，不逮养，触事赋诗，与夏昶、沈遇为忘年交，唱和成卷，吴瑞曾称其诗温柔典则类其人，年八十八卒。顾恂生子三人，分别是顾式、顾宜之、顾鼎臣，②有《鳌峰稿》五卷、《西湖纪游》《百咏天香集》等存世，亦善书，张大复说他"尝往来斯文、延龄二社，间撚髭练字，一时社家莫能易也"（《梅花草堂集》卷四《皇明昆山人物传》"顾恂"）。传世墨迹有与杨翥、聂大年等人《诸家行书东溪书舍记》（故宫博物院藏）。据马一平考证，顾恂实际上是入赘吴家，③因吴凯早年无子，故以长女招赘顾恂，负责操持家务。后来吴凯连举三子，因此吴凯去世

---

① 郑文康：《玉山雅集诗序》，《平桥稿》卷八。
② 道光《昆新两县志》卷二十八"耆硕"。
③ 马一平：《顾野王昆山后裔考》，《苏州教育学院学报》2021年8月，第38卷第4期，第54页。

后,顾恂归宗,单立门户。顾恂正妻吴氏,诰封一品夫人,生子二:式(曾任杭州经历)、宜之(以子潜封监察御史);副室杨氏,生子鼎臣,弘治十八年状元,后以礼部尚书兼文渊阁大学士入参机务,进武英殿,谥文康,工书法,有《未斋集》。从此,顾氏家族成为昆山五大世家之一。① 当然,吴凯次女嫁给了龚绶,也不是普通的庄户人家。据地方志记载,龚绶弘治间"以子震赠漳州通判",②其妻吴氏显然也成了诰命夫人。

顾鼎臣是吴氏家族姻亲中功名成就最高的人物,高中状元,官至少保、太子太傅、武英殿大学士,曾短暂担任首辅,卒谥文康。虽然他并非吴凯之女所生,且民间传说、曲艺作品多以顾恂嫡妻吴氏容不下侧室来描述状元成长之艰难,但是从现存文献来看,顾鼎臣与吴氏家族关系还是不错的,特别是与吴凯之子吴愈,往来颇多。吴愈是顾鼎臣的舅舅,成化十一年(1475)的进士,而顾鼎臣(1473—1540)是弘治十八年(1505)的状元,因此无论姻亲还是官场,顾鼎臣都是吴愈的晚辈。顾鼎臣曾给吴愈诗集作序,高度评价其为人与为文,其《遯庵诗序》曰:"舅氏吴公,英敏之姿,谨恪之性,沉毅之度,而夙学疆识足以济之,年三十第进士,四十为刑曹郎,五十陟郡大夫,六十进参大藩,未几而致仕以归。……公之解组,在弘治乙丑,盛极将衰之候,小人害君子其机已形,断可识矣。公素学《易》知道,宁不以得去为幸哉!而犹寓意于遯者,忧之也。退而避者,避小人也,非避世也。自后逆阉凶竖相继用事,擅专威命,毒流缙绅,士风扫地,人文几息,如公逍遥林下、不屈不辱几何人哉!今复际圣明,右文养老,政化更新,公年适登八十,康强未衰,非惟目睹太平,而且身被高年进秩之恩,曩昔悯时忧世之心,转而为含哺鼓腹之乐矣。朱子晚年亦尝以遯庵为号,盖君子所以自名必有意义,非苟然而已也。坊院诸先生稔知公生平,于是益歆慕叹仰,以为名德备福,举世莫及,竞著歌诗颂公且以为寿,而鼎臣僭序诸左云。"③根据顾鼎臣的序言可知,吴愈素喜《易经》,自号遯翁,这对其后人吴伟业也有影响。

① 从顾恂之子顾鼎臣、孙顾潜(宜之之子)考中进士开始到明朝灭亡,150年间,顾恂的后代中出了7个进士(其中1个状元、1个探花),另有至少3位举人、贡生若干,可谓盛极一时。
② 道光《昆新两县志》卷十七《选举表三》"历朝封赠"。
③ 顾鼎臣:《顾文康公文草》卷五,页十四;《四库全书存目丛书》集部,第55册,第355页。

吴伟业尽管科举专经为《春秋》，但是他早年即对《易经》特别感兴趣，曾从张溥、黄道周等人研习《易经》，晚年还撰有关于《易经》的著作，其家族学术传统可见一斑。

从顾鼎臣的诗文作品可以看出，他与吴愈交往频繁，亲情甚密。作为长辈，吴愈参加很多活动时都带着他，顾鼎臣作品中也多有记录，比如《正德新正九日从遯庵母舅偕张二南太守朱半山节判周可贞侍御并侄潜持酒访虞竹西藩参遂登东禅毗庐阁游赏尽日醉归赋此呈竹西》；吴愈的重要活动比如祝寿，顾鼎臣也是积极参与的，诗文集中有《寿舅氏大参吴公》"忠勤廿载归来早，棋局深山欲烂柯"之作。诸如此类，均可见顾鼎臣与吴愈家族关系之亲密。

顾鼎臣不仅与吴愈本人，而且与吴愈家族的众多姻亲也往来密切。比如吴愈的岳父夏昶擅长画竹，顾鼎臣有《题夏仲昭竹》："仙人种玉玉生笋，转眼寒梢高几寻。涧壑风微云欲度，不胜诗价动秋林。"吴愈的女婿王银、文徵明都是著名的文人、艺术家，顾鼎臣有《和文衡山韵》《和韵寄文征仲》诸作，并为吴愈长女、王银之妻、王同祖之母作有《贺王母吴孺人荣被恩封序》："嘉靖甲申夏四月，主上用一二小臣议，复下诏加隆本生尊称，因推恩近臣，赠封父母如制。先是，王太史绳武出使东藩，事竣请告，将母以归。其母，吾舅氏遯庵吴公长女，于吾为外姊也。今年舅氏寿届八十有二，姊年亦登六十矣。"①称吴愈之女为"姊"，②极为亲热，对其子王同祖也颇为关切，有《和王太史绳武晚集韵》："园居幽迥带林塘，清梦无缘到玉堂。尽日鸥眠闲自得，当秋花发晚愈香。巾纱历历含星彩，舳羽飞飞拂露凉。台鼎勋华付英俊，衰颜已觉鬓眉苍。"

吴愈去世后，顾鼎臣为其作《明故河南布政使司右参政进阶嘉议大夫吴公墓表》，全面记载其生平事迹，对其道德文章、仕宦业绩充分肯定："公姓吴氏，讳愈，字惟谦，世家昆之积善乡。曾大父子才；大父公式，赠刑部主事；父凯，历刑礼二部主事，平生持正不渝，弃官养母以终，

① 顾鼎臣：《顾文康公文草》卷五，页二十四；《四库全书存目丛书》集部，第 55 册，第 360 页。

② 吴愈的长女极为贤惠，道光《昆新两县志》卷三十二有其传记："吴氏，王银妻，参政愈之女，禀性淑慎，读书娴礼，银卒，子同祖甫三岁，氏不御膏沐，不听音声，中外问遗悉屏不与。数年，同祖有知，始理故箧，出遗书以训之。比入官，则勉以立身慎行，后封太淑人乃卒。文徵明志其墓。"

既没，乡人私谥曰贞孝先生；适母沈氏、母陈氏俱赠安人，陈以公贵也。贞孝公初未育子，赘先詹事府君为婿，吾适母实公伯姊。公于鼎臣舅甥之爱越庸也。……丙戌夏五月十有九日，竟卒，春秋八十有四。先是，公之子东以翰林院编修王同祖所撰状征文表墓道，鼎臣内隐之余，秉翰辄废，又二年始克为之叙述曰：公天性敏慧，髫年已露才美，迨补县庠生，声华籍甚。戊子领乡荐，乙未登进士第。戊戌，除南京刑部广东司主事，谳鞫务得隐情，暇翻阅旧牍，久之遂精于法理。己亥，丁内艰。甲辰，复除旧官。弘治戊申，升云南司，署郎中事。擢知四川叙州府，时论不平。用荐荐擢河南布政司右参政，督全省赋兼理屯政。公彊毅英发，识达大体，翼翼奉公，律己甚严，居官三十余年，常禄之外，丝毫不苟。归号曰遯庵以见志，延师教子孙，结耆旧为文会，觞咏辄尽日。配夏氏，封安人，太常卿夏公昶女，庄懿慈惠，内政有赖焉。贰室姚氏、赵氏。子男四：长东，浦江县县丞；次南，国子生，公仲弟德无嗣，推以为后；次西，次守中，国子生。女五：长赘赠翰林院编修王银，同祖其子也；次适进士赠大理寺评事陆伸；次适翰林院待诏文徵明；次适陆灿；次适朱希韩；次尚幼。孙男四：诗，国子生；访；许；誌。女五。曾孙男三女三。"①这篇墓表，为我们了解吴伟业的家世渊源，提供了丰富翔实的第一手资料。

结合这篇墓表以及其他材料可知，在父亲吴凯和岳父夏昶以及家族其他姻亲的共同影响下，吴愈在书画艺术上也有极高的造诣。吴愈（1443—1526），字惟谦，晚号遯庵，成化乙未进士，仕至河南右参政。首先，他利用父辈的关系和个人的仕途结交了大量的书画界的朋友。比如，弘治三年（1490），吴愈由南京刑部郎中升任叙州知府，南中诸大僚为之践行，著名画家沈周作《京江送远图》并赋短歌，②祝允明为之序，吴愈的儿女亲家、文徵明之父文林不但自己作文，而且"又遍乞名人之什以赠"（吴伟业《京江送别图歌并序》）。此事不但在当时影响极大，而且此后传为"不朽"的文坛佳话。清代顾文彬《过云楼书画记》在评价"王

---

① 顾鼎臣：《顾文康公文草》卷六，页八，《四库全书存目丛书》集部，第55册，第392页。
② 沈周《桂花书屋图》中题词有"为惟谦亲家作"字样，可知该图亦为吴愈所作，但是刘九庵《中国历代书画真伪对照图录》（故宫出版社2013年版）认为故宫博物院所藏该图为"明人临仿"，而该院所藏同样为吴愈所作的《京江送别图》则为真迹。

麓台为赵松一仿子久山水卷"时曾说,此图卷及图上题跋、诗歌,"传诸将来,两家风谊,当与石田送叙州守吴遯庵至京江作《送远图》以赠,并垂不朽矣"(《过云楼书画记》"画六")。王原祁,字茂京,号麓台,太仓王时敏之孙,清初"四王"之一。王时敏曾说:"元季四家,首推子久。得其神者,惟董宗伯;得其形者,予不敢让。若形神俱得,吾孙其庶几乎?"①烟客认为其孙学习黄公望形神俱得,超越自己和董其昌,评价甚高。王原祁花费整整两个月时间与精力,以自己最擅长的仿子久山水作长卷,赠送赵贞,是因为"于余之入都也,(松一)渡江涉淮,送及清江浦而返","余无以为情,舟次作长卷以赠之",所谓"一日相思,千里命驾,此交道之厚也"。王时敏、王原祁祖孙,与吴伟业关系密切。吴氏家族历史上的动人往事,隔代呼应,成为江南文化世代传承的经典案例。

其次,吴愈跟父亲一样,继续利用婚姻关系加强与书画世家的联系,提升自己家族的艺术品位与文坛影响,他将嫡妻夏氏所生三个女儿分别嫁给了王银、陆伸、文徵明。王银(1464—1499),字世宝,号求可,出身官宦世家,"博学好古,能诗,工八分书,兼善山水竹石",英年早逝,其子王同祖"弱冠举正德辛巳进士,选庶吉士,授编修,迁南京国子司业",②善草隶,明代丰坊《书诀》记载"王同祖,字绳武,昆山人,号前锋,官至左司直,书学右军",有《出塞集》一卷、《王太史集》六卷(《万卷堂书目》卷四)。因为父亲入赘吴家,且又早逝,所以他长年生活、陪侍在外祖父吴愈身边。③ 陆伸,字安甫,著名文人陆容之子,诗书兼擅(汪学金《娄东诗派》收录其诗三首)。陆容博学多才,与张泰、陆釴并称"娄东三凤",④性好藏书著述,陆伸之孙昌瑞曾辑录陆容与当时名流往来的《交游翰墨》一卷,包括当时文坛著名的"三公"(吴宽、

---

① 王应奎:《柳南续笔》卷二"王麓台作画"。
② 光绪《昆新两县续修合志》卷三十。
③ 王世贞:《弇州史料》后集卷二十四"吴愈"。
④ 桑悦《弘治太仓州志》卷四,页六,记载"陆太常釴墓,御葬在大西门外一里许;陆大参容墓,在小西门外河口"。李按:陆容本籍昆山,但是随着其所在乡镇划归太仓,故而亦归入太仓统计;其子陆伸乡试中举时尚属昆山,会试中式时已属太仓。

李东阳、李旻）、"六先生"（程敏政、陆钲、李应祯、张泰、张弼、文林）等人。① 陆伸"资仪丰美，颖悟绝人，少随父京师，即见器诸名公。弘治壬子领乡荐，……正德戊辰登进士，寻有匿名奏草，指斥逆瑾，瑾传旨穷治，伸竟卒于狱，士类哀之"。② 陆伸之子陆之箕、陆之裘能世其家业，之箕娶著名文人都穆之女，与陆采为僚婿，亦可谓诗书世家。

吴愈在三位女婿中，与文徵明相处时间最久，往来最多，感情最深。周道振辑校的《文徵明集》中，既收有文徵明《席上题扇景寿外舅大参吴公》等诗作，还收录了他"致外舅"的"小简"十三首，篇篇记录他们往来的琐细日常与深厚情谊。吴愈去世后，文徵明为其所作墓志铭，高度评价："邑中称诗礼家，必首及之。"文徵明与吴氏夫妻情深，王世贞《文先生传》说他"内行尤淳固，与吴夫人相庄白首也，生平无贰色，足无狭邪履"，黄佐给文徵明作《墓志铭》，专辟一节，表彰吴氏："夫人昆山吴氏，河南参政愈之女。其母夏氏，出自太常卿昶。昶受知成祖，文翰传家。夫人素守家范，及归，事公惟谨（文长不录）。"文徵明长子文嘉认为父亲"得以专意文学，而遂其高尚之志者，夫人实有以助之也"（《先君行略》）。

文徵明、王银、陆伸这三位僚婿之间关系也很好，《文徵明集》收录了《题友婿王世宝钩勒竹》《宿昆山吴氏有怀王世宝友婿》《与外甥陆之箕夜话（安甫子）》等作品，记载了他们"细雨昏灯亲戚话""何充王导一家亲"的深厚情感。

由于文徵明的关系，当时画坛上的重要人物王宠也曾给吴愈赋诗作书，据《王宠年谱》记载，正德十二年（1517），丁丑二十四岁，八月朔，旦，宠赋得《抚孤松而盘桓》诗数首并书，"为大参遁庵吴公（愈）七十有五诞辰，敢献短章，揄扬厥美。晚生王宠谨书"；同月，文徵明为寿岳父吴愈华诞，绘《抚孤松而盘桓图》，宠为之篆题，并楷书五古诗一首。③

吴愈五女，除了嫡妻夏氏所生三女分别嫁给王银、陆伸、文徵明外，另外副室所生的两个女儿则嫁给了陆灿、朱希韩。这两个女婿中，朱希

---

① 王世贞：《题陆氏藏交游翰墨》，《弇州山人续稿》卷一百六十二，万历王氏世经堂刻本。
② 嘉靖《太仓州志》卷七。
③ 参见薛龙春《王宠年谱》相关章节，上海书画出版社 2012 年版。

韩尤其值得关注。据相关方志记载，朱希韩之父朱文，字天昭，昆山人，成化二十年（1484）甲辰进士，授云南道御史、升湖广按察副使，与吴愈可谓门第相当。朱文有子七人，希韩为其第三子。朱文长子朱希周，字懋忠，弘治九年状元，后迁居吴县，①其孙女嫁给了徐铨，"太学生徐铨妻朱氏，恭肃公（李按，当为恭靖公，朱希周谥号恭靖）希周孙女，年十九归徐，二十一夫殁，子汧生甫四月，毁容矢志，食贫教子，经书皆手自讲授"。② 也就是说，吴伟业的高祖父吴愈的女婿朱希韩，与徐汧的外曾祖父朱希周为亲兄弟，吴伟业与徐汧为平辈。那么，吴伟业入仕后，东林干将、翰林前辈徐汧对他多有照顾，为他排忧解难，特别是带着他去李明睿处化解矛盾（详见后文），就不仅是出自党派利益，也许与两个家族源远流长的亲戚情缘有关。

当然，吴愈不仅仅是善于经营关系，他本人天分很高，勤奋力学，"公自少开朗，书过目不忘。尝诣外舅夏公仲昭，阅壁间文累数百言，阅已，取笔书之，不遗一字"，"资既颖异，又敏学强解不遗余力；既连举得隽，益精进不懈"，"风流雅尚，奕奕照人"，③酷爱收藏，多才多艺，刚正不阿，精明强干，教子（女）有方，④对吴氏后人，产生了极大的影响。吴氏家族，诗书传家，衰而能复兴，与这样的家族基因有很大关系。

吴愈四子：吴东，字震方，正德三年援例入监，曾任县丞；⑤吴南，字明方，他是吴伟业的曾祖父，正德十年援例入监，以能书被荐为内阁中书，后任鸿胪寺序班；吴西，早卒；吴北（后改名守中），字坤方，嘉靖四年

---

① 道光《昆新两县志》卷二十"列传二"，道光六年刊本，第 5 页。

② 同治《苏州府志》卷一百十八"列女六"，光绪九年刊本，第 13 页。

③ 文徵明：《明故嘉议大夫河南布政司右参政吴公墓志铭》，《文徵明集》卷三十，上海古籍出版社 1987 年版，第 693 页。

④ 吴愈的几位女儿，如王银之妻、文徵明之妻，知书识礼，谨守纲常，相夫教子，勤俭持家，深得好评，可见吴愈与夏氏夫妇，教女有方，闺范甚严。

⑤ 嘉靖《昆山志》卷八记载吴东曾任浦江县丞，但康熙《浦江县志》卷三记载的弘治、正德至嘉靖年间的县丞中并无吴姓或昆山人士，文徵明说他是"东阳丞"（《鸿胪序班吴子学墓志铭》，《文徵明集》"补辑"卷三十一），但道光《东阳县志》卷五记载的东阳丞，明代吴姓者只有天顺四年任的直隶监生吴彬。

援例入监。① 吴愈孙子一辈中,除了次子吴南所生之外(因为吴南过继给吴愈仲兄吴悫为后,所以文徵明的吴愈墓志中列举其孙时就没有把吴南的三个儿子记录在内),还有:吴诗,字子学,②号思斋,吴东之子,嘉靖四年援例入监,鸿胪寺序班。吴访,字子求,县学生,嘉靖十四年援例入监。吴许,早夭;吴詠,③不详。

吴南三子:长子吴谏,字子宪,④号玉田,监生,为吴伟业嗣祖,曾任福建福安县丞,后迁居苏州,一子早夭,一女嫁郑氏;次吴议,字子礼,号竹台,为吴伟业祖父,幼赘于太仓琅琊王氏;次吴诰,与吴议同为庶出,后依吴议,移居太仓,贫困终老。吴议有子二人:长吴瑗(1572—1650?),字文玉,号蓬庵,吴伟业嗣父;次吴琨(1584—1663),字禹玉,号约斋,诸生,吴伟业生父。

吴伟业的家世,略如上述。吴凯、吴愈、吴南三代及其姻亲,多为官宦世家,不但政事、品行兼优,且以诗、书传家,成为昆山的乡里典型,张溥称其为"昆阳上族","多公卿钜人",⑤叶盛认为"乡里作官,前辈当法吴丈",⑥张大复"论曰:予家兴贤里,盖有贞孝冢云(李按:吴愈去世后,乡人私谥为贞孝先生)。里父老过之,称北吴大人墓。予考其行,诚长者。参政治事,又何其烈也!"⑦这样的家族传统,对吴氏后人影响巨大。特别是随着"君子之泽,五世而斩",祖上的事迹与荣光也是吴伟业重振家声的精神财富与巨大动力。吴伟业在《京江送远图歌》"序"中说:"先朝自成、弘以来,一郡方雅之族,莫过文氏,而吾宗用世讲相辉映","待诏以诗文书画妙天下,晚出而与石田齐名,其于外家甥舅中表多有往还手迹。伟业六七岁时,见吾祖封詹事竹台公(李按:指吴伟业祖父吴议)所藏数十纸,今大半散失,犹有存者。此卷比之它祑,日月为最久。衰

---

① 吴宽撰、管琪书,刘缨篆的《吴叙州妻夏安人墓志铭》中记载吴愈四子,取名依次为东、南、西、北,但三十年后吴愈去世,文徵明撰《吴公墓志铭》,则说其第四子为吴守中,而嘉靖《昆山县志》记载守中字坤方,可见守中只是改了名,未改字(北方为坤)。

② 嘉靖《昆山县志》卷十三,吴诗,字可兴。

③ 《顾谱》《世系》引顾鼎臣《吴公惟谦墓表》"詠"作"誴"。

④ 《顾谱》《世系》吴谏,字子猷。此据道光《昆新两县志》卷十七"历朝诸途入仕"。

⑤ 张溥:《七录斋诗文合集·古文近稿》卷二,《寿吴年伯母汤太夫人寿序》,崇祯九年刻本,页三十四。

⑥ 林世远修、王鏊纂:《姑苏志》卷五十二"吴凯传"。

⑦ 张大复:《梅花草堂集》卷三《皇明昆山人物传》"吴凯、吴愈传"。

门凋替,不知落于何人,乃劫灰之余,得诸某氏质库中,若有神物拥护以表章其先德,不綦幸乎!吾吴氏自四世祖仪部冰蘖公(李按:指吴凯)以乙科起家,参政再世滋大,父子皆八十,有重德,其行略具《吴中先贤传》中。伟业无似,不能阐扬万一,庶几邀不朽于昔贤之名迹,而藉手当世诸君子共图其传。"梳理祖上的荣光,以及与文徵明家族的过往,表达了自己追求与努力的方向。当吴伟业出生之时,伯祖吴谏仕途失意、家道中落、郁郁以终,祖父吴议入赘王门、寄人篱下,叔祖贫病衰老、无家可归;伯父吴瑗功名无着、默默无闻,父亲吴琨辗转豪门、教读养家,所谓"衰门凋替"。而文氏家族却代有传人,文徵明之子文彭、孙文元发等,无论仕途还是艺坛,都能维系家声,尤其是其曾孙文震孟,更是在天启二年(1622)高中状元,成为文氏家族文学、艺术、功名上的骄傲。吴伟业四五岁时就经常听祖父讲述家族的辉煌过往和败落惨痛(详见下文),六七岁的时候还能从家藏的文徵明手迹中触摸祖先与文氏家族"相辉映"的荣耀。这样的成长环境,对吴伟业后来的科举道路、艺术追求、文学创作显然有着积极的促进作用。仅就艺术而言,吴伟业书法学赵孟頫、绘画学董源与黄公望,而文徵明的书画也主要是继承赵孟頫与黄公望而来,正可见家族艺术传统之痕迹。

第二节　家道中落

　　如前文所述,吴氏家族在吴凯、吴愈、吴南三代鼎盛之后,从第四代吴谏开始走向衰落,到第五代吴瑗等人,更是跌至谷底,直到第六代吴伟业的重新崛起,经历十分曲折坎坷。吴伟业在《先伯祖玉田公墓表》中,记载了其祖父吴议和祖母汤氏关于家道中落原因的两种截然不同的说法:吴议的说法是,家产都是被吴南的嫡长子、自己同父异母的兄长吴谏"用之为饮食裘马"挥霍掉的,自己和弟弟吴诰既是庶出,又"少孤,故皆贫";汤氏则说是因为吴谏"以私财募兵"抗击倭寇,兵败,"家遂以破"。对这两种说法,吴伟业未做评述,后来之研究者亦较少进一步探究。吴谏因何败家,吴氏家族衰落的过程与结果,祖辈不同时期、不同人物对这一问题的不同解释,以及这样的原生家庭,对吴伟业的内心世界、性格特征、为人处世等,都有着不可忽略的影响。

首先,无论吴议怎样回避,汤氏所说吴谏仗义疏财、参与抗倭之事,确为事实,有史料为证。嘉靖年间,倭寇入侵东南沿海地区,昆山亦多次被祸,尤其是嘉靖三十三年(1554)四月,昆山城被围困,历时四十余日,"五月十三日,贼纠诸县精悍者七千人,薄东关,蝟集城下,攻围甚急,期于必破",幸得知县祝乾寿沉着冷静,"躬率丁壮","多方捍御,歼其渠魁",①方得解围。为了纪念、表彰祝乾寿的贡献,万历十八年(1590)江惠等人建"祝公祠","祀明知县祝乾寿,……国朝嘉庆六年苏州知府任兆炯檄敕本邑绅士重建。今所袝祀同时协力守城绅士:给事朱隆禧,主事王任用、孙云,举人归有光、丁允亨、秦霪,武科举人郭龙韬,生员张光绍、潘蔚卿、晋日亨、陈淮、柴秩、柴辅元、徐倬、龚良相,监生吴谏。"②可见,吴谏是在倭寇侵略昆山时,参与"协力守城"立下功勋被"附祀"祝公祠的。值得注意的是,《昆山县志》把吴谏列在"绅士"的最后,并不表示他的贡献最小,而是按照职务、功名排列的。实际上,根据郑若曾《江南经略》记载,在祝乾寿领导下,归有光等绅士主要是出谋划策,真正在抗倭前线、殊死作战的是吴谏等人,"县令祝乾寿微服乘城,鼓众作气,躬率丁壮守堞,老弱运瓦石、扬灰沙,昼夜力守不息,又与乡宦朱隆禧、王任用、孙云,举人归有光、丁允亨、秦霪等筹画便宜鼓励,监生吴谏,生员张光绍、潘蔚卿、晋日亨、陈淮、柴秩、柴辅元,武举郭龙韬等擐甲跨马,与贼交战,屡有斩获,且纠率士民,悉力捍御,城得不破"。可见,在这场抗倭关键战役中,真正"纠率士民",亲自"擐甲跨马,与贼交战",最终破敌守城的前线将领是吴谏等人。

郑若曾(1503—1570),字伯鲁,号开阳,昆山当地人,倭难起,先后入胡宗宪、戚继光幕,参与制订抗倭方略,提倡全民抗倭,是当时著名的军事家之一,著有《筹海图编》《日本图纂》等军事著作。《江南经略》专为抗倭而作,图文并茂,郑若曾"躬亲阅历,多方考证"(《凡例》),方才成书,具有极高的军事、地理、历史价值。根据郑若曾记录的吴谏在昆山

---

① 郑若曾:《江南经略》卷二下,隆庆二年刻本。
② 道光《昆新两县志》卷九。

守城中的表现来看，汤氏所说"嘉、隆间鹿城有倭难"，吴谏"以私财募兵千余人，转战湖、泖间，兵败，左右皆殁，得一健卒负之以免，家遂以破"，符合吴谏的为人性格，也符合相关历史记载。汤氏出生于嘉靖三十八年（1559），虽可能未曾亲见吴谏抗倭事，甚至可能没有见过吴谏，但是她既亲身经历过嘉、隆间的倭乱，也没有吴议那样对兄长的愤恨之情，况且她为人贤惠，"客位但箕帚""德辉环井臼"，①所以她的回忆更客观可信。

可以佐证的是，嫡出的吴谏，掌握了全家财产支配权，不但可以做主动用家产，以私财募兵千余人、抗倭建立战功，而且可以用家产给自己捐资纳监（吴氏家族有捐资纳监的传统，吴东、吴南、吴守中、吴诗、吴访等都是援例入监的，吴东、吴南、吴诗等并以监生入仕），而庶出的吴议、吴诰则没有任何功名。正是由于吴谏拥有监生身份，所以才能于隆庆三年（1569）被任命为福安县丞。当然，吴谏在福安县丞任上口碑并不好，当地志书上说他"烦刑，民畏之"，②只任职两年就结束了仕宦生涯。对吴议来说，本来"三世仕宦，廉吏之橐，固足以传子孙"，可是家产却被兄长一人独占，自己幼年就被入赘太仓琅琊王氏，③三弟更是沦落到无处可去、只得去太仓依附当别人家赘婿的仲兄，最后"老且贫，衣食于卜肆"的地步，因此他心中是对吴谏充满怨恨的。吴议在安葬父亲后，毅然断绝与兄长的来往，"娄东去吴门不百里，而门户凋落，子孙分适他国，吉凶婚葬，讫不相闻"，亲兄弟及其后人两代"彼此不往来"达六十年，便是他们兄弟之间相互怨恨的结果。

结合这样的家族过往，两相比较，汤氏的说法显然更合理，也更接近事实。问题是，在家庭教育中，吴议有意遮蔽兄长毁家抗倭的光辉，片面突出吴谏的自私，认为他只顾自己追求功名与物质享受，置两个庶出的弟弟于不顾，并拉上那个凄惨可怜的弟弟吴诰作证，以此来教育自己年幼的孙子（吴伟业当时四五岁左右），这对吴伟业的成长是有明显影响的。尤其是祖父吴议去世后，祖母汤氏又塑造了一个截然不同的

---

① 卢世㴐：《奉贺吴骏公祖母汤太君八十》，《尊水园集略》卷一，顺治十七年刻本。
② 万历《福安县志》卷四。
③ 从吴氏家族史来看，入赘情况很多，比如顾恂、王银曾先后入赘吴家。

抗倭英雄的伯祖形象时（当时吴伟业十三岁左右，伯祖后来还成为嗣祖），这一巨大的反差对懵懂的吴伟业心灵冲击是强烈而永久的。祖父和祖母对这一问题截然不同的解释，无论是正面还是负面的，以及这一矛盾解释本身，都在童年吴伟业的心里投下了阴影，并对成年吴伟业的若干决策产生潜意识的影响。吴伟业从小认真读书，心无旁骛、专注举业，"十五六不知门外事"，正是家庭和他本人把重振家声的希望全部寄托在读书、应试、做官上这一迫切心情的体现。吴伟业科举成功、走上仕途后，在一些关键问题的处理上，贪恋功名、优柔寡断、患得患失，包括后来努力做一个尊重史实的史学家，都与早年的心理阴影有关。比如在党争中，他既不敢违抗师命，又不敢得罪首辅温体仁，"乃取参体仁疏增损之，改坐（蔡）奕琛"。① 尤其是明清易代，传统士人名节面临巨大考验时，吴伟业的表现更耐人寻味。清兵入关后，在征服江南的过程中，嘉定、江阴等地士绅纷纷率众抵抗，而复社领袖、前朝鼎甲、太仓士绅代表之一的吴伟业，作为曾经毁家抗倭的吴谏的后人，既没有殉节以尽忠，也没有积极响应、投奔仍在高举朱明政权旗帜的鲁王、唐王、永历政权，更没有毁家纾难、组织反抗，而是携百口之家、寻避难之所，甚至可能参与决策、代表太仓迎降（汪曾武《外家纪闻》），理由是宁可自己牺牲名节也要保一方平安。十年后，他应召出山，入仕清廷，理由是尽管他自己极不情愿，但是父母双亲逼迫，"难伤老人意"，加上清朝统治者实施高压政策，"长虑收者在门"，为了父母宗亲，他才扶病入京。家族利益，仍然是他的首选。显然，当初面对倭寇入侵，嗣祖吴谏挺身而出，仗义疏财，有功乡里，陪祀乡贤，可是带给兄弟、后人的却是无尽的痛苦与仇恨。② 这一幕深深刻印在吴伟业的脑海中。吴伟业的各种选择背后，无论他本人当时是否意识到，显然与他家族当初的衰落原因与矛盾解释有关。

---

① 陆世仪：《复社纪略》卷二。
② 嘉定著名世家大族侯氏组织抗清，失败后嘉定被屠城，侯氏后人遭遇之惨痛，包括不见容于乡里，同样令人深思。参见周绚隆《易代：侯岐曾和他的亲友们》，中华书局 2020 年 4 月版。

第三节　入籍太仓

因为家道中落,庶出的吴议被家族作为赘婿送到太仓琅琊王氏,为王憕庶出幼女之婿,而且婚前就住在王家。隆庆五年(1571)左右,曾回到昆山参与安葬父亲吴南,后来更是带着同为庶出的弟弟吴诰入籍太仓,并与长兄吴谏断绝往来,从此与昆山吴氏大家族失去联系。

吴议举家迁徙并入籍太仓的原因与经过,吴伟业在给吴谏写的墓表中有所交代。《先伯祖玉田公墓表》中说,崇祯四年(1631)吴伟业考取进士、钦赐归娶途中,"于吴门遇三山郑君,曰余姻也,询之,则三山之兄曰某者,为伯祖壻,余姑尚在也。伟业乃具礼币拜见,则年已七十三,泫然泣曰:'犹忆会鸿胪公葬时,曾到鹿城见二叔,今已六十年,不通家问。'二叔谓吾祖也。归而告吾祖母汤孺人,孺人泣,吾世父与吾父知之亦泣,泣年六十始识有伯姊也"。根据这段叙述可以推知,隆庆五年(1571),在吴南的葬礼上,吴伟业的姑母郑吴氏(1559—1634),时年十三岁,曾在昆山见到二叔吴议。吴南葬礼结束后,吴议返回太仓,断绝了与兄长吴谏的往来,次年与嫡妻王氏生下了长子吴瑷。而吴谏则在儿子夭折后,于万历十九年(1591)前后移家苏州,与嫁给郑氏的女儿一起生活。三弟吴诰无法跟随长兄吴谏去苏州,只得到太仓投奔同为庶出的二兄吴议。此后,生活在太仓的吴议、吴诰与迁到苏州的吴谏失去了联系,断了消息,"彼此不往来四十余年"。

吴伟业他们不知道吴谏后人的情况,但是吴谏的女儿通过郑钦瑜(字三山)等人知道了吴议后人情况,是因为每科进士登科录中,都会登记被录取者的籍贯以及曾祖、祖父、父亲三代的名讳,苏州府太仓州的吴伟业高中会元、榜眼,钦赐归娶,一举成名天下知,何况苏州。《登科录》传至苏州,会元吴伟业在《登科录》上登记的曾祖吴南、祖父吴议的名讳,自然会引起吴谏后人的注意。郑钦瑜家族乃是苏州世代名医,与士大夫阶层交往甚密,自然能够及时了解相关信息,所以吴伟业一回到苏州,就立即"遇"到郑钦瑜,重续亲情。这个时候,吴谏、吴议、吴诰兄弟三人早已去世,恩怨一笔勾销;长房吴谏这一支已经衰落沉沦,后继无人,而庶出的吴议后代吴伟业则功成名就,衣锦还乡,光宗耀祖,因此在汤氏带领下,吴瑷、吴琨兄弟等人"相率至梅湾墓下再拜哭,且加封树焉",先是到苏州梅湾给吴谏上坟,再然后到昆山找寻吴东、吴北的后人,联宗叙谱(明清易代之际吴伟业到矶清湖避乱,投奔的吴由倩及其兄弟吴青房、吴公益等人,可能是吴北的后人,应该是这次寻根之旅结识的),扬眉吐气地认祖归宗自是理所当然。

回想起来,当初入籍太仓的吴议,刚开始生存处境也是颇为艰难的。首先,入赘王氏,寄人篱下,遭人白眼,可想而知;其次,昆山吴氏家族日渐衰落,吴议又与家族断绝往来,无依无靠,自身没有功名,白衣终老;第三,王惼这一支子女众多,功名不显,与其弟弟王忬及其两个侄子王世贞、王世懋相比,无论是科举还是仕宦,尤其文坛地位,均形成强烈反差,而子女众多带来的家产再分配也就成为矛盾焦点,何况王惼五个女婿中吴议地位最低又是入赘,其妻子还不是嫡出,并且去世得很早,①吴议也很难再获得王氏家族的庇护。吴伟业自述幼年曾经见过的叔祖吴诰的生活场景,"伟业四五岁曾及见之,老且贫,衣食于卜肆",就是吴议艰难处境的形象写照。吴伟业多次回忆说自家"衰门贫约,吾母

① 现在可以见及的吴家文献资料中,只有吴议入赘太仓琅琊王氏的记载,比如王祖畬《太仓州志》卷二十"吴伟业传","高祖愈,籍昆山;祖议,赘琅琊王氏,始为州人",《顾谱》"世系表","祖议,幼赘于琅琊王氏"。但是具体是哪一支的后人,没有明确说明,从辈分上来推测,此"王氏"应该与王世贞、王世懋平辈。琅琊王氏后人中女性众多,尤其是王世贞的伯父王惼就有五个女儿。通过查阅王世贞为王惼所作墓志铭《明故承事郎山东承宣布政使司都事静庵王公墓志铭》可知,王惼有四子五女,五个女儿(原文误为三,当然,之所以有此误是因为王惼嫡妻龚氏只生了三个女儿)分别嫁给了"太学生周允元、布政司都事金允治、鸿胪寺序班李三纲、晋骧、吴议"(《弇州山人续稿》卷一百一,万历王氏世经堂刻本,页十七),则吴议入赘王世贞伯父王惼家,甚为明确。值得注意的是,吴议入赘,所配之王氏不仅最小而且为王惼侧室朱氏或陆氏所生,王世贞为父亲代笔所作的王惼夫人龚孺人的墓志铭中说该女"许吴某,侧出",其他四位女婿都有名有姓,就这个入赘的仅仅说是"吴某"(王世贞《王室孺人墓志铭(代家君)》《弇州四部稿》卷九十三,四库全书本,页二十一)。由此看来,吴议入赘不是因为王家没有儿子承嗣,而是王家收留无家可归的吴议。龚孺人去世于嘉靖甲寅(1554)十一月十八日,王世贞用一"许"字,则此时吴议与王氏尚未成亲;王惼去世于嘉靖己未(1559),王世贞用一"适"字,则吴议与王氏业已成婚,如若不然,王惼的嫡长子王世德也未必肯为侧出的妹妹招赘吴议进家门来分家产。另外,王惼次子王世业还娶了顾鼎臣之孙女,王世贞《顾孺人墓志铭(代家君)》"世业妻顾氏","太保顾文康公孙女,父履方,乡进士,赠尚宝司丞"(《弇州四部稿》卷九十三,页二十二),所以与昆山吴氏家族亦可谓转折的姻亲关系。同时,从吴伟业与琅琊王氏后人的交往来看,他与王瑞国关系最为密切,为儿女亲家、世代交好,王瑞国是王士骐之子、王世懋之孙、王忬之曾孙。另外,吴伟业出生时,嫡祖母王氏应该早已经去世,因为与吴伟业有关的所有话语系统里,提到吴伟业的祖母只出现了汤氏。

操作勤苦,以营舅姑濒瀡之养。汤淑人怜其多子,代为鞠育。余自少多病,由衣服饮食,保抱提携,唯祖母之力是赖。忆自早岁通籍,祖母年七十有三,及以南都恩驰封三世,汤淑人期届九袠,笄珈白首,视听不衰,里人至今以为太息"(《秦母于太夫人七十序》);"吾父亦穷诸生也","吾父之有声场屋,屡试不收,而祖母汤淑人已老,家贫无以为养,吾母为余言之而泣"(《王母周太安人墓志铭》)。可见当时吴氏家族生活确实不易。

但是,吴议毕竟出生于"昆阳上族"、艺术世家,与顾鼎臣家族、文徵明家族等世代友好,无论是家学渊源还是历代累积,都有可观之处。据吴伟业说,他幼年时还见过吴议留下来的文徵明手迹好几十幅。而太仓王氏家族无论是琅琊王氏还是太原王氏,均有浓厚的艺术氛围。加上吴议为人忠厚,好学上进,并且善于处理人际关系,太仓著名文人李继贞曾经回忆说"忆吴之祖竹台公与先君子为笔砚交,白首相欢",[1]说的就是吴伟业的祖父吴议与李继贞的父亲李春荣从小交好的既往历史。因此,吴议逐渐被王氏家族以及太仓地区其他世家所接纳,扎根太仓,其嫡长子吴瑷也同样娶了王氏为妻,[2]并与王时敏等人为总角之交,进一步强化了与当地世家的联系。

尤其令人欣慰的是,吴议的次子吴琨,好学善思,声名早著,且被李继贞收入门下,于万历四十年补博士弟子员。李继贞(? —1642),字征尹,号萍槎,万历四十一年(1613)进士(该榜会元、状元为周延儒),累官至兵部右侍郎兼右佥都御史,巡抚天津。继贞精明强干,富有政治远见,为人刚正不阿,《明史》有传。李、吴两家世代交好,李春荣与吴议为同学,吴琨拜李继贞为师,李继贞又请吴琨教育自己的儿子,崇祯四年吴伟业参加会试,李继贞又是同考官之一,吴伟业和李继贞都说两家是"三世通家"。有了李继贞的充分肯定之后,获得秀才资格的吴琨被太仓高门江氏、王氏、吴氏等先后约请,担任塾师。张溥说吴琨"食贫养志,读丘索,譔苍素,文名震动江介",[3]吴伟业亦自称"吾父之有声场屋"

---

① 《吴梅村全集》附录二,《顾谱》顾思义考,第1433页。
② 吴瑷娶妻王氏、续张氏,均无子,吴伟业出生时,王氏已经去世。从汤氏对待吴瑷、张氏的态度,特别是吴瑷去世时(吴琨有三子)无人承嗣,以及吴瑷与王氏家族的良好关系来看,吴瑷很有可能是吴议嫡妻王氏之子,王愔的外孙。另外,吴议入赘王氏家不久吴瑷即出生,亦可推知吴瑷当为王氏嫡子。
③ 张溥:《寿吴年伯母汤太夫人寿序》,《七录斋诗文合集》卷三,崇祯九年刻本,第33页。

（《王母周太安人墓志铭》），虽有夸大成分，但是也一定程度上说明吴琨在当地小有名气。当然，后来随着吴伟业科场得意，仕途日盛，吴琨的社会地位也不断高涨，曾经与王时敏、顾燕诒、凌必正等人一起被推举为乡饮大宾，并称"娄东七老"（《白封君六十寿序》）。这"七老"之间，也颇多往来，王时敏曾有《题自画赠吴约叟封翁》："约叟以此素属画，适余病冗侵寻，未有兴会，留笥中者年余。今岁清秋，始为点染，因笔砚久荒，古人规模气韵与腕了不相接。偶忆胜国名家，如承旨（指赵孟頫）、一峰（指黄公望），同师北苑（指董源），虽径辙各别，仍是一家眷属。遂以此意作图，树石全仿大痴（指黄公望），而山头则以赵吴兴鹊华卷（指赵孟頫《鹊华秋色卷》）法为之。零星采拾，未知果能钗钏瓶盘熔成一器否也？请以质之约翁具眼，并志余愧。"①

吴伟业的母亲朱氏，亦出身名门。朱氏的外祖父曹胤儒，为晚明著名的儒生，对朱氏和吴伟业的成长影响极大。吴伟业本人也多次提及这位晚明太仓名儒及其后代对自己的影响，"以余所闻，神宗皇帝时，士大夫以读书讲学相高，吾州先达如管东溟、曹鲁川两先生，研综六经，穿穴训诂，而又能得佛法大旨，于教律论藏皆有所参究，为一时缁素之所咨仰"，"余生也晚，于两公不及见，而鲁川之壻为余外王父，少时从母党窃观其书，多至百余卷"，"鲁川三子，其季曰毅叔，毅叔之子曰元孟，父子为儒者，能世其家学。今年夏，余园居读书，元孟瓢笠叩门曰：吾出家于郡城之文殊庵，僧腊已十年矣。此即所谓照如师也"（《赠照如师序》），"吾郡西郊华雨庵照如禅师，俗曹姓，讳洵，字元孟。祖为鲁川先生，伟业外王母之父。鲁川著书数百卷，其论浮屠氏与孔子之道合"，尤其是其颂曰："佛说大报恩，左肩尝负母，经历千余年，恩深难报故。以是作思维，母上更有母，乃至其亲党，恩爱总不殊"，"吾母朱淑人，曹乃所自出，始余六七岁，得见外王母。尝用兜绵手，摩顶在膝前，阿甥汝当知，我父循良吏，上书忤时宰，拂袖归田庐"，"理学专门家，孔释水乳合，诸方大尊宿，推重惟鲁川，教律与论藏，一一手撰述。吾母时谛听，大发菩提心，晚受具足戒，修持二十载"，"我初念舅氏，逃入于苦空，比悟清

① 王时敏：《烟客题跋》，上海人民美术出版社 1986 年版，第 31 页。

净因,身心大饶益。却恨烦恼障,八万尘劳缠,浮名若空华,世慧如利刃。归命大慈氏,法乳甘醍醐,佛恩与亲恩,昊天同罔极。师其勤接引,觉筏开迷津,三世诸眷属,共成无上道"(《照如禅师生塔颂》)。诸如此类的叙述,反复强调了曹胤儒及其后人的学术思想、理论主张、宗教信仰对自己的影响。

曹胤儒,字鲁川,太仓人,既是良吏,又是大儒,兼通佛道,还是水利、军事专家。隆庆元年丁卯贡生,[①]"万历八年以恩贡知(龙岩)县事,多营建,力豁漳平米,议以庄口顶绝户,及清革土本,未就,入觐去";[②]其兵学著作《握机经》三卷、《握机纬》十五卷,据王世贞说,为罗洪先、归有光等人所传授;[③]其他有《石鼓山堂剳记》三卷、《御倭条议》一卷,[④]《大学真文》一卷、《大学正文》一卷、《石经大学》二卷,共一册;[⑤]另外,《拜经楼诗集》卷三《蠡塘杂咏》的注释中引用了他的《海塘考》,[⑥]钱中谐《论吴淞江》中引述了他关于治理黄浦江水系的论述,[⑦]袁黄《论建都当兴水利》中引用了曹胤儒关于"燕南之地"水利形势的分析。[⑧] 诸如此类,均可见曹胤儒之博学多才、注重实学。吴伟业入仕后,关注民生,尤其是对江南水利建设方面颇有研究,顺治初年的《答土抚台开浏河书》以及顺治末年的《浚刘家河记》,都体现出较高的科学水准,这些都很有可能与他接受了曹胤儒的影响有关。

吴伟业六七岁时就从母亲、外祖母的口中辗转接受了曹胤儒的影响,长大后更是通读了曹胤儒多达百余卷的著作,对其根柢六经、经世致用、融合儒佛的治学宗旨与为人品格极为认同。同时,曹胤儒及其后人曹洵(照如禅师,论辈分应该算是吴伟业的表舅),尤其是吴伟业的母亲朱氏对佛教的认知、崇信,对吴伟业的思想形成与发展,也有巨大的影响。吴伟业多次记述母亲朱氏的崇佛行为,比如"吾母朱淑人精心事

---

① 民国《太仓州志》卷十"选举",第19页。
② 民国《龙岩县志》卷三十一"良吏传",第4页。
③ 《钦定续文献通考》卷一百八十三,四库全书本,第6页。
④ 徐乾学:《传是楼书目》,道光八年刘氏味经书屋抄本,第22、70页。
⑤ 祁承爜:《澹生堂藏书目》"经部",清代宋氏漫堂抄本。
⑥ 《拜经楼诗集》卷三,愚谷藏书版,嘉庆八年刻增修本,第7页。
⑦ 《皇朝经世文编》卷一百十三"江苏水利下",道光刻本,第24页。
⑧ 袁黄:《皇都水利》卷六,万历了凡杂著本,第2页。

佛,尝于邓尉山中创构杰阁,虔奉一大藏教"(《秦母于太夫人七十序》),
"吾吴天寿圣恩禅寺,繇山门拾级而登,仰见杰阁耸于虚空,剖石大和尚
所构以奉一大部藏者也。其地踞邓尉之半","吾母朱太夫人专心在道,
入山礼足,躬睹胜因,发愿弘施,闻者坌集。监院济上等乃相材运甓,练
日鸠工,经始于癸巳之仲冬,告竣于甲午之季腊"(《圣恩寺藏经阁记》),
"吾母朱太夫人精心佛乘,构藏经阁于邓尉山中,同心欣助,惟有于太君
一人。江乡百里之间,音声相闻,信施杂及,缁素之口,必以秦母、吴母
为先"(《秦母侯孺人墓志铭》)。不但如此,吴伟业还记载了母亲朱氏信
佛之善果,"观白母之洒然坐脱,何其有类吾母乎!吾母朱太淑人奉佛
受戒者三十余年,白母年八十,吾母年亦七十有七,其终也,三子环侍,
戒勿哭,吾母亲见幡幢前导,诸佛受记而去,具载往生录中"(《白母陈孺
人墓志铭》)。吴伟业的崇佛倾向,包括遗言中叮嘱"殓以僧装"等,也应
该是深受其外家传统的影响。

由于祖父辈吴谏、吴议、吴诰兄弟三人中,只有吴议育有吴瑗、吴琨
两子,吴谏、吴诰均无后,而吴瑗又无子,吴琨长子夭折,所以吴伟业实
际上就成了三代独苗,是吴南后人尤其是移居太仓的吴氏家族的希望,
从小备受关爱,"十五六不知门外事",母亲朱氏更是关怀备至,母子二
人感情极深,吴伟业多次因为母亲生病而弃官归家,直至晚年,吴伟业
还说"当世祖章皇帝之十载,诏举遗佚,伟业与楚先为同征。是时吾母
朱淑人年六十有九,善病,长恐不复相见,吏趣上道急,母子日涕泣,目
尽肿"(《王母周太安人墓志铭》)。因此,朱氏受家族氛围熏陶,崇信佛
教,醉心佛事,同样给吴伟业以巨大影响。吴伟业一生背负家族期望,
以世情为苦,自称为"天下大苦人",屡有出世之思,都与家族背景包括
崇佛倾向有着重要关系。

第四节　家族希望

吴伟业家在太仓城西长春坊,长春桥下,名宦祠前,周围以仓库为
多:太仓军储仓在长春桥西南,有门房三间、仓厅三间,天、地、月、积、

盈、洪六个粮仓共五十间;镇海军储仓在长春桥南,有正门一间、仓厅三间一轩,天、地、玄、黄、丰、盈六个粮仓共六十一间。[①] 旁边不远就是关帝庙,在"小西门内长春里,明万历九年建,里人王世贞撰碑记"。[②] 西门内有"兄弟魁元父子及第坊"(王锡爵、王鼎爵、王衡),至于城中的牌坊如"状元坊""会元坊""榜眼坊""解元坊"以及"尚书坊""少保坊""三代中丞兄弟九列坊""父子两台五世司马坊"等等,鳞次栉比,蔚为大观。童年的吴伟业,在这样的地理环境、建筑群落、文化氛围里嬉戏游玩,逐渐成长,耳濡目染,不但是家族希望,就是自我期许,也会从小扎根的。

吴伟业出生的时候,他还有个三岁的哥哥。虽然吴伟业的哥哥很快夭折,但是吴琨之后又连续生了两个儿子吴伟节、吴伟光。吴伟业的伯父吴瑗,一直没有子女,后以吴伟业承嗣。所以《顾谱》中称吴瑗为吴伟业嗣父、吴琨为吴伟业生父。由于吴氏家族的独特情况,嗣继极为普遍。吴凯次子吴愚无子,以吴愈次子吴南为后,吴南长子吴谏有子夭折,以吴议长子吴瑗承继,所以在吴伟业的兄长夭折之后、弟弟出生之前,年幼的吴伟业,作为五代单传的长孙,成为吴氏家族中吴愚、吴南、吴谏、吴瑗这一支的唯一希望。

关于吴伟业何时、为何过继给吴瑗夫妇为嗣子,学术界有不同看法,《叶谱》根据杜登春《八执诗》等推断吴伟业是在顺治十三年十月,因吴瑗之妻张氏(1581—1656)去世,吴伟业"以继伯母之丧出都",离京回乡为嗣母守节,"而非父母之命",且"伟业上疏请过继伯父母为嗣子实乃脱身清廷之计也"。而《顾谱》则认为吴伟业之出嗣,在明代末年,吴瑗去世之前即已完成:崇祯十七年,南中立君,吴伟业已经丁嗣父艰服满,所以应召到弘光政权任职。由于吴氏家族几乎代有嗣继,因此吴伟业之出嗣,是在明末还是清代,究竟是为了脱身清廷,还是承袭家族嗣继传统,抑或两因兼具,其中内情,尚需细致分析。

首先,吴伟业之出嗣,是在伯父吴瑗去世之前还是之后,这是需要辨析的第一个问题。关于吴瑗的卒年,记载不一,而这一时间与吴伟业出嗣关系密切。若依据陈廷敬《吴梅村先生墓表》"丁嗣父艰,服除,会

---

① 弘治《太仓州志》卷二,第13页。
② 宣统《太仓州志》卷四"营建",第4页。

南中立君",也就是说,弘光政权在南京建立之时(1644 年),吴伟业已经服满嗣父三年之丧了,则吴瑗当去世于崇祯末年,故《顾谱》将吴瑗卒年定于崇祯十三年(1640),梅村出嗣吴瑗当在此时或更早;而王宝仁《奉常公年谱》(王时敏年谱)则记载吴瑗去世于顺治十五年(1658)。《叶谱》认为陈廷敬的墓表和《顾谱》的记载有误,而王宝仁的记载可信,并进行了补充论证。据现有材料看,陈廷敬的墓表和《顾谱》的论述固然有误,但是王宝仁这条记载亦有自相矛盾、解释不通的地方。该谱卷三,顺治十五年,记载说"吴梅村嫡伯文玉瑗,与公(指王时敏)交垂五十余年,自总角以至皓首欢好无间,是秋病殁,年近八旬,惜无有为之承嗣者"。这就令人疑惑,因为可以肯定的是,顺治十三年十月吴瑗继室张氏去世,吴伟业请王崇简写《吴母张太孺人墓志铭》时,是称之为嗣母的。如果吴瑗去世于顺治十五年,那么不到两年,梅村守嗣母张氏丧尚未满服,张氏之丈夫吴瑗去世,怎么就"惜无有为之承嗣者"? 以吴伟业一贯谨小慎微的做法,他怎会公然不认嗣父、欺骗朝廷?《叶谱》认为王宝仁对吴瑗卒年的记载"言之凿凿如此"就可信,那么吴瑗年近八旬却无人承嗣而绝后,王宝仁也是"言之凿凿"的,这样大的事恐怕比他哪一年去世更令人关注。个人以为比较合理的解释应该是吴瑗比妻子张氏先去世,他去世的时候吴伟业尚未出嗣长房。

　　如果吴瑗年近八十去世的说法可靠,那么他的卒年是可以推知的,因为我们可以考定他的生年。吴伟业《先伯祖玉田公墓表》中明确记载崇祯四年自己在苏州见到了嫁给郑钦瑜之兄的吴谏之女,"归而告吾祖母汤孺人,孺人泣,吾世父与吾父知之亦泣,泣年六十始识有伯姊也"。在这段话中,这位"年六十"才知道还有伯姊的应该就是其"世父"(伯父)吴瑗,因为吴琨该年只有四十八岁,离六十相距太远,当然更不是祖母汤氏,汤氏不可能称吴氏"伯姊",何况汤氏本年七十三岁,这也是吴伟业自己记载的。吴瑗崇祯四年(1631)"年六十","年近八旬"去世,如果按照得年七十九计算的话,他的生卒年就应该是隆庆六年至顺治七年(1572—1650)。顺治七年秋天吴瑗去世时,吴伟业尚未承嗣,否则顺治九年春天两江总督马国柱向朝廷疏荐吴伟业时,他就可以用为嗣父丁忧守制尚未满服的正当理由回绝了。

　　需要说明的是，《叶谱》认为吴伟业《先伯祖玉田公墓表》作于入清以后，因为文中称自己的祖父吴议为"赠嘉议大夫少詹事"，而吴伟业担任少詹事是在南明弘光政权时期。但是，这也是有疑问的。因为文中凡是提及祖母汤氏，都称"孺人"（共三处）。而入清之后作的文章如《秦母于太夫人七十序》，明确说"忆自早岁通籍，祖母年七十三，及以南都恩驰封三世，汤淑人期届九裹"，也就是说弘光朝提升吴伟业为少詹事的时候，封赠三代，祖父是赠"嘉议大夫"，祖母是封"淑人"（均为三品，生曰封，死曰赠），所以入清后梅村文章中提到祖母时均称"汤淑人"。因此，《先伯祖玉田公墓表》更可能是作于明末，其伯姑去世（崇祯七年，1634）后不久。其时伯姑之子还"主梅湾之祭"，吴瑗尚未出嗣吴谏，吴伟业亦未出嗣吴瑗，所以文章既称吴谏为"伯祖"而不是"嗣祖"，也称吴瑗为"世父"（伯父）而不是"嗣父"。至于称吴议为"赠嘉议大夫"，那应该是后来整理文集时增加的，只是没注意将汤孺人一起改了。

　　依据《先伯祖玉田公墓表》《吴母张太孺人墓志铭》《秦母于太夫人七十序》《顾谱》等文献可知，吴议幼赘太仓王氏，为王憛之婿，寄居王家，隆庆五年（1571）回到昆山参加会葬父亲吴南，并因遗产纠纷与长兄吴谏彻底断绝来往，从此入籍太仓，次年与嫡妻王氏生下长子吴瑗。王氏早逝，吴议副室汤氏于万历十二年（1584）生了次子吴琨。万历四十三年（1615），吴议去世。吴瑗"配王氏，继张氏"，可惜均无子，王氏亦早逝。吴伟业出生时，其母朱氏"尚育三岁子"，所以伯母张氏"念其劳瘁"，主动分担，"从襁褓中乳字"伟业，这就为后来吴瑗夫妇过继伟业打下了基础，所谓张氏"之克慈"、伟业"之克孝"，"一出于天性"。

　　不过，综合其他材料来看，这样温情脉脉的嗣母嗣子关系，很有可能是为了写作墓志铭而虚构的。顺治十五年，吴伟业应秦松龄之请做《秦母于太夫人七十序》，联想到自己幼时母亲朱氏因"多子"而"操劳勤苦"，特地说明自己是由祖母汤氏"代为鞠育"，"余自少多病，由衣服饮食，保抱提携，惟祖母之力是赖"，一个"惟"字，彻底将两年前他跟王崇简说的所谓张氏"从襁褓中乳字先生"给否定了。可见，吴伟业之出嗣张氏，纯粹是为了家族嗣继的宗族需要和脱身清廷的政治需要，并没有感情、亲情上的需求，所以吴瑗年近八旬去世之时，尚未入嗣，等到六年后张氏去世,为了辞官回乡才不得已做个形式。

其次,一直以来吴氏家族对宗族嗣继看得极为重要。吴瑗去世,如无嗣而绝后,对吴氏家族来说,是一件很严重的事件。吴瑗不但是吴议的长子,还是唯一的嫡子(梅村之父吴琨很可能是庶出,为汤氏所生),而且因为吴议长兄吴谏无后,吴瑗又出嗣为吴谏之子,成为吴南的长房长孙,而吴南又是因为伯父吴惪无子,由三房吴愈之子过继给二房的。吴氏家族和吴伟业本人都很重视宗族嗣继问题,哪怕吴议与吴谏兄弟反目,吴谏无后,吴议的后人也关心其嗣继问题,先是由吴谏之外孙(吴谏之女嫁苏州郑氏,生两子,以其一姓吴),主持祭祀,后来此子亦夭,故而以吴瑗承嗣,"文玉公入继大宗,为玉田公后,岁时思慕,孝祀不衰"(王崇简《吴母张太孺人墓志铭》)。吴伟业本人入继大宗,为吴瑗之嗣子后(吴谏为其嗣祖父),直到五十仍无子,于是"立三房侄为嗣"(《与子暻疏》)。诸如此类,均可见吴氏这一世家大族对嗣继问题的重视。正是由于这样的原因,吴瑗年近八十、去世后无人承嗣才会成为特别事件进入当时当地人的记录,成为王宝仁为王时敏编年谱时也特别提及的材料。这也是本文认为王宝仁对该事件记载基本可信,但是时间可能有误的原因。

第三,《奉常公年谱》中说吴瑗与王时敏关系密切,这是事实,吴议、吴谏父子均为太仓王氏姻亲,世代交好。[1] 至于说吴瑗与王时敏"自总角以至皓首,欢好无间","垂五十余年",则这里的"总角"显然不是指吴瑗,更不可能同时指吴瑗、王时敏两人,因为王时敏比吴瑗整整小二十岁,不可能同时"总角"。王时敏出生于万历二十年(1592),"总角"一般指十岁左右,也就是从万历二十九年(1601)前后两人开始交往,至顺治七年(1650)吴瑗去世正好五十年。吴议入赘太仓琅琊王氏,王时敏为太仓太原王氏,但太仓两王氏家族世代交好,两个家族的代表人物王锡爵、王世贞就曾相互支持。吴瑗母亲、妻子均为王氏族人,同时又出身书画世家(吴伟业六七岁时,曾亲眼见过祖父吴议所藏,仅文徵明手迹就数十张,但后来大都散佚,包括沈周专为吴愈所作、众多名人题咏、堪

---

[1] 王时敏的妹夫黄翼圣曾作有《秋夜烟客招同吴文玉并携郎君藻如西田泛月》,可见王时敏组织的家庭活动,都邀请了吴瑗参加,见汪学金《娄东诗派》卷八,第33页。

称家族至宝的《京江送远图》都被典当,按照吴氏家族的惯例,当初这些都会归属于吴议的嫡长子吴瑗),这些都是与王时敏等人交往的基础。

吴伟业高中会元、探花后步入仕途,曾自称与王时敏交往密切,"初余早岁忝太常公执友","时就奉常以访吾所不逮",所以"交于王氏者最深"。吴伟业作为官场新人、晚辈,能得王时敏这样的世家前辈提携、指点,这其中当然也有伯父吴瑗的因素。反之,吴瑗去世后,无人承嗣,王时敏等人极为遗憾,所以后来梅村入嗣,并借嗣母张氏去世之际脱身清廷,背后亦可能有王家诸人的影子。这也是吴瑗高龄去世却无人嗣继这一记载存于王氏家族相关史料的重要原因。

总之,幼年的吴伟业,刚刚出生不久,就承载着吴氏家族的巨大希望,这也是长辈给他取名"伟业"、字"骏公"的重要原因。伟业四五岁时,祖父和叔祖父就给他讲述家族的过往荣耀和衰落原因,激励他重振家声;六七岁时,外祖母曹氏就给他讲述她父亲曹胤儒的学问、人品、宦迹,鼓励他向前辈学习。这些,都给幼年的吴伟业留下了深刻的印象,对他的成长产生了重要影响。

第三章　读书应试

　　吴伟业出生时,吴氏家族已经家道中落,吴议、吴瑷父子虽然勤奋好学,但是均未取得功名,吴琨尽管也没取得功名,但是才名卓著,教书为生。吴伟业随父读书,辗转多家,勤奋好学,喜读古书,浏览广泛,同时读书天分极高,学如夙授,但不喜欢俗儒之学、应试之文。据他自己说,为了应试,他只用了一两年时间,精研八股文(《德藻稿序》"吾之致力于应举,一二年耳"),结果就于崇祯元年考取诸生,崇祯三年乡试中举,崇祯四年参加会试,一鸣惊人,考取会元,殿试榜眼,走上仕途,名闻天下。

第一节　专心读书

　　万历四十三年(1615),吴伟业七岁,正式开始读书。在这之前,除了偶尔跟随父亲到太仓名门李继贞家外,基本上是在祖母、母亲的庇护下,安心在家,游戏玩耍,随意泛览。太仓的吴、李两家,"三世通家",李继贞的父亲李春荣与吴琨的父亲吴议早年"为笔砚交",友情深厚,直到晚年仍"白首相欢",吴琨早年曾"受业于"李继贞,李继贞后来又让自己的儿子拜吴琨为师。① 吴伟业后来的科举和仕宦之途之所以较为顺利,多少得益于李继贞的指点、提携,而这显然与其家庭背景有关。

① 李继贞:《萍槎年谱》,转引自《顾谱》,参见《叶谱》第39页。

　　吴伟业七岁以后，先是跟随父亲到同邑江用世家的私塾读书，正式走上了读书应举之路。江用世（1573—1650），字仲行，号鼎寰，万历四十三年（1615）举于乡，天启二年壬戌（文震孟榜）成进士，先后任刑部主事、兵部郎中、江西按察使等。江家为太仓高门，江用世的父亲江有功为万历十年举人，任肇庆通判，升弥勒知州；江用世的伯父江有源为万历八年进士，授南充知县，升御史；另外，江有声与江有功曾因年高德劭同举乡饮大宾，可见其乃书香门第、科举世家。江用世凭借《春秋》起家，而吴琨也擅长《春秋》，所以江用世中举后，聘请吴琨给自己的两个儿子德祯、德祉讲授《春秋》（《嘉议大夫按察司使江公墓志铭》），吴伟业也跟随父亲在江家度过了自己的学业启蒙时光。江用世虽然是前辈乡贤，但是对年幼的吴伟业十分欣赏、照顾，包括吴伟业的同宗兄长吴克孝（江用世曾经向朝廷力荐仅为举人的吴克孝），①离职家居之后，更是"折辈行与余及鲁冈游"，可见其长者风范。

　　在江家读书四年后，吴伟业跟随父亲，来到太仓穆家，与穆云桂"居同巷，学同师，出必偕，宴必共"，结下了深厚的友谊，从此终身相守，"如是者五十余年"（《穆苑先墓志铭》）。穆云桂与吴伟业年纪相仿，家世业医，两人特别谈得来，而且穆云桂"自少能文章，有大志"，精明强干，更与吴伟业志同道合。两人才气相当，"吾两人以儿童时并驱齐名"，后"同补诸生"，一起拜入张溥门下，同为复社"十哲"。只是穆云桂科举之路不顺，多次参加乡试失利，淹蹇终老。吴伟业并不因为两人之后的身份差距而有所异同，感情始终如一，"出入知交三十年"，"共乐同愁不相失"（《赠穆大苑先从汝宁确山归》），"余虽交满天下，其相知莫如君"。穆云桂对吴伟业兄弟三人以及其他友人也是关怀备至，"平生笃于师友，忠于故旧，周旋于患难死生"。穆云桂为人平和安雅，善于处理棘手事务，"从容谈笑，急难解纷"，这些，都对吴伟业的人生产生了重大的影响。入清之后，吴伟业曾描述"千里故园惟旧友，十年同学半衰翁"（《穆

---

① 吴克孝的年龄尽管比吴伟业大得多，但是也比江用世小二十岁左右，因为其生年虽然不能准确考定，但是顺治十三年的"娄东七老"按照年龄排序，依次是顾燕诒（七十四岁）、吴琨（七十三岁）、王时敏（六十五岁）、吴克孝、凌必正、黄翼圣（六十一岁），则吴克孝应当比王时敏小一二岁左右，比江用世小至少二十岁，所以吴伟业说江用世"折辈行与余及鲁冈游"，无论从年龄还是从功名先后来看，都是很恰当的。

大苑先卧病桐庐初归喜赠》），说的正是这位曾经同学十年、相知最深的旧友。

在穆家读书一年之后（万历四十八年，1620），十二岁的吴伟业又跟随父亲来到当地名门王在晋家读书。王在晋（1564—1643），[①]字明初，万历二十年成进士，授中书舍人，先后任工部主事、福建兴泉道、湖广学道、江西左布政使、山东巡抚、河道总督、兵部尚书等职，其家子弟众多，且多顽劣，王在晋久闻吴琨善为人师，故敦请其教育自己的长子和次子，又将自己在江西识拔的名士李明睿请回家，训育四子和五子。

正是王在晋这一偶然之举，造就了科举史上的一段佳话。李明睿（1585—1671），字太虚，江西南昌人，天启元年（1621）乡试中举，次年壬戌连捷成进士，改翰林院庶吉士。在王家坐馆那段时间，正是他怀才不遇、潦倒落魄之际。吴琨与李明睿年龄相仿，才华相当，同样精通《春秋》、怀才不遇，所以颇多共同语言。何况吴琨本就长于待人接物，又是太仓本地人，所以对李明睿多有照顾，"两人共晨夕，甚欢"。王氏子弟出身官宦世家，王在晋又常年在外，无暇顾及，少有管教，难免有纨绔气。相比较而言，"随课王氏塾中"的吴伟业，虽然同样年幼，但是涉猎广泛，谦逊沉静，故而深得李明睿赏识，"卜为异日伟器"。偏偏李明睿坐馆不久，即因琐事与东家闹翻，拂袖而去，吴琨知道他没有盘缠，随即追至城外，"出馆俸十金为赠"，明睿方才得以顺利归乡，"是秋登乡荐，明年成进士"。[②]吴琨与李明睿结下的这份善缘，对吴伟业之后的科举之路乃至仕宦生涯，发挥了重要作用。

李明睿离开王家后不久，吴琨也离开王家，转到太仓延陵吴氏家族教其子弟吴继善。[③]吴继善（1606—1644），字志衍，号匡威，博闻强记，精研《春秋》，擅古文词，文体秾丽，取法汉魏，后来于崇祯三年与吴伟业同榜中举（榜姓徐，其弟吴国杰崇祯九年中举时榜姓许），[④]崇祯十年成进士，有《匡威诗集》（陈瑚《确庵先生文钞》卷三有《吴匡威先生诗序》

① 民国《太仓州志》"王在晋传"记载他"崇祯十六年卒，年八十"，卷十九，第 18 页。
② 钮琇：《觚賸》卷一，《吴觚上》"酒芝"。
③ 晚明太仓地区，延陵吴氏与琅琊王氏、太原王氏并为传统高门，且互通婚姻，比如吴世睿就是王时敏的外甥（吴继善是吴世睿的堂兄，两人均是吴云翀的孙子）；清河张氏（张溥家族）则为后起之秀。
④ 民国《太仓州志》卷十，第 28 页。

“瑚少从家大人读书里塾，无外傅。长而受《易》于樽匏赵先生、受《春秋》于匡威吴先生”）。吴伟业《哭志衍》诗曰“予始年十四，与君早同学”，两人年龄相仿，一见如故，志同道合，意气风发。吴伟业曾经在《题志衍所画山水》诗中说：“画君故园之书屋，午榻茶烟莳花竹；著我溪边岸葛巾，十年笑语连床宿。”可见，从天启二年两人相识开始，直到崇祯四年吴伟业高中会元、榜眼，十年左右的时间内，他们一直共同学习、生活在一起，这份感情是他人所无法取代的。

从吴伟业的回忆可以得知，吴继善志向远大，“长揖谢时辈，自比管与乐”，打小就向诸葛亮学习，“每自比于管仲乐毅”；治学“强记矜绝伦，读书取大略；家世攻《春秋》，训诂苦穿凿。君撮诸家长，弗受专门缚”，也和诸葛亮一样读书“独观其大略”，博闻强记，并能博采众家之长，继承家学传统，突破前人成说。这些特性，与吴伟业博观约取的读书习惯，专攻《春秋》的治学积累，喜好创新的性格特征相一致，所以两人“深相得”，成为挚友。虽然吴继善比吴伟业大三岁，但他极为赞赏伟业的文章，“君独许我文，谓侔古人作”。两人相互鼓励，并驾齐驱，“高谈群儿惊，健笔小儒怍。长途驭二龙，崇霄翔一鹗。遂使天下士，咸奉吾徒约。词场忝两吴，相与为犄角”，成为同龄人中的佼佼者。

可以这么说，吴伟业童年时期结交的穆云桂、吴继善等人，对吴伟业一生的政治立场、人生追求、文学崇尚、治学取向，都有着重要的影响。吴伟业十五六岁不知门外事，接触的主要是这几位同龄人，也是通过他们才了解了外面的世界，逐步形成自己的世界观。“我昔读书君南楼，夜寒拥被谈九州。动足下床有万里，驽马伏枥非吾俦”（《送志衍入蜀》）。[①] 白天一起从师学习，晚上联床夜话，纵论古今，尤其是关注天下大势，渴望在动荡的时代有所作为。文学创作亦是如此，“初吾与志衍少而同学，于经术无所师授，特厌苦俗儒之所为，而辄取古人之书，捃摭其近似者檃括为时文，年壮志得，不规规于进取，乃益骋其无涯之词以极其意之所至”（《德藻稿序》）。吴伟业早年尝试创作的诗歌，如《早起》《五月寻山夜寒话雨》等作品，其诗句“早凉成偶游，惜爽憩南楼。棋

---

① 诗中的“南楼”，据《程笺》可知，为吴继善家的五桂楼，“公幼随父约斋先生读书志衍家之五桂楼，在州城西南隅，其称南楼者数矣”，《吴梅村诗集笺注》，上海古籍出版社 1983 年版，第 23 页。

响鸟声动,茶烟花气浮。衫轻人影健,风细客心柔。余兴闲支枕,清光浅梦收","聊将斗酒乐,无作薄寒吟。年少追凉好,难为父母心"等,描写的正是这一时期与吴继善、穆云桂等同学一起的读书游乐生活。甚至吴继善遇害之后,观看丘园为其不幸遭遇创作的《蜀鹃啼》传奇时,吴伟业还在感慨"平生兄弟剧流连,高会南楼尽少年。往事酒杯来梦里,新声歌板出花前。青城道士看游戏,白发衰翁漫放颠。双泪正垂俄一笑,认君真已作神仙(剧中志衍兵解仙去)"(《观〈蜀鹃啼〉剧有感四首并序》)。"南楼",无论是埋头读书,还是乘凉消夏,或者友朋高会,都是少年们的绝佳去处,也成为吴伟业早年读书生活美好回忆的经典载体。

在南楼高会的少年,除了吴继善、穆云桂等老同学外,还有吴国杰(吴继善之弟)、吴克孝、孙以敬(《穆苑先墓志铭》记载:"同时游处者四人:志衍、纯祜为兄弟,鲁冈与之共事,其辈行差少,皆吴氏,余宗也;邻舍生孙令修亦与焉。")以及许涣(《许尧文诗小引》"余与尧文少同里,长同学")、彭宾(《彭燕又偶存草序》"屈指二十年来,少同学,长同师,朝夕同游处")、周肇(《周子俶东冈稿序》"余两人生同时,居同里,长同学")、张王治(《张籹庵黄门五十序》"吾友张籹庵黄门,长于余一岁,少同里,长同学")、王瀚(即愿云和尚,《得庐山愿云师书》"愿师娄人,予同学友也",《赠愿云师》"愿云二十而与余游")等一批年岁相近的同乡好友,这批意气风发的同学少年,以吴继善家南楼为活动中心,指点江山、激扬文字,"平生兄弟剧流连,高会南楼尽少年",成为吴伟业读书生涯中最美好的时光。

第二节　崭露头角

青少年时期的吴伟业,读书广博,志向高远。朱则杰曾分析其早年诗作《穿山》,认为该诗"表面上写的是穿山,实际上却是吴伟业在借此抒发自己青年时代的豪情壮志",[①]此言甚是。穿山是太仓境内的著名

———————————
① 朱则杰:《清诗代表作家研究》,齐鲁书社1995年版,第79页。

景点，据《太仓州志》记载："穿山在州东北五十里，巨石屹立，崇一十七丈，周三百五十步，中有石洞通南北往来。相传海中岛也。《临海记》：海虞县穿山下洞穴高十余丈，昔有举帆经过其下者。桑悦《志》云：常疑过帆之事为妄，正统间，近山居民凿池得桅，其稍径尺有二寸，始知为海中山岛无疑。盖沧桑变更、理或有之也。"[1]可见，穿山本为海中岛屿，构造奇特，岛屿中空，可以行船，只是船只穿过时需要落桅收帆，所以既叫穿山，又叫帆山。随着海面东移，小岛日渐风化，仅留巨石，下有石洞贯通南北，成为陆地上造型独特的一座小山。这一沧海桑田的变化遗迹，吸引了众多文人墨客的关注，成为著名的文化景点。鼎盛时期，穿山山上以及周边地区的寺庙和园林共有十几处胜迹。吴伟业青少年时期所作《穿山》五律，描摹生动，寄意深远，言简意赅，秩序井然。诗云："势削悬崖断，根移怒雨来。洞深山转伏，石尽海方开。废寺三盘磴，孤云五尺台。苍然飞动意，未肯卧蒿莱。"穿山虽小，灵气盎然；孤石盘旋，气势磅礴；山体单薄，历史深厚；苍然欲飞，意在四海。诗为心声，吴伟业虽然年尚幼小，蛰伏海隅，但其胸怀天下、崖岸清俊，于此诗可见一斑。

吴伟业不但对自己期望极高，而且与诸多同学少年深相期许，他后来回忆自己青少年时期的诸位同学，往往会从"君自少能文章，有大志"说起。这种志向，不是简单的所谓求取功名，也不是仅仅因为年少热血，而是以天下为己任的壮志豪情。对吴伟业而言，这种动力，不仅仅是源于父祖辈复兴家族的愿望，更主要的是由晚明躁动不安、岌岌可危的时代氛围所刺激。吴伟业的青春岁月，正值万历末年至天启、崇祯初期，当时后金崛起，东北告急；内地灾荒频仍，零星战火，此起彼伏；政治上大案频发，君臣之争、外廷与内监之争、朝廷之上的党派之争，不断激化，逐渐势不两立、两败俱伤，终成溃烂之势。吴伟业与同学们联床夜话，谈的是"九州"之严峻形势，论的治国平天下之策，"驽马伏枥非吾俦"。

吴伟业与同学诸君这样的人生追求，决定了他们读书的取舍。"特厌苦俗儒之所为"，"不规规于进取"，就是读书以追求经世致用，而不是

---

[1] 嘉靖《太仓州志》卷一，崇祯二年刻本。

汲汲于功名富贵,摒弃固有的应试教育模式。与一般"经生家崇尚俗学"截然相反,吴伟业等人"辄取古人之书",①根柢经史,固本培元。在经书中,吴伟业家世精研《春秋》,他的同伴们大多也是以《春秋》为主经。六经之中,《春秋》较为独特。"仲尼之作《春秋》也,上探正天端,王公之位,万民之所欲,下明得失,起贤才,以待后圣","有国家者不可不学《春秋》,不学《春秋》则无以见前后旁侧之危,则不知国之大柄、君之重任也。……苟能述《春秋》之法,致行其道,岂徒除祸哉,乃尧舜之德也","《春秋》之道,大得之则以王,小得之则以霸"。② 正是因为这一因素,历代统治者也极为重视《春秋》,明清时期尤其如此,科举以《春秋》中式者往往更容易被帝王青睐。吴伟业在给人作序、作传时,凡是精于《春秋》者,往往会特别点出。如《王茂京稿序》"吾里以《春秋》举者,是科得二人,其一则通家王子茂京也","王氏自文肃公以经术至宰相,猴山先生相继掇上第,负重名,其于《春秋》,父子各有所讲贯",《志衍传》中说其"家本《春秋》,治三传",《题海虞孙子长七十寿图》说他"春秋注就授生徒",《古文汇钞序》中介绍"蒋氏自清流公以《春秋》起家,余交于金宪最深,知能世其家学",《重建王文毅公祠记》中关注其"晚好经学,尤邃于《春秋》",等等。所谓"王霸之道",正是经国伟业。吴伟业既有家学渊源,又有同学少年同声相应,故于《春秋》之义,多有会心,人生理想、政治追求与读书治学互为促进,虽未刻意求取功名,而心性、文章水到渠成,少年巍科,亦可谓名实相符。

吴伟业的少年高志与过人才华,不但为他的许多同学如穆云桂、吴继善等人所熟稔,也为当时诸多名士所认可。李明睿一见称奇,更加瞧不上王家诸郎,后来带着吴伟业的文章,四处揄扬、逢人说项,乃至作房师时毫不避讳,直接举荐,既是为了报答吴琨相知之情,也是确实欣赏吴伟业之才情,师徒二人相得益彰,甚至师以徒贵亦未可知;③他从太仓

---

① 顾湄:《吴梅村先生行状》,《吴梅村全集》附录一。
② 董仲舒:《春秋繁露》卷六《俞序第十七》,乾隆抱经堂丛书本,第3页。
③ 作为科举考试的房师,李明睿确实值得骄傲,晚明竟陵派的代表人物谭元春,同样出自李明睿的门下。

回南昌之际,特地叮嘱吴琨,①让他带吴伟业投入张溥门下,也是典型的识人之举:张溥创立复社,以"复兴古学、致君泽民"为宗旨,正与吴伟业的理想相投缘;只有借助张溥等人的群体力量与社团影响,吴伟业从中脱颖而出,才更可以彰显自己的不凡价值。而张溥对吴伟业也极为赏识,感慨"文章正印,其在子矣",因此倾力培养,"相率为通经博古之学"。从此一日千里,"同社数百人",皆出其下,②被推为复社十哲,最后成为复社党魁,自是情理之中了。

虽然吴伟业读书治学追求的是经世济民,不以求取功名为最终目标,但是他并不排斥参加科举、获取功名。因为没有科举功名就无以彰显其学术价值、推广其治学宗旨,没有行政职务则无从实践其政治理想、实现其政治目标。当然,由于吴伟业又不屑于俗儒之学,所以他的科举之路刚开始并不坦荡。他从十四岁参加童子试,连续考了四次,③直到崇祯元年(1628)二十岁时才考取秀才,这并不算早,昆山顾炎武、归庄,容城孙奇逢等人,都是十四岁就补诸生的。吴伟业考取秀才时的督学御史是陈保泰(号自公,福建泉州府惠安县人,万历四十年癸丑进士,天启七年五月任);其后,继任督学御史的李懋芳(字国华,号玉完,浙江绍兴府上虞县人,癸丑进士,崇祯二年四月任),在崇祯三年的科试中,录取吴伟业为一等三名,补廪膳生员,吴伟业因此获得乡试资格。

在从童生到诸生的这一过程中,吴伟业很可能得到了时任苏松副使钱继登的关照。钱继登,字尔先,号龙门,晚号簣山翁,出身嘉善世家,父吾德(曾任江西宁州知州),弟继振(字尔玉,号冰心)、继章(字尔斐)。万历四十四年进士,授刑部主事,转员外郎,晋郎中,出守饶州,擢江西学道,丁艰归,服阕补苏松副使,以事谴归,④著有《鏊专堂集》十四

---

① 民国《江阴县续志》卷二十三,民国九年刊本,第36页。

② 陈廷敬:《吴梅村先生墓表》,《吴梅村全集》附录一。

③ 吴伟业在《与子暻疏》中说自己"应童子试,四举而后入穀",童生考秀才,关键是学政这一关,正常情况下学政三年一任,任期内三年两考,遍巡本省各地,两次考试分别是岁试、科试,既考秀才,也考童生。根据《顾谱》,吴伟业就是崇祯元年陈学院岁试时录取他为太仓州学生员的。以此推断,吴伟业既然四次参加童子试才成功,那么就应该从十四岁时开始应考。

④ 光绪重修《嘉善县志》卷十九"宦业","钱继登传",光绪二十年刊本,第32页。

卷，康熙六年自刻本，卷首有吴伟业序，序云："武塘钱龙门先生梓其《鎜专堂集》既成，门人吴伟业读而序之曰：天于一代之人才也，岂不异哉！彼夫乘机藉势终身光宠而显融者，世固不乏其人，若夫摧折之矣而适所以长育之、坎坷之矣而适所以成全之，从冰霜剥落之后而所就乃益以远大，此古来耆艾魁磊之彦所由杰出，而后人读书论世追抚本末未尝不为之叹息也。伟业于吾师龙门先生见之矣。先生家本吴越武肃王后裔，元至正间以功封侯，至明而科第大显。先生早岁负才，与从子阁学、中丞联翩鹊起（李按：当指钱士升、钱士晋兄弟），阁学、中丞兄弟登朝，遭时遇知，声绩踔伟，余庆所衍，至于群阮诸谢，骈青叠紫，而先生自入仕版，浮沉外僚，襄诚秉忠，遭谗被谴，空抱屈平之幽忧，不免虞翻之徙弃。燕山闽海，憔悴支离，斯诚清流为之叫冤、志士于焉衔愤者矣。乃先生处之淡然，日惟闭户著述，若不知身在迁谪者，以故其神愈完而其气愈充，洎乎举朝士大夫交章推荐，两蒙赐还，而国事已不可复为。厥后局蹐东南，宵人擅柄，先生甫膺节钺，总理鹾政，思欲有所釐剔而大厦遽倾，只手难柱，沧海横流，几罹不测，会有天幸，竟克保全，此又足征先生志节之坚凝、学力之深至，临难不避、涉险不伤，有以适合乎天道而终得善全于风波震撼之场也欤！比岁典型在望，灵光岿然，客有自武水来者，皆言先生治气颐神，卫摄有素，绿发颒颜，强力不减少壮，时修饬园亭，为佚老之计，当其觞月坐花，看云听鸟，称盛世之逸民，话先朝之遗事，以寄托优游高旷之襟期，拟诸昔贤，庶几香山之池上醉吟、司马之园中独乐可比肩乎！由今溯昔，而先生所得于天者，前后丰啬之际，相去又何如也。然则先生之德望日益高、学问日益精、文章日益富，固未始非少壮之危困颠跌所磨淬而益进也。天之所以待先生者，不亦其远且大哉。反复先生全集，大约才高而学博、识老而气雄，于凡孔籍竺坟、子史百氏，既已穷源造巅、发蒙撤蔀，而身所游历江山景物之奇、数十年来时代变迁之故，亦莫不网罗包举于其中，读书论世者固可考索而知也。虽经纶注措未获尽展于当时，夫何憾欤！伟业昔尝从西铭先师后受知于先生，既而宦路参差，同朝之日颇短，近岁挂名党籍，几与先生同罹网罗。今则各老乡梓。娄江去武水不过百里，而伟业发秃齿豁，衰比先生倍之，屡欲鼓棹而南叩客园之扉，一窥丘壑泉石之胜，辄苦病眩中止，适先生颁示全集,以弁词见属,伟业侍师门日久,自谓于先生之卓德淑行、高文邃学,颇能粗述梗概,故不敢牢让僭识首简,后之读先生书者,倘以伟业为子云之侯芭焉,当亦小子之厚幸也夫。康熙六年岁次丁未仲春娄东门人吴伟业顿首拜撰。"①吴伟业口口声声以门人自称,又说和张溥先后受知于钱继登,揆诸龙门仕迹,似应在其担任苏松副使前后,"辛酉余出守饶州,⋯⋯比迁学宪,以忧归"(钱继登《先室魏恭人传》,《壑专堂集》卷四),辛酉为天启元年,等到钱继登丁忧服阕,补苏松副使,应该在天启末年到崇祯初年,这一时期,张溥被贡入太学,名满京师,吴伟业终于顺利考取生员,走上功名正途。很有可能,这其中有钱继登的帮助。

崇祯三年(1630),吴伟业第一次参加乡试,即高中第十二名。本次应天乡试,主考姜曰广(1584—1649),字居之,号燕及,江西南昌新建人,万历四十七年己未进士,时为左庶子;副主考陈演(?—1644),字发圣,号赞皇,四川成都井研人,天启二年壬戌进士,时为翰林院编修;吴伟业的《春秋》房师为周廷鑨(1606—1671),字元立,号芮公,福建泉州晋江人,天启五年乙丑进士,时任镇江府推官。周廷鑨少年巍科,姜曰广东林巨子,得其赏识,吴伟业初战告捷、崭露头角,跨出关键一步。不但吴伟业,其同宗好友吴继善、吴克孝等亦同时高中。据《复社纪略》统计,该科乡试复社大获全胜,"崇祯庚午乡试,诸宾兴者咸集,天如又为金陵大会。是科主试者为江右姜居之曰广。榜发,解元为杨廷枢,而张溥、吴伟业皆魁选,陈子龙、吴昌时俱入彀,其他省社中列荐者复数十人"。在这一群成功者中,张溥、杨廷枢、陈子龙等人虽然年龄不算大,但是都成名已久,相比较而言,吴伟业可谓是突然涌现的新鲜力量。当然,这批复社的领袖和骨干,通过科举考试,成功登上政治舞台,成为晚明政局中一股重要的力量,作为张溥的弟子身处其中,吴伟业自是得益者。而且,不管吴伟业本人持什么政治立场,在常人眼中,他肯定属于这一政治团体。这对他的政治生涯,有着不可估量的影响。

正是借助复社的平台,在南京参加乡试期间,吴伟业结识了一批晚明历史舞台上影响深远的政治人物,如陈子龙、黄宗羲、杨廷枢、周亮

---

① 《清代诗文集汇刊》第14册,第157—169页。李按:该文为《吴梅村全集》所未收,且吴伟业以门生自居,但两人是何种师生关系,尚未厘清,故全文收录于此。

工、万寿祺、彭宾、沈寿民等。特别是陈子龙,对他的性格形成与诗歌创作都有很大的影响。吴伟业后来曾经回忆说:"往者余偕志衍举于乡,同年中云间彭燕又、陈卧子以能诗名。卧子长余一岁,而燕又、志衍俱未三十。每置酒相与为欢,志衍偕燕又好少年蒲博之戏,浮白投卢,歌呼绝叫;而卧子独据胡床,燃巨烛,刻韵赋诗,中夜不肯休,两公者目笑之曰:'何自苦?'卧子慨然曰:'公等以岁月为可恃哉?吾每读终军、贾谊二传,辄绕床夜走,抚髀太息,吾辈年方隆盛,不于此时有所记述,岂能待乔松之寿垂金石之名哉!曹孟德不云乎:壮盛智慧,殊不吾来。公等奈何易视之也!'其后十余岁,志衍不幸殁于成都,卧子则以事殉节,其遗文卓荦,流布海内,不负所志。"①在这段记忆中,陈子龙珍惜时光、胸怀大志、刻苦著述的形象跃然纸上。显然,这是吴伟业心目中良师益友般的存在。在《彭燕又偶存草序》中,他回想起过去友朋相聚的欢乐时光,对眼前知交零落极为痛心:"余曰:子之言偶存也,而仅诗云乎哉?尝试与子屈指二十年来,少同学,长同师,朝夕同游处,其人尚有存焉者乎?又以之溯大江、涉两河,燕齐秦楚之墟,名儒硕友,伟人畸士,感义投分,千里定交者,其人果尽存焉否耶?然则我与燕又,特偶存之一二人耳。"彭宾《偶存草》刊刻于顺治九年,《清代诗文集珍本丛刊》第 50 册收录《偶存草》二卷,其上署名为"云间大寂子彭宾著,莱阳如须姜垓、娄东骏公吴伟业同选",从这段序言可以看出,应召仕清前夕的吴伟业,心中落寞不甘,情绪万分纠结,十分复杂。顺治十四年,彭宾曾出任河南汝宁府推官,②据说:"云间彭燕又以五十年老孝廉,授汝宁司理,才华震荡,不屑以肺石绳人。未几,巡方者劾之,款迹累累,罪且不测。御史李某为之转旋,追还原疏,更为改缮,燕又得薄遣以归。"③三十年前意气风发的少年才俊,"偶存"下来的两位诗坛名将,遭遇如此,令人感慨。

① 吴伟业:《彭燕又五十寿序》,《吴梅村全集》卷第三十九,上海古籍出版社 1999 年版,第 766 页。

① 吴伟业:《彭燕又五十寿序》,《吴梅村全集》卷第三十九,上海古籍出版社 1999 年版,第 766 页。
②《河南通志》卷三十六,四库全书本,第 34 页。
③《陈子龙诗集》卷五《集严子岸同沈昆铜闻子将彭燕又》"考证"汪价《三侬赘人广自序》,上海古籍出版社 2006 年版,第 139 页。

第三节 一鸣惊人

崇祯四年二月初九，吴伟业在北京参加会试，荣登榜首，成为会元；三月十五日，参加殿试，十七日文华殿读卷拆号填写名次，十八日传胪唱名，伟业榜眼及第，一举成名天下知。

崇祯四年的会试非常特殊，天下瞩目。这是崇祯皇帝全面掌握朝政后举行的第一次会试，关系到通过考试贯彻其治国理政的思想与意图、选拔出符合新皇帝治国方略人才的成败。内阁首辅周延儒倚仗崇祯信任，在其默许下，违例亲自担任主考（常例是首辅主持阁务，次辅主持会试），并与东林、复社结盟，邀请东林骨干或倾向于同情东林的人士何如宠（吴伟业之女后嫁给了何如宠之孙）担任副主考，倪元璐、陈仁锡、文安之、李继贞、李明睿等人担任同考，大量录取复社后劲，利用座主、门生的师生关系，既修补因崇祯元年枚卜之争而得罪的东林元老的关系，讨好势头正劲的复社后学，又打击了阴险奸诈、与自己争权夺利的次辅温体仁，从而培植起真正属于自己的新晋政治势力。吴伟业在《复社纪事》中对这一点直言不讳："其同时奏对称旨、先乌程（指温体仁）大拜者阳羡周挹斋先生（即周延儒）主辛未会试，在先生（指张溥）及伟业为座主，自以位尊显无所称于士大夫间，欲介门下士以收物望。"

吴伟业之获隽高第，既是其文章才华的体现，更是在这一背景下由众多力量共同作用的结果，其中关键人物有四人，分别是大座师周延儒、房师李明睿、同考官李继贞、业师张溥。

首先是房师李明睿。吴伟业专经为《春秋》，《春秋》经房同考官李明睿如果不能及时、准确找到吴伟业的卷子，适时、强烈地向大主考推荐，也就不可能获得后面的会元了。关于李明睿特别赏识吴伟业的原因，虽然各种记载细节略有不同，但都指向了两个关键因素：首先，吴伟业的文章本身就好；其次，吴伟业的父亲吴琨擅长处理人际关系，曾经在李明睿落难之际与其交好。最详细的记载是钮琇《觚賸》："江右李太虚为诸生时，嗜酒落拓，而家甚贫。太仓王岵云司马备兵九江，校士列郡，拔太虚第一，引见之，谓曰：'吾固多子，择师无若子者，顾远在娄东，子能一往乎?'李许诺,次日即遣使送至其家。时王氏二长子已受业同里吴蕴玉先生。蕴玉者,梅村先生父也。而太虚教其第四五诸郎。两人共晨夕甚欢。梅村甫龆龄,亦随课王氏塾中。李奇其文,卜为异日伟器。岁将阑,主家设具宴两师,出所藏玉卮侑酒。李醉,挥而碎之。王氏子面加谯让,李亦盛气不相下。席罢后,谓吴曰:'我安可复留此?'遂拂衣去。吴知其不能行也,翌日早起,追于城闉,出馆俸十金为赠,乃附贾舶归。然所赠资大半耗于酒。及抵家,垂橐萧然,亟呼妇治具,妇曰:'吾绝粮已久,安所得粟?忆君去后,犹存故人酒一罂,请佐君软饱,可乎?'妇往邻家觅薪,李即发罂,罂内产一芝如盘,紫光煜煜,喜且愕曰:'此瑞征也,顾酒败不可饮,奈何?'挹之,则清冽异常,乃浮白独斟,妇负薪归,则罂已罄矣。是秋登乡荐,明年成进士,入词馆。数载后,以典试复命过吴门,王氏子谒于舟次,李急询吴先生近况。是时梅村亦登贤书,因购吴行卷,携以北上,为延誉京师。辛未,梅村遂为太虚所荐,登南宫第一,及第第二人,年仅弱冠。蕴玉先生享荣养者三十年,可为疏财敦友之报。"这一记载,颇具传奇色彩,然所述基本符合当日之情形。吴琨虽然仅仅是诸生,教书为业,但他宅心仁厚、见识高远,加之辗转教书于诸世家,颇得尊重,故而交游十分广泛。李明睿是名士风度,不拘小节,得吴琨如此体贴关照,自是感激于心。随后李明睿于天启元年辛酉科乡试中举,壬戌连捷成进士,选庶吉士(当时吴伟业十三四岁,文采早发,被李明睿卜为"异日伟器"),等到了崇祯三年,吴伟业学问日富,加上已经拜张溥为师,得名师指点,顺利中举,李明睿当然更愿意锦上添花、着意宣扬,以证自己往日所言之不虚,以显自己扬眉吐气、知恩图报之豪杰心性。

其次是吴伟业的同乡长辈、与吴氏家族"三世通家"之好的李继贞,也是这一届会试的同考官。据《顾谱》顾思义考:"李少司马继贞《萍槎年谱》:辛未会试同考,得士二十有一人。是年榜元为吴伟业,世通家也。填榜只余第二第一尚有推敲。首揆周讳延儒偶思吴卷为太仓人,系余同里,因招余,首问家世以及年貌文望,余一一答之甚悉。且云:'行文直似王文肃公。'首揆喜,大声遍语同考,更首肯文肃公一语,于是遂定吴卷为第一。余因笔记云:忆吴之祖竹台公与先君子为笔砚交,白首相欢。其父禹玉受业于余，余子又受业于禹玉，盖三世通家矣。"根据当事人李继贞的记载可知，在填榜决定最后会元归宿的关键时刻，周延儒的"偶思"很有意思。他到过太仓，与吴琨交好，当然知道吴李两家之关系，这个时候偶然想起吴伟业是太仓人，让太仓人李继贞介绍吴伟业的家世以及年貌文望，其用意显而易见。李继贞出闱后曾写信给吴伟业的父亲吴琨，介绍当时的情形，其《与门人吴禹玉》云："去秋得鹿鸣报，为之起舞。今春在闱中亲见填榜，得令郎首冠多士，益喜跃不自禁。两相国知不佞同里，即询家世来历，一一置对，两相国亦自喜慰无量。思令先尊与家大人笔砚一生，不得乡校，乃不佞三入闱，得睹桃李之盛，而令嗣一飞冲天，又不似鄙薄苟然而已，此岂非造物之啬前丰后，亦为善者之必有余庆与！门下自此可收却书本，打帐做大封君。若复恋恋鸡肋，恐作第二人，将不免为令郎所笑。善刀藏之何如？"周延儒在关键时刻让李继贞介绍自己门人之子吴伟业的家世年貌文望，李继贞当然不会放过这个机会，何况吴氏本为昆山巨族，吴伟业文采斐然、年轻有为、相貌俊逸，尤其是李继贞强调吴伟业的文章风格与万历时期的首辅王锡爵极为相似，而王锡爵正是嘉靖四十一年会试的会元，所以定吴伟业为会元自是理所当然。

再然后起重要作用的是张溥。万历四十八年（1620），张溥年"十九，补博士弟子，声闻籍甚，交一时名贤，志为大儒"，其中交接的最为重要的知音就是张采，两人"形影相依，声息相接，乐善规过，互推畏友"，以复兴古学、经世致用相号召，倡立复社，名震天下。尤其是在崇祯初年严厉打击阉党的大背景下，以接续东林传统、汲取东林教训而成立的复社，组织严密，敢于干政，巧妙通过科举培植政治势力（包括放弃成见，与周延儒一拍即合），因此复社骨干在崇祯一朝的科举考试中占有了得天独厚的优势。吴伟业由李明睿等人推荐，入张溥门下，后为复社十哲之一，成为复社的得力干将。因此，于情于理，吴伟业得到张溥的青睐与偏爱，获得科举的成功，成为复社的代言，都是意料之中的事。

另外，在当时的形势下，复社的许多知名人士，如杨廷枢（崇祯三年乡试第一）、陈子龙等人，甚至包括张溥，如果科举成绩过于突出（比如成为会元、状元），相反更容易被政敌关注，从而抓住把柄，而吴伟业作为张溥最为看重的弟子(主要是文章方面,因为从活动能力、组织能力等方面看,伟业确实并不擅长,几乎没有参与复社的事务性工作),又有李明睿、李继贞等房师的支持,会试获隽显然是不成问题的。如果能够成为会元,在并不了解内情的广大士子之中定能产生轰动效应,由默默无闻而一飞冲天,其意义比张溥本人成为会元更为重大,也更符合复社的宣传需要。

当然,最终吴伟业能不能成为会试的第一名,最关键的人物就是大座师周延儒,据《复社纪略》卷二记载:"盖延儒诸生时,游学四方,曾过娄东,与伟业之父禹玉相善。"也就是说,周延儒还是个秀才、尚未发迹时,曾经游学四方,并经过太仓,与吴琨相识,成为好友。吴琨虽然饱读诗书、满腹才华,奈何命运不济、功名蹭蹬,周延儒已经功成名就,当然愿意为旧交施以援手。同时,周延儒尽管要交好东林、复社,但是直截了当、赤裸裸地录取东林、复社的知名人士如张溥等人为会元,不仅社会舆论难以应对,就是在崇祯皇帝面前也不好交代,他本人亦不太情愿,而吴伟业虽属复社嫡系,却不是社会影响最大的那几位,吴伟业做会元,更容易被社会接受;其次,吴伟业虽然名气不够大,但是他年纪足够轻、才学足够高、文章足够好、出身足够正(家世与师承),录取他为会元,更具有轰动效应,也更能满足各方面的期待;第三,不管是周延儒巧妙安排,还是天然巧合,吴伟业获取会元的过程顺理成章、无可挑剔:先是江西人李明睿从自己的《春秋》房中推荐上来,其次是由知根知底的同乡李继贞全面介绍,然后是两位主考充分肯定其文风,并把吴伟业的文章风格与其乡贤前辈王锡爵相提并论,最后是将会元的文章直接提交给皇上御览,由皇帝钦定。这一系列操作,使得吴伟业的会元名正言顺、分量十足。陈廷敬说,任命吴伟业为翰林院编修的"制辞云:'陆机词赋,早年独步江东;苏轼文章,一日喧传天下。'当时中朝大夫皆以为不愧"。[1] 确实,制辞中的这句话,用典巧妙、形容贴切:东晋著名文学家、书法家陆机,出身名门,为吴伟业同乡前辈,才华横溢,20多岁来到京城洛阳(年龄亦与伟业相仿),名动一时;北宋著名文学家、书法家苏

① 陈廷敬《吴梅村先生墓表》,《吴梅村全集》附录一,第 1408 页。

轼,21 岁进士及第,深得座主欧阳修赏识,原拟拔置第一,录取后更被宋仁宗首肯,认为有宰相之才。从此,北宋应试文章均以苏轼文章为范本,文风为之一变,欧阳修主导的诗文革新运动由此拉开了序幕。可以这么说,负责起草这份制辞的官员,才思敏捷,学问宏富,具有很高的文学修养,更为有意思的是:吴伟业后来果然和陆机、苏轼一样,没有成为成功的政治家,而是以文学名世。一语成谶,出人意料。

据说东林大佬倪元璐本来是看中江西名士杨廷麟,想推荐他成为会元,也得到周延儒认可的。倪元璐的年谱里记载,"崇祯四年辛未,三十九岁,会试分闱《诗》一房,得士二十四人,首卷杨廷麟,江右名宿也,宜兴拟元。五日,忽改第二。及发糊名,深悔之,故于试录首程不锲元而锲杨,以示悔,盖创例也。馆选《诗》一房独盛:吴祯、杨廷麟、倪于义、王邵凡四人"。① 也就是说,周延儒原本是答应倪元璐,将会元给《诗经》房的杨廷麟的,可是最终却重新选择将会元给了吴伟业,作为补偿,在遴选翰林院庶吉士的时候,给倪元璐负责的《诗经》一房四个名额。其实,明代庶吉士地位极高,号称"储相",每科三四百进士,仅仅考选数十人为庶吉士。即以崇祯四年会试得人之盛,后来考试也仅仅选取了二十三名庶吉士,而总共十八房同考官中,倪元璐一人门下就有四人入选,可谓异数。② 另外,本届庶吉士中,当时最有名的是张溥,也很具号召力,因为庶吉士"阁试必得考元一次,谓之馆元,方得留馆,故每遇试期,中堂、教习必私计某人宜置元矣,以文望为主,而情面亦及焉,遂多竞求,甚至争忿成大隙怨。惟辛未二十三人立誓不许争元,有渝此盟者,共唾之。前辈云,是科恬静,从未有也"。③ 正是因为张溥入翰林院做了庶吉士,大家遂成共识,谁都不争第一,可见张溥当时之地位与影响。

① 倪会鼎编:《倪文正公年谱》,咸丰四年刻本。

② 据《姜贞毅公自著年谱》(姜埰编,姜安节续编,光绪十五年刻本),吴伟业的同年好友姜埰也出自倪元璐门下,可见倪元璐本次会试得人之盛。

③ 程正揆:《先朝遗事》,页十四,抄本,见《稀见明史史籍辑存》第 11 册,影印本,线装书局 2003 年版,第 96 页。

平心而论,杨廷麟无论是学问还是为人,都是无愧于会元的,①周延儒同样认可他,只是最终没给他会元,其实也是可以理解的,因为这里还可能有揣摩圣意的因素。周延儒之所以深得圣眷,最重要的就是他善于迎合上意,这一时期崇祯特别看重《春秋》之学,登基不久御经筵时特别提出增加讲授《春秋》。后来文震孟就是因为讲《春秋》讲得好深得圣意而被特旨入阁的。其实不仅是周延儒,倪元璐也是如此,据其年谱记载:"崇祯九年丙子,四十四岁。时上重《春秋》之学,府君日与生徒讲论,不沾沾传注,而引据井然,号《春秋问答》(书逸)。"倪元璐本来专经是《诗经》(所以会试他做《诗经》房的房师),由于崇祯喜欢《春秋》,所以他也转而研究《春秋》,著书立说、日与生徒讲论。既然年轻的皇帝关注的是《春秋》,那么会试时,在第一第二名水平不分伯仲的情况下,选择《春秋》房的吴伟业、放弃《诗经》房的杨廷麟,对周延儒来说,也可能是考虑因素之一。当然,这一插曲并没有影响吴伟业与杨廷麟两人的私人友谊。另外,当时人们普遍认为《五经》之中,"《春秋》向称难治,率谓孤经,读者往往中废。不独习之者畏其难,而闻之者举皆震慄"。②

吴伟业之高中会元,其应试文章不但得到崇祯御批揄扬,也得到了时文界的广泛认可,甚至被上升到国家文运气运的高度。当时的八股名家陈际泰亲自为吴伟业的应试文稿点评作序,高度评价,其《吴骏公独畅篇序》云:"今上辛未,会天下之士试于京师,一时受命膺是役者,国良民誉,持法内外,斩斩曰:'前辛未为邓文洁,岂气运端使然哉!'取其

---

① 张溥等人对杨廷麟同样赏识,当时清流领袖经常在一起聚会,杨廷麟也是参与的重要人物。比如崇祯四年的秋天,张溥在自己的住处举行的集会,宋玫、杜麟徵、杨廷麟等人参加,张溥有诗《深夕同仁趾伯祥文玉纵谈(用文玉韵)》,诗中有"雅颂全吾党,和平任所司""水落天心见,时艰国士当"诸句,可见"纵谈"的内容,见《七录斋诗文合集》《诗稿》卷一,崇祯九年刻本,页三十七;杨廷麟也有诗记录此次聚会,《张太史席上仁趾文玉说契诵芬良友也》,诗中有"若有千人意,真从一夜看""树声来自静,酒语去犹深";或有山川事,谁分出处心"诸语,可谓呼应,见《兼山集》卷一,《四库禁毁书丛刊》,集165—472。李按:杜麟徵(1595—1633),字仁趾,松江华亭人,崇祯四年吴伟业、杨廷麟、张溥等人的同榜进士,"几社六子"之一,与陈子龙等人同为几社创始人。嘉庆《松江府志》:"杜乔林长子麟徵,字仁趾,少有英誉,与太仓张溥齐名。崇祯辛未进士,授刑部主事。时太监张彝宪风总理部事,监宣大诸镇。麟徵上疏极谏,举天启近事为戒,举朝叹服。寻改兵部职方司,为尚书熊明遇所重。其请授将事权,及定滇寇普名声,麟徵条画为多。又上书论行政得失,有贾、晁遗风。丁母忧归,卒。"(卷五十五"古今人传七",杜乔林传附,嘉庆松江府学刻本,页十四。)

② 冯梦龙:《春秋要法》,《春秋定旨参新》,江苏古籍出版社 1993 年版,第 30 页。

属感厉之,惟公惟明,刿目鉥心,乃获吴骏公而元之。此非文洁也,而何其声之似文洁也。文洁当元时,或年长矣,骏公恂恂如处子,出予友天如门下。……今三日之间,篇凡十九,文字凡数万言,踔厉风发,读之者卒与之,遻以为神君,曰文洁复生。何以得此声于远近间哉?此非骏公所制,天道之行,各有大历,文质再而复,建正王者,以通三统,至再而犹不复。天气合而离,离而复合,至六十年而无不复。文字之变,识者救之而不能,非能之而不救也,而固自若也。今骏公元,遂同符前辛未之所为。昔之法制夷昧,一旦更听易观,呜呼,此岂人力也哉!圣天子以志动气,幽通有助,神理不诬,而异人应之。天道动而难终,文字之祥,见升平之祥,亦见君子观数识归,固非一人一事之所得也。骏公方布其素业于天下,因书此以弁之。"① 陈际泰(1567—1641),字大士,号方城,江西临川人,晚明古文大家、时文大家,与艾南英、章世纯、罗万藻等并称"临川四大才子",② 由这样一位老资格的文章家出面为年轻的吴伟业揄扬,更能彰显主流文章界对吴伟业的认可。陈大士在序文中将吴伟业的会试文章与世道、气运相联系,以为"此非骏公所制",乃是"天道之行"的产物,比上一届辛未会元邓以讚的文章还好,"此岂人力也哉",其"文字之祥,见升平之祥",是"圣天子以志动气,幽通有助,神理不诬",而由吴伟业这样的"异人应之"的结果。这一阐述,将伟业文章与帝国圣上、大明国运紧紧地捆绑在一起,彻底堵住了任何质疑的声音。

陈大士在序言中,还巧妙地借伟业文章与江西文脉勾连起来,以"今骏公元,遂同符前辛未之所为",来连绾起江西南昌的邓以讚。《南昌郡乘》:"邓以讚,字汝德,新建人,少为博士家学,兀坐沉思,文不就稿,时人莫窥其所至。隆庆辛未会元,赐第三人及第,授翰林编修。座师张相国嘉其经术,欲子执贽,谢不纳。……至右中允,掌国子司业。晋南京国子祭酒。未几,拜南礼部右侍郎,改南吏部,寻召为礼部右侍

---

① 陈际泰:《己吾集》卷三,顺治李来泰刻本,第 22 页。

② 罗万藻《此观堂集》卷二收有《雄略序》(乾隆二十一年跃斋刻本),在这篇给章少章的八股文选集所作序中,他高度评价吴伟业,认为有资格给少章作序的应该是其老师南京兵部尚书范景文或者是南京国子监司业吴伟业。当然,从该序可以看出,少章已经请吴伟业写序了,只是在吴伟业的集子中没有相关文字,不知道是没写还是写了没有收录。

郎兼侍读学士,掌院事,复改吏部,兼官如故。卒,赠礼部尚书,谥文洁。"①邓以讚(1541—?),字汝德,号定宇,江西南昌新建人,隆庆五年(1571)辛未科会元、探花。古代人习惯于六十年一个甲子的轮回,所以由吴伟业辛未科会元自然联想到上个辛未的会元邓以讚,正所谓天之"气合而离,离而复合,至六十年而无不复"。邓以讚文章德行兼优,将前后两位辛未会元相提并论,既体现了作序者对家乡人文传统的自豪,也寄托对年轻后进吴伟业的期许。吴伟业的母亲朱氏,在吴伟业出生之际梦见邓以讚会元坊的故事,在这里得到了落实。

陈际泰的序言,在很大程度上代表了当时掌握主流话语权的人士对吴伟业文章的评价。不仅是当时,之后很长时间内,这一评价仍在延续。吴伟业去世十年后,舒城人黄中还在《吴梅村稿题辞》中说:"明之盛,元魁多英豪贤哲、一代伟人,名当时而传后世,盖阅卷者有伯乐之衡,故应之者多脱颖之隽也。如衡鉴非其人,而欲才之见遇焉,岂可得乎?盖世运有污隆,文运有升降,皆气数默定,人力何能为哉!吴骏公辛未抢元,而其文字清新俊伟,超轶绝伦,颇有洛阳年少之风,诗古文词,皆足名当世而传后世,彼都人士徒令人梦入华胥耳。辛未主会试者首辅周延儒'君子易事'题,归重相臣用人,榜发,延儒以元卷呈御览,御批'昌明博大,足式浮靡',故其稿曰《式靡篇》。梅村长歌古诗,实为诗史,能言之士,多称服。较之白乐天,尤多雅调也。文以载道,道之不明,文于何有?诗以道性情,性情不具,何以言诗?梅村之诗,因有性情在也。此其名于天下而传之后世欤?壬戌季春朔后七日记。"②这是在入清之后、梅村已逝、盖棺论定之时,回头评价他的应试文章,可谓中肯。而对这一录取过程的高度认可,对当时陈大士评价的隔代回应,亦颇令人信服。

这次会试,还有一些值得关注的地方。黄中在《题辞》里提及的考场首艺题为"君子易事",原文是:子曰:"君子易事而难说也。说之不以道,不说也;及其使人也,器之。小人难事而易说也。说之虽不以道,说

① 叶舟修、陈弘绪纂:《南昌郡乘》卷三十七,康熙二年刻本,第45页。
② 黄中:《黄雪瀑集》"吴梅村稿",康熙二十九年泳古堂刻本。

也;及其使人也,求备焉。"黄中认为这一题目寓含"归重相臣用人"之意,可谓深得主考之心。该句出自《论语·子路》,本章主要论述为政之道,本句意思是说:在君子手下,做事容易,讨好他却难。如果不按正道,即使讨好他他也不会高兴;他在用人时,总是能做到量才使用。在小人手下,做事不容易,讨好他却比较容易。只要你讨好他,哪怕不择手段他也会开心;但是他在用人时,往往会比较苛刻、求全责备。朱熹《四书章句集注》认为这是因为"君子之心公而恕,小人之心私而刻"。① 会试以此为考试题,显然是含有深意的,寄寓了这位首辅主考对自己的要求和对未来手下官员的期待。

尽管周延儒以君子自许,但是他的政治对手、次辅温体仁却不这么看。崇祯元年的枚卜之争,为了共同对付钱谦益等东林党人,温体仁曾经和周延儒结成短暂的政治同盟,成功将钱谦益等人排挤出去,之后两人联手入阁。可是一旦周延儒成了首辅,温体仁却拉帮结派、孤立首辅、操纵朝政,这是周延儒抢夺会试主考、联合东林复社、培植自己势力与其对抗的原因之一。在这一背景下,温体仁等人当然不会善罢甘休,必然会寻衅生事,而质疑会元的水平、挑其文章的瑕疵就是否定主考的最好办法之一。吴伟业直到去世前夕都对这事耿耿于怀,在《与子暻疏》中回忆说:"时有攻宜兴座主,借吾为射的者,故榜下即多危疑,赖烈皇帝保全。"

这一事件许多文献都有记载,虽略有不同,但是基本过程是一致的。王应奎《柳南随笔》说:"崇祯辛未,太仓吴梅村先生举礼闱第一,时枋国者为乌程温体仁、宜兴周延儒,吴为宜兴门下士,乌程嫉之,以蜚语闻。时有内臣从宜兴案头取吴七艺直呈御览,怀宗批八字云:'昌宏博大,足式诡靡。'外论始息。故吴文稿名《式靡篇》。"② 而《复社纪略》则说是周延儒主动将会元卷上呈皇帝的,且对过程描述极为形象生动:"是科延儒欲搜罗名宿,密嘱诸分房于呈卷前取中式封号窃相启视。明睿头卷即伟业也。时娄绅李继贞以职方郎分较《易》五房,谓延儒曰:'此吴禹玉之子也。少年联第未娶,与元老释褐略同。'延儒颔之。明睿知

① 朱熹:《四书章句集注》"论语卷第七",宋刻本,第20页。
② 王应奎:《柳南随笔续笔》卷五,中华书局1983年版,第99页。

为旧交子，亦喜悦，取卷怀之，填榜时至末而后出以压卷，伟业由此得冠多士。乌程之党薛国观泄其事于朝，御史袁鲸将具疏参论，延儒因以会元卷进呈御览，烈皇帝亲阅之，手批'正大博雅，足式诡靡'八字，而后人言始息。"①李继贞与吴伟业"三世通家"，所以挖空心思，对周延儒投其所好，因为周延儒也是年少未婚登科、考取会元状元、皇上钦赐归娶的，所以他暗示周延儒：吴伟业既是你的旧交吴琨之子，又和你当初参加会试时的年龄差不多，如能再现佳话，岂不是美事一桩？

无论是周延儒主动进呈还是崇祯派人去取，总之，崇祯皇帝对这位年龄相仿（吴伟业比崇祯大两岁）的年轻会元的文章还是很赏识的，给予了极高的评价。崇祯之所以如此肯定吴伟业的文章，固然是为周延儒撑腰，对其拉拢复社、调和朝局的做法表示肯定，更重要的是吴伟业的文章风格和复社"复兴古学、致君泽民"的治学主张，符合雄心勃勃、励精图治的崇祯的期待。尽管不同史料记录的崇祯的御批词语略有不同，但是核心意思是一致的，那就是吴伟业的文章立意平正、光明正大、气象恢宏、文辞博雅，这样学养深厚的文章，正是纠正言辞浮泛、邪僻绮靡的文风最好的典范。崇祯从天启手中接过来的是一个烂摊子，天灾人祸，内外交困，他想干一番事业，又对前朝旧臣不太放心，所以试图通过科举大胆使用年轻才俊，不拘一格提拔人才，培植对自己感恩戴德的官员队伍。他对吴伟业的评价，正是借此传达他对文风、文臣的期待。"正大博雅"，不仅指文风，更是做人，是对当时政坛钩心斗角、自私自利、唯利是图、表里不一的现状的拨乱反正。顾湄说，自从吴伟业、张溥乡会试连捷后，"文风为之丕变"，②虽然有夸张之嫌，但一定程度上表现出，张溥复兴古学、吴伟业独好三史、崇祯大力揄扬等系列努力，有了可喜的初步结果。

崇祯的御批，对年轻的吴伟业来说，既是雪中送炭，更是锦上添花，影响及其一生。数十年后，吴伟业"犹忆初尘榜墨，主者录首义进御，思陵览至终篇而善之。草茅少贱，经术浅薄，乃荷天语褒嘉，登诸大雅，士感知己，况在至尊"（《跋王文肃公闱牍》）。所谓"士感知己，况在至尊"，

---

① 陆世仪：《复社纪略》卷一，清抄本。
② 顾湄：《吴梅村先生行状》，《吴梅村全集》附录一，第1404页。

确属出自肺腑。虽然崇祯比吴伟业还小两岁,可是这个十七岁的少年刚登基就一举粉碎以魏忠贤为首的阉党,其心思之缜密、手段之强硬、措施之迅捷,真可谓"天纵圣神,乾纲独运"。① 他竟然耐心地把吴伟业的应试文章认真从头到尾看完了,然后给予了极高的评价。这不仅是当今皇帝的圣裁,更是天才少年的认可。吴伟业因此感动莫名,事出有因。据载,"吴骏公向藏思陵御批南宫墨卷,遭乱播迁,失亡久矣。康熙辛亥夏,忽从敝箧中检出,墨迹宛然,为之流涕,即以是年冬卒"。② 可见,崇祯四年以后,吴伟业是将崇祯在其会元卷上御批的八个字,视若生命,珍藏于家的。可惜明清易代之际突然就不见了(其实仍在其家),到康熙十年又突然出现,二十多年了,"墨迹宛然",吴伟业即于是年年底去世,仿佛这份墨卷是有灵性的,与吴伟业的生命(包括政治生命与自然生命)相始终。

需要说明的是,吴伟业一鸣惊人,会元稿更是因为有这样的曲折惊险遭遇,最后被崇祯御批褒扬,标榜为楷模,自然成为应试士子学习的范式,于是畅销一时、洛阳纸贵,却引发了李明睿与吴伟业师徒的矛盾。陆世仪《复社纪略》卷二记载:"故事:新进士刻稿,皆房师作序。是时天如名噪甚,会元稿竟以天如先生鉴定出名。明睿大怒,欲削伟业门人籍。同馆徐汧率伟业负罪,因诿之书肆,执送五城惩示以解。"当然,李明睿针对的主要不是吴伟业,他当然知道这不是吴伟业能左右的。陈广宏认为将吴伟业的会元稿改由张溥作序一事,涉及复社中人与江西文章家之间争夺话语权、掌握文柄的重大利益,李明睿、谭元春等人夹在中间,处境极为尴尬。③ 其实,无论是会元稿,还是各种八股文选本,其刊刻既涉及话语权,更涉及巨大的市场利益。尤其是复社群体在科举上取得巨大成功之后,普通士子的文章如能得到复社重要人物的认可,被选刻、评点、褒扬,无疑会身价大增;同时,复社高弟吴伟业等人既然引领了文风,那么复社骨干选评的刻本,当然是正宗文章标准的体现,代表着考官们的眼光,也是应试考生揣摩、模仿的范本,显然是市场

---

① 《明史》卷二百十《赵锦传》,赵锦上疏中用来评价嘉靖皇帝的,似可移植来评价崇祯。
② 杨钟羲:《雪桥诗话三集》卷一,求恕斋丛书本,第63页。
③ 陈广宏:《竟陵派研究》,复旦大学出版社2006年版,第58页。

上的畅销书，能带来丰厚的经济利益。张溥等人考取进士后，就曾因为徐孚远经济生活相对困难，因而将复社会稿的评选、刊刻交给他，让他获得足够的经济收入，改善物质生活。

因为有了崇祯的高度肯定，温体仁及其党羽对吴伟业无可奈何，但是他们对周延儒集团以及东林复社人士仍不放过、穷追猛打，周延儒等人也不甘于被动挨打，而是奋起反击，双方陷入缠斗，典型事件有吴执御弹劾周延儒、水佳胤弹劾梁廷栋和被参劾、毕自严被参劾、状元陈于泰被参劾等。① 崇祯四年八月，"刑科给事中吴执御论庸辅周延儒：一揽权，一壅蔽，一徇私"，其中涉及了吴伟业，参劾文中明确质疑："何地无贤才，而辛未状元、会元、榜眼、探花、馆（元）必出苏松常准？ 况会元首篇衬贴大臣，是何经旨？"不但直接将会元与首辅捆绑在一起，将周延儒与江南士人集团以结党营私的罪名裹挟在一起（晚明帝王都很忌讳文人结党），而且拿出一副不扳倒周延儒决不罢休的架势，"戊午，执御再劾；庚申，又劾"。② 属于周延儒这一阵营的御史水佳胤则上疏弹劾温党重要成员兵部尚书梁廷栋，导致其落职；而论敌也借会试事攻击水佳胤："崇祯四年辛未，公五十岁。 是年会试，公充监视官，忌者遂借搜检不严相劾，左迁行人右司。"③至于毕自严被参劾，就更复杂了，余应桂说毕自严利用担任殿试读卷官的机会，讨好首辅周延儒，首荐周延儒的亲戚陈于泰为状元；毕自严的孙子却说是周延儒指使余应桂弹劾的："崇祯四年冬十月，余应桂劾公（大父读卷，所得陈子于泰，乃首辅周延儒姻娅而素不相协，陈子得擢第一人，延儒因嫉大父，阴使御史应桂啣之），疏留中不发，大父知，乞休疏四上，帝慰留。"④这些弹劾奏疏，表面上看是要肃清科场不公，实际上是政敌之间相互攻讦的借口。 名臣黄道周就曾明确上奏说："去岁春月以后，盛言科场，实非为陛下科场，乃为仇隙而翻科场也。"⑤

对于这些官僚的明争暗斗，年轻的崇祯皇帝心知肚明，但是他装着

① 参见王于飞《吴梅村生平创作考论》，重庆出版社 2003 年版，第 18 页。
② 谈迁：《国榷》卷七十二，清抄本。
③ 张杞编，水宝璐辑：《向若水公年谱》，光绪十八年刻本。
④ 《淄川毕少保公年谱》下，清初抄本，《北京图书馆藏珍本年谱丛刊》，第 56 册，第 22 页。
⑤ 夏燮：《明通鉴》第六册，卷八十三，崇祯五年三月，中华书局 2009 年版，第 2888 页。

不知道,不予理睬。其实,会元吴伟业未能像他的座主周延儒那样以会元而状元及第,事出蹊跷,联系到毕自严被弹劾的矛盾解读,尤觉如此。周延儒再怎么胆大包天,也不至于直接将自己的表弟推荐为状元。如果是有意为之,怎么应对精明苛察的崇祯皇帝,怎么回应天下汹汹的舆论?何况周延儒与陈家虽为姻亲,关系却很僵。谈迁曾记载说:"辛未状元宜兴陈于泰,为首辅周延儒表弟。故事,会元策另封,有二锦衣官问知太仓吴伟业也,另封矣。阁拟于泰、伟业及夏曰瑚第一甲,上如之。御前拆封,首辅高声曰:'第一甲第一名,陈于泰,常州府宜兴县人。'不觉汗流浃背,幸上不问。伟业谒周,周曰:'以吾当国,而拔宜兴人状元,天下其谓我何?'又语于泰曰:'事有不辨而自明,有辨而后明。今吾弟首胪虽辨之,谁为明我者?'先是周买陈氏宗人宅,毁其家庙,陈氏攻之。实非有私也。"①再结合毕自严的遭遇,可见陈于泰为状元背后,显然有着系列阴谋。但是,崇祯就是"不问",甚至会元、状元策论上的错别字,崇祯看出来了,也不计较,"崇祯辛未状元陈于泰策'陽陽'误'易易',榜眼吴伟业策'唐之彍骑','彍'误'骥',上俱手改。"②担任该科廷试掌卷官的黄景昉,曾经亲见崇祯在状元、榜眼廷试卷上涂抹的情形,并在自己的日记中记载下来。③ 崇祯博学多才、注重细节、猜疑隐忍等等性格特征,于此可见。当然,类似的论争一再上演,加深了崇祯对大臣的怀疑与轻视:大臣们结党营私、争权夺利、道德败坏、不顾大局,甚至在抢才大典这样的重大问题上罔顾是非,其余可见一斑。可悲的是,以铁腕铲除阉党魏忠贤势力、重用清流、赢得士心与民心的崇祯皇帝,时隔四年,也就是在此次科场论争之后,开始觉得无人可信、只得重新启用宦官了。崇祯四年十一月,"癸巳,召对廷臣于文华殿,询军国诸务。语及内臣,上曰:'诸臣若实心任事,朕亦何需此辈!'众莫敢对"。④ 痛哉斯言!崇祯衣宵食旰,一心求治,但是急于求成,刚愎自用,加上识人不明,兼以天下形势严峻,积重难返,病急乱投医,最终自缢煤山,含恨殉

---

① 谈迁:《枣林杂俎》圣集,"首辅乡人状元"条,中华书局 2006 年版,第 185 页。
② 谈迁:《枣林杂俎》圣集,"廷试策失涂注"条,中华书局 2006 年版,第 184 页。
③ 黄景昉:《宦梦录》卷一,参见朱曦林《纶扉宦梦:黄景昉与晚明政局》,中国社会科学出版社 2022 年版,第 54 页。
④ 夏燮:《明通鉴》第六册,卷八十二,中华书局 2013 年版,第 2882 页。

国,固然咎由自取,但是所谓社会精英、辅阁重臣、知识阶层等,恐亦难辞其咎。

在这场争斗中,吴伟业初步体验到了官场险恶,包括深陷其间的身不由己。《复社纪略》卷二记载,面对温体仁的步步紧逼,为了反击,张溥"缉其通内结党、援引同乡诸事,缮成疏稿,授伟业参之;伟业立朝未久,于朝局未习练,中情多怯,不敢应。时温之主持门户、操握线索者,德清蔡奕琛为最,伟业难拒师命,乃取参体仁疏增损之,改坐奕琛"。吴伟业这一举动,貌似精明,实则愚蠢。官场对立,你死我活;既然站队,自当坚决。吴伟业既不敢冲锋陷阵,又不敢违抗师命,虚与委蛇,结果两边不讨好。吴伟业优柔寡断的性格特征与明哲保身的为官之道,在初入官场时就已经显露无遗。当然,张溥对自己的得意弟子,并没有因此生分,仍然为他组织各种活动,扩大他的影响。崇祯四年秋天,张溥的姻亲王启荣从京城回太仓,饯行酒席就设在吴伟业在北京的住处,参加者中孙淳(字孟朴)是张溥弟子,复社活动的主要组织者;韩四维,字张甫,别号芹城,昌平人,崇祯四年进士,选庶吉士;王启荣,字惠常,太仓人,张溥内弟;张溥作有《重九前二日同孟朴张甫集骏公斋坐月限韵送惠常》《送王惠常南还》二诗以记其事。[1]

同大多数科举之路上的胜利者一样,吴伟业并不以自己的应试文章而自豪。他自己编的《梅村家藏稿》中,也只收录了殿试时的策论。完成科举任务后,除了继续诵经读史、提升学养外,他也开始讲究声韵之学了,毕竟作为翰苑名流,吟诗作赋总应该本色当行才合适。虽然之前他也有不少诗作,特别是在参加乡试前后,跟随陈子龙、彭宾等人一起,在南京参与诗酒唱和,耳濡目染,有所长进,但显然只是初涉门径,所以他的集子中也只保留了寥寥数首早期诗作,如《穿山》《早起》《五月寻山夜寒话雨》等。正好此次进京会试,不但陈子龙、彭宾等人一起参加,他们还在北京发起倡议,"拟立燕台之社,以继七子之迹",[2]诗坛好手纷纷响应,张溥、夏允彝、徐汧、杨廷麟、杨廷枢、宋征璧、万寿祺、杜麟征,包括吴伟业也名列其中。经常参加这样的活动,对吴伟业诗学思

---

① 张溥:《七录斋诗文合集》《诗稿》卷一,崇祯九年刻本,第17页。
② 杜麟征等辑:《几社壬申合稿》,《凡例》后附陈子龙识语,崇祯间静贵草堂刻本。

想、诗歌创作的成长，帮助极大。可惜的是，随着陈子龙等人会试失利，离京返乡，即使科举成功，也不是所有人都能担任京官，所以这一诗坛盛会很快消散。

虽然吴伟业因为榜眼及第直接授官翰林院编修，同时有崇祯御批做护身符，无惧朝局动荡，但是这种错综复杂的政治关系，你死我活的党争环境，对初涉官场的吴伟业来说，既不适应，也很失望。这和他当初的政治理想，很不一样。于是，立朝不久（崇祯四年秋天），他就借着崇祯皇帝钦赐归娶的荣誉，及时回归太仓，暂避政治风头，等待合适时机，重返政治舞台。

第四节　钦赐归娶

崇祯四年（1631），刚刚进入官场的吴伟业，虽然经历了种种风波，但是面对圣上厚待、师相厚望，哪怕就是很快钦赐归娶、返回家乡，他仍然是关注国是、关心民瘼的。当时朝廷面临的最大问题是陕西农民起义和东北后金的入侵，从相关记载来看，尽管吴伟业立朝未久，但是对这两方面的形势都极为关注，试举例说明如下。

崇祯初期，尽管时局变化，风起云涌，但是农民起义主要集中于陕西地区，而且各自为战，规模较小。但是从崇祯四年起，随着天灾人祸的不断加剧，农民起义军开始从陕西进入河南、山西等地，呈蔓延之势。从有关记载可以看出，初登政治舞台的吴伟业，对这一严峻的形势极为关心。史学家谈迁曾经记载，"壬申，先是，秦盗跳豫晋间，太仓吴骏公尝与同年卫胤文论时事，其人关中人也，忽叹曰：'事出非常，奈何吾关中有人矣。'问其姓，曰'李'，时不省所谓，迄今思之果验。"①这里的"李"指的是李自成，也就是说，崇祯四年吴伟业曾与他的进士同年卫胤文讨论过农民起义军的发展态势。这两位年轻进士，初入官场就以天下为己任，关注关中形势，足见眼光非凡。

---

① 谈迁：《枣林杂俎》智集，"征盗"条，中华书局 2006 年版，第 73 页。

吴伟业不仅与进士同年讨论过流民问题，还向官场前辈李继贞请教过应对农民起义的方略，他曾回忆说："余时初登朝，李谈及世事，辄叹息曰：'贼初起，得十万金便可济，吾争之经年始见从。今贼势已十倍于前，非三十万石不可。主上以国用匮乏、慎惜金钱，虽下手诏、命专使，所齎止此，如杯水救车薪，庸有济乎？'李清练有识，其先几料得失历若指掌，帝召见，赏其有执，抚天津有效，寻倚为大司马，时寇势已不可为，李公亦大病，临殁犹以国事为念云。"①从这段记载可以看出，吴伟业对李继贞的政治眼光评价很高。李继贞，"字散尹，太仓人，万历四十一年进士，授大名府推官，举卓异，升工部主事，调兵部，副山东典试，发策以汉唐阉寺为问，时魏珰焰方炽，指谤讪，降调，寻革职。崇祯元年，起补武举司，改职方，⋯⋯起补尚宝司卿，转顺天府丞，甫十日，特升兵部左侍郎、都察院右佥都御史抚天津，⋯⋯上念继贞不置，即家拜兵部右侍郎，疾亟，具疏辞，复下南京操江巡抚之命，命下，继贞卒，天下惜之。继贞负干略，以孤立得主知，三黜三起，居家远权势，萧然若寒士。所著有《津门草》《雪虹阁集》。论曰：'明末流贼，大半驱饥民为之，故靖乱者先赈荒，此长策也，⋯⋯独一曹郎发徙薪之论，终不见用，以讫于亡。信乎，大厦将倾非一木所能支也。'"②这是后来尤侗对李继贞的评价，可见李继贞确实是当时少有的对时势有清醒认识且敢于直言的有识之士。

吴伟业的相关记载也反复证明了这一点：崇祯三年六月，"职方郎李继贞、兵科给事刘懋先后请以十万金赈延绥，不报"，"十月，职方李继贞请赈延绥疏曰：皇上以数万金钱而活数十万生灵，福泽莫大焉；活数十万生灵，而农桑复业、赋税常供，所获不止数十万金钱也，利益莫大焉"。③ 从事后来看，这些建议，都是有远见卓识而且切实可行的。可惜，等到崇祯皇帝接受他的建议，为时已晚，投入太少，无济于事。史载，崇祯四年春正月，丁酉，振延绥饥。"延绥连岁大祲，盗贼四起。职方郎中李继贞，'请发帑金籴米输军前，且令四方赎锾及捐纳事例者，输粟于边以抚饥民'。又言：'兵法抚剿并用，非抚贼也，抚饥民之从贼者

① 吴伟业：《绥寇纪略》卷一，四库全书本，第54页。
② 尤侗：《明史拟稿》卷三，康熙刻本，第10页。
③ 吴伟业：《绥寇纪略》卷一，四库全书本，第51页。

耳。今斗米四钱,已从贼者犹少,未从贼而势必从贼者无穷。请如神宗故事,特遣御史振济,齎米三十万石以往,安辑饥民,使不为贼,以孤贼势。'上感其言,遣御史吴甡以十万金往振。继贞少之,不听"。①

吴伟业不但对农民起义极为关注,而且对东北后金方面的形势发展也非常了解,这从他对张春事件的记载就可看出。崇祯四年八月,明兵"遇建州兵于长山,(吴)襄营先乱,遂败,监军、太仆寺少卿张春被执",历史学家谈迁写作《枣林杂俎》时依据传闻记载张春变节:"庚午三月(应为辛未八月),永平道参政同州张春出关,陷穹庐中,误闻殉难,赠都察院右副都御史。居无何,春从塞外求款,始追削。春妾氏年二十一,自经官舍。春愧其妾多矣,盖洪承畴之前茅也。"顺治十一年在北京期间,谈迁和吴伟业谈起此事,才知道张春并没有变节,所以《北游录》中记载道:"(八月)丁卯,……过吴太史所,语崇祯初蓟州道张春陷于建州,抗节不屈,以羁死,清史甚称之。余因曰,往时谓张春降敌,追削其秩,夺赠荫,流闻之误如此。"因此谈迁修订后《国榷》,对此事的记载变为:"崇祯四年八月戊辰,是日遇敌于长山,襄营先乱,我师败绩,监军太仆寺少卿参政张春被执,……春被执不屈,愿求一死。……因幽之某寺中,日给馔,春终不屈。……后数年,以疾卒,至今东人言之无不叹服。"当然,张春被囚之后,是否曾倡议和谈,因为文献不足,谈迁采取了审慎的做法,避而不谈。这些内容,当然主要来源于吴伟业。可见,崇祯四年,吴伟业虽然立朝数月即归,但是数月之内,关注国之大事,尤其是与国家大事密切相关的人物命运,给人留下了深刻印象。

正是带着这种对时事的关切,吴伟业走上了返乡之旅。在他返乡途中的诗作中,时常流露出这种对时事、对百姓的关切之情,我们以返乡路程为序,略举数例如下:

《过鱼山曹植墓》二首

其一:小毂城西子建祠,鱼山刻石省躬诗。君家兄弟空摇落,惆怅秋坟采豆枝。

其二:邺台坐法公车令,蓄郡忧谗谒者书。天使武皇全爱子,

黄初先已属仓舒。

曹植墓位于山东泰安府东阿县（今山东省聊城市东阿县鱼山镇），为吴伟业返乡途中经过之地。这两首诗，表面上是说感慨曹操诸子纷争，实际上是借古讽今，讽喻的是万历末年以来的立嗣之争。正是由于这场持续数十年的争斗，引发君臣猜疑、朝廷党争、政局混乱，特别是晚明三大案，更是明朝衰落的直接诱因，泰昌短命、天启胡混，阉党专权，民不聊生。作者经过曹植墓时，触景生情，感慨万千，关注点不是曹植的文学才华与个人悲剧，而是曹魏政权动荡给天下百姓带来的伤害，抒发的是对眼前政治形势的悲观、惋惜之情。与之前的少年诗作相比，走上仕途的吴伟业，诗中抒发的不再是个人的淡淡的小情绪，而是忧国忧民的大情怀。

《悲滕城》

悲滕城，滕人牧羊川之濆。雨工矫步趋其群，河鱼大上从风云。去山一尺雷殷殷，寺前铁铎多死声。日暮鸡犬惨不鸣，城上掌事报二更。鬼马踏雾东南行，鼓音隆隆非甲兵。吁嗟龙伯何不仁，大水汤汤滔吾民。城中竽瑟不复陈，缟带之价高锦纯。路骨藉藉无主名，葬者死生俱未明。悲滕城，滕城讹言昼夜惊。百尺危岩浮车轮，海民投网获金铛。巫儿赤章赛水神，沟人匠氏修防门。

从泰安一路南下，路过滕县的时候，吴伟业写了这首长诗。滕县靠近独山湖、昭阳湖，境内河道纵横，本不易遭灾。《程笺》："崇祯四年，河决金龙口，滕县沉焉。"《江左三大家诗抄》录该诗，有自序："道出滕县，滕大夫来言曰：'滕以七月某日夜大水，杀人坏城郭庐舍。'吴子作《悲滕城》。"这首诗，是吴伟业较早创作的以现实生活中重大事件为题材的纪实性作品，悲的是滕城百姓，用的是七言古体，本色当行，气韵连贯，初步具备了忧国忧民的诗史的风格特征。值得注意的是，七月份的北京城正是长期干旱、君臣困顿的时候，而山东滕县则遭遇大水、河流决口、整体被淹，所谓天灾人祸，莫此为甚。

从常理上讲，少年科第，高中鼎甲，钦赐归娶，衣锦还乡，这一路上的吴伟业应该是春风得意马蹄疾，兴高采烈，游山玩水，尽兴而归的。

可是，从吴伟业归乡途中所创作的诗歌来看，他的情感是沉重而忧虑的。比如他在回到江苏境内后，在宿迁西楚霸王项羽故里所作《项王庙》："戏马台前拜鲁公，兴王何必定关中？故人子弟多豪杰，弗及封侯吕马童。"以及《虞美人》："咸阳宫阙早成尘，莫听歌声涕泪频。若遇戚姬悲薄命，幸无如意胜夫人。"前者说项羽临死前将自己的大好头颅送给故人吕马童，让他以此不世之功封侯，相较于项羽的悲剧结局以及其他故人的遭遇，这一历史极具讽刺意义；后者咏虞姬，亦用反语，借项羽对手刘邦宠幸的戚夫人及其爱子赵王如意的惨痛遭遇，揭露帝王之家的刻薄寡恩与政治斗争的残酷无情。刚刚走上仕途的吴伟业，已经领教了官场的生存艰难，并没有大展宏图的踌躇满志，而是一定程度上丧失了当初那种对政治的满腔热情。

当然，归乡途中，也还有欢快的时候。渡过长江后，他到镇江丹阳看望了自己的进士同年、刚刚担任丹阳知县的王范，两人相见甚欢。镇江是吴伟业的福地，他也不是第一次来镇江了。崇祯三年他第一次去南京参加乡试，顺利中举，推荐他的是《春秋》房师、镇江府推官周廷鑨，所以考试结束后，他曾到镇江拜见恩师，那是一段美好的回忆："伟业以庚午受知于晋江周芮公师，进谒润州官舍，维时上流无恙，京口晏然，吾师以陆生入洛之年，弟子亦终军弃繻之岁。南徐月夜，北固江声，挥麈论文，登楼置酒，笑谈甚适，宾从皆贤。"（《寄房师周芮公先生》）周廷鑨出身科举世家，其父周维京为万历二十三年进士，官至通政司通政使，周廷鑨本人为天启五年（1625）进士，年仅二十岁，选授镇江府推官，崇祯三年被聘为乡试同考官，于众多试卷中识拔吴伟业，作为本房第一推荐给主考姜曰广，师徒二人年龄接近（周比吴大三岁），均未满三十，所以吴伟业说"吾师以陆生入洛之年，弟子亦终军弃繻之岁"，年少得志、前程似锦，煮酒夜话、谈诗论文，堪称佳话。一年后，吴伟业再次来到镇江，周廷鑨已经任满进京，于是他去拜访了进士同年王范。

吴伟业在后来给王范写的墓志铭中，曾经详细回忆过这次欢聚："余同年内江王君慕吉由进士起家为令，知镇江之丹阳。初视事，而余从翰林请假归，丹阳既绾縠口，而余吴人也，过江首经其邑，握手笑语欢甚。时江南最号难治，同年京邸，多以得此地为忧，君于余之过也，深自道其劳且苦,盖欲使余知之。顾余年少志得,虽与君绝厚,闻其吐露,亦未克尽知之也。踰三年,余入都,再过丹阳,同时年友之官江南者相率以事罢去,余亦以习知为令之难,而君独政成上考,则为之大喜。又四年,君以御史按浙,余在京邸别君,世故流离,分携万里,微闻君因蜀乱入吴,未获一面,窃不自意邂逅嘉禾萧寺中,感时道旧,唏嘘者久之。既君之子担四司李吾苏,未及任而君讣。比司李报最云间,以君志铭为属,盖去君殁日已七年矣","君讳范,字君鉴,一字心矩,慕吉其自号也。"(《监察御史王君慕吉墓志铭》)同样是初入官场,吴伟业在翰林院任编修,号称清闲养望之职,都觉得气氛压抑、心情郁闷,何况江南诸县,"最号难治",赋役繁重,乡绅众多,民风刁顽,连熊开元这样的能吏都因为担任江南知县期间的赋税未完被牵连过,所以进士们"多以得此地为忧",吴伟业也说三年后同年进士中担任江南地方官的基本上"相率以事罢去",前文曾引用的汤斌《苏松逋赋疏》中说:"夫人才力不甚相远,岂他省之吏干济独优,苏松之官催科偏拙? 以百姓之脂膏既竭,有司之智勇俱困,前途之功名绝望,官箴之砥砺难期。心已灰矣,地方何赖?"可见,由明末至清初,这一现象仍未改观。

身陷水深火热之中的王范见到京城来的同年好友吴伟业,平时不能说、不敢说的,当然一吐为快,"深自道其劳且苦",这让毫无地方工作经验的吴伟业大吃一惊,对国家从中央到地方的政治经济形势,有了更为清醒的认识。江南富庶,地方官其难如此,陕西、山西等地,灾荒频仍,地方官又何以自处呢? 当然,吴伟业也承认,由于自己刚刚进入官场,没有切身体验,加上"年少志得",所以"虽与君绝厚,闻其吐露,亦未克尽知也",可见后来吴伟业的认识显然是更深了。

心事重重的吴伟业,回到苏州后,情绪豁然开朗,毕竟当时的苏州仍是一片繁华。衣锦还乡的吴伟业,回到锦绣江南,终于可以暂时忘却那令人压抑的内忧外患以及朝堂之上的尔虞我诈,尽情享受属于自己的高光时刻。

在传统的才子佳人小说戏曲作品中,青年才俊高中鼎甲、钦赐归娶是最理想的大团圆结局,民间也将洞房花烛夜、金榜题名时作为人生最重大的两件乐事,所谓大登科接小登科。吴伟业创作的《秣陵春》传奇,也是以男主人公徐适中状元后，立即与女主黄展娘完婚为结局的，可见直到吴伟业晚年，其心目中理想的人生亦当如此。当然，这些愿望在吴伟业身上也都实现了：年纪轻轻，高中会元、榜眼，职授编修，"赐驰节还里门"，①"给假归娶，当世荣之"。② 临行之际，其师张溥曾赋诗相赠："孝弟相成静亦娱，遭逢偶尔未悬殊。人间好事皆归子，日下清名不愧儒。富贵无忘家室始，圣贤可学有朋须。行时襁被犹衣锦，偏僻金银似我愚。"③既有"人间好事皆归子"的祝贺，更多的是叮嘱，希望弟子修身齐家，孝悌兼备，淡泊明志，不忘初心，圣贤相期。

吴伟业科场得意、钦赐归娶，引起了社会上极大的关注，他成了家喻户晓的人物。所以当他回到苏州时，迁居苏州的伯祖父吴谏的亲戚主动找到了他，解开了他们家族的一段难以忘怀的往事。吴伟业曾回忆自己"成进士，于吴门遇三山郑君，曰余姻也，询之，则三山之兄曰某者，为伯祖婿，余姑尚在也。伟业乃具礼币拜见，则年已七十三，泫然泣曰：'犹忆会鸿胪公葬时，曾到鹿城见二叔，今已六十年，不通家问。'二叔谓吾祖也。归而告吾祖母汤孺人，孺人泣，吾世父与吾父知之亦泣，泣年六十始识有伯姊也。相率至梅湾墓下再拜哭，且加封树焉"（《先伯祖玉田公墓表》）。吴伟业的祖父吴议入赘太仓王氏以后，其伯祖吴谏移居苏州，从此数十年不相往来，只知道伯祖"有子而殇，一女不知女谁氏"，通过这位郑三山才知道了其伯祖后人的下落。郑钦瑜，字三山，晚年号晓初道人，苏州名医，与文人墨客、社会贤达交往密切，钱谦益曾评价说："昆山郑氏，家世工带下医，至保御三山君，始精通大方，邃于东垣、立斋之学，所至起废回生，按指立效。"④虽然有溢美成分，亦可见其声望。也正是因为其人脉广泛，所以及时获知今科会元、榜眼吴伟业，竟然是自家亲戚，所以等到吴伟业回乡娶亲路过苏州时，主动认亲，重续已经中断数十年的吴氏宗族之谊。郑三山擅长经营关系，南明时期甚至勾结上了宫廷，这个时候与吴伟业的交往，即可见其用心。当然，

---

① 张溥：《七录斋诗文合集·古文近稿》卷二，《寿吴年伯母汤太夫人》，第32页。
② 顾湄：《吴梅村先生行状》，见《吴梅村全集》"附录"。
③ 张溥：《七录斋诗文合集·诗稿》卷一，《送吴骏公归娶》，第19页。
④ 钱谦益：《内殿保御三山郑君七十寿序》，《牧斋有学集文钞补遗》，上海古籍出版社1996年版，第448页。

他后来在吴伟业的情感生活中扮演了极为重要的角色，此乃后话，按下不表。

吴伟业全家到苏州梅湾拜墓祭扫，既是认主归宗（吴谏是长房嫡子，已经无后，暂由外孙承嗣，但这不是长久之计，所以后来改由二房吴议之长子吴瑗承嗣，结果吴瑗又无子，再由吴伟业承嗣），接续吴南一脉；也是告慰先人，吴伟业高中会元，将来封赠三代，吴氏家族复兴在即，重振家声指日可待；更是扬眉吐气，吴议、吴谐两个庶出兄弟远走他乡、历经苦难，家族终于在他们后人的手上重新崛起，所以祭扫吴谏之墓这一举动含义极为丰富。

吴伟业钦赐归娶，所娶郁氏为万历庚子武举人郁李茂之女，出自崇明世家，[①]后迁居太仓。吴伟业后来与外家郁氏家族一直保持着良好的关系，其《郁静岩六十序》中说："吾友郁静岩氏，世胄簪缨，家风孝谨，垂条布叶，隐耀含华。仆为同里知交，姻家肺腑，……以其班，余忝丈人之行；使之年，君实肩随以长。"可知郁静岩为吴伟业妻子郁氏的娘家侄子，其年龄比吴伟业稍长，两人"同里知交，姻家肺腑"，可见感情甚深。在《郁静岩家谱序》中更是称美其外家："余外家郁氏，为吴中右姓，向有家乘一编，簪缨奕叶，勋名累累。其后人静岩名滋，笃行君子也，孝友修饬，为士林模楷，属其犹子计登编葺其旧而广之，图高曾之像，件系其行事，展而视焉，肃乎其可敬，穆然其可风也。请余一言弁其首。"程穆衡在《题郁静岩斋前垒石》诗题后注：郁静岩，名滋，字至臣，崇明籍，诸生，甲申年贡。而《太仓州儒学志》记载，郁滋，字子臣，曾两次被推举为乡饮大宾。[②] 郁禾，字计登，为郁滋之侄，能诗，有《就正集》《云坊集》等，吴伟业常常带着他诗酒唱和，梅村集中有《初春同王惟夏、郁计登夜坐奇怀堂》《山居即事示王惟夏、郁计登诸子》等诗作，亦喜经史之学，有《五经考辨》一百卷、《十三经订误》三十卷和《春秋礼乐志》（吴伟业著有《春秋地理志》《春秋氏族志》，可见郁禾是跟着吴伟业继续研究《春秋》的）。[③] 从有关记载来看，郁氏家族逐渐在太仓扎下根来。"日涉园，都

---

① 万历《新修崇明县志》卷六《选举志》"武举"，郁李茂（万历二十八年），万历三十二年刻本。
②《太仓州儒学志》卷二，康熙四十七年金陵吕仲荣刻雍正元年增修本，第29页。
③ 民国《太仓州志》卷二十五，民国八年刊本，第6页、第54页。

督杨尚英筑,在太仓卫治西南,园成四载,子指挥之庆转售他姓,后归郁禾,许旭有《过郁计登日涉园和作》"。①

自从与郁氏结亲后,不仅是迁居太仓的郁氏族人,就是留在崇明的郁氏族人,吴伟业也颇多关心、照顾。比如为了崇明郁棠,康熙十年,吴伟业专门为崇明知县王恭先写了寿序,在这篇《崇川邑侯王孝伯寿序》的应酬文字中,他明确说之所以写这篇寿序,是因为郁棠来托他的:"河汾王公以解元登进士,擢知吾吴之崇川。……公门下士有郁子青南名棠,以学行受知,雅为武城所礼重。于是邑之荐绅先生及诸父老谂之于郁子曰:'甘棠之阴,于今三年,……今九日令辰,龙山高会,值岳降之期,朋酒之享,实在于兹,其能忘兜觥之献? 盍乞言于大君子,以侑一觞乎?'郁子颔之,以为非伟业言,不足当吉甫之诵清风,天保之歌南山也,介邦人之书,造门伏谒。余亟应之。"②尽管郁氏早已去世,但是为了她的娘家人,吴伟业还是写了这样的应酬文章,可见其夫妻情深。

由于是钦赐归娶,吴伟业和郁氏的婚礼,在苏州当地引起了极大的轰动。张溥曾描述当时盛况,"骏公成婚礼,一城聚送致贺","灯火夹市",大名士陈继儒也赋诗相赠:"诏容归娶主恩深,何羡盈门百辆时。顾影彩鸾窥宝镜,衔书青鸟下瑶池。侍儿烛引燃藜火,宰相衣传补衮丝。珍重千秋惇史笔,多情莫恋画双眉。""年少朱衣马上郎,春闱第一姓名香。泥金报入黄金屋,种玉人归白玉堂。北面谢恩才合卺,东方待晓正催妆。词臣何以酬明主,愿进关雎窈窕章。"

陈继儒曾经在太仓王士骐家坐馆六年(1599—1604),而吴议以及其子吴瑷、吴琨三人与琅琊王氏关系非同一般(吴议是王士骐的堂姑父),加上陈继儒为书画名家,而吴氏家族则是书画世家,因此双方有可能结识、交往;陈继儒后来于万历四十一年(1613)曾应王时敏之邀,来太仓协助其整理王锡爵的"藏稿,有文草、奏草、牍草三集,若文肃公建储羽翼之苦心,与条对六曹九大镇之恳款,炳如日星,而一生之相度相

---

① 民国《镇洋县志》卷一,民国八年刊本,第 8 页。

② 《叶谱》第 540 页引光绪《崇明县志》卷九《名宦志·牧令》:"王恭先,字孝伯,山西临晋进士,康熙七年以河间推官裁缺改知县事。"

才相业尽于此矣"，①吴瑗、吴琨兄弟与王时敏为总角之交，来往极为密切，这一阶段也可能与陈继儒有所往还。陈继儒素来喜欢奖掖后进（陈子龙就深受其赏识，往来颇多），而吴伟业少年高第，名士风流，正需老辈提携，所以这一老一少一见如故。陈继儒不但自己赋诗二首相赠，祝贺吴伟业大登科接小登科，而且"属诸子同赋二律"，《程笺》记录了应邀赋诗的"诸子"之一单恂的两句警句"镜边玉笋人初立，屏底金莲烛自移"与"梅妆并倩仙郎画，元是春风第一花"。可见陈继儒是刻意扩大影响，试图将吴伟业奉旨归娶做成一件流芳后世的风流佳话。

吴伟业的好友周亮工曾搜罗过明代"少年及第，奉旨归娶诗"，涉及四人，包括练子宁《送花状元诗》"二月都门莺乱啼，郎君春色上朝衣"，解缙《送刘探花素吉》"少年归娶奏金銮，喜得天颜一笑看"，白正蒙《送周状元延儒》"才子承恩出建章，风流千载一周郎"，陈继儒《送吴榜眼伟业》"年少朱衣马上郎，春闱第一姓名香"等，他认为有明一代，仅仅搜罗到寥寥数首，因而感慨"明朝二百六十余年，少年及第归娶者才数人"，当然他也认为应该还有诗作，"惜不传"。② 这极为罕见的佳话，其中就包括周延儒和吴伟业师徒两人，由此可见吴伟业钦赐归娶在当时具有怎样的轰动效应。

崇祯五年（1632），娶亲结束后，吴伟业并没有马上回到朝廷销假，担任官职，而是选择留在了家乡，直到崇祯七年才回朝做官。当然，这一选择并不说明他已经厌恶官场、决心退隐、优游岁月，而是因为当时朝局复杂、斗争激烈，连他的老师张溥也从北京请假回家以避风头。从保护吴伟业的角度出发，也不应该让他陷入党争的漩涡。对吴伟业来说，考取功名之后，不急于做官，留在家乡，潜心读书，适当参加活动，积累声望、人脉，显然是更好的选择，也更有利于将来仕途的发展。

在乡期间，吴伟业不仅与陈继儒这样的大名士结下了友谊，更与同里两王氏家族拉近了关系。太仓的世家大族中，琅琊王氏与太原王氏无疑是首屈一指的。琅琊王氏从成化年间考中进士的王侨、王倬兄弟

---

① 陈梦莲：《眉公府君年谱》，崇祯刻本。
② 周亮工：《因书屋树影》卷九，康熙六年刻本，页十二。

以来,代有才人,到隆庆、万历时期的王世贞、王世懋兄弟达到鼎盛,王世贞为明代后七子的代表人物,领导文坛数十年,影响极大。王世贞之子侄辈如王士骐、王士骕等人,虽仍然能以功名、才学世其家,但大多难以守成,遑论发扬光大,再下一代则更趋末路,甚至有败家至不忍言者。太原王氏则以万历时期的王锡爵、王鼎爵兄弟最为鼎盛,尤其是王锡爵高中会元、榜眼,官至首辅,其子王衡乡试第一、会试第二、殿试第二,才华横溢,其孙王时敏继承家学,书画皆精,深得董其昌、陈继儒等人的赏识。明末清初的画坛上著名的"四王",三王出自太仓两王氏家族,其中王时敏、王原祁为祖孙。入清后,太原王氏长盛不衰,王时敏第八子王掞深受康熙信任,官至文渊阁大学士。这两王氏家族从明代中后期以来,是太仓地区影响最为巨大的世家大族,无论在科举功名,还是在文学创作,或者书画、戏曲等艺术领域,都取得了很高的成绩。

崇祯五年,回到太仓的吴伟业,这个被年轻的崇祯皇帝钦定的会元、榜眼,无疑是个前途无量的政治新星,对已经开始败落的太仓琅琊王氏来说,显然是需要笼络以图亲上加亲的。所以,秦柯《吴伟业梅村考略》认为购置贲园修建梅村,应在崇祯五年至崇祯六年之间,是有一定道理的。从吴、王两家的世代友谊和眼前现实来看,这是一场双赢的交易。吴伟业性喜梅花,①购得该园后,广种梅树,"种梅三十年,绕屋已千树"(《盐官僧香海问诗于梅村,村梅大发以诗谢之》),可见其规模,这也是后来吴伟业命名此园为梅村并且自号梅村的重要原因。其后,太仓琅琊王氏后人王瑞国、王天植(陈立)、王昊(惟夏)、王曜升等人,均是梅村的常客。

吴氏家族与太原王氏的交往,目前可知始于吴伟业的伯父吴瑷。王时敏与吴瑷"自总角以至皓首,欢好无间",相交"垂五十年"。② 吴伟业与王时敏的交往,应该始于崇祯四年春。此时吴伟业高中会元、榜眼,尤其是其文风被认为与"文肃公"(王锡爵)相似,功名亦相同,而王时敏于本年三月进京"赴补,秋天以存问周藩差过家",在京以及回乡时

---

① 吴伟业一生钟爱梅花,去世后,其墓地选择在苏州市吴中区光福镇邓尉山,此地从清初以来即为赏梅胜地,号称"香雪海",参见程杰《中国梅花名胜考》一书,中华书局 2014 年版。
② 王宝仁:《奉常公年谱》卷三,《北京图书馆藏珍本年谱丛刊》第 66 册,第 410 页。

间部分与吴伟业重合。吴伟业后来曾经在《王奉常烟客七十序》中回忆说："余生也晚,奉常筮仕,犹及见先朝之郅隆,而余已骎骎乎末造,时就奉常以访吾所不逮。"如前文所述,崇祯四年的政治形势极为复杂,吴伟业这个官场新手顾虑重重、无所适从,而王时敏则是早年随待祖父王锡爵,见多识广,其后本人自万历四十二年年仅二十三岁即入京担任尚宝寺寺丞,历仕三朝,经验丰富,所以骏公才经常去烟客那里取经讨教。何况王锡爵门生故吏遍天下,王时敏又善于交际,与当时的权相温体仁、周延儒关系均非同一般,天启六年王时敏归葬其父王衡,是请温体仁作的墓志铭,而崇祯四年安葬母亲周太夫人,则是请周延儒作的墓志铭。以两家之交情尤其是王时敏与吴瑷的关系,以及吴伟业本身的地位与未来的发展潜力,[①]王时敏以自己的经验和人脉全力以赴为吴伟业做好官场顾问,自是两相情愿的好事。如果说在京期间还应酬繁多,两人接触较少的话,那么崇祯四年秋天以后,两人双双返回太仓,交往更为密切,崇祯七年前后两人先后返京,明清鼎革之际两人共同进退,由此成为终生挚友。两人不但是政治上的盟友,生活中的帮手,更是文学艺术上的知音(包括书法、绘画、音乐、戏曲、建筑等等)。这份友谊,甚至传至下一辈。吴伟业只要有机会,无论是科举应试还是诗文创作,也全力提携王时敏之子孙。从现有资料可知,王时敏长子王挺、次子王揆、五子王抃、七子王摅均为梅村弟子,三子王撰、孙子王原祁等人,都曾得到过梅村的关心与照顾。[②]而王时敏的子孙特别是王原祁,与梅村之子吴暻等人,也颇多唱和往来,成为世交的典范。

除了同里高门外,太仓周边、江南地区的著名人士,也在吴伟业的关注之列。前文曾引晚明名士陈继儒赠吴伟业新婚诗,其实这与吴伟业曾赴松江拜访陈继儒有关。吴伟业《白燕吟》诗序云:"余年二十余,遇狷庵于陈征君西佘山馆,有歌者在席。"这次聚会,给吴伟业留下了深刻印象,三十多年后,康熙五年他重到松江,作《陈征君西佘山祠》,有

---

① 王时敏之进入官场,倚靠的是祖父的余荫,虽然他"夙夜兢兢",但是身处"闲曹冷署",发展空间有限,满九年才能升两级,崇祯也曾在召见他时见其"致词音吐明朗,进退雍容"而"目属久之",有心重用,终因其"出身"非正途而"以资格置之",参见《奉常公年谱》相关事迹。
② 参见李忠明《吴伟业与王时敏父子交游考论》,《南京师范大学文学院学报》2006 年第 1 期,陆蓓容《吴梅村与"四王"的交游》,《浙江学刊》2013 年第 6 期。

"故人重下拜,酹酒问江天"之句,表达深深的追忆之情。吴伟业二十余岁与陈继儒、单恂相聚于西佘山馆,而他们两人又恰好都作有祝贺吴伟业奉旨归娶的诗篇,可知这一次聚会当在崇祯五年其结婚前后。

崇祯五年秋天,吴伟业还有一次常熟之行。叶君远《吴梅村年谱》依据上海博物馆所收藏《董其昌与吴梅村书画合璧》中吴伟业的亲笔题跋:"余以壬申九日游虞山,稼翁招饮东皋草堂,极欢而罢。"考订梅村于崇祯五年九月游常熟,与瞿式耜见面,其后创作《东皋草堂歌》,甚为精当。只是以吴伟业的身份与个性,此次常熟之行,恐不仅仅是去虞山游玩、到瞿式耜家喝酒,于情于理,他都应该去拜访退居虞山的东林大佬、文坛领袖钱谦益。

钱谦益自从崇祯元年联手门人瞿式耜(时为礼部给事中)阁争失败,崇祯二年起师徒二人双双落职闲居。钱谦益阁争的政治对手,正是此时炙手可热的周延儒、温体仁。周、温二人成功入阁,跻身首辅、次辅,而周延儒更是成为吴伟业、张溥等人的会试座师。复社号称小东林,钱谦益为东林巨擘,复社领袖张溥总该跟钱谦益解释一下这一复杂的关系。何况此时周、温二人已经决裂,温体仁咄咄逼人、企图抢班夺权,周延儒当初就有意示好复社,有与清流化解矛盾之愿望,并通过辛未科会试,大力扶持复社力量,现在就更需要得到东林、复社的支持。作为周延儒的得意弟子、新科会元,又是复社核心骨干的吴伟业,此次虞山之行就更耐人寻味了(张溥目标太大,到哪儿都容易引起注意)。另外,复社拟于第二年春天在苏州虎丘举行集会,规模达数千人,如此重大的活动,当然应该事先向钱谦益通报、请示。因此,吴伟业与瞿式耜见面,"极欢而罢",恐怕就不仅仅是喝酒那么简单,因为吴伟业并不太喜欢喝酒,酒量也很不行,"欢"之背后,当有其他更丰富的内容。吴伟业拜见钱谦益,当然是礼节性的,具体事情,可以与其门人瞿式耜详谈。所以,由瞿式耜"招饮"吴伟业。两人相见甚欢,"极欢而罢",会谈极为成功。

吴伟业的《东皋草堂歌》,陈子龙曾有和作,钱仲联先生曾疑惑:"吴歌陈和,两作工力悉敌,而艺术风格亦相近,俱运雄直之气于偶俪之中,以此取胜。不知梅村自订诗集,何以不存此歌?此歌咏明代事,诗亦作于明代,不涉及明、清两方敌对感情,殊无避忌自删之理也。"①陈子龙的集子,收录了和作,且毫不犹豫地明说"吾友吴骏公太史,作《东皋草堂歌》以记之。时余方庐居,骏公以前歌见寄,因为属和",甚至后来吴伟业自己的《梅村诗话》中也承认自己作有此诗,"所谓《东皋草堂歌》者,赠稼轩于请室也"(承认在北京的囚室,撇清常熟,当时钱谦益也同在牢狱中,吴伟业只字不提),但是他自己编《梅村集》和《梅村家藏稿》就是不肯收录《东皋草堂歌》,其原因就是刻意回避这一次常熟之行,不是为了隐瞒他和瞿式耜见面,而是避免牵涉他和钱谦益见面这一隐情。但是,这首诗,这次见面,他是刻骨铭心的,所以入清以后事情过去十几年了,他还清晰地记得这篇作品,在董其昌的画作上情不自禁地把前后两歌都录上,且加题词,只说与瞿式耜的交往,回避他去常熟的目的,隐蔽他与钱谦益的交往,仅仅着眼于沧桑之变。这一举动背后,正可窥见其内心之隐痛。

留在太仓的吴伟业,不但是与同里高门、周边名士加强了联系、加深了感情、提升了影响,更重要的是成为明末最重要的政治势力复社的核心骨干。吴伟业奉诏归娶后不久,张溥亦请假回乡。崇祯三年的乡试和四年的会试,复社大获全胜,张溥虽然殿试仅获得三甲第一(亦称传胪),但是成功考选庶吉士,仍属翰詹清流、宰辅后备。明代天顺年间以后约定俗成,形成惯例,"非进士不入翰林,非翰林不入内阁。南北礼部尚书、侍郎及吏部右侍郎,非翰林不任。而庶吉士始进之日,已群目为储相。通计明一代宰辅一百七十余人,由翰林者十九"。② 加上吴伟业考取会元、榜眼,俨然成为复社的金字招牌。"伟业以溥门人连捷会元、鼎甲,钦赐归娶,天下荣之。远近谓士子出天如门者必速售,大江南北争以为然。以溥尚在京师,不及亲炙;相率过娄,造庭陈币,南面设位,四叩定师弟礼,谓之遥拜,浼掌籍者登名社录而去"。等到张溥回乡之后,四面八方慕名而来的士子更是不计其数。在复社领袖张溥、张采、杨廷枢、陈子龙、徐汧、万寿祺、沈寿民、冒襄等人积极筹划下,在孙淳、吴翻、许焕等人的具体组织下,崇祯六年春天,虎丘大会召开,"山左

---

① 钱仲联:《吴伟业重要佚诗前〈东皋草堂歌〉考》,《苏州大学学报(哲社版)》2001年第1期。
②《明史》卷七十"选举二",中华书局,第1702页。

江右晋楚闽浙以舟车至者数千人","游人聚观,莫不诧叹,以为三百年来未尝有也"。①

从现有记载来看,声势浩大的苏州虎丘大会,近在咫尺的吴伟业似乎没有参加。因为不但吴伟业本人的文字中没有记录他在此次活动中有何表现,就是参加了此次活动的主要人物的文字中也没有涉及梅村的相关信息。朝廷的新科会元榜眼、青年翰林,再参加以文事为主(至少名义上是以文事为主的)的文人社集活动,确实不妥,容易授人以柄,对吴伟业本人和复社双重不利。复社何以如此具有吸引力?是因为当时复社一定程度上掌握了科举的话语权。在众多普通文士心目中,吴伟业的成功就是复社操作的结果(如前文所分析的那样,其实吴伟业科举成功的原因很多,复社只是其中一小部分因素),复社领袖们也希望大家这么认为。事实上,正是由于大家有这样的错觉,才导致了加入复社的狂热;复社有了这样的社会舆论与群众心理作基础,也更多地赢得了社会名流的认可与支持;得到了更多的支持,复社可以进一步影响朝局。这样,形成了良性循环,复社的影响力越来越大了。

> 社事固以文章气谊为重,尤以奖进后学为务。其于先达所崇奉为宗主者,皆宇内名宿:两直则文震孟、姚希孟、顾锡畴、钱谦益、郑三俊、瞿式耜、陈必谦、郑鄤、侯峒曾、陈仁锡、金声、卢象升、吴甡等,两浙则刘宗周、钱士升、徐石麟、倪元璐、祁彪佳、冯元飚等;河南则侯恂、侯恪、乔允升、吕维祺等,江西则姜曰广、李邦华、易应昌、熊明遇、章允儒、胡良机、李日宣等,湖广则梅之焕、刘弘化、沈维炳、程註等,山东则范景文、李璟、张凤翔、高弘图、宋玫、毛九华等,陕西则李遇知、惠世扬、王继谟等,福建则黄道周、黄文焕、黄景昉、蒋德璟、刘麟长等,广东则陈子壮、黄公辅等。诸人职任在外,则代之谋方面;在内,则为之谋爱立:皆阴为之地而不使之知。事后彼人自悟,乃心感之。不假结纳,而要盟自固;门墙之所以日广、营垒之所以日固、呼应之所以日灵,皆由乎此。……天如虽以庶常

---

① 陆世仪:《复社纪略》卷二,清抄本。

在籍,骎骎负公辅之望、参预朝局矣。①

　　陆世仪的记载也许有夸张的成分,但是张溥及其复社的影响力空前,确是不争的事实。他们不但左右地方官之去留,甚至操控科举,陆世仪不但描述了其盛况,还列举了其具体做法,兹不重复,仅再举两例以窥见一斑。万历四十四年的会元、曾担任苏松副使的浙江嘉兴人钱继登,②此时以事谴归家居(后于崇祯末年起复担任金都御史),给请假在家的张溥写了这样一封信:"娄江去武水,烟钟相闻,然命驾既难,倩鸿亦不易。每念翁台高情厚谊,无能时时披对,屋梁落月,徒殷梦想。时事多艰,天子方伫思禁中颇牧以定一鼎之沸而清四郊之垒。翁台何时促舍人之装乎? 受先亦于何日北上? 弟欲一面晤,或得订期相候于虎丘之北、锡山之南也。马眉五父母爽致通才,敝邑深切倚赖,不意以漕兑一事风波横及,致失一方长城。弟忝气谊之末,尤深悼惋。两舍弟夙蒙提挈,兹小试不甚前。大都当事者好奇,而下里之浅夫稚子遂造为缪迂杜撰无根不经之语以相炫,此自关气运,非一人一时之事也。"③信函先是诉说相思之情,接着吹捧张溥与张采这两位复社领袖:时事多艰,能够平定天下的人才,非张溥等人莫属,所以皇上日夜盼望着张溥、张采回到朝廷、为国出力,然后说自己想在二张返京前约其一聚。至于信中提到的"马眉五"当指溧阳人马成名,崇祯四年张溥、吴伟业的同榜进士,理所当然是关系好的,而马成名崇祯五年刚任嘉善知县,崇祯六年就去职。④ 他牵扯着说这事,一方面是撇清自己,父母官离职,与他这个乡绅无关;另一方面也是套近乎,他本人还是很欣赏这位父母官的。绕了一大圈,终于说重点了,自己的两个弟弟,科举考试成绩不理想,希望张溥帮忙,把考试名次往前排。钱继登成名比张溥早,资历比张溥老,官职比张溥大,按照吴伟业的说法,钱继登与张溥还有师生之谊,目前两人同样家居,但是他却不给当政者写信,而是理所当然地写信给张

---

① 陆世仪:《复社纪略》卷二。
② 光绪重修《嘉善县志》卷十九"宦业","钱继登传",第 32 页。
③ 钱继登:《壑专堂集》卷九《与张天如庶常》,页二十八;《清代诗文集珍本丛刊》第 15 册,第 349 页。
④ 嘉庆《溧阳县志》卷十一"马成名传"说他由嘉善知县改莱州府推官,页二十九;但是乾隆《莱州府志》卷六"职官"中的推官中,并没有马成名之人,页十一。

溥,并且毫不掩饰地提这样非分的要求(连平时小考也要往前排名次,以积累名望),显然是认为张溥肯定能做到这一点。

不仅是为了自己的家人,作为一个居家的乡绅,钱继登还能为自己家乡的父母官通过复社解决问题。他曾给担任江西督学的侯峒曾(嘉定侯氏,亦是东林复社的核心力量)写信,为时任嘉善知县的李陈玉牵线说情:"翁台以起衰济弱之望,蒐材于西江,……前承下问,弟沉废山林久,不能详忆,采之四方声气之所共推及行卷之所习诵,摘其尤,列名以闻于左右,翁台胸具照胆之镜,苟属丰城之剑,暗中自摸索得之,当以弟言为赘也。……更有恳者,敝县父母李谦庵,乃李懋明先生侄孙,人品吏治俱属第一,生平皈依山斗甚切,其郎君李璿,乃彼中士之翘楚,向来学使者及巡方使者采风必借为冠冕,翁台临较时,乞首拔之食饩,必有以效国士之报。此生于彼中自有名字,不以其尊公重也。"①李陈玉,字谦庵,江西吉水人,崇祯七年任嘉善知县。钱继登给侯峒曾写的信中,明确希望他把李陈玉之子李璿在科考、岁考中提拔为第一(附生或增生,只有在科考、岁考中名列前茅才能转为廪膳生员,所谓"食饩")。钱继登之所以这么有底气提这样非分的要求,显然是因为侯峒曾为复社柱石,而他与复社张溥等人声气相通有关,同时吴伟业还是他的门人。仅此两例,复社中人影响科举之力量,即可见一斑。当然,吴伟业本人也承认,"先生(指张溥)性好士,穷乡末学,粗知好古攻文,辄许与不置口,赖其奖擢成名者数十百人,台使者视所言以为取舍,以此附丽益众"(《复社纪事》)。正是由于那些掌管教育考试的官员,视张溥等复社领袖之所言为取舍依据,才会导致社会人士争相加入复社的情况出现。

除了左右科举之外,复社在一定程度上还能影响朝中大臣和地方官的命运。驱逐周之夔即为其中之一,而且这一事件对复社和吴伟业个人的命运有着重大的影响。吴伟业个人的文字中没有他参与这一事件的记载,叶君远《吴梅村年谱》说:"崇祯七年三月,太仓州知州刘士斗为忌者所论,罢去。伟业与张溥、张采等约士斗游东郊,为送行。采有

---

① 钱继登:《垩专堂集》卷九《与侯广成督学》,页三十二;《清代诗文集珍本丛刊》第 15 册,第 357 页。

诗纪之。"张采《知畏堂集》诗卷三有《东郊》四首，诗前小序云："《东郊》，为映薇刘侯作也。侯笃民事，以忌论去，娄民万人白巡方御史，疏请还公。于是余与允尊、天如、骏公约公游东郊，作是诗以伤其意，又不敢云饯送，以冀公之来，故曰《东郊》也。"①诗序中提及的"允尊"指的是太仓人许国荣，"字允尊，二岁丧父，家绝贫，母朱氏育之，天启五年成进士，授太常博士，三年，选工科给事中，……起补应天府照磨，量移光禄寺署丞，病卒。"②崇祯七年，他因为得罪宦官，落职闲居。张采、张溥、许国荣、吴伟业，这四位是此时（崇祯七年）太仓最为炙手可热的在籍士绅、社会贤达，随时可能还朝担任重要官职，他们共同聚集在太仓东郊，为知州刘士斗送行，却不敢直接说是饯行（复社的两位领袖张溥、张采联手组织，为被免知州饯行，太容易落人口实，更会给刘士斗带来不利影响），可见背后牵涉的关系有多复杂，而与这一事件相关的核心人物就是周之夔。

对于周之夔与复社的纠葛，很多文献都有记载，但大多为片面之词，先入为主，偏向复社，较少采用周之夔这一方的说辞，且时有龃龉之处，即使是民国陈衍等人所纂《福建通志》中的周之夔传，系采撷诸家记载而成，亦有偏颇之处，其传云："周之夔，字章甫，闽县人；崇祯辛未进士，授苏州推官，坐事罢。初，太仓人张溥、张采集郡中名士为复社。里人陆文声求入社，不许；诣阙言溥、采为主盟，倡复社乱天下。之夔罢官。疑溥为之，恨甚。时方母忧家居，缞绖走七千里，伏阙言溥等把持典计，己罢职实其所为，因及复社恣横状。章下巡抚，张国维等言之夔去无预溥事，亦被旨谯让。至溥卒，而事犹未竟。之夔既上书，黄道周恶之，比之人枭。之夔憾道周甚，疑陈子龙辈为溥、采道地，乃以黄纸大书道周、子龙及夏允彝、吴伟业、瞿式耜数人名，云溥、采辇金数万，数人者为之囊橐，以投东厂。又负书于背，蹩躠行都市通衢，见贵人舆马过，则举以诉之，蜚语且上闻。人皆为子龙辈危之。既而郑鄤之事起，告讦风实自之夔启之。"③这段记载，主要来源于陈子龙自编、王沄续编的《陈

---

① 张采：《知畏堂集》卷三，《清代诗文集珍本丛刊》第20册，第496页。
② 嘉庆《直隶太仓州志》卷二十七，嘉庆七年刊本，第15页。
③ 民国《福建通志》卷三十，方志出版社2016年版，第611页。

忠裕公年谱》。就相关材料来看,周之夔之离职,是辞职而不是被罢官;他不需要"疑",他被迫辞官就是复社中人公开驱逐的结果;之所以"缤经走七千里",他自己说不是上京告发复社,而是因为奉旨回话说明自己去位情由,避免为他出头的李应实因欺君之罪被诛;赴京告讦最早的是陆文声、张汉儒等人而不是周之夔,等等。

平心而论,周之夔、张溥、吴伟业以及刘士斗,本来都是崇祯四年辛未科的进士同年,理应相亲相助才是,但是,阴差阳错,竟成死敌。相关当事人如吴伟业的《复社纪事》、张采的《知畏堂文存》、周之夔《弃草二集》,以及旁观者如陆世仪《复社纪略》、文秉《烈皇小识》、李天根《爝火录》等,都有对这一矛盾的回顾与评述。综合相关记载可知,刚开始周之夔与大家关系还是不错的,他是复社早期成员(《复社纪略》中列举的福建籍复社成员,周之夔名列其中),崇祯元年就和张采相识交往,"自戊辰京邸,蒙下交投分",①与张溥交往更早,"吾与天如,十年前布衣交矣",②其《弃草集》中还收录有《杉阳题松石图寄临川令张受先》《都门别张天如归娄江》等应酬诗作。③ 周之夔离京出任苏州府推官,庶吉士张溥还写诗送别《送周张甫公祖司理姑苏》,诗中用"清风一座咸歌雅,更种门墙庾杲莲"来称美他。④ 吴伟业《复社纪事》也说周之夔为"宿名士,于两公为旧好",与刘士斗亦"相厚善"。但是自从中进士授官苏州推官后,关系开始微妙,因为进士同年刘士斗担任了太仓知州。尽管苏州推官和太仓知州级别相当,且都是复社二张的家乡父母官,但是作为太仓知州的刘士斗毕竟与二张接触更直接、频繁,且又勤政爱民,充分尊重乡绅,事事听从二张的建议,所以二张也更亲近、偏袒刘士斗,尤其是崇祯六年应天乡试,周之夔一心钻营想去担任房考,据说已经谋取了《易》经三房的房师,但是在二张的操纵下,最终是刘士斗顶替周之夔去担任了房考(按常规,推官比县令、知州相对清闲,更适宜去担任乡试房考,而担任房考则可以选拔门生、培植关系,如崇祯三年的应天乡试,镇江

---

① 周之夔:《答张受先书》(丙子腊月),《弃草二集》卷一,《四库禁毁书丛刊》,集113—30。
② 周之夔:《上文湛持太史论漕储书》(甲戌三月),《弃草二集》卷一,《四库禁毁书丛刊》,集113—28。
③ 见《四库禁毁书丛刊》集部所收录周之夔《弃草集》诗集七卷文集八卷、《弃草二集》二卷,第112、113册。
④ 张溥:《七录斋诗文合集》《诗稿》卷一,崇祯九年刻本,第5页。

推官周廷鑨作为吴伟业的房师,后擢吏部考功稽勋文选司员外,而熊开元、郑友玄等房师,事后均入京为给事中、御史),这成了周之夔与他们三人反目成仇的导火索。吴伟业不好意思说双方反目的直接原因,含糊地说"郡(周之夔)自以他事与守(刘士斗)相失,阴中守于漕御史",因为争夺秋天乡试房考这样的"他事"是双方都说不出口的,但是后面说的漕运就是国家大事了。

秋闱乡试之后,双方矛盾于崇祯六年冬天进一步激化。该年太仓先后经历了春旱与台风两次较大的自然灾害,斗粟千钱,无法及时上缴漕粮,刘士斗与二张商量救荒之策。经过广泛调查研究,张采作《军储说》,建议以太仓州应承担的漕粮额数与苏州其余各州县应承担的运送太仓、镇海两卫的军储额数对等置换,刘士斗觉得这个方法可行,于十一月申文两院,正巧周之夔临时署理府篆,得此申文,了解情况后,通过张溥拿到了《军储说》,秘密将相关材料递交总漕与巡漕两学士,指责二张悖违祖制、紊乱漕规,刘士斗违法干誉、行媚乡绅。两个月后,刘士斗由于兼署昆山县事,因漕粮运送发生了军民冲突,于是上司归咎于刘士斗违紊漕规,上疏弹劾,并把周之夔之前的密揭一并上报,导致刘士斗被降四级调用,周之夔"阴中"的手段也大白于天下。这是张采等人崇祯七年三月聚会东郊、饯行士斗的背景。

吴伟业虽然没有直接参与周之夔与刘士斗的同年之争,但是他参加了张采组织的这一次饯行活动,这就算是表明了立场。因为在这一次饯行的时候,二张以酒浇地,誓言报复周之夔,"异日使贤父母独离地方者,有如此酒"! 于是二张紧接着展开了驱逐周之夔的活动,先是组织了数十万人的罢市,挽留刘士斗、谴责周之夔,然后走书京城,遍告同道,特别是向周之夔的福建同乡、当朝大佬如黄道周、蒋德璟等人,诉说周之夔陷害循吏的恶行,结果周之夔被清流整体孤立,包括他的房师许士柔都写信给他敦促他悬崖勒马、更弦改过,文震孟更是在京城语人曰:"苏州只有两个好官,一为刘知州,一为晏同知,俱被周推官(周之夔)害去。"[1]再然后组织太仓、吴江等地的生徒,针对周之夔张贴檄文、

① 周之夔:《上文湛持太史论漕储书》(甲戌三月),《弃草二集》卷一,《四库禁毁书丛刊》,集 113—25。

冲击官署、起哄辱骂,如此一来,周之夔在苏州几无立足之地,只能辞官,但是朝廷不同意,要求"照旧供职",可是复职后,一个月过去了,"阖郡绅士无一投刺见者",周之夔含恨忍辱、尴尬供职,不停请辞,终得批准。他对张溥等人的仇恨,从此不共戴天,竭尽全力,"力辟党社"。

周之夔在给张采的信中直接指斥张溥、张采"二兄既以坛坫自命,又好以门户倾人,顺己者辄曰声气,违己者辄曰逆党",在给文震孟的信里则夸大到"得罪君父犹有可生之机,得罪二张决无不死之理",之后更写作《复社或问》,欲置复社于死地,他在《破邪集序》中说自己:"夔迩来力辟社党,不无见尤焉。吾师董见龙先生谕以安命之学,禅友曹源公又进以无净之旨,佩服其教,方修儒宗而求诸心、持佛戒而忏口业,腊八夜坐,心如寒石,次日犹推转不下。次子渤素孝,自书馆来问疾,谈次方消,誓从此不谈人间是非。……崇祯戊寅腊月初旬闽中周之夔章甫书。"①吴伟业说他是因为"狂易疾"发作,因此只能辞官归养,从其表现来看,可能也有一定道理。

关于漕粮与军储事,可以有不同意见,当时舆论也没有完全归咎于周之夔,文秉《烈皇小识》就说:"先是,苏州推官周之夔以争军储事,与溥、采相忤,盖溥欲利尽归于太仓,而之夔欲公普之合郡,事本甚公甚正。后之夔密揭溥等于漕抚,并伤知州刘士斗,于是众议沸然,皆归罪于之夔,之夔与士斗俱不安其位以去。至是,之夔亦讦奏溥等树党挟持,则曲甚矣。"②张采、张溥当时的建议,立足点是太仓遭受灾害,改革方案有利于当时、更有利于当地(太仓州),从整个苏州府的角度看,其余州县则吃了亏。二张、刘士斗站在太仓的立场上,而周之夔站在苏州全府的角度上,均属无可厚非,相比较而言,周之夔的立场"甚公甚正"。吴伟业都承认,军储说本来就是为了太仓一邑之便利而提出的建议、申请,但是并未施行,于漕政无所得失。

但是,周之夔因个人恩怨挟私报复,不择手段,上纲上线,将工作中的不同意见上升到张溥等人有意紊乱漕政的高度,之后一错再错、越走越远,甚至具《复社首恶紊乱漕规、逐官杀弁、朋党蔑旨疏》上奏朝廷,历

---

① 周之夔:《破邪集序》,《四库未收书辑刊》,拾辑,4—363。
② 文秉:《烈皇小识》卷五,神州国光社 1946 年版,第 129 页。

代皇帝最恨大臣结党营私，周之夔以"朋党""蔑旨"加诸复社，用心可谓歹毒，《陈子龙年谱》中更是说周之夔入京告密说二张且反，这就更离谱了。徐鼒《小腆纪传》："又有周之夔者，闽人也。官苏州推官，故有声复社中。偶与太仓张溥以争军储事不合，已调停息争矣，之夔复揭之于总督，众论大哗，谓：'调停而暗揭之，阴险孰甚！'寻之夔坐事罢，疑溥为之，恨甚。闻陆文声讦溥，亦伏阙言：'溥把持计典，己罢职，实其所为。'因及复社恣横状。巡抚张国维言：'之夔去官，无与溥事。'被旨谯责。溥几危，久之始解，而之夔憾不已。弘光时，阮大铖修怨复社，之夔愿效前驱，特旨雪前罪，授给事中。"①可见这一矛盾直到张溥去世、明朝灭亡周之夔都不肯放手，一直延续到南明时期。因个人意见而针对复社群体，乃至不惜与阉党为伍，泯灭是非，持续不休，自甘沦落，偏执至此，甚为可叹！

崇祯六年夏天，吴伟业的父亲吴琨五十岁、祖母汤太夫人七十五岁，吴氏举族欢庆，张溥为之作长文《寿吴年伯母汤太夫人寿序》。这一时期，吴伟业经常在家乡与张溥、张采等复社领袖一起举办各种集会，甚为活跃。张溥的《七录斋诗文合集》中收录有《同孟朴、美周、僧弥集骏公斋》《秋夜同豫瞻、人抚、骏公、僧弥集受先斋》《同孟朴、美周、骏公、僧弥集受先斋》等诗作，记载了他们的部分活动。从这些诗作可知，张采、张溥、吴伟业等人往往利用友人来访或者送别之际聚会，诗作中出现的这些人物分别是：孙淳，字孟朴，吴江人，复社著名活动家，复社的很多重大活动都是他组织的；黎遂球，②字美周，广东番禺人，诗人、画家；邵弥，字僧弥，长洲人，诗人、书画家；侯峒曾，字豫瞻，号广成，嘉定人，万历四十六年举人，天启五年进士；吴克孝，字人抚，号鲁冈，太仓

---

① 徐鼒：《小腆纪传》卷六十二，中华书局1958年版，第706页。
② 黎遂球《莲须阁集》第三卷有《赠张受先》《赠张天如》《赠吴骏公》《赠邵僧弥》诸诗，从其踪迹来看，这一段时间他周游在江南一带。其《赠吴骏公》诗云："圣帝肇中兴，至人亶当时。雄文纠灏气，晶陛酬梦思。子渊洞箫赋，司马长门词。儿奏�复为尔，终对乌足奇。未若青云彦，铅椠辉丝纶。弱冠勤握发，谦亨麾穷期。"卷五有《送吴骏公至南都赴司业任》："辟雍天子学，礼乐起陪京。帝重宾师席，人推王佐名。兰桡逢社事，花月次官程。到处迎官锦，秋山照酒清。"以及《送邵僧弥同骏公之金陵》，卷七有《初秋客娄东同张天如、孙孟朴、邵僧弥集吴骏公斋中即席赋》："玉轴桃笙入薜萝，湘帘垂烛漾凉波。清江桂棹才相望，白石桐窗快共过。诗渴莫愁沽酒尽，赋成争羡买金多。深宵浅露匀花气，月上还堪醉踏歌。"《四库禁毁书丛刊》，集183—1，康熙年间黎延祖刻本。

人，崇祯三年举人，十年成进士。可是，吴伟业本人的集子中，却没有相关活动的痕迹。

钦赐归娶的吴伟业，由于是张溥的得意弟子，所以不可避免地被打上了鲜明的复社烙印，所谓复社"十哲"之一，这不是什么好事。崇祯极为忌讳群臣结党、蒙蔽自己，凡有苗头，立即芟除，宁信其有，不惜错冤。温体仁就是充分利用这一点，说自己孤立无援，所有批评他的都是结党陷害他，所以越是被弹劾，弹劾他的人越多，他在崇祯那里的地位越是巩固。在这样的背景下，吴伟业当然不适宜在万众瞩目的虎丘大会上出头露面，更不应该参加东郊饯行刘士斗这样的活动，即使是参与张溥、张采等人的小规模聚会，也应该少有文字记载、传播，以避免卷入各种纠纷中去。

从现有的资料来看，吴伟业本人是极为小心翼翼的，几乎所有活动在他的集子中都没有留下痕迹。可是张采、张溥等人的作品中却时时出现吴伟业的身影，这在一定程度上也会给吴伟业带来负面影响。事实证明，后来周之夔攻击的对象里，吴伟业也成了主要目标。远离京城、钦赐归娶的吴伟业，需要的是静静地等待、耐心地养望，既需要积累人脉，也需要潜心治学，包括学习治国理政的理论与方法。从这一角度来看，这一时期有两件事值得关注。这两件事，虽然主角是陈子龙而不是吴伟业，但是对吴伟业应该有很大的影响。

首先是修订并出版徐光启的《农政全书》。徐光启（1562—1633），字子先，号玄扈，谥文定，松江府上海县人，晚明最杰出的科学家、思想家之一，主张经世致用，治学会通中西，提倡实验研究，能够身体力行。他与利玛窦合译的《几何原本》，创造性地提出一套完整的数学术语，如点、线、面、直角、锐角、圆心、直径、外切、相似、对角线等，成为经典，梁启超评价为"字字精金美玉，为千古不朽之作"；他主持编纂的一百三十七卷《崇祯历书》，奠定了中国近三百年天文历法的基础；尤其是他通过搜集整理历代农书，再反复进行试验实践，耗费极大心血编撰而成的《农政全书》，在晚明灾害频仍、国困民穷的严峻背景下，极具现实针对性，可谓救世宝典；其他如《泰西水法》《兵机要诀》等工程学、军事学著述，均是徐光启结合自己兴修水利、选兵练兵的实践经验而留下的心得总结,具有很高的指导意义和现实价值。崇祯五年,徐光启以礼部尚书兼文渊阁大学士,入阁办事,正可以大展宏图、实现理想,可惜朝中庸人当道,难以尽展所长,崇祯六年即因积劳成疾赍志而殁。

徐光启崇祯五年拜相时,吴伟业已经返乡。两人之前是否有交往,目前没有发现明确的文字记载。从常理上说,崇祯四年吴伟业参加会试,后授编修进入翰林院,而崇祯三年徐光启即已升任礼部尚书,科举、学校等正是其管辖范围,两人之间应有交集。崇祯四年辛未三月的殿试,徐光启是廷试读卷官(殿试榜眼吴伟业的试卷,不知道徐光启是否读过,但是据黄景昉的记载,张溥的殿试卷是徐光启评定的,并且因为其试卷被茶水浸渍,卷面污浊不得不降为三甲第一表示非常惋惜);六月,徐光启又担任了考选庶吉士的读卷官,那又算是张溥的老师了。

张溥对徐光启极为敬佩,曾在《徐文定公农政全书序》中明确地说:"予生也晚,犹获侍先师徐文定公,盖岁辛未之季春也。公时以春官尚书守詹次,当读卷,亟赏予廷对一策,予因得以谒公京邸。公进予而前,勉以读书经世大义,若谓孺子可教者。予退而矢感,早夜惕厉,闻公方究泰西历学,予邀同年徐退谷往问所疑。"①张溥的回忆说得很清楚,崇祯四年会试之后的殿试,礼部尚书(兼任詹事府少詹事)徐光启负责读卷,读到张溥的廷对试策时,极为欣赏,认为张溥具有经世之才,特地找他谈话,勉励他专心读书、经世致用,而张溥对徐光启也极为崇敬,以弟子之礼拜见,尤其钦佩其精通西学(天文历法等西方科学),有从其问学之举。张溥读书广博,眼界极高,名气很大,他对徐光启如此钦敬,主要不是因为徐光启的官职,而是因为徐光启学贯中西、切合实用,正是风雨飘摇的晚明不可多得的奇才。张溥本人也提倡复兴古学,主张学以致用,追求经世报国,徐光启则比他走得更前,精通科技,熟悉西学,亲身实践,练兵垦荒,而这些都是张溥缺乏的,这也是张溥特别佩服徐光启的原因。这些因素,当然也会影响到年轻有为、想干一番事业的吴伟业。

徐光启去世时,《农政全书》尚未定稿誊清,这一重任落到了其门人

① 朱维铮、李天纲主编:《徐光启全集》第六册,《农政全书》(上),"张溥原序",上海古籍出版社2010年版,第1页。

陈子龙身上。从崇祯三年陈子龙拜谒徐光启开始，徐氏即有托付书稿之意，到徐光启去世后，应天巡抚张国维将整理书稿的任务交给陈子龙，由陈子龙组织谢廷祯、张密等友人，将从徐光启之孙徐尔爵处获得的遗稿，删其繁芜，补其缺略，到崇祯十二年出版，陈子龙在《农政全书·凡例》和自撰年谱中，都有对这一工作前后过程的详细记载。正是在从事这一编辑工作的过程中，陈子龙深深意识到当时经世致用之学大多数停留在口头上，像徐光启《农政全书》这样的实学著作极为缺乏，因此他组织徐孚远、宋征璧等人，搜罗有明一代关乎政治、经济、军事、科技、外交等方面的论著，精心选择，编辑出版了共五百零四卷的皇皇巨著《皇明经世文编》，除了关注农政救荒之外，还涉及财政、盐法、税法、钱法、役法、边防、兵饷、火器、马政、漕运、海运、贡市、番舶等政治、经济、军事方面的关键问题，现实针对性很强。

当时士林的整体情况是，士大夫以四书五经八股文为功名富贵的敲门砖，考取功名后大多数人缺少行政管理和解决实际问题的能力，仅仅以诗词歌赋附庸风雅，或者高谈性命之学，临难之际，束手无策，等而上者，"愧无半策匡时艰，惟余一死报君恩"，①等而下者，变节投降，继续钻营。在这样的背景下，这一以天下苍生为出发点，以富国强兵、保境安民为目的的实学著作，体现了编撰者胸怀天下、关心民瘼的高尚情怀和脚踏实地、务求实效的处事风格，具有重要的时代意义。作为这一时期与陈子龙关系极为密切的好友（两人本时期诗文往来颇多），吴伟业虽未直接参与其事，但从两人交往的实际来看，也是极为认可的，亦可谓心心相印、志同道合。

崇祯七年，吴伟业结束悠闲的乡居岁月，赴京复职。这一决定，与当时复杂的政治形势相关。崇祯六年六月，温体仁成功排挤周延儒登上首辅之位，周延儒被迫托病回乡，复社顿失依靠；该年秋天，陈子龙等人入京准备参加次年春闱，"是时乌程当国，政事苟促"，虽然文震孟、许誉卿、吴甡等"诸贤在列"，但亦无能为力，"相对蒿目而已"；②崇祯七年

---

① 王世德《殉难忠臣录》记载"副都御史施邦曜题诗于几，曰：'愧无半策匡时难，但有微躯报主恩。'缢死"，清抄本，第2页。
② 参见《陈忠裕公年谱》卷上。

的会试,清流再无三年前的风光,除了陈际泰、吴昌时、龚鼎孳等少数人外,大多数复社名士如陈子龙、夏允彝、杨廷枢、宋征璧、万寿祺等人铩羽而归。① 刘城在《癸酉程墨选序》中说:"往者岁在庚午,次尾、昆铜有程墨之选,余为之序,淋漓尽致,语不得休,盖尔时南国既首维斗,而天如、骏公、卧子、燕又、孟宏、源常辈数十人,举同党之士登贤书过半,得人之盛,前此未有也。即吾辈不见录者亦数十人,咸以额登有限、年在未逢、乐天知命,无怨尤不平之意,介于几微,故余于选本,导扬休美,甚盛事也。今年癸酉,吾党得隽者数子,然特止数子,亦云仅矣!楚、越、齐、鲁、闽、粤,尤稀微焉。嗟乎!识者忧之。岂独一身荣悴之感哉!"②在这一背景下,东林、复社迫切需要增强政治力量,争夺话语权,于是吴伟业这位被崇祯皇帝赏识的上届会元、榜眼,又被保护得较好、党争色彩相对较为淡薄的青年才俊,理所当然地被推到了政治前台。

---

① 王于飞统计的会试结果是:崇祯四年,复社有近六十人中式;崇祯七年,复社有二十六人中式;崇祯十年,复社有三十五人中式;崇祯十三年,复社有三十四人中式;崇祯十六年,复社有四十七人中式(《吴梅村生平创作考论》,第 25 页)。可见崇祯七年是最少的,关键是,不但数量少,质量还差,会元李青,状元刘理顺出温体仁之门,榜眼、探花、传胪多为寂寂无闻之辈。
② 刘城:《峄桐文集》卷三,光绪十九年养云山庄刻本,第 1 页。

第四章　仕明时期

　　吴伟业在家乡太仓悠闲地度过了三年时光后,于崇祯七年秋冬之际,还朝北上,入京复职;崇祯九年,奉命典试湖广;崇祯十年,充东宫讲读官;崇祯十二年,奉使河南,封孟津、延津二王,归途中听闻母亲病危,直接归家;崇祯十三年,改任南京国子监司业,得以就近养身事亲;崇祯十四年六月,被任命为左中允,他奉母返乡,准备北上,最后未能成行;崇祯十五年,升任左谕德兼侍讲,未赴任;①崇祯十六年,升任左庶子,未赴任;崇祯十七年三月十九日,崇祯自缢煤山;五月,南京兵部尚书史可法、凤阳总督马士英等人立福王朱由崧为帝,是为弘光朝,召吴伟业为詹事府少詹事。吴伟业于十月前到南京,但立朝数月即借故归里。这是吴伟业在明朝任职的大致情况。总体上看,吴伟业在明朝时期的仕途是顺畅的,虽然也受到党争的影响,但是并没受到太大的冲击;与权力中枢也很接近,虽然没能入阁执掌朝政,也没有多大的政治上的建树,但不失为胸怀大志、欲有作为的正直官员。

第一节　清贵翰林

　　崇祯四年(1631)吴伟业由皇上给假钦赐归娶,理应婚后不久即赴京复职。但是他迁延岁月,直到崇祯七年秋天方始携其新婚夫人郁氏

---

① 参见王于飞《吴梅村生平创作考论》上编第一章第四节"辞京之后"的相关内容。

离家北上。临行之际，陈子龙有《送吴骏公太史还朝，时有○警》二首，其一："疏帘画舫上幽州，寒雨明霞倚壮游。贵客燕台增意气，故人吴市失风流。玉钩虎观清深夜，金管龙池窈窕秋。若忆江南多胜事，知予浩荡独登楼。"其二："蓟门赤羽角声催，击楫吴江匹马来。天子自临讲武殿，近臣争上望烽台。十陵王气当秋盛，三辅军容照月哀。宣室召君前席夜，应夸表饵出群才。"①叶君远依据诗中"金管龙池窈窕秋""十陵王气当秋盛"，认为诗当作于秋天，又结合其请假时间以及"时有○警"等，推断当作于崇祯七年，有理有据，可谓确论。这两首诗，前一首言情，讲送别之际穷通殊途的好友的不舍之情；后一首抒怀，表达自己对吴伟业此次入京寄寓的极高期望。当国家民族面临内忧外患之际，正是应召而出的吴伟业建功立业之时。尤其是"宣室召君前席夜，应夸表饵出群才"，将吴伟业比作汉代著名的政治家、文学家贾谊，用典极为巧妙。典见《史记·屈原贾生列传》：贾生年少，年二十余，文帝召以为博士，议论出诸人以上，文帝悦之，欲任以公卿之位，为众人所阻，乃外放，"后岁余，贾生征见，孝文帝方受釐，坐宣室"，"至夜半，文帝前席。既罢，文帝叹曰：'吾久不见贾生，自以为过之，今不及也。'"陈子龙化用"宣室前席"之典，借以表达年轻皇帝对吴伟业的赏识之情；而"表饵"则是指贾谊曾经上疏皇帝论对付匈奴，提出五饵三表之策以制服单于，暗示后金猖獗，正需要吴伟业这样的"出群才"提出应对之策。年少高才，帝王赏识，外放入京，对付胡寇，正是吴伟业与贾谊的相近共通之处。陈子龙政商与情商、史识与诗才融于一体，信手拈来，驾驭自如，吴伟业称之为"旷世逸才"，"诗特高华雄浑，睥睨一世"，洵为知言，特别是"登临赠答，淋漓慷慨"（《梅村诗话》），那确实是有切身感受的。

吴伟业自崇祯七年秋天离家北上，直至第二年年初方始到达京城，"入都补原官，充实录纂修官"（《顾谱》）。路上走了这么长时间，这中间的行程同样耐人寻味。目今可以明确的是，他赴京途中，曾绕道宜兴，并作逗留，仲冬之后继续北上，有其进士同年徐懋曙的诗《同门吴骏公太史奉诏归婚甲戌仲冬偕其夫人北上有赠》为证。诗云："瀛洲堤接玉

---

①《陈子龙诗集》卷十三，上海古籍出版社 2006 年版，第 438 页。

河桥,独有吴竞载笔遥。著作仙郎亲视草,风流太史又趋朝。涛奔万里寒声壮,练曳千年素影摇。并入诗肠吞吐胜,奚囊紫气欲干霄。"其二:"蓬莱深处雀屏开,太乙波浓接昼杯。彩笔暗移椽笔去,文星恰逐婺星来。堂然藜火辉瑶瑟,袖笼天香媚镜台。自有惊人无限句,何烦博议说东莱。"①

徐懋曙(1600—1670?),字复生,号映薇,江南宜兴人,崇祯四年与吴伟业同榜同门进士,授部曹,崇祯六年典试粤东,返程经过家乡,略作逗留。② 崇祯七年十一月(甲戌仲冬),他和吴伟业见面,既然是说吴伟业"偕其夫人北上","风流太史又趋朝",因而"有赠",则见面当不在太仓,亦不是在赴京途中相遇,应该是在徐懋曙的家乡宜兴。赠诗中既有对吴伟业钦赐归娶的艳羡,也有对其文学、史学才华的赞美,体现同年同门进士之间极为亲热的友情。

但是,根据当时的形势来看,吴伟业秋天从太仓出发,十一月份的时候在宜兴逗留,主要原因恐怕不是去看望同年徐懋曙。崇祯六年六月,周延儒与温体仁争权失败后托病回到家乡宜兴,而吴伟业进京之前绕道宜兴,于情于理,都不可能置自己的座主、父执周延儒于不顾。甚至可以这么认为,他迂道宜兴,主要就是来与周延儒见面。但是这样的事,以吴伟业一贯的处事态度,是不会形诸文字的。只是由于在宜兴巧遇暂留家乡度岁的同门徐懋曙,徐懋曙又写诗赠别,这才留下了他崇祯七年到过宜兴的痕迹。一般情况下,同年同门赠诗,总应该有赠有答,何况这两人相知甚深。顺治十七年,吴伟业给徐懋曙的《且朴斋诗稿》作序时说:"忆余曩昔与映薇年兄同游师门,……余两人深相得,而于诗相得尤深。中间虽或中或外,或迁谪投闲,或循资待罪,宦迹时离,诗筒时合。"两人"于诗相得尤深"且无论什么情况下都保持来往,"诗筒时合",应该诗歌唱和很多才是,可是《梅村集》中却并没有留存与崇祯七年这次见面相关的任何文字,如果没有徐懋曙集子中收录的这两首诗,我们甚至不知道崇祯七年仲冬他们有过这样一次相聚,可见吴伟业是刻意隐瞒这次宜兴之行,而这恰恰暴露出他这一行程的重要。

---

① 徐懋曙:《且朴斋诗稿》不分卷,七言律,光绪二十五年(1899)刻本,第9页。
② 陆林:《清初戏曲家徐懋曙事迹考略》,《艺术百家》2006年第4期。

崇祯八年吴伟业达到京城后，补原官，充实录纂修官。当时首辅温体仁深得崇祯信任，吴伟业说"三年入朝，值乌程（温体仁）当国，吾与杨伯祥诸君子正直激昂，不入其党"。这里的"诸君子"除了杨廷麟之外，还有杨士聪、王邵等人。吴伟业给杨士聪作的墓志铭中回忆说："初余同馆兄弟二十四人，而豫章杨机部、山右王二弥、公（指杨士聪）与余四人者，立朝相始终。机部最忧直，余与二弥好持论，公谨质凝重，多大节。"吴伟业这里所说的"四人"，就是指他崇祯四年的同年进士，后来一起进入翰林院的杨廷麟、王邵、杨士聪。

杨廷麟（1608—1646），字伯祥，一字机部，江西临江府清江县人，崇祯三年以贡生中式应天乡试，崇祯四年连捷成进士，选庶吉士，授翰林院编修，①有《兼山集》四卷（《四库禁毁书丛刊》和《四库全书存目丛书》都有收录）；王邵（？—1641），字炳蓁，号二弥，太原府保德州人，②天启元年辛酉举人，崇祯四年辛未进士（他和杨廷麟都出自《诗》一房倪元璐门下），改庶吉士，授翰林院检讨，崇祯十二年主持湖广乡试，③曾谕祭代藩，册封其世子（吴伟业有《送同官王炳蓁奉使代藩》），④有《王二弥先生存稿》十卷；⑤杨士聪（1597—1648），字朝彻，号凫岫，山东济宁人，崇祯四年进士，改庶吉士，授翰林院检讨，曾持节册封赵王，在与温体仁党羽张至发、田唯嘉等人的斗争中，大胆直言，尽发其私，吴伟业说，"公所弹奏又皆阁部大臣，方任用领事，其党以声势权利相倚，行金钱数十万金吾、大珰为耳目，日夜思有以中公，而公以一书生，孤特寡助，结怨要近，危祸难测，朝士自一二人外莫敢过其门，大会廷中，无有立而与之言者"（《左谕德济宁杨公墓志铭》），这"一二人"就是他们几个志同道合的翰林同仁，"方是时，同官自黄道周、杨廷麟、吴伟业一二人外，无敢过士聪

① 同治《临江府志》卷二十六，同治十年刻本，第10页。
② 顺治《太原府志》卷一，顺治十二年刻本，第22页。
③ 据陈纯德年谱（《陈忠洁公年谱》，陈才伟编，嘉庆二十四年刻本）记载，崇祯十二年己卯，公年四十六岁，应乡试中式第三十五名，考试官翰林院检讨王邵、户部给事中章正宸。上一科湖广乡试的主考是吴伟业、宋玫。
④ 乾隆《保德州志》卷八，乾隆五十年增刻本，第12页。
⑤ 黄虞稷：《千顷堂书目》卷二十七，四库全书本，第14页。郭志飞曾以国图藏《王太史遗稿》刻本为底本，参校《王二弥文集》和《二弥文存》两种抄本，整理、校注了《王邵诗文集》，可惜未见该书。

门者"，①可见其道谊之深，有《玉堂荟语》等著作。

这四个人，既为进士同年，又是翰林同馆，更是声气相通，都对黄道周极为钦敬。后来崇祯十年冬天太子出阁读书，他们四人均被崇祯皇帝选中，分别担任东宫讲官、展书官、校书官等，这既是对他们人品、学问的肯定，也给他们被未来的皇帝重用提供了极好的机遇，还增加了他们直接接触崇祯皇帝的时间，因为崇祯极为重视对太子的培养，东宫讲官给太子授课时他经常参加旁听。吴伟业曾感慨："嗟乎！当先帝亲儒重学，而同官三四人奉诏辅导太子，其遭遇之隆，可不谓盛欤！"（《左谕德济宁杨公墓志铭》）对他们被遴选担任东宫讲读，清流人士极为欣喜，陈子龙得到消息后，曾分别给吴伟业和杨廷麟写诗祝贺。在《赠吴骏公太史充东宫讲官》中推崇他为"夏侯经术茂，皇甫素怀芳"，"卜赋情文称，王箴忠爱长"，"一时推硕德，万国仰重光"；②在《人日寄赠杨机部太史充东宫讲官》中不但为其担任讲官倍感欣喜，更赞美其让席之举，"凤条已见栖荀邃，龙翰还应让邴原（机部以讲席让予座师黄石斋先生）"。③

关于杨廷麟以东宫讲席让黄道周之事，《明史》上有明确记载。《明史·杨廷麟传》："崇祯十年冬，皇太子将出阁，充讲官兼直经筵，廷麟具疏让黄道周，不许。"若论人品、才学、资历、辈分、声望，黄道周当然是最佳人选，何况吴伟业、杨廷麟等人都是师事黄道周的，但是朝廷就是不给黄道周机会。主要原因是辅臣们担心黄道周借进讲之机向崇祯皇帝进谏，"黄石斋先生在词林，凡题讲官、经筵官、纂修官及东宫讲官，或资俸在其前后皆用，独遗黄。盖辅臣惧其近上敷奏也。最后推东宫讲官，又不之及。项煜、杨廷麟俱相让，辅臣以道周所陈'臣不如郑鄤'为解，曰'君子一言以为智，一言以为不智'，廷麟折之曰：'孔子圣人也，自谓辞命不如宰予；管仲贤人也，自谓不如开方。天下后世未闻孔子以此贬圣，管仲以此损贤。'云云"。④

至于讲官们利用进讲这一接近皇帝的机会攻击政敌，确实是当时

① 道光《济宁直隶州志》卷八，咸丰九年刻本，第40页。
②《陈子龙诗集》卷十六，上海古籍出版社2006年版，第549页。
③《陈子龙诗集》卷十四，上海古籍出版社2006年版，第472页。
④ 谈迁：《枣林杂俎》智集，"黄道周"条，中华书局2006年版，第84页。

常有的现象。曾经担任记注官和日讲官的程正揆对此有生动形象的记载，"日讲官，旧制六人，上忽谕添设《春秋》讲官二员，遂以文湛持震孟及正揆题补，例先一日送讲章到阁，文撰讲《宰咺》章，意讥温也，温以'归赗'字令易他章，轮期至正揆讲《盟密》。次日，上朱批一纸到阁，云'《宰咺》一章，著讲官补讲'，文始进稿，后复畅言之，温无如何"，"讲官倪鸿宝元璐、方书田逢年师皆与温不合，每敷陈，咸极力切责之，温在旁，色沮"，"讲官敷陈，因事纳言，有之。惟杨朝彻士聪进讲后，言考选不公，指名面奏，致令部院回话，大翻成局，通国震动，几成大狱"。①《济宁州志》卷八"杨士聪传"以及文秉《烈皇小识》卷三（还有其他多种著述）中都记录了杨士聪借助进讲机会，揭发吏部尚书田唯嘉等人操持考选的前后过程及其影响，杨士聪本人也在《玉堂荟语》中记载了借进讲之机给皇上进言的若干事例。凡此种种，均可见翰林进讲地位之独特。

　　吴伟业对自己担任东宫讲读的经历也十分自豪，若干年后，曾向史学家谈迁描述当年情形，若干细节也记得非常清晰、生动。据谈迁记载，吴骏公曰："东宫韶龄聪敏，出阁时选宫僚四人入直讲读。是日吾读《大学》首章十次，东宫从读讫，讲官项水心讲《大学》首句。先日进讲章，上圈去数句，又朱书片纸，谕东宫称讲官'先生'，余官'官人'，自称'本宫'。阁臣二人侍班，日习为常。侍阉田○○、丘志忠，又数人，俱髫秀。丘读'古之欲明明德于天下'，'欲'读'裕'；'物有本末'，'物'读'互'。吾语之曰：'吾效北音甚易，然字有不可误者，欲犹可读裕，如物读互，误甚矣。殿下他日临政，岂可仍此俗音乎？'丘深然之。每讲毕，东宫作字，或放或纵，甚有法。"②从吴伟业自己的记载来看，崇祯对他这位讲官也甚为满意。他在《风流子·掖门感旧》中曾经深情回忆："咸阳三月火，新宫起、傍锁旧莓墙。见残甓废砖，何王遗构；荒荄衰草，一片斜阳。记当日、文华开讲幄，宝地正焚香。左相按班，百官陪从；执经横卷，奏对明光。　至尊微含笑，尚书问大义，共退东厢。忽命紫貂重召，天语琅琅。赐龙团月片，甘瓜脆李，从容晏笑，拜谢君王。十八年来如

① 程正揆：《先朝遗事》，页十、十一、十二，抄本，见《稀见明史史籍辑存》第 11 册影印本，线装书局 2003 年版，第 89、90、92 页。
② 谈迁：《枣林杂俎》仁集，"东宫"条，中华书局 2006 年版，第 131 页。

梦,万事凄凉。"这是在时隔十八年之后(崇祯十一年至顺治十一年),吴伟业仕清为贰臣,担任秘书院侍读,再入宫殿,故地重游,不可避免地睹物思人,回忆起当初崇祯皇帝对他给太子讲经的赏识,感慨万千。

崇祯八年,在京城担任翰林院编修的吴伟业,除了跟杨廷麟、王二弥、杨士聪三人关系密切外,还有一个人不得不提,那就是文震孟。文震孟(1574—1636),字文起,号湘南,别号湛持,文徵明曾孙,博通经史,尤长《春秋》,诗文俱佳,兼工书法,为人刚正,品行高洁。弱冠即举于乡,但会试不利,和他一起读书、小他五岁的外甥姚希孟都考上进士了,他却落第而归,后来终于在天启二年(1622)一鸣惊人、状元及第,授翰林院修撰,旋因上疏纠劾阉党,被杖责八十、贬谪外放,最终革职。但他不改初衷。张溥《五人墓碑记》歌颂与阉党斗争的五位苏州市民,并点名赞美了三位"郡之贤士大夫",其一为文震孟,还有一位就是姚希孟。崇祯即位,清除阉党,大量召回因反对阉党而被贬的官员,文震孟亦被召回任翰林侍读,改左中允,充日讲官。据《明史·文震孟传》,他很擅长讲课,而且能巧妙地借讲课给皇上进谏,"震孟在讲筵,最严正。时大臣数逮系,震孟讲《鲁论》,反覆规讽,帝即降旨出尚书乔允升、侍郎胡世赏于狱。帝尝足加于膝,适讲《五子之歌》,至'为人上者,奈何不敬',以目视帝足。帝即袖掩之,徐为引下。故事,讲筵不列《春秋》,帝以有裨治乱,令择人进讲。震孟,《春秋》名家,为首辅温体仁所忌,隐不举。次辅钱士升指及之,体仁佯惊曰:'几失此人!'遂以其名上。及进讲,果称帝旨"。杨士聪也记载说"文湛持为讲官为日不多,而能致主上之听。一日讲次,上方加足于膝,遇讲中有云'为人上者,可不敬哉',文郑重言之,上为悚然,下足肃然以听。使其久在经筵,何事不可得之! 于上此等讲书方为有益"。正是因为学问渊博、为人正直,所以崇祯钦点文起入阁,"文之入阁,出自特简,乌程虽素与不合,弗能间也"。① 可惜的是,正人君子终究不是奸邪小人的对手。"八年七月,入阁预政。两疏固辞,不许。阁臣被命,即投剌司礼大阉,震孟独否。掌司礼者曹化淳,雅慕震孟,令人辗转道意,卒不往。震孟刚方贞介,有古大臣风,惜三月而

---

① 杨士聪:《玉堂荟记》卷一,嘉业堂丛书本,第1页。

斥，未竟其用"。

　　文震孟自崇祯五年后逐渐得到崇祯信任，从右庶子升少詹事，至崇祯八年七月以礼部侍郎兼东阁大学士，入阁办事、参与机务，代表着清流群体的希望。令人疑惑的是，吴伟业作为复社后起之秀，政治新星，目前却没有直接记载表明两人有交往，包括吴伟业本人的文字中，也没有关于两人有往来的证据。即使之前没有机会，那么崇祯八年两人同朝为官之后，于公于私，吴伟业总该拜见这位家族姻亲、乡贤领袖、翰林前辈、东林巨擘吧？当然，没有记载并不代表他们一定没有往来，更不说明两人关系不好。实际上，吴伟业的有些文字，涉及文震孟，对他的评价还是非常高的。比如入清后吴伟业在给李玉《清忠谱》作序时，分析明朝灭亡的原因，特别强调宦官干政的恶劣影响，以此彰显敢于和阉党作斗争的文震孟、周顺昌以及苏州市民的巨大贡献。作为明朝灭亡的直接受害者之一，他极为感慨地说："尤扼腕者，思陵（指崇祯）图治，相文文肃（指文震孟）仅两月，忌之者即以事中之去位，国政愈不可为"，"假令忠介公（指周顺昌）当日得久立于熹庙之朝，拾遗补过，迟倾险而进正直，国家之祸，宁复至此？又使文肃之相不遽罢，扶衰救弊，卜年或可再延。而一误再误，等于汉、唐末造之覆辙。始信两公于阉党之事，决然以死生去就争之，其有关宗社非细也"。可见吴伟业是打心底里赞美文震孟、为其未能大用可惜的。

　　正如前文所说，文震孟的曾祖文徵明，是吴伟业高祖吴愈的女婿，所以虽然文震孟年龄比吴伟业大许多，但是论姻亲辈分两人却是同辈。吴伟业和文震孟一样，博通经史、专精《春秋》，诗文优长，兼工书画，都能够接续家族传统，又在科举上重振家声，文震孟为状元，吴伟业则是会元、榜眼，况且一为东林元老、一为复社骨干，于情于理两人都有着共同的政治立场、官场圈子和家族利益，应该交往非常密切才是。既然目前见及的两人文字中都没有提及与对方的交往和双方的关系，那么很有可能是双方刻意避免提及，以防授人以柄。也就是说，文震孟和吴伟业两人并不是不知道家族过往，也不是没有交往，而是双方默契地刻意掩饰过去的姻亲关系，有意保持社交距离。崇祯生性多疑，忌讳大臣结党，而崇祯四年以后，文震孟和吴伟业先后被崇祯皇帝赏识，成为冉冉升起的政治新星。如果两人的姻亲关系和政治立场被温体仁等政敌作为把柄，很容易从权力中枢出局。因此，在各种场合，双方均没有涉及两人家族背景的表现。甚至他们的好友都可能不知道两人这一层久远的家族渊源，或者是知道但是闭口不提，因为吴伟业的同时代人当中，目前也没有见及关于他们两人关系的相关记载。因为如果知道二人关系且可以公开谈论的话，这两位在崇祯朝同时为官的状元、榜眼，显然是难得的科举、文坛、书坛佳话，值得大书特书的。当然，崇祯九年文震孟去世之后，这一禁忌似可解除，但是对两人关系仍应淡化处理，否则吴伟业当初刻意回避也就显得不那么光明磊落了。

吴伟业与文震孟之间交好，是有据可依的。最明显的证据是，鼎革之后，吴伟业曾写有《赠文园公》一诗，赠给文震孟之侄文果，诗中说"汝父平生与我好"，文果之父为文震亨，文震孟胞弟。吴伟业在诗中明确讲与文震亨平生交好（震亨曾以贡生被召为中书舍人，供奉内廷，改定琴谱，与吴伟业同在京城），[1]并回忆当初文震孟、文震亨兄弟的才情以及被崇祯赏识的过往，特别是追溯吴、文两家之历史渊源，"与君五世通中表"，可见这层姻亲关系两家是念念不忘的，其中更是直接点出与文震孟的关联，"相国同朝悲宿草"，既陈述两人曾经同朝为官的经历，更抒发故友早逝的悲痛。全诗如下：

> 君家丞相人中龙，屈伸时会风云空。庐陵忠孝两贤继，待诏声名累叶同。致主丝纶三月罢，传家翰墨八分工。汝父翩翩相公弟，词场跌宕酣声伎。才大非关书画传，门高不屑公卿贵。老向长安作布衣，主知特达金门戏。先帝斋居好鼓琴，相如召入赐黄金。大弦张急宫声乱，识是君王宵旰心。为君既难臣亦苦，龟山东望思宗鲁。左徒憔悴放江潭，忠爱惓惓不忘楚。可惜吾家有逐臣，曲终哀怨无人补。欲谭治道将琴谏，审音先取宫商辨。怡神玉几澹无为，云门乐作南薰殿。君臣朋友尽和平，四海熙然致清晏。圣主闻声念旧臣，名家绝艺嗟称善。归来卧疾五湖云，垂死干戈梦故君。绿

---

① 崇祯《吴县志》卷三十七《选举》，"天启五年，纂修《大典》，恩贡：文震亨，字启美，洪五世孙，治《春秋》，钦授中书舍人"，崇祯刻本，第10页。

绮暗尘书卷在,脊令原上戴颙坟。雍门歌罢平陵曲,报韩子弟几湛族。竺坞祠堂鬼火红,阊门池馆苍鼯宿。汝念先人供奉恩,抱琴长向荒江哭。满目云山入旧图,只今无地安茅屋。谁将妙迹享千金,后人馁死空山麓。与君五世通中表,相国同朝悲宿草。寻山结伴笋舆游,汝父平生与我好。看君才调擅丹青,画舫相逢话死生。君不见信国悲歌青史里,古来犹子重家声。

诗歌开篇就点出文震孟虽然入阁("君家丞相人中龙"),但是未能尽展其才("致主丝纶三月罢"),然后切入文果之父文震亨("汝父翩翩相公弟"),诗末交代自己与文震孟兄弟的交往。这首诗作于入清以后,文氏家族随着文震孟、文震亨等先后去世,特别是经历明清易代,已经从巅峰坠入困顿。文震孟长子文秉因逃难时所托非人,历代所藏法书名画,尽皆丢失,穷困潦倒,庐墓终老,次子文乘因牵连抗清义军被清廷杀害,家产充公,孙辈更是不堪,有不忍言者。不仅文震孟这一支,整个长洲文氏"族姓凋落,其存者饘粥不能继,皆糊口四方,稍知自守,以为难得"。①梅村诗中所谓"报韩子弟几湛族","只今无地安茅屋","竺坞祠堂鬼火红,阊门池馆苍鼯宿","后人馁死空山麓",盖痛彻骨髓之写实也。诗歌从文震孟起笔,以文震孟作结(文震孟平生敬仰文天祥,宋廷曾封文天祥信国公),高度赞美文震孟能继承文徵明的传统("待诏声名累叶同"),忠孝传家,充分肯定并期望文果作为文震孟之侄(犹子)能够不坠家声,正如文天祥无嗣、依赖其弟文璧之子(文升)传承家声一般("信国悲歌青史里,古来犹子重家声")。

崇祯四年,吴伟业刚刚入朝,不但与文震孟有交往,而且与张溥《五人墓碑记》中揄扬的另一位苏州乡绅、文震孟的外甥、东林骨干姚希孟也有深入的交往,但是不细读吴伟业的文字就不会发现这一点。吴伟业崇祯十三年所作《宋幼清墓志铭》中曾回忆说:"呜呼!公之亡,距今十八年矣,余生也晚,则何由习公之深也?初余游京师,从现闻姚先生商榷人物,余进曰:'今天下渐多事矣,士大夫顾浮缓养名,无一人慷慨侠烈以奇节自许者,先生讵有其人乎?'先生慨然曰:'吾同年生宋幼清,

---

① 文含:《云岑杂著·书示侄孙绎》,乾隆二十三年刻本。

侠烈士也。'……公讳懋澄,字幼清。"吴伟业文中提到他刚刚入仕在京城时交游的"现闻姚先生"就是姚希孟。姚希孟(1579—1636),字孟长,号现闻,南直隶苏州府吴县人,幼孤,由母亲文氏教读成人,与舅父文震孟齐名,万历四十七年成进士,改庶吉士,天启中因反对阉党而被削籍,崇祯初起复,又因反对温体仁而被贬。吴伟业"初游京师",即向姚希孟请教,所讨论问题甚是尖锐,讲的是可堪救世的人才问题,姚希孟亦直言相告,可见他对吴伟业也颇为赏识、关爱。当然,如果不是吴伟业偶然之间说起,我们并不知道他和姚希孟曾经有这样深入的交流。当然,揆诸情理,这样的交流应该不是偶一为之。

崇祯八年,刚刚还朝任职的吴伟业,面临着极为复杂的政治局势。哪怕就是崇祯皇帝欣赏的文震孟,也仅仅入阁三月,即被政敌温体仁设计陷害而罢。徐枋给文震孟作的墓志铭中说崇祯在位十七年中,"举一人为相而天下悦",[①]仅有文震孟,可见其声望之高。文震孟被迫去位,是清流的巨大损失。东林、复社亟需推出新的代言人,吴伟业成为重要人选之一。这一背景下,他与文震孟等人的姻亲关系,被刻意遮蔽,以防止被人恶意中伤,也就可以理解了。与此同时,吴伟业毕竟年轻,官场经验不足,于是与王时敏家族关系密切且擅长处理人际关系的伯父吴瑗紧急入京。《顾谱》说崇祯八年吴瑗入京,并引李继贞《送吴文玉入京师太史骏公所》诗:"长安名利地,君行独无求。随身一敝箧,附舟若轻鸥。累心既云尽,别家了不愁。惟念太史公,京洛多贵游。名高众所集,道广虑难周。君到虽坐镇,时复佐老谋。切劘公辅器,伫俟协金瓯。当思伯氏庸,割俸营菟裘。勿谓余戏言,三公今黑头。"诗中所言,正是此意。作为刚刚离开京城的政坛老手,李继贞对当时的政治形势和吴伟业都极为了解,诗也写得直言不讳:老友吴瑗,是太仓吴氏家族的嫡长子,与王时敏等人交好(王时敏家族与温体仁等人关系密切),他之所以匆匆赶往京城,并非冲着名利而去,而是因为其侄子骏公在京城高朋满座(京洛多贵游)、众望所归(名高众所集),很可能青壮年即登高位(三公今黑头),但毕竟形势错综、关系复杂、人心叵测,伟业历练太少,

---

① 徐枋:《居易堂集》卷十三《明故资治尹嘉议大夫礼部右侍郎兼东阁大学士赠吏部左侍郎谥文肃文公墓志铭》,康熙刻本,页六。

难免思虑不周、应对失当(道广虑难周),为避免文震孟短暂入阁即被迫离开的悲剧重演,所以吴瑷要来坐镇指挥、出谋划策(君到虽坐镇,时复佐老谋),雕琢、打磨这位公辅之器,使之成为真正的治国之才。当然,李继贞也顺带提醒吴伟业,吴瑷年华老大、身无长物,远赴京城,归来时可别忘记拿出点俸禄,为他准备养老之所。该诗的尾联"勿谓余戏言,三公今黑头",殊堪注意。李继贞此语既可看作是良好的祝愿,更可以看作是老练的政治家的官场预言,"议者谓(伟业)旦夕入相",[①]显然不是空穴来风。

除了杨廷麟等人之外,吴伟业在京师翰林任上,最盼望能来京共事的人是陈子龙。崇祯三年秋天,吴伟业与陈子龙等一批复社骨干、青年才俊同榜考取举人,榜后聚会,志同道合,意气风发,成为挚友。其后,又在北京共同参加会试,虽然陈子龙落榜,但由于他声名早著,故而仍是青年士子的核心领袖,燕台立社,应者云集。吴伟业虽中会元,但对陈子龙的为人、志向、能力、才情均极为佩服,特别是当时吴伟业刚刚开始摸到写诗的门槛,而陈子龙已经"以能诗名"。吴伟业钦赐归娶期间,与陈子龙颇多往来。崇祯八年吴伟业进京补官后,崇祯九年秋陈子龙亦北上都城,于次年正月至京,参加二月的会试、三月的殿试,之后,在京考选,等待授官。这前后数月时间,两人经常在一起商讨国事、谈诗论文。《梅村诗话》记载:(卧子)尝与余宿京邸,夜半谓余曰:"卿诗绝似李颀。"又诵余《雒阳行》一篇,谓为合作。余曰:"卿诗固佳,何首为第一?"卧子曰:"'苑内起山名万岁,合中新戏号千秋',此余中联得意语也。'祠官流涕松风路,回首长陵出塞年',又'李氏功名犹带砺,断垣落日海云黄',此余结法可诵者也。"余赞叹久之。在《宋直方林屋诗草序》中吴伟业又说:"往余在京师,与陈大樽游,休沐之暇,相与论诗","当是时,大樽已成进士,负盛名,凡海内骚坛主盟,大樽睥睨其间无所让。"陈子龙集子中有《咏吴骏公太史邸中丁香花》,"流莺自解惜芳菲,相将衔入宜春苑",[②]托物言志,对骏公寄寓了高度的政治期望,显然亦当作于这一阶段。

① 侯方域:《壮悔堂文集》卷三《与吴骏公书》,中华书局聚珍仿宋版印,第17页。
②《陈子龙诗集》卷九,上海古籍出版社2006年版,第260页。

　　除了谈诗说文之外,两人更多的话题是关于时世、政事。崇祯十年的大明王朝,天灾人祸,民不聊生;内忧外患,朝政日非;贿赂公行,告讦成风。陈子龙对吴伟业寄予厚望,并不是着眼于其功名富贵,而是迫切希望吴伟业获得崇祯皇帝的信任、掌握政治话语权,为他们共同的经世致用提供实践、实施的平台,以救国救民于水深火热之中。崇祯十年的京城,政坛上风起云涌、黑云压城。常熟张汉儒疏告钱谦益、瞿式耜贪肆不法,温体仁等人借题发挥,钱、瞿师徒二人被逮至京,陈子龙刚中进士,不避嫌疑,身着公服,前去迎接,吴伟业则前去请室(牢狱)探望,后来写诗相赠(《东皋草堂歌》);太仓陆文声上疏诬告张溥、张采组织复社以乱天下;原苏州推官周之夔更进一步,从福建走七千里,入都门密告复社二张要造反,并以黄纸大书黄道周、陈子龙、吴伟业、夏允彝等人的名字,说他们筹集金钱数万用于行贿东厂欲为二张开脱罪名;复有无名氏假托嘉定徐怀丹之名,作复社十大罪檄文,罗列所谓复社下乱民情、上乱国是、煽聚朋党、武断乡曲等罪状,吴伟业亦列名其中。一时间风声鹤唳,但是在陈子龙等人的共同努力下,危机逐步化解,伟业亦转危为安,未被牵连。

　　非常遗憾的是,陈子龙如此高才,未能中鼎甲、入翰林,而是外放推官,且半道丁忧回乡,吴伟业因此失去了时时在身边提醒督促、以资扶植的诤友。陈子龙虽然身在江南,仍然心系长安,尤其关心处在漩涡中的吴伟业。他曾和吴伟业的《东皋草堂歌》,在序中说:"东皋草堂者,给谏瞿稼轩先生别墅也。丙子冬,奸民奉权贵意讦钱少宗伯及先生下狱,赖上明圣,越数月,而事得大白。我友吴骏公太史,作《东皋草堂歌》以记之。时予方庐居,骏公以前歌见寄,因为属和,辞虽不工,而悲喜之情均矣。"①所谓"悲喜之情均也",可见两人心心相印、情感相通。是的,吴伟业被任命为东宫讲读,陈子龙为他高兴,赋诗祝贺;面对复杂的政治形势,如何应对,他在千里之外,帮着斟酌缓急;凡有朋友进京,他都推荐其与梅村交往,详见其《与吴骏公太史》:"足下有子房之神儿,备巨源之冲素,入芝苑,践玉田,辅导圣储,参从讲幄,此八表所拭目,岂特故人

---

① 陈子龙:《湘真阁稿》卷三,辽宁教育出版社 2001 年版,第 28 页。

望金茎而凫藻哉。有道之长，肇于是日，足下必有陋桓、萧之浅学，追闳、散之良规，以报主上者，非草茅所知也。倚伏消长，纷然靡定，乡邦烈焰虽已小却，而端揆无改弦之心，台谏少埋轮之气，征兵及于禁律，措饷至于鬻爵，使圣人怀日昃之劳，而群情酣湎无异曩时，殊可深叹。足下恢宏沉潜，济川之功，非异人任。前于茂苑史席略涉绪论，所以斟酌缓急，千里之外，鄙见亦有同者，未知究作何等也。自仲冬附书长乐后，体既疲病，又经营松槚，无俄顷暇。新年稍得婵媛文史间，依萝植药之致，一往弥深。惟思擅工缃素，以附知夜之鹄，而拟议无复条贯。足下宿探玉笈，方抽金匮，其有以教之！李舒章来京，足下与一倾倒否？宋辕文近造益精丽，以诗相投，存感遇之旨，幸奖成之。"①

如果说陈子龙是吴伟业的知音，那么在京期间通过陈子龙、杨廷麟等人认识的黄道周，就是吴伟业的偶像了。吴伟业原先与黄道周并不熟悉，只是因为黄道周是陈子龙会试时的房师，这才有了深入认识的机会。黄道周(1585—1646)，字幼玄，号石斋，福建漳州人，天启二年进士(该榜文震孟为状元，倪元璐、郑鄤、王铎为同榜进士，文震孟授修撰，黄道周等四人均改庶吉士，本科进士中还特别出著名书画家)，《明史》曰："道周以文章风节高天下，严冷方刚，不谐流俗"，"学贯古今，所至学者云集"，徐霞客曰："至人惟一石斋，其字画为馆阁第一，文章为国朝第一，人品为海宇第一，其学问直接周、孔，为古今第一。"②吴伟业认识黄道周后曾经多次表示，平生最佩服的人就是黄道周。谈迁曾经详细、生动地描述了吴伟业给他讲述黄道周的情形："秋日过吴骏公先生所，时伏枕语次往事。及漳浦，叹曰：'吾登朝见诸名流，如钱牧斋、陈卧子、夏彝仲，即才甚，可窥其迹，惟漳浦吾不能测，殆神人也。在京邸尝携榼四器造饮，先生仅一童，常不襦。剧论深夕，或出白酦一瓯，不加箸也，室无长物，书才数帙。选宫寮独不及先生，杨伯祥廷麟被命，上章推让，先生疏谢非其任，所注洪范□□□□可备乙览，谨敬进之。其书四函，函各二帙。先正文，夹注字大如指，楮博八寸，高尺有二寸，并手书，杂引经史百氏之言，条源析委，从空几上三月办此，稿本亦雅洁，稍涂乙句字

① 陈子龙：《安雅堂稿》卷十七，辽宁教育出版社 2003 年版，第 336 页。
② 徐宏祖：《徐霞客游记》，上海古籍出版社 2010 年版，第 299 页。

耳。既廷忤脱狱，谪江右幕而南，吾适游西湖返棹，赴冯元飚少司马之命，同泊唐栖。忽传福建黄太史至，意为先生也。同舟道觅，果见小舠，幂以席。吾两人登其首，蹲席外，盖舟轻不可竚足，少司马语其童以名，先生大喜，延谢橐饘，四拜讫，前被杖双股犹作楚。吾两人各坐一横木，先生坐板上，即寝处也，述近况四五语，即极言时事干济，忧危救倾，娓娓不止。吾两人欲少致慰藉，无可着语。注《易》二峡，云得之羑里。蓬枙踞蹐，见襥被外，砚一，笔三四，余无毫纤。其童挹河水瀹茗。坐久之，绍兴司理陈卧子、湖州司理陈达情，俱以门人至，独身入舟，语中夜而别。明日先生遗书千余言相勖。今思之，廉直学行，著人耳目，先帝尝面称先生者三，此元辅所不能专望也（阁臣例呼先生每），而先生自视直寻常人，无介词，无杰色。暇辄弈，吾不善弈，先生强之曰：第随吾下子。又能绘人物，善八分书，……出应试，戊午乙榜，天启辛酉联隽，意其学少年得力。噫！以朱云、耿育之戆，兼信国、叠山之气，以京房、翼奉之奥，兼董仲舒、刘向之文，曾不得一端名之，殆神人也。'吴先生叙竟，俄坐起曰：'足下嘐嘐道古，如才学直节，兼至并诣，求之千载，宁几人哉！'予舌拌而不能下。俄青衣进葡萄，啖几尽，归书之烛下。"①黄道周的人品、风度、学问、文采，无一不让骏公倾倒，吴伟业觉得用完人都不足以形容，所以频频使用"神人"一词，并且认定这样的"神人"身上，集聚了汉代名臣、学者如张良、朱云、耿育、刘向、翼奉、董仲舒，宋代文天祥、谢枋得等人的优秀品德，可谓千载难逢。这种发自内心的感慨，可见当时黄道周的人格力量对吴伟业心灵的巨大震撼。

吴伟业不但对谈迁述说过自己对黄道周的崇拜之情，而且在各种文字中一再重复表达类似的情感，比如顺治九年在给黄道周的弟子林佳玑写序时说："闽为天下僻壤，面山负海，土风淳厚，家礼乐而户诗书，人才常甲天下，而石斋黄先生以道德起漳南，忠孝大节光显于朝廷，而文章经术以教训乡里生徒，榕坛之下，巷舍常满，闽士之盛，天下莫隆焉"，"往者在长安，石斋曾以《易传》授余及豫章杨机部，未及竟，石斋用言事得罪，相送出都城，机部慨然曰：'绝学当传，大贤难遇，余两人盍弃

---

① 谈迁：《北游录》"纪文"《黄石斋先生遗事》，中华书局1997年版，第259页。

所居官,从石斋读书鹤鸣山中,十年不出?'余心是其语,两人者逡巡未得去。"(《送林衡者还闽序》)在吴伟业看来,黄道周的道德节操、文章经术,既根植于家乡的自然环境、文化传统,成为家乡的杰出代表,又反哺家乡、作育人才。这一时期,杨廷麟与吴伟业两人甚至愿意为了跟随当世大儒黄道周学习《易经》,以传绝学,而放弃天下人人羡慕的翰林美官,入山十年,专心读书,可见黄道周人格、学问的魅力。

谢泰宗是黄道周主持浙江乡试时赏识的士子,后来谢泰宗参加会试,黄道周又是其房师,吴伟业给谢泰宗作墓志铭时,自然回忆起与黄道周的交往:"余向以后进得交于漳浦黄先生,先生用直谏忤时宰,余与其及门诸生几以罹党祸","余之从黄先生游也,窃尝记其遗事一二。先生好《易》,而尤工楚词。居长安,食不能具一肉,酒酣,间出于围棋书画以自愉快。受诏进经义于承华宫,援据详洽,篇帙甚富。入其室,见床头有废篦败纸,不知先生所考订何书也。予杖下诏狱,万死南还,余与冯司马遇之唐栖舟中,出所注《易》读之,十指困拷掠,血渗漉楮墨间,余两人愕眙叹服,不敢复出一语相劳苦,以彼其所学,死生患难岂足以动其中哉!"(《工部都水司主事兵科给事中天愚谢公墓志铭》)

对于黄道周的人品学问,崇祯皇帝其实也是很欣赏的,吴伟业曾记载:"天子一日开文华,延词臣,问以用人、理财策,道周据古今,条对甚切,上亦名重之,呼先生者三,知其博洽,故以见闻折辨。"[1]一般情况下,皇上仅仅称宰辅为先生,崇祯称黄道周"先生"而不称呼姓名,可见对其极为尊重。这一事件,多种史料均有记载,比如《小腆纪传》"崇祯十一年三月,帝御经筵,问诸臣以用人理财,道周语甚切直,帝亦名重之,呼先生者三",[2]尤侗也说:"明年,迁少詹事兼侍读学士,偕阁部臣入对便殿,问以用人理财策,道周据古今,条对甚切,上亦名重之,呼先生者三。"[3]确实,崇祯也认为黄道周等人很有思想,其对策很有道理,只是他觉得这些治本之策,换不来钱、退不了兵,解决不了迫在眉睫的实际问

① 吴伟业:《绥寇纪略》卷七,嘉庆九年学津讨原本,第6页。
② 徐鼒:《小腆纪传》卷二十三,光绪十三年金陵刻本,第2页。
③ 尤侗:《明史拟稿》卷三,康熙刻本,第17页。

题,故而常以迂腐之论、书生之见看待这些建议。① 这一方面是因为眼前形势危急,内外交困,没办法休养生息以图长治久安,另一方面是因为崇祯学养不足、急功近利、死要面子,而黄道周自以为真理在手、刚正不阿、直言无忌,所以这对君臣最终不欢而散、两败俱伤,甚为可叹。

黄道周这样一位精神领袖,忠而见弃,经受酷刑,被贬出都,这对吴伟业来说是一种折磨。黄道周等人坚持理想、刚正不阿的道德情操令人佩服,吴伟业也想向他们学习;可是他们誓死维护的帝王、政权却是如此对待这样的圣贤,黄道周等人的遭遇、结局,又让吴伟业恐惧。崇祯十一年,黄道周被贬离京时,吴伟业作《送黄石斋谪官》,语尚平和,诗云:"旧学能先天下忧,东西国计在登楼。十年流涕孤臣事,一夜秋风病客舟。地近诗书防党禁,山高星汉动边愁。匡庐讲室云封处,莫问长江日夜流。"辞气之间,颇多安慰。等到崇祯十五年四月,再次见到被捕进京、受刑复贬的黄道周时,吴伟业已经对政治绝望了,哪怕黄道周"遗书千余言相劝",他也没有接受朝廷征召,再度入京为崇祯皇帝效劳。

吴伟业在京城为官期间,与杨廷麟、陈子龙、文震孟、黄道周等人来往密切,对其人生有着重大的影响。这主要表现在两个方面:第一,吴伟业体弱多病,性格温顺,多愁善感,并不具备那种强悍的政治人物的个性。吴伟业的原生家庭由于家道中落,科名不显,所以谨小慎微,精心培养后代,以图东山再起。吴伟业从小两耳不闻窗外事,一心只读圣贤书,父母做主,服从安排,未经历练,不谙世事,缺少主见,属于典型的依赖型人格。而张溥、黄道周、杨廷麟、陈子龙、文震孟等人都是刚正不阿、意志坚定、性格刚强、精明强干的代表。蓬生麻中,不扶而直。跟他们在一起,吴伟业明显地受到积极正面的影响,对他的人格养成具有重要意义。他曾明确说跟杨廷麟等人在一起,"予与交十年,弱节资扶植"(《临江参军》),承认自己的"弱节",感激他们的"扶植";"机部偕卧子同出吾师姜新建之门,以文章气节相砥砺"(《梅村诗话》),明确标榜杨廷麟、陈子龙等人和他之间,不是利用师门相勾结共同谋取私人利益,而

---

① 崇祯曾当面批评过另一著名直臣刘宗周,据《刘宗周年谱》记载,崇祯屡次批评刘宗周"迂阔",比如崇祯十四年十一月十二日,因清兵入京师,崇祯下诏群臣献言,刘宗周拜疏条奏《备兵大略》,"上览疏曰:责重,朕心亦是。但旌卢象昇,追戮杨嗣昌,何遽能退兵乎?置不省"。

是以文章、气节相砥砺的。另外，文震孟及其整个家族都自称是文天祥的后裔；而杨廷麟晚年自号"兼山"，就是表明自己要以南宋文天祥（字文山）和谢枋得（号叠山）这两座大山为人生楷模的，最终抗清失败，投水自杀，以身殉国。宋玫在家乡被围时挺身而出，组织抗清，城破不屈而死；陈子龙在清兵南下时参与抗清，被捕后投水自杀。如果吴伟业长期与这样的刚烈君子在一起，性格受其熏染定型，其人生道路也许会有别样的选择。可惜的是，崇祯十四年以后，他回到家乡，从此与这些朋友相距甚远，失去了以气节相砥砺的环境，时移世改，故态复萌，铸成大错。他自己晚年曾回顾说，"故人慷慨多奇节"，自己则"沉吟不断"，未能像早年这些朋友一样"诀绝"，所以"追往恨，倍凄咽"（《贺新郎·病中有感》）。

正是由于受到这些铮铮君子的砥砺，从崇祯八年重新入朝之后，吴伟业棱角渐露：九年主试湖广，策论直面现实；十年春，探望瞿式耜于诏狱，以诗相赠，不避朝廷追治复社之嫌疑，以"复社党魁"身份"代为营救"（《与子暻疏》）；十一年正月，疏劾首辅张至发，三月，利用崇祯皇帝召对的机会进"端本正源"之论，八月，送犯颜直谏、忠而被贬的黄道周出都，并作《送黄石斋谪官》《殿上行》诸诗，歌颂其品节、悲愤其遭遇，公开为其鸣不平，等等作为，"直声动朝右"（顾湄《行状》）。这一时期的表现，显然是与杨廷麟、黄道周、陈子龙等人的影响分不开的。

其次，吴伟业的诗歌创作天赋和治学追求，正是在与黄道周、陈子龙、宋玫、杨廷麟等人的交往中，耳濡目染，被彻底激发出来的。这包含两方面的因素，一方面是陈子龙、杨廷麟、张溥等人以天下为己任的豪情担当，以民为本的济世情怀，身处乱世、知其不可为而为之的牺牲精神，激发了吴伟业性格中潜藏的悲天悯人的因子，成为其诗歌创作的情感动力。吴伟业的诗作关注时代大事、同情悲剧人物、反映底层生活、探究明亡原因、批判误国奸党，不但是时代的产物，更是与这些"故人"同声相应的结果。另一方面，吴伟业早年读书，尽管知识面较广，并没有仅仅为了科举考试而只读四书五经程朱注疏，但是也几乎没有怎么钻研过诗词创作。后来跟陈子龙、宋玫、杨廷麟等人在一起，忧心国是，感时伤世，无论是诗言志还是诗缘情，他们之间的诗酒唱酬，与某些传统文人以文会友乃至无病呻吟的风雅之举有着根本的区别，而是情动于中而形于言，从内容到形式，都是有感而发。对于这一点，吴伟业自己也有清醒的认识和足够的自信。他曾经这样评价自己创作于崇祯十二年的《临江参军》说："已而机部过宜兴，访卢公子孙。再放舟娄东，与天如师及余会饮十日，嘉定程孟阳为画《髯参军图》，钱牧斋作短歌，余得《临江参军》一章凡数十韵，以文多忌，不全录，其略云：……余与机部相知最深，于其为参军周旋最久，故于诗最真，论其事最当，即谓之诗史，可勿愧。"敢于直接将自己的诗歌称作"诗史"，而这份自信来自与杨廷麟等人"相知最深""周旋最久"，在他们的影响下，作诗"最真"，论事"最当"，称为"诗史"确实"可勿愧"。至于其治学（史学、经学）特征，亦颇受文震孟、黄道周等人影响，此不具论，详见后文。

当然，吴伟业在京担任翰林期间，除了与杨廷麟等正面人物交往密切外，也与其他各方势力有一定的往来。比较典型的比如与陈之遴的交往。陈之遴（1605—1666），字彦升，号素庵，浙江海宁人，出身名门世家，崇祯十年榜眼，出自温体仁门下，谈迁《国榷》记载："崇祯十年三月庚子朔，甲寅，策贡士吴贞启等三百人于建极殿，赐刘同升、陈之遴、赵士春等进士及第出身有差。初，温体仁首拟之遴，上乙之。"①陈之遴早年结交东林名士钱谦益、陈名夏等人，工诗善书，正与吴伟业志趣相投，其父陈祖苞时任顺天巡抚，而陈之遴考取榜眼，授职编修，吴伟业说"在翰林与余同官，其生子女也又同岁，相国之父中丞公以请婚"（《亡女权厝志》），所以两家结为儿女亲家。可惜的是，第二年陈祖苞因为清兵入侵失职，被捕下狱，服毒自杀，陈之遴受到牵连，削职归乡。这一段姻缘，直接与顺治十年吴伟业应召北上仕清有极大的关系，对吴伟业的人生道路有巨大的影响。②

---

① 谈迁：《国榷》卷九十六，中华书局1958年版，第5776页。

② 值得探究的是，吴伟业、陈之遴这一对儿女亲家，都是明清之际的著名作家，各自有作品存世（陈之遴妻子徐灿，亦是才女，"蕉园五子"之一，诗词俱工、书画兼擅），但是两人集子中却没有相互唱和的痕迹，吴伟业在悼念女儿的文字里还提及陈之遴，《赠辽左故人》《遥别故友》《咏拙政园山茶花》等作品，虽未明言，但可知是为陈之遴而作，可是陈之遴的集子中几乎没有涉及吴伟业的文字，其《浮云集》卷四有一首《永和宫词》勉强可以看出是吴伟业的同题作品（陈之遴《浮云集》十二卷，清抄本，页五）。

除了文人圈子，吴伟业与苏州同乡、外戚周奎也有来往："嘉定伯周或朴谨，诸子粗鄙，虽贪恣，大不如田氏（指崇祯宠妃田贵妃之娘家）。尝饮吴骏公太史，太史问宫中异兆，曰：有之。少时，某妪来，命出拜之，某妪遽仆地。今想之，或不足当其拜耳。"①周奎是崇祯正宫周皇后的父亲，为人贪鄙，但是喜欢结交文人、附庸风雅，曾与东林骨干项煜为亲家。项煜（1598—1645），字仲昭，号水心，苏州吴县人，天启四年乡试解元，五年连捷成进士，由庶吉士累官至少詹事兼翰林院侍读学士，曾因攀附外戚被崇祯降调（参见杨士聪《玉堂荟记》），也曾与钱谦益、张溥、马世奇等人一起运作周延儒再相，自己也东山再起、重入翰林。崇祯十六年担任会试同考官时，会元、探花陈名夏即出自他的门下，之前龚鼎孳会试的房师也是他。项煜早年颇负盛名，后来频频钻营、不择手段，声誉每下愈况，直到李自成入京，他担任了伪职，彻底沦为当时舆论的反面典型。作为翰詹同僚、苏州同乡，吴伟业与项煜应该也有交往，但是现存吴伟业的集子中早已经看不出丝毫痕迹了。

第二节　主试湖广

吴伟业在翰林院任职期间，曾经有两次奉旨出差，一次是崇祯九年主持湖广乡试，另一次是崇祯十二年奉旨奔赴河南册封孟津、延津二王，事毕返家。之后，有明一代，虽有种种机会，却并未再至京城。

按照《明史·选举志》的记载，明代乡试，正常在八月举行，以初九日为第一场，又三日为第二场，又三日为第三场。初场试《四书》义三道（《论语》《孟子》各一道，《大学》或《中庸》一道，每道 200 字以上），经义四道（应试士子从《诗》《易》《尚书》《礼记》《春秋》五经中任意选择一经为自己的专经，每一经有四道题，每道 300 字以上），共七道题；二场试论一道，判五道，诏、诰、表、内科一道；三场试经史时务策五道。由于时

---

① 谈迁：《枣林杂俎》和集，"周或"条，第 604 页。李按：此处"周或"，应该有误，当作"周奎"，崇祯帝周皇后之父，封为嘉定伯；周或，为周能次子，英宗之妃、宪宗之母、孝肃皇太后的二弟，成化二十一年被封为长宁伯，与吴伟业不在同一个时代。

间、精力等原因，一般情况下，首场的七篇八股文最为重要，所谓"首重七艺"，即三篇四书文和四篇经书文。当然，也有特别厉害的考生，能把五经的二十篇全做了。比如天启四年甲子，福建乡试时，应试举子颜茂猷"淹贯五经，场牍五经俱拈，得文二十三首，监视者几以例格之，阅其文佳，因录本经七艺入"，恰巧著名文人、年仅二十三岁的祁彪佳以福建兴化府推官的身份担任同考官，尽管仅仅看到监临让人抄录的其专经的四篇经书文（考生应试时的试卷为墨卷，为防止作弊，考场外场监临负责让书手用朱笔抄录，以供内帘考官阅卷），仍然极其赏识，"先生阅之曰：是邃理穷经之儒也。荐之登隽。书榜时，覆墨卷，方知其详。颜君拈五经乃以一经获售，先生阅一经知其五经通贯，海内以为美谈"。后来崇祯七年颜茂猷参加会试，"又以会场拈五经，特赐进士，授仪部郎"。① 这种考生确实厉害，不但基本功扎实，五经皆通，而且反应迅捷，善于写作。三天时间，别人写七篇文章一千八百字，尚且不易，他写了二十三篇六千六百字以上，手到擒来。一般情况下，只要二三场没有特别出格的地方，首场七艺被考官认可，基本上都能录取，乡会试均是如此。崇祯四年的会试，同考官倪元璐完成阅卷任务，"偶过《诗》三房刘公汉儒，适有落卷在案，因策语触时，已刷之矣，府君力持之，遂得入彀"。② 可见，哪怕策论中偶然有触犯时忌的地方，只要头场优秀，都能录取。

崇祯九年秋八月六日，负责湖广乡试的翰林院编修吴伟业为主考、刑科右给事中宋玫为副主考，正式入闱。同时参与负责其事的还有时任湖广学政的水佳胤等，③时任蕲春知县的龚鼎孳等人担任同考官。本次考试，吴伟业等人所出的四书首题为"焕乎其有文章"，据杨士聪《玉堂荟记》记载："丙子，吴骏公为湖广主考，首题'焕乎其有文章'。先是，

---

① 王思任编：《祁忠敏公年谱》，乌丝栏稿本；王思任编，梁廷枏、龚沆补编，民国二十六年铅印本。
② 倪会鼎编：《倪文正公年谱》，咸丰四年刻本。
③ 据水佳胤年谱记载：崇祯七年甲戌，公五十三岁。三月二十五日，接湖广学政篆，按试诸郡。崇祯九年丙子，公五十五岁。主湖广文闱，随主武闱。凡左右榜所得士，殉国难者十居八焉。崇祯十年丁丑，公五十六岁。学政秩满，报最。阁臣贺公逢圣特荐于上，称为此时之薛文清，升通政使司参议。会丙子年流寇犯郧襄两郡，士子无一就省试，忌者不愿公在朝，遂以郧襄两郡士子丙子无人入彀诬公取士不明。张杞编，水宝璐辑：《向若水公年谱》，光绪十八年刻本。

戊辰张采有此义刻行。场中有全录其文者,吴弗取,归语余曰:'世乃有此愚人,岂有主考同州人文字,主考有未见者,为何全写?'庚午,浙元表破中'天宪初申''日华先甲'二语,乃石斋乡墨,而石斋不以为嫌,何也?'"①可见这个题目复社领袖张采也很欣赏,曾经写过同题模拟文章,并刊刻行世(时在崇祯元年)。吴伟业明明知道,却仍然以此命题,并将考场上抄袭张采原文的考生给刷落了,既说明他身为复社骨干,通过正式命题扩大复社影响,更说明他也极其认可这一题目。该题出自《论语·泰伯》,子曰:"大哉,尧之为君也!巍巍乎,唯天为大,唯尧则之。荡荡乎,民无能名焉。巍巍乎,其有成功也。焕乎,其有文章。"本是颂扬尧治理天下的功德之辞。吴伟业用此为题,既符颂圣之旨(歌颂当今天子可为尧舜),又有针砭现实之意,因为尧之所以取得治理天下的成功,主要是以无为天道治天下,天道无以名,只有功业文章,巍然焕然而已,而崇祯朝为政失之苛细,与无为天道之治理理念相去甚远。

这一年湖广乡试,十八岁的王夫之跟随自己的两位兄长一道参加,可惜兄弟三人均以落榜告终,与吴伟业失之交臂,文学、思想史上错过了一段佳话。但是王夫之还是很认真地留下了这次考试的三道《四书》试题,成为富有纪念意义的历史往事。《王夫之年谱》记载:"明崇祯九年丙子,公十八岁。春,湖广提学佥事水佳胤科试衡郡,列公一等。夏,从石崖公、碾斋公赴武昌省应乡试。正考官吴伟业、副考官宋玫。首题'焕乎其有文章',次题'天之所覆地之所载',三题'易其田畴薄其税敛民可使富也'。"②

吴伟业所命四书次题,出自《中庸》"唯天下至圣,为能聪明睿知,足以有临也;宽裕温柔,足以有容也;发强刚毅,足以有执也;齐庄中正,足以有敬也;文理密察,足以有别也。溥博如天,渊泉如渊。见而民莫不敬,言而民莫不信,行而民莫不说。是以声名洋溢乎中国,施及蛮貊。舟车所至,人力所通,天之所覆,地之所载,日月所照,霜露所坠,凡有血气者,莫不尊亲,故曰配天",同首题一样,这里仍然是由天道引申为治天下之道。

---

① 杨士聪:《玉堂荟记》卷四,嘉业堂丛书本,第22页。
② 王之春编:《先船山公年谱》,光绪十九年鄂藩使署刻本,第7页。

对这段话，王夫之的释读是："乃临天下者，其事不一矣。天下之人望恩于我，我必有以容之；天下之事待决于我，我必有以执之。我之待物与其执事，必有敬也；我之辨人才与其审物理，必有别也。容天下之德，仁也。而惟至圣为能宽焉，大纲举而细目不苛；裕焉，恩有尽而意尚有余；温焉，合欢而物见其可亲；柔焉，慈蔼而物依之以为命。如是者，与天下以顺而得其心，受天下之逆而消其意，而容保斯民之至爱足于己矣。执天下之德，义也。唯至圣为能发焉，奋起以任难而不怠；彊焉，坚忍以任大而不怯；刚焉，持其正而无所屈；毅焉，贞其可久而无所息。如是者，事几百变而持之益固，议论杂起而守之益坚，而裁断大事之大用足于己矣。敬天下之德，礼也。而唯至圣为能齐焉，用心恒一而不杂；庄焉，整躬常肃而不亵；中焉，酌乎情而适得其宜；正焉，准乎理而一依乎则。如是者，事无大小而无怠无荒，人无众寡而有严有翼，而摄天下于一心者无不足矣。别天下者，智也。而唯至圣为能文焉，有其情则必有其仪；理焉，治其事则必循其序；密焉，详万事而无所或疏；察焉，辨群情而无所不析。如是者，极天下之至赜而有以达之，处天下之至变而有以审之，而通天下以皆照者，无不足矣。"①

第三道题出自《孟子·尽心》，孟子曰："易其田畴，薄其税敛，民可使富也。食之以时，用之以礼，财不可胜用也。民非水火不生活，昏暮叩人之门户，求水火，无弗与者，至足矣。圣人治天下，使有菽粟如水火。菽粟如水火，而民焉有不仁者乎？"这一题目立意更为显豁，儒家仁政理想的核心内涵是富民、教民，所以王夫之在这一段的"训义"中发挥了孟子的思想，说："孟子曰：'王者教民之道，必先之以养民。'盖民非可以强教，必其心之内动有不容已于善之性情，因而顺导之耳。"②

从这次乡试最关键的《四书》三题来看，吴伟业作为主考官，其命题立意非常清楚，关注现实，切中时弊。晚明积弊丛生，内忧外患，何以突破？以君上为关键；作为臣子，何以"致君尧舜上"？要读懂圣贤书，只有真正掌握经典、体会圣贤立言之本，才能立朝为官，"立登要路津"。其次，要与民休息，要恢复生产，轻徭薄赋，使民足食，然后强兵。崇祯

---

① 王夫之：《四书训义》卷一"中庸三"，岳麓书社 2011 年版，第 226 页。
② 王夫之：《四书训义》卷三十七"孟子十三"，岳麓书社 2011 年版，第 864 页。

孜孜求治,但是急于求成、苛刻吝啬、薄情寡义、与民争利,连年加赋征税(崇祯三年加派辽饷150万两,崇祯十年加派剿饷280万两,崇祯十二年加派练饷730万两),做不到聪明睿智、宽裕温柔、齐庄中正,离尧这样的"天下至圣"相距甚远。这就要求士大夫阶层,尤其是即将成为候补官员的科举士子,既然读书应试,首先要明理,其次要经世,要学以致用,真正能够辅佐皇帝治理天下,向尧舜学习,富民教民,德配天地,"焕乎其有文章"。

在吴伟业自己编辑的集子里,留下的与这次乡试相关的文字,包括《崇祯九年湖广乡试程录》序一篇,以及论一首、策三道。与吴伟业当初精心命制的《四书》三个题目一样,这些经过精心挑选而留下的文字同样耐人寻味,可以集中体现这一时期吴伟业的关注热点和政治态度。在序中,吴伟业首先引经据典说明自古以来楚地多材,特别强调楚材以德为先、文武兼备,"楚士矜气谊,负志节,不为爵劝,不为禄勉,不避事,不违难;楚兵慓以锐,未尝挫北;楚地名山大川广薮,魁奇瑰达之士生焉。然则求士之文武材称上任使者其莫若楚",然后结合目前形势,"流寇发难",正是国家急需人才之际,期望"诸士"不要仅仅满足于"简文小诵,拘牵流俗",而是要向文定公杨溥、忠靖公夏原吉、忠烈公杨涟(均是明代楚地涌现的杰出文人代表)等人学习,"匡危疑,恢王略,身兼数器,有直毅强正之风","临死生而不顾","服文王之德,辅宣王之功,以无负国家纲纪作人之意",报效国家、建功立业。

吴伟业拟作的《圣王修身立政之本论》,则围绕"敬"阐述"圣王以敬为修身立政之本"。"王者之道""圣王之教",一归于本。"本者谓何?五味之本以和,五色之本以素",故圣王之政,根植于敬,无名无行,润物无声。"君臣父子,非敬不亲;神人上下,非敬不格;轨章物采,非敬不立;官爵刑赏,非敬不行"。敬生乎心,"内曰恭,外曰钦","恭见乎外,敬主乎中",敬能明道,亦可正礼,故为修身立政之本。此论虽老生常谈,然晚明礼崩乐坏,物欲横流,敬之一字,可谓清凉箴言,加之文章出经入史、辨析细腻、逻辑严密、雍容不迫,颇具感染力,亦可见吴伟业之良苦用心。

至于三道经史时务策,更是全部与眼前现实相关。第一问讲用人。

吴伟业此论开篇即说"君之于政也，在所任也"，也就是说，国君治理国家的关键是用人，要做到"惟正人是庸，惟匪人是退"；怎么区分正人、庸人，关键在于"在所听也"，广泛听取意见、善于从中辨别而已。时当危局，尤需人才，"天下之大，何患无材？群臣之众，何患无直？"关键在于帝王驭之有道。他虽然很客气地说崇祯皇帝"聪明智勇、宽仁威惠"，"远追尧舜，同符太祖"，但是仍然需要讲求"用人之法，功过一而职事修；进言之道，利害清而是非正"，因为事实上当时朝中是"邪正并进，忠佞无常"，表现为天下无材、天下无直，导致"天下不安"。这一问，当时也许是无意之举，但是事后来看实际上触及了明朝灭亡的核心问题。崇祯殉国时，曾经说君非亡国之君而臣乃亡国之臣，将明朝灭亡的责任完全归咎于朝中大臣。可是崇祯一朝短短十七年时间，先后选用阁臣达五十余人，哪一个不是宸衷独断的产物？如果选材得人，为何不竟其用？如果所选匪人，由谁承担责任？回头看崇祯九年吴伟业命题中的策论，显然是发人深思的。

第二问讲历法。这既是科技问题，又是政治问题，更是现实问题。明初刘基所进《大统历》，基本上是承继元朝郭守敬的《授时历》而来，使用既久，错讹频出。崇祯二年五月乙酉朔日食，时任礼部侍郎徐光启借助西洋历法，准确预测顺天府见食二分有奇，而钦天监等依据《大统历》等其他方式进行的预测，与事实相去甚远。由于天文历法不仅关系到对天体运行规律的认识，影响到百姓日常生活以及生产劳动安排，更涉及"皇权天授""天人感应"等封建统治秩序和意识形态。正如伟业文中开篇所说"曆者，歷也，歷日月而象之也。日月之行，圣人以宾礼致之；其食也，以武事救之。夫不知其来，不可以言宾也；不知其往，不可以言饯也；不知去其道里次舍，不可以言救也"，"我皇上举正而日星为纪，明民而闰朔必书，立典常，定明制，协三辰，以和万国"，因此丝毫不能错讹，"曆之为道""差之杪忽不能得也"。如果历法错讹太多，必然影响皇权的权威乃至统治的合法性，于是崇祯下定决心，由徐光启牵头，带领李之藻、汤若望等人，重修历法，借此表达自己除旧布新、励精图治的决心。吴伟业所谓"皇上以旧曆交食屡不售，俞礼臣之请，开局设官，译书制仪，以宣昭一代之制"。徐光启大胆借鉴西洋历法的科学思想、先进技术、观测设备等,结合中国天文学传统,创造性地提出翻译、会通、超胜三步走的策略,以期达到超越以往的修历效果,最终在崇祯七年编成篇幅巨大、内容繁复的《崇祯历书》一百三十七卷。可惜的是,这一划时代的巨著从编纂之日起就遭到了巨大的阻力,这里涉及中西之争、新旧之争等系列问题。历书虽成,终崇祯一朝,却未能使用。崇祯九年的湖广乡试,吴伟业就这一问题发问,极具挑战性。应试士子除了熟读四书五经之外,知识是否广博(要清楚地知道中国古代历法发展的基本历程、存在的主要问题等),是否关注经世致用之实学,是否知道最新的徐光启等人的成果,如何看待技术尤其是西洋科技与宗教等,均可于答卷中表露无遗。其命题之眼光独到、意识超前,显然与其师张溥、其友陈子龙两人共同的老师徐光启有着密切的关系。

第三问,直接针对当前最为棘手的流寇问题,更是对楚地士子的考验。吴伟业直言不讳地说,“国家自秦晋流孽,……八年于兹矣”,破坏之严重,蔓延之久远,自古未有,流寇猖獗,举国之力,为何如此难以平定?吴伟业对明末农民起义极为关注,入清之后,他倾注大量心血编撰《绥寇纪略》,从崇祯元年开始,用编年体的方式,描述明末农民起义从星星之火到燎原之势直至灭亡明朝的全过程。从崇祯九年的湖广乡试这第三道试策来看,吴伟业说“贼初作难,发于延绥,其北多逃兵”,“南多饥寇”,蔓延至于秦、晋,再波及豫、楚、蜀,乃至于南北两畿,对农民起义的根源、起义军的组成、发展壮大的动因等,分析得极为合理,可见是做了大量的功课。正是由于对贼情的真切了解,所以在后文提出的一系列建议,包括训练士兵、统筹谋划、预备粮草、严明赏罚等指导原则,为将之道、化兵为民、因地制宜、因势利导等具体措施,以及针对“讨贼以来,大臣不闻自请视师者,士大夫不闻以家财佐军者,大帅不闻以罪用钺者,士卒不闻以功迁右列者”的应对之策,都有一定的合理之处。崇祯九年,事尚可为,伟业之论,虽属书生之见,亦有可取之处。尤其是在考试的时候,敢于直面现实,引导应试士子讲求经世致用之学,并如此直接说“然则将士受诏讨贼,八年功弗成,是皆谋臣之失长计,非贼能久稽天讨也”,将批评的矛头直指权臣,这样的勇气显然是值得充分肯定的。

吴伟业对流寇问题的关注，由来已久。他刚刚考取进士，就听李继贞介绍了当时的寇乱情形和应对之策。李继贞是吴伟业的太仓同乡，是吴伟业父亲吴琨的老师，还是吴伟业参加会试时的同考官之一，其父亲李春荣与吴伟业的祖父吴议早年是同学，虽然未能取得功名上的突破，但白首相欢，世代交好，李继贞的儿子又拜吴琨为师。有这样一层关系，所以李继贞自然成了吴伟业的官场引路人。当时，李继贞担任兵部职方郎中，职责所在，尤为关注延绥寇情，跟吴伟业交流最多的也是相关内容。可惜这样一位精明强干的务实官员，屡次被削籍放归，四起四落，王时敏《寿李萍槎尚宝》中评价他："老笔峥嵘撩虎牙，忤权归弄海东霞。闭门熟读五千字，抱瓮闲浇重九花。南郭先生方隐几，东山太傅好辞家。圣明召对思英杰，努力清时发未华。"①吴伟业此次策论，正是他对这一时代热点的回应。

本次乡试，共录取举人 103 人（此据四库全书本《湖广通志》卷三十五，康熙二十三年刻本《湖广通志》卷二十二则只著录了 98 名，按照《明史·选举志》的说法，除了南北两直隶，其余各省乡试录取名额都不得过百），解元为周寿明，次年（崇祯十年，丁丑）连捷成进士，任浙江临海知县，是位廉政爱民的清官。"周寿明，号天格，湖广蕲水人，由解元进士，崇祯十一年任。端方凝重，风采凛如，胥徒舆隶从不假以词色。岁旱，祷雨龙潭，潭在深山中，披荆徒步直造潭际，长跪水中，水平心孔不为动。下山，雨随身滂沛，徒行雨中三十里而回。其操行至诚类如此。兴学育才，锐意文教，每考试，专心衡鉴，立然社，集能文之士每月命题课艺，选刻《然社一集》问世。凡经其品题者，前后隽甲乙榜。又挑濬东城外小港，自交礼桥至东湖，可通舟楫，以培风水。在邑五载，正己率物，廉洁之操，始终如一。以卓异调北直曲周县，去之日，士民攀辕载路。任曲周五阅月，擢给事中"，"其时之百姓，亦爱之如父母、奉之如菁蔡，去而思久而不忘"。② 可见是个仁政爱民、实心办事、重视教育、廉洁奉公的好官，总算没有辜负吴伟业等人的赏识。另外，冯梦龙《甲申纪

---

① 王时敏此诗当作于崇祯十一年，因为本年李继贞担任尚宝卿，次年春因召对称旨而升任顺天府丞，寻超拜兵部右侍郎兼右佥都御史、巡抚天津。

② 康熙《临海县志》卷四，康熙二十二年刊本，第 35 页。

事》记载，周寿明，"湖广蕲水人，丁丑进士，官北直曲周县知县"，任"伪扬州防御使"（也就是说后来投靠了李自成大顺政权）。①

除了周寿明之外，该科乡试录取的举人中后来有不少以诗成名，如严正矩、万尔昌、沈伦等；有的后来担任了吴伟业家乡附近的地方官，如万曰吉，崇祯十三年庚辰进士，十四年任昆山知县；还有的兼而有之，如卢绒、沈以曦等。以下仅列数位代表：

万尔昌，字师二，少能文，好奇尚气节。为吴梅村祭酒所拔士，推诗文宗匠，顾值明季丧乱，淡然荣利，偃息田园，诗如远岫兴云，蔚然深秀，无一语沿袭三唐及同里公安、竟陵之习，唯五古仿佛发源靖节，然偶尔托兴，笔行腕止间，未尝自命为拟陶也。②

沈伦，字彝士，号景山，天门人，顺治己丑进士，受知于吴骏公、宋九青，③有《秋心草》《西来堂草》。④

沈以曦，字仲朗，号旭轮，性旷达不羁，工举子业，弱冠中天启甲子、丁卯两科副榜，崇祯丙子举人、顺治庚辰进士，初授太常寺博士，改授江南苏州司李。⑤ 丁酉乡试入闱，所识拔皆吴下知名士。丁内艰归，服阕谪充深州判，迁博兴知县，引疾致仕，萧然环堵，性癖手谈，工画山水，至老不倦，年八十一卒。⑥

吴伟业主持丙子湖广乡试时，据说闱中还曾经出现了灵异事件：寇宗哲，字嗣功，八岁失怙，舅氏陈给谏抚以为子。博闻强记，能诗古文词，……著有《蕉鹿草堂集》。按：嗣功之乡荐也，丙子闱中，卷之收、弃，烛光有明暗之异，众目共睹，主考吴骏公作《楚闱纪异》，吴门许孟宏先生《楚文续九集》中亦载其事，然则嗣功洵有隐德者。⑦ 但是，今存吴伟业文章，没发现有《楚闱纪异》，可见吴伟业在编辑整理自己的集子时，删削了不少作品。

---

① 冯梦龙：《甲申纪事》卷四十五，弘光元年本。
② 丁宿章辑：《湖北诗征传略》卷十五，光绪七年丁氏泾北草堂刻本，第16页。
③ 廖元度辑：《楚诗纪》卷五，乾隆十八年际恒堂刻本，第8页。
④ 乾隆《天门县志》卷八，民国十一年石印本，第4页。
⑤ 同治《苏州府志》卷五十五，沈以曦，顺治三年四月至顺治五年，任苏州府理刑推官，光绪九年刊本，第22页。
⑥ 康熙《临湘县志》卷六，康熙刻本，第12页。
⑦ 雍正《应城县志》卷九，雍正四年刻本，第22页。

当然，也有不少比较优秀，甚至吴伟业比较欣赏、着意搜罗的人没有考上，失之交臂，比如"罗士杰，字万夫，邵阳人，宾阳子，诗文藉有奇气，……丙子，主湖广试者为吴骏公伟业，知其名，阴物色之，然终不售，赍志以殁"。①

本次主试湖广，对吴伟业来说，意义重大。除了是他首次独当一面、主持完成具体工作之外，还集中体现了这一时期他的政治理念与对现实的清醒认识，尤其是与副主考宋玫的近距离、长时间相处，对他的政治追求与文学创作影响很大。宋玫（1607—1643），字文玉，②号九青，山东莱阳人。天启四年甲子（1624）中举，次年连捷成进士，年方十九。明清之际，宋氏为莱阳巨族，宋玫父亲宋继登为万历三十二年进士，历官陕西右参议，长兄宋琮与叔父宋继发为崇祯元年同榜进士，族叔宋应亨为宋玫乙丑同榜进士，宋应亨次子宋璜为崇祯庚辰进士，三子宋琬为顺治丁亥进士。③ 宋氏家族不但科甲鼎盛，而且为政颇多惠声，特别是文采风流引领一时，复社成立时，就是依靠莱阳宋氏家族来号召北方支持的。吴伟业与宋氏家族多人过从甚密，他给宋琬诗文集作序时曾说："余幼执经张西铭先生门，即知莱阳之文，与东吴、豫章埙篪应和。洎通籍入都，交玉叔尊人吏部公于邸舍。"（《宋玉叔诗文集序》）也就是说，以宋氏家族为代表的莱阳，与以艾南英、罗万藻、章世纯、陈际泰等人为代表的临川（稍早一些的临川人汤显祖也是著名的八股文大家），以苏州、松江等为核心的江南，可谓当时文坛鼎足而立的三大重镇。吴伟业在《复社纪事》中还说，在这中间，"莱阳宋九青玫父子兄弟，治一家言，于临川不及也，然最以科第显"，也就是说，虽然莱阳宋氏家族在理论建树、古文创作上可能不如临川诸位，但是在应试能力、科考实绩上，莱阳宋氏则是首屈一指，临川诸家是望尘莫及的。

宋氏家族中，吴伟业与宋玫的感情最深。他在《书宋九青逸事》中说："九青长余二岁。余以二十三举进士，九青用计吏选天下最，入吏

---

① 道光《宝庆府志》卷百二十三"耆旧传"，民国二十八年刻本，第21页。
② 有趣的是，吴伟业的伯父、嗣父吴璟，也字文玉。
③ 宋琬与宋玫虽不属于同一宗族，但是两支宋氏家族世代关系密切，详细情况可参阅王小舒的论文《社团精英与诗界领袖：明清之际山左莱阳宋氏家族论》，《苏州大学学报》2013年4期。

垣，距其通籍之岁已六年。又五年，九青以刑右给事副余使楚，两人相得甚。”两人之所以“甚相得”，除了因为年岁相仿、少年得志、胸怀天下之外，更多的是文人之间的惺惺相惜。《梅村诗话》说宋玫“其父尚宝卿继登，梦李北地生其家而得玫”，李梦阳为明代前七子的领袖，提倡复古，影响巨大，朱彝尊《静志居诗话》中所谓“北地一呼，豪杰四应”，[1]宋继登梦见李梦阳投生其家而生宋玫，可见宋玫的文学天分以及家族期待。吴伟业对宋玫诗作评价甚高，说他“少而颖异，为诗学少陵，爱苍浑而斥婉丽，然不无踳驳，当其合处，不减古人”，“尤称绝出，诗文踔厉廉悍，雄视汉、唐以来诸家”。在宋玫的诗才面前，吴伟业表现得极为谦虚。吴伟业本人经常说自己早年不擅长写诗，入仕以后，方才讲究声韵之学，而宋玫此时已是诗名早著，所以吴伟业说自己“守官京师，从九青游”，后来“奉使同视楚闱，登黄鹤楼，俛眺荆江、鄂渚间，拊楹慷慨。九青题咏甚伙，余愧未能成章，亦勉赓以纪名胜。九青不鄙而进余，谓可深造于斯事，尝示余《掖中》数诗，能谙诵其佳句”。这些当时能“谙诵”的佳句，多少年后，吴伟业都还牢记于心，“九青登黄鹤楼，过小孤，皆有作，今失记，惟忆其《掖中言怀》中一联云：‘朋友谁无生死问，朝廷今作是非看。’时上方切治苞苴，而金吾徼卒乘之，反行其奸利，贪吏放手无罚，而寸蹠尺缣，辄加逮治。九青之语，盖实录也。《过南中》有云：‘草迷三国树，水改六朝山。’九青曰：‘天下之山，未有不繇水改者。’其用意精刻如此”。总之，在吴伟业的话语系统里，宋玫是诗学前辈，对他有提携、奖掖之功。从两人都在京师为官开始，他就跟随宋玫学诗。即使是在主持湖广乡试期间，宋玫是他工作上的副手，但是在诗学上，吴伟业是将宋玫当作老师看待的。特别是宋玫充分肯定他的创作潜力和诗学天分，认为吴伟业于诗学一道可堪“深造”，并以自己的创作实践讲解诗歌作法，指导吴伟业提高创作水平。吴伟业后来成为诗坛翘楚，显然离不开宋玫的赏识、指点、提携之功。吴伟业成名之后，声誉远在宋玫之上，但他不遮掩宋玫提携之功，念念不忘，表而出之，亦可见其诚实厚道。

① 朱彝尊：《静志居诗话》卷十，嘉庆二十四年扶荔山房刻本，第 1 页。

平心而论，吴伟业虽然较晚才开始学习写诗，但是他的天分极高，底子极好，入手极正，遇到的又都是名师，如张溥、宋玫、陈子龙等人，且能博采众家之长，所以出手就不凡。从崇祯八年二度进京以来，他已经能够轻松唱和应酬了，他在《傅石溓诗序》的开头就说："余早岁受知于温陵周芮公（指周廷鑨）先生。先生以吏部郎典选，相国东崖黄公（指黄景昉）时在左坊，两公者同里同籍，有诗名，余猥及门后进，唱酬切劘于其间者四五年而后别去。"周廷鑨崇祯七年入京担任吏部文选司主事，黄景昉于崇祯八年正月任左谕德，两人同为福建晋江人，同为天启五年进士，而周廷鑨是吴伟业乡试时的房师，所以吴伟业以门人弟子的身份，与两位福建诗人诗酒唱酬了四五年时间（崇祯八年至崇祯十二年）。何况当时已经有不少人对吴伟业这一时期的诗歌创作给予了高度评价，比如其进士同年、儿女亲家钱位坤，据吴伟业《祭钱大鹤文》："自我与子，两榜连翩，我年廿三，君长三年。……君工乐律，兼擅新诗；谬相推许，谓我为师。"钱位坤虽然比吴伟业年长三岁，且工于音律、兼擅新诗，仍然拜倒在吴伟业的诗才之前，固然有其谦虚的一面，亦可见吴伟业刚刚进入诗坛，就体现出不凡的才情。诗坛健将陈子龙更是推许吴伟业，直接将其比作唐代著名边塞诗人李颀。尽管如此，伟业在宋玫面前仍然很谦虚地说自己跟不上其写诗的水平和速度，"愧不能成章"。

当然，吴伟业这一时期的诗歌作品，已经体现出很高的才情。比如他集子中所收的《夜泊汉口》一诗，冲淡素雅，含蓄蕴藉，韵律和谐，品格极高，诗云："秋气入鸣滩，钩帘对影看。久游乡语失，独客醉歌难。星淡鱼吹火，风高笛倚阑。江南归自近，尽室寄长安。"吴伟业平生仅有主持湖广乡试这一次到过武汉，因此从写作地点（汉口）、时间（秋季）和情绪、内容来看，显然就是作于崇祯九年他和宋玫一起来武汉的时候。吴伟业此作，与目今可以见及的宋玫五言诗相比，毫不逊色。吴伟业后来回忆说："（九青）尝与余同使楚，楚嘉鱼熊鱼山、竟陵郑澹石俱九青同年，到武昌相访。郑诗亦清逸，其赠什曰：'剖斗折衡为文章，天下娄东与莱阳。'谓吾两人也。"郑友玄这里虽然是说"文章"，实际上亦包括诗才，这一"赠什"显然当作于四人聚会诗酒唱酬的时候。虽是应酬之作，难免有虚夸的成分，但郑友玄对吴伟业和宋玫的评价确实非常之高。

吴伟业说郑友玄诗歌"亦清逸"，并引用了这样一联诗句，说明他是认可、接受郑友玄的评价的。也就是说，当吴伟业公开引用郑友玄"赠什"的时候，他既是为了借助郑友玄的元老身份充分肯定自己，实际上也是认为当时的他和宋玫文学才华是不相上下的。

吴伟业在宋玫面前表现得异常谦逊，其中很重要的原因是，莱阳宋氏不但是科举世家，更是诗文世家。宋玫祖父宋兆祥著有《椒园诗集》，父亲宋继登有《松荫堂诗集》，叔父宋继澄有《丙戌集》《万柳文集》，兄长宋琮有《五河残稿》《葡子草拾遗》，堂弟宋琏（宋继澄次子）有《晓园文集》，宋玫本人更是才名早著，且于诗极为用心，"日课五言诗一首"，虽然由于其英年早逝，诗文集亦散佚不存，①但是从王小舒所搜集的残留作品来看，宋玫确实擅长五言律诗，颇有苍浑之气，可谓"不减古人"，如《溪上闲吟》："溪上风花远，亭皋春事幽。长林如许醉，澄水早销愁。今日相来往，凭人自去留。有时乘兴到，采隐北山头。"由此可见其家族文化传统积淀之深厚。从政治上看，当时宋玫入京为给事中，"尊人金宪公家居二十年，得旨起用；长兄为金坛令，举治行第一"，正是全家意气风发的时候。而吴伟业自从祖辈衰落、移居太仓以后，尽管吴伟业本人高中会元、榜眼，但是无论家族科第还是文艺氛围，无论是世代积淀还是当前势力，与宋玫家族相比，哪一方面都无法望其项背。平心而论，在某种程度上因为科举而一举成名天下知的吴伟业，在学问和创作都已卓然有成的士人如宋玫、陈子龙、杨廷麟等人面前，早期对自己的不足还是有比较清醒的认识的。他自己多次表明，"余初以制艺起家，常缺然自以为不足"（《孙孝若稿序》），"不意遽为主司所收，而世人遂谬许而过采之"，"夫学力深浅，内自验之吾心，余两人之于文，实未有所得也"（《德藻稿序》），所以他获取功名之后，更加发愤读书，潜心学问，博采众家之长，熔铸一己之风，终于在诗文创作方面，后来居上，而仕途却没走多远，实乃阴差阳错。

其次，当时宋玫个人的政治资历、行政能力、社会声望、文学地位等都远在吴伟业之上。宋玫以地方官"举卓异"入京为给事中，"激昂大

---

① 吴伟业《东莱行》中说"司空平昔觥佳句，千首诗成罢官去"，可见崇祯十五年宋玫罢官之前，诗作甚多，"日课五言诗一首"，洵为实录。

节"，"姿望吐纳，天下无二，通经术，能文章，其五言最工，章奏亦详雅"，"性强敏，有大度"，"在垣中，朝廷大事，辄片言裁之，闻者咸服"，"官途日进"。特别是"与人交，能急患难，有终始"，非常讲义气，"其在武昌也，以鱼山、澹石远而过我，乃纡道数百里，升堂拜母，大捐囊中金为寿而后去"（《书宋九青逸事》）。因此，当陆文声、周之夔等人上书朝廷、攻击复社之后，[①]复社诸君子都认为宋玫如能入阁为相，则复社可转危为安。"江南告讦日起，九青所与交如金沙、娄东、吴门、云间诸子，岌岌不自保，皆曰：九青必用；九青用，吾徒老丘壑无虑也。即九青亦雅自负云"（《书宋九青逸事》）。不但是复社诸君子，当时社会舆论也颇为看重九青，吴伟业在给山东姜垓、姜埰兄弟的诗中特别提到"同时里人官侍从，左徒宋玉君王重。就中最数司空贤，三十孤卿需大用"（《东莱行为姜如农如须兄弟作也》），其中的"司空"指的就是时任工部左侍郎、有可能"大用"的宋玫。在这样的大环境下，吴伟业对宋玫表现得极为尊重，自是情理之中。另外，吴伟业在《梅村诗话》中，将宋玫列为第一，亦可见其在梅村心目中的地位。[②]

这一次武汉之行，让吴伟业感触颇深的是士大夫精英阶层对政治前景的绝望之情，特别是与熊开元、郑友玄的深入交流，使他这一感受尤为明显。他后来曾回忆当时的情景，感慨犹在："盖其时天下已多事，楚日岌岌，而武昌阻大江，固无恙。楚之贤士大夫为鱼山熊公、澹石郑公，乃九青同年生，又皆吏于吾土。闻两人之至也，拿舟来，酹酒江楼，叙述往昔，商校文史，夜半耳热，谈天下事，流涕纵横。两公用言事得罪，流离放废，又家在湖北，日逼狂寇，坎壈无聊生。澹石自云，止一爱妾，已死，所著书辄不就；鱼山欲逃诸老、佛，无当世意矣。"熊开元（1599—1676），字玄年，号鱼山，湖北嘉鱼人，天启五年成进士，曾先后担任崇明、吴江知县，正是在他的帮助与扶持下，复社得以顺利成立、不断壮大；崇祯三年担任应天乡试房考，复社骨干郑敷教等人出自其门

---

① 陆文声疏论复社，时在崇祯九年五月；周之夔上书诬告复社，时在崇祯十年二月。

② 吴伟业《梅村诗话》中人物的出场顺序并非杂乱无章的，其排列原则既不是按照生卒时间先后，也不是按照诗歌成就高低，而是以与梅村本人关系亲密程度为衡量标准的，比如杨廷麟排到第三、卞玉京排到第五等等。

下；以卓异授吏科给事中，因疏论王化贞被贬秩外调，未任回乡。郑友玄（？—1645），字元韦，号澹石，湖广京山人，天启五年进士（会试时与宋玫俱出侯方域叔父侯恪之门），先后担任青浦、华亭知县，崇祯五年擢任云南道监察御史，因批评宦官干政，被以欠漕粮银而戍边，此时归乡。宋玫与熊开元、郑友玄三人为同榜进士，又都从基层做起，谙熟地方民情，为官敏明能干，先后以卓异征，为给谏之官，又熟悉上层统治阶级的内幕，何况他们这些东林骨干都经历了天启时期的黑暗统治，充满希望地迎来了崇祯新政，可是数年过去，自己忠而见弃，形势愈加不堪，所以当天下多事之秋，他们"酹酒江楼，叙述往昔，商校文史，夜半耳热，谈天下事，流涕纵横"，并"无当世意矣"，绝望之情，溢于言表（当然，后来明朝真到了危急存亡之际，他们都还是义无反顾地复出，尽心尽力，知其不可而为之的）。这对初入官场、雄心勃勃的吴伟业来说，显然是巨大的打击，也是一次深刻的教育。

第三节　奉使封藩

崇祯十二年，"余年三十有一，以己卯七月，奉命封延津、孟津两王于禹州"（吴伟业《感旧赠萧明府》）。33 年之后，[1]吴伟业对自己这一次河南之行记忆犹新。因为当时也许不觉得，可是事后来看，他这一趟差使，是他一生中最重大的政治生命转折点：离开京城，从此就远离了大明王朝的权力中心；拜别崇祯，离开了他生命中的贵人，竟然就是和这位年轻皇帝的永诀；再入京城，已是改朝换代、物是人非，自己也成为两截人了。

综合当时的政治形势来看，吴伟业这次奉差外出，包括后来请假探亲、改任南雍，很可能出自吴伟业及其背后政治力量的自主选择，是清流势力采取的保护措施，避免全军覆没以图东山再起的防御性手段；抑或是被排挤出权力中心的标志（晚明很多的政坛未来之星被排挤出权

---

① 吴伟业在诗序中自称是"逾三十三年"，实际上萧应聘康熙十年担任太仓知州，自崇祯十二年（1639）至康熙十年（1671），相距三十二年。

力中心前都是外放封藩的）。吴伟业自崇祯八年回到北京进入权力中心以来，"当是时，乌程相柄国事，以声势气力熏燎天下，其党盘牙轇轕，有异己者，排而去之，唯恐弗力"（《南京福建道监察御史叶公瞻山偕配严孺人合葬墓志铭》），而吴伟业"与杨伯祥诸君子正直激昂，不入其党"，"乌程去，武陵继之，蕲水又与吾不合，种种受其摧挫。先是吴下有陆文声、张汉儒之事，吾以复社党魁，又代为营救，世所指目。淄川传乌程衣钵，吾首疏攻之，又因召对与济宁杨兔岫谋击大奸史𡏳，𡏳逮而阴毒遂中于吾。吾去而封王豫中，𡏳谋以成御史宝慈勇参武陵事主使坐吾，赖𡏳死而后免。既升南中少司成，甫三日而黄石斋予杖信至，吾遣涂监生入都具橐谊。涂上书触圣怒，严旨责问主使，吾知其必及；既与者七人，而吾得免。于是升宫允、宫谕"（《与子暻疏》）。吴伟业临终之前，因为"儿子又小，恐无人识吾前事"，故而慎重交代自己的平生经历尤其是仕宦履历，在某些关键时期特别详细，"封王豫中"前后，就是关键时期之一。

　　从吴伟业的描述可知，这一时期他先后与温体仁（乌程）、杨嗣昌（武陵）、姚明恭（蕲水）、张至发（淄川）等内阁重臣作过斗争，如果加上他们的党羽如薛国观、蔡奕琛、张四知等内阁成员和田唯嘉、史𡏳、陈新甲等部院大臣，那就是一股十分庞大、可怕的政治势力。排列吴伟业崇祯十年到十一年的活动轨迹可知，他说自己为"世所指目"，所言不虚。吴伟业这一时期极为活跃，一反过去小心谨慎的政治作风，先是挺身而出，不避嫌疑，以复社党魁的身份，代为营救被诬陷的钱谦益、瞿式耜等人，公开"相劳请室"，作长诗相赠，并寄给陈子龙，请他唱和、扩大影响；然后正式拜黄道周为师，跟随其学《易经》，公开站队，表明政治立场；其后，正月初四新年第一份奏折就直接弹劾当朝首辅张至发，直言"当兹国事艰难之时"，首辅"怀私徇庇，固陋因循，滋巧伪以为工，视忠贞为罔然"，继承温体仁衣钵，不思改悔，可谓"不得其人"；[①]三月二十四日，借崇祯召对之际，进《端本澄源疏》，矛头直指内阁辅臣和吏部尚书，说明

---

① 吴伟业此疏针对性极强，因为张至发"两疏诋（黄）道周，而极颂（温）体仁孤执不欺"（《明史·张至发传》），而骏公此疏专门列举温体仁不"孤"不"执"而且"善欺"，说明正是因为其"善欺"才被皇上罢免，继任首辅张至发却"盛称体仁之美：一曰孤执，一曰不欺"，可见其执政亦是"尽袭前人之所为"。

他们是国家多难的"本""源";八月,黄道周因为连上三疏,批评权臣杨嗣昌、陈新甲等人,被贬谪,吴伟业写诗送行,又作《殿上行》,借古讽今,"吾闻孝宗宰执何其贤!刘公大夏戴公珊。夹城日移对便殿,造膝密语为艰难。如今公卿习唯唯,长跪不言而已矣",批评当今天子和庸碌大臣,歌颂为至尊分忧、敢于"拾遗指佞"的"愚戆"之臣黄道周。可见,在这一系列斗争中,吴伟业表现出高度的政治自觉和坚强的政治品格。

当然,吴伟业也不是孤身一人,正如前文所说,以文震孟、黄道周、宋玫、杨廷麟、杨士聪、王二弥等翰詹科道为代表的清流领袖、骨干,声气相通、团结一致,比如在与温体仁的斗争中,"社局诸公疏参温相无虚日"(《复社纪略》卷四),而且也取得了阶段性胜利:崇祯十年六月,温体仁因为批评者太多,上疏请辞,以退为进,他本以为崇祯会按常规挽留,谁知崇祯直接同意了;崇祯十一年四月,张至发突然接到圣谕,允许其回籍调理身体,可是他并没有生病,更没有上疏请假,于是只好"遵旨患病"(《明史·张至发传》);吏部尚书田唯嘉被罢黜,太仆寺卿史堃下狱,中书黄应恩论死。表面上看这一阶段的斗争是清流取得了胜利,实际上是两败俱伤甚至是清流损失更大,因为到了崇祯十二年七月的时候,吴伟业周围的这支清流队伍已经全军覆没了:崇祯八年,文震孟为相三月而罢,次年去世;其后,宋玫因母丧丁艰,回籍守制;崇祯十一年八月,清流领袖、标志性人物黄道周被贬出京;崇祯十一年冬,杨廷麟因弹劾杨嗣昌被改任兵部职方司主事,调往军前,从此一去不返;崇祯十二年二月,杨士聪被排斥不得不借病告假回乡;同年五月,王二弥亦于册封代藩世子后,告病给假归乡。随着精神支柱和同道好友的相继离去,吴伟业孤立无援,而他们的政治对手则权势熏天,虽然温体仁、张至发等相继倒台,但是继任者变本加厉,杨嗣昌、薛国观之外,崇祯十二年五月,张四知、姚明恭相继入阁为相,形势更为恶劣。

本来,崇祯十二年正月初一,吴伟业还激情满怀地上疏,针对"今日阽危极矣"的严峻形势,建议"皇上当下哀痛之诏,悯人罪己",激发举国上下共同的救世热情,然后号召公侯贵戚,"共捐家财以募死士","使入敌营,烧其辎重,毒其水草",在敌去之后,要及时派遣"知兵大臣"选兵练兵,"清饷覈军","选将""足食",以备长久。尽管某些措施看起来就是书生议政，但是，敢于要求皇帝下罪己诏，建议鼓动民众，"使父老子弟悲愤同仇，人心勃然，战气自倍"，依靠广大群众，使"上下军民日夜事战"等等，还是颇具胆略与战略眼光的。新年第一疏，内容如此严肃，言辞如此激烈，可见吴伟业的天下情怀和政治追求。只是，通过好友杨廷麟得知卢象升战死的前后详细经过，以及目睹其后续遭遇，吴伟业的内心世界有了巨大变化，对现实有了更为清醒的认识，其报国热情由此急剧冷却，最终导致他年纪轻轻却萌发了归隐之志，主动离开京城，甘心闲衙冷署，这种忧心时事却又无可奈何的疏离心态，一段时间内，成了其主导情绪。

卢象升（1600—1639），字建斗，号九台，南直隶宜兴人，天启二年进士，虽属书生文官，但是身处乱世，从小有大济苍生之志，爱读兵书，喜习骑射，打仗勇猛，身先士卒，爱惜士兵，甘苦与共，所以他所带领的部队都有很强的战斗力，特别擅长野战与奇袭，在镇压农民起义军的战斗中连战连捷、脱颖而出，成为一时名将。可惜的是，明末名将，多不得善终，熊廷弼、孙承宗、袁崇焕、孙传庭如是，卢象升亦未能幸免。崇祯十年，清兵大举入侵，卢象升号称督天下援兵，实际上掌握的军队不足两万。大敌当前，是和是战，崇祯皇帝举棋不定，朝中掌权者杨嗣昌多方掣肘，身边太监监军高起潜见死不救、率军潜逃，最终导致卢象升孤军奋战，力战殉国。《明史》作者在为卢象升等人作传后感慨："危乱之世，未尝乏才，顾往往不尽其用。用矣，或掣其肘而驱之必死。若是者，人实为之，要之亦天意也。卢象升在庄烈帝时，岂非不世之才，乃困抑之以至死，何耶？至忠义激发，危不顾身，若刘之纶、邱民仰之徒，又相与俱尽，则天意可知矣！"①一方面承认卢象升为"不世之才"，另一方面说明其失败并非由于本人能力不行，而是受制于时代，所谓大明王朝气数已尽、非人力所可挽回。清代学者方苞则认为："明之亡，始于孙高阳之退休，成于卢忠烈之死败。"②将孙承宗退休、卢象升战死作为明朝灭亡的标志性事件，更可见其对卢象升之重视。

吴伟业关注卢象升之遭遇，不仅是因为其乃国家大事、朝政走向的

---

① 《明史》卷二百六十一，中华书局1974年版，第6773页。
② 方苞：《书卢象晋传后》，《望溪先生文集》卷五，咸丰元年戴钧衡刻本，第10页。

风向标,更与其挚友杨廷麟有关。表面上看,杨廷麟仅仅是吴伟业的同年、同事、好友,实际上,他还是吴伟业精神上的兄长、依赖。杨廷麟品行端方,崖岸高峻,千仞无枝,吴伟业曾用"万仞削苍崖,飞鸟不得立"(《临江参军》)来描述他。《梅村诗话》中对他评价极高,将其排在第三,仅次于宋玫和陈子龙,并称其文章在韩愈、苏轼之间,书法出入两晋,诗则好用奇思棘句,虽不甚合律,然秀异耸拔,往往出人意料。不仅是文章好,更是与陈子龙等人"以文章气节相砥砺",师事黄道周,"负直节,好强谏"。黄道周被贬谪,原因之一即为弹劾杨嗣昌。杨廷麟并没有因此而退却,而是紧跟其师之后,"上书论阁部杨嗣昌失事罪,得旨改兵部赞画,参督师卢象升军事"(《梅村诗话》)。据《明史·杨廷麟传》,杨廷麟弹劾杨嗣昌的疏文中,批评其"无御侮之才","以国为戏","内外扶同,朋谋误国",直接将他比作两宋之际著名的奸臣、主和派代表耿南仲、黄潜善,"夫南仲在内,李纲无功;潜善秉成,宗泽殒命",导致杨嗣昌勃然大怒,"诡称廷麟知兵","改廷麟兵部职方司主事,赞画象升军","象升战死贾庄,嗣昌意廷麟亦死,及闻其奉使在外,则为不怿者久之"。①

卢象升为国捐躯,杨廷麟因故幸存,杨嗣昌等人仍不甘心。吴伟业和杨廷麟共同的好友杨士聪记载:"卢既死,千总张国栋塘报至兵部,武陵问以事之始终,欲缘饰逗怯之状据以上闻,国栋不肯,武陵大怒,夹至五次,卒无变词,但曰:'死则死耳,忠臣而以为逗,力战而以为怯,何可诬也!'吴骏公曰:'国栋不知何许人也,此即士大夫有不能者矣!'"②《明史·卢象升传》亦载:"(高)起潜闻败,仓皇遁,不言象升死状。嗣昌疑之,有诏验视。廷麟得其尸战场,麻衣白网巾,一卒遥见,即号泣曰:'此吾卢公也!'三郡之民闻之,哭失声。顺德知府于颍上状,嗣昌故靳之,八十日而后殓","方象升之战殁也,嗣昌遣三逻卒察其死状。其一人俞振龙者,归言象升实死。嗣昌怒,鞭之三日夜,且死,张目曰:'天道神明,无枉忠臣。'"无论是张国栋还是俞振龙,作为基层普通官兵,明辨忠奸,一腔热血,威武不能屈,确实是许多士大夫难以企及的。吴伟业在《梅村诗话》中也高度评价了这位姓张的部役,其记载云:"会诏诘督

① 《明史》卷二百七十八,中华书局 1974 年版,第 7114 页。
② 杨士聪:《玉堂荟语》卷四,嘉业堂丛书本,第 11 页。

师死状。……机部受诏,直以实对。慈溪冯邺仙得其书,谓余曰:'此疏入,机部死矣!'为定数语。机部闻之则大恨。先是嗣昌遣部役张姓者侦贾庄,而其人谈卢公死状,流涕动色。嗣昌榜笞之,楚毒倍至,口无改辞,曰:'死则死耳,卢老爷忠臣,吾侪小人,敢欺天乎?'遂以考死。于是机部贻书冯与余曰:'高监一段,竟为删却,后世谓伯祥不及一部役耶?'然机部竟以此得免。"卢象升想方设法为杨廷麟寻找生机,冯元飚宁可隐瞒真相也要救下杨廷麟,是因为他们清楚地知道杨嗣昌之阴险奸恶、心狠手辣,某种程度上杨廷麟对杨嗣昌认识还是不够。"翰林编修杨廷麟论杨嗣昌'庸臣非奸臣',嗣昌大恨之,谓:'奸犹可也,乃庸我乎?'出廷麟兵部主事,监军,谪。"①即使冯元飚已经改"定数语",杨嗣昌仍不肯放过杨廷麟,"廷麟报军中曲折,嗣昌拟旨责以欺罔。事平,贬秩,调之外"(《明史·杨廷麟传》)。可见,杨嗣昌是想方设法欲置杨廷麟于死地的,只是无隙可寻而已。这样的奸臣,却深得崇祯的信任。是非颠倒、善恶不分,忠而得咎、报国无门,这样的皇帝,这样的世道,知晓了其中曲折的吴伟业,无疑从杨廷麟的遭遇中感到深深的失望。这种刻骨的无奈,在这一阶段的诗作中表露无遗。

在杨廷麟刚刚奔赴战场之时,吴伟业作有《怀杨机部军前》:"同时迁吏独从征,人道戎旃谴责轻。诸将自承中尉令,孤臣谁给羽林兵?忧深平勃军南北,疏讼甘陈谊死生。犹有内谗君不顾,亦知无语学公卿?"诗中既有对机部被人算计故而"从征"的悲愤,也有对卢象升、杨廷麟这样的"孤臣"受到"中尉"掣肘的担忧,还用汉代陈平与周勃、甘延寿和陈汤相互配合取得成功的典故,比喻卢象升与杨廷麟的生死情谊,最后用反语,表面上是劝说杨廷麟要顾忌谗言、少发表意见,实际上是对当前政治现实的辛辣讥讽。张采连作两首《次吴骏公韵怀杨机部》以作支持:"宫官谁复赞三征,义急功名一羽轻。不耐军容传远镝,可堪禁旅作防兵。疏弹有泪怀天地,梦断何心计死生。此去从戎君事适,好将出处谢公卿","萧萧簪笔忽从征,介马驱驰身计轻。三辅几人张大纛,九边何处设奇兵。亦知抗疏臣应死,岂惜捐躯

---

① 谈迁:《枣林杂俎》和集,"杨嗣昌"条,中华书局 2006 年版,第 609 页。

我独生。漫说绕朝谋不用，从来军事属孤卿。"①吴伟业后来还作有《再忆机部》："国事艰难倚数公，登城惨淡望征东。朝家议论安危外，兄弟山川况瘁中。夜月带刀随破虏，清秋摇笔赋从戎。书生表饵非无算，谁立军前跳荡功。"诗中已经没有对胜利的期待，只有对国事艰难、前景惨淡和挚友处境的深深担忧。

贾庄大败之后，杨廷麟作《悲巨鹿》诗以实录其事，吴伟业立即作《读杨参军〈悲巨鹿〉诗》，除了转述杨廷麟叙述的贾庄事件前后经过，抒发了自己的无边愤怒与沉痛悲凉之意，并安慰杨廷麟："身虽沦落负知交，天为孤忠留信史。呜呼！美人骑马黄金台，萧萧击筑悲风来。乃知死者士所重，羽声慷慨胡为哉！即今看君悲巨鹿，尚书磊落真奇才。君今罢官且归去，死生契阔知何处？"后来又作《临江参军》，借杨廷麟之口表达了历经劫难之后，"风雨怀友生，江山为社稷；生死无愧辞，大义照颜色"，"生还就耕钓，志愿自此毕"的失落之情与归隐之意。

不但卢象升、杨廷麟等人的遭遇令人愤慨、失望，朝中黑白颠倒的事比比皆是，更令人绝望。吴伟业曾经跟谈迁讲述了一件令他耿耿于怀的事："大司马太仓陆完学，协理戎政，再荫锦衣。时太监曹化淳提督，或问其方略，曰：'自去自来梁上燕，相亲相近水中鸥。'专事唯诺，竟得善去。费县张四知代之，郊饯，请教，曰：'有四字相赠，行无所事耳。'费县初不以为然，已悉如其言，所批牍辄曰'照行'。一日，语吴骏公太史曰：'行无所事，贵乡陆○翁见教。甚得力。'吴曰：'国之大事在戎，何云行无所事？'费县无以对，未几内阁。"②崇祯时期，天下大乱，兵祸四起，朝廷的兵部尚书竟然以"行无所事"作为官场秘诀，官场之黑暗可见一斑。吴伟业的同乡李继贞不过是兵部职方司主事，却能够以天下为己任，忠心耿耿、尽心尽职，最终结果是被贬还乡，另一同乡陆完学贵为兵部尚书，却全无担当、一无所事，竟然因为谨小慎微而加官晋爵，得以善终，后代一再荫袭。崇祯九年十一月丙午，"叙京师城守功，协理戎政、兵部尚书陆完学进太子太保，荫正千户，太监张国元、曹化淳荫指挥

① 张采：《知畏堂集》诗卷四《次吴骏公韵怀杨机部》，《清代诗文集珍本丛刊》第20册，第550页。
② 谈迁：《枣林杂俎》和集，"陆完学"条，中华书局2006年版，第605页。

金事,各世袭,赐金币"。①　其后,继任兵部尚书张四知虚心求教,陆完学倾囊相授,把"行无所事"作为宝贵经验,代代继承。在晚明内有流寇四处蹂躏,外有后金虎视眈眈的情况下,兵部尚书陆完学总结的为官秘诀竟然是"行无所事",而且被广泛认可,他本人因此而被提拔,继任者张四知继续奉行无所事事的原则,真的感觉到"甚得力",并发自内心地在吴伟业面前炫耀,而且得益于此,未几入阁为相。张四知入阁,恰恰发生在卢象升浴血奋战、为国捐躯的背景下,这就构成了莫大的讽刺,重重伤害了吴伟业那颗满腔热血、天真幼稚的心。

　　崇祯十二年春天还发生了一件事,对吴伟业打击很大,堪称压倒骆驼的最后一根稻草,导致他对崇祯政权的彻底绝望,那就是傅朝佑被杖致死事件。傅朝佑,字右军、右君、佑君,江西临川人,万历四十年解元,天启二年三甲 329 名进士,授中书舍人。他是东林党领袖邹元标的弟子,为人刚正,敢于直谏,崇祯三年考选给事中后,多次直言极谏,尤以崇祯九年弹劾温体仁,列其得罪于天子、得罪于祖宗、得罪于天地、得罪于封疆、得罪于圣贤、得罪于心性等六大罪行,恳请崇祯,"夫人主之辨奸在明,而人主之去奸在断。伏愿陛下大施明断,速去体仁。毋以天变为不足畏,毋以人言为不足恤,毋以群小之逢迎为必可任,毋以一己之清明为必可恃。大赦天下,除苛政,庶倒悬可解,太平可致"(《明史·傅朝佑传》)。这封奏疏,批评的是温体仁,但是矛头直指帝王,崇祯恼羞成怒,将其除名下狱。在狱中,他弦歌不辍,传授经学给同在狱中的钱谦益,钱谦益说他"授经装点穷门面,唱曲消磨苦性情(右君效黄霸授经于予。每月夜,行歌遍狱中)"。②　尽管"逾月,体仁亦罢",受其陷害的钱谦益、瞿式耜等人出狱,崇祯为了给自己台阶下,通过宦官杜勋转告,只要傅朝佑上表请罪就可以放他出狱,右君断然拒绝。直到崇祯"十一年冬,国事益棘,获罪者益众,狱几满。朝佑乃从狱中上书,请宽恤,语过激。会有边警,未报也。明年春,责以颠倒贤奸,恣意讪侮,廷杖六十,创重而卒",傅朝佑这样的忠直谏臣竟然被杖致死,令人心寒。吴伟业

①　谈迁:《国榷》卷九十五,中华书局 1958 年版,第 5764 页。
②　钱谦益:《初学集》卷十五《丙舍诗集上》(起崇祯十二年己卯正月,尽一年),《二哀诗》其二《傅给事右君》(朝佑,临川人),上海古籍出版社 1985 年版,第 545 页。

为此作《傅右君以谏死，其子持丧归临川》，诗题直接说明"右君以谏死"，愤懑、谴责之意溢于言表，诗云："直道身何在，犹为天地伤。同时怜死谏，几疏宥疎狂。尽室方多难，孤舟况异乡。萧条大河上，高树足风霜。"①

兔死狐悲，物伤其类；茫然四顾，顿失前路。本想在危机四伏的晚明政坛上有所作为的吴伟业，面对如此严峻的不利形势，信心全无，转而踏上了去中州封藩的旅途。他是崇祯十二年七月出发的，如果他晚出发一个月，他的心情会更加沉重。因为该年八月，文震孟、黄道周的同年好友，因为批评温体仁而被陷害下狱的庶吉士郑鄤（郑鄤才名早著，曾和父亲郑振先一起讲学东林，天启二年因上疏弹劾阉党而被罢官，黄道周曾说郑鄤学问、人品比自己还好），在被关了三年多之后，被崇祯下令凌迟处死了，片片生肉被北京市民买回去作疮疥药料（袁崇焕亦是被凌迟、被食肉的）。三千六百刀剐刑，刀刀诉说着崇祯皇帝的刻薄寡恩、明朝末世的残暴戾气。与文震孟、黄道周关系亲近，熟知郑鄤下狱情由的吴伟业，听说这样的结局，只会增加对仕途的恐惧和对朝政的绝望。

在出使中州这一时期，吴伟业的相关作品都流露出强烈的悲怆之情和浓厚的失意之感。如《过朱仙镇谒武穆庙》："少保功名绛节遥，山川遗恨未能消。故京陵树犹西向，南渡江声自北朝。父子十年摧劲敌，士民三镇痛天骄。嗟君此地营军险，祠庙丹青空寂寥。"通过回顾岳飞父子忠心报国、含冤而死，导致中原沦丧、故土难复的沉痛历史教训，描述眼前祠庙寂寥、山川遗恨至今未消的现实，借古讽今，寄托深远。又如《登梁王吹台》："登台雅吹列仙闻，客散梁园祗夕曛。天子旄旗怜少帝，诸王兵甲属将军。两河词赋凌寒雪，千骑歌钟入暮云。我亦倦游称病免，洛阳西去不逢君。"梁王吹台又称繁台，位于开封东南，相传为师旷吹台，后汉代梁孝王增筑，尝按歌阅乐于此。梁孝王刘武为汉文帝之

---

① 傅朝佑被杖致死事在崇祯十二年春天，一般认为吴伟业诗作当作于其卒后不久，也就是当作于春夏季节的北京。但是细味诗句"萧条大河上，高树足风霜"，似乎时令、季节、地点都不太妥帖。吴伟业于七月出使河南，然后回乡，如果此诗是与右君之子见面相赠的话，就不太可能作于梅村回到太仓以后，因为右君之子持丧由京师回临川，迂道太仓，于情于理都不合适。比较合理的解释是，吴伟业完成出使任务，返乡途中与持丧归家的右君之子相遇，感慨系之，赋诗相赠。

子、汉景帝同母弟、窦太后少子,深得宠爱,吴楚之乱时曾协助朝廷死守睢阳,阻挡吴楚联军达三月之久,为西汉王朝转败为胜、平定七国之乱立下头功。刘武所建梁园,曾招集枚乘、严忌、司马相如、邹阳、韩安国、公孙诡等一大批文人学士,吟诗作赋,风雅盛极一时。王安石曾作《梁王吹台》诗,感慨"宾客有司马,邹枚避其锋。洒笔飞鸟上,为王赋雌雄。惜今此不传,楚辞擅无穷。空余一丘土,千载播悲风"。吴伟业一方面对梁孝王的文治武功大加赞赏,另一方面同王安石一样,感慨风流云散、风雅不再,同时表露了自己厌倦官场、无意世事的失落之情,所谓"我亦倦游称病免",表达的正是准备借病辞官回乡、不再回归朝廷的实际情形。

至于《汴梁》二首,其一:"冯夷击鼓走夷门,铜马西来风雨昏。此地信陵曾养士,只今谁解救王孙?"其二:"城上黄河屈注来,千金堤帚一时开。梁园遗迹销沉尽,谁与君王避吹台?"第一首借用信陵君与侯嬴以及铜马军(先是农民起义军,后被刘秀改编成为东汉立国的主力军)的典故,诉说晚明时势动荡、风雨如晦,却无人挺身而出的沉痛之情。其二则借战国时期秦国攻打魏国引鸿沟之水淹没大梁城,以及金元之后黄河改道逼近开封,带着泥沙一次次淹没汴梁,导致繁华尽淤、遗迹销沉的悲壮城市史,抒发作者忧时伤世、前景堪忧、哀民生之多艰的感伤之情。总之,封藩中州途中的所见所思,均体现出吴伟业这一时期对朝政失望、对未来迷茫,准备远离政坛、回归乡里的人生取向。

根据《明史·诸王世表》,吴伟业本次所封为延津王朱常滄、孟津王朱翊鋑两位宗室,均为不甚重要的支系宗亲。吴伟业并没有到两王封地,而是取道禹州,一并完成。这一地点选择也颇有意思。吴伟业由北京城南下,可以肯定的是经过了开封(吴伟业《海市记》"余尝之中州,与吾友张石平相见于大梁"),而延津在开封北不足百里,可是吴伟业并未在延津逗留,而是直达开封然后继续往西南方向,路过朱仙镇(有《过朱仙镇谒武穆庙》诗),之后再向西南过登封、望嵩山(《登封三节妇传》:"吴伟业曰:余之中州,尝望见嵩岳,云其下必多伟人巨卿,负奇节、立志概者,……"),然后到达禹州,孟津则在嵩山西北百余里。禹州距离延津、孟津均甚远,而离延津近的是开封,离孟津近的是荥阳,处于延津、孟津中间的是郑州，可是吴伟业偏偏在禹州完成了册封任务。更值得注意的是，吴伟业说自己"奉使中州，在途忽闻臣母病疴危笃，焦心灼骨，昼夜兼程"（《升任请养疏》），从上引相关诗作来看，"在途"显然应在封藩工作结束后，无论是在大梁、在朱仙镇，还是在登封，均未见其"昼夜兼程"的任何迹象。其母生病的消息也应该是从南方传来，所以他选择的地点越是靠近南边，越有利于他接收消息、昼夜兼程回乡。相对于延津、孟津而言，恐怕没有比禹州更适合的地点了，因为禹州再往南就超出河南中部了。与其他理由相比，已经完成了朝廷布置的任务、已经快到南京西北境了（明代禹州属于开封府，与南京是交界的），突然听闻母亲生病，于是"昼夜兼程"赶回去以尽孝道，结果自己"忧劳兼至"也病倒了，从此请假休养，真是个再好不过的借口了。

虽然奉使封藩仅是一次普通差遣，但是对这一经历，吴伟业还是颇为看重的。他科场得意，入仕翰林，并没有地方官的历练。但是一来带着政治明星的光环奉命出使，虽内心惴怅，可是所到之处，地方官迎来送往，也让他颇为受用；二来他的官场导师王时敏曾经多次出使封藩，无疑对他有着潜在的影响。直到顺治十八年吴伟业为王时敏七十寿辰所作寿序，还特别赞扬他"数捧英荡之节，出使诸藩，肃将葳事，不扰亭传，乘皮束纺之赠无所私焉"（《王奉常烟客七十寿序》）。因此，他在后来的诗文应酬中也颇为关注别人的出使经历。比如崇祯十四年他在为《清风使节图》而作的一首长诗中说："《清风使节图》，吾郡先达徐仲山中丞，以武部郎奉命封郑藩，当时诸贤赠行作也。中丞于先参政为同年，勿斋先生属予记其事。勿斋敕使益府，予亦有大梁之役。两家子弟述先志扬祖德，其同此君岁寒矣。"徐源，字仲山，苏州府长洲县人，成化乙未进士，与吴伟业高祖吴愈为同年，其五世孙徐汧，字九一，号勿斋，曾参加与阉党的斗争，崇祯元年进士，改翰林院庶吉士，为吴伟业翰林前辈，曾帮助吴伟业化解与房师李明睿的误会，崇祯十四年奉使益王府，便道还家，脱离官场。根据诗歌可知，弘治年间，徐源在担任兵部职方司员外郎（或是武选司郎中）时，曾经奉命出使河南怀庆，敕封郑藩，当时同人作《清风使节图》以送行，吴愈因为由部郎出守叙州，未能参与。该图画面以竹为胜，①清风绿竹，正是廉洁刚劲的使节的象征，而历代河南藩王中最著名的是汉代梁孝王刘武，所修梁园，亦以竹知名，所谓"睢园绿竹"是也。"千里故园存苦节，百年旧泽养新篁"，说的是徐汧父亲早逝，母亲艰苦守节，倚赖先人恩泽，终于出人头地、功名有成，以天子使节，封藩益府，"苦节""新篁"，正与"清风绿竹"构成呼应。而吴伟业的高祖吴愈，后来升任河南参政，而伟业本人亦于前年（崇祯十二年）奉旨出使河南，敕封延津、孟津二王。综合两家，正可谓"江左龙孙篆蕰长，淇园凤质琅玕瘦"（淇园，即梁园、睢园）。为了弘扬祖风世德、记录今日盛事，"愿将十丈鹅溪绢，再作青青玉笋图"。

　　另外，他的翰林院同年同事好友杨士聪、王二弥亦有类似的出使经历，他也慎重表而出之，在《左谕德济宁杨公墓志铭》中记载杨士聪"甲戌，奉命册封赵王"，"甲申，得旨宣慰襄藩"；在王二弥出使时赋诗相赠："射柳城西磴道前，送君匹马度燕然。河移汾口三关雨，雪尽恒山五月天。积弩将军谁控扼，胜衣帝子独临边。征车一路羌声起，莫倚高楼听暮蝉。"（《送同官王炳藜奉使代藩》）。与吴伟业类似的是，杨士聪在册封赵王、王邵在册封代藩世子后，②均告病请假、还乡休养，离开了翰林院这个清贵之地，放弃了世人瞩目的储相身份，失去了经常接触帝王的机会，基本告别了权力中心。吴伟业步两位好友的后尘，出使中州使命完成后，并没有返京复命，而是以母亲生病为由，请假回乡，且不待朝廷允假，就昼夜兼程、回到太仓了。

---

① 该诗诗句"舅家仲圭善画竹"，可能"圭"字有误，因为此处讲的是吴伟业高祖吴愈"早年纳节东溪翁，舅家仲圭善画竹"，固然"仲圭"（元代著名画家吴镇）也善于画竹，但是吴愈岳父夏昶（"舅家"）是同时代最有名的画竹高手，"人谓画竹一枝值金一锭"，正由于是先人手泽，所以吴伟业才有可能"至今遗墨满缥缃，挂我青溪草堂曲"，因此此处"仲圭"可能是"仲昭"之误，夏昶字仲昭，详见本书第二章家世部分。

② 王邵的经历与吴伟业很相似，两人进士同年，同入翰林，先后主持乡试，后王邵奉使册封代藩世子，随即告病请假归里，其后也被朝廷任命为南京国子监司业，详见《乾隆保德州志》卷八，页十二，"王邵，字二弥，所用长子，泰昌庭选，天启辛酉举人，登崇祯辛未进士，馆选庶吉士，授翰林院检讨，编纂六书章奏，直起居注，经筵展书，谕祭代藩，册封其世子，事竣，疏陈所见民隐及地方陋弊，上谕抚按行之。尝分较礼闱，典试三楚，拔取名流，一时推服。……著有《庚午守城纪略》《弭盗已试录》《相劝俚言》《迈征斋遗稿》行世。公初以病告，给假，癸未起为南京国子监司业，不赴，未几卒，葬东山阳塔"（乾隆五十年增刻本）。

第四节　司业南雍

崇祯十二年冬天,吴伟业已经回到了家乡太仓。他曾给朝廷上表,汇报返乡缘由,并说明自己身体一向羸弱,出使中州,长途跋涉,途中惊闻母病,焦心灼骨,昼夜兼程,"忧劳兼至,抱病困劣",因此崇祯十三年四月,朝廷任命他为南京国子监司业,以便于他就近奉母养病。八月,吴伟业已经带着母亲到南京上任;崇祯十四年五月,张溥去世,之后吴伟业回乡,实际担任南京国子监司业一年左右。

吴伟业归乡之后,虽说"抱病",却频频参加活动,其中最重要的是与杨廷麟的会晤。《梅村诗话》记载:"机部自卢公死后,其策益不用,无聊生。……已而机部过宜兴访卢公子孙,再放舟娄中,与天如师及余会饮十日,嘉定程孟阳为画《髯参军图》,钱虞山作短歌,余得《临江参军》一章凡数十韵,以文多忌,不全录。"杨廷麟此次江南之行,先到了宜兴,寻访卢象升的子孙,然后到常熟,拜访钱谦益。当时著名书画家、诗人、学者嘉定程嘉燧,客居半野堂,为钱谦益家西席,为杨廷麟作画《髯参军图》,而牧斋则作《雪中杨伯祥馆丈廷麟过访山堂即事赠别》,[①]诗中亦云"去年燕山雪如掌",正与吴伟业"去年东师来"之语气一致,可知杨廷麟之来访、诗歌之创作当发生于崇祯十三年正月左右,"今年江南春雪飞,雪花满头来款扉",可见是杨廷麟主动来访。离开常熟之后,杨廷麟来到太仓,与张溥、吴伟业等人"会饮十日"。吴伟业作《临江参军》,诗句有"予与交十年,弱节资扶植。忠孝固平生,吾徒在真实。去年羽书来,中枢失筹策。……予时读其书,对案不能食。一朝败问至,南望为于邑。忽得别地书,慰藉告亲识"等等诸语,全面回顾了两人自崇祯四年同榜进士相识以来的重要事件,尤其是贾庄之败的前后经过。从该诗可见两人关系极为密切,杨廷麟在战场前线还通过书信与吴伟业保持着密切联系,事后见面,更详细地介绍了当时情景,为吴伟业保留这段历史提供了最为翔实的原始资料。

---

① 钱谦益:《初学集》卷十六《丙舍诗集》(下)"起十三年庚辰正月,尽二月",上海古籍出版社 1985 年版,第 568 页。

杨廷麟在太仓与张溥、吴伟业等人"会饮十日",这么长时间谈了些什么,虽没有文字记载,但很可能与当时朝局有关。事关重大,吴伟业一向守口如瓶,不在文字中透露。此后杨廷麟继续前行,到松江与陈子龙等人见面,然后才回江西。陈子龙有《送杨伯祥还豫章》之作,诗中既有对杨廷麟的安慰,更多的是期望:"阊门雪花飞十日,津头树折江波立。……君归读书云壑里,托迹何须混鹿豕。逃名未免公辅望,端居尚负苍生耻。异日征书下传岩,应有三篇献天子。"①

细细寻绎陈子龙这首送行诗,结合当时的政治形势,可知杨廷麟这一次江南之行,很可能并非简单的寻亲访友,而是用意至深的政治之旅。正如前文所说,当时清流失势,纷纷离开北京政治中心,前文列举的吴伟业志同道合者无一幸免。杨廷麟江南之行的第一站为宜兴,表面上说是去寻访卢象升的子孙,但是他到了宜兴,不去拜访闲居养望的周延儒恐怕是不可能的。崇祯四年会试的大主考宜兴人周延儒,是杨廷麟与吴伟业、杨士聪、王二弥几个同年好友的座师,现如今形势严峻,甚至比温体仁当政的时候更恶劣,见一见最能揣摩圣意的老师,恐怕是其主要目的。联系到次年(崇祯十四年)二月周延儒就在东林、复社的支持、运作下,被崇祯起复召回重新执政,如果杨廷麟到宜兴主要是为了见周延儒,那么,他随后去常熟见钱谦益,到太仓见张溥(见吴伟业是次要的),到松江见陈子龙,就意味深长了,因为这些人都是当时的清流领袖,何况之后不久就有了张溥等人苏州卧佛寺秘密聚会,扶持周延儒再相的行动,可见杨廷麟在其中的巨大作用。陈子龙诗中说杨廷麟"逃名未免公辅望","异日征书下传岩",钱谦益诗中把杨廷麟比作坚持抗金的李纲和平定藩镇叛乱的孔巢父等人("肯为金人缚李纲""韩愈宁作孔巢父"),评价固然很高,但出现在这时候,并以"公辅"望之,恐非泛泛之谈。吴伟业的《临江参军》之所以不全录,恐怕也不全部是因为内容涉及清人,毕竟他们当初共同密谋让周延儒重新登上首辅宝座,手段既不光彩,结果更是失望,所以要尽可能抹除所有痕迹的。

在短暂的乡居时光中,吴伟业还参与了欢送黄翼圣赴任新都令的

---

① 陈子龙:《湘真阁稿》卷三,辽宁教育出版社 2001 年版,第 31 页。

相关活动。吴伟业集中有《送黄子羽之任》四首,诗题下自注云:"子羽能诗,以征辟为新都令",分别是《襄阳》:"始见征途乱,十年忧此方。君还思圣主,何意策贤良。楚蜀烽烟接,江山指顾长。祇今庞德祖,不复卧襄阳。"《巫峡》:"高深积气浮,水石怒相求。胜绝频宜顾,奇情不易留。苍凉难久立,浩荡复谁收。诗思江天好,春云满益州。"《成都》:"鱼凫开国险,花月锦城香。巨石当门观,奇书刻渺茫。江流人事胜,台榭霸图荒。万里沧浪客,题诗问草堂。"《新都》:"丞相新都后,如今复几人。先皇重元老,大礼自尊亲。旧俗科条古,前贤风尚醇。似君真茂宰,白石水潾潾。"

这一组诗,按照地理空间顺序,由东向西,依次展开,想象着黄翼圣长途跋涉、万里赴任的情形,追随其踪迹,结合各地人文历史,融入黄翼圣的任职背景、仕途前景、创作情景等,既有赞美(圣主策贤良,可见君圣臣良),也有担忧(征途遥远,况且正是农民起义风起云涌的地域,烽烟相接),还有期待(一方面是江山如有待,诗思江天开,另一方面是四川名贤辈出,尤其是新都人、曾任首辅的杨廷和,相信黄翼圣在这样的地方担任行政长官,肯定会有所作为),全诗咏史说地、怀人念时,情感内涵丰富复杂,可谓用心之作,集中体现了吴伟业这一时期诗歌创作水平的提升。

黄翼圣应召入京被授予官职,苏州地区不少知名人士为之赋诗送行,除了吴伟业、钱谦益以外,现存的代表性作品有苍雪和尚《送黄子羽之任成都》:"古城天际出芙蓉,新令承恩下九重。濯锦江来衣上色,浣花溪到县门封。酒炉旧社寻司马,血食荒祠拜卧龙。声政管弦应有暇,好将竹杖寄临邛。"[1]程嘉燧《送黄子羽之任新都》:"贤良出宰新恩渥,圣主亲民德意深。绶绾锦江看制锦,船过琴峡试弹琴。三年阙下无双誉,千顷陂前不滓心。吴蜀帆樯通万里,为邦计日起谣吟。"[2]

从吴伟业用心创作这样的送行组诗,以及众多名士作诗相送,可见黄翼圣身份、地位颇不一般。黄翼圣(1596—1659),字子羽,号摄六、莲

---

① 苍雪:《南来堂诗集》卷三,民国三年云南丛书本,第35页。
② 程嘉燧:《耦耕堂集》诗卷下,顺治刻本,第16页。

蕊居士，黄元勋（万历十七年进士，官至陕西布政使参政）之子，①娶王衡第五女（王锡爵的孙女，王时敏的妹妹），与吴鸣琪为连襟，程穆衡《鸟吟集小传》："黄翼圣，字子羽，号摄六，……子羽虽贵裔，博学修洁，又为王㟖山婿，以荐辟宰蜀之新都，扞难靖事，以廉办闻，升知安吉州，簿书谋诉干戈戎马之间，诗多激昂磅礴，迨弃官归里，杜门谢客，修香光之业，诗益清新，如么弦哀玉，自有天韵，其《莲蕊居士集》徐元叹序而定之。《寇警杂诗》自叙云：庚辰孟夏，怀绥新都，寇警忽传，百无一恃，集众告天，一呼响应，昼夜严守，贼骑盘旋郡境几两月，卒之计穷东奔，身与城完能两存，不可谓非幸矣。"黄翼圣这次之所以能担任新都县令，主要是因为崇祯皇帝觉得科举出身的官员不可尽信，希望通过荐举，不拘一格使用人才，吴伟业和钱谦益都说黄翼圣是被征辟的，实际上是由王时敏推荐的。

　　黄翼圣于崇祯十一年荐授新都县令，②赴任当在崇祯十二年。钱谦益《初学集》卷十五《丙舍诗集上》（起十二年己卯正月，尽一年）亦收录有《送黄二子羽令新都》一诗，可见吴伟业送行之诗亦当作于崇祯十二年八月前（因为八月吴伟业已经到南京赴任了，而且钱谦益诗集中的作品是按照时间顺序排列的，本诗排在陈眉公挽词之前，陈继儒去世于该年九月）。后来，黄翼圣于崇祯十七年升任安吉知州，③遭逢世变，弃官回乡。所谓"修香光之业"，钱谦益《牧斋杂著》《有学集文集补遗》（下）有《跋宋板法华经》："子羽方便现病，烟客奉常驰赠宋板《法华经》，以代文殊师利诣彼问疾。昔者智者大师诵经至药王品，悟知灵山有会，俨然未散。子羽今于病榻受持，便当不离一床而涌现莲花国土。始知老维摩随心净土，非为虚语，庶不虚奉常问疾一段因缘也。己亥阳月二日，蒙叟钱谦益拜手谨题。"

　　杨廷麟江南之行后不久，居家休养的吴伟业接受朝廷征召，担任南京国子监司业，这应该是清流力量经过运作集中起复的组成部分，在他之前，崇祯十三年二月壬申，宋玫被任命为大理寺少卿。相比较而言，

---

① 王昶等编：《直隶太仓州志》卷三十，嘉庆七年刻本，第10页。
② 王祖畲等编：《太仓州志》卷十九，民国八年刊本，第39页。
③ 曹封祖等编：《安吉州志》卷七，康熙十年刊，内阁文库本，第7页。

吴伟业的这一新职务并不惹人注目。南京作为陪都,国子监更是闲曹冷署,虽然职级尊贵,但是远离权力中心,所以李继贞在给吴琨的书信中,对这一安排大为不满:"令长公南司成之推,大为扼腕。要之,饶山水、多高贤、宜诗酒,有此三快,三公不易矣。今已抵任否?门下奉亲之暇,何以为适?园林穷胜事、钟鼓乐清时,此二语可以当之。"可是,事后来看,这一安排颇具政治智慧。因为随着清流人士逐渐重返朝廷,终于要将其旗帜性的标杆人物黄道周再次树立起来,可是这一行为极具不确定性:如果崇祯认可,则清流大胜,从此彻底掌握话语权;如若被认为是对皇权的挑战,则会有众多的人士受牵连。在这样的背景下,吴伟业在南京担任国子监司业,则可进可退,相对安全。

朝廷任命吴伟业为南京国子监司业,时在崇祯十三年四月十四日(就在四月,因为举荐黄道周,举主、江西巡抚解学龙,以及被荐举人黄道周双双被捕下狱)。吴伟业接到任命后,直到八月初才到南京上任。他曾回忆说自己"升南中少司成,甫三日而黄石斋予杖信至,吾遣涂监生入都具橐谊"(《与子暻疏》)。据《国榷》记载,八月庚戌朔,癸丑(初四),黄道周、解学龙逮至,廷杖,下刑部。吴伟业说自己到任三天就得到该消息,当然在八月初四之后不久。关于吴伟业派遣涂仲吉进京解救黄道周的经过,谈迁的记载更为具体生动:"黄先生送吴骏公祭酒之南京,以本乡涂监生托之,不言其名。吴抵任,闻石斋廷杖下狱,因阅籍,则监生涂仲吉,果闽人也。召问,遣之北行,遗二十金为橐馕。仲吉竟自疏救,并下狱,拷供七人,主使杨廷麟、王维等,幸不及吴祭酒。"[1]谈迁关于黄道周的记载,很多直接来自吴伟业,或者经过与吴伟业的核实。这段资料,细节生动(比如"二十金"的路费、杨廷麟等人的姓名),恐怕也应该出自吴伟业,只是有一些细节显然是有加工的痕迹,与事实并不吻合(比如黄先生送吴骏公祭酒之南京的说法),可见即使是当事人的口述,也不尽可信。

黄道周之被逮下狱,并被廷杖,原因是江西巡抚解学龙遵旨荐举贤能时,又将被贬为江西照磨的黄道周推荐了上来,被崇祯认为是故意对

---

① 谈迁:《枣林杂俎》智集,"黄道周"条,中华书局 2006 年版,第 85 页。

抗,结党营私。正史记载说(崇祯十三年)"夏四月,戊午,逮江西巡抚解学龙并黄道周下狱。道周既贬江西,学龙重之,荐所部官,推奖道周备至。……上遂发怒,立削二人籍,逮下吏,责以党邪乱政,并廷杖八十。究党与,欲置之死,词连编修黄文焕、吏部主事陈大定、工部司务董养河、中书舍人文震亨,并系狱。户部主事叶廷秀、国子生涂仲吉论救,亦系狱。"①当然,这一事件牵连甚多,亦多冤屈。除了上述人物外,还有比如彭士望,字躬庵,江西南昌人,"崇祯十三年黄道周为江西布政司都事,以党祸逮,士望周旋缇骑间,明年太学涂仲吉以黄故下诏狱,词连士望,被逮,久之始解",②特别是陈僖给梁清宏(梁梦龙之孙)作传时,曾经记载"既而道周党祸复起,同江西巡抚解学龙下镇抚司拷问,有太学生涂仲吉上书,并逮问,词连山人许虎臣,虎臣不任拷掠,昏眩诬扳十三人,皆海内良士,且牵及黄景昉、熊文举名"。③ 尽管这么多人被牵连,但是真正指使涂仲吉进京的吴伟业的名字始终没有被提及,他显然是被保护起来了。某种意义上看,吴伟业之被任命,刚上任就敢于派人营救黄道周,事后安全脱险,这一系列事件背后应该是有人精心谋划,关键人物之一很可能就是杨廷麟。

　　杨廷麟在崇祯十三年正月到二月之间,到江南遍见名流,回到江西后,江西巡抚解学龙四月份即疏荐黄道周。当时解学龙为江西巡抚,黄道周被贬为江西按察使照磨,为其属下,解学龙举荐部属自属正常,但是黄道周被贬后并未到江西赴任,而是到浙江大涤山会晤友朋之后直接回了福建家乡守墓,闭门谢客,与解学龙并不相识,后来两人在北京狱中才初次见面(据《黄道周年谱》)。因此,解学龙举荐黄道周,应该是仰慕其学问或者是服从了某种安排。同时,四月份,吴伟业被任命为南京国子监司业。当初杨廷麟曾带着吴伟业一起拜黄道周为师,因此解学龙举荐黄道周,很难说不与杨廷麟有关。

　　更令人奇怪的是,吴伟业于崇祯十一年秋天在京城送别黄道周后,到崇祯十三年四月接到南京国子监司业的任命之前,他和黄道周两人

① 夏燮:《明通鉴》卷八十七,纪八十七,中华书局2013年版,第3029页。
② 钱林:《文献征存录》卷六,咸丰八年有嘉树轩刻本,第25页。
③ 陈僖:《燕山草堂集》卷三《真定两金吾传》"梁清宏传",康熙刻本,第33页。

并没有见面的机会,而且黄道周与吴伟业分别之际,并不能预料吴伟业将来会担任南京国子监司业,从而将涂仲吉托付给他。可以肯定的是,吴伟业于崇祯十三年四月份被任命为南京国子监司业,八月份到任,这中间也没有与黄道周会面的可能。《黄道周年谱》中明确说,"未几而江西巡抚解公以荐剡闻而逮命下矣,先生(指黄道周,时在福建)闻报,即于五月二十三日辞墓就道,时缇骑尚在南昌","于七月末旬至京"。一路上缇骑看守,中间亦无与吴伟业见面的机会。所以谈迁所说的黄道周在吴伟业赴任南京之时,要将同乡涂仲吉托付给他请他关照,显然不可能。那么,何时何地、又为什么黄道周要将涂仲吉托付给吴伟业呢?

黄道周的年谱里,对这一事件的前后经过记载得极为详细,黄道周七月底到京之后,"八月旨下,先生与解公各杖八十","仲吉之上疏救先生也","旨下,杖一百,并究诘同谋、指使","当时牵连株送几二十人,故先生诗曰'雁巢逢落凤,虎穴见啼麟'矣,而堂司乃备拷仲吉所由指使状,仲吉受榜掠,无异辞。问何人指使,曰:某只身万里,携孤心以上叩九阍,何容别受他人指使;必欲究所为指使者,请剖臣肝以献。语闻,上颇心动。"①从黄道周年谱可以看出,一方面是涂仲吉坚决不承认有人指使,另一方面此案确实株连了不少人,不过并不是涂仲吉招供出的。但是吴伟业说:"涂上书触圣怒,严旨责问主使,吾知其必及;既与者七人,而吾得免。"(《与子暻疏》)结合前引相关文献可知,吴伟业和谈迁都说涂仲吉供出了杨廷麟、王维、彭士望、许虎臣等七人,只是没有供出指使者吴伟业。谈迁与吴伟业交往甚深,他的许多资料来源就是吴伟业,这一条是否也是由吴伟业提供(没有其他佐证),无法确证。因此,黄道周什么时候通过什么方式将同乡涂仲吉托付给吴伟业,目前不得而知,杨廷麟也许就是中间环节,至少谈迁记载的吴伟业到南京赴任之际,黄道周请其照应涂仲吉这一时间节点是不可信的。至于吴伟业派遣涂仲吉进京疏救黄道周等,应该是确有其事的,因为当时在南京国子监读书的吴应箕,其年谱中亦有记载:"时吴梅村为南司业,遣太学生涂仲吉入京讼冤,先生(指吴应箕)集中亦有送仲吉入都诗。"②

① 庄起俦编:《黄忠端公年谱》卷二,道光九年刻本,北京图书馆藏珍本年谱丛刊第59册。
② 夏燮编:《忠节吴次尾先生年谱》,同治六年刻本,第42页。

至于为什么要派一个太学生进京，吴伟业等人显然是经过精心考虑的。首先，由于当时黄道周是清流领袖，所以凡是官员疏救黄道周，崇祯立即就会联想到朋党，偏执的崇祯认为黄道周结党营私，借助集体压力迫使自己屈服，所以参与营救的人越多，崇祯越愤怒，黄道周的历次挫折都与此相关，所以不能再用朝中、地方大员出面，而太学生没有官场背景，且可代表舆论，说不定能起到奇效，因此涂仲吉疏中特地说"臣草茅书生，何敢妄言，况当天威震怒，谁敢以身试法，第读书思古、有志效忠，每观古忠臣义士捐一身以成君父之德"，①说明自己仅仅是激于忠义并非受人指使上书的；第二，涂仲吉上疏的内容、角度，都经过了巧妙设计，主要是从学行声誉、处境可怜等方面为黄道周辩护，说"黄道周通籍二十载，半居坟庐，稽古著书，一生学力只知君亲，虽言常过憨而志实忠纯。今喘息仅存而犹读书不倦，此臣不为道周惜而为皇上天下万世惜也"；②第三，之所以选派南京国子监生而不是北京国子监生，是因为出发之前，就在南京放出风声，一路北上，可不断营造舆论、扩大影响；第四，涂仲吉不是普通的太学生，他的父亲涂一榛，字廷荐，万历三十二年甲辰进士，初授金坛令，擢南京吏部考功司，累官至通政司左通政，以清正廉明著称，去世后黄道周为撰墓志铭。"涂仲吉，字德公，镇海涂一榛季子，生而肮脏（高亢刚直），喜谈节义，时论未之许也。稍长入太学，闻时事阙失，辄顿足流涕。一日，在金陵闻黄道周诏狱，时方饮，投觞曰：'仲吉当一行，为朝廷保正士。'其友人谓之曰：'君拯溺义举，不度布衣之力，将自至于九死之罪，愿君更思之。'仲吉叹曰：'黄公天下之正人也，主上又英明天子也。黄公见杀，则天下之正人去；主上杀黄公，则朝廷负杀直臣名。事无大于此者。'因举酒曰：'今日为君尽觞，明日入京师。谏不听，即蒿葬长安门外耳。'遂间关赴阙上书。通政使施邦曜难之曰：'生有取义之勇，不度主上之怒将自至于不测之渊？甚为生危之。'仲吉作色曰：'朝廷奈何使选蠕者作纳言乎？'邦曜愕然谢曰：'生年少见义敢为，老夫耄矣，老夫不能，当为君一获罪。'疏上，仲吉盛陈道周学行敦挚，言虽过憨，意实忠纯。因引汉武唐宗待汲黯魏征故

---

① 孙承泽：《山书》卷十三，清抄本，第17页。
② 蒋平阶：《东林始末》，学海类编本，第36页。

事，谓主上方欲远法尧舜，奈何知出汉唐庸主下，且谓三季之主，坠小人之术，使贤人君子受党人之祸，以此摧士气、失人心，今不宜复以党人轻杀学行才品之臣。上览疏大怒，杖仲吉于长安门外，复下锦衣狱鞫指使者。锦衣乔可用盛陈刑具，仲吉曰：'吾闽南男子，见义而动，死即死耳，宁足怖耶？'可用拶其指尽折，仲吉不稍挫。既而怀宗（指崇祯）亦稍悟，乃与道周俱论戍，未几，复赦还。"[①]当时的通政使无论是施邦曜还是马思理（有的史料记载当时的通政使马思理因保护涂仲吉而受牵连），都是涂一榛的后辈，涂仲吉既然没有官职在身，投书朝廷只能通过通政司，相关流程、官员，他都很熟悉，这是他能够顺利上书并一定程度上会被关照的重要原因。选择这样一位国子监生上书营救，确实是煞费苦心而又极为巧妙的。

当然，涂仲吉千里赴京、孤身营救黄道周的行为，也为他赢得了巨大的声誉，当时很多名公巨卿都有诗赞美，钱谦益有《送涂德公秀才戍辰州兼简石斋馆丈》之作，[②]倪元璐亦有《涂德公太学以疏救予友石斋廷杖遣戍便道访予山中临别感赋》之诗，[③]可见一斑。

为了减少选派涂仲吉入京背后周到而又细致刻意谋划的色彩，有人编造了黄道周送吴伟业去南京赴任时将涂仲吉托付给他的故事，使派遣涂仲吉入京变得随意、偶然而又自然，且一编到底，事后亦不改口，细节生动，更显真实，史学家谈迁相信了同为史学家的吴伟业的叙述，没有排比黄道周与吴伟业的行踪轨迹，所以未能发现其中的漏洞，为之一叹。

除了营救黄道周，吴伟业担任南京国子监司业期间做的另一件重要工作，就是积极推行崇祯所欣赏的积分法。《明史·选举志》记载，国初，国子监六堂诸生，有积分之法：凡通《四书》未能通经者，居正义、崇志、广业三堂，为初级；一年半以上文理条畅者，升修道、诚心二堂，为中级；又一年半，经史兼通、文理俱优者，升率性堂，为高级。升至率性，开

① 乾隆《海澄县志》卷十二，乾隆二十七年刻本，第4页。

② 钱谦益：《初学集》卷二十《东山诗集三》（起辛巳六月，尽十五年壬午），上海古籍出版社1985年版，第690页。

③ 倪元璐：《倪文贞诗集》卷上，四库全书本，第28页。

始积分。一年内积满八分,可以毕业、选官。明太祖时期,大量使用国子监出身的官员,所以六堂积分法得到高度重视。但是随着科举日盛、选举渐衰,国子监生出身者并不属于官场正途,所以六堂积分法渐渐流于形式,国子监生大都不肯坐堂读书,积分法更是无从谈起。崇祯承继大统之后,逐渐觉得科举出身的官员门户、党派积弊深重,即使正直之士大都也是纸上谈兵、不切实用,无法应对晚明复杂的政治、经济、军事危机,因此希望不拘一格选拔人才,重新重视学校培养、推荐自荐、破格使用等官员使用方式,国子监的六堂积分法也被重新提到议事日程。为了以示重视,崇祯曾亲自参与六堂积分考试:"陶汝鼐,字仲调,号密庵,宁乡人,初贡成均,积分试第一,崇祯癸酉举于乡。崇祯二年己巳,二十九岁。春,入京师,肄业国子监。是年二月,庄烈幸太学,命复高皇积分法,祭酒孔贞运条奏其事。至十月,又命祭酒顾锡畴、司业倪嘉善监试,试'千载一会论',拟定六堂各一人封卷进呈,庄烈擢先生第一。"①因此,吴伟业来到南京担任国子监司业,对这一工作也极为重视。至于监内诸生,则反应不一,兹引一例以见其概。

明末清初著名学者张自烈有《复吴次尾论积分书》:"承示积分祖制贤者不避,兄爱弟诚至,然弟非薄积分,独心有未安耳。前月友人晤杨大司成,称弟学行积分宜拔冠多士,克咸私以告弟,弟谢不往。适阍公来雒,为弟言吾侪困场屋,得积分则进取有阶,时未可失,屡趋弟共事,弟复坚却之。盖是时少司成为吴骏公,忆辛未弟入都门,骏公同张天如成进士,弟偕易又尹往晤骏公,骏公齿少于弟,与之语,呐呐不出口。今历官司业,俨然国子师,使弟俯首积分,不得不称弟子于其门。昨兄语弟云,骏公招集邸署同学诸子,在座数人,次尾友骏公,阍公则师骏公,弟谓骏公学问文章未必出阍公右,而阍公独以一积分遇骏公卑谨恭逊至此,益信弟屣弃积分之非失计耳。且兄不闻南雒积分之非古乎?大司成课试六馆士不尽由祖法,或徇请托,或采虚声,甚者以贿进,则积分虽为进取之阶,弟弗屑也。阍公乐就则听之,弟且晚西归。兄遇克咸,致鄙意,无谓弟硁硁,幸甚!"②

---

① 梅英杰编:《陶密庵先生年谱》,民国九年刻本。
② 张自烈:《芑山诗文集·文集》卷八,清初刻本,第7页。

这封信的作者张自烈(1597—1673),字尔公,号芑山,江西宜春人；收信人吴应箕(1594—1645),字次尾,号楼山,南直隶贵池人；信中还涉及徐孚远(1599—1665),字闇公,晚号复斋,松江华亭人；孙临(1611—1646),字克咸,改字武公,安徽桐城人,孙晋之弟,方以智妹夫；易嗣重,字又尹,江西宜春人,自幼好学,年十五补弟子员,崇祯恩贡,①复社成员。上述诸人均为国子监生,一时名士。从张自烈信中的描述可以看出,他之所以瞧不上积分法,主要是南雍(南京国子监)的积分法在实施过程中并不规范,私人请托,甚至贿赂公行,大大挫伤了士子的积极性,其次是因为他瞧不起负责这项工作的吴伟业,觉得这个人连话都说不清,资历还浅,所以不屑于拜在他的门下。加上种种其他原因,吴伟业的推动工作并不顺利。

收到张自烈的信后,吴应箕也接受其建议,拒绝了吴伟业的好意,放弃了积分考试,据《吴应箕年谱》:"崇祯十二年己卯,先生四十六岁。夏五月,至金陵,始与归德侯公子方域订交,时四举国门广业之社,凡揭中之一百四十余人大半入会中,周仲驭亦至焉。于是留都防乱之揭传播南中,大铖欲求解于侯公子不得,遂与社中人为水火之仇。秋,在金陵,寓邹满字阁子,陈公子定生遣其子其年检讨执贽先生门下。是科,八应南都试,不第,泛舟归秋浦,作《述归赋》。时吴梅村为南司业,请行积分之法,趣先生入试,先生以朱云折薛宣事答之,卒不就。"②吴应箕所说"朱云折薛宣"典故出自《汉书·朱云传》,汉成帝时,薛宣为宰相,退隐户县的朱云前去拜访,薛宣挽留他,被其断然拒绝,苏轼曾有诗"凛然高节照时人,不信微官解浼君。蒋济谓能来阮籍,薛宣直欲吏朱云"(《重寄一首》),咏及此事,赞其高节。综合张自烈、吴应箕等人的表现来看,当时的积分法确实很难对正直的士大夫有多大的吸引力。

当然,也有人在吴伟业手下通过积分法改变命运、走上仕途的,比如宋存标。吴伟业在《宋子建诗序》中说:"往者余叨贰陪雍,云间宋子建偕其友来游太学,……子建雅结纳,擅声誉,天才富捷,能为诗歌,……余讲舍在鸡笼山南,……子建至,则相与讲德论艺,命酒赋

① 施闰章等修:《袁州府志》卷九,康熙九年刻本,第40页。
② 夏燮编:《忠节吴次尾先生年谱》,同治六年刻本,第38页。

诗,极昼夜勿倦。盖山川之胜,文章之乐,生平所未有也。余既东还,子建被荐入翰林。"据《光绪重修奉贤县志》:"宋存标,字子见,尧武孙也,崇祯中以积分选贡候补通判,寻中壬午(崇祯十五年)副榜,授南京翰林院待诏(府志云选翰林孔目),以国变归里。"①可见宋子建正是在南京国子监以积分法获得候补任职资格的,很快又考取乡试副榜,实授官职。云间宋氏兄弟,尚有宋征舆、宋征璧等,书香门第,才华早著,均与陈子龙等人交好,经其推荐,亦成骏公好友。吴伟业着重培养,自是情理之中。

另外,吴伟业在南京国子监司业任上,虽然为时甚短,也赏识、培养了不少诗人,如《雪桥诗话续集》记载"平湖钱馨稚农,初名士馨,崇祯壬午贡入南雍,见知于吴骏公",赢得了许多文人的拥护与尊敬。比如诗人方文有《喜吴骏公司成南雍(庚辰)》:"清秋游璧沼,东望正徘徊。片月海边至,三峰天上来。鼓钟扬圣泽,丹漆丽群材。更渡前溪水,人人咏有台","四方严斥堠,南国静江波。甘露分金掌,祥凤扇玉珂。称诗毛郑出,作乐雅南多。紫燕无奇羽,翩翩入罻罗。"②诗中借用《诗经·小雅·南山有台》,表达吴伟业到任国子监生们的欢快之情,并将吴伟业比作传《诗》的著名学者毛亨、毛苌、郑玄,可谓评价极高。虽说方文亦为国子监生,有吹捧之嫌,但是一定程度上也体现了吴伟业在当时文人中的地位和影响。

在南京国子监任上,吴伟业最开心的是迎来了老朋友吴继善。作为一起长大的同宗兄弟,吴继善在崇祯三年与吴伟业一起考取举人后,直到崇祯十年方才考取进士,因为母亲去世回籍丁忧,到现在还没有选官任职,所以有空闲到南京来看望吴伟业。吴伟业在《哭志衍》诗中回忆吴继善曾"顾予石城头,横览浮大白;慷慨天下事,风尘惨河朔",当在此时。

吴继善之所以到南京来看望吴伟业,很可能与吴伟业这一时期因为仕途险恶、官场不得意而引发的颓废之情绪有关。吴伟业在南京国子监司业的位置上,本就对闲曹冷署不满,加上事事不顺心(救黄道周

---

① 张文虎等纂:《光绪重修奉贤县志》卷十一,光绪四年刊本,第8页。

② 方文:《嵞山集》卷四"五言律",康熙二十八年王概刻本,第4页。

不但未成差点被牵连，推行积分法还被人瞧不起），所以只能对老朋友发牢骚，其《南中与志衍书》中说："嗟乎！凉秋独夜，危峰断云，梧桐一声，猿鸟竞啸，追念旧游，独坐不乐。世已抵随、和，而吾犹恋腐鼠，若弟者独何以为心哉！丈夫终脱朝服挂神虎门，不能作老博士署纸尾也。归矣志衍，扫草堂待我耳！"收到这样的书信，志衍放心不下，立即赶来南京，两人结伴出游，纵论国事，"有日登临感客游，楚天飞梦入江楼。五湖归思苍波阔，十月怀人木末愁"（《送志衍入蜀》）。从书信和诗作中可以看出，吴伟业到南京上任不久，两个月左右时间，心情郁闷，"凉夜独坐"，"十月怀人"，心中想念的"旧游"就是志衍，毫不犹豫写信直接诉说自己的"五湖归思"，而志衍很快赶来南京，分忧解难，以慰孤怀，兄弟至交，其情可见。

除了吴继善，书画家邵僧弥也曾在南京陪同吴伟业度过一段苦涩的时间。黎遂球曾有诗《送邵僧弥同骏公之金陵》，可见邵弥是陪同吴伟业一起来到南京上任的。吴伟业在所撰《邵山人僧弥墓志铭》中，说两人"尝共登鸡笼山，东望皖、楚，忧生伤乱，泪下沾襟，余乃知君非迂僻者也"，可惜不久邵弥即去世了。吴伟业说，"余少与僧弥用诗文书画相砥砺"，"君之相知莫过于余"，可是这次南京相聚，"既惫且衰"，令人心痛。

当然，这样郁闷的日子并不太长，上任南京国子监不到一年，崇祯十四年六月二十五日，朝廷晋升吴伟业为左中允，召他进京。这个时候，吴伟业的态度已经很暧昧了。他给朝廷打了一份报告，说由于母亲身体一直不太好，所以特地请假，拟将母亲从南京送回太仓老家，然后赴京任职。

问题是，吴伟业的这份报告乃是虚晃一枪，并没有实际行动。自从接到六月份朝廷的任命文件之后，吴伟业如果真准备赴任，就应该尽快送母亲回乡然后北上；如果不准备赴任，那也应该尽快送身体不好的母亲回乡休养。可是，直到本年秋天，吴伟业仍然和自己的母亲一起逗留在南京，原因不明。证据是，吴伟业动身离开南京时，有不少友朋有送行之作，比如姚曼《吴骏公奉母还京》："我亦飘零久，何堪送远人。离筵当此夕，归梦已经旬。驿路看黄叶，乡心慰老亲。长安花事好，珍重六街尘。"①再比如阮大铖《送吴司成骏公还吴北上》:"高帆别路绕菰蒲,酒尽秋山翠可呼。刻日帝屏登姓字,如云祖帐满生徒。谁能遍地销戎马,何处违山无蟪蛄。此际苍生思转迫,楸枰莫恋谢公娱。"其二:"秋花篱落昼长关,高驾遥来问小山。正是绛纱勤设教,欣闻玉笋近还班。收将朴樕桢王室,说到疮痍动圣颜。衮职夔龙无寸阙,野心农圃赖君闲。"②从这些诗作可以看出,吴伟业带着母亲离开南京,时序已属深秋,而且吴伟业是准备先送母亲还乡的(先"还吴"),"乡心慰老亲",然后准备回乡后从太仓"北上""还京","欣闻玉笋近还班","长安花事好"了。更明显的证据是,崇祯十四年七月初一朝廷已经新任命吴太冲为南京国子监司业,他是吴伟业的进士同年。吴太冲都快要到南京了,吴伟业还逗留在南京,没回太仓(吴伟业《与吴默真》有"亭前池荷虽零落,犹作数花"之语,③典型的秋天景色)。诸如此类,均可说明,崇祯十四年六月朝廷任命吴伟业为左中允后,吴伟业一直犹豫、迁延,直到深秋时节方才决心送母归乡、进京任职。

需要说明的是,吴伟业这一时期的仕途升迁实际上是与周延儒密切相关的。崇祯十四年二月,有旨再召周延儒入朝,六月,即有吴伟业左中允之晋升;九月,周延儒至京,复为首辅,崇祯首次召见就极为满意,于是本来仍在观望的吴伟业立刻准备动身离开南京、送母还乡、然后北上(上述阮大铖、姚曼等人的送行诗写作背景均为秋季,如"驿路看黄叶""酒尽秋山翠可呼"等,诗题中都明确说"还吴北上""奉母还京");随着周延儒深得崇祯信任与倚赖,吴伟业的官职也随之一年一迁,崇祯十五年升左谕德、十六年升左庶子。尽管吴伟业最终没有到达北京赴任,但是他多次做了北上的准备。除了崇祯十四年秋天在南京时他就准备奉母东还然后北上赴任之外,崇祯十六年周延儒倒台前后,他仍有赴京上任的冲动(详见后文)。

对于周延儒复出得力于东林、复社的精心推动,事前吴伟业是知道

---

① 王豫辑:《淮海英灵续集》巳集卷二,道光刻本,第15页。
② 胡金望等校点,阮大铖撰:《咏怀堂诗集》《咏怀堂辛巳诗》卷上,黄山书社2006年版,第449页。
③ 王于飞认为该信作于南京,时间为崇祯十三年九十月间,甚为有理,但是说信中透露出归隐之意,所以真的没有去北京赴任(《吴梅村生平创作考论》第38页),却不完全合理,从前引作品来看,吴伟业还是准备去赴任,归隐只是口头说说而已。

的,事后却是不以为然也不肯承认的。他在《复社纪事》中说:"吴来之昌时为礼部郎,移书先生(指张溥)曰:'虞山(指钱谦益)毁不用,湛持(指文震孟)相不三月被逐,东南党狱日闻,非阳羡复出不足弭祸。主上于用舍多独断,然不能无中援,惟丹阳盛顺伯可与谋。'顺伯时客先生所,故与介生(指周锺)渊旧,雅负权谲,见其书奋曰:'来之筴诚善,顾非公言莫足鼓动者,某请衔命矣。'先生嘿不应。来之以己意数申款问遗中贵人,……已而阳羡果召,召自出上意,初非有他也,而来之自谓谋已行,视世事弥不足为。"(着重号为笔者所加)吴伟业强调的是周延儒复出,根本上就是崇祯本人的意思,与吴昌时、张溥等人并没有关系,张溥既没有采纳吴昌时的建议,也没有采取实际行动,而是吴昌时贪天功为己有。

这段记载真假参半,实际上,选择帮助周延儒复出,不但是吴昌时的主意,也是复社诸人的共识,更是他们共同努力的结果。杜登春《社事始末》记载:"(张溥)中夜不安,唯恐朝端尚以党魁目之也,计非起复宜兴,终成孤立之势,乃与钱牧斋、项水心、徐勿斋、马素修诸先生谋于虎丘之石佛寺。谋定,遣干仆王成赍七札入选君吴来之先生昌时邸中。吴先生者,一时手操朝柄、呼吸通帝座之人也,而輋毂番子密布内外,线索难通。王成以七札熟读,一字一割,杂败絮中。至吴帐为蓑衣裱法,得达群要。此得之王成口,最详确,是辛巳二月间事。于是宜兴以四月起,而西铭即以是月暴病云殂。"[1]当然,仅仅通关系还不够,还需要金钱投入。文秉《烈皇小识》卷四记载:"召予告大学士周延儒于家。先是,阁臣虽内外兼用,鲜有当圣意者。众推宜兴颇有机巧,或能仰副,而圣意亦及之。于是庶吉士张溥、礼部员外郎吴昌时为之经营,涿州冯铨、河南侯恂、桐城阮大铖等分任一股,每股银万两,共费六万金,始得再召。"[2]《明史·周延儒传》记载:"(温)体仁益横,越五年始去。去而张至发、薛国观相继当国,与杨嗣昌等并以媢嫉称。一时正人郑三俊、刘宗周、黄道周等,皆得罪。溥等忧之,说延儒曰:'公若再相,易前辙,可重得贤声。'延儒以为然。溥友吴昌时为交关近侍,冯铨复助为谋。会帝

① 杜登春:《社事始末》,《东林始末(及其他两种)》,中华书局1991年版,第6页。
② 文秉:《烈皇小识》卷四,清抄明季野史汇编前编本。

亦颇思延儒，而国观适败。十四年二月诏起延儒。九月至京，复为首辅。寻加少师兼太子太师，进吏部尚书、中极殿大学士。延儒被召，溥等以数事要之。延儒慨然曰：'吾当锐意行之，以谢诸公。'既入朝，悉反体仁辈弊政。"

这一过程，不但众所公认，甚至吴伟业本人也说："先生（指张溥）尝密疏救时十余事，要阳羡以再出必行。会上虚己属任师相，蠲逋租，举废籍，撤中使，止内操，政多可纪，悉当时所笕记。"张溥既然敢于要求周延儒复出后按照东林、复社商定的施政方略去执行，周延儒执政后也果然按照这一方针实施（哪怕当时张溥已经去世），那么周延儒之二次出山，得力于张溥等人，自是情理之中。吴伟业继续说："来之不知书，粗有知计，尤贪利嗜进，难以独任。此阳羡得志，来之自以为功，专擅权势，阳羡反为所用。"吴昌时如果不是在周延儒复出中立下大功，凭什么要挟周延儒，"专擅权势，阳羡反为所用"？

综合以上记载可知，为了达到各自的政治目的，缓解自身危机，周延儒与张溥为代表的清流派双方都需要利用对方，于是重新走到一起。崇祯初年周延儒为了入阁与温体仁联手击败了钱谦益，现在周延儒既然与温体仁决裂，与东林、复社有了共同的敌人，所以崇祯十二年春周延儒主动去虞山拜访钱谦益，求得和解（详见后文），然后崇祯十三年正月杨廷麟从宜兴到虞山再到太仓，先后联络周延儒、钱谦益、张溥、陈子龙等人，取得一致意见（双方应该有政治盟约，比如复社诸公负责让周延儒重任首辅，周延儒起用东林复社被废诸臣，按照既定施政方针改弦更张等等），终于在崇祯十四年二月，在虎丘卧佛寺经过钱谦益、徐汧、项煜（他们三人均为东林元老）以及张溥、马世奇（马世奇虽然是周延儒崇祯四年主持会试时录取的进士，但是他却是周延儒早年的老师）等人精心策划，吴昌时具体操作，通过冯铨、阮大铖、侯恂等人获得政治献金，打通内阁关节，于是周延儒顺利入京，东山再起。

但是，这一政治联盟显然是既见不得人也极其脆弱的，对成功一方没有任何约束力量。周延儒刚刚被召，张溥就暴病而亡，实属蹊跷，令人生疑。王于飞据周同谷《霜猿集》所载"三册书成注复删，莫防灯下鬼神环。西铭夫子丰都主，生死枯荣一笔间"诗句，其注"溥别号西铭，其门人称为西铭夫子。延儒再召,溥欲尽用其党人而杀异己者,书三册以进。延儒秘而藏之",以及"月坠西江歌舞阑,中原一片水流丹。故人昨夜魂游岱,相国方言好作官",其注"张西铭讣音至,延儒惊起曰:'天如奈何遽死!'既而曰:'天如死,吾方好作官。'客曰:'庶常,我道干城,公何为出此言?'延儒乃出二册示客曰:'此皆天如所欲杀之人也,我如何能杀尽!'"认为尽管"张溥这种作为虽令人骇异,却也与其思想个性相吻合",为了实现理想可以"不择手段"(周同谷这一材料是黄裳首先使用的),①有一定道理。如果这一记载属实,那么张溥之暴卒就更容易让人产生联想了。周同谷,字翰西,常熟人,年十三补诸生。福王时,谒史可法于扬州,论列时事,可法称其谙练。后寓昆山知止山房。诗文沧古,盛为名流推挹。② 其《霜猿集》有李俊作于顺治十三年八月的序,"李俊,字空云,金陵人,史忠正公妾也。公既殉节,俊为女道士,入王屋山,不知所终"。③ 除了《霜猿集》四卷外,周同谷还著有《鹤臞诗草》《松庐集》等,《明诗别裁集》说他字鹤臞,昆山人。由其生活时代与活动区域来看,他关于周延儒和张溥关系的记载,未必是空穴来风,至少是事出有因的。当然,计六奇的记载就更进一步了:"宜兴再召,通内而赍币帛者,冯涿州也;奔走而为线索者,太仓张溥、嘉兴吴昌时也。擘画两年,纶綍始下","昌时与张溥同为画策建功人,淮安道上,张溥破腹,昌时以一剂送入九泉,忌延儒密室有两人也,其忍心如此。"④明确说张溥是死于吴昌时之手,当然客观上也为周延儒解了套,这也是吴昌时能够控制周延儒的重要因素。

周延儒执政后,为了摆脱控制,除了清除张溥之外,又与清流巨头钱谦益翻脸。以钱谦益在晚明的士林地位和政治影响来看,如果没有钱谦益的支持(至少不反对),周延儒是难以获得清流的拥护重新登台的。所以周延儒首先要去获得钱谦益的谅解,这才有崇祯十二年的虞山之行。《初学集》卷十五《丙舍诗集》,《阳羡相公枉驾山居即事赋呈四

① 王于飞:《吴梅村生平创作考论》,重庆出版社 2003 年版,第 65 页。
② 王学浩等编:《昆新两县志》卷三十"流寓",道光六年刊本,第 14 页。
③ 王蕴章:《燃脂余韵》卷四,民国七年铅印本,第 35 页。
④ 计六奇:《明季北略》卷十九,都城琉璃厂半松居士活字本,第 7 页。

首》，详细记录了这次会面与表态。其一："阁老行春至，山翁上冢回。袞衣争聚春，棋局漫相陪。乐饮倾村酿，和羹折野梅。绿堤桃李树，一一为君开。"其二："黑头方盛壮，绿野正优游。月满孙弘阁，风轻传说舟。鸱夷看后乘，戎马闻前筹。侧席烦明主，东山自可求。"其三："堤柳眠风翠，楼花笑日红。秾华欺冷节，妖艳仗天工。舟楫浮春水，车茵爱晚风。暂时忧国泪，莫洒画桥东。"其四："若问东山事，将无畏简书？白衣悲命驾，红袖泣登车。甲第功谁奏？歌钟赏赏虚。安危有公在，一笑偃蓬庐。"牧斋在诗中明确以"山翁"自称，表明自己隐居"东山"无意再起，将天下安危托付给周延儒这位年方盛壮的黑头阁老。杨思贤认为自崇祯十二年周延儒到虞山拜访钱谦益，为了应对共同的政治对手，两个政敌达成暂时和解，只是后来周延儒不但没有重新起用钱谦益，反而说"虞山正堪领袖山林"，对钱谦益打击极大，其《复阳羡相公书》和《寄长安诸公书》表达了极为愤怒之情和绝交之意，[①]所论甚是。结合事情的发展回头看这一组诗，可知当时牧斋表面上是以优游岁月、无心政治的山翁自居，认为自己年华老大，而延儒则是年方盛壮、建功立业之时，所以才明确支持周延儒，自己则安心于眠柳看花、笑偃蓬庐、不再干政。实际上，钱谦益显然不甘于寂寞，他之所以积极参与谋划周延儒复出，也是寄托了自己的政治野心的。但是，张溥和钱谦益背后庞大的政治派系以及社会舆论上巨大的影响力，足以对周延儒的政治地位构成威胁。周延儒已经被人抱团排挤过一次，当然不愿意成为张溥、钱谦益等人的傀儡，所以他坚决扼制了钱谦益东山再起的企图。

就周延儒看来，吴伟业显然是清流中的另类。周延儒与吴伟业家族为世交，吴伟业之会元、榜眼，就是得力于周延儒的提携。既然周延儒的复出，得力于东林、复社的支持，那么复社领袖张溥暴卒后其得意门生吴伟业成为新的复社党魁，周延儒选择吴伟业作为清流在朝中的代言人，也就名正言顺了。这样，既对支持他的东林复社人士有个交代，又不对自己的权力构成威胁，还不会引起崇祯的警惕（当初的枚卜之争，已经让崇祯对钱谦益等人有了先入之见，如果周延儒与钱谦益公

---

① 杨思贤：《钱谦益政治生涯与文学》，南京师范大学硕士论文，2007年，第11、12页。

开联手,疑心极重的崇祯如何看待是可想而知的)。也就是说,如果挑选周延儒、复社、崇祯三方都能够接受的政治新秀、未来之星进入权力中心,那么吴伟业显然是最佳人选之一。正是因为这样的原因,当时社会舆论有"议者谓(吴伟业)旦夕入相",而阮大铖、姚曼等人的送行诗作中,对吴伟业表达了极高的政治期待,所谓"长安花事好""刻日帝屏登姓字"等等,就是对这一期待的最好写照。这一背景下,吴伟业踌躇满志,准备将身体不太好的母亲送回太仓,轻车入都、大展拳脚,自在情理之中。

在这次周延儒复出过程中,有一个人,过去没有引起充分的重视,那就是丹阳人盛顺。据《丹阳县志》记载:"盛顺,字顺伯,诸生,性至孝。……黄公道周,一时(崇祯)欲置之死,顺伯计全之,由是结纳满天下,名列复社。"[1]在当时崇祯盛怒的背景下,欲置黄道周于死地,并非不可能。黄道周不是说郑鄤道德品行在自己之上么,崇祯照样把郑鄤凌迟了。陈子龙在自编年谱中记录自己为了救黄道周,"遍走当局称同志者,求明石斋师,为圣主惜此举动,皆蹙额相向,以为上意方不测,若申救则益其祸。是时,上新拔进士数人为翰林台谏,予意数人者新进,为上意所倾,信其无党,若得一言讼之,或可解悟,微以语激一二公,皆笑不应。"如此可见,在举朝上下束手无策的背景下,能够设计保全黄道周,不但需要智慧,还需要有过硬的内外关系。吴昌时之所以说操作周延儒复出之事唯丹阳盛顺伯可与谋,就是因为看中其有"中援"这一独特优势。盛顺先后成为周锺、张溥、周延儒的座上客,自有其不一般的地方。当然,他还曾经差一点帮助吴伟业的至交宋玫成功运作入阁。《明史·宋玫传》记载:"大学士周延儒客盛顺者,为浙江巡抚熊奋渭营内召,果擢南京户部侍郎,继登父子(宋继登、宋玫父子)信之。(崇祯)十五年夏,廷推阁臣,顺为玫营推甚力。会诏令再推,玫与焉。帝已中流言,疑诸臣有私。比入对,玫冀得帝意,侃侃敷奏。帝发怒,叱退之,与吏部尚书李日宣等并下狱。日宣等遣戍,玫除名,顺乃惊窜。"可见,盛顺确实是手眼通天的人物,有多次运作成功的经历,宋玫这一次

① 胡为和等修:《丹阳县志补遗》卷十五,民国十六年刊本,第2页。

实属意外,功败垂成,实在是因为崇祯先有了怀疑之意,而宋玫偏偏表现得特别优秀、有事先充分准备之嫌疑,甚至牵累了负责阁推的吏部尚书下狱、遣戍,责任可不必由盛顺来承担。

在本次事件中,还有一个人值得注意,那就是阮大铖。崇祯二年秋天,阮大铖被打入阉党逆案,削职为民,一直耐心蛰伏、伺机再起。这一次周延儒再相活动,阮大铖看到了机会,非常踊跃。杜登春所记载的出资人,阮大铖就是其中之一。顺便说一句,杜登春所记载的三位出资人中,侯恂为东林党人,崇祯九年被温体仁、薛国观等人陷害入狱,他响应号召出资支持周延儒复出自是理所当然,周延儒再次执政后他被任命为户部尚书,可谓是投资有了回报。而另外两人冯铨与阮大铖均为阉党,崇祯对阉党的态度朝廷上下都是很清楚的,这次投资很可能打水漂,这本应该在意料之中。

董含《三冈识略》曾记载说:"周延儒之初相也,珰案诸人皆厚赂之,欲令转移上意。阮大铖亦馈二万金。延儒畏上英断,不敢发;性贪鄙,又不能还金。诸人惆怅而已,独大铖怒詈之。"可见周延儒确实是接受了阉党中人的政治献金,却不肯帮忙的。只是冯铨与阮大铖情况又不一样,明末清初著名历史学者计六奇曾说:"涿州冯铨与延儒同年,年相若,初时有同衾之好,后结儿女亲。"①万历四十一年(1613)冯铨中进士入翰林时年仅十九岁,"年少貌美",而周延儒中会元、状元,"年甫二十余,美丽自喜",这两个进士同年、同入翰林的年轻人,关系密切,自在情理之中,何况后来冯铨少子娶了周延儒的从女,②两家关系亲上加亲。冯铨为周延儒筹措复出的资本,即使投资失败,尚能接受。而阮大铖对这份巨额投入,寄予厚望,毫无回报,当然心有不甘。徐鼐《小腆纪年》记载:"周延儒之再召也,次扬州,大铖辇金为寿,求湔濯。延儒曰:'吾此行,谬为东林所推。子名在逆案,可乎?'大铖沉吟久之,曰:'瑶草如何?'瑶草,(马)士英别字也。许之。士英因得起用。"③这一记载不但证实了周延儒、阮大铖、马士英之间的利益交换,并且说明了后来南明时

① 计六奇:《明季北略》卷十九,都城琉璃厂半松居士活字本,第11页。
② 查慎行:《人海记》卷上"世祖论宜兴"条,光绪正觉楼丛刻本,第7页。
③ 徐鼐:《小腆纪年》卷六,咸丰十一年刻本,第25页。

期马士英报答阮大铖的根源所在。其实阮大铖非常有政治眼光，他一直与周延儒保持联系的，其《咏怀堂集》《戊寅诗》中有《寿周相国挹斋五十》诗两律，作于崇祯十一年，当时周延儒还在蛰伏期；《辛巳诗》中有《送周相国挹斋入京》七律六首，作于崇祯十四年春天进京之时（"始春芳树约同攀"），既赞美周延儒，又希望其施以援手（"随地孤寒为援手，何人吐握不归心"）。

　　送别过周延儒之后，政治嗅觉极为灵敏的阮大铖又及时地与周延儒的得意门生吴伟业搭上了关系，这才有崇祯十四年初秋的四首送别之诗。苏州石佛寺的密谋，阮大铖以政治献金参与入股等等，作为复社党魁的吴伟业，自当知晓。阮大铖送周延儒入京，饯行之地很可能是在南京，①其时吴伟业也在南京国子监司业任上，三人见面亦属可能。由于吴伟业后来抹去了他与阮大铖交往的痕迹，我们无从知晓当时吴伟业与阮大铖交往的具体情况。但是，吴伟业后来曾借相关文字掩饰当年他与阮大铖的交往，故意说他早就认识到阮大铖的奸臣嘴脸，在为进士同年、同官南京的叶树声做墓志铭时，他说："崇祯十有七年，吾友南京福建道监察御史叶公瞻山于其家闻国变，恸哭呕血，……明年正月竟卒。其子选贡生彰吉……乞余以铭。余与公同年进士，又同官南中，其知公最深，然则铭之莫如余宜，何敢辞！按公讳树声，字瞻山，世为湖州乌程人，……丁卯，举于乡，为黄石斋先生所知。……辛未，成进士，官行人。当是时，乌程相柄国事，……会考选，以公论弗能屈，乃仅得南台以去。先是山东成公宝慈考极清官第一，不容于朝廷，授南御史，而公拜命之日，江右詹公月如亦为同官。三君子者，天下闻而称之。公至南中，则成公早以疏劾大臣，为所构下狱。公与詹公视事伉直自如，不为动。先后五年，……尝从余宿祖堂山中，夜半蹶然起，叹曰：'此人（李按：指阮大铖）不死，必乱天下。'其通识早鉴若此。公长余十余年，而詹公与余同岁，三人共谈国事，詹公少年，沾沾自喜，坐起跳跃，抵掌极论，公正容端膝，引大体，多持重，吾两人退而心服，以长兄礼事之。……公

---

① 徐鼒说周延儒、阮大铖两人见面是在扬州，但是谈迁说周延儒再相后吴伟业曾经与他见过面，排列两人轨迹，周延儒进京后，未曾南还，直到后来死在北京，而吴伟业却一直没有北上进京，因此很可能就是周延儒进京途中路过南京之时，吴伟业拜见师相并请教相关问题。

生丙戌二月初八日,卒于乙酉正月十三日。"①

　　叶树声是吴伟业的进士同年,又同在南京为官,同宿祖堂山,应该就是吴伟业在南京担任国子监司业之时,既然这位长兄"通识早鉴",并认真提醒过吴伟业要防范阮大铖这个小人,一般情况下,小心谨慎的吴伟业肯定不会再上阮大铖的当了。可是,吴伟业准备北上升官的时候,却接受阮大铖这个阉党的饯行,看来是没有把朋友的警告放在心上的。或者说,吴伟业当时对阮大铖的奸臣嘴脸认识不清,后来回顾叶树声的提醒,颇有后悔之意? 当然,张溥、周延儒、钱谦益、吴伟业等人,接受阮大铖的政治献金,却瞧不起其为人,不肯为其复官努力,这也就为后来南明小朝廷阮大铖借助马士英进行的复仇埋下了伏笔。张溥、周延儒等人已经去世,姑且不论,钱谦益与吴伟业就跑不掉了。

　　崇祯十四年秋天,踌躇满志的吴伟业从南京奉母东还,准备安顿好家人后北上赴任。但是,奇怪的是,他回乡后却并没有北上进京,直至崇祯十七年三月十九日自缢煤山后南明弘光政权征召,他才再次出山,至南京任职。这一时期他的行踪极为诡秘,内心世界颇为复杂,与往昔形象迥异,比如游山玩水、纵情声色、放浪形骸。要了解他的内心世界,作于崇祯十五年初夏的《升任请养疏》值得细细分析。

《升任请养疏》

　　奏为微臣蒙恩升任,抱病不能供职,恳乞圣恩,特准在籍调理事。臣门寒人悴,遭遇圣明,累拔清阶,因忝今授,誓心效职,少答鸿私。不谓母子同病,情迫呼天,负德旷官,不胜惶悚。

　　微臣受生尪瘵,善病虚赢。往年给侍殿廷,时忧陨越。奉使中州,在途忽闻臣母背疽危笃,焦心灼骨,昼夜兼程,抵家之日,幸而得救,外证虽痊,元神难复。从此臣母不离伏枕,而臣亦以忧劳兼至,抱病困劣矣。为此投诚君父,拜表陈情,天地陶成,着于南雍供职。所冀讲授之暇,养身事亲,仰答生成。乃臣母沈痼缠绵,微臣复清赢憔悴。幸蒙拔擢,奉母东还,义急王程,心忧母恙,以致凤疾再作,百沴交侵。春初呕血数升,精神耗消,肌肤瘦削,腰脚虚肿,

---

① 《吴梅村全集》卷第四十四《南京福建道监察御史叶公瞻山偕配严孺人合葬墓志铭》,第 921 页。

不成行立，头目昏眩，辄致沉迷。入夏以来，寖增寖剧，母子同患，阖室惊危，正尔彷徨，再闻除目。臣扶力叩头，感膺宠命。自念叨窃踰涯，非臣谫劣所能胜受，因缘疾患，仰负国恩。

　　皇上录旧兴贤，海内人才，弹冠踊跃。微臣心长力短，实命不同，稽以旷鳏，宜从官罚。若以臣供事微劳，特准在籍调理，微臣母子二人，悉蒙恩造，庶几余生，不填沟壑，留形天壤，拜见阙廷，生生世世，感圣恩于无穷矣。为此谨遣义男吴忠赍本奏闻，臣无任悚息待命之至。

　　这份得知"升任"却不肯赴任、没有辞职只是"请养"的疏文，其陈述的相关事件及其背景如下：崇祯十二年七月，吴伟业"奉使中州"，任务结束的时候听闻母亲生病，"昼夜兼程"，赶回家乡，自己也病倒了；由于无法返京复命只得"拜表陈情"，幸得皇上庇护，让他在南京国子监任职，得以就近"养身事亲"，所以他于崇祯十三年八月奉母赴任；崇祯十四年，朝廷升他为左中允，"幸蒙拔擢，奉母东还"；秋天回家后，由于急着准备北上赴任，又担心母亲病情，导致自己旧病复发，无法上路；到了崇祯十五年春天，病情愈发严重，甚至"呕血数升"；"入夏以来"，病情继续加剧，母子同病，举家彷徨，就在这时候得到了朝廷四月十六日任命他为左谕德兼侍讲的消息，因此上疏请朝廷"特准在籍调理"。这是疏文的主要内容。

　　如果仅仅从文字来看，这篇疏文情词恳切，忠悃毕现，令人感动。可惜事实上这只是一篇官样文章，所说断非实情。崇祯十五年吴伟业年仅三十四岁，正是年富力强、大展宏图的时候，身体状况绝非如此糟糕。如前文所说，崇祯十二年他奉使河南的时候，使命尚未完成就表示要以病辞官，果然公务一完成马上借口母亲生病直接回家了；回去以后四处奔走，并无丝毫病重的样子；即以其自述病情最为严重的崇祯十五年春天呕血数升以来的情况而言，他实际上从正月就出行，先后去了杭州、嘉兴等地，游山玩水，喝酒看戏，遍访名流，四月中旬的时候在西湖见了黄道周，秋冬之际还去苏州和钱谦益等人一起喝花酒，眼馋董小宛归了冒辟疆，次年春天就与卞玉京相识相恋、打得火热了，哪里有丝毫

"腰脚虚肿,不成行立,头目昏眩,辄致沉迷"的迹象?说白了就是不想赴任而已。

吴伟业回到太仓后,在"皇上录旧兴贤,海内人才,弹冠踊跃"的大好形势下,为什么不肯北上赴任?具体原因不得而知,但是绝不是因为看破红尘或者是对官场失望因此"拔脚风尘际"。表面上看,早在崇祯十三年秋天,吴伟业在南京国子监司业任上,就曾给知心好友吴继善写信,表达了归隐之意:"嗟乎!凉秋独夜,危峰断云,梧桐一声,猿鸟竞啸,追念旧游,独坐不乐。世已抵随和,而吾犹恋腐鼠,若弟者独何以为心哉!丈夫终脱朝服挂神虎门,不能作老博士署纸尾也。归矣志衍,扫草堂待我耳!"(《南中与志衍书》)另外,仕清后,他也曾说自己不喜欢做官,说明自己年轻时就辞官归隐:"我昔少壮时,声华振侪辈。讲舍鸡笼巅,宾朋屡高会。总角能清谭,君家好兄弟。缓带天地宽,健笔江山丽。凭阑见溢口,传烽响箫吹。海寓方纷纭,虚名束心意。夜半话挂冠,明日扁舟系。问余当时年,三十甫过二。采药寻名山,筋力正强济。濯足沧浪流,白云养身世。长放万里心,拔脚风尘际。"(《送何省斋》)吴伟业三十二岁,为崇祯十三年,正在南京国子监司业任上。他说尽管当时自己年方"少壮""筋力正强济",就有归隐之心,挂冠神武门,拔脚风尘际,做到了扁舟江湖上、白云养身世。诸如此类,这些话其实都不作数。前者是因为自己在南京国子监这个闲衙冷署,只能"作老博士署纸尾",仕途不得意的牢骚之言,后者则是付出巨大代价、丢弃江湖地位、甚至牺牲名节而入仕新朝,同样仕途蹭蹬未能飞黄腾达的掩饰之辞。

吴伟业崇祯十四年归乡前后至崇祯朝灭亡期间,有几件事很重要,但目前我们尚无定论:第一,五月份张溥去世,吴伟业究竟有没有从南京回到太仓参加丧礼?第二,吴伟业为什么没有进京赴任,他在担心什么?第三,吴伟业的《升任请养疏》有没有被朝廷认可,同意他休假?

正如前文所说,张溥去世很突然,属于非正常死亡。陈子龙《哭张天如先生》二十四首,其中若干首值得注意,比如其一:"江城日日坐相思,尺素俄传绝命辞。读罢惊魂如梦里,千行清泪不成悲。"其二:"越山北望指吴关,一月缄书定往还。数日不传云里字,那知非复在人间。"从这两首诗可以看出,张溥去世很突然:两人最近虽未见面,但是一直有联系,书信往来不断,可是才"数日不传云里字",就"尺素俄传绝命辞"了。如若是生病,却没有任何前兆,况且留下的"绝命辞""读罢"令人"惊魂",可见显有不可告人之隐情。其二十四:"八月浊浪胥江奔,千人缟素为招魂。自怜越界惭皇甫,不得相从哭寝门。"①张溥五月份去世,直到八月份方才举行葬礼,场面宏大,千人缟素,董说《忆亡友侯几道》诗中曾描述其情景,诗云"秋风几度思畴昔,葛衣白鹤江头客。素车白马满江南,野渡相看独愁绝(辛巳会吊西铭夫子,初与几道相见)"。②

可是,奇怪的是,这么多人送行,却很少人写诗哭别(包括吴伟业)。钱谦益集中写了那么多的挽词,就是没有张溥的;张溥去世,无子,只有一女,只能立嗣,这样的大事钱谦益也曾参与主持,"呜呼!天如之殁,而耿耿视不受含者,独念母夫人耳",张溥是庶出,其母亲没有家庭地位,张溥去世,其母亲无依无靠,所以为张溥立嗣就解决了其后顾之忧,"吾辈庶可以慰天如于地下乎"。③ 是不是因为张溥去世原因众所周知而又讳莫如深,写诗必然涉及,又不能涉及,所以干脆不写?陈子龙一口气写了二十四首,次年又作《去年孟秋十三夜予从京师归遇天如于鹿城谈至四鼓而别孰知遂成永诀也今秋是夜泊舟禾郡月明如昨不胜怆然》二首,其一:"日暮维舟枫树林,玉峰峰外漏沉沉。那堪独对当时月,泪落吴江秋水深。"其二:"去年相见语情亲,今岁相思隔世尘。闻道月轮回地底,可能还照去年人。"④孟秋指七月,从诗题到内容,两首诗都紧扣"明月"意象,这实际上亦与张溥去世有关。陈子龙前引《哭张天如先生》其二十二:"执烛犹持《易》一编,但称朗月在中天。知君闻道光明镜,不向人间号谪仙(天如临没,尚讲《易》,问侍者曰:'月甚明,我将行矣。'遂逝)。"这些作品,虽含糊其辞,但无不暗示张溥并非如吴伟业等人所说"先生前十日属疾,卒于家"(《复社纪事》),而是反

---

① 陈子龙等:《云间三子新诗合稿》卷九,峭帆楼重校刻本,第13页。
② 董说:《丰草庵诗集》卷二《采杉编》,吴兴丛书本,第1页。
③ 钱谦益:《钱谦益全集》《初学集》卷八十四《题张天如立嗣议》,上海古籍出版社2003年版,第1775页。
④ 陈子龙:《陈子龙诗集》卷十七,上海古籍出版社2006年版,第593页。

复强调张溥跟自己一直有联系，从未说过生病的事，且直到去世前那一刻，都十分清醒。

值得注意的时间节点是，崇祯十四年二月，周延儒被召，他在春天来到南京（或者扬州），见过阮大铖等人，却没有立即到京上任；五月份张溥去世，八月张溥葬礼结束后，周延儒九月份就到了北京。吴伟业六月份被召，也在南京犹豫不决，迁延等待；到了秋天张溥安葬结束、周延儒到京上任，他终于下定决心送母亲回太仓然后准备北上。这样的时间先后，是偶然巧合还是有意安排，亦耐人寻味。现有材料，无法说明五月份张溥去世、八月份张溥葬礼，吴伟业是否回到太仓参加相关活动，但是从六月份就被朝廷晋升左中允，而他与母亲到九月份还在南京这一反常举动来看，吴伟业很有可能这中间一直在南京，没有回到太仓参加相关活动。

崇祯十四年秋天吴伟业从南京回到太仓后，临时改变了主意，放弃了原先奉母回家后直接进京任职的打算，而是选择继续在家观望，原因未知。崇祯十五年正月，他开始出行，第一站是去嘉兴见吴昌时。吴昌时（1594—1643），字来之，号竹亭，崇祯三年与吴伟业同榜中举，房师为熊开元。吴昌时早年受业于东林党人周宗建，是江南应社的首批成员、复社元老。从崇祯十二年开始策划的周延儒复出计划，他是倡议者、执行人，起到了关键作用，这时亦归乡休假。

崇祯十五年的春天，是个非常时期，吴伟业此时主动拜访炙手可热的吴昌时，对"不好诣人贪客过"的吴伟业来说，意义非凡。同样，吴昌时对吴伟业的到来，也是表现出足够的诚意，举行了盛大的欢迎宴会。十年之后，顺治九年二月，吴伟业再次来到嘉兴，对这次聚会记忆犹新，在《鸳湖曲（为竹亭作）》中写道："鸳鸯湖畔草黏天，二月春深好放船。柳叶乱飘千尺雨，桃花斜带一溪烟。烟雨迷离不知处，旧堤却认门前树。树上流莺三两声，十年此地扁舟住。主人爱客锦筵开，水阁风吹笑语来。画鼓队催桃叶伎，玉箫声出柘枝台。轻靴窄袖矫妆束，脆管繁弦竞追逐。云鬟子弟按霓裳，雪面参军舞鸜鹆。酒尽移船曲榭西，满湖灯火醉人归。朝来别奏新翻曲，更出红妆向柳堤。欢乐朝朝兼暮暮，七贵三公何足数？十幅蒲帆几尺风，吹君直上长安路。长安富贵玉骢骄，侍女熏香护早朝。分付南湖旧花柳,好留烟月伴归桡。"诗中对当时极尽奢华的招待,描写得极为细腻。吴昌时的竹亭湖墅,亦出自园林设计大师张南垣之手,盛极一时。两吴相会,良朋好友,美景佳酿,歌儿舞女,加上一直被压抑的政治氛围陡然云开雾散,这一对政治明星,把酒言欢,兴致盎然,真是值得回味。

一首长诗,意犹未尽,吴伟业再作《鸳湖感旧》,诗前有小序:"予曾过吴来之竹亭湖墅,出家乐张饮,后来之以事见法,重游感赋此诗。"诗云:"落日晴湖放楫回,故人曾此共登台。风流顿尽溪山改,富贵何常箫管哀。燕去妓堂荒蔓合,雨侵铃阁野棠开。停桡却望烟深处,记得当年载酒来。"吴伟业的这两首诗,都极尽兴亡之感、不胜悲凉之意。

关键是,吴伟业在决定仕清之前,特地跑来凭吊吴昌时竹亭湖墅,其心境甚是耐人寻味:崇祯十四年,周延儒复任首辅,崇祯痛定思痛,决定不再三心二意,用那么多宰辅,而是专用周延儒,再三表示以天下托付先生;吴昌时是周延儒复出的关键,背后操纵着周延儒,把持吏部文选司,掌握着百官的升迁,还和内监关系密切;吴伟业是崇祯赏识的会元,周延儒的得意弟子,吴昌时的同年好友,张溥的接班人,复社的新领袖,"直声动天下,议者谓旦夕入相",是未来宰辅的最佳人选(吴昌时因不是翰林,就没机会入阁为相),这是他来拜访吴昌时的背景;顺治九年,吴伟业是遗民领袖,"身隐而道益彰",其儿女亲家陈之遴为内翰林弘文院大学士,虽然南党、北党斗争激烈,但是两党领袖陈名夏、龚鼎孳、曹溶、冯铨、孙承泽等人均与吴伟业交好,所以吴伟业是双方都想争取的对象,而吴伟业在明朝时已经官至少詹事,再进一步就是入阁了,这是他再来凭吊吴昌时的基本形势。两两相对,何去何从,吴伟业是不是对崇祯十五年的那一次谨慎、保守、观望、退却后悔了? 可惜的是,顺治九年的这次凭吊,让他冒险往前多走了一步,结果却是更后悔了。

在嘉兴和吴昌时欢聚过之后,吴伟业来到杭州,拜见东林大佬冯元飚。冯元飚,字尔韬,号邺仙,浙江慈溪人,父若愚,南京太仆寺少卿,天启二年冯元飚与兄元飏同举于乡,次年成进士,累官揭阳知县、户科给事中、南京太仆卿、通政使等,终兵部尚书。吴伟业说自己"游西湖返棹,赴冯元飚少司马之命,同泊塘栖",那么当时冯元飚是兵部侍郎,两人相约在塘栖。这是一场极为重要的聚会。因为,他们两人之所以约在塘栖,是为了共同拜见清流领袖黄道周。除了他们两位专程前来拜见黄道周外,稍后前来拜访的还有陈子龙、陈达情等人。① 这样的会见恐怕不是如同吴伟业轻描淡写说的那样,"忽传福建黄太史至,意为先生也",好像大家都是很偶然遇见的那样。其实这应该是事先精心安排的会面。否则哪有这么巧,时间、地点这么精确,这么多的重要人物,就这样碰上了。当然,对这样一次表面若无其事实则精心安排的会面,吴伟业也是刻意隐瞒的,他此次嘉兴、杭州之行,在集子中没有留下任何诗作,直到入清之后,顺治九年重到嘉兴,之后与谈迁谈论黄道周,以及写作《工部都水司主事兵科给事中天愚谢公墓志铭》时,才透露了自己这一次嘉兴、杭州之行。②

冯元飚此人很不简单,《明史·冯元飚传》说:"元飙多智数,尚权谲,与兄元飏并好结纳,一时翕然称'二冯'。然故与冯铨通谱谊;初在言路,诋周延儒。及为侍郎,延儒方再相,元飙因与善。延儒欲以振饥为铨功,复冠带,惮众议,元飙令引吴牲入阁助之,既而牲背延儒议。熊开元欲尽发延儒罪,元飙沮止之,开元以是获重谴。"从这一系列事件,可见其所起关键作用。张溥去世之后,清流队伍急需类似冯元飚这样"多智数、尚权谲",善于处理各方面关系,还要有一定政治地位与影响声誉的人物来牵线搭桥,领导组织。冯元飚出身官宦世家,既是东林健将,又能与阉党代表人物冯铨联宗套近乎,且"兄弟俱有直声",正是合适人选。由此可见,冯元飚、黄道周、陈子龙、吴伟业等人在塘栖见面会谈,是一次精心准备的核心会议,议题之一恐怕就是如何处理与周延儒

---

① 谈迁:《北游录》"纪文"《黄石斋先生遗事》,中华书局 1997 年版,第 259 页。
② 在此之前,吴伟业应该还有一次春天的杭州之行,但是具体哪一年,待考。陈田《明诗纪事》辛签卷十九收录有许豸(张溥、吴伟业的辛未进士同年,时任浙江佥事)《与张天如、吴骏公、杨维斗泛舟西湖》,诗云:"十里晴明嫩柳斜,同登孤塔赏春华。苍茫野色余残霭,回合山光到暮霞。曲岸惊风翻荇带,平堤新水绣桃花。芳辰寻乐须拼醉,更向桥西觅酒家。"张溥、杨廷枢等党社巨头会聚杭州,恐亦非仅为游览西湖美景。

的关系,甚至包括重大的人事安排。① 黄道周与他们几个人,既有集体谈话,又有个别交流,直到"中夜而别"。从后来的表现可以看出,冯元飙三个月后即升兵部左侍郎,而且不计前嫌、不遗余力地支持周延儒,甚至不惜牺牲复社功臣熊开元。当时熊开元弹劾周延儒,崇祯让他回去写疏列举事实,冯元飙劝阻熊开元,希望他以大局为重,熊开元只得含糊其辞,冒着欺君之罪没有罗列周延儒具体的、确凿的贪婪证据,惹得崇祯大怒,熊开元差点性命不保。

由吴伟业口述、谈迁记载的这一段历史往事,特别强调说,黄道周在与诸人见面时,"极言时事干济,忧危救倾,娓娓不止",对吴伟业除了当面交代外,可能是觉得吴伟业心有疑虑、不够积极,第二天又写了一封长信,"明日先生遗书千余言相勖"。黄道周的"千余言"说了哪些内容我们虽然不知道,但是既然是勉励的,那就应该是勉励吴伟业出山,为国为民效力的了。前文曾经说过,黄道周是清流的一面旗帜。关键是,在东林、复社中人的帮助、督促之下,周延儒后来竟然能够带领内阁(包括蒋德暻、黄景昉、吴甡等人)同声附和,利用机会为黄道周说好话,让崇祯改变态度赦免黄道周,召其还朝官复原职(只要清楚之前黄道周被贬的过程,就知道让刚愎自用的崇祯作这样大的改变该有多难,张溥临死之前最大的遗憾也就是未能救出黄道周)。黄道周万死还京,君臣相见,痛哭流涕,虽因身体原因未能接受官职,但是这样两位君臣之间的和解,极具象征意义。

从杭州见过黄道周回来后不久,吴伟业再次接到朝廷的任命,提升他为左谕德兼侍讲,他犹豫再三,终于给朝廷上了《升任请养疏》。至于为什么不肯赴任而要请养,肯定不是由于身体原因,而是与他对政治前景的担忧有关。综合当时的情况来看,吴伟业担忧的因素与三个人有

---

① 比如关于东林骨干范景文的安排。当时范景文落职在家,吴伟业有《赠范司马质公偕钱职方大鹤》诗(叶君远考订当作于崇祯十五年秋天以前),诗云"去日将军解佩刀,重来歌妓低团扇。仍道朝廷思令公,玺书旦夕下山东",诗中说"玺书旦夕下山东",果然本年秋天,范景文就被征召为刑部尚书、改工部尚书,这恐怕不是偶然巧合。"钱职方大鹤"指的是钱位坤,字与立,号大鹤,常熟人,崇祯辛未吴伟业同榜进士,官兵部职方司郎中(范景文原为南京兵部尚书,参赞军务,是钱位坤的顶头上司),其子钱镜征为伟业之婿。吴伟业不但预先知道,而且在朝廷"旦夕"即下"玺书"的情形下,给两人赠这样一首诗,有通风报信、讨好卖乖之嫌。

关,分别是周延儒、吴昌时、崇祯皇帝,分述如下。

周延儒的最大优势是善于揣摩圣意,最大的问题是缺乏实际办事能力。晚明内忧外患,仅靠迎合圣意是解决不了问题的。偏偏周延儒对此并没有清醒的认识。吴伟业曾经跟谈迁说过两件事,可见一斑。"宜兴再召,都督杜文焕日章趋其家告曰:'相公闻命,例疏辞。而今事亟矣,寇胡交讧,势不两顾,其关系在松山之师,稍有蹉跌,大事去矣。相国疏辞,即宜附密奏:撤师松山,回守关门,蓄力并锐,犹可支也。若待相国入朝而图之,度纡程三四月,则松山瘰矣,关门岂能独御哉?上待相国厚,言之必听,幸速为计。'宜兴漫应之,殊不致意。及入朝,东师果溃,而九塞之精锐尽矣。都督以语吴骏公,深用追叹。日章博通经、史、二氏,善五七言律"。杜文焕(字日章)与吴伟业关系非同寻常,曾经准备把女儿给吴伟业填房,他虽然是一介武夫,对当时的形势却看得非常准确。在听说周延儒被召后,主动上门为周延儒献计献策,可是周延儒根本不以为然,白白丧失大好机会。这些,杜文焕与吴伟业显然都有讨论。

这里顺便介绍一下这个文武双全的都督杜文焕,吴伟业曾经写过一首长诗《送杜公弢武归浦口》,就是赠给杜文焕的。其父杜桐,据《明史·杜桐传》,字来仪,昆山人,徙延安卫,由世荫累官至清水营守备、拜署都督金事、充总兵官;弟松,字来清,有胆智,勇健绝伦,由舍人从军,累官至宁夏守备、迁延绥参将,曾以总兵官镇山海关;子文焕,字弢武,由荫叙历延绥游击将军,累进参将、副总兵,擢宁夏总兵官,多次率兵打败农民起义军。文焕子弘域,天启初历延绥副总兵,天启七年夏,文焕援辽,即擢总兵官,代镇宁夏,积资至右都督,崇祯中,提督池河、浦口二营练兵,遏贼南渡,颇有功,崇祯十三年,移镇浙江。崇祯十五年,用总督杨文岳荐,杜文焕以故官讨贼,无功,复谢病去。国变后,文焕父子归原籍昆山。

可见,杜氏原籍昆山,乃武将世家,又偏爱文学。吴伟业亦是原籍昆山,又是当时文坛领袖,对兵学亦颇为熟谙,[①]两人亲近,当属自

---

① 吴伟业曾经应邀为松江人张龙翼(字羽明)《兵机类纂》作序,序言中讨论兵法、兵机头头是道,落款为"崇祯岁在癸未嘉平月上浣娄东吴伟业骏公父题"(崇祯十六年十二月),该书卷首(另有钱谦益的序),崇祯十六年刻本,《四库全书存目丛书》,子33/429。

然。《程笺》引《卧龙山人集》："杜公以大将起家榆林,而其先固昆山人也,易姓后因居于昆,未几,往浦口,依其故部曲,移书告别,其言辞颇凄楚。"吴伟业的送行诗中说"将军威名著关陇,紫面虬须锋骨悚。西州名士重人豪,北地高门推将种。……嗟余憔悴卧江潭,骑省哀伤初未久。君来一见即论文,谓结婚姻商不朽。蹉跎此意转成空,自恨衍期负若翁。非是隽君辞霍氏,终然丁掾感曹公"。叶君远考订此诗作于顺治四年,以吴伟业妻子郁氏去世,杜文焕欲以女为吴伟业继室,为梅村婉拒,[①]根据此诗诗意,可谓确论。由此可知,吴伟业与谈迁所说的杜文焕给周延儒的建议,均出自当事人之口,甚为可信。

周延儒不但自己不操心国计民生,还让吴伟业别操心。"吴骏公太史尝请事宜兴,如兵食、河漕等当若何,宜兴但曰有督抚等任之,别无他语"。[②] 吴伟业与周延儒的这一次见面,当面请教,从情理上看应该在南京。周延儒再相北上,在南京与吴伟业见面,吴伟业眼见形势严峻,向这位当朝首辅请教当时最为重要的军队的后勤补给等问题,也是提醒,可是周延儒对此一无所知还毫不关心。依靠这样的首辅,应对晚明溃烂的形势,结局可想而知。吴伟业犹豫再三,对捆绑上这样的战车,心存疑虑,实属自然。

至于吴昌时,吴伟业后来对他的评价极低,所谓"来之不知书,粗有知计,尤贪利嗜进""专擅权势""首臣为所累,与俱败"(《复社纪事》)。也就是说,吴伟业还是一心为周延儒解脱的,问题主要出在吴昌时那儿,周延儒只不过是受其牵连而已。表面上看,确实如此,因为周延儒上任后,"凡捍御,凡民生,凡用人理财,无不极其讨究,极其调剂。至望恩请恤、昭忠铭节等事,向期期不予,覆核至再,以限于格、限于分、阻滞停阁者,沛然弗吝,天下仰望风采。考选六十四位,悉登台省以示宠,人亦乐归之,诵太师者无间口",[③]本来是很得人心的,就是因为吴昌时崇祯十五年二月入朝以后(那个时候吴伟业刚刚在嘉兴见过吴昌时),为

---

① 吴伟业尚有词作《贺新郎》"送杜将军考武",词中有"西州豪杰"、"家世通侯"诸语,疑即指杜文焕,"考"为"殁"之误。又,钱谦益《有学集》卷二十四第 939 页《杜大将军七十寿序》:"上章摄提格之岁,前太傅元侯大将军殁武杜公,春秋七十。"可知,顺治七年庚寅,杜文焕七十岁。

② 谈迁:《枣林杂俎》和集,"周延儒再召"条,中华书局 2006 年版,第 611 页。

③ 计六奇:《明季北略》卷十七,中华书局 1984 年版,第 6 页。

了控制官吏考核进而把持朝政,强行要求周延儒把自己从礼部仪制司改到吏部文选司,由此大坏规矩,激起众怒,引发对立,而吴昌时则招权纳贿、打击异己,周延儒反过来被其要挟,"昌时于是事权在手,呼吸通天,为所欲为矣",将周延儒的前期努力毁于一旦。

这种将吴昌时作为罪魁祸首的看法,在当时很是普遍。相比较而言,《明史·周延儒传》的评价就比较客观,对相关事件的记载也非常明确:"延儒被召,溥等以数事要之。延儒慨然曰:'吾当锐意行之,以谢诸公。'既入朝,悉反体仁辈弊政。首请释漕粮白粮欠户,蠲民间积逋,凡兵残岁荒地,减见年两税。苏、松、常、嘉、湖诸府大水,许以明年夏麦代漕粮。宥成罪以下,皆得还家。复诖误举人,广取士额及召还言事迁谪诸臣李清等。帝皆忻然从之。延儒又言:'老成名德,不可轻弃。'于是郑三俊长吏部,刘宗周掌都察院,范景文长工部,倪元璐佐兵部,皆起自废籍。其他李邦华、张国维、徐石麒、张玮、金光辰等,布满九列。释在狱傅宗龙等,赠已故文震孟、姚希孟等官。中外翕然称贤。尝燕侍,帝语及黄道周,时道周方谪戍辰州。延儒曰:'道周气质少偏,然学与守皆可用。'蒋德璟请移道周戍近地。延儒曰:'上欲用即用之耳,何必移戍。'帝即日复道周官。其因事开释如此。帝尊礼延儒特重,尝于岁首日东向揖之,曰:'朕以天下听先生。'因遍及诸阁臣。然延儒实庸驽无材略,且性贪。当边境丧师,李自成残掠河南,张献忠破楚、蜀,天下大乱,延儒一无所谋画。用侯恂、范志完督师,皆偾事,延儒无忧色。而门下客盛顺、董廷献因缘为奸利。又信用文选郎吴昌时及给事中曹良直、廖国遴、杨枝起、曾应遴辈。"周延儒刚开始之所以所作所为颇得人心,评价很高,是因为他是执行了张溥的既定方针,可是他本人既无能且性贪,后来所用非人(不仅仅是任用了吴昌时),这是其败亡的根本原因。

实事求是地说,周延儒所长在于揣摩圣意,他再相早期之所以取得一系列成就,是因为他所采取的措施,不过是执行了张溥等人事先谋划的既定政策,这是东林、复社精英们针对当时形势精心研究出来的成果,不是周延儒有多大的能耐。周延儒之所以被吴昌时要挟,并非完全因为吴昌时是起复他的功臣,更多的是因为他和吴昌时一样贪婪,贪权贪财,方才同流合污,将大好形势随手葬送,前功尽弃。《明史·周延儒传》中这样描述吴昌时："有干材，颇为东林效奔走。然为人墨而傲，通厂卫，把持朝官，同朝咸嫉之。"如果没有才干，坏也坏不到哪儿去，有才干却"墨而傲"，这就很危险了。吴昌时最终招致杀身之祸，这是咎由自取。只是"庸驽无材略"的周延儒，遇上"有干材"的吴昌时，却又有共同的利益追求，于是将张溥等人苦心经营的救世良策丢弃殆尽，张溥以生命换来的救世努力功败垂成，甚至让复社也背上了明朝灭亡的黑锅，成为党争亡国的罪人，实在是阴差阳错的历史悲剧。

至于崇祯皇帝，虽然吴伟业没有直接进行过批评，但是对崇祯的刚愎自用、刻薄寡恩、反复无常是表达过不满的。特别是这一次周延儒重新出山，万一不能力挽狂澜，会是什么下场，是不是最终成为崇祯又一次政治赌博失败的替罪羊，吴伟业是有担心的。不仅是吴伟业，就是周延儒本人，亦有思想准备。据吴伟业的进士同年杨士聪记载，周延儒接到圣旨的当晚，就梦见已经死去十年的夫人吴氏劝阻其出山，并带他前去一处，只见一老僧，脖颈系锁，因而惊醒，自知不祥。而且当天晚上周延儒的儿子也作了类似的梦。周延儒进京途中，道经山东，杨士聪说："余造谒舟次，语余曰：'自知再来必至祸及，而不敢不来。'呜呼！岂其然欤！"[1]杨士聪是吴伟业的挚友，也是周延儒的门人。周延儒在出发之前做的这个梦，既然在山东能够告诉杨士聪，恐怕在南京也会告诉吴伟业。

不但是周延儒，崇祯十五年夏宋玫的遭遇更会让吴伟业警惕。宋玫年少多才，"姿望吐纳，天下无二"，自崇祯十三年补大理寺少卿后，此时已官至工部左侍郎，名列九卿，"其去大用也日近，得旨廷推，旦夕备阁臣，而骤逢上怒，并下于理，以谴归"（《书宋九青逸事》）。这件事的经过，李清有详细记载："上枚卜阁臣，面加召对。蒋少宗伯德璟言边臣须当久任，……上颔其言。时宋少司空玫亦召对，娓娓九边地形，画成地图。上疑其干进。"[2]宋玫由于回答得太精确，连九边地图都画出来了，崇祯认为准备如此充分，看来事先就做了功课，既然是事先做功课，那肯定是有人泄露了天机，这是崇祯怀疑宋玫私下里内外勾结的缘由。当然，宋玫也确实是走了门路的，"时请枚卜，盛太学顺日奔走为宋少司

---

① 杨士聪：《玉堂荟语》，北京燕山出版社 2013 年版，第 137 页。
② 李清：《三垣笔记》"垣附中"，吴兴刘氏嘉业堂刻本，第 6 页。

空玫求与，不得，奉旨再推来看。九列台省，纷纷各思市德而热衷大老，有托人请求，亦有躬谒人望其拥戴者，顺或动以利，或愚以周辅延儒意有所钟，玫遂得与"。① 宋玫通过盛顺等人谋取枚卜资格，固然有错，但这是当时官场通病，何况宋玫确实有才且忠心耿耿，一心报国（前文说过，他是吴伟业的政治偶像之一），崇祯并无实据，仅凭怀疑便将其除名，实在有些随意。吴伟业也是呼声很高、议者谓旦夕入相的，面对这样的皇帝，如果再与周延儒、吴昌时这样的人为伍，成为其利益集团的核心人物，吴伟业恐怕也难以善终。

以吴伟业一贯谨慎的政治态度，以他对崇祯皇帝的深切了解，以及他关键时刻以请教为名实则考察周延儒的未来打算，特别是在吴昌时飞扬跋扈、得意忘形的时候与其深入接触，再加上曾经与冯元飚见面，聆听黄道周的教诲，以进一步认清当前的形势，在对周延儒的一片赞扬声中预测未来的走向，下定决心，得出结论：那就是在不断观望的同时做好随时赴任的准备，以身体不好为由上书朝廷请假（身体一旦好转即可赴任，这就留有余地），确实是最好的处置办法。

在请假休养同时又准备赴任的双重心理作用下，吴伟业还作了另一手准备，那就是流连风月，放浪形骸，假装无意世事，自高位置。崇祯十五年秋冬之际，吴伟业参加了钱谦益召集的聚会，那是为董小宛赎身归冒辟疆而组织的。据说，那个时候的吴伟业，对欢场还不太适应。可是很快他就与卞玉京一见钟情，陷入热恋。没见过世面的吴伟业对卞玉京颇为倾倒，自陈"余有《听女道士弹琴歌》及《西江月》《醉春风》填词，皆为玉京作"。《西江月》《醉春风》等作品，缠绵悱恻，穷形尽相，可谓艳词。② 奇怪的是，尽管吴伟业对卞玉京很满意，可就是不娶她回家。

---

① 李清：《三垣笔记》"垣附中"，吴兴刘氏嘉业堂刻本，第8页。
② 吴伟业《西江月·春思》："娇眼斜回帐底，酥胸紧贴灯前。匆匆归去五更天，小胆怯谁瞧见？ 臂枕余香犹腻，口脂微印方鲜。云踪雨迹故依然，掉下一床花片。"《西江月·咏别》："乌鹊桥头夜话，樱桃花下春愁。廉纤细雨绿杨舟，画阁玉人垂手。红袖盈盈粉泪，青山剪剪明眸。今宵好梦倩谁收，一枕别时残酒。"《醉春风·春思》其一："门外青骢骑，山外斜阳树。萧郎何事苦思归，去、去、去。燕子无情，落花多恨，一天憔悴。私语牵衣泪，醉眼偎人觑。今宵微雨怯春愁，住、住、住。笑整鸳衾，重添香兽，别离还未。"其二："眼底桃花媚，罗袜钩人处。四肢红玉软无言，醉、醉、醉。小阁回廊，玉壶茶暖，水沉香细。重整兰膏腻，偷解罗襦系。知心侍女下帘钩，睡、睡、睡。皓腕频移，云鬟低拥，羞眸斜睇。"

这很可能与他当时的两手准备有关：文人诗酒风流，自无不可，但是正式娶妓女回家，却是名教中人极为忌讳的，钱谦益娶柳如是的遭遇就是明显的例证。当然，钱谦益是因为对周延儒的举动绝望了，所以才在崇祯十四年娶了柳如是，既然决心放弃官场，娶不娶妓女、坏不坏名声就不重要了。而吴伟业不同，他还有大把的机会，可以明显看出的是，他一方面与卞玉京打得火热，同时又与众多女性交往，包括卞玉京的妹妹卞敏，专门给她写诗赞美，有《画兰曲（为卞玉京妹卞敏作也）》"画兰女子年十五，生小琵琶怨春雨，记得妆成一见时"；再比如《赠妓郎圆》"轻靴窄袖柘枝装，舞罢斜身倚玉床。认得是侬偏问姓，笑侬花底唤诸郎"等等，就是逢场作戏而已，结果也掩饰了他对卞玉京的真情。

吴伟业在苏州与卞玉京热恋的时候，诗兴大发，除了艳情作品本色当行外，其他作品也婉转流畅，典型的是《送志衍入蜀》。由于他与吴继善总角相交、情感深厚，自己又处于甜蜜爱情的亢奋中，加上吴继善终于在丁忧结束后走上仕途，两兄弟从此可以并驾齐驱、驰骋官场，所以诗歌写得极其欢快。"去年秋山好，君走燕云道；今年春山青，君去锦官城"，崇祯十四年秋天，吴继善丁忧结束后北上京城，销假、候选，得成都县令之职，回归太仓，准备赴任，到崇祯十五年春天，在苏州与温柔乡中的吴伟业辞行。"秋山春山何处可为别，把酒欲问横塘月"，可见去年秋天赴京和今年春天入蜀，都是在苏州与吴伟业分别的。吴继善进京选官、入蜀为官，吴伟业自然会为他遍托朝中大佬、蜀中乡绅权贵。吴继善到苏州，顺便把书信带上。沉醉于甜蜜爱情中的吴伟业，甚至用上了比兴"别时曾折阊门柳，相思应寄郫筒酒"。由于沉浸在温柔乡中，吴伟业忽视了当时的政治、军事形势，因为当时成都已经很危险了。吴伟业还说自己已经无意于官场，所以准备去夔州隐居，陪伴志衍，以慰相思，"乞我瀼西园数亩，依君好种灌溪田"。① 当然，这也就是说说而已，岂料兄弟一别，遂成永诀。

这一时期，吴伟业连续写了很多艳情作品，除了前述诸作外，光"子夜"系列就有《子夜词》三首、《子夜歌》十三首、《子夜歌代友人答闽妓》

---

① 瀼西，指瀼水以西，在奉节县，唐代杜甫曾迁居此处，有《瀼西寒望》诗："瞿塘春欲至，定卜瀼西居。"

六首、《新翻子夜歌》四首等等，其中大多数作品都是用来记录当时他们"夜夜枕手眠，笑脱黄金钏"的缠绵热恋情形，香艳无比。赵翼曾评价说："梅村诗，本从香奁体入手，故一涉儿女闺房之事，辄千娇百媚，妖艳动人。幸其节奏全仿唐人，不至流为词曲。然有意处则情文兼至、姿态横生，无意处虽镂金错采，终觉腻滞可厌。惟国变后《赠袁韫玉》云'西州士女章台柳，南国江山玉树花'，及被荐赴召路过淮阴云'我是淮王旧鸡犬，不随仙去落人间'此数语，俯仰身世，悲痛最深，实足千载不朽。"①此评对错兼半，尤其是入清之后所举例证，可谓不伦。吴伟业晚明时期创作的此类作品，确实千娇百媚，堪称艳诗，但是入清之后的赠妓之作如《赠寇白门》六首、《楚云》八首、《临淮老妓行》（描写名妓冬儿的）等，一反明末做派，哀感顽艳，没有一丝媚态。这是时代使然，也是需要使然。崇祯十六年前后的吴伟业，肆意展现自己流连风月的名士派头，突然夸张地描摹自己的浓情生活，融入晚明江南文士纵情声色的滚滚洪流，与晚明民间通俗文学相呼应，加上他极高的艺术天赋，刻画传神，深情绵邈，句新辞丽，传唱一时。只是，这样的作品体现的不是真正的吴伟业，至少不是吴伟业的全部。

当然，吴伟业的这种做派，当时并不是没人看明白，至少桐城才子方其义是懂他的。方其义一方面唱和吴伟业的《子夜歌》，赞赏其诗酒风流，另一方面又关心着他北上的动静。其《赠吴骏公少司成》诗云："久传高阁过平津，容与微风动暮尘。方集南皮天下士，肯辞北海座间宾。蓬门幸辱檀东迹，槐市还吹黍谷春。虚语拮据何所用，如今经济重名臣。"②当然，他的《子夜歌》"为吴骏公太史赋"，也颇符合吴伟业的口味，其一："东家原有杜秋娘，白苎横遮太史长。写尽吴绫都不看，只言珂佩玉生香。"其二："昨夜西湖两客星，玉壶有句让昌龄。空劳画尽旗亭壁，细语佳人未必听。"③方其义（1620—1649），字直之，安徽桐城人，御史中丞方孔炤次子，思想家方以智之弟。吴伟业赠他的书扇"近作"，是一首香艳的风月之诗，正是吴伟业这一时期双面做派的典型表现：

---

① 赵翼：《瓯北诗话》卷九"吴梅村诗话"，嘉庆七年刻本，第 10 页。
② 方其义：《时术堂遗诗》卷四"七言律"，康熙刻本，第 1 页。
③ 方其义：《时术堂遗诗》卷六"七言绝句"，康熙刻本，第 2 页。

"寒食春光上柳梢,交交瀺鹣动柔桄。燕钗拖颈低团扇,钿带迎人弄玉箫。爱捉儿郎调白马,闲呼姊妹赌红椒。文君放诞多风调,羞托无聊斗沈腰。"落款为:"近作书似直之盟兄正,吴伟业。"①

虽然对长江上游的四川的局势了解不清,但是吴伟业对长江下游的形势还是基本熟悉的。崇祯十六年,他为曾经担任镇江知府、后升苏松兵备道的程峋写了夸耀其功绩的《平海纪略》:"我程使君始视事,捕大猾,赦其保舍匿藏之罪,令办贼自赎,得要领矣。先是公以润州守临江治军,贼发辄得,威声流闻。公至之日,贼投兵遥指曰:'此京口旃麾也。'固已内慑。……浃旬之间,万里清荡,斯可谓奇矣。夫公幕府初开,……当数十年承平之余,单车讨贼,未尝张大羽书,悉索军赋,而芦人渔子以为兵,束矢钩金以为饷。及事成功立,收其战舰戈矛剑盾,充军实而壮国容。自非文武筹略足敌万人,能如是乎?立石海上,公之功永永勿忘可也。"《吴梅村全集》据乾隆《镇洋县志》卷六及嘉庆《直隶太仓州志》录有此文,而《叶谱》据张采《太仓州志》卷十四《艺文志·文征》录此文,题作《平海记序》,据王重民《中国善本书提要》史部五·传记类:"《壬午平海记》,明程峋撰。按《永丰县志》卷二十四《忠节传》:'峋,初名士凤,字坦公。童试时,知县瞿式耜大奇之。登崇祯甲戌进士,为部郎。升镇江守,有治声,报最,擢苏松兵备道,迁江南督粮道。闻闯贼陷京师,吐血盈斗,死而复醒。值留都裁督粮道缺,奉亲入闽,升惠潮巡抚。寻遇刺。'峋官苏松兵备道时,曾镇压海艇军(原注:《崇明县志》云:'陆大为长,号大艇贼。')此即当时往来书札及檄揭也。"由是可知,程峋崇祯十二年任镇江知府,十五年任苏松兵备道,所镇压之起义军为崇明之顾荣(四月至六月)。吴伟业的文章中既然说"我程使君始视事""幕府初开"就如何如何,则当在镇压了顾荣之后不久。从吴伟业这段描写来看,他也清楚地知道,这个时候长江下游的镇江、崇明一带,已经风声鹤唳、不那么太平了。

对吴伟业时刻准备再入京城重返政坛,当时很多朋友也是很清楚的。李雯《寄赠吴骏公太史假满还朝》:"轩辕台高栖凤凰,奇毛特立天

---

① 吴伟业:《行书七律泥金扇面》,《中国书法》2006 年第四期。

苍茫。自恨一身无羽翼，不得与之俱翱翔。翰林主人有吴子，霜骨璘璘映秋水。银管淋漓九殿明，洪钟一叩龙颜启。欲遂莱衣身不能，诏书屡下延西清。铜龙门下鸡初晓，天鹿阁中藜欲明。此时言语风泠泠，何异仙人朝玉京。况君风雅更清发，赋诗足以凝皇情。高节微吟神骨惊，此曲乃是洛阳行。会稽李君三叹息，嵩高明月延松声。一空海内文章伯，衙官七子何唐突。樊侯补衮穆清风，不与诸生同翰墨。虽然凤凰在天上，鹖斯亦在荆棘中。垂头鼓翅鸣啧啧，自言困苦同飞蓬。"①王于飞推断这首诗作于明亡之前，崇祯十六年七月之后，②此说甚有道理。李雯在崇祯十一年进京，由陈子龙推荐与吴伟业相识，此后一直有往来，两人结下了深厚的友谊，保持着长久的联系。李雯写这首诗的时候，正在北京陪侍父亲李逢申，得知吴伟业"假满"准备"还朝"，甚至可能已经出发来到南京准备转道北上了，③心潮澎湃，赋诗相赠。诗中说吴伟业深得皇帝器重，"诏书屡下"，④所以不能莱衣娱亲，只得回朝任职，他将吴伟业比作即将高飞、"奇毛特立"的"凤凰"，并对骏公寄予厚望，叮嘱这个一飞冲天的凤凰不要忘记仍"在荆棘中"的"鹖斯"，如有机会当提携"会稽李生"。

问题是，这个时候的吴伟业，真的是进退两难，十分纠结。崇祯十六年三月以后，形势急转直下，吴昌时招权纳贿、触犯众怒，被弹劾下狱，吏部尚书、东林党人郑三俊引咎辞职，五月份的时候连周延儒都被勒令致仕。如果崇祯十六年七月之后，吴伟业还要出山，北上赴任，显

① 李雯：《蓼斋集》卷十七，顺治十四年石维昆刻本，第12页。
② 李雯此时已经读到吴伟业的作品"此曲乃是洛阳行"，即《雒阳行》，叶君远认为该诗当作于崇祯十六年七月之后，因为诗歌中涉及崇祯十五年正月福王被农民起义军所杀，又提到"北风吹雨故宫寒，重见新王受诏还"，新福王被封是在崇祯十六年七月，另外王于飞认为李雯将此诗收录于《蓼斋集》前集，而仕清之后的作品则收录于后集，所以本诗必然作于崇祯十六年七月到明朝灭亡之前。
③ 李雯得知吴伟业有《洛阳行》之作，很有可能得之于陈子龙。吴伟业《梅村诗话》记载陈子龙"尝与余宿京邸，夜半谓余曰：'卿诗绝似李颀。'又诵余《雒阳行》一篇，谓为合作"，可见陈子龙极为欣赏骏公《雒阳行》，很有可能由友朋推荐。既然《雒阳行》作于崇祯十六年七月以后，则陈子龙与吴伟业所"宿"之"京邸"，考诸二人行迹，当为金陵。目前已知崇祯十六年以后，两人曾经先后入仕南明弘光政权，但是崇祯十七年七月陈子龙还上疏朝廷，请求催促吴伟业等人到京赴任，吴伟业本人于十月底方才到达南京，而八月份陈子龙已经奉旨给假回家，九月份已经肯定不在南京。因此，吴伟业与陈子龙同宿京邸，背诵《雒阳行》，当在崇祯十六年七月之后、崇祯十七年三月之前。结合李雯的诗歌来看，吴伟业很有可能是"假满还朝"，北上赴任，经过南京，与陈子龙晤面的。
④ 崇祯十四年晋升左中允、十五年晋升左谕德、十六年晋升左庶子，可谓"诏书屡下"。

然是因为清流党又一次遇到了巨大的困难,需要有人站出来,成为在朝廷上的政治代言人,要肩负重任,重塑形象。作为复社党魁的吴伟业,之前一直被保护得很好,未曾明显卷入党争,仕途顺利,履历清白,声望、资历都足够,正是最合适的人选。可是,就在七月份,吴昌时被崇祯亲自拷问,并征周延儒听勘。其后,十月,兵部尚书冯元飚罢任,十一月吴昌时被诛杀,十二月周延儒被赐死。面对如此严峻形势,已经到了南京,见了陈子龙(也许还见了其他人)的吴伟业,再次表现出他懦弱、谨慎的一面,悄悄地回太仓去了,并尽量抹去了这次出行的痕迹。

只是这个时候的太仓,也已经不那么太平了,经济形势不断恶化,政治形势极为严峻。自从崇祯立朝以来,年年灾荒,朝廷却不断增加赋税,全国各地农民起义风起云涌,带来了江南的民心不稳,奴变纷起,先是董其昌、后来是张采,都受到了冲击。王时敏《戊寅由京中寄家书》:"闻家乡旱潦已极,河路尽绝,米价日贵一日,到漕粮时,更不知作何光景。"[1]太仓知州钱肃乐的年谱中记载了他的系列救灾行为,比如崇祯十四年,因为太仓大旱,他曾经祷于神,悲呼达旦,感动天地,大雨随至。然后设厂四隅,出常平米煮粥以赈。蝗虫弥野,率四民亲行捕捉,并采取鼓励措施,捕蝗一升,出升米易之。

就是在这样的天灾人祸、内忧外患之中,吴伟业退缩了,没有应召北上,挽狂澜于既倒,毫无政治家的担当。当然,凭着自己的功名、才情,即使不到朝廷担任实职,吴伟业仍然可以过着富足的生活,在人间天堂苏州享受着美人的臂弯,写着浓艳的情诗,醉生梦死。

第五节　出仕南明

崇祯十七年三月十九日(1644 年 4 月 25 日),朱由检自缢煤山。此后,众臣拥戴福王在南京建立了弘光政权。顺治二年五月二十三日(1645 年 6 月 16 日)福王被俘。拥有半壁江山的弘光政权仅坚持了十

① 王时敏:《遗训》,《清代诗文集汇编》第 7 册,上海古籍出版社 2010 年版,第 620 页。

二个月。根据郑敷教的年谱,可以看出当时苏州士民了解这一过程的大概情形:"崇祯十七年甲申,四十九岁。三月十八日,吾地共见两日相荡,黑光上压,遂有十九日之变。四月初,先生与平仲子裁孟宏涣之诸公,候鱼山先生于武陵,途遇张玉筜,始闻三月十九之信,五月朔,得确报。诏到日,官司哭临三日","弘光元年乙酉,五十岁。五月十日,帝出奔,先生携家避张庄。六月四日,李延龄将军至苏州,闰六月初八日,下薙法之令。"

在这一过程中,吴伟业于崇祯十七年五月应弘光政权之征召,十月到南京赴任,次年正月即请假归里,"立朝两月,固请病而归"(《与子暻疏》)。

清军入关、占领北京的时候,南明政权还拥有大片江山,富庶的江南,众多的军队,完整的建制,①如果同仇敌忾、指挥得当,足以收复中原,至少划江而治。何况南明政权刚刚成立的时候,朝中也是正直清流占据了主要力量,史可法、高弘图、刘宗周、张慎言、姜曰广、吕大器等人都官居要职,所谓众正盈朝,同时征召黄道周、钱谦益、徐汧等人,晚一辈的吴伟业、陈子龙、杨廷麟等等亦在征召之列。但是,形势很快变化,这样一个政权竟然期年而亡。历史不容假设,但是由此亦可反推,不仅是南明,即使是崇祯朝哪怕尽皆任用清流,恐怕也改变不了灭亡的命运。

弘光王朝短命的原因很多,朝中大臣的政治品格是其中重要因素之一。马士英、阮大铖、蔡奕琛、赵之龙、刘孔昭等人固不必论,即使是像吴伟业、钱谦益、陈子龙这些南明政权建立前颇具声望的文学家与政治人物,可谓当时文人的代表,表现亦不尽如人意。他们在南明时期的表现,一定程度上体现了文人阶层的整体品格,也就决定着南明政权的走向。为了更好地理解吴伟业的取舍,我们将他与钱谦益、陈子龙三人对比着分析。从相关史料记载来看,他们三人这一时期政治表现各异:

---

① 明朝朱元璋定都南京,朱棣迁都北京后,南京作为陪都留下了一整套完备的中央政府管理体制,这是明亡前一些大臣建议崇祯派太子到南京监国的基础,这个备份是晋代和宋朝都未曾拥有的优势,东晋和南宋都依靠半壁江山延续了若干代,当时人们心目中,南明政权具备这么好的基础,应该也能够割据称雄乃至收复中原的。

钱谦益热衷名利,投机善变,巧于掩饰;吴伟业天性软弱,短于权谋,明哲保身;陈子龙勇于任事,热心报国,头脑清醒。从这三位代表人物的政治品格与个人命运可以看出,南明政权的悲剧结局具有一定的必然性。

南明政权从创建伊始,就充满了阴谋的味道。论理崇祯殉国,南京政权应该迅速采取措施、推出新主,建立政权,号召天下。选择新主的标准,要么论顺序、要么举贤能。可是各帮各派(包括清流)却置大局于不顾,只考虑有利于己方利益,追求拥戴之功,图谋通过这一途径掌握朝政话语权。结果把从万历以来就混乱不堪的历史旧账一股脑地牵扯进来,在潞王、福王甚至桂王等人之间,玩弄政治手腕。外患未除,内乱先起;前朝党争,不断激化。在这样的纷争中,每个人的政治品格、办事才能、性格特征都得以充分表现。许多事情已众所周知,仅以一例,来比较吴伟业与钱谦益、陈子龙之异同,那就是如何对待吴适与蔡奕琛事件,因为这件事与他们三人关系极大。

入清后,吴适在母亲徐氏七十寿辰(顺治八年,1651年)和八十寿辰时,分别请当时的文坛领袖吴伟业、钱谦益写过寿序(陈子龙此前已经自杀殉国)。两人在寿序中不约而同地重点回顾了崇祯至弘光时期吴适与蔡奕琛的纠葛。此事关系甚大,不但生动体现了当时士大夫阶层的不同政治品格,更牵涉到南明政权的兴衰更替,对吴伟业的个人命运亦有重大影响,故先引述相关回忆如下:

《吴梅村全集》卷第三十八《吴母徐太夫人七十序》:"吾友吴幼洪,……弱冠成进士,选授衢州司李。浙有重狱,会鞫事连大僚,主者觖觫不敢决,幼洪奋笔定爰书,天下闻而壮之。及北京大变,留都新立,幼洪入为给谏。当是时,权倖窃位,藩镇擅兵,幼洪尚冀国势可为,正色言事。向所谓大僚者,则骤跻政地,修旧郄,用它事下幼洪诏狱,而北兵已浸浸江上矣。……初,先皇帝时,余于大僚曾有所弹劾,幼洪所持浙狱,即其人也。当幼洪为给谏,余亦官南中。以母老归养,请急东还。闻幼洪之及也,余自知不免。"

《钱牧斋全集》第五册《牧斋有学集》卷二十五《诰封吴母徐太孺人八十寿序》:"余与幼洪同官南都,十六年来,惊魂噩梦,有未敢以告人者，今请取次胪陈，为太孺人献一觞其可乎？幼洪起家为衢州推官，廉办强直，数讞决大狱。弘光皇帝即位，擢兵科给事中。南渡伊始，视天下事犹可为，盱衡抵掌，抗章封驳，要人皆目慑之而未发也。左南宁在镇，数飞章规切时事，谓上不应信任奸邪，崇要典、翻逆案，负先帝宗社重寄。一旦拥兵南下，执词陈义，以清君侧为名，师甫下而而（李按：疑应为先）身死，群小犹骨惊也。幼洪接塘报，缘江剽掠者，方国安之游兵，非左兵也。疏请下诏抚慰罢战，勿令兵絓不解，而失备于北牧。于是（李按：疑应为时）德清新参，攘臂弹劾，为（李按：疑应为谓）左良玉称兵犯阙，大逆不道；吴适循私庇护，应与同罪。而大狱遂锋起矣。先是新参罗成，御史白简抗辩，坐予指使，欲陷以不测，赖先帝圣明得免。而御史所弹事下浙省按验，幼洪奋笔定爰书，皆有状，新参深衔之，遂乘此并中两人，疏谓左兵之来，有闻之欣欣喜色者，良玉死，有愀然不乐者，是为吴适之大主盟。盖专指余也。群小以幼洪为网，谋尽杀东南士大夫异己者凡三十余人，而余为其首。北兵渡江，狱乃得解。不然，摩砺以须，西师之及，吾刃将刺矣。当南都狱急时，太孺人倒衣废食，祷神祇、呼祖宗，不知刀俎煎迫，如此之亟也。即幼洪在请室，但自知执净封疆，触迕当路，不知引绳批根如此之深，而覆巢杀卵如此之毒也。"

吴伟业的寿序作于顺治八年（1651），其时梅村尚未仕清；而钱谦益寿序作于顺治十八年（1661），离其"与幼洪同官南都"已"十六年"，牧斋本人亦已八十，垂垂老矣。两人回忆起南明时吴适被逮下狱，都与自己的遭遇以及蔡奕琛联系起来，然后和整个南明政局的转移勾连上，言语之中，颇多感慨。但梅村之回顾，实事求是，平心静气；牧斋之回忆，则多有掩饰，言不由衷。

吴伟业与钱谦益寿文中所说的"幼洪"，即指吴适；所谓"大僚""德清""新参"，则指蔡奕琛。吴适（1614—1663），江南长洲人，字幼洪，号静斋，崇祯十年（1637）与陈子龙、夏允彝等同榜进士，授衢州推官，以卓异征，而明亡。南都立，入为户部给事中，转兵科右给事中。因左良玉起兵犯阙，被蔡奕琛诬陷入锦衣狱，月余，南明亡，乃归隐，自号南国废人，奉母以终（汪琬《尧峰文钞》卷十三有其"墓志铭"，顾苓《塔影园集》卷一有其"行状"）。蔡奕琛（？—1654），浙江德清人，字韫仙，万历四十四年(1616)与阮大铖同榜进士,授工部主事,迁文选员外郎,历编修、验封郎中、提督四夷馆、太常少卿、顺天府尹、大理卿、刑部右侍郎,后坐薛国观党,论戍。南明时,起为吏部侍郎、东阁大学士,升礼部尚书、文渊阁大学士。降清,被放归,顺治十一年(1654)卒(钱海岳《南明史》卷一百十八《蔡奕琛传》)。

吴适在南明时入狱,吴伟业和钱谦益都说是缘于蔡奕琛之报复。因为崇祯朝时吴适担任浙江衢州推官,在参与审理蔡奕琛涉贿一案中(说他接受吴中彦贿赂,并贿赂辅臣薛国观),坚持给蔡奕琛定罪,导致蔡奕琛被下狱论戍。此事既是蔡奕琛本人有问题,更与东林、复社有关,钱谦益、吴伟业等人更是脱不了干系。据《明史》卷二百五十三《薛国观传》,当时蔡奕琛丁忧在籍,行贿首辅薛国观,被复社的重要人物吴昌时通过东厂理刑吴道正揭发,薛国观被逮,其心腹内阁中书王陛彦在供认时再次牵连到蔡奕琛(王陛彦乃吴昌时外甥)。《明史纪事本末》卷六十六"东林党议"载,崇祯十四年六月,蔡奕琛在狱中上书为自己诉冤,说自己被逮乃复社张溥等人构陷,于是"劾张溥并及故礼部侍郎钱谦益"。《东林列传》卷二十四《乔可聘传》云:"在籍右侍郎蔡奕琛故与温体仁同里相厚善,为东林诸人所恶,会有以奕琛私书上闻者,下可聘勘报,可聘平心决之。或劝深文以入奕琛罪,可聘拒曰:'发人私书,前贤所耻。且某奉三尺法,不可故纵,独可周内耶?'"由此可知,蔡奕琛之被弹劾,很重要的原因是与东林、复社的死敌温体仁"同里"且"相厚善"。当时东林诸人竟有人提出利用私人书信作为证据深文周纳以坐实奕琛之罪,而持此建议者,很有可能为东林干将钱谦益,他在前引寿序中说奕琛"坐予指使,欲陷以不测,赖先帝圣明得免",李清《南渡录》卷五云:"当日力阱奕琛,欲以受吴中彦贿相加者,实谦益也。"此亦蔡奕琛狱中上书涉及钱谦益之重要原因。

由于蔡奕琛与温体仁关系密切,他还遭到了复社骨干吴伟业的弹劾。陆世仪《复社纪略》卷二记载,为了打击温体仁,张溥"缉其通内结党、援引同乡诸事,缮成疏稿,授伟业参之;伟业立朝未久,于朝局未习练,中情多怯,不敢应。时温之主持门户、操握线索者,德清蔡奕琛为最,伟业难拒师命,乃取参体仁疏增损之,改坐奕琛"。尽管现存的《梅村集》中找不到弹劾蔡奕琛的原文,但是,《吴梅村全集》卷第五十七收有崇祯十一年吴伟业弹劾当时首辅张至发的《劾元臣疏》:"臣所忧者,首臣积习未化,故辙犹存。臣读其近日辨揭,盛称(温)体仁之美,一曰孤执,一曰不欺。夫体仁之当国也,有唐世济、闵洪学、蔡奕琛、吴振缨、胡钟麟之徒参赞密谋,有陈履谦、张汉儒、陆文声之徒驱除异己,何谓孤?"正是将蔡奕琛当作温体仁之党进行批评的。由此疏可知,当东林、复社集中攻击蔡奕琛时,吴伟业应该是重要参与者之一。吴伟业在寿文中说"初,先皇帝时,余于大僚曾有所弹劾",并由此得罪蔡奕琛,实为可信。

蔡奕琛被革职后,东林、复社诸人并未放松,仍穷追猛打,除了抓住他向薛国观行贿之事外,还进一步利用私书事件坐实奕琛之罪。孙承泽《春明梦余录》卷四十五:"崇祯十四年户科左给事中孙承泽劾犯官不入狱疏:臣前待罪刑垣,见大贪蔡奕琛一案,具疏指参,此纠驳职掌宜然,诚以事之最明确者无如此案也。奕琛曾官吏部,贿赂公行,贿罪辅一事,一次三百金,一次一千金,卫招已明,部案已定,且奉旨,王陛彦自招纳贿,何谓枉扳? ……前按臣察疏久下刑部,备载该府申详巡按邓云:中彦事,有大老说情,系德清蔡奕琛书。云吴征□系琛同年,朱澹修之爱婿,若婿即琛婿也,乞从宽政等语。且吴征□口供:蔡侍郎始事即得银八千两。叩而随答,未用刑威。……伏望皇上敕部察奏,奕琛贿证已明,何故竟不入狱?且奉旨确拟已久,何故听其狡延,不早结正,暴其应得之罪,破彼護张之奸,庶大法明而贪恶知儆矣。"孙承泽亦是东林中人,疏中所谓蔡亦琛写信为吴中彦说情,而得八千两贿赂之事,事有可疑(乔可聘宁可得罪东林党人,亦不肯以此私人书信入罪,李清说钱谦益欲以此罪相加,孙承泽特地说明此乃中彦之子未经刑逼即已招认,均可见一斑),但未必全无依据。吴中彦为浙江海宁人,《江西通志》卷九十二:"文德翼,字用昭,明崇祯进士,司李嘉兴,平反得释者甚多。大憝吴中彦,子征□,倚恃持国柄者,武断乡曲,戕害善类,德翼特揭而力讨之,卒置于理。后某府丞具疏污蔑万状,实为左袒中彦者修怨也。"所谓"持国柄者"当指时任首辅之薛国观与虽丁忧在籍但能遥控朝政之刑部侍郎蔡奕琛。文德翼因处置吴中彦父子事,先是在崇祯朝被"某府丞"

（顺天府丞戴澳）诬劾（事见《明史》卷二百六十七《沈迅传》），后被南明时御史徐复阳"希要人旨"诬劾（事见《明史》卷二百七十七《夏允彝传》），背后均可见蔡奕琛等人的影子。

由于给薛国观、蔡奕琛等人定罪时，朝中执掌政权的是首辅周延儒及其亲信、复社干将吴昌时以及孙承泽等人，浙江地方会审的主要官员是浙江巡按左光先（东林党魁左光斗之弟）、衢州推官吴适、绍兴推官陈子龙等人，加上在野的实力派人物钱谦益在背后出谋划策，又有颇得崇祯赏识的复社骨干吴伟业为之制造舆论。在"主者觚觫不敢决"的情况下，后来被蔡奕琛党称为"东林衣钵，复社渠魁"，"文震孟、姚希孟的派"的吴适，"奋笔定爱书"，"与绍兴司理陈子龙共成是狱"。所以这次斗争以蔡奕琛失败告终，东林、复社在斗倒温体仁、薛国观等人之后，再次把蔡奕琛踩在脚下，暂告一段落。同时，也为南明时期蔡奕琛执掌政权后，联合阮大铖等人对东林、复社诸人进行清算，准备一网打尽，吴适首当其冲受到打击埋下了伏笔。

南渡伊始，朝中尚是正人当道。史可法、姜曰广、高弘图等人，掌握阁权，志在恢复，陈子龙、吴伟业、钱谦益、吴适等人"视天下事犹可为"，纷纷加入南明政权。但是，由于在拥立福王、潞王还是桂王的问题上，史可法、钱谦益等人被马士英愚弄、要挟，很快权力转移到马士英手上，史可法出镇扬州，高弘图、姜曰广、张慎言等相继去位，倒是阮大铖、蔡奕琛等人渐掌政权。随着"弘光元年春正月甲辰（二十日），命吏部侍郎蔡奕琛以原官进东阁大学士，入阁办事"，南明小朝廷的钱谦益、吴伟业、陈子龙等人，特别是当初给蔡奕琛定罪时表现积极的吴适，其政治品格与人生前途面临着严峻的考验。吴适入南明后改任谏官，敢于直言，一如既往，后被蔡奕琛诬陷直接打入大牢，可置不论。当时名声、影响很大的钱谦益、陈子龙、吴伟业三人在这一事件前后的表现，则很值得关注，他们的政治品格与面对考验时的取舍，很大程度上体现了南明政权短命而亡的原因。

南明时蔡奕琛之所以能被起用，直至入阁为相，是因为贿赂阮大铖等人。《畿辅通志》卷一百九载冯溥《户部右侍郎郝杰墓志》记载，入清之后，"江南平，降臣蔡奕琛、阮大铖等咸冀复用，公上疏谓奕琛以贿得内阁，与大铖等朋党为奸，以亡江南。《易》曰：开国承家，小人勿用。正谓此也。奕琛等宜黜归"。南明灭亡之后，蔡奕琛、阮大铖等人还想在新朝做大官，被郝杰上疏斥责为"小人"，直截了当说蔡奕琛南明时是通过贿赂才得以入阁的。但是，有关记载表明，当时直接出面推荐蔡奕琛的却是钱谦益。据李清《南渡录》相关条目记载，崇祯十七年十月戊午（初四），命吏部分别酌用蔡奕琛、杨维垣等。从礼部尚书钱谦益请也。崇祯十七年十一月乙酉，朔，起升原任刑部右侍郎蔡奕琛为吏部右侍郎。弘光元年春正月甲辰（二十日），命吏部侍郎蔡奕琛以原官进东阁大学士，入阁办事。初，奕琛抵任时上疏自辩，内言："臣向者偶激风闻，曾牵及礼臣钱谦益，今谦益休休雅量，尽释猜嫌，引臣共济，方深愧为不可及，臣独何心敢留成念？"文秉《甲乙事案》卷上，收录钱谦益推荐蔡奕琛等人之疏，其中有云："臣观三十年，文臣出镇专征，鲜不偾败。其绰有成算，克奏肤功者，（孙）承宗之后，马士英一人而已。"又云："先帝以楚事付左良玉，而旧疆浸复；以闽事付郑芝龙，而岭海无虞。此专任武将之明效也。臣以为……不若专任武将，进取全局。"先奉承权臣马士英，说他文武兼备，再歌颂当时掌实权的军阀，然后举荐"英颖特达之臣"，第一位便是蔡奕琛，并解释说："蔡奕琛曾以复社故，抗疏攻臣，臣心知其误，殊为惜之，事过已释然置之矣。天下多事，将伯助予；中流遇风，吴越相济。果有嫌隙，固当先国家之急而后私仇，况臣本无仇于奕琛者乎！臣亲见门户诸臣，植党营私，断送社稷，断送君父，何忍复师其故智！"钱谦益这段表白，不但撇清自己与复社的关系（蔡奕琛与复社的矛盾，与他无关），更暗地里将复社诸君说成是"植党营私，断送社稷"的罪人。这份奏疏的第四部分更是公然为阉党翻案，污蔑当初"定案诸臣未免轩轾有心，上下其手，故出故入，往往有之"，歌颂"逆案之故入者贾继春、阮大铖，皆慷慨魁垒男子也"（据徐鼒《小腆纪年附考》卷第八，蔡奕琛身材矮小，见疏中"有'魁垒男子'语，则不喜，扬言于朝曰：'我自宜录用，何藉某之荐牍诮我！'闻者笑之"）。

　　钱谦益推荐蔡奕琛，果真是以国事为重，不计较个人得失的"休休雅量"？当然不是。此举实则是为了保住自己的功名富贵，拿自己的名节与马士英、阮大铖、蔡奕琛等人交换官位。文秉认为这是"马、阮拟尽翻钦案,擢用杨维垣诸人,以钱为东林领袖,欲令钱疏荐,以塞众议,以爱立为诱钱,钱遂出此疏"。

钱谦益之所以置自己的名节于不顾,做出这样倒行逆施的举动,实与他的政治投机失败有关。钱谦益于崇祯初由于阁争失败被削籍,但并未因此而放弃对功名富贵的追求,本来以为参与策划周延儒再相可以东山再起,却不料仍以失败告终。崇祯一死,他自以为有机可乘,立即以拥立为己任。当时他选择的是潞王。李清《南渡录》卷一记载:"时北都失守,以伦以序应属福王,而迎立潞王之议起。潞王名常涝,神宗侄也。因江南数在籍臣恐福王立后,或追怨'妖书'及'挺击''移宫'等案,谓'潞王立,则不惟释罪,且可邀功'。时以废籍少宗伯两入留都倡议者,钱谦益也。"由于最终马士英等人拥立福王成功,钱谦益这次又站错了队,政治前途再次黯淡。但是钱谦益并不甘心自己的失败,他巴结上了当时炙手可热的给事中李沾。陈贞慧《过江七事》"计迎立"中记载,在南京诸臣商量迎立之时,李沾"咆哮忽起,众咸惊怪之,沾则攘袪大呼:'今日尚不立福王耶? 吾撞死于此!'掖御史陈良弼佐之",原来当时福王手下有人偷偷在此刺探消息,李沾事先得知,故作此表演,以此誓死捍卫赢得了福王的信任。李清《南渡录》卷一记载,崇祯十七年五月丁未,"命起用原任礼部侍郎钱谦益。谦益以先主立潞议惧祸,时科臣李沾有定策功,故浼沾疏荐"。李沾与钱谦益本不是一路人,他能出面推荐,可见钱谦益是做足了工作,这甚至引起了当初与李沾合作演戏的陈良弼的强烈不满,上疏弹劾。

其实,钱谦益想在南明王朝东山再起,并不需要投靠李沾这样的小人。南明的权臣史可法、马士英与钱谦益关系都很好,也很赏识其才华。北都覆亡前夕,马士英曾向朝廷举荐钱谦益。《钱谦益全集》第四册《有学集》第七卷《高会堂诗集》有《赠云间顾观生秀才有序》记载其事:"崇祯甲申,皖督贵阳公抗疏经画东南,请身任大江已北,援剿军务,南参赞史公专理陪京,兼制上游,特命余开府江浙,控扼海道,三方鼎立,联络策应,画疆分界,绰有成算。拜疏及国门,而三月十九日之难作矣。顾秀才观生实在贵阳幕下,与谋削稿。"马士英将钱谦益、史可法与自己并立而三,可见其对牧斋的重视、信任。甚至在北都倾覆后,众臣商量不立福王,马士英一开始也是与钱谦益保持意见一致的。可是马士英在江北军阀商定迎立福王之后,为了保住自己的私利,出卖了史可法与钱谦益。在这样的情况下,钱谦益急于洗刷,不顾名节,找到李沾推荐,却不找马士英,也就情有可原了。另外,马士英定策有功后,并未立即取得阁权,而是仍以大学士的身份外任凤阳总督,阁权由史可法等人掌握,直到崇祯十七年五月丙申,马士英才入参机务,乙巳,史可法出镇扬州。自此大权归于马、阮一派,高弘图、姜曰广等东林、复社人士逐渐失势。这期间,钱谦益既未找史可法,亦未求马士英,却找李沾帮忙,史、马双方两不得罪,其精于钻营、迫不及待,表露无遗。

钱谦益于五月丁未起用,并未立即授予官职,他也逗留在常熟。六月丙寅,在"召逆案为民阮大铖暂冠带来京陛见"四天后,"起升原礼部侍郎钱谦益为礼部尚书,协理詹事府",他仍然装腔作势,迁延不前。直到七月庚戌,奉旨"钱谦益等速催来京到任"后,才到京任职。两天后,七月壬子,"举经筵,以公(徐)弘基知经筵,辅臣可法、弘图、曰广、士英、铎同知经筵,词臣钱谦益、管绍宁、陈盟充讲官,张居为展书官"。以礼部尚书协理詹事府充经筵讲官,钱谦益仍不满足,他的目标是入阁担任大学士,完成崇祯朝未能实现的人生理想。令他失望的是,他付出了这么大的代价,挖空心思,仍未如愿。① 不但如此,他看起来地位很高,实际上毫无实权。马士英、阮大铖、蔡奕琛、李沾等人,不仅不信任他(他如此政治品格,也不值得别人信任),而且视他如玩物,经常作弄他。除了让他上那样的奏疏,让他名誉扫地外,还经常借事生非,故意整他。黄宗羲《弘光实录钞》卷三,在记载"大悲狱"时附记:"先是,(崇祯十七年)十二月十二日,有僧在汉西门外,自冒先帝,缉获至戎政衙门,供名大悲,其初意不过借以动众,不虞见获。而马士英遂授以意,将一网以尽其不便者,书数十人姓名,令其出之袖中,言钱谦益使我来此。户部申绍芳及谦益皆上章自理,有解之者,不竟其事。"文秉《甲乙事案》卷下记此事尤详,特别说明马、阮诸人欲将大悲案与潞王、钱谦益、申绍芳等人牵扯在一起,造"十八罗汉五十三参""议保潞王"之语,将过去和现在

① 参见陈寅恪《柳如是别传》第五章"复明运动",生活·读书·新知三联书店2015年版,第854—862页。

的反对势力罗列其中，钱谦益则首当其冲。可见，尽管钱谦益卖身投靠，但并未成为马、阮诸人的心腹。

正是由于意识到自己的尴尬处境，身为礼部尚书的钱谦益，曾主动提出回家专心修史。《南渡录》卷五，弘光元年二月壬申，礼部尚书钱谦益疏修国史。疏言："……臣壮岁登朝，留心史事三十余年，……臣愿比（司马）光例，即家开局，或书成径进，或按期缴纳，仍听阁臣总裁改定，奉诏颁行。"疏奏，命在任料理。牧斋贪恋官位，以退为进，借修史来掩饰自己的政治野心。其实他并不甘心任人摆布，一方面大张旗鼓地积极为皇帝选中宫、东西二宫，又公开为李承祚求情（此人原为丰城侯，曾首倡加魏忠贤九锡，崇祯时被打入阉党逆案），做出一副同流合污、死不要脸的样子，另一方面却暗中与打着"清君侧"旗号的左良玉联系，试图通过另立王朝，来达到执掌政权的目的。《甲乙事案》卷下记载，左良玉长驱直入，眼看南京不保。弘光元年四月庚辰，"召对百官于武英殿。自左兵报至，上日怒马士英王之明事，谋所以自全。戊寅，视朝毕，问群臣迁都。钱谦益力言不可。乃退"。由此可知，弘光为了自保想迁都避难，钱谦益却坚决反对。《南渡录》卷六记载，弘光元年四月己巳，"新升广西总兵黄斌卿连破叛兵于灰河、大同等处，以捷闻。斌卿以新命离九江，忽闻左兵叛，扁舟返上游，约故将陈辉、蔡钦等，鼓以忠义，厚犒之，自初一至初五，连战连捷，前后焚舟百余，溺死千余人，并获其奏檄书牍甚众。内贴礼部尚书钱谦益一牍，有废置语。斌卿初欲以奏闻，恐为诸人祸，乃止，遂具疏报捷，扬舟赴广西"。由此益可知，左良玉与钱谦益，确实有来往，有重立皇帝、大逆不道之意。可惜左良玉很快病死，左兵连连失利，清兵南下，钱谦益的如意打算没有成功。此后钱谦益的表现，更为不堪，可用以下记载来说明：

> 五月甲午（十三日），北兵至大教场，扎营城外，文武官俱迎降。文臣钱谦益……等五人，武臣赵之龙先迎，余皆续往。……戊戌（十七日），豫王先遣兵千余，命礼部尚书钱谦益等统之搜宫（《南渡录》卷六）。
>
> 五月己亥（十八日），礼部尚书钱谦益引大清官二员，从五百骑，入洪武门，候开正阳门，索匙不得，乃引进东长安门。盘九库现

银九万两,即命谦益驻皇城守之。……丁未(二十六日),安抚黄家鼐至苏州。……钱谦益既投诚于清,以招降江南为己任,致书督抚及乡绅辈劝降,有"名正言顺,天与人归"等语,属门下客周荃同家鼐充安抚来苏(《甲乙事案》卷下)。

作为文臣之首,积极投诚、搜宫、盘国库、招降纳叛,钱谦益之政治品格,于此可见。有意思的是另一则记载:弘光元年六月甲子,"北兵至杭州,潞王及巡抚张秉贞以皇太后迎降。……初,上(按:指弘光)既失国,咸恨不立潞王。时太常少卿张希夏奉敕奖王,独语大理寺丞李清曰:'中人耳,未见彼善于此。'王居杭州时,常命内官下郡县广求古玩,又指甲长六七寸,以竹管护之,其人可知。大理寺少卿沈胤培尝言:'使王立而钱谦益相,其败坏与马士英何异!'"(《南渡录》卷六)

人言若此,则钱谦益的政治品行,可谓路人共知。可是他在寿序中,回忆起吴适事件,仍然要为自己贴金,说当时吴适下狱,实际上是自己处境最危险。不但吴适之母不知道,连身在牢狱的吴适本人都不清楚。十六年过去了,还有多少知道内情的人活着?八十岁的老人了,又有谁还来计较这里面的是非?于是,钱谦益十六年来不可告人的话终于有机会一吐心声了。钱谦益之自我粉饰,令人叹息。

面对同样的政治局势,吴伟业表现得简单自然得多。崇祯殉国,他在太仓老家,直到五月初方才得知确信,当时即"号恸欲自缢",为家人劝阻,大病一场;同样因为牵恋家人,未能如约与戒显一起出家。五月乙卯(二十八日),弘光政权"起升谕德徐汧、吴伟业为少詹事"(《南渡录》卷一),他犹豫不决,在家观望。七月庚戌(二十五日)陈子龙上疏朝廷希望催促钱谦益、黄道周、徐汧、吴伟业、杨廷麟等赴京到任。十月丙子(二十二日),御史沈宸荃疏荐礼部尚书黄道周,词臣刘同升、葛世振、徐汧、吴伟业等,着马上差催。十月底,吴伟业已经到了南京,并作有《甲申十月南中作》,对当时形势持乐观态度,[①]诗中有"六师长奉翠华

---

① 由此可见,吴伟业政治眼光之差。其乡试同年郑敷教在自编年谱中记载,崇祯十七年"十月中,有约先生探栖霞牛首之胜者,兼觇新朝气象。及至,但见城中如沸,饮食拜谒,贿赂公行"(《郑桐庵先生年谱》,郑敷教自记,徐云祥等续编,民国二十三年铅印本)。同样是崇祯十七年十月,人家一眼看出来这个新朝气象成问题,吴伟业却是兴致勃勃,以为事犹可为。

欢，王气东南自郁盘""开府扬州真汉相，军书十道取材官"等句。此时，钱谦益已经疏荐蔡奕琛等人，蔡奕琛于十一月乙酉（初一）被任命为吏部左侍郎。至弘光元年正月，蔡奕琛进东阁大学士，入阁办事，大权在握。随着蔡奕琛、阮大铖等人掌权，吴伟业这才意识到自己处境不妙，迅即采取措施，上《乞假省亲疏》："皇上中兴御极，微臣扶力趋朝，恭逢覃庆新纶，感戴皇恩，极天隆地，非臣顶踵所能报塞。惟有勉修职事，少答涓埃。乃本月十六日接臣父手书，言臣母久病之余，误触风寒，饮食不进，势甚危急。臣闻之心魂飞越，涕泣忧思，于二十日夜忽呕血数升。……愿乞圣恩，暂假数月。"巧合的是，据《国榷》卷一百四，弘光元年正月辛丑（十七日），"南京吏部左侍郎蔡奕琛兼东阁大学士，直文渊阁。枚卜时，钱谦益、阮大铖、李沾等，各有奥援，而奕琛以诚意侯刘孔昭荐得之"，吴伟业立即就得到父亲手书，说母亲病危，然后就呕血数升，于是请假回乡。说母亲病危只是借口，因为吴伟业在给吴适母亲作寿序的时候说自己"以母老归养，请急东还。闻幼洪之及也，余自知不免"，不说母病而说母老，得知吴适被蔡奕琛诬陷下狱而自知不免，都可作为梅村这次请假归乡的注脚。

吴伟业请假省母，朝廷很快批准。文秉《甲乙事案》卷下，弘光元年正月，"戎政张国维，少詹事吴伟业给假回籍"。谈迁《国榷》卷一百四，正月壬子（二十八日），"少詹事吴伟业，都督杜弘炜各引去"。

值得注意的是，吴伟业请假归去，不仅是因为蔡奕琛入阁，更因为当时政治形势极为恶劣。《南渡录》卷六记载："弘光元年四月庚申，弃光时亨、周钟、武愫于市。赐周镳、雷縯祚自尽。旨言其结党乱政、谋引外兵、别图拥戴故也。……初，少詹事吴伟业奉差行，与戎政尚书阮大铖别，大铖曰：'上，仁柔主。一切生杀予夺，惟予与数公为政耳。归语声气诸君，猿鹤梦稳，定不起同文之狱也。'"阮大铖兼兵部尚书在二月戊午（初五），吴伟业在朝廷准假后，并未立即离京，一直逗留到二月初，可见其母病危之假，且主动与阮大铖告别，实在耐人寻味。吴伟业本为软弱文人，尽管身为复社党魁，被阮大铖如此威胁，有没有与同社中人通气尚不可知，但他本人回去不久即上《自陈不职疏》："伏乞皇上，俯鉴微忱，语非矫饰，敕下该部，将臣罢黜。"从此老老实实地在太仓隐居，

"猿鹤梦稳"了。可惜的是,阮大铖却没有信守前诺,仍然频兴大狱,若非弘光朝廷很快败亡,还真不知道如何收场。

自崇祯十七年十一月入仕南明到弘光元年正月告假,吴伟业在临终《与子暻疏》中自称"南中立君,吾入朝两月,固请病而归",实事求是,语含沉痛。吴伟业虽然仕途顺利,可是素无政治才华,虽有报国之心,为人且不失正直,却由于身陷党争,且天性软弱,入朝仅两月,就不得不"固请病而归",一"固"字,包含着无限无奈。吴伟业于崇祯时,迫于师命,想弹劾温体仁而不敢,转而弹劾蔡奕琛,却为弘光朝的又一政治迫害埋下了祸根。面对如此政治环境,特别是国势衰微、小人当道,他无力亦不想出力,只得选择逃避。这样的人,崇祯时竟然差点入相,南明时蔡奕琛、阮大铖诸人竟然容不下,大明王朝、南明政权之失败结局,由此可以理解。

同样参与了崇祯朝与蔡奕琛的斗争的陈子龙,其南明时期的表现与钱谦益、吴伟业截然不同。他在自撰年谱中记录自己的行踪说:"弘光帝监国南都,予补原官,随奉命巡视京营。予以国家倾覆之后,义不敢申前请,而又决江左事尚可为,决计赴召。而史相国及职方万君以予前有水师之议,移书征促为守江之具。予因具疏请兼用公帑,而专以其事属职方何君刚,得俞旨。"北京沦陷之前,陈子龙已经请假归省,但是在这王朝存亡的关键时刻,他既没有像钱谦益一样,抓紧政治投机,也没有像吴伟业那样,逡巡不前,而是审时度势,放弃请假,挺身而出,并迅速落实到实际行动上,募集水师,为"守江之具",未雨绸缪,准备南北对抗,表现出极高的政治品格和行政才华。

如果政局不发生变化,陈子龙本来是可以大展政治宏图的。因为当时朝中执掌政权的史可法等人非常欣赏他,而在外遥控政局的马士英也与他关系亲密。陈子龙对此并不隐讳,在自撰年谱中曾说:"贵阳(指马士英),先君同籍也,遇予亦厚。"马士英入阁执掌政权,也很倚重陈子龙,四天后,即"(崇祯十七年五月庚子),以兵科陈子龙巡视京营",陈子龙为此特上《辞营务疏》,认为自己被超级提拔"越次未安"。但是,随着南明政局的变化,凭着敏锐的政治嗅觉,陈子龙很快意识到南明的前景黯淡:"予遂以六月望后入都,而是时贵阳入辅,祥符(指史可法)出镇,国事稍变矣。"(《陈子龙年谱》卷上)陈子龙也因为拥有自己的武装以及过于亲近东林一派而引发马士英等人不满。黄宗羲《弘光实录抄》卷二载:"(崇祯十七年八月癸酉)兵科给事中陈子龙自练水师入卫,以职方司主事何刚统之。先是,贼逼京畿,子龙与长乐知县夏允彝、主事何刚,欲联络海舟直达津门,因倡义募练水师,得二千人,而子龙由是为士英所忌。"在此情况下,陈子龙失望至极,再次请假回家。陈子龙《兵垣奏议》下《请假葬亲疏》有批语:"崇祯十七年八月十一日奉旨:陈子龙准给假三个月,即来供职,不得迟延。该部知道。"至迟到该年九月,陈子龙已经归家。《南渡录》卷一,崇祯十七年九月壬辰,命修先帝实录,并纂修玉牒。阁臣宏图疏言:"先帝在祚十七年,……至科臣罗万象、陈子龙、马嘉植,或奉假,或奉差,可令兼行采访,事竣还朝,各付史馆。"随着政治形势的进一步恶化,特别是蔡奕琛的入阁,使陈子龙对南明前途更觉绝望,于是由请假改为终养,从此不复出。《南渡录》卷五,弘光元年二月丙寅,"命兵部右侍郎徐人龙回籍,兵科陈子龙终养。子龙初为浙刑官,会讯蔡亦琛一案成狱,是时奕琛方向用侧目,遂乞终养"。

弘光政权期年而亡,论者惜之,咸痛恨马阮,或归罪福邸,或以为内外交困,或纠缠于个别事件。由钱谦益、吴伟业、陈子龙三人之南明经历来看,明朝、南明之灭亡,具有必然性,因为该时代的所谓精英——士大夫阶层,已无力支撑这个王朝。崇祯时期,钱谦益是宰辅的重要人选,吴伟业亦是"议者谓旦夕入相",陈子龙则早为士林领袖,三人均为士林翘楚,被寄予厚望。可是,南明时期,大厦将倾,正是士人大展宏图之际,此三人之表现,如上文所述,均不足以挽狂澜于既倒。

值得注意的是,不仅是南明弘光政权君臣昏庸无能,士大夫阶层不堪重用,就是社会下层亦多难以言述之辈。即以吴伟业的姻亲、名医郑钦瑜而言,这位被钱谦益高度赞美的儒医,就曾在南明扮演过极不光彩的角色。《全史宫词》记录了一首咏弘光的宫词:"烛明春殿夜眠迟,连日仙方试御医。雀脑蟾酥供上用,内珰催进飐黄旗。"注引《南疆绎史》"金陵滕事","内监奉旨采合媚药,需雀脑、蟾酥,市中一夕涌贵,甚至乞儿手捉一虫一介,亦贴黄书'上用',而人不可犯"。吴伟业的朋友单恂曾有《金陵书事》诗嘲讽"苑城春闭绿杨丝,江介军书醉不知。清晓内珰催尚药,官蛤蟆进小黄旗"。① 这里为弘光提供"仙方"的"御医"就是郑钦瑜,《明季南略》记载:"苏州医者郑三山,日以春方进上,多鄙亵,上宠之。"②此事在《小腆纪年附考》亦有记载,系于甲申除夕,说该年除夕夜福王"怏然不怿",大家以为是忧心国事,原来是因为"后宫寥落,且新春南部无新声",于是马士英、阮大铖等人"搜旧院雏妓进御",吃郑三山的药,妓女"死,则付鸨儿葬之"。③ 内忧外困,民不聊生,这样的君,这样的臣,这样的小民,南明不亡,实在说不过去。

平心而论,就艺术才华而言,阮大铖与吴伟业可成为知音,阮大铖工词曲,精书画,诗文兼擅,尤长五言,吴伟业同样诗文兼擅,尤长歌行,词曲颇工,书画亦精,在文学、艺术领域两人可谓劲敌;就政治倾向而言,阮大铖与吴伟业亦曾为同调,阮大铖早年为高攀龙门人,与同乡左光斗为好友,从而成为东林骨干,后因个人利益叛出东林、投靠阉党,吴伟业则从张溥弟子、复社党魁,入清后亦因个人利益接受征召、变节仕清,在个人品节上两人亦可谓半斤八两。崇祯时期阉党失势之时,阮大铖曾经努力修复与东林、复社的关系,写诗给周延儒祝寿,为吴伟业送行,甚至慷慨解囊,在复社谋求周延儒再相时出资万金,即便是那时候,也未见吴伟业拒绝跟他来往。南明弘光政权时期,阮大铖睚眦必报,置多人于死地,对吴伟业也仅仅是威胁他退居林下,并承诺不对其党人大开杀戒。只是吴伟业后来一遇到机会便大骂阮大铖,比如说"当阮怀宁由逆奄之余孽,乘国难以窃政"(《白母陈孺人墓志铭》),有的时候还借别人之口骂他,叶树声"平生号知人,前此马、阮俱已罪谪,侨居南中,阮为人多端,造请公卿无虚日,公骂之弗与通。常从余宿祖堂山中,夜半蹶然起,叹曰:'此人不死,必乱天下。'其通识早见若此"(《南京福建道监察御史叶公瞻山偕配严孺人合葬墓志铭》)。仿佛南明政权的灭亡,其责任都应该由这个逆阉余孽来负似的。

弘光政权之毫无希望,当时很多人有清醒认识,前引郑敷教而外,赵士春(崇祯十年探花,赵用贤之孙)所作《南中纪事》五首,更是详细描

① 史梦兰:《全史宫词》卷二十,咸丰六年刻本,第 27 页。
② 计六奇:《明季南略》卷三"声色",中华书局 1984 年版,第 157 页。
③ 徐鼒:《小腆纪年附考》卷八,中华书局 1957 年版,第 310 页。

摹了当时弘光朝廷上下的黑暗情形,君臣醉生梦死、贿赂公行、军阀跋扈、党争激烈,无意收复失地,只知争权夺利,写得形象生动、触目惊心。其一:"五马浮江渡,千官洒涕零。谊应先缟素,人欲对彤庭。定策归专阃,鸣镳只在垧。小朝无事业,空复倚新亭。"其二:"由来佳丽地,重得奉宸游。扫闼迎飞燕,巾车进莫愁。郊坛俄辍献,讲幄漫抒筹。磨灭怀中奏,教人懒去投。"其三:"犹闻投畀日,重见拜官初。魑魅参枢帐,狐狸啸玉除。刊章先有罪,钩党欲无余。堪笑穷张俭,蒙头写荐书。"其四:"经国原无术,筹边岂有方。但闻推反侧,屡诏谳王郎。突骑临江外,降车拟道旁。若庐还有狱,传是旧椒房。"其五:"裂土开诸镇,连江锁万寻。不闻增汉垒,忽报下湖阴。君侧奸犹斗,疆围势已沈。若论亡国罪,中外两俱深。"①

　　南明灭亡以后,吴伟业痛定思痛,其《读史杂感》十六首,也全面回顾了弘光政权的覆亡原因,其一讲史可法独木难支、苦撑危局:"吴越黄星见,园陵紫气浮。六师屯鹊尾,双阙表牛头。镇静资安石,艰危仗武侯。新开都护府,宰相领扬州。"其二描述马士英与江北四镇操纵内外、唯利是图:"莫定三分计,先求五等封。国中惟指马,阃外尽从龙。朝事归诸将,军输仰大农。淮南数州地,幕府但歌钟。"其三讲马士英、阮大铖诸人以拥戴有功,把持朝政,颠倒黑白,打击异己:"北寺谗成狱,西园贿拜官。上书休讨贼,晋爵在迎銮。相国争开第,将军罢筑坛。空余苏武节,流涕向长安。"其四叙述南明小朝廷大肆卖官鬻爵:"御刀周奉叔,应敕阮佃夫。列戟当关怒,高轩哄道呼。监奴右卫率,小吏执金吾。匍匐车尘下,腰间玉鹿卢。"其五说仓促就位的皇帝立足未稳,先选嫔妃:"闻筑新宫就,君王拥丽华。尚言虚内主,广欲选良家。使者螭头舫,才人豹尾车。可怜青冢月,已照白门花。"其六刻画那些外戚、宦官倚仗权势,四处招摇:"贵戚张公子,奄人王宝孙。入陪宜室宴,出典羽林屯。狗马来西苑,俳优侍北门。不时中旨召,着籍并承恩。"其七叙说边将无心收复中原,帝王亦不关心外敌、毫无准备:"漫说黄龙府,须愁朱雀桁。三军朝坐甲,十客夜传觞。王气矜天堑,边书弃御床。江州陈战舰,不

---

① 赵士春:《保闲堂集》卷五,《清代诗文集汇编》第 13 册,上海古籍出版社 2010 年版,第 623 页。

肯下浔阳。"其八至第十六,从清兵南下,弘光溃逃,各地举兵反抗,一直讲述到鲁王、唐王监国政权手足相残直至失败。其八:"偏师过采石,突骑满新林。已设牵羊礼,难为刑马心。孤军摧韦粲,百战死王琳。极目芜城远,沧江暮雨深。"其九:"樔棘千夫聚,艨冲百里通。白衣摇急桨,青草伏强弓。坞壁推严虎,江湖属管崇。丹阳故郡郡,山越土人风。"其十:"越绝山河在,征人尚锦袍。乘风竹箭利,狎浪水犀豪。怪石千滩险,疑城百里高。临江诸将帅,委甲甬东逃。"其十一:"屡檄知难下,全军压婺州。国亡谁与守?城坏复能修。喋血双溪阁,焚家八咏楼。江东子弟恨,伏剑泪长流。"其十二:"听说无诸国,南阳佳气来。三军手诏痛,一相誓师哀。鲁卫交难合,黥彭间早开。崆峒游不返,虚筑越王台。"其十三:"再有陈瓯信,城空战鼓闻。青山频见骑,丹穴尚求君。乱水冲村垒,残兵哭岭云。疮痍逢故老,还说永安军。"其十四:"计出游云梦,雄风羡独醒。连营巴水白,吹角楚天青。五岳尊衡峤,三江阻洞庭。故家多屈宋,应勒武冈铭。"其十五:"早设沿江戍,仍添沂水兵。恶滩横赣石,急浪打溢城。縠骑柴桑督,楼船牛渚营。江南民力尽,辛苦事西征。"其十六:"风雨章江路,山川感废兴。城荒孤鹜远,潮怒老蛟凭。止水孤臣尽,空坑故鬼增。凄凉余汗简,遗事续庐陵。"

吴伟业的这一组诗,堪称诗史,从不同角度,以史家之笔,全面、客观记录了南明小朝廷的荒淫无道、不思进取、祸国殃民,借助典故(如牵羊、刑马等)表达对大明王朝最终败亡于小人之手的耻辱、愤怒和无奈。面对改朝换代、山川废兴、故旧凋零,自己这个旧史官只能向欧阳修(曾独自撰修《新五代史》)学习,无论怎么不愿意触摸这段凄凉难堪的伤痛经历,也要如实记录、保存这一段历史。

第六节　复社党魁

南明弘光政权中,阮大铖之所以软硬兼施逼迫吴伟业请假回家退出官场,一个重要因素就是吴伟业是年轻一代的士林领袖、复社党魁,是社团的标志性人物。用"复社党魁"这个头衔称呼吴伟业,目前可知最早是吴伟业自己用的,他在《与子暻疏》中回顾"先是吴下有陆文声、张汉儒之事,吾以复社党魁,又代为营救,世所指目"。也就是说,在吴伟业心目中,崇祯十年他营救被陆文声诬陷的钱谦益与瞿式耜、被张汉儒诬陷的张采与张溥,所承担的角色,不但在别人眼中,就是在自我认知中,已经是复社党魁了。但是,吴伟业复社党魁的身份,清初就有人不太承认,比如计东《上太仓吴祭酒书》中就说吴伟业崇祯四年考取会元以后,"虽为西铭弟子,于社事不复留意"。特别是计东认为吴伟业的《复社纪事》一文,对复社的认识、描述有问题,容易给"曩者衔怨不逞之徒,藉口老师之文,遂欲以疑似之谤,坐复社诸公以党人亡国之罪",[1]这显然不是一位复社党魁应该做的。计东的指责是否有道理,吴伟业究竟为何加入复社,走上仕途后是否留意社事,对复社是否做出较大贡献,能不能称得上复社党魁,他所撰著的《复社纪事》是否将复社诸公作为明朝灭亡的罪人? 本节对此略作分析。

吴伟业拜师张溥、加入复社,出自其父吴琨的安排,与科举应试有关。从相关时间排列可以看出,吴伟业在崇祯元年加入张溥门下,并与张溥之弟张玉治结为好友。[2] 无论这一安排是否与李明睿的建议有关,以吴伟业伯父吴瑗、父亲吴琨广泛的人脉关系和对形势的精准判断,他们这一选择显然是为了让吴伟业在举业之途上获得更好的发展机会。吴伟业早年读书一直没有专门拜师,而是跟随父亲坐馆、自由读书。何况吴伟业十五六不知门外事,之后主要也就是与吴继善、吴国杰、吴克孝等宗族子弟以及穆云桂、孙以敬等同学好友交往,不太可能自主选择拜张溥为师。明末江南各地文社众多,士子结社蔚然成风。在这众多的文人社团中,以太仓人张采、张溥(早期顾梦麟亦是主要人物)为主的复社逐渐脱颖而出。一心想让子弟出人头地的吴瑗、吴琨兄弟,既无财力又无名气,倡议结社自然不现实,那么安排吴伟业就近加入影响最大的复社自是情理之中的事。崇祯元年以后,张溥更多的时间忙于社事

① 计东:《改亭集》,《续修四库全书》集部第 1408 册,上海古籍出版社 2002 年版,第 195 页。
② 叶君远《吴梅村年谱》依据吴伟业顺治十四年(1657)所作《张敉庵黄门五十序》,推断吴伟业与张玉治相识于崇祯元年。王于飞《吴梅村生平创作考论》认为吴伟业的学问、文章主要是与吴继善等人一起读书期间打下的基础,并非是跟随张溥读书才取得的成绩,并进而说明"张溥与吴伟业之间并无太深的师生关系",亦有一定道理。

活动,复社声势越来越盛,张门早期弟子的声望也就越来越高;崇祯三年的金陵乡试、崇祯四年的北京会试,复社在科举上的大获全胜,①尤其吴伟业的会元、榜眼、钦赐归娶,反过来将复社的影响力推向极致。

正如前文所述,吴伟业得以乡会试连捷,考取会元、榜眼,更多依靠的是家族背后千丝万缕的关系网,主要不是依靠复社的力量。可是,加入复社,不但使这一切变得更加合理,遮掩了吴氏家族的私下努力,保护了周延儒、李明睿、李继贞等一系列背后支持吴伟业的力量,也使复社声名大噪,于是成就了三方共赢的局面。年轻才俊,平民出身,张溥弟子,会元榜眼,清贵翰林,钦赐归娶,这样的形象组合显然更具备传奇色彩,因为表面看起来张溥弟子这一身份是其命运的转折点。针对晚明内忧外患的时代现实,复社以"复兴古学,务为有用"相号召,以博学通经为途径,以作育人才为手段,以重建盛世为目标,有理想、属正道,于国于家于己均为有益之举。加入复社,不但能提升道德素养,而且能强化应试技巧,还能够广结人脉,因此,无论是有心救世的清流人士,还是图谋科举的势利之徒,无不以加入复社为荣。

当时,各种关于社事的记载都不厌其烦地描述了众多士子(包括家长)争先恐后加入复社的狂热景象,甚至连复社死敌、权相温体仁的儿子,都主动申请加入复社,可惜最后被孙淳、吴翙等人断然拒绝。② 张采甚至说"由吴越以及四方,凡其地俊造,经明行修者,以不与为耻"。③ 众多士子之所以如此狂热,是因为除了那么多复社成员的集体成功之外,还有一个最经典的案例,那就是复社早期成员、张溥嫡亲弟子吴伟业,其科举奇迹,成了复社内外津津乐道的话题。《复社纪略》记载当时的舆论认为,"远近谓士子出天如门者必速售,大江南北争以为然",可见一斑。

---

① 朱子彦《复社与晚明科举》统计,"在崇祯三年的乡试中,复社至少有近百人中了举人","到了崇祯四年的会试,除了上文提到的吴伟业、夏曰瑚中三甲外,复社还有张溥、马世奇等57人中了进士","崇祯朝10个进士里就有1个复社出身,而10个复社成员里,就有1个是进士、2个是举人。一个文社,能有这么高的科考录取比例,能有这么多的成员接连中式,这在中国历史上还是绝无仅有的",《社会科学》2009年第3期。

② 朱彝尊:《静志居诗话》,人民文学出版社2006年版,第651页。

③ 张采:《知畏堂集》卷八,《庶常天如张公行状》,《四库禁毁书丛刊本》。

平心而论，崇祯四年的吴伟业，并没有什么突出之处。论出身，其祖父不过是从昆山入赘太仓王氏的没落地主，父亲是一辈子在太仓教书的普通秀才；论才学，与他年龄相仿的如陈子龙、宋玫、杨廷麟、李雯等人早就文名卓著，而吴伟业甚至还不会写诗（夏完淳可是“五岁知五经，七岁能诗文”的）；甚至连值得骄傲的八股文，吴伟业也未见得写得多好，因为当时八股文写得好、评得好的成名人士极多，《顾谱》说吴伟业直到崇祯元年二十岁时才考取秀才，与顾炎武、黄宗羲、孙奇逢、归庄、金铉、刘永澄（这六人都是十四岁考取秀才的）等人相比，不可以道里计；更不要说学问了，恐怕连治学门径都没摸着；何况口才还不行，与他当面接触过的张自烈说“与之语，呐呐不出口”，林时对也说他“与人言，如梦语呓语，多不可了”；不过论相貌，也许还行，毕竟他的五世祖吴凯“自幼秀朗异常儿”，属于“美风仪”型的，其高祖吴愈是“自少开朗”，家族基因不错，其本人据画像看亦是儒雅俊朗的。就这样一位普通的读书士子，一举成名天下知，除了因为科举本身的因素外，复社的巨大社会影响力放大了其声望，也是重要的原因之一。

正是因为这样的背景，那些不太了解吴伟业读书与考取进士背景的人，一开始是不太看得上他的。前文说到吴伟业担任南京国子监司业时，张自烈等人言辞之间对他的轻蔑也就源于此。反过来说，吴伟业本人也正是因为这样的原因，所以一再表示自己的科举功名纯属侥幸，入仕之初非常谦逊谨慎、勤奋好学。吴伟业自己曾经真诚、详细地剖析过自己的读书、科举与治学的心路历程：“初吾与志衍少而同学，于经术无所师授，特厌苦俗儒之所为，而辄取古人之书，攟摭其近似者，檃括之为时文，年壮志得，不规规于进取，乃益骋其无涯之词，以极其意之所至。初谓迟之十年，析理匠心，刊华就实，庶底于有成，不意遽为主司所收，而世人遂谬许而过采之，以其言为该贯。夫学力深浅，内自验之吾心，余两人之于文，实未有所得也。自入仕以后，得宿儒大人为之讲谕，约其指要而分其条流，退而视吾之文，则胶葛漫衍，无当于古之立言者，于是惭愤窃叹，尽发箧中之书而读之，将上以酬知遇，而下以厌观听者之心。比年以来，稍有证入，虽不敢妄谓有得，而视吾始举之岁，其相去固已远矣。虽然，吾之致力于应举，一二年耳，至今山陬穷邑，知吾名字,尚以制科之时文。吾为诗古文词二十年矣,而闾巷之小生以气排之,而诋吾空言为无用。盖天下之士,止知制义之可贵而不思古学之当复,其为日也久矣"(《德藻稿序》)。吴鸣珙之子吴世泽,字德藻,号粒民,为顺治辛卯(1651)举人,吴伟业、吴继善兄弟中举是在崇祯三年(1630),前后相距已经二十余年。在这二十年期间,吴伟业发愤读书,"比年以来,稍有证入",虽属于谦虚之词,亦可谓此中实情。吴伟业绝不回避自己当初由于没有名师教授,所以学无所得的实际(真正读书有得是在成进士以后,这也反过来说明他只是张溥名义上的弟子,并没有真正跟随张溥读书),也不讳言自己年少时就不满普通儒生仅仅追求功名的庸俗之举,而是广泛攻读古人经典、力求有所成就的雄心壮志(这也与张溥复兴古学、尊经致用的追求暗合),所谓知耻而后勇,只要机会合适(入仕后接触到很多饱学之士,如黄道周等人),结合其苦学精神,自然有所成就,因此极其自信地说"虽不敢妄谓有得,而视吾始举之岁,其相去固已远矣"。

　　从崇祯四年走上仕途到弘光元年辞官退隐这十四年间,吴伟业在明朝真正任职的时间只有六年多,不到一半时间,其余时间主要在家读书,即使在朝廷供职,主要也是任职翰林院、国子监等清净衙门,主要职责仍然与读书、研究、写作相关(入清以后仍然如此)。所以终其一生,不脱书生本色。以文人性格、书生意气,从事党社活动,其结果可想而知。所以尽管吴伟业是张溥的嫡亲弟子、复社的"十哲"之一,但是很少负责复社的实际事务、重大活动。除了在应试期间正巧碰上复社聚集,其余的哪怕就是复社最重要的几次大会,如虎丘大会等,无论是当时或者事后的记录,吴伟业可能都没有参会,因为他的名字就没有出现在复社系列活动的参与人员名单中。当然,吴伟业没有在复社的各种活动中出头露面,不等于他不支持复社,恰恰相反,在与温体仁、蔡奕琛、薛国观、张至发等复社政敌的斗争,以及营救钱谦益、瞿式耜或是黄道周等重要活动中,无论是遵师命还是遵将令,吴伟业都还是冲在一线的。复社作为民间组织、学术社团,其组织的各项活动,作为朝廷官员的吴伟业,确实不适合频频出现,但是作为复社的旗帜以及科举、政治上的代言人乃至主要干将,吴伟业有着复社其他人所缺乏的独特优势,这是吴伟业理所当然成为复社党魁的重要因素。

吴伟业作为复社党魁的身份，从其政敌的角度亦可得到证实。周之夔等人上书朝廷、状告复社，所控告的主要对象，就有吴伟业。据陈子龙记载："之夔既上书，因石斋师比之人枭，憾甚，又疑予辈为二张道地，则以黄纸大书石斋师及予与彝仲、吴骏公数人之名，云：'二张辇金数万，数人者为之囊橐。'投之东厂，又负书于背，蹩躠行长安街，见贵人舆马过，则举以诉之。"①也就是说，在周之夔心目中，吴伟业能与黄道周、陈子龙、夏允彝等人并列成为复社的重要支持力量。另外，像托名嘉定徐怀丹所作的《檄复社十大罪》，吴伟业列名其中；匿名书"二十四气"中，罗列了一大批清流官员，包括倪元璐、冯元飚、瞿式耜、徐汧、吴甡等党社元老，也有"望气吴伟业，下注'啮人马'"。至于南明时期阮大铖直接威胁吴伟业，让他转告"声气诸君"，更是将其作为复社在朝局中的代表看待的。

正是因为将吴伟业看作复社的政治领袖，政治嗅觉极为敏感的阮大铖才会在崇祯十四年秋天吴伟业准备北上赴任之际，极尽巴结之能事，赋诗赠别。这个时候，移居南京的阮大铖正遭受复社成员尤其是东林后裔的围攻。崇祯十二年，周镳、顾杲、杨廷枢、黄宗羲等复社名士一百四十余人，共同署名作《留都防乱公揭》，驱逐阮大铖。阮大铖不得已另谋出路，积极参与张溥等人谋划，毫不犹豫地出资万金为周延儒复出提供经济支持。阮大铖此举，很多人觉得不能理解，这是一次风险极大的政治赌博，因为这笔投入对周延儒或是张溥、吴昌时等人没有任何约束，投资打水漂的可能性很大。但是，一来阮大铖想要政治上翻身确实走投无路，只能孤注一掷，二来阉党第二号人物冯铨也出资承担了三分之一股本，当初定逆案说阮大铖为阉党本就勉强，冯铨却是名副其实的阉党核心，何况阮大铖与冯铨关系也极为密切，张溥等人敢于接受冯铨的资金（冯铨与周延儒为儿女亲家，钱谦益被温体仁一党陷害时，冯铨曾出手相助、轻易化解），阮大铖也就敢于跟着投资了。

事实上，当张溥等人接受了冯铨、阮大铖的政治献金之后，复社的

①《陈子龙诗集》附录二，陈子龙自撰年谱，崇祯九年丙子，上海古籍出版社 2006 年版，第 654 页。

性质与其原先的追求就有了巨大的矛盾。平心而论，张溥等人的政治理想本身并没有错，可是为了实现自己的政治目标，不择手段，以钱铺路，勾结权监，自然是走到了与阉党同流合污的地步，实在令人叹惜。其实不仅是复社，当初阮大铖就曾说过，如果阉党巴结魏忠贤要治罪，那么东林党与权阉王安勾结同样也该治罪。再说了，东林、复社这些清流人士之间也不是铁板一块，也不那么讲节操、讲气谊。阮大铖当初亦属东林骨干，就是因为东林内部权力纷争吃了亏才投奔了魏忠贤。南明时期，马士英曾经当着姜曰广（张溥、吴伟业都是姜曰广的高足）的面，对政治上无所依傍的高弘图说："若辈讲声气耶？虽然，孰予若？予吊张天如，走千里一月，为经纪其后事也，人谁问死天如也？"①这话讲得极重，批评东林、复社诸君，表面上讲理想、道德、情谊，实际上很势利，特别是在张溥去世之后，所谓"声气"诸君表现出来的薄情寡义行径，让马士英极为不齿，姜曰广、高弘图等人竟然无言以对，可见马士英所言属实。因为阮大铖出资资助周延儒复出，但是张溥、周延儒等人却无法帮助阮大铖翻案，于是由阮大铖提名，将阮大铖的患难之交马士英，由戍籍起用为凤阳巡抚，因此马士英对阮大铖、周延儒、张溥等人感激至深。张溥崇祯十四年五月去世，竟然无人问津，直到马士英"走千里"赶赴太仓，负责为其处理后事，才在八月会葬。张溥生前门生遍天下，死后门前如此冷落，这一巨大落差背后包含着太多的讽刺意义。

在这样的政治环境里逐渐成长起来的吴伟业，性格懦弱、意志不坚定、容易受环境影响的吴伟业，政治上有所追求、被动成为复社党魁的吴伟业，无论在明朝末年还是在弘光时期，无论是文人之间的惺惺相惜还是政治人物之间的虚与委蛇，都需要与阮大铖等人打交道，因为阮大铖已经成为他们政治集团中的重要一员。官场上本就没有永远的朋友，只有永恒的利益。当然，玩政治吴伟业绝不是阮大铖的对手，当初阮大铖投奔阉党，就有意收买魏忠贤的门房，每次拜谒都将自己的手本买回来，导致后来定案时说他交接阉党查无实据，包括崇祯继位，他都预先准备了两套不同的应对方案等等，足见其多谋善断。弘光元年，阮

---

① 陈贞慧《过江七事》"持逆案"，见《明代野史丛书》中所收《三朝野记》（外四种），北京古籍出版社2002年版，第232页。

大铖当面恐吓吴伟业，吴伟业乖乖地卷铺盖回家，丝毫没有复社党魁的气象，与那位疏劾首辅、直声动朝右的骏公形象大相径庭，实在是有自知之明的。

阮大铖临别之际告诫吴伟业"归语声气诸君，猿鹤梦稳，定不起同文之狱"，当然是将吴伟业作为复社党魁、声气诸君的领袖看待的，希望他退隐后约束好同声相应、同气相求的党社诸位，老老实实在家待着，不要干涉、参与政治，并借北宋新旧党争的历史故事，承诺会放过以东林、复社骨干为代表的清流群体。当然，阮大铖后来不守信用，仍然频兴大狱，杀害了周锺、周镳兄弟以及雷縯祚、光时亨、武愫等人。这些人中，周锺曾与张溥等人一起共同创立应社，该社为复社的前身，所以周锺应为复社元老。周镳亦为复社名士，曾疏救黄道周，雷縯祚则曾紧随黄道周之后，弹劾杨嗣昌，这些人均可算作复社骨干。不但如此，阮大铖等人还曾经试图借助大悲案、左良玉反叛等事件将清流一网打尽，著名的复社四公子侯方域、方以智、陈贞慧、冒辟疆等人也曾受到阮大铖迫害，只是由于清兵南下速度极快，弘光政权迅即垮台，复社诸人才幸免于难。

虽然作为复社党魁，吴伟业在南明时期既没有组织力量对抗阮大铖、蔡奕琛等人，更没有组织任何实际的抗清活动，甚至连像样的社团组织活动都没有举行，但是由于他没有立即入仕清廷，随着大批精英（如陈子龙、杨廷麟等）以身殉国，部分名流因降清而名节有亏（如钱谦益等），加上吴伟业创作了一系列脍炙人口的反映明清巨变的佳作，越发彰显了硕果仅存的党魁的地位价值。所以，入清之后，复社名存实亡，而其他社团却不约而同地尊奉吴伟业为宗主。顺治九年，吴伟业作《致云间同社诸子书》，出面调和当时影响最大的两个文人社团慎交社和同声社的矛盾，希望他们"尽释猜嫌，从此同心，永消浮论"。两社随即响应，"同归旧好"，次年聚集，"俱推戴梅村夫子"，[1]吴伟业也很高兴，作《癸巳春日禊饮社集虎丘即事》四首，"同人传诵"。随后吴伟业应召进京，入仕新朝，而清廷加强舆论控制、严禁结社，这次活动也成了吴伟业作为党团领袖的最后绝唱。

----

①《王巢松年谱》，苏州图书馆 1939 年版，铅印本，第 23 页。

入清后,吴伟业曾经反思过晚明轰轰烈烈的党社运动。特别是明朝灭亡前后,无论是崇祯时期还是弘光时期,都是党争你死我活最为激烈的阶段。作为事情的亲历者,某种意义上,吴伟业自己也承认他还是复社党魁,那么,面对改朝换代、天崩地解,崇祯殉社稷、百姓受磨难这一系列重大事件,复社组织及其领导,该承担哪些历史责任,这是尚存人间的吴伟业等人必须回答的问题。尤其是复社内外已经有很多人对复社的种种行径进行批评、质疑,在这种背景下,自我反省,特别是对复社的政治追求与实际效果、理想内涵与实现手段、个人人格与党团利益等等系列问题,吴伟业必须想清楚、说明白。从吴伟业后来的相关著述来看,虽然他对东林、复社总体上是肯定的,但是他对党社运动本身是不太赞同的,认为:"往者门户之分,始于讲学,而终于立社,其于人心世道有裨者,实赖江南、两浙十数大贤以身持之。其后党祸之成,攻讦者固敢为小人,而依附者亦未尽君子,主其事者不得不返而自咎也。"(《致孚社诸子书》)

吴伟业的这一论调,总体上是和当时的主流意见相一致的(详见后文第七章)。吴伟业既充分肯定东林、复社数十位大贤的积极作用,又承认依附复社者未必全是君子,尤其是党社活动一定程度上激化了党争,带来了消极影响,这是非常难能可贵的,既是当时大多数有识之士的看法,也是作为当事人深入反思的结果。值得注意的是,王恩俊认为复社领袖们虽身处低层却积极干预政治,带有鲜明的"自下而上"的参政特征,具有极其重要的时代意义和历史影响,远非其他文人社团所能比拟,符合事实,甚有见地。但是也要注意到,复社既有张采、张溥等未居高位的领袖,也有吴伟业、宋玫等旦夕入相的党魁,更有周延儒、吴昌时这样的政治代言人,更非其他文人集团所能比拟;另外,复社通过掌握文风、影响科举、控制舆论等手段间接干预政治,亦非其他文人社团所能想象。从实际结果来看,复社对晚明政局的走向起了极为重要的影响。正是因为看到了这一点,吴伟业的《复社纪事》并没有写到张溥去世、复社解禁为止,而是一定要把周延儒执政、吴昌时伏法,南明时周锺被诛、张采病没、陈子龙殉国、熊开元出家等复社关键人物的结局都交代清楚,方才为这场惊天动地的党社运动画上了句号,也留下了无尽的惋惜。

第五章　入清乡居

弘光元年(1645)正月二十八,吴伟业以母亲生病为由,向南明小朝廷请假获批,回乡省亲。从此一去不复返,隐居乡下。该年五月,清兵南下,弘光政权灭亡。随后,清兵平定江南。在这一过程中,许多吴伟业的旧日好友,或加入鲁王、唐王、桂王政权,继续为南明政权鞠躬尽瘁,或者留在当地,参加义军,参与守城,或者直接以身殉国,杀身成仁。当然,也有的投身清廷,入仕新朝。吴伟业的选择是,带领全家,小心翼翼地躲避战乱,以求苟全性命于乱世,他自己所谓的“草间偷活”是也。当然,虽然僻居乡村,吴伟业也一直关注着外面的形势发展。随着政治形势的逐渐稳定,吴伟业也开始经营园林安心隐居,乃至走亲访友、四处活动了。

第一节　外出避乱

崇祯十七年三月十九日,崇祯自缢煤山以身殉国,确切消息传到太仓,应在四月底五月初。刚刚得到这个消息,吴伟业痛不欲生,准备殉节,但为家人所阻止,据其弟子顾湄记载:“甲申之变,先生里居,攀髯无从,号恸欲自缢,为家人所觉,朱太淑人抱持泣曰:‘儿死,其如老人何!’”(顾湄《吴梅村先生行状》)崇祯对吴伟业有知遇之恩、保全之情,按照当时的君臣大义,国君殉社稷、大臣殉君王才是。但是,生死关头,吴伟业犹豫了。他自己后来也承认:“故人往日燔妻子,我因亲在何敢死!"(《遣闷》六首其三)说自己顾恋亲情,未能尽节。生死大节,岂容犹豫?而且这一步退却了,难免以后步步退却,这才有之后的仕清之举。这种道理,吴伟业自己也知道:"余曰:'不然。夫死者人之所难,未有不健于决,成于果,而败于犹豫者也。'当京师初陷时,道路所传,以先帝为狩。素修将自裁,客或止之曰:'君父存亡不可知,而先致命,万一君存国复,可若何?'素修毅然就义,不顾也。素修死,其同时稍濡忍者,一为贼得,即欲自引决且不能。彼夫封疆之吏,城陷苟免,其迟疑不早断,逡巡获皋者,往往犹是也。"(《中宪大夫广东兵备副使王公畹仲墓志铭》)吴伟业在给进士同年王孙兰作墓志铭时,特别将另一位进士同年、与王孙兰同为无锡人的马世奇牵扯进来,借素修之口说明殉节要坚决果断不能有丝毫犹豫、迟疑不决,恐怕是有感而发。

当然,没有为崇祯殉节,也还情有可原,毕竟很快弘光政权建立,吴伟业应召出山,有了收复中原、重整河山,为崇祯报仇雪恨、报答其知遇之恩的机会。可惜他立足未稳,仅仅两个月就被逼请假回乡,猿鹤梦稳了。历史不容假设,只是以吴伟业一贯的为人、性格、意志,如果他和钱谦益一样留在弘光政权,四个月后,南京城头打着旗帜迎降的队伍中,除了钱谦益、王铎等人之外,是否也会有他的身影?

清兵南下,弘光被俘,钱谦益迎降,为了立功(也可以说是为了政权和平稳定地交接),主动请缨,委派弟子周荃带领黄家鼐等人招降江南诸郡。在这样的形势下,士大夫阶层何去何从,正是其政治品格的体现。特别是当初在苏州石佛寺参与谋划决策周延儒再相的几位主要人物的表现,令人感慨,正是所谓"时穷节乃见,一一垂丹青"(文天祥《正义歌》)。张溥前已病逝,钱谦益迎降,徐汧、马世奇殉节,出资的三位主要人物侯恂归隐乡野,冯铨、阮大铖降清。其他与此相关的代表人物、吴伟业的良师益友,如黄道周、陈子龙、杨廷麟、瞿式耜等人,则不计得失,奋起抗击,最终以身殉国。

与他们相比,吴伟业的表现令人失望。他的第一选择是逃避,他曾回忆说:"矾清湖者,西连陈湖,南接陈墓,其先褚氏之所居也。……吾宗之繇倩、青房、公益兄弟居于此四世矣，①余以乙酉五月闻乱，仓黄携百口投之。中流风雨大作，扁舟掀簸，榜人不辨水门故处，久之始达。主人开门延宿，鸡黍酒浆，将迎洒扫，其居前荣后寝，葭芦掩映，榆柳萧疏，月出柴门，渔歌四起，杳然不知有人世事矣。是时姑苏送款，兵至不戮一人，消息流传，缓急互异，湖中烟火晏然。予将卜筑买田，耦耕终老，居两月而陈墓之变作，于是流离转徙，懂而后免。"(《矾清湖并序》)如实承认弘光元年五月，南都刚刚破灭，他仓皇之中带领全家上百口投亲访友，妄想寻找世外桃源，可惜矾清湖也不是平安乐土，终被战乱波及，于是在闰六月回到太仓。

吴伟业之所以在顺治二年五月"仓皇携百口"从太仓到矾清湖投奔宗族兄弟，除了听说"姑苏送款，兵至不戮一人"之外，还可能与太仓当地乘乱民变，复社领袖张采被虐待的不幸遭遇有关。《太仓州志》记载："王师初渡江，里中乱民哄起。五月十七日，受先方卧起，忽有数人求白事。受先出不意，短衫秃巾迎之，数人者仰谓曰：'有大案未了，可至州办状。'即牵之走，甫出门，以两木夹之行，自南关至州治前，惨毒备至，又拥至城隍庙，铁石并下，受先已垂绝，又惧其苏也，用利锥自耳旁及腰腹下锥入数寸，汲井水沃之，系索于颈，曳地而走，头击地有声，至演武场，作坎埋之，复欲持锄断其首。旁有不平者呵之，乃止。数人者气尽，各散去。一沙弥过之，探鼻微息，乃毁寺中棹楔，与好义者舁归其第，得更生，扁舟亡去。"②当然，也有记载说旁观者并无人见义勇为，后来是王时敏救了张采(参见王抃的《王巢松年谱》该年的记载)。无论如何，这一幕，极为残忍，对一位五十岁的老人动以公开的私刑(对照其复社领袖的光芒，更令人心寒)，给张采留下了终身残疾，对吴伟业刺激很大，因为他家和张采家一样，根底相对单薄，并不像王时敏他们那样的世家大族，根深蒂固，有祖风世德可以倚恃。这样的恶性事件，很可能是吴伟业仓皇而逃的重要原因。

结合这样的场景，来看待吴伟业关于矾清湖的回忆，对于理解吴伟

---

① 青房兄弟与吴伟业平辈，上推四世，则应该是指吴东、吴南、吴西、吴北这一辈，吴氏家族往往是嫡长子继承制，而吴南出嗣，吴西早卒，所以迁居到矾清湖的应该是吴北(后改名吴守中)的后人。

② 王昶等编纂：嘉庆《太仓州志》卷五十九"杂缀""纪事"，嘉庆七年刻本，第9页。

业本时期的政治表现与内心世界，有至关重要的意义。太仓人汪曾武《外家纪闻》中曾详细记载此时太仓乡绅的代表人物王时敏的表现，也涉及吴伟业："太常公遭明思宗之变，国祚已斩，宗社为屋。清军南征，将至太仓，郡人仓皇奔走。吴伟业与太常商议曰：'拒之百姓屠戮，迎之有负先帝之恩。'终无万全之策。太常筹画数昼夜，又与郡绅集议明伦堂。众以太原为明之旧臣，代有显贵，咸视太常为进退。太常知时势之不可回，涕泣语众曰：'余故大臣之后，死已恨晚。嘉定屠城，前车之鉴。吾宁失一人之节，以救合城百姓。'梅村相与大哭，声震数里，众亦感泣。议遂定，而清军已至，遂与父老出城迎降。"①这一关于吴伟业参与迎降的记载，很多人觉得不可信，一个最重要的原因就是吴伟业自述其避难经历：五月份闻变，随即携家百口避乱矾清湖，在那里居住两个月然后离开，所以是七月份回来的，而清兵是六月份进入太仓的，因此吴伟业不可能参加迎降活动。这里有两个问题需要解释：首先由于本年闰六月，所以吴伟业离开矾清湖回到太仓应该是在闰六月而不是七月份；其次，周荃到太仓来招抚，时间在六月十三日，随后去了嘉定，之后回任太仓，②但是这不是各地聚集抗清的开始。江南地区，特别是江阴、嘉定等地的抗清斗争，主要是清朝强行推行薙发令而激起的民变。张溥弟子、太仓当地人王家桢根据亲身经历，记载了当时的相关情形："闰六月十三日，遂有薙头之说。时统兵官张姓者，请各乡绅会议，民间窃偶语。诸绅会议出，各掩面而涕。是日午后，即闭各城门，不论军民，一概净发。是日，城内民亦汹汹思变，各立街巷间，相视以目。有急为避出者、有迟疑不动者，无一人敢发难端，俯首受薙。"这段史料明确记载薙发令是在闰六月，其中描述的"各乡绅会议"，才是问题的关键。闰六月十三日，吴伟业应该已回到了太仓。吴伟业如果在太仓，这样重大的活动，他这位"各乡绅"之一是无法回避只得参加的。"诸绅会议出，各掩面而涕"的描写，与汪曾武的叙述如出一辙。江阴、嘉定等地的乡绅，面对群情激愤的场景，是因势利导、组织抗清，而太仓"民亦汹汹思变"，只是由于王时敏、吴

① 汪曾武：《外家纪闻》，民国六年油印本。
② 嘉庆《太仓州志》卷六十"杂缀""纪闻"。

伟业这些乡绅领袖带头薙发,才压制了太仓老百姓反抗的冲动,避免了一场巨大的灾祸。尽管汪曾武时代较晚,但是他的记载来自家族内部,可以与清初亲历者王家祯等人的记载相呼应。王家祯继续说:"皇清之下江南也,吾娄首先迎之,得一城保全。其孝廉之削发从缁者,则赵自新我完也。远避不归者,华乾龙天御、陈瑚言夏也。张受先以乱民之祸,身走他邑,俱不在附降之列。后赵公以云间事(吴胜兆案),牵染成狱,归竟病死。华君则教授里中,不与户外事,人亦罕见其面。陈君颇走声气,喜讲学。张公避地玉峰,未几死。此吾娄节义诸君也。"①明确具体列举了太仓"不在附降之列"的"节义诸君",很显然,在太仓当地的舆论环境中,吴伟业、王时敏都不在"节义诸君"而属于"附降之列"的。如果吴伟业因为躲到了矾清湖而避免了难堪的话,那也应该归入"远避不归者",与陈瑚等人并列的。

顺便说一句,顺治年间、仕清之前,吴伟业就多次表达过对大明王朝、崇祯皇帝的愧疚之情。最典型的是顺治七年愿云(晦山戒显)再次劝他出家,他一方面表明"君亲既有媿,身世将安托",另一方面断然拒绝,只是发誓"不负吾师言,十年践前诺"。问题是,从顺治七年的时间来看,对亲人家庭,他并没有什么愧对的地方(为了家人,他既没有殉节也没有出家),那就是有愧于君了;既然他并没有入仕新朝,他"愧"在何处呢? 当然,如果是真的带头归顺,那就是名节有亏,不但有愧于君亦有愧于亲了。

对于顺治二年乙酉闰六月前后的行踪,吴伟业虽然含糊其辞,但是其言语之中,仍有迹可循。前引《矾清湖》诗序中说"是时姑苏送款,兵至不戮一人",此语大有深意,褒贬自在其中。吴伟业把这两个月的生活,描写得跟仙境一般,"菱芦掩映,榆柳萧疏,月出柴门,渔歌四起,杳然不知有人世事矣",计划"予将卜筑买田,耦耕终老"。只要自己个人拥有世外桃源,改朝换代、异族统治、大肆屠城等等这些"人世事",他是无所谓的。不料"陈墓之变作",打乱了他的如意算盘。陈墓之变,程穆衡认为是指苏州巡抚黄家鼎被杀(史载黄家鼎为杨龙友所杀,后杨龙友

① 王家祯:《研堂见闻杂记》,《明清史料丛书八种》第六册,北京图书馆出版社 2005 年版,第 354、364 页。

坚持抗清,失败后全家三十余人殉难),叶君远认为是指陆世鑰、吴易等人于太湖起兵抗清。无论指哪一件事,均是发生在六月份,都是抵抗清兵的。吴伟业言辞之间,对这样的活动是颇多不满的,诗句中充满了讥讽之意。因为这些举动打破了他宁静的隐居生活,他不得不离开矾清湖回到太仓了。既然"陈墓之变"是六月份的事情,那么闰六月他显然已经回到了太仓。

吴伟业不但没有参加抗清斗争,而且对当时当地组织的抗清活动多持贬斥态度,在其作品中多有流露,除了上述文字外,其《避乱》六首之六云:"晓起哗兵至,戈船泊市桥。草草十数人,登岸沽村醪。结束虽非常,零落无弓刀。使气挝市翁,怒色殊无聊。不知何将军,到此贪逍遥。官军昔催租,下令严秋毫。尽道征夫苦,不惜耕人劳。江东今丧败,千里空萧条。此地村人居,不足容旌旄。君见大敌勇,莫但惊吾曹。"诗歌对当时的民间武装表现出明显的敌视与嘲讽。当然,清兵南下,各地抗清组织鱼龙混杂,有些确实是打着抗清的旗号从事土匪的勾当,陈子龙参与抗清活动时也曾对吴易等人组织的这些非正规武装表示过深深的担忧。但是,吴伟业因为民间武装影响了自己的安静生活,故而一概而论给予诋毁、否定的做法也是欠妥的。

以这样的心境回到太仓,当太仓乡绅们集体讨论如何面对清兵的薙发令时,吴伟业的态度是可想而知的。四月份,扬州因为史可法等人组织的抵抗,被屠城十日;六月份,苏州输诚送款,(大清)兵至不戮一人;太仓如果组织抵抗,那些"零落无弓刀""草草数十人"的组织显然是靠不住的;亲身经历了崇祯与弘光时期官场的黑暗、腐朽、恐怖,值得为这样的朱明王朝,拿全家乃至全州的身家性命冒险么?如果没有任何人抵抗,矾清湖那优美如画的世外桃源生活,并非遥不可及;移居太仓的吴氏家族,好不容易重振了当初昆山巨族的荣光,如果组织抗清,无论成功与否,总要付出惨重代价,他是否会成为另一个毁家抗倭的吴谏,成为家族后代口中的罪人?

需要说明的是,汪曾武所描述的与王时敏商讨应对之策的梅村形象,与历史上那位优柔寡断、没有主见、小心谨慎、患得患失的吴伟业(率领太仓绅民薙发迎降,王时敏是决策者,他只是附和),正相符合。

顺便说一句,汪曾武虽然生活于清末民初,却是一个非常严谨的学者,尤其没有必要胡编乱造、凭空污蔑王时敏,毕竟太仓的太原王氏,正如他自己所说,那是江南望族,世有隐德,是他值得骄傲的外家(他母亲的娘家),也是他的家乡太仓当地的骄傲。

可以作为参考的是,吴伟业为姻亲席本祯作墓志铭时,曾经借他的话语生动表达自己对抗清的主张与见解。在这篇墓志铭中,他一反常规,开头先肯定席家对大明王朝、崇祯皇帝的忠诚(为后面做铺垫,说明他不是不忠于明朝),"崇祯十四年,江南大侵,当事者设法劝分,吾郡席君宁侯以太学生捐八千金赈饥者,应抚黄公希宪以闻,优旨嘉奖,予以官,君以亲老固辞,且上言愿助国家讨寇,请输所有以佐军,先皇帝以为忠,即家授文华殿中书兼太仆寺少卿。当是时,司农告匮,捐助之令屡下,贵戚世臣鲜有应者,上故骤尊宠之,以风厉天下,然而时事已不可支矣",说明无论个人怎么努力,也挽救不了明朝灭亡的命运了,"在抢攘之日,君尝一至留都,覃恩褒封祖、父如其官。已而副节使慰安唐藩,移汤沐于临汝,因其地不受封,君尽心藏使事,崎岖兵间,懂而报命。归隐洞庭之东山,其地僻处太湖,艅艎出没。会大兵南下,苏州初入版图,萑苻亡命,倚两山为窟穴。君素得乡里心,扫地盟曰:'此万分无益,徒使吾属无噍类耳!'修扞御,申约束,听命于军门,以故东山独不被兵",在清兵占领苏州的过程中,席本祯明确意识到抵抗没有好结果,"万分无益",徒然牺牲,坚决约束抵抗冲动,积极配合清兵占领,不但家乡(苏州太湖东山)免于毁灭,"独不被兵",个人亦获得认可,去世后"获祀于乡",吴伟业以赞赏的口吻将其这一段时间的言行表而出之,显然是认同的,最后特地阐明两人之关系:"余于君有一日之雅,家大人以幼女字君少子,其分谊在师友骨肉之间,知君行事为信。"说明两人之间关系深厚、相互了解(《太仆寺少卿席宁侯墓志铭》)。

基于这样的认识,我们分析吴伟业这一段时间的行为选择,就能真正理解他的《避乱》组诗,这个系列共有六首,其一:"我生江湖边,行役四方早。所历皆关河,故园迹偏少。归去已乱离,始忧天地小。从人访幽栖,居然逢浩渺。百顷矾清湖,烟清入飞鸟。沙石晴可数,兔罝乱青草。主人柴门开，鸡声绿杨晓。花路若梦中，渔歌出杳杳。白云护仙源，劫灰应不扰。定计浮扁舟，于焉得终老。"这是开宗明义的，总述自己一生经历，陈述目前心境，决定归隐终老。其二："长日频云乱，临时信执传。愁看小儿女，仓卒恐纷然。缓急知难定，身轻始易全。预将襁褓寄，忍使道涂捐。天意添漂泊，孤舟雨不前。途长从妾怨，风急喜儿眠。水市湾头见，溪门屋后偏。终当淳朴处，不作畏途看。未得更名姓，先教礼数宽。因人拜村叟，自去榜渔船。多累心常苦，遭时转自邻。干戈犹未作，已自出门难。"第二首开始倒叙，描述逃难途中的艰辛困苦，以及为什么要逃难。其三："骤得江头信，龙关已不守。縢来嗤早计，此日尽狂走。老稚争渡头，篙师露两肘。屡唤不肯开，得钱且沽酒。予也仓皇归，一时携百口。两桨速若飞，扁舟戢来久。路近忽又迟，依稀认杨柳。居人望帆立，入门但需寻。依然具盘飧，相依赖亲友。却话来途中，所见俱八九。失散追寻间，啼呼挽两手。屡休又急步，独行是衰朽。村女亦何心，插花尚盈首。"第四首则解释为什么选择矾清湖为避难、隐居之地："此方容迹便，止为过来稀。一自人争避，溪山客易知。有心高酒价，无计掩渔扉。已见东郭叟，全家又别移。总无高枕地，祇道故园非。为客贪虾菜，逢人厌鼓鼙。兵戈千里近，隐遁十年迟。唯羡无家雁，沧江他自飞。"第五首则回顾过去，谴责奸臣误国，导致自己颠沛流离："月出前村白，溪光照澄练。放楫浮中流，临风浩歌断。天堑非不雄，哀哉日荒燕。嗟尔谋国徒，坐失江山半。长年篙起舞，扁舟疾如箭。可惜两河士，技击无人战。孤篷铁笛声，闻之泪流霰。我生亦何为，遭时涉忧患。昔也游九州，今来五湖畔。麻鞋习奔走，沦落成愚贱。"第六首感慨即使偏僻如矾清湖，也不完全是世外桃源，仍有零星骚扰："晓起哗兵至，戈船泊市桥。草草十数人，登岸沽村醪。结束虽非常，零落无弓刀。使气挝市翁，怒色殊无聊。不知何将军，到此贪逍遥。官军昔催租，下令严秋毫。尽道征夫苦，不惜耕人劳。江东今丧败，千里空萧条。此地村人居，不足容旌旄。君见大敌勇，莫但惊吾曹。"

　　改朝换代也好，异族入侵也罢，这时候的吴伟业觉得，老百姓已经受了太多的苦，连一向富庶的江南，由于自然灾害，加上"官军昔催租"，清兵下江南,已经"千里空萧条"了,所以人人"厌鼓鼙",盼望安定祥和的生活。也许,对于已经覆亡的明王朝的失望,对于太平盛世的企盼,以及普通老百姓对平静生活的向往,在吴伟业的心中,比抽象的对一家一姓(朱明王朝)的忠诚,占有更重要的分量?

第二节　乡居岁月

经历了改朝换代的滔天巨浪,眼看过成千上万的人转瞬即逝,吴伟业的内心世界受到了极大的震撼。高高在上的神圣帝王,差神使鬼的泼天富贵,尔虞我诈的政治权谋,当血雨腥风的王朝鼎革之际,在不以个人意志为转移的滚滚洪流面前,不堪一击。从矶清湖避乱归来,吴伟业确实动了隐居的念头。这一时期的许多作品,如"生涯问菰蒲,世事隔沮洳。终当谢亲朋,刺舟从此住"(《涂松晚发》),"我亦沧浪钓船系,明日随君买山住"(《东莱行(为姜如农如须兄弟作也)》)等,都流露出消极退隐、小心避世的心绪。

明清易代过程中,对吴伟业内心冲击最大、伤害最深的是吴继善全家被屠杀事件,这也是吴伟业敌视农民起义的重要原因。吴继善是吴伟业的童年好友,一起读书,同年中举,还是复社同人,吴伟业说"予始年十四,与君早同学"(《哭志衍》),"志衍长于余三岁,两人深相得"(《志衍传》),"我昔读书君南楼,夜寒拥被谈九州"(《送志衍入蜀》),"十年笑语连床宿"(《题志衍所画山水》),可见两人关系之密切。可惜的是,崇祯十六年春天刚刚在苏州欢快地送吴继善去成都上任,转眼第二年吴继善全家近四十口就全部遇害,这场惨案使得吴伟业对时代变革有了全新的认知。

对吴继善的全家遇害,太仓人王家祯的记载是:"张献忠之破蜀也,赤地千里,杀戮无孑遗,至塞井夷灶、焚屋伐木;蚕丛数百县,无一草一树鸡犬存者,积尸至与峨眉齐,流血川江,数百里不绝。方其下成都也,吾娄吴志衍(名继善)为成都令,沈岱来(名云礼)为华阳令,前任州守刘瞻父(名士斗)为司理,既将诸官杀之,而独以刘、吴贤声大著,贼欲活之。刘公终不屈，死之。而吴公则勉就官，慕其文才，骤升为吏部尚书。① 一旦献忠于成都僭帝位，使吴为郊天文。吴虽就官，心终不平，于文中连用铜马黄巾等事。献忠怒，立诛醢之，夫人、一子皆被杀。吴丁丑进士，善文章，淳笃著乡党，人皆爱慕之。当其万里就官，有爱之者谓宜单车行；其夫人不谓是也，乃同行。献贼至成都，弟士衍欲挈侄先逸，而夫人曰：此吾一块肉，必不以付他人。后士衍竟间关得遁归，而夫人与子俱不免，吴为若敖鬼。嗟乎！同时被难者，有季子恕先、黄子锡侯。恕先以理讼往，锡侯以授书往，皆血化游魂、身膏野草。悲夫！刘公士斗，辛未进士，广东南海人，任吾娄二年，廉明仁恕，为立州以来第一人。失意于郡推官周之夔，讦之罢官。解任日，州士民为之罢市，有愁叹者、有涕泣者、有愤愤不平者。其去也，千万人至以石塞门，攀号，不得出。后以听按公之处分也，复还娄，千万人自玉峰迎之，皆执香前导，蚁簇欢呼，如赤子之望见慈母。嗟乎！吾娄虽薄俗，然即此可见天理之在人心，公道之不泯，亦为开州以来第一盛举。后终迫于上官之议，将周之夔两罢之。颠踬既久，复起为成都司理，而遭贼手。虽游魂不归，而忠贞之气、廉明之名，与吴、蜀两邦同为千古。"② 王家桢对这一过程的描述应该是事后补记，相对也比较客观公正，特别是既承认吴继善投降了张献忠的农民起义军、担任了伪职，也有为其辩解，通过其平时为人、品行，说明其不得已和不甘心，并同情其遭遇，尤其是把他放在与曾任太仓知州的刘士斗同样的话语体系中，更加激起人们对张献忠的痛恨和对被杀者的同情。

对吴继善的遇害原因与实际经过，吴伟业的认识是有一个过程的。他自己说："成都陷，余中夜蹶起曰：'志衍死矣！'"意思是说，当他听说成都陷落时，他认为吴继善肯定就殉节了，"欲为位哭，行自念，尽室西川，岂无一自脱得报亲戚者？"但是又有疑惑，因为如果吴继善殉节的话，他全家数十口人都在成都，不至于全都殉节，总有人回家乡来报信。因此在没有得到确凿消息之前，他还心存侥幸。"越三年，其弟事衍徒跣万里，望家而哭曰：'吾兄以甲申十一月二十五日遇害，骂不绝口，贼

---

① 其他史料如《蜀碧》等多记载为礼部尚书。

② 王家桢：《研堂见闻杂记》，《明清史料丛书八种》第六册，北京图书馆出版社 2005 年版，第 367 页。

脔而割之。一门四十余人，同日并命。'嗟乎，何其酷也！当夫燕京已没，先皇帝崩问已至，志衍恸哭上书，即藩邸亦心动，而文武大吏无一人肯办贼。剑门、夔峡诸险皆已失守，而后驱数千之卒，阻五丈之城，以当百万之强寇，虽智勇无所施。护亲藩窜山谷，屏迹蛮僚间，可以图全，而志衍喋血自誓，与此城为存亡，终至骨肉菹醢，妻儿横分，以报所受，岂不难哉！"（《志衍传》）这里的描写是，张献忠攻打成都，吴志衍作为成都县令，是誓与成都城共存亡、抵抗失败后被杀的。也许是吴继善的弟弟吴述善本来就不清楚，或者是他没有跟吴伟业说清楚吴继善的被杀原因，所以吴伟业将吴继善描述成了忠臣烈士的形象。

　　但是，这里面有个时间点极为关键，因为吴伟业说，吴述善明确说他哥哥吴继善全家是甲申（1644）十一月二十五日遇害的，那就不可能是因为守城失败被杀，因为张献忠攻占成都，是在顺治元年甲申八月初九日。张献忠破城之后，立即处死了拒不投降的四川巡抚龙文光、巡按御史刘之渤、按察副使张继孟等明朝派驻四川的主要官员，在成都的明朝藩王成都王朱至澍、太平王朱至禄自杀。吴继善既然被杀于三个月后，那就不可能是守城失败殉节的。

　　根据《娄东耆旧传》的记载，吴述善实际上是辜负了兄长的嘱托的。"（吴）述善，字事衍，年甫冠，从兄宦成都。志衍知不可守，谋寄孥雅州，以长子孙慈为托。雅州守王国臣素与贼通，凡王府荐绅眷属在境中者尽报贼，囚送成都。公家三十六口，悉在行中。事衍逾垣得脱"，进一步补充说明了事衍在这一事件中扮演的角色。因为当时太仓地区对这一事件过程的了解主要源于吴述善的描述，包括王家祯说之所以吴继善的儿子没能带回来，是因为吴继善的夫人不同意，这很可能出自事衍之口。从这段文字可以知道，吴继善并没那么傻，他是朝廷命官，不能弃城（明朝官员弃城是死罪），所以自己留在成都而将全家三十六口托付给弟弟，让他带着全家转移到离成都130公里的雅州，谁知道雅州知州王国臣早已经与流寇串通一气，"初通闯将马爌，继又归献忠"，"以州降贼"，[①]当张献忠夺取成都后，分兵雅州，"国臣以城约降，导贼至，城陷，

---

① 彭遵泗：《蜀碧》卷三，清刻本，第3页。

屠戮一空"，①寄身雅州的成都官员家属均被送回成都，这是吴继善全家三十六口无一幸免的主要原因。

至于吴伟业说直到顺治四年吴述善从成都辗转回来后才知道吴继善的死讯，也不完全符合事实。吴伟业友人宋征璧的诗文集中收录有《张献忠破蜀，成都令吴志衍合门殉难，同骏公、子俶诗以痛之（乙酉）》一诗，②明确纪年为顺治二年乙酉（1645），可见吴继善于顺治元年十一月份被杀，次年春天家乡就确知其死讯（也许对被杀原因、过程了解不够详细），并多有纪念活动，宋征璧的这首诗，就是与吴伟业、周肇等人一起写的，而且就吴继善殉难之事，宋征璧不止一次与吴伟业一起写诗，有《乙酉春，吴骏公解组后，予随奉使，舟次吴门，闻吴志衍殁于蜀，因赋寄人抚、纯祜》，就诗题可知，弘光元年（顺治二年，乙酉）春天，吴伟业从南京回来不久，就得知吴继善的死讯，宋征璧不但写诗悼念，而且将悼亡诗寄给了吴克孝、吴国杰等吴氏兄弟。

宋征璧将这些悼亡诗收到集子中，吴伟业也是知道的。因为《清代诗文集珍本丛刊》所收录的宋征璧《抱真堂诗稿》，著录为"顺治九年刻本"，卷一序评，第一篇就是吴伟业序，即"吴子曰：捧读来问"云云，吴伟业集子中收录的《与宋尚木论诗书》，就是此序换了一个名字。又，宋征璧不但请吴伟业作序，还请吴伟业帮忙替自己挑选诗作，结集出版（卷二开始，就署名"古娄吴骏公伟业甫选、云间宋尚木征璧甫著"），哪怕宋征璧只是借用吴伟业的名声，那也是得到他本人允许的。

根据两个人的相关作品可知，入清后的这一段时间，宋征璧与吴伟业往来甚多。《抱真堂诗稿》卷四有《秋郊散步柬沈友圣》，诗后有注："予昔年有一舫，漳浦黄先生题以须友，取'邛须我友'之义，兵火中失去。沈子友圣挟轻舫往来吴梅村先生家，意颇羡之，赋寄友圣。"可见，沈麟能够经常往来吴伟业家，宋征璧极为羡慕，而自己有一段时间没有吴伟业的消息，就很是惦记，该集卷六有《同子建贻书吴骏公久不得报》："积雨连绵至日阴，片帆江上独愁心。青灯读史酹名酒，绛帐焚香

---

① 王安黻等编：《雅安县乡土志》，清末修民国抄本，第4页。
② 宋征璧：《抱真堂诗稿》卷三，《清代诗文集珍本丛刊》第24册，第296页。

展玉琴。麋鹿逢人多避地,鹍鸽摇羽必微吟。杖藜投老成黄发,四海交游半古今。"另外,该集卷有《秋暮金闾舟中寄吴骏公、许瑶文》"年年惆怅河梁别,疑泛支机锦石旁",年年云别,反过来正说明年年能见。

吴伟业与宋征璧等人在清初交往密切,一方面是因为明清易代,知交半零落,"四海交游半古今",另一方面是因为宋氏兄弟继承陈子龙等人文学观念,在诗学主张上与吴伟业有着天然的心理上的接近。崇祯四年,陈子龙等人拟于北京成立燕台之社,吴伟业、宋征璧都是积极参与者。《吴梅村全集》有《与宋尚木论诗书》云:"捧读来问,极论作诗之法。……自陈、李云亡,知交寥落,君家兄弟谬爱。……蒙手书下及,既为选定足下之诗,辄复陈其率略,惟足下更有以教之,幸甚。"吴伟业与陈子龙感情极深(与李雯也有非同一般的交往,详见后文),因此在陈、李去世后,对云间诸子颇多扶持,自在情理之中。吴伟业也毫不讳言这一层关系,他在《宋直方林屋诗草序》中说:"往余在京师,与陈大樽游,休沐之暇,相与论诗,大樽必取直方为称首。……于是天下言诗辄首云间,而直方与大樽、舒章齐名,或曰陈李,或曰陈宋。……直方与兄弟最友爱,子建以明经高隐著书,尝拟唐人数百家,未就而卒。让木为二千石于岭表,其近诗益进,每邮筒寓余。余虽老,实籍君兄弟以不孤。噫嘻!此大樽所称三宋也。"宋征舆(1618—1667),字直方,号辕文,当初与陈子龙、李雯并称"云间三子",顺治四年进士,官至都察院左副都御史。吴伟业在给宋氏兄弟作序时,言必称大樽,正是因为不忘当初陈子龙对他诗学上的提携、指点之情。

当然,陈、李去世之后,云间诸子群龙无首,宋氏兄弟成为云间派的中流砥柱,所以他们也需要诗坛领袖为之鼓舞揄扬。钱谦益所持诗歌主张与云间派相龃龉(云间派崇唐,响应七子复古主张,而虞山宗宋,批判七子),吴伟业诗学宗尚中晚唐,陈子龙曾说吴伟业"君诗绝似李颀",娄江与云间诗学相近,所以宋征璧等人对吴伟业更为倾心,这些在《抱真堂诗稿》卷一附《上吴骏公先生》中均有流露:"前者拜读琼瑶,知万缘遗落,独于诗文一道,谓结习未忘,诚深嗜而笃好之者。近邂逅阁下于金闾,续南皮之胜游,追雕龙之逸辨,留连移日,遂至忘倦。盖不佞枯槁木讷,凡遇大人先生,辄缄默逡巡。兹独发其清狂,忘其忌讳,欲与阁下仿高廷礼《品汇》一书，以大复、沧溟、大樽为正宗，空同、弇州为大家，余者概入名家，其羽翼接武之名，商榷删併，要使耳目清朗。且云宋明俱后于唐，而明诗与唐并爽，未必非《品汇》之功。蒙阁下不鄙夷其言，私心欣幸可成一代大观。乃忽忽复移寒暑，未及理舴艋过玉峰一步，谨驰尺素，略陈梗概。不佞生平以心痗废书，既少著述，又衰年多犬马之疾，恐一旦遂填沟壑，因辑兵火余烬，凡儿童时作居十之一，少年作居十之三，近年作居十之六。命侄思玉、儿祖年编汇为《抱真堂诗稿》六卷、《词稿》二卷，谨先就政于阁下。窃谓诗有诗之难，词有词之难，非诗词之难而当家之难。乃其大要有二难焉，一曰知之难，一曰言之难。能作而不能知，仅闇合也；能知而不能言，类瘖哑也。若纵横上下，辨其离合，定其良楛，快然心目手口间，通方广恕，好远兼爱，舍阁下其谁与归！况以阁下天机清妙，研精覃思，包赋家之美心，擅凌云之宏构，偃蹇烟霞之际，从容猿鹤之间，天既予其才，予其学，予其识，而复予其年、予其时，宜乎立言之家，靡不倾心向慕、拜扬大风者矣！夫杨朱、墨翟，子舆氏所深摈，然君子有取焉，以其临歧路而长号、睹素丝而唏嘘者，有哀怜无辜之心焉。以积迷恒蔽，人所不免，皆由于不能知不能言，无以相触发耳。不佞自总角奉教诸君子，既长而与陈、李同学，徒以庸劣病懒，中道而画，知难而退。近者兵火忧患，焚烧笔砚又复六七八年矣。僻处荒野，孤陋无所闻见。追维曩昔，风流云散，不无子期之感。又敝郡多才，云兴霞蔚，使人气夺，遂颓然自放，于大雅益用疏阔。或见猎心喜，偶一效颦，实乃未窥堂奥。盖人心思耳目不甚相远，均能好金石和鸾之音，辨黼黻云霞之丽。至欲审察杳渺，穷极精微，则非娄、旷不能，况乎不佞愦然聋瞽哉！惟不佞之聋瞽，特心中未尝忘乎听视者耳。阁下高踞百尺楼，睹其怅怅无所之，能不为之深叹乎？尝谓人之有诗，譬诸其有身，其腠理、骨节、胸鬲、肺腑皆病也，而己不知，或得之于按脉，或得之于望气。其能隔垣洞达，以刀圭疗其膏肓，纯灰涤其肠胃，苟非医和、扁鹊，宁能以一丸排经年之惨戚，起积藏之沉疴乎？夫诗之有绮丽焉而或以为淫，清新焉而或以为弱，烂漫焉而或以为卑。其好温李，不知有钱刘，及其效钱刘而后知温李之靡也；当其好钱刘，不知有高岑，及其效高岑而后知钱刘之薄也。但中晚初盛，体格不一，俱各有传于后，则亦各有精诚透彻，不可诬也。然不佞窃有疑焉，愿质之阁下。温厚和平，诗教也，屈宋且不必论，若十九首以及三曹，非最近于三百篇者乎？何以萧骚感激，使人一再读之，不能已已也？得无过于哀者耶？得无穷苦易好而欢愉难工者耶？意者恻怛忠厚之至，亦在志气之微，而音节又其末耶。故诗以性情志气为主，以自然为宗，以屡迁其业为良。浅诣之亦诗，深造之亦诗，转折而下，不啻如决波，层叠而上，不啻乎登山，几几乎有欲从末由之叹焉。非如阁下天姿敏妙，加以岁月而又得风雨之功、山川之助。其求以坐进此道也实难。是望洋而兴叹者，又岂徒不佞一人而已哉！近者高才辈出，大江南北，争奋于大雅。至于百年万里，黄金白雪之流溢，则昔贤已先言之，何敢更仆。不佞落落，逢人耻于攀附。然东野非遇昌黎，则其诗不名；昌谷不师何李，则其学不就。因布其愚心，陈其陋说，值疾痛之中，率抒胸臆，非有焉文之叹，愧无削稿之勤，伏冀假以津梁，使鄙人姓氏获附青云，感且不朽，临楮主臣。"通篇文字，出自肺腑，情真意切，甚为感人。

第三，华亭之宋氏家族，不但是文学世家，亦是科举世家，尤其是明末清初以来，宋征璧、宋存标、宋征舆、宋敬舆等人相继登上诗坛、走向官场。这样一个家族，尽管很多人与陈子龙关系密切，但是明清易代之际基本上没有代表人物参加抗清斗争，这就与吴伟业有了更多的共同语言。《吴梅村全集》卷二十八收录的《宋尚木抱真堂诗序》中，提到对方仕清时很自然："吾友云间宋子尚木刻其抱真堂诗成，君方官岭表，邮书数千里问序于余。……往者余有书与君论诗，期进于古之作者，心壮志得，不自知其难也。比岁以来，穷愁忧患，足以磨折其志气。……虽然，自君居岭表，余尝往还云间，追数旧游，俯仰俱为陈迹。"《叶谱》据乾隆《潮州府志》卷三十一《职官表》宋征璧于康熙元年任潮州知府及序中有"七年不得调"之语，推断本文作于康熙七年，可信。

吴伟业与华亭宋氏家族的交往，还有一层关系，吴伟业曾在《宋子建诗序》中说："往者余叨贰陪雍，云间宋子建偕其友来游太学，……子建雅结纳，擅声誉，天才富捷，能为诗歌，……余讲舍在鸡笼山南，……子建至，则相与讲德论艺，命酒赋诗，极昼夜勿倦。盖山川之胜，文章之乐，生平所未有也。余既东还，子建被荐入翰林。无何，天下大乱，两人者草间偷活。家近也，数有书问来。今年夏，子建衷其生平诗若词，属余序之，附以楚鸿诸作。楚鸿，子建子也，年十五六，其为诗则已含咀汉魏、规摹三唐，即子建且当避之矣。"原来吴伟业在南京担任国子监司业的时候，宋存标被贡入太学，两人有师生关系。

因为陈子龙的关系，吴伟业与宋征舆有了交往，更进一步认识了其兄长宋敬舆。《吴梅村全集》卷第二十九《宋辕生诗序》："吾友宋子辕生，世为云间人，膏粱世族，风流籍甚，而能折节读书。其所为诗，……绰然有大家之风。生平好声伎，间作小词，授侍者歌之，皆中音节。……辕生昆季皆仕于朝，子弟以诗文为四方所推重，故得以其身优游啸傲。"吴伟业还给敬舆、征舆的父亲宋懋澄写过墓志铭，①《吴梅村全集》卷第四十七《宋幼清墓志铭》："崇祯十有三年，吾友云间宋辕生、辕文兄弟葬其先君幼清公偕配杨孺人、施孺人于黄歇浦之鹤泾，而属余以书曰：'子固习知我公者也，不可以无铭。'呜呼！公之亡，距今十八年矣，余生也晚，则何由习公之深也？初余游京师，从现闻姚先生商榷人物，余进曰：'今天下渐多事矣，士大夫顾浮缓养名，无一人慷慨侠烈以奇节自许者，先生讵有其人乎？'先生慨然曰：'吾同年生宋幼清，侠烈士也。'……公讳懋澄，字幼清。……父讳尧俞，嘉靖中乡进士，上张文忠谏夺情，不得第，著《蓟门集》以卒，公其仲子也。……公殁后数年而余得闻公名，又三年而得交于辕生兄弟，姚先生所谓四岁孤也。"与吴伟业的墓志铭相配套的是陈子龙曾为他作的传，见《安雅堂稿》卷十三《宋幼清先生传》："晚举二子，敬舆、征舆，咸有才藻。"

另外，叶君远《清代诗坛第一家》据田茂遇《燕台文选初集》卷三及李渔《新四六初征》卷二录《宋尚木兄弟词集序》："余影结梅村，兴颓药圃。鹤城仙去，时逢怆笛山阳；鸥渚舟横，久绝献环洛浦。"亦可补梅村与宋氏兄弟交往的细节。

综上所述，自明末以来，宋氏兄弟与吴伟业交往频繁、颇多互动，吴

---

① 宋懋澄《九籥集》中所收录的《负情侬传》，是现存最早的关于杜十娘的故事出处，另一名篇《珍珠衫》也被广泛改编，著名的如冯梦龙《喻世明言》中的《蒋兴哥重会珍珠衫》。而《九籥别集》卷一、卷二、卷三均署"华亭宋懋澄幼清甫著，娄东吴伟业骏公甫选"，卷四则署"华亭宋懋澄幼清甫著，娄东吴伟业骏公甫校"，见《四库禁毁书丛刊》，集177—755。

继善全家遇害的事件既然已经出现在顺治二年春天宋征璧的诗里,何况此诗还是同吴伟业、周肇一起写的,那么吴伟业此时必然已然知晓,甚至这一消息来源很可能就是吴伟业本人,毕竟他与吴继善关系最是亲近。吴伟业也许对其被杀原因、过程等细节不够了解,但是吴志衍全家近四十口同时被杀,仍然会重重地刺激吴伟业脆弱的心灵。入清之后的吴伟业,愈加谨小慎微,不敢丝毫得罪地方与中央政府,尤其是军阀,甚至在北京担任贰臣时遭受奇耻大辱,也不敢吱声,偷偷找理由溜回家算了,正是这种心理的体现。

由于吴继善事件给吴伟业留下了太深的印象,他此后经常会想起,比如偶然看到吴志衍留下的遗墨,也大发感慨。吴伟业《题志衍所画山水》云:"画君故园之书屋,午榻茶烟莳花竹;著我溪边岸葛巾,十年笑语连床宿。画君蜀道之艰难,去家万里谁能还;戎马千山西望哭,杜鹃落月青枫寒。今之此图何者是?黯淡苍茫惟一纸。想像云山变灭中,其人与笔宁生死?我思此道开榛芜,东南画派多萧疏。君尝展卷向余说,得及荆关老辈无?巫山巫峡好粉本,一官大笑夸吾徒。此行归来扫素壁,扪腹满贮青城图。只今犹是江南树,忆得当时送行处。杨柳青青葭菼边,双桨摇君此中去。"吴伟业的好友王时敏也有《题吴志衍画(梅村弟,早卒)》:"志衍灵心秀骨,得自天授。其于绘事,文翰之余,偶一游戏,未尝专攻,磨以岁月,遂能下笔如此高妙,使在今日,更不知如何精诣!神契莫追,风流顿尽,披览遗图,不胜山阳闻笛之感。"①

甚至遇到一位琴师,也让吴伟业想到吴继善,其《赠琴者王生序》云:"往时余兄志衍好琴,琴之道,非心手专一,勿能工也。志衍能诗文,善书画,弈棋居能品,又为投壶蹴踘诸戏,其于琴弗肯竟学,顾好与其工者游。有王生者以此技进,能为新声。当是时,志衍方贵盛,宾客日十数人,谈论方起,丝管间作,行酒歌呼,投壶叫绝,志衍分身其间,恢晲抵掌,以为乐笑。"

值得注意的是,吴继善全家遇害事件后来被编为戏曲作品并上演,吴伟业曾有《观〈蜀鹃啼〉剧有感四首并序》,交代创作背景,其小

① 王时敏:《烟客题跋》,上海人民美术出版社 1986 年版,第 39 页。

序云："《蜀鹃啼》者，丘子屿雪为吾兄成都令志衍作也。志衍一官远宦，万里严装，爱弟从行，故人送别。上游梗塞，尽室扶携，既舍水而登山，甫自滇而入蜀。北都覆没，西土沦亡，身殉封疆，家罹锋镝。呜呼！三十六口，痛碧血之何存；一百八盘，招游魂而莫返。无儿可托，有弟言归，窜身荆棘之林，乞食猿猱之族，望蛮烟而奔走，脱贼刃以崎岖。耻赵礼之独全，赤眉何酷；恨童乌之不免，黄口奚辜？爰将委巷之讴，展作巴渝之舞。庾子山之赋伤心，时方板荡；袁山松之歌行路，闻且唏歔。余也老逐欢游，间逢浩唱，在中年早伤于哀乐，况昔梦重感乎交朋。岂独伍相穷来，怜者有同声之叹；遂使雍门曲罢，泫焉如亡邑之人。瞻望兄兮犹来，思悲翁而不见。兰堂客散，金谷诗成，非关听伎之吟，聊当怀人之什尔。"可见，这是一部专门为吴继善翻案的剧作，认定他"身殉封疆，家罹锋镝"，将其作为为国捐躯的正面典型来塑造。由于此剧取材于真实的历史事件，事件本身极为惨烈、令人同情，加上众多知名人士为之宣扬，陈瑚[1]、尤侗[2]等人均有诗纪之（程穆衡说："此诗赠屿雪，时多题跋，《西堂杂俎》所载其一也。"），所以在太仓地区影响很大、流行一时。

按照吴伟业的说法以及各种戏曲著录，《蜀鹃啼》的剧作者为明末清初"苏州派"著名曲家丘园，但是现在来看，这部剧的创作很可能与吴伟业有直接关系。梅村弟子、太仓诗人沈受宏曾有《寿吴事衍》一诗，诗云："先生延陵老子孙，娄江科第推高门。名流冠盖世虽换，豪士风流今尚存。忆昔从兄宦锦水，芒鞋茧足荆棘里。百口长悲殉乱离，一身何幸还乡里。草堂丝管秋风寒，谱出新声行路难（有《蜀鹃啼》新剧）。共传顾曲周公瑾，谁识哀时庾子山。三十年来头已白，萧然放散江湖客。博场酒社且追欢，画笔棋枰兼负癖。西南近日羽书传，重见公孙跃马年。人间多少沧桑事，付与先生一醉眠。"[3]从诗句"谱出新声行路难"等诗句以及其自注可以看出，沈受宏将《蜀鹃啼》的著作权给予了吴述善（事

① 陈瑚有诗《州人日歌〈蜀鹃啼〉，盖吾师匡威先生事也，余遥闻之，饮泣不已》，见《确庵文稿》"西郊"，康熙毛氏汲古阁刻本，第13页。

② 尤侗：《梅村〈蜀鹃啼〉诗跋》，见《西堂杂俎二集》卷四，康熙刻本，第22页。

③ 汪学金：《娄东诗派》卷十九，嘉庆九年诗志斋刻本，第2页。

衍）。由于这首诗是专门为吴述善五十岁祝寿而作的,①沈受宏又是吴伟业的学生,②因此这一记载应该是比较可信的。考虑到吴继善实际上是担任了伪职后被害的,而《蜀鹃啼》是借助歌颂吴继善忠烈以塑造其正面形象,因此即使真的是吴述善所创作,正式署名,对外宣称作者为吴继善的亲弟弟吴述善,恐怕也不太合适。更令人疑惑的是,吴述善并无创作戏曲作品的特长与经历,倒是吴伟业乃明清之际曲坛高手,自己就创作有多部杂剧、传奇,尤其与苏州派代表人物李玉关系密切。为了重塑吴继善的形象,由事件经历者、唯一幸存者吴述善提供素材乃至写出初稿,继而吴伟业加工润色,再邀请具有丰富舞台实践经验的友人丘园审定、署名、组织演出,而吴伟业的其他友人们如王时敏、尤侗等人为之题词、揄扬,扩大影响,很可能是这部剧作诞生的背景与过程。尤需琢磨的是,诗中"共传顾曲周公瑾,谁识哀时庾子山"一联,对照吴述善的生平经历,并不太恰当,吴述善无论是在明朝还是在清朝,均未做官,所以庾信之比极为不伦不类。但是,这一联用来描述吴伟业,却极为妥帖,无论是"顾曲周公瑾"还是"哀时庾子山",都是吴伟业的形象写照。康熙十二年,沈受宏为吴述善作祝寿诗,主要内容却是吴继善与《蜀鹃啼》,头脑中浮现的是去世不久的恩师吴伟业的身影,可见这一剧作同样与吴伟业有着极深的渊源。

可以作为佐证的是,吴伟业直到晚年完成的《绥寇纪略》,这部专门记载明末农民起义经过的史学著作,涉及吴继善去世的有关情节,仍然是这样叙述的:"贼攻围三日夜,以巨炮穴城东北陬而震之,城崩,遂乘以入。王遇害,刘之渤骂贼死,吴继善阖门死者三十六人,同时成都府推官刘士斗、华阳知县沈云祚俱死。呜呼! 蜀竟亡矣!"③从情理上说,

---

① 崇祯十六年(1643)事衍陪同兄长志衍去成都上任时,年仅弱冠,沈受宏作《寿吴事衍》时说他"三十年来头已白",可知当作于康熙十二年(1673)吴述善五十岁时。

② 《叶谱》第 429 页引沈受宏《白溇先生文集》卷一《送吴元朗北上序》:"吾师吴梅村先生少以高第入词林,登宫相。后迫世故,既自放废,用诗古文词负天下重望,天下学者宗之垂二十年。余少时以诗学事先生,先生特许其才,教诲引掖最久而深,又为之延誉,每致书京师钜公,或四方宾客相会集,必道余名字不去口。余平生所受国士之知,自先生而外,未之有也。然余于先生,初以乡里后学见,既重感恩遇,欲更执弟子礼,未果,而先生没。乃从先生枢前哭而拜,心告知所欲执礼者,盖余之师先生,自没后始。"又,《顾谱》,康熙二年,"白溇沈公受宏受诗法于先生。见外高祖《白溇诗集》自注。"

③ 吴伟业:《绥寇纪略》卷八,四库全书本,第 28 页。

这个时候他应该已经知道吴继善是投降了张献忠的，所以他只是叙述吴继善全家三十六人被杀，但是因何被杀、何时被杀都含糊其辞，并且故意把吴继善全家遇害夹在成都城破就遇难的诸位节烈之士中间，仿佛吴继善也是"同时""俱死"似的。为亲者讳，不惜玩弄技巧，违背史家原则，可堪一叹。

自从与王时敏共同决定太仓放弃抵抗、薙发迎降以后，吴伟业与王时敏成了难兄难弟，两人有了更多的共同语言，来往更为密切。为了逃避世情、舆论，王时敏特地在距离太仓城十里之外，营建了西田别墅，这里成为两人的精神避难所。吴伟业说："江南故多名园，其最者曰乐郊，烟峦洞壑，风亭月榭，经营位置，有若天成。兵兴之后，再辟西田于距城十里之归村，因以老农自号。盖追念国恩，感怀今昔，虽居赐第，游尘寰，屡思从樵牧自放。赋调日急，生计浸微，类有所不释于中，乃日偕高僧隐君子往来赠答，间召集梨园老乐工，用丝竹陶写，以此行年七十，齿发不衰，人服公之天资夷旷，而不知其寄托则固深远矣。"（《王奉常烟客七十序》）那么，王时敏这里"深远"的"寄托"是什么呢？

王时敏家有江南名园乐郊，有皇上赐第，为什么还要在远离城市的归村新建"西田"别墅？吴伟业也知道大家会对此有疑问，所以帮他解释说："吾友王烟客太常治西田于归泾之上。归泾者，去城西十有二里，或曰先有归姓者居焉，或曰以其沿吴塘而北可归也，故名之。烟客自号归村老农，筑农庆堂以居，而以告其友人曰：吾年六十，盖已老矣，将躬耕乎此"，烟客"有城中赐第以安起居，有近郊别墅以娱杖屦，图书足以供朝夕之玩，宾客足以接谈笑之欢，又何必去城市、舍园圃、谢朋旧，以乐此躬耕为也？"（《归村躬耕记》）说到底，王时敏是借此行为明确表态，他之所以做主顺从大清政权，并不是想向新政权邀功请赏以换取自家功名，而是真的为了家乡利益，减少牺牲；同时，作此决定后，再住在先朝帝王赏赐的宅邸里、先人营建的别墅中，"追念国恩，感怀今昔"，又于心何忍？所以远离都市，"以老农自号"，归耕田园，与高僧隐士为伴，绝不出仕新朝，这份深远的寄托，也不能由自己出面说，只好借同病相怜的吴伟业之口说出来了。

为了让自己的这份寄托广为人知，王时敏西田别墅落成之际，作《首夏西田杂兴用沈景倩家林诸作韵》组诗述志抒怀,试举一例,其五云:"蓬门薜径过从稀,石丈桐君互款扉。果熟园丁职贡早,茶昏汤社策勋微。蜂群拥数争疆域,蚁族循阶合战围。万类纷纷何足问,烟波投老一蓑衣。"①诗中以"蜂群""蚁族"纷争比喻当时战火纷飞的各方政权,表明自己绝不参与任何一方、隐居终老的决心。

王时敏此诗一出,吴伟业立即唱和响应,一下子写了八首《和王太常西田杂兴》。其一:"一卧溪云相见稀,系船枯柳叩斜扉。桥通小市鱼虾贱,水绕孤村烟火微。到处琴书携自近,骤来宾客看人围。画将松雪花溪卷,补入西田老衲衣。"其二:"积暑空庭鸟雀稀,泉声入竹冷岩扉。芒鞋藤杖将迎少,蟹舍鱼庄生事微。病酒客携茶荈到,罢棋人簇画图围。日斜清簟追凉好,移榻梧阴见解衣。"其三:"苦竹黄芦宿火稀,渡头人歇望归扉。偶添小阁林峦秀,渐见归帆烟霭微。蔬圃草深凫雁乱,水亭桥没芰荷围。夜凉卷幔深更话,已御秋来白袷衣。"其四:"竹坞花潭过客稀,灌畦才罢掩松扉。道人石上支颐久,渔父矶头欸乃微。潮没秋田孤鹜远,阁含山雨断虹围。亭皋木落黄州梦,江海翩跹一羽衣。"其五:"乱后归来桑柘稀,牵船补屋就柴扉。游鱼自见江湖阔,野雀何知身体微。听说诗书田父喜,偶谭城市醉人围。昨朝换去机头布,已见新缝短后衣。"其六:"胜情今日似君稀,鹭立滩头隐钓扉。屋置茶寮图陆羽,轩开画壁祀探微。萧斋散帙知耽癖,高座谈经早解围。手植松枝当麈尾,云林居士水田衣。"其七:"相逢道旧故交稀,偶过邻翁话掩扉。陶氏先畴思士行,谢家遗绪羡弘微。城中赐第书千卷,祠下丰碑柳十围。今日乱离牢落甚,秋风禾黍泪沾衣。"其八:"春晓台前春思稀,故园萝薜绕山扉。僮耕十亩桑麻熟,僧住一龛钟磬微。题就诗篇才满壁,种来松栝已成围。而今却向西田老,换石栽花典敝衣。"

这八首诗,一气呵成,以诗作画,绘景写人,活脱脱是一组《烟客归隐行乐图》。改朝换代,那壁厢义旗高举、血肉横飞、家破人亡,这壁厢归耕田园、题诗种树、观潮听雨。与王时敏一样世受国恩,吴伟业的倾向与选择,在这样的诗歌唱和(情感附和)中,显得更为明确了。

① 王时敏:《西庐诗草》上卷,原作共录七首,《清代诗文集汇编》,第7册,第597页。

　　继吴伟业之后，众多诗人纷纷跟上，黄翼圣有《次韵王奉常西田首夏杂兴》五首，其三："归从万里故交稀，扫径频烦展露扉。烟港鱼跳新涨阔，海天人哭夕阳微。乱来敢望清樽稳，老去偏思故帻围。剩有道人风味在，松花野饭芰荷衣。"其四："风雨荒村客到稀，幽人停午未开扉。眼通尘世兴亡小，梦入槐柯得丧微。行曳瘦筇依鹭迹，坐摇团扇却蚊围。莫嗟炎暑初当令，转眼西风又换衣。"①李王烨有《西田杂兴为王烟客先生赋次原韵》三首，其三："竹屋凉风冠履稀，幸无剥啄到村扉。食安松韭尝甘便，性痼烟霞示疾微。七椀风流看茗战，百城南面坐书围。年来绝意繁华事，笑向花间晒衲衣。"②烟客之子王挺有《西田杂兴》"荒郊小筑足音稀，爱听松风叩夕扉"之和作，③王抃亦有《首夏西田杂兴遵家大人韵》二首，其二："陶令庄前车马稀，忽闻人语自开扉。新秧半插根初醒，乳燕低飞力尚微。遍植野花当历日，故留老树作墙围。南冠此日休相问，只合江头制芰衣。"④西田刚成，时值初夏，王时敏迫不及待地组织这样的唱和活动，以诗言志，昭示心迹，众人会意，志同道合，于是"西田唱和"成了当时当地重要的文化活动。

　　这样的西田唱和活动，举行过好多次。首夏刚过，又到初秋。王时敏又组织大家来西田喝酒赏菊了，吴伟业当然是积极参加者。王时敏自己写了《农庆堂菊花盛开，王遗民吴梅村朱昭芑黄摄六内侄李尔公宾侯同过夜饮》："偶然穿筑傍渔隈，朋侣轻舠乘涨来。世事频年余涕泪，秋光此日共徘徊。剧怜丛菊寒灯影，好尽清宵浊酒杯。能使几回成胜集，邻鸡野哭莫相催。"⑤吴伟业则有《王烟客招往西田同黄二摄六王大子彦及家舅氏朱昭芑李尔公宾侯兄弟赏菊二首》，其一："九秋风物令公香（文肃嗜菊，此其遗爱），三径滋培处士庄。花似赐绯兼赐紫，人曾衣白对衣黄。未堪醉酒师彭泽，欲借飡英问首阳。转眼东篱有何意，庄严金色是空王。"其二："不扶自直疏还密，已折仍开瘦更妍。最爱萧斋临

① 《西庐怀旧集·诗简》，《清代诗文集汇编》，第 7 册，第 680 页。
② 《西庐怀旧集·诗简》，《清代诗文集汇编》，第 7 册，第 681 页。
③ 汪学金：《娄东诗派》卷十六，嘉庆九年刻本，第 1 页。
④ 《西庐怀旧集·诗简》，《清代诗文集汇编》，第 7 册，第 681 页。
⑤ 王时敏：《西庐诗草》上卷，《清代诗文集汇编》，第 7 册，第 598 页。王遗民指的是王瑞国，当时他还是遗民，尚未出仕新朝。

素壁,好因高烛耀华钿。坐来艳质同杯泛,老去孤根仅瓦全(莳者以瓦束土)。苦向邻家怨移植,寄人篱下受人怜。"

吴伟业的这两首诗内涵丰富,耐人寻味,他一方面表达了对新朝的不满,所谓"老去孤根仅瓦全""寄人篱下受人怜",明显的比兴寄托,颇有委屈之意:自己不惜牺牲名节,号召乡绅带头剃发归顺,可是并未得到任何好处,仅仅得以"瓦全""孤根",苏州巡按赵弘文向朝廷推荐自己,却被斥责免官。[①] 另一方面就更加怀念先朝的厚道了,"人曾衣白对衣黄",自己从白衣少年起就被黄袍加身的帝王赏识,"赐绯兼赐紫"。如今被迫移植邻家、寄人篱下,不得不向陶渊明以及伯夷、叔齐学习,违心隐居,借酒浇愁、采薇而食。饮酒赏花,酒后真言,面对品格高洁的菊花,梅村诗中哀怨、委屈、不甘等等情绪都有,只是没有羞愧、悔恨。

吴伟业的这份情绪,很得王时敏之内心,所以他又和《西田看菊归,梅村以佳什见投,次韵奉和并用为谢》二首,其一:"老圃秋容傲晚香,群贤星聚在渔庄。名花紫凤还输丽,宿酿新鹅更赛黄。伴隐正宜侔远志,延年何用觅昌阳。谁为藻饰东篱色,诗律于今有墨王。"[②]一句"伴隐正宜侔远志",将两人的自高身价表现得形神具备。"远志"这一典故,这里应该出自王时敏和吴伟业都崇拜的著名书画家赵孟頫,他以宋代宗室而入仕新朝,因而有《罪出》一诗,诗中有云"在山为远志,出山为小草。古语已云然,见事苦不早",实为肺腑之言。这道理吴伟业也懂的,可惜知易行难,重蹈覆辙,令人叹息。

这次西田聚会,吴伟业题诗,和者甚众,给吴伟业留下了深刻印象,之后他常常回顾此次胜游,比如《丁亥之秋王烟客招予西田赏菊,蹦月苍雪师亦至。今年予既卧病,同游者多以事阻,追叙旧约,为之慨然,因赋此诗》:"露白霜高九月天,匡床卧疾忆西田。黄鸡紫蟹堪携酒,红树青山好放船。秔稻将登农父喜,茱萸遍插故人怜。旧游多病难重省,记别苍公又二年。"之所以特别怀念苍雪,其中一个重要原因是"师和余西田赏菊诗,有'独擅秋容晚节全','全'字落韵,和者甚多,无出师上者"

---

① 这次聚会,时在顺治四年丁亥,顺治三年八月,赵弘文刚刚向朝廷举荐吴伟业等人,被斥责滥举多员,次年被罢官。
② 王时敏:《西庐诗草》上卷补,《清代诗文集汇编》,第 7 册,第 602 页。

（《梅村诗话》）。事后来看，吴伟业对苍雪此诗特别感慨，恐怕不完全是因为"全"字落韵，而是此句诗看似平易，实则堪称警句。吴伟业咏菊花咏得再好，诗写得再漂亮，能够像菊花一样"独擅秋容晚节全"么？吴伟业的"晚节"，是苍雪关注的重点。"全"之一字，用笔极重，用意极深。事实证明，吴伟业担不起这样的期望，辜负了苍雪的一片苦心，晚节不保，进退失据，殊为可惜。

　　明清之际的诗僧苍雪，是一个个性鲜明、光芒四射的存在。仅就其与吴伟业的交往来看，亦可见其风骨。程穆衡在笺注吴伟业《赠苍雪》时云："《苏州府志》：读彻，字苍雪，滇南呈贡赵氏子。王士禛《渔洋诗话》：近日衲子诗，当以滇南读彻为第一。"可见其当时诗坛影响。《叶谱》引陈乃乾《苍雪大师行年考略》："清世祖顺治元年甲申，春初，师访道开于虎溪，因而留宿。寻往娄东海印庵讲法华经。"并据苍雪《南来堂诗集》卷三下《甲申春娄东海印庵法华讲期解制》和《海印庵解制，赋谢吴太史骏公》"护持太史情偏剧，惭愧真僧世未忘"，推断两人于崇祯十七年春天开始交往并相互赠诗，甚为可信。又，《叶谱》于顺治二年引苍雪《南来堂诗集补编》卷二《次韵吴骏公见寄》："国破家何在，山深犹未归。不堪加皂帽，宁可着缁衣。夜气含秋爽，空看湿露微。遥怜玄度梦，时傍月乌飞。"由诗意看，当作于顺治元年（1644）秋，此时吴伟业应该还在南京，"国破家何在，山深犹未归"云云，苍雪显然是对南明弘光政权不以为然，觉得吴伟业应该及早归来，同时提醒吴伟业，"不堪加皂帽，宁可着缁衣"，如果做不到真正地隐居，还是断然出家以绝后患为是。其后，顺治三年，对吴伟业的出处选择，苍雪仍然放心不下，于是作《丙戌立春晓望，怀娄东吴司成梅村诸公》，诗中再次叮嘱："娄东百里别来长，梦破槐南国已亡"，"遥忆人龙当此际，九渊深处可潜藏。"话说得很清楚：偏安江东的南明政权就像槐安国的南柯郡一样，既然已经灭亡，你的梦也破了，那么何去何从，你这个人中龙凤要慎重考虑，要珍惜名节、深藏九渊。顺治四年，苍雪进一步把话挑明，《丁亥秋，王奉常烟客西田赏菊，和吴宫詹骏公韵》二首，诗句有云"好看傲色严霜后，独耐秋寒晚节全"，明确要求吴伟业耐住寂寞，保全晚节。如果联系到顺治三年八月苏松巡按赵弘文荐举吴伟业以及顺治四年元宵节李雯来访这两件事,我们就会发现,这一段时间的吴伟业,实际上是清政权与抗清义士双方都在争取的目标。

当然,苍雪并不一定期望吴伟业能够参加抗清斗争,他只是觉得吴伟业至少应该保持民族气节,别作两截人。吴伟业集中有《赠苍雪若镜两师见访》:"孤云所宿处,清磬出层阴。高座惟斯道,扁舟亦此心。寻秋逢讲树,到海发禅音。月色霜天正,吾师诗思深。"以及《谢苍雪赠叶染道衣》:"娑罗多宝叶,煎水衲衣黄。不染非真色,拈来有妙香。足趺僧相满,手绽戒心长。一笠支郎许,安禅向石傍。"可见苍雪不但带着道侣来共同劝说,甚至准备了道衣作为礼物给吴伟业,其爱人以德、劝人以善、约人以礼,拳拳之心,诗思之深,可谓至矣。

尽管苍雪对吴伟业在出处问题上的抉择很不放心,但是对于吴伟业的故国之思以及为故国修史的行为还是极为赞赏的。苍雪集中有《读吴太史〈永和宫词〉》:"永和词读罢,国史忆江东。御水流红字,宫阶怨草蛩。行云惊梦断,飞雁写生工。话到豪华尽,昭陵夕照中。"以及《次答吴太史骏公》:"高阁清华忆木天,南山久不到西田。秋光惜别分三径,月色思看坐一船。举世不堪皆尽醉,独醒谁复更相怜。春秋著罢须藏稿,甲子书来又六年。"从这些作品可以看出,吴伟业仍在尽力向苍雪展示自己心系故国、眷恋旧主的一面,而苍雪虽然对吴伟业勘破世情、潜心入道、谨守气节已经失去信心,但是对他写诗作文以存旧史的努力还是给予了充分的肯定。

相比较而言,王时敏这一时期的表现差强人意,至少比吴伟业更能审时度势,把握大局。王时敏曾在《自述》中回顾自己的仕宦经历:"甲寅春,赴阙拜官。至甲子,始升尚宝卿。丁卯,闽中颁诏,归,丁周太恭人艰。丙子,乃太常少卿。己卯,持节册封岷世子。庚辰春,具疏缴节,遂以病请,奉旨在籍调理,病痊起补。甲申初夏,南邦定鼎,起补原官。引疾疏辞蒙允。乙酉春,复申前命,方拟再疏坚请,而陵谷遽尔变迁矣。"[1]从中可以看出,哪怕在明朝,何时出处,王时敏都极为清醒,比如南明小朝廷,就坚决不赴。入清之后,更是立场坚定,综合考虑乡梓和

---

① 王时敏:《遗训》,《清代诗文集汇编》,第 7 册,第 611 页。

家族利益,定计迎降,然后迅速抽身,营建西田,僻居乡下,大造声势,同时支持子孙应试,不惜拿出家族历代收藏以供子孙交际之用(实际上就是打点上下、行贿官员),以获取新朝功名、前程,用实际行动昭示只是因为自己年华老大不愿做官、并无对抗新朝之意。这样做的结果,就是既保住了个人名节(他本人忠于一家一姓,没有做贰臣,既对得起大明王朝,也对得起列祖列宗),又最大程度地维护了家族利益(王时敏十子七女,除了长子王挺明末已经被授予官职入清不仕外,其余子孙没做过明朝的官,所以均参加了清代科举,比如次子王揆,崇祯十二年已经中举,又在顺治十二年考中进士,尤其是八子王掞,与侄子、王揆之子王原祁同榜进士,后官至文渊阁大学士兼任礼部尚书),还赢得了乡里的美誉(牺牲个人名节保全乡里平安,后来曾与吴伟业父亲吴琨一起被推举为乡饮大宾),可谓名利双收。

对王时敏这样的生活,吴伟业是十分羡慕的。他在《西田招隐诗四首(西田,王烟客奉常别墅)》中写景抒情,"落日浮远树,桑柘生微烟","到此身世宽,息心事樵牧",表达的也是对烟客隐居生活的认同和与烟客偕隐的愿望。

当然,吴伟业不仅常到西田与王时敏欢聚,王时敏的其他住所,也经常出现吴伟业的身影(形成对比的是,现有的记载里,吴伟业的梅村里没有出现过王时敏的身影,倒是王时敏的子侄辈经常到梅村聚会),比如吴伟业的名作《琵琶行》就是因为在王时敏家南园听白彧如弹琵琶有感而作,其小序云:"去梅村一里,为王太常烟客南园。今春梅花盛开,予偶步到此,忽闻琵琶声出于短垣丛竹间。循墙侧听,当其妙处,不觉拊掌。主人开门延客,问向谁弹,则通州白在湄子彧如,父子善琵琶;好为新声。须臾花下置酒,白生为予朗弹一曲,乃先帝十七年以来事,叙述乱离,豪嘈凄切。坐客有旧中常侍姚公,避地流落江南,因言先帝在玉熙宫中,梨园子弟奏水嬉、过锦诸戏,内才人于暖阁隔赍镂金曲柄琵琶弹清商杂调。自河南寇乱,天颜常惨然不悦,无复有此乐矣。相与哽咽者久之。于是作长句纪其事,凡六百二言,仍命之曰琵琶行。"程穆衡笺注此诗时认为:"公《秣陵春》乐府曲终托琵琶叙往事,盖本诸此。"可谓的论。

吴伟业在王时敏南园遇到白彧如，事在顺治三年。王宝仁《奉常公年谱》记载，顺治三年，"南园梅花盛开，时通州白在湄及其子彧如俱善琵琶流落吾州，延之园中，为度新声，适梅村至，置酒，白生朗弹一曲，叙述乱离"。由此类活动可知，王时敏虽然存心隐居、不问世事，但还是心怀故国、眷恋旧主。其座上客多为"旧中常侍"、高僧、遗民，所谈论的经常是前朝旧事、先帝轶事，情感态度则是"相与哽咽者久之"（当然，还有其他多次活动，都有类似性质，如聚集在一起欣赏王锡爵的南宫墨卷，亦有怀念前朝之意）。

至于弹琵琶的白彧如，顾启依据嘉庆时期成书的南通州《白氏宗谱》考证，白文昌，字盛国，号在湄；白秉志（1602—?），字庆夫，号彧如，为在湄第五子；白珏（1621—?），号璧双，嗣父为彧如，生父白秉忠，字蕴夫，号淳如，为在湄第三子。顾著概括白秉志生平如下：出生于书香门第，族风清正，其侄白炜为复社社员。少年时饱读四书五经，旋受祖、父影响，醉心音律，苦学琵琶。年轻时曾将许多失传的古代琴曲整理成琵琶曲，音律丝毫不爽。出游开封，在周王朱恭枵府中作客，以琵琶曲名噪中州。时至京城，名公巨卿跟其交游。崇祯十五年李自成义军围攻开封，他在官军中司乐。周王被侯恂、孙传庭、高名衡等救出后，义军占领开封。白彧如返回故乡。清军南下时，参加扬州府一带抗清斗争。失败后避乱于苏州府太仓州，并在江南一带献艺，传播爱国思想。顺治三年四十三岁在王时敏南园见到吴伟业，为之弹奏新曲，抒写崇祯十七年离乱生活。此年其侄亦即嗣子白珏二十六岁。后来他回到通州，带着白珏浪迹江西、湖南献艺，那里是反清复明运动活跃之处，仍以琵琶传播爱国思想，赢得极高声誉，所谓"琵琶名誉腾江湘"。[1]

当南明藩王政权仍然偏居一隅苦苦挣扎，吴伟业的众多师友如黄道周、杨廷麟、陈子龙等人相继殉国，甚至连弹琵琶的白彧如都在以琵琶传播爱国思想，这个时候，吴伟业本人还在犹疑观望、小心避世，甚至已经有了入仕新朝的准备。问题是，清廷已经对他们（无论是南明政权还是吴伟业们）不屑一顾，而是在寻求王朝永固、传之万世之良方

① 顾启：《冒襄研究》，《白在湄·白彧如·白璧双》，江苏文艺出版社1993年版，第248页。

了。《东华录》记载：顺治三年三月壬戌，殿试天下贡士李奭棠等，制策曰："帝王君临天下，莫不欲国祚长久、传之无穷，乃三统代兴、五行递王，初皆显奕，后渐式微，岂天之降命然欤？抑人事所致也！朕承上帝之宠灵、祖宗之休烈，入主中夏，奄有多方，而海澨山陬，尚阻声教，今欲早成混一，衽席生民，巩固鸿图，克垂永久，以亿万年，敬天之休，遵何道而可欤？内外臣工，朕所与共理天下者也，朕居深宫之内，邪正真伪不能悉辨，是非功罪不能尽明，全凭章奏以为进退赏罚，每闻前代朝臣分门别户、植党营私，蒙蔽把持、招权纳贿，朋类则顿生羽翼，异己则立坠深渊，更有同年同资、师生亲故，互相援助，排挤孤踪，浮议乱真，冤诬莫控，朝纲大坏，国祚遂倾，深可鉴戒。今恐在朝各官因仍弊习，不能力改前非，所关治乱甚非细故，必如何而后可尽革其弊，俾朕得日闻正言行正事，以综核名实、修明法纪欤？在外各官，贪酷不公者甚众，临民听讼，唯贿是图，善恶不分，曲直颠倒，吏治既坏，民心日离，奸宄计行，善良被陷，斯亦向来有司之痼疾也，必如何而后能使官方清肃、风俗还淳、以致太平欤？欲定天下之大业，必一天下之人心。吏谨而民朴，满洲之治也。今如何为政而后能使满汉官民同心合志欤？语曰：有治人无治法。又曰：帝王劳于求贤而逸于得人。夫以四海之广人民之众，应有奇伟非常、才全德备之大贤，佐朕平治天下以延运祚于无疆者，必如何而后可致之欤？诸士心悼前车、身逢鼎运，得失之源、治乱之故，筹之熟矣，其悉心以对，毋畏毋隐，明著于篇，朕将亲览焉。"年轻的王朝，青年的皇帝，朝气蓬勃，志向远大，实事求是，虽说考试仅仅是官样文章，但是在殿试试策中敢于面对现实、绝不回避矛盾，这样的命题，应该算是好题目。

对吴伟业、王时敏这类人来说，更不好的消息是，随着大清帝国逐步掌握全国政权，朝廷开始对不太配合的旧乡绅们下手了。据《清实录》可知，顺治三年夏四月，壬寅，谕户部："运属鼎新，法当革故。前朝宗姓已比齐民，旧日乡绅岂容冒滥。闻直隶及各省地方在籍文武未经本朝录用者，仍以向来品级名色擅用新颁帽顶束带，交接官府，武断乡曲，冒免徭赋，累害小民，……自今谕示之后，将前代乡宦监生名色，尽行革去，一应地丁钱粮杂汛差役，与民一体均当。蒙混冒免者，治以重罪,该管官徇私故纵者,定行连坐。"这一规定对吴伟业这类旧乡绅打击很大:前朝所获得的功名、头衔被剥夺尚在其次,关键是各种待遇尤其是经济特权一律取消,与普通百姓在政治上、经济上一律平等,该上交的钱粮、该承担的差役,统统都得补上。那么,想继续作遗民、隐居不仕,既想保住名节又要享受生活,就得掂量掂量自己的经济实力了。当然,如果投顺本朝并被新朝录用,自是可以继续享受相关待遇。平心而论,对新朝当政者来说,这样的措施并没有什么不合理。王时敏的应对之策是分家产,让儿子们自己承担赋税差役、分摊负担,同时儿子们去求取功名,哪怕就像次子王揆一样,考取了进士却不做官(有功名在身,就可以减免赋税差役了)。但是,吴伟业没有儿子,何去何从,就成了很大的问题。

随着局势逐渐平稳,吴伟业也开始走出太仓、扩大交游了。吴伟业集中有《送友人还楚》一诗,他没说这个友人是谁,什么时候、在哪儿送的,但是在程邃的集子中,附录了吴伟业这首诗,而且留下了吴伟业原来的诗题《丙戌初冬过半塘,遇穆倩社兄将有楚行,率尔赋赠》:"灯火照残秋。闻君事远游。客心分暮雨,寒梦入江楼。酒尽孤峰出,诗成众霭收。一帆滩响急,落日满黄州。"①可见吴伟业这首诗作于苏州最繁华的半塘,时间为顺治三年初冬,所送友人为故交程邃(1607—1692),②字穆倩,号垢区,祖籍安徽歙县,出生于松江华亭,明末清初著名书画家、篆刻家,曾拜陈继儒为师;崇祯十五年,在南京与黄道周、杨廷麟师徒两人相聚,有《三宿岩呈别黄石斋先生杨机部先生(壬午之夏)》之作,其后又与范景文等人一起拜访黄、杨二人,有《夕泛随范质公先生复同渔仲长民饮于黄杨两先生》,从此佩服黄道周的人品学问,曾跟随黄道周大涤山读书。另外,程邃曾得罪马士英等人,因为陈子龙施以援手才得以脱困,两人遂成为至交。

程邃这次到苏州,应该是主动拜访吴伟业,集中有《半塘过吴骏公先生三首》,其一:"潭曲寒花路,牵船荒草洲。相逢百战后,昔别大江秋。城郭千年鹤,鱼竿下泽裘。西风眷摇落,歌歇日来游。"其二:"响答

① 程邃:《萧然吟》卷首,顺治刻本,《清代诗文集汇编》第 21 册,第 595 页。
② 陈明哲:《程邃的里籍、生卒年考》,《书画世界》2016 年第六期(11 月号),总第 178 期。

山钟处，风生苍碧浔。鸥闲通息影，鸟徙早焚林。公释瞿昙服，吾开傴保瘗。莫将天苦问，游戏去来今。"其三："河上书难著，乾坤再结绳。生诚无葛得，乱久智愚增。少伯湖枫赤，灵威山乳冰。神仙与将相，君子备修能。"由此可见，吴伟业到苏州来，并不是主要为了见程邃。

在半塘的这次欢聚，钱谦益也曾参加，并作有《半塘客艇旧雨蓬窗走笔以发穆倩一笑》："昔者吾友程孟阳，画笔矜慎非寻常。兴到槎牙出肺腑，放笔破墨皆琳琅。呜呼高人不可作，穆倩英英起芒角。……把君诗卷吟且歌，吟君诗兮看君画，破窗风雨如我何。"既然在半塘，又是写给程邃的，显然是与吴伟业和程邃这次见面的时间差不多。

钱谦益的这首诗没有特别之处，问题是程邃这次到苏州，在半塘既见了吴伟业，又见了钱谦益，但是钱谦益和吴伟业都没有提到对方，尤其奇怪的是吴伟业在自己的集子中改变了诗歌题目，隐去了时间、人物，故意将赴楚改为"还楚"（程邃祖籍新安，出生于松江，后来大部分时间生活在扬州、南京，无论如何算不上楚人）。顺治三年，黄道周等人在江西、徽州等地抗清失败被捕，押解南京后被害，而这个时候的楚地（荆州、江陵、黄州等地区）正是战火纷飞之时，抗清斗争风起云涌，到顺治五年、六年前后达到极盛。在这个时间段，程邃从南京来到苏州，然后准备去黄州，此行目的何在，耐人寻味。吴伟业的诗里看不出半点端倪，可是程邃送吴伟业的第二和第三首诗，却是内涵丰富的。

顺治三年秋冬之际的苏州之行，吴伟业在半塘见了程邃，后来在编辑自己的集子时却试图通过改变诗题隐去时间、地点，抹去这一次苏州之行的痕迹，很可能与该年八月份苏松巡按赵弘文推荐吴伟业等人被朝廷申斥有关。也就是说，吴伟业去苏州，主要应该是去见赵弘文，甚至钱谦益去苏州也可能跟吴伟业、赵弘文有关，只是恰好程邃亦到苏州，所以才有了他们几人的这次会晤（钱谦益的诗，写得不疼不痒，都是些客套话）。另外，吴伟业来苏州还可能是为了与自己的学生沈以曦见面，因为顺治三年四月，吴伟业担任湖广乡试主考时录取的举人沈以曦被任命为苏州理刑推官。① 当然，真相如何，尚有待于进一步的资料

① 据同治《苏州府志》卷五十六，沈以曦应该还兼任了长洲县知县。

发掘。

顺治四年，吴伟业再次来到了苏州。《叶谱》认为吴伟业与姜垓在苏州相见，把酒论文，作《东莱行》诗相赠，时在顺治四年，甚为有理。① 在《东莱行》这首为姜埰、姜垓兄弟而作的诗歌里，吴伟业表达的感情极为复杂。首先，姜氏兄弟在崇祯朝遭受了极不公正的待遇，忠而见弃，兄长姜埰为吴伟业同榜进士，以直言极谏触怒崇祯，下狱杖责遣戍，弟弟姜垓为崇祯十三年进士，官行人，其父亲姜泻里因参与坚守莱阳城被清兵杀害（同时被害的还有幼弟、姊妹），崇祯虽然褒奖"一门忠烈"，却不同意姜埰回乡葬父（姜垓提出自己以身代兄入狱，让姜埰回乡，亦被拒绝）。崇祯本意是要置姜埰于死地的，所以杖责时姜埰已经断气，是姜垓硬救回来的，时人为之叹绝，吴伟业诗中"中旨传呼赤棒来，血裹朝衫路人看"，可谓写实。其次，尽管崇祯对姜氏兄弟如此刻薄，但是姜埰、姜垓忠心不改，虽然家破国亡，无处可去，四处流寓，但是对崇祯毫无怨言（尤其是姜埰到临死前都还记着先帝是将他戍宣州卫的，由于明朝灭亡，未能成行，所以死后也要埋到敬亭之麓，完成君王旨意、了却自己心愿，当然这是后话），伟业诗中说"头颅虽在故人怜，骴肉犹为旧君痛"，读来令人心酸。第三，由姜氏兄弟，联想到他们的山东同乡莱阳宋氏兄弟（尤其是宋玫）以及左懋第等人，"同时里人官侍从，左徒宋玉君王重。就中最数司空贤，三十孤卿需大用"，这是说宋玫，亦属忠而见弃，抗清殉国；"左氏勋名照汗青，过江忠孝数中丞。孺卿也向龙沙死，柴市何人哭子卿？"这是说左懋第，他也是吴伟业的同榜进士，②南明时以兵部侍郎兼右佥都御史为正使，代表弘光政权去北京和清人通好议和，被清人扣留，拒绝投降，被杀莱市口，时称"明末文天祥"。吴伟业由见到姜垓，进而想到这些为国捐躯的友人，联系他这一段时间的所作所为，可以想见他内心的矛盾与痛苦。因为相比较而言，崇祯对待吴伟业，比对宋玫、姜埰、左懋第等人，都要好得多；而姜埰他们哪怕被崇

---

① 但是《叶谱》认为顺治四年的苏州之行是吴伟业易代后首次到苏州，则不确。另外，张宇声《从〈东莱行〉看吴梅村与明末清初莱阳诗人之关系》一文，也认为吴伟业与姜垓之见面在顺治四年，《东岳论坛》2004 年第 3 期。

② 崇祯四年，吴伟业的同榜进士中，有三个莱阳人，除了姜埰、左懋第外，还有一位沈迅，抗清牺牲，三人并称"明末莱阳三君子"。

祯冤屈，都至死不改忠诚；吴伟业如果投顺清廷，将来如何面对这些好友（包括同样被打得鲜血淋漓的黄道周、忠而被贬的杨廷麟、怀才不遇的陈子龙，顺治四年他们已经相继殉国了）？第四，正是在这样的背景下，吴伟业在诗歌最后表示"我亦沧浪钓船系，明日随君买山住"，要追随姜垓、姜垓兄弟，买山隐居，做一个沧浪钓客了。这一句，倒真的让人疑惑了：难道顺治四年见姜垓之前的吴伟业，不认为自己是一个隐居不仕的烟波钓客？如果顺治三年赵弘文推荐成功，这时的吴伟业该在哪里呢？

顺治四年，吴伟业在苏州还见到了一个特殊人物，那就是明朝的外戚刘文炤。据《高邮州志》："刘文炤，字雪舫，宛平人，明外戚也。父效祖，赠瀛国公，兄文炳，封新乐侯。文炤生长贵戚，好学如布衣。值流寇陷京师，祖母瀛国太夫人徐氏尚在，文炳将死难，执文炤手曰：'汝幼，可无死，当逃去，奉徐太夫人，延刘氏祀也。时文炤年才十五，后流寓秦邮三十余年，著有《一门殉难纪略》，于刘氏先世以及兴暨母若兄捐躯殉国之大节，条理委悉，使读者皆感慨激昂。诗尤工，有《燕游草》，一时知名士与往还者咸啧啧称刘雪舫者"，[1]"张广，字敏公，号黄山，……慨然以济人利物为己任，……时有流寓刘文炤，贫甚，无生活之资，广力任之；又赠金完其后事"，[2]"王式燕，字又思，……刘文炤寓邮，贫无所倚，式燕每存活之。"[3]这里所说的"祖母瀛国太夫人徐氏"，是指崇祯的外婆，崇祯生母孝纯皇后的母亲，所以刘文炤应该是崇祯的表弟。明清易代，承袭新乐侯的刘文炳全家殉节，让年幼的弟弟带着祖母逃命，谁知皇亲国戚沦落到如此地步，在高邮寄人篱下、依人资助度日。至于他为什么来苏州，程笈《吴门遇刘雪舫》考订：《明诗综》：刘文炤，字雪舫，任邱人，新乐忠恪侯文炳弟，有《揽蕙堂偶存》。《州乘备采》：《梅村集》有《吴门遇刘雪舫》诗，颇疑新乐之弟，何缘至吴门，且《明史·新乐传》"阖门殉难，仅存文炤，亦未详其后也"。今考得明季有刘文炯，以宛平籍新乐弟来任吾州管粮判官，国变后寓郡中，意当时外戚或以东南为遗种处而谋为

① 乾隆《高邮州志》卷十下"寓贤"，嘉庆二十五年刻本，第34页。
② 乾隆《高邮州志》卷十下"笃行"，嘉庆二十五年刻本，第21页。
③ 乾隆《高邮州志》卷十下"笃行"，嘉庆二十五年刻本，第25页。

是官,因此雪舫来游吴而史传所载特未备也。

吴伟业与崇祯时期的多位外戚有交往,如周皇后之父周奎、田贵妃之父田宏遇等,易代之际更是关注皇室命运,创作了许多反映皇室成员(包括外戚)的长篇歌行,比如《洛阳行》《永和宫词》《萧史青门曲》《琵琶行》等作品,这次亲身遇见刘文炤,听他讲述家族史与易代之际的遭遇,尤其是当时其他外戚的种种表现,比如与新乐侯刘文炳关系很好的驸马巩永固、宁国公张世泽为国捐躯,而襄城伯李国祯则苟且偷生等等往事。吴伟业也曾与刘文炳有过交往,如今见到刘文炤,"落魄游江湖,踪迹嗟飘零",皇室宗亲下落如此,今昔对比,感慨万千,"已矣勿复言,涕下沾衣襟"。

顺治五年,吴伟业再一次来到苏州。这次来苏州,见到了久违的恩师李明睿。[①] 自从崇祯四年秋天返里后,两人未能相见:崇祯七年秋天吴伟业上京复职时,李明睿已经因父亲去世回乡守制,然后在京察中被革职,直到崇祯十六年被再度启用,冠带陛见,"先生性强直,为台谏所中,隐居白鹿,讲授生徒;天子再召用,决大计,争南迁,深当上旨,事不果行",而这时吴伟业在家乡蛰伏,等待机会。崇祯殉国,李明睿被农民起义军拘禁拷打,随着清兵入关,他担任了礼部侍郎,负责为崇祯夫妇上谥号,十一月即因朝参时行礼不恭被革职为民(身为礼部侍郎,老江湖竟然犯这种小错误,故有人认为他是故意的,借此从清廷脱身),于是回乡隐居、经营阆园。[②] 只是由于江西战火不断,所以侨居扬州。"其之维扬也,与伟业相遇于虎丘,别十五六年矣,其容加少,其发加鬖,握手道故,漏下数十刻,犹危坐引满,议论衮衮不倦。伟业颠毛班白,自数其齿少于师二十岁,而忧患碱迫,以及于早衰,窃仰自惭叹,以吾师为不可

① 《叶谱》依据吴伟业《座师李太虚先生寿序》以及《座主李太虚师从燕都间道北归寻以南昌兵变避乱广陵赋呈》诗作,结合金声桓之乱,推断李明睿于顺治五年从南昌赴扬州,并在苏州与吴伟业相见。但是,吴伟业《寿序》中说与李明睿分别十五六年未见,如果两人是顺治五年重逢,则分别当在崇祯五年六年左右,此时吴伟业在家乡优游岁月,李明睿当从北京回乡奔丧(谭元春说崇祯五年他去拜见李明睿之父,数月后李太公即去世,见《谭元春集》中所收《李太公传》及《寄李太虚师》),两人并无见面机会。有可能是崇祯四年秋天两人分别,吴伟业记错年数,也有可能是两人再次相见于顺治四年。今姑从《叶谱》之推断。
② 施祖毓认为阮大铖曾经拿南明政权的三公之位诱惑李明睿弹劾姜曰广,被拒绝,见其《李明睿钩沉》一文,《复旦学报》2002 年第 5 期。

及"(《座师李太虚先生寿序》)。

这次师生二人见面,吴伟业写作了《座主李太虚师从燕都间道北归,寻以南昌兵变,避乱广陵赋呈》八首,以纪其行,诗云:"风雪间关道,江山故国天。还家苏武节,浮海管宁船。妻子惊还在,交朋泪泫然。两京消息断,离别早经年。"其二:"白鹿藏书洞,青牛采药翁。买山从五老,避世弃三公。旧德高词苑,长编续史通。十年金马梦,回首暮云中。"其三:"爱酒陶元亮,能诗宗少文。桃花忘世事,明月望湘君。山静闻鼙鼓,江空见阵云。不知时汉晋,谁起灌将军?"其四:"浩劫知难问,秋风天地哀。神宫一柱火,仙灶五丁雷。剑去龙沙改,钟鸣鼍鼓来。可怜新战骨,落日独登台。"其五:"彭蠡初无雁,浔阳近有书。干戈愁未定,骨肉苦离居。江渚宵传柝,山城里出车。终难致李白,卧病在匡庐。"其六:"世路长为客,家园况苦兵。酒偏今夜醒,笛岂去年声。一病余孤枕,千山送独行。马当风正紧,搃柁下溢城。"其七:"莫问投何处,轻帆且别家。漫栽彭泽柳,好种广陵瓜。饮兴愁来减,诗怀老自夸。南齐山色近,题语报侯芭。"其八:"海内论知己,天涯复几人?开山思会面,戎马涕沾巾。宾客侯嬴老,诸生原宪贫。相看同失路,握手话艰辛。"

吴伟业诗中将曾经短暂仕清的李明睿比作坚守民族气节的苏武,颇为不伦,但是联想到吴伟业本人的种种表现尤其是后来的仕清之举,则"海内论知己,天涯复几人"之句,回环往复,倒也可以理解;此诗将师生二人离别多年、音讯隔断、乱后重逢的悲喜交加情形,用"相看同失路,握手话艰辛"诸句,描写得极为逼真;对因战火纷飞而离家漂泊的老师的不幸遭遇表示了深切的同情,而李明睿作为"旧德高词苑,长编续史通"的修史之举,正与吴伟业的追求相同,亦可谓知音。

这一组诗情真意切、用典巧妙,深得时人激赏,兴化遗民李长科(明代状元、首辅李春芳的曾孙)所作《和吴骏公太史韵赠豫章李宗伯》,就是对吴伟业八首之四的和作:"溢浦秋风入,江城帝子哀。朱霞残远水,白昼起奔雷。林静栖鸟乱,峰高寒雁来。天南消息断,惆怅读书台。"①冒辟疆亦有《和吴梅村太史韵赠宗伯李太虚先生》"故国千山境，长江万里天"等三首，②黄媛介则作有《阆园诗十首为李太虚先生赋和吴梅村先生原韵》，其九"忧国如忧己，平生忠直臣。老梅常傲雪，劲竹久生筠。浩气存千古，安危在一人。晚家山水外，行处绝飞尘"，③高度评价李明睿明亡之际的忧心国事、迁都建议、忠贞不贰等历史功绩。

顺治四年，吴伟业还去了一趟常熟。国家图书馆所藏《隐湖唱和诗》卷三所收录的吴伟业《汲古阁歌》小序"丁亥季秋，因访枫林，扁舟过子晋斋头，留宿汲古阁"，可知吴伟业顺治四年秋天有常熟之行，到了毛晋家（参见《叶谱》）。毛晋（1599—1659），原名凤苞，字子久，后改字子晋，明末清初著名藏书家、刻书家，曾师事钱谦益。家藏图书八万四千余册，多为宋、元刻本，建汲古阁、目耕楼藏之，所校刻之《十三经》《十七史》《津逮秘书》《六十种曲》等著作，精校精刻，风靡一时，价值巨大。

此次汲古阁聚会，除了吴伟业，曾参与创立应社（复社前身）的太仓人顾梦麟亦在座，他因为明朝灭亡之后弃绝功名，客授汲古阁。毛晋向他们展示了自己收藏的明代状元吴宽手抄的《西台恸哭记》，吴伟业为之作《毛子晋斋中读吴匏庵手抄宋谢翱西台恸哭记》一诗。吴宽（1435—1504），字原博，号匏庵，南直隶长洲人，成化八年状元，诗人、书法家，与吴伟业的高祖吴愈关系密切，吴愈妻子夏氏的墓志铭就是请吴宽撰写的。谢翱的《登西台恸哭记》是在南宋灭亡之后，谢翱及其友人登上浙江桐庐富春山西台，借祭拜唐代忠烈颜真卿来哭祭文天祥的。明亡之后，这篇文章也成了明遗民寄托亡国哀思的重要经典。与众不同的是，吴伟业在诗中既有对南宋灭亡的悲叹，对文天祥等忠臣烈士的赞美，更多的是"丈夫失时命"的无奈，如"即今钱塘潮，莫救厓山麓。空坑战士尽，柴市孤臣戮"，"文山竟以殉，赵社终为屋"。尤其值得注意的是，该诗用相当多的篇幅，勾连起与西台相关的传说——严子陵钓台，"子陵留高台，西面沧江绿"，"安能期故人，共卧容加腹。巢许而萧曹，遭遇全高躅"。这一段时间，萧何、曹参、严子陵、严君平等在隐仕之间

① 陆次云辑：《皇清诗选》卷十二，康熙刻本，第45页。
② 冒辟疆：《巢民诗集》卷三"五言律"，康熙刻本，第7页。
③ 赵青整理：《黄媛贞黄媛介合集》，浙江古籍出版社2021年版，第224页。

反复选择的人物,经常出现在吴伟业的诗中,诸如"萧何虚上坐,故侯城门东。曹参避正堂,屈已事盖公。咄咄两布友,不仕隆准翁","出处虽有异,道义将毋同"(《读史杂诗》其三),①"以代子陵钓,无魄君平卜"(《赠王鉴明五十》)等作品,②均是如此。这次在常熟,观看吴宽手书的谢翱《登西台恸哭记》,一般情况下人们更多的是被颜真卿、文天祥、谢翱等人的民族气节所感染,而吴伟业则将严子陵牵扯进来,③恐怕正是其面临的两难境地,内心的纠结痛苦,不自觉地在诗歌中流露出来的结果。

由于毛晋藏书众多,特别是经历明清之际的战乱,江南藏书之家大多沦落,而常熟的钱谦益与毛晋家的藏书,躲过战火的浩劫,"比闻充栋虞山翁,里中又得小毛公","君家高阁偏无恙,主人留宿倾家酿。醉来烧烛夜摊书,双眼摩挲觉神王",吴伟业极为艳羡,为之作《汲古阁歌》,为这次聚会画上了圆满的句号。

继顺治四年之后,顺治五年秋天,吴伟业又一次来到了常熟。吴伟业《梅村诗话》中"瞿式耜"条说"余时在京师,所谓《东皋草堂歌》者,赠稼轩于请室也。后数年,余再至东皋,则稼轩唱义粤西,其子伯升门户是惧,故山别墅,皆荒芜斥卖,无复向日之观。余为作《后东皋草堂歌》,盖伤之也。又二年,知稼轩以相国留守桂林,城陷不屈,与张别山俱死。别山者,江陵人,故相文忠公曾孙,讳同敞,为督师司马"。瞿式耜去世于顺治七年(1650),则《后东皋草堂歌》当作于顺治五年。在诗中吴伟业回忆第一次来瞿式耜家时,"我初扶杖过君家,开尊九月逢黄花。秋日溪山好图画,石田真迹深咨嗟",这次再来时,"我来草堂何处宿?挑灯夜把长歌续。十年旧事总成悲,再赋闲愁不堪读"。时移世改,国破家亡,瞿式耜远在广西,东皋草堂挂牌出售,既然如此,吴伟业到常熟来

---

① 吴伟业《读史杂诗》四首,均为以咏史反思明末清初的重要史事,诸如党争、君臣、出处等问题。

② 《程笺》卷二第 119 页《寿王鉴明五十》笺曰:《镇洋县志》:王日新,字鉴明,号眉岳,精经学,……年五十四,卒。而《太仓十子诗选》王摅《哭朱昭芑先生六十三韵》诗中自注:"鉴明师逝殁先后两日。"梅村有《朱昭芑墓志铭》,记载朱昭芑去世于壬辰三月八日,由此可知鉴明生卒年当为万历二十八年至顺治九年,其五十寿辰当为顺治五年(1648)。

③ 严子陵与文天祥、谢翱等人遇到的完全是不同性质的问题,严子陵的隐居不仕,与民族气节无关,但是吴伟业面临的问题倒是兼具二者的特征:吴伟业与严子陵一样,是被"故交"期望着到朝廷做官的;吴伟业又和谢翱等人一样,面对的是异族统治,不仅存在着入仕新朝,更面临着民族矛盾这两重矛盾。

干什么？仅仅就是想凭吊这荒芜的遗迹，发思古之幽情？

顺治七年十月，又是一个秋天，吴伟业再次来到了常熟，这一次，很明确，就是与钱谦益见面的。当然，这一次见面插进了卞玉京故事，于是天下皆知了。那么，崇祯四年、五年的常熟之行，是不是也与钱谦益有关呢？

如前文所说，顺治三年初冬，吴伟业在苏州半塘和程邃见面，钱谦益也在半塘和程邃相见过，然后程邃赴楚。就在顺治三年十一月份，曾经参与江阴守城的黄毓祺再次举事，并联络海上抗清力量，之后顺治五年四月被人告密，在通州失事被捕，牵连钱谦益，牧斋因此入狱。方良依据《侯岐曾日记》以及相关材料认为顺治二年钱谦益入仕清廷，北上入职，然后辞官归乡，但是并没有回到常熟，而是居住在苏州，其中明显的是顺治三年十一月和顺治四年春天都有在苏州的证据。① 另外，裴世俊认为前人对牧斋之被捕有误解，将两次被捕混为一谈，认为顺治四年三月牧斋第一次被捕，五月即被无罪释放后回到常熟（与两个仆人一起被拘四十日），然后才是顺治五年五月受到黄毓祺的牵连在常熟被捕，至顺治六年放回。②

吴伟业顺治三年、四年连续前往苏州，有没有与钱谦益见面，尚不可知，但是他顺治四年前往常熟，则是耐人寻味的。尽管目前没有直接材料证明他去常熟与钱谦益有没有关系，但是他曾经数次和钱谦益《观棋》诗，则是有据可查的。而学术界一向认为钱谦益的《观棋》诗是与当时反清复明的政治军事斗争相关联的，③尤其是第一次借《观棋》诗寄寓政治目的，正是在顺治四年、五年前后创作的《观棋绝句六首》。④

① 方良：《黄毓祺抗清事迹疏证——兼论"柳如是牖师"说》，《常熟理工学院学报》，2012 年第 1 期。
② 裴世俊：《四海宗盟五十年：钱谦益传》，第六章第一节"两次被逮"，东方出版社 2001 年版，第 160 页。
③ 陈祖言：《"楸枰小技，可以喻大"——钱谦益围棋诗中反清复明的微辞隐语》，《文艺研究》2009 年第 5 期。
④ 该六首诗收录于《有学集》《秋槐诗集》，该集题注曰："起乙酉年，尽戊子年。"可见是作于顺治二年到顺治五年间。取名《秋槐集》，用的是王维的典故，王维失陷于安史之乱中的长安，先被监禁，后担任伪职，期间作《菩提寺禁裴迪来相看说逆贼等凝碧池上作音乐供奉人等声便一时泪下私成口号诵示裴迪》，其中有"秋槐叶落空宫里，凝碧池头奏管弦"之句，唐朝平定安史之乱后，这首诗成为他忠君爱国的证明、从轻处理的关键。钱谦益顺治二年带领弘光政权的文臣降清，后亦被收监，他这一段时间创作的诗以"秋槐"名集，正是将自己比作王维，试图为自己辩护。

吴伟业总共唱和了几次钱谦益的《观棋》诗，目前不得而知。但是《梅村家藏稿》是有选择地放弃了一些作品的，与钱谦益《观棋》诗相关的只收录了《观棋六首（和钱牧斋先生）》，其一："深院无人看剧棋，三郎胜负玉环知。康猧乱局君王笑，一道哥舒布算迟。"其二："小阁疏帘枕簟秋，昼长无事为忘忧。西园近进修宫价，博进知难赌广州。"其三："闲向松窗覆旧图，当年国手未全无。南风不竞君知否，抉眼胥门看入吴。"其四："碧殿春深赌翠钿，寿王游戏玉床前。可怜一子难饶借，杀却抛残到那边。"其五："玄黄得失有谁凭，上品还推国手能。公道世人高下在，围棋中正柳吴兴。"其六："莫将绝艺向人夸，新势斜飞一角差。局罢儿童闲数子，不知胜负落谁家？"目前可知，被《梅村家藏稿》删除的观棋唱和诗作至少还有如下二首，[①]其一："决赌心劳兴未阑，当场劫急是填官。点头得计君休羡，双眼由人局外看。"其二："白徒西下羽书飞，十道军符补黑衣。一把子人何足打，被谁指点出重围。"

需要说明的是，钱谦益无论是《观棋》诗还是《后观棋》诗，都是六首，吴伟业既然唱和，断无只和八首之例。试比较《梅村家藏稿》所收录的六首和叶君远所辑录的两首可知，如果不加提示的话，前六首可以单纯地理解为咏棋，后两首字面上就和政治军事现实更接近一些，由此可以反推吴伟业之后整理自己的作品时之所以会有选择地放弃部分《观棋》诗，完全有可能是因为那四首被删除的作品，政治军事寓意过于明显、突出，容易授人以柄。另外值得注意的是，吴伟业的诗学弟子如许旭、顾湄等人亦有《观棋》之和作，《太仓十子诗选》中就收录了许旭的《观棋》诗六首和《后观棋》诗六首，以及顾湄的《奉和牧翁老师白门观棋六绝句》，显然都是六首整齐地唱和的。由此可知，吴伟业显然也应该完整地唱和过《观棋》六首以及《后观棋》六首，只是其中可能有些作品与当时政治军事形势联系较紧、语言亦比较直白，所以在编辑自己的集子时被吴伟业因为避嫌而放弃了。

除了到苏州、常熟等地访朋问友外，吴伟业在太仓也开始抛头露面、接待朋友了。比如顺治四年，尤侗来访。据尤侗年谱记载：顺治三

① 叶君远依据《江左三大家诗钞》与《五大家诗钞》辑录《观棋二首》，诗题下皆有"和钱牧斋先生"，见《清初诗坛第一家》，中华书局2002年版，第193页。

年丙戌年，二十九岁。秋，再行乡试，太仓州守李辛水先生作楹荐予卷，主司以文太奇乙之，中副榜。顺治四年丁亥年，三十岁。至太仓谒李夫子，太史吴梅村先生伟业引为忘年交，与周子俶肇、王端士揆、王惟夏昊辈饮酒赋诗，五旬而返。① 尤侗（1618—1704），字展成，号悔庵，晚号艮斋、西堂老人，南直隶苏州府长洲县人，诗人、戏曲家。李作楹，字辛水，孝感人，明崇祯三年举人，顺治二年至五年任太仓知州，迁江西建昌同知。② 为了更好地拉拢汉族知识分子，顺治二年正常开科取士、举行乡试，顺治三年三月举行了会试、殿试，秋天又再次举行乡试。就是在这次乡试时，太仓知州李作楹被聘为房考，看中了尤侗的文章，可惜被主考所摈弃，仅中副榜。正是基于这样的原因，文风奇崛、心高气傲、渴望被认可的尤侗对李作楹感激至深，特地到太仓来拜访。

以才子自居、不拘一格的尤侗，既然来到太仓，当然希望能够得到既有才子之名、又得科举之实的吴伟业的揄扬（吴伟业当初参加科举考试的时候，追求贯通经史、鄙视应试俗学，实际上也是与当时流行的考试文风不一致的）。尤侗是怎么入了吴伟业的法眼的，目前没有发现直接证据。从情理上推测，太仓知州李作楹很可能发挥了作用。李作楹于众人之中发现了尤侗这个奇才，可惜这个奇才却不被主考认可，这对李作楹来说当然是个挺大的打击。如果尤侗的文章能够得到会元、榜眼、翰林、文坛领袖吴伟业的赏识，岂不证明自己的识人眼光、评文能力确实非同一般？尤侗被吴伟业引为忘年交，声名大振，由此终身感激，成为文坛佳话。这是尤侗欢快地在太仓流连五十余日的重要原因。

在这五十余日的时间里，吴伟业也将聚拢在自己周围的太仓诗人介绍给尤侗，大家诗酒唱和，《西堂全集·诗集·西堂小草》（自注：自乙酉五月至壬辰六月止，共诗一百二十首）之《夜集周子俶宅，同吴骏公太史、万考叔、沈荷百、王曦白、次谷、徐校书、卢小史，得六十句，用正韵》："古树绕林屋，清溪界石桥。子是大隐卜（自注：子俶自号大隐），无事小山招。蹊径能开蒋，田园足拟陶。南邻来锦里（自注：太史比邻），北渚出离骚（自注：考叔楚人）。"可见，尤侗在太仓，在吴伟业介绍下，除了与

① 尤侗：《悔庵年谱》卷上，康熙间刻本。
② 嘉庆《太仓州志》卷十"名宦"，第 19 页。

周肇、王撰、王昊等人结识外，还与王曜升、万引年（字考叔，黄冈人）、沈荷百（王时敏的女婿，王掞的姐夫）等人饮酒赋诗，当然，周肇的酒席上，除了吴梅村这位大诗人酒量不行外，周肇这个主人可是很能喝的，何况还安排了徐、卢两位女郎助兴。这样的日子，流连忘返，五十余日，并不算多。

顺治五年，吴伟业还参加了一个重要活动，那就是他的至亲好友王瑞国五十大寿的祝寿庆典。王瑞国（1599—1677），字子彦，世懋孙、士骥子，天启元年（1621）举人，顺治十三年选授广东增城令，三年而归，①好学深思，著作颇丰，有《五经汉宋异同》《字学正讹》《史传叙要》《瘗砚斋集》《围炉诗话》《舒拂集》等。② 王瑞国有子三人，长子王景，③后改名遵晦，字明先，娶了吴昌时的女儿；④次子王陈生，三子王陈立，字天植，为吴伟业之婿。王陈立在顺治十三年前已育有一子，吴伟业仕清期间，王瑞国进京选官，吴伟业作有《送王子彦南归四首》，第四首中说"相携孙入抱，解唤阿翁来（原注：子彦近得孙，余之外孙也）"，甚为开心。可惜"陈立有俊才而夭"，顺治十六年（1659）年纪轻轻就已去

---

① 康熙《增城县志》卷五"秩官"记载："王瑞国，字子彦，由举人顺治十三年十月任，休致去。"康熙二十五年刻本，第 7 页。

② 嘉庆《太仓州志》卷五十三"艺文"，第 24 页。

③ 《娄水文征》卷六十三唐孙华《敕授文林郎广东增城县知县书城王公墓志铭》："公讳瑞国，字子彦，别号书城，世为昆山人，后割隶太仓，遂为太仓人。……思质公二子，长世贞，字元美，刑部尚书；次世懋，字敬美，太仆寺少卿，……即世所称凤洲、麟洲两先生也，麟洲公子士骥，万历甲午举人，授都察院都事，即公父也。……易代之后，绝意仕进，惟与奉常烟客王公、金宪鲁冈吴公、宫詹梅村吴公交谊至笃，……子陈生、陈立，俱州学生，……陈立有俊才而夭，为吴梅村先生爱婿。"只承认王瑞国有两个儿子，将吴昌时女婿摒弃在外。但是，据家谱，王瑞国实际上有三子，分别是王如晦、王复始、王陈立。李按：王瑞国三子，其中王景（1627—1706），后改名遵晦，字明先，年少有才，未冠补诸生，眉目秀拔、丰神荡逸，人以为潘安、卫玠复生，居吴江时，与宦裔大族吴氏女（当为吴昌时之女，才貌双全）相慕私奔，居西子湖畔，后被杨介人挟私诬告以叛逆之罪，牵连全家，土国宝发兵道审究，两江总督朗廷佐怜其才，解之，曾入巡抚马如龙幕府，后迁居。有诗文集二十卷。明先少为夏允彝门下士，夏氏父子殉国，明先受夏完淳之托，为其收养遗腹子，后自己被祸，又转托友人徐方平，夏氏之后，得以保全。明先之种种行径，与世家子弟身份颇不相符，再加上牵连逆案，王瑞国几为之破家，何况其常年寓居于外，晚年退隐淞南黄土泾，卒亦葬此（参见民国《昆新两县续补合志》后卷十五"游寓补遗"，民国十二年刻本，页四），所以王瑞国墓志铭中他就消失了。

④ 《程笺》卷十二，吴伟业《短歌》，题下有注："赠王子彦瑞国也。"诗末有笺云："程云：子彦少子，痒生某，为吴昌时婿。昌时法死，家被籍，次女嫁某宦子，中菁之言，言之丑也，归其狱于子彦之子，坐褫杖，且迁怒于子彦矣。子彦坐此失意，故云'爱子摧残'及'别有盘涡石'也，我闻诸穆南谷云。"则王遵晦为王瑞国第三子，第 799 页。

世。王昊《硕园诗稿》卷十七（原注：己亥）有《哭从弟天植》四首，其三注云："弟为吴梅村先生爱婿。"

吴伟业比王瑞国小十岁，吴、王两家世代姻亲（从吴伟业的祖父入赘王家开始，然后吴伟业的伯父娶妻王氏，再到吴伟业的女儿嫁给王瑞国的少子王陈立），关系极为亲密。从吴伟业作《赠王子彦五十》四首的内容来看，当时王瑞国的生活状态还挺不错。其一："二十登车侈壮游，软尘京雒紫骅骝。九成宫体银钩就，万卷楼居玉轴收（家有楼，名万卷）。纵解挎捕非漫戏，即看哺醨亦风流。笋舆芒屩春山路，故旧相逢总白头。"这是说子彦年少成名，诗书传家，晚年与自己白头共隐；其二："旧业城西二顷田，著书闻已续长编。两贤门第知应补，十上才名祇自怜。投老漫裁居士服，畏人还趁孝廉船。只因梅信归来晚，手植松枝暗记年。"第二首说的是王瑞国能够守住门第、不坠家声，虽然十上公车、举人终老，也能著书自娱。其三："懒将身世近浮名，残客由来厌送迎。独处意非关水石，逢人口不议杯铛。衣帽蕴藉多风貌，砚几清严见性情。子弟皆贤宾从好，似君才勿媿平生。"第三首说王瑞国不慕荣华，不贪虚名，律己甚严，门风清正，子弟贤能，不愧平生。其四："虽云文籍与儒林，独行居然擅古今。五簋留宾高士约，百金投客故人心。尊彝布列图书贵，花木萧疏池馆深。晚向鹿门思采药，汉滨渔父共浮沉。"最后一首赞美子彦德行与文章兼美，轻财重士，品格高洁，趣味高雅，生活富足。总之，五十岁的王瑞国，高门犹在、经济无忧、子弟成才、安心归隐，过着令人极为歆羡的晚年生活。只是没想到不到十年，陡生变故，年近六十的王瑞国为了躲避祸事，不得已投奔吴伟业，进京选官，远宦广东，甚至罢官后无法归乡、滞留岭外，实在令人唏嘘。

第三节　浙江之行

随着时间推移，时局逐渐稳定，除了频频出席家乡的活动，吴伟业开始走出苏州、外出访友，于顺治六年和顺治九年先后两次出访浙江，广泛接触官场人物，多有诗酒唱和。特别是顺治六年，他带着周肇，从太仓出发一路南行,先后到了嘉兴、杭州、桐庐等地,然后返程。从春天走到秋冬之际,花了大半年的时间在路上。最远到了桐庐,看望了时任桐庐县令的好友张王治。① 张王治(1608—1673),字无近,号敉庵,是复社领袖张溥的最小的弟弟(同父异母,张王治为潘孺人嫡出,张溥为庶出,其母金孺人),幼孤,其母临终以王治托付给张溥,所以张溥将他当作弟子一样培养,成为吴伟业、周肇(周肇亦为张溥的入室弟子)等人的同学好友。吴伟业曾说:"吾友张敉庵黄门,长于余一岁,少同里长同学,晚而同事京师,……余与交且三十年,习之久,知之深,……敉庵之语人曰:梅村知我,胜我自知。"(《张敉庵黄门五十序》)张溥早逝,张王治于顺治三年中举,次年连捷成进士,选授浙江桐庐知县,这是顺治六年吴伟业、周肇结伴前往桐庐的因缘。

周肇陪同吴伟业去浙江一行,除了他也是张王治的至交好友之外,恐怕还与他的经济状况有关。吴伟业与周肇的关系非同一般,两家本为近邻,吴伟业《溪桥夜话》的小序曰:"予偕子俶兄弟,临流比屋,异户同桥,久雨得月,新浴乍凉,辄书数语,以识幽事。"不但住得近,而且联系还紧密,吴伟业还曾经明确表示:"子俶之为余友也,海内莫不闻;海内之知余者无不识子俶,其识子俶者无不以其交于余也。子俶少于余数岁,实兄事余。余两人生同时,居同里,长同学,其文章议论卓然见于当世者,人尽知之,其合乎性情,浃乎道义,则恐人未尽知之也。"(《周子俶东冈稿序》)吴伟业在梅村招待朋友,周肇基本上都会参加,所以尤侗来拜访吴伟业,周肇很快就做东接待了。但是,由于周肇科举蹭蹬,功名不显,加上为人豪爽,倾情待客,而又迷信黄白之术,所以,经济上颇成问题。顺治六年正月,他给近在咫尺的吴伟业写了一封长信,诉说自己身体上、心灵上的痛苦。因为这样带有愤激情绪的信件,实际上是当时很多下层文人的共同心声,对理解吴伟业之后的选择也很有借鉴意义,故全录如下:

> 肇顿首梅村先生阁下:仆向病痔也,上书乞药,倏忽二年兹矣,

---

① 乾隆《桐庐县志》卷八"官师·知县","张王治,太仓州人,进士,顺治四年任,胥多事冗,民志嚣然,考满,行取刑科给事中去",其后任梁奇顺治十年任。清抄本,第6页。

病发于新正之四日，今复以此日病。衣不解结，食不咽亢故，溲与溺刺刺然如故也。恶物下坠，大者如碗，小者数十，如羊肠，如贯珠，丛集攒附。仆日夜哀呼望救，卒不得脱然离去也。嗟乎梅村，仆之此疾，良已酷矣！阁下其亦知病所自耶？仆平生落魄，不解治生，转徙贩鬻，无论亡材能，即能，亦复不乐。先人所遗负郭田亡壹顷，斥卖略尽。隆冬之月，妻女单袷而嚎，儿子三个，拾橡当麋，不再则啼。而仆雅不乐萧寞，呼朋邀徒，内索酒食，雄辩高歌，嚼肉啖汁，非橐见底而瓮如洗刮则不止。阁下与仆隔堵墙耳，其疏狂之态、逼迫之状，此固阁下所稔知习闻，而亦仆所不必道者也。独是仆年三十有五，鹿鹿浊浊，坐以待老，既无苞天络地、匡时名世之材，又无包山负谷、行兵布阵之用，且不能致身帷幕之下，磨盾鼻，走文檄，一札十答，纚纚然以相雄长。若欲孜矻穷季，复为老书生，俛首以求贡达，仆有死不辱也。顾口吃吃，窘于掉阉，不足动人，性又不喜见官府、见贵人，见则汗浇背胛如潮上。悠悠六合，谁知我者！以是形骸懒散，不复绷束，渐与世隔，遂就厓劣。无阮籍之通而有其嗜酒，无嵇康之高而有其好锻，无皇甫之夷粹而有其痱痹，手足跛曳，心思结轖，日复一日，病已甚矣。阁下独不知之耶？阁下固尝教我以读书矣，又尝策我以交游矣，将谓二者可以已病，且谆谆然戒仆之病病于为人疑且为人嫉也。仆因感且泣，然妄自忖量，恐增益所病，故于阁下云云复不以为然。何则？仆十六应童子试，即思佶声轧苗，以自摽领。年二十五，乃悔之，学软媚以求工，然亦时俗所为科举业，取世资云尔，所谓读书者，固不在也。又二年，游南州，学为诗，声律乖舛，旋弃去。比又八年，始得二十余首。材既驽下，不善强记，又懒作，宜其弗工也。复迫饥寒，一行闭户，辄为贱事牵去。稍暇，抽绎史册，至禅代之际，亡国故君之感，时相抵触，唏嘘累日，继之以夜，泪未尝不渍渍也。故阁下教仆以读书，而仆惧增其病者，此其一也。仆幼季谬不为名公先生所弃鄙，得交天下士，亲戚又强盛，差足自辅。今者西铭早逝，南郭云亡，志衍菹醢西川，啼魂不返，而上谷湛族，江夏投环，吴门有抉眼之痛，云间有绝命之词，十余年间，海内知交，零落尽矣。今惟阁下与数辈存耳,其或英才锐智,策名新朝,又或以门户之计,衣食之谋,不能见脱于尘网。仆方代愁苦不暇,乃帖耳求食,分其肥以自甘,能无愧于心乎?故阁下策仆以交游,而仆惧增其病者,此其又一也。乃阁下终以仆之病在于为人疑,且为人嫉,则又过矣。仆曩者少年鸷果,负其气力,思与当代文墨之士相遇中原,角驱而夺帜。近则迭遭孔疚,颓放偃傺,畏人涕唾。苟黄口驹齿,自谓才八又七步,而决骤风云者,仆惟拱揖不敏,称吾师而已。至如神仙本不能学,大药决不可成,而仆于丹灶洞箓,流珠姹女,怳惚寂寞,捕风捉影之说,聊自适意,知为方士所绐,亦复不怒。性不解丝竹,兼不善博弈,酒酣耳热,击缶顿喉,调若截筒,自谓甚善。笔研耕耨,少分进,辄撒手都尽。此皆寓意于物,不留意于物,以销其无聊之气,方刓窳晦匿,随流俯仰,世之人又何故察察而周防哉!此意亦惟阁下知之耳,然则疑且嫉者,非仆之病也,世自为病也。顾仆所为病,终不可自解。身犹国也,上窍城也,下穴宫也。今则如铜头铁额之种,穿胸凹目之侪,守尔尻焉,涂且怒焉,群身之米谷精髓如贡赋役焉,关其出入以奉之,稍不如旨,彼将决起四溃而能为祸。亦常铁石之药饵之,似败少衰矣,无如其势胶族植,而卒不可拔。嗟嗟,世无扁缓能医国者,仆知其漏穿绵痼,殆以身俱之矣。昔谷谿喑而陈谟,箕子狂而沿范;左丘目盲,爰作外传;马迁腐刑,退述史记;贾生卑湿,伤鹏鸟之来栖;长卿消渴,赋美人以自解;至于韩愈送穷,孙樵遂痁,彼数子者,皆托于病以表见焉也。而所遇之时,或治或不治。若仆视此数子,又何如哉!丁遭不辰,邦家崩殄,思集见闻,罗节概,修曤朗之姱词,舒其孤愤,而虑触忌讳,动得谤祸,故郁而未宣。予邪蓄热,中入脏腑,婴兹疢累,凶秽频复,迕遝尾闾,以相贼杀,残骸奄质,宁堪再辱。切切焉欲武治之不能,禁割之不可,其将为文以詈其鬼耶,抑将上章于天,以诉其毒而请降之罚焉,阁下试以为然耶否耶?嗟乎,嗟乎!仆又窃自悔艾矣,仆咫尺鄙儒,守先人之素,居乡党,温温蹈规矩,义不自抑,公正发愤,谬谓它日当朝廷倚任纲维,顾效僵立之节。今则已矣,既不能采薇行歌,赢饿以死,又不能批发散衣,自窜山谷之间,乃隐忍逼仄,日与闉阓为伍,君薨不能哭，父死不能葬，母病不能养，则亦支离臃肿，负其重衅于天地间之一物也。兹疾也，顾欲以针石药饵振落之，销靡之，不已谬乎！惟梅村先生不以为鄙，重惠教焉，使仆汗出愧己，而有以自存也。①

从这样一封长歌当哭的书信来看，周肇满腔郁闷不平之气，无处发泄，郁结成病，梅村写信规劝，并以多读书、多交游、戒疑嫉、戒丹药为劝。子俶则借题发挥，表面上对梅村的建议不以为然，借机倾泻自己的牢骚：自己一辈子潜心读书，却一事无成，无论自己怎么努力迎合，总是不被流俗所认可；至于交友，则明清易代以来，师友沦亡殆尽，信中列举了如张溥（西铭）、张采（南郭）、吴志衍、黄淳耀兄弟（江夏投缳）、陈子龙（云间有绝命之词）、嘉定侯氏家族几乎灭族（侯家先世姓杨，原籍山西上谷）等人，剩下的要么投身新朝要么明哲保身，并没有继续交往的必要。身处国破家亡之际，既不能殉国，又做不了遗民，还不愿苟且；生活既没有着落，心灵亦无处安放，因此佯狂，借酒浇愁，这样的病，实在是无计消除的。

周肇信中虽然夸张成分，但是他所面临的困境，实际上是明末清初相当一部分尚未功成名就的文人共同的困惑。由于明清易代，周肇这类党社骨干、地方名士在明代所获得、享受的政治待遇与经济特权，出现了断崖式的下降。周肇虽然自己没能考取举人进士，但是他是张溥的入室弟子、复社十哲之一，在复社的地位举足轻重，而复社的政治影响力极其巨大，周肇也就在士人群体中掌握了一定的话语权。明朝灭亡，党社活动转入低潮，由于没有像吴伟业等人一样在明朝获取功名、成为乡绅，周肇等人的失落感尤为强烈。对前朝的留恋、对新朝的不满，对未来的失望、对现实的妥协，都构成了其矛盾心态、痛苦情感的源泉。"君薨不能哭，父死不能葬，母病不能养"，前者是政治上的压力，道德上的愧疚，后者是经济上的负担，精神上的折磨。人生天地间，仰不愧天地，俯不负君亲。周肇请教吴伟业，像他这样，有何支撑"以自存"？这是当时坚守道德的底层文人的无奈呐喊。当然，也就只有在私人信件中，才能借机如此尽情吐露。

---

① 田茂遇：《燕台文选初集》卷六，周肇《再与吴梅村学士书》。

从大节上说,周肇在明朝没有做官(所谓食君之禄),所以入清之后继续参加科举以求取功名,哪怕交结官府,亦无可厚非,这是吴伟业劝他多读书、多交友的初衷。只有多读书,继续提升自己(哪怕是应试能力),多交游,努力扩大影响(主要是建立人脉关系),才可以更有机会获取科举功名、提高政治地位、改善经济条件。张王治就是走了这样一条路,顺治二年清兵下江南,然后迅速恢复科举,顺治三年张王治就参加乡试中举,然后成进士,外放知县。吴伟业带着周肇去拜访张王治,除了看望老朋友、让他想办法接济一下周肇外,恐怕亦有让张王治现身说法的用意。

吴伟业带着周肇远赴桐庐,除了看望张王治外,还跟一个人有关,那就是穆云桂。云桂是吴伟业最早的朋友之一,所谓"自余生十一始识君,居同巷,学同师,出必偕,宴必共,如是者五十年",两人交情极深,"君为先大夫执经弟子,余兄弟三人,君所以为之者无有不尽。余虽交满天下,其相知莫如君";穆云桂也是张溥的弟子,与张王治、周肇关系也很好,"吾师张西铭先生方以复社倾东南,君进而从之游,先生之幼弟曰敉庵,其遇君特厚,同社中推朱子昭芑、周子子俶,皆与君交极深,此吾党友朋聚会之大略也";张王治无论是任桐庐知县还是入京为谏官,穆云桂都常去其幕中帮忙,"敉庵由睦之桐庐令入为给谏,君为之上严滩者三,过京师者再,得以尽交浙东、河北诸长者",因为"敉庵戆直好言事,君引祸福与之争,即逆耳无少避。诸公闻之皆曰:'穆君,黄门之益友也。'"(《穆苑先墓志铭》)周肇到桐庐后作有《晚秋登桐山与穆苑先、张敉庵、金道宾有作》,[1]可见吴伟业、周肇二人到桐庐的时候,穆云桂正在张王治署中。

穆云桂应该是顺治五年年底前往桐庐的,吴伟业作有《岁暮送穆大苑先往桐庐四首》为其送别:"客中贪过岁,又上富春船。烛影欹寒枕,江声听夜眠。石高孤岸迥,雪重半帆偏。明日停桡处,山城落木天。"其二:"卧病才回棹,征轺此再游。乱山穿鸟道,匹马向严州。远水浮沙屿,高枫入郡楼。知君风雨夜,落叶起乡愁。"其三:"到日欣逢节,招寻

---

[1] 周肇:《东冈集》,《太仓十子诗选》,《四库全书存目丛书》集384,第793页。

有故人。官厨消绛蜡,客舍暖乌薪。锁印槐厅静,颁春柏酒新。翩翩杜书记,潇洒得闲身。"其四:"知尔贪乘兴,冲寒蜡屐忙。鹤翻松磴雪,猿守栗林霜。官酝移山榼,仙棋响石房。严光如可作,故态客星狂。"虽然诗中没有明说,但是穆云桂赶在年底前奔赴桐庐,很有可能是为第二年春天吴伟业、周肇去桐庐提前做准备的。

吴伟业与周肇离开太仓时,王昊等人曾经赋诗送别,《叶谱》曾引王昊《硕园诗稿》卷七(原注:己丑)《送子俶同梅村先生之浙,兼柬甄玉》,可见当时太仓人浦为琛也在桐庐张王治幕中,诗云:"蜡屐追陪谢傅行,异乡风物总含情。愁来南国花春发,梦入西陵水夜生。江上仙舟看李郭,杯中名酒号乌程。严州书记如相问,为道疏狂旧姓名。"这里的严州"书记"显然是指浦为琛(旧严州府的府治在桐庐,唐代节度使的掌书记就是幕府中的僚属)。正是因为这样的原因,浦为琛后来从桐庐归来时,王昊就约上了周肇、许旭等人一起去看望,有《甄玉浙归,同子俶、九日过饮》,诗中有"不见桐庐客,于今复几时""塞雁三愁恨,江潮八月悲"等句。

吴伟业带着周肇南下远赴桐庐,比较舒适的出行方式和行程路线应该是乘船,从太仓沿着娄江到苏州,然后进入大运河取道嘉兴、杭州,在杭州转入富春江,沿江上溯到达桐庐。从他留下的相关作品来看,吴伟业很可能就是沿着这样的路线安排行程的。他们逗留的第一站应该是嘉兴,曾在嘉兴秀水项黄中家观赏了《万岁通天法帖》,这是唐代摹写的王羲之一门的书法精品,堪称中国书法史上的珍宝。《程笺》卷三《项黄中家中观万岁通天法帖》(《曝书亭集》:《万岁通天法帖》一卷,用白麻纸双钩书,勾法精妙,锋神毕备,……是卷向藏乡先生项子家,长子长,讳笃寿,中嘉靖壬戌进士,入词林;季弟子京,以书治生产,……子长子德桢,万历丙戌进士,梦原,万历己未进士;德桢子鼎铉,万历辛丑进士,声国,崇祯甲戌进士。按:黄中盖鼎铉字)。诗云"只今海内无高门,稽山越水烽烟作。春风挂席由拳城,夜雨君斋话畴昨。呜呼吾友雅州公,舒毫落纸前人同。一官乌撒没坏土,万卷青箱付朔风。少伯湖头鼙鼓动,尚书第内烟尘空。可怜累代图书尽,断楮残编墨林印。此卷仍逃劫火中,老眼纵横看笔阵。君真襄毅之子孙,相逢意气何相亲"。《叶谱》

修订程穆衡的意见,认为吴伟业到项黄中家看《万岁通天法帖》时在顺治六年而不是顺治四年,甚为有理,但是依据靳荣藩(实际上是程穆衡的按语)的判断说项黄中为项鼎铉,则误,当为项贞运(详见后文)。梅村诗中所谓"吾友雅州公",指的是曾任雅州知州的项声国,为项鼎铉的三弟,初名鼎爱,字仲展,更名声国,字籹公,崇祯三年(1630)顺天榜举人,出姚希孟门下,①七年甲戌(1634)进士,授雅州知府,崇祯十二年四月二十日卒于京师,②年四十二。

　　据上海图书馆藏清抄本《嘉禾项氏宗谱》、朱彝尊《曝书亭集》卷五十三《书〈万岁通天帖〉旧事》、康熙《嘉兴府志》、封治国《项元汴年谱》等材料可知,③《万岁通天法帖》原来收藏于项笃寿家,项笃寿有子二人,长子德祯,次子梦原(德棻);德祯有子三人,长子鼎锭,次子鼎铉,三子鼎爱(声国)。项鼎铉(1575－1619),字孟璜,号扈虚,又号魏斋,他从祖父手中接过《万岁通天法帖》继续收藏,李日华《味水轩日记》卷二记载,万历三十八年他曾和几位友人一起在项鼎铉家看过包括《万岁通天法帖》在内的多幅书法藏品。项鼎铉去世于万历四十七年(1619),之后《万岁通天法帖》落在其三弟声国家,由其妻(朱国祚长女,朱彝尊的祖姑)掌管,一直延续到清初。由于这一层关系,朱彝尊多次看到该法帖。吴伟业之所以在项黄中家中能看到该法帖,是因为项黄中与项声国的嗣子项阶平关系较好。黄中名贞运,原名睿谟,为项笃寿次子梦原(德棻)第四子,嗣项元汴次子德成;而梦原长子端(字虞中),有子二人,因堂兄声国早逝无子,乃以长子阶平为声国嗣子(朱彝尊说自己的祖姑去世后,家日贫,嗣子就将《万岁通天法帖》出售他人,这个嗣子指的就是项阶平)。因此,从生父的宗派来看,项黄中是项阶平的亲叔叔,两人都有出嗣经历,所以更有共同语言。顺治六年,《万岁通天法帖》正由项阶平掌管着。吴伟业既是其嗣父项声国的生前好友,又与其亲叔叔项贞运交

---

① 姚希孟:《文远集》卷二十"书牍","门人项声国",崇祯间张叔籁等刻清閟全集本,第31页。

② 据王时敏崇祯十二年四月二十五日家书,"(四月)十六日黄家姑父已到(李按:指黄翼圣),项仲展一路与之同来,入京次日即感寒疾,不三日,遂作故人。人命浮脆如此,真可怖也",参见万新华《画家之外——新见王时敏散佚家书七通考释》,《美术学报》2021年第6期。

③ 参见封治国《项元汴年谱》,见《与古同游——项元汴书画鉴藏研究》,中国美术学院出版社2013年版。

好,还是当代遗民领袖、文坛巨匠、书法名家,这是他能在项黄中家看到《万岁通天法帖》的原因。吴伟业应该感到很幸运,因为不久之后(顺治九年前后),项阶平即因家贫将该帖出售他人。

需要说明的是,《万岁通天法帖》在书法史上具有极为独特的地位。它是琅琊王氏家族从东晋到南北朝时期代表人物(包括王导、王羲之、王献之、王徽之、王僧虔、王珣、王褒等二十八人)书翰墨迹的集合,虽然是唐代摹写的,但是"用白麻纸双钩书,勾法精妙,锋神毕备",非常珍贵。明代文徵明、董其昌等人都曾观赏、题词,评价极高。董其昌甚至说细读此帖即可掌握琅琊王氏的书法秘诀。正如前文所说,吴伟业家族本以书法起家、传家,其祖父入赘太仓琅琊王氏,与文徵明、董其昌亦颇有渊源,所以他对这一法帖格外关注,自是情理之中的事。

在嘉兴,吴伟业还拜访过黄涛。黄涛,字观只,号符禺山人,崇祯十五年浙江乡试第一,"吾友大樽(指陈子龙)所鉴拔而登之者也","家有秘书万卷,皆前人从西清异本手自校雠,缮写成帙,而舅家项氏所藏唐、宋名人手迹卷握之物,价值千金,今悉化为煨烬"(《黄观只五十寿序》),可见黄涛与项氏家族有姻亲关系。也就是说,吴伟业到嘉兴项氏家族观看其收藏,与陈子龙的得意弟子、浙江解元黄涛也很可能有关系。还有一种可能就是,吴伟业本次到嘉兴,故地重游,没有拜访别人,只是到了黄、项两家,恐怕不仅仅是观赏《万岁通天法帖》。从吴伟业的诗中来看,他一方面对书法世家王氏家族高度评价,另一方面也充分肯定项氏家族的收藏之功,同时对其面临的困境表示痛惜:"可怜累代图书尽,断楮残编墨林印。此卷仍逃劫火中,老眼纵横看笔阵。君真襄毅之子孙,①相逢意气何相亲。即看书画与金石,访求不屑辞家贫。嗟乎! 世间奇物恋故主,留取缥缃傲绝伦。"结尾这一句内涵丰富,如果吴伟业风闻项家有转让之心,因此登门鉴定,并表求购之意,但是交易没有谈成,因此作此长诗,则相关诗句的理解能更通畅一些。如果是这样,那么黄观只很有可能就是中间人。

吴伟业这次到嘉兴,其实想去的地方很多,可用的关系也很多,因

---

① "襄毅"是明代曾任兵部尚书的项忠,谥号"襄毅"。

为他的很多朋友在嘉兴做过官,他也结交了很多嘉兴当地的士绅。比如他的挚友吴克孝,崇祯十七年曾任嘉湖道金事,①而他的学生严正矩顺治二年任嘉兴府推官,仅仅数月就因为贤能升任杭州知府;至于嘉兴人李明嶅,崇祯七年十七岁时就跟随吴伟业学诗,②而徐郴臣、徐贲父子亦与吴伟业交往甚密,《程笺》卷三《送徐次桓归胥江草堂》(《嘉兴府志》:秀才徐郴臣,字亦于,好奇负志节,崇祯丙子举于乡。仲子贲,西铭张溥奇其才,以侄女妻之。按:次桓即贲字),诗云"春来放楫鸳湖游,杉青牐畔登高楼;褐裘徐郎最年少,坐中摇笔烟霞收。装随到我海滨去,鸡黍留恋别何遽? 云过胥江旧草堂,乃父凄凉读书处",可见徐贲曾陪同吴伟业游嘉兴鸳湖,诗歌又云"我是故人同季子,十年相识忆徐君;只今孺子飘零客,芦中穷士无人识",可知吴伟业与徐郴臣相识甚早。另外,钱谦益亦有诗咏徐氏父子,其《有学集》卷四《胥山草堂诗为徐次桓作》:"我叹嘉禾徐亦于,书生口欲吞玄兔。……一朝旅病无端死,自笑身亡克汗喜。……有子长贫手一编,腰镰负米娄江边。"崇祯九年丙子徐郴臣乡试中举,进京会试,吴伟业正在京城翰林院任职,得以相识,十年后,郴臣已逝,其次子、张溥侄女婿徐贲从太仓回苏州,吴伟业、钱谦益等人都有诗送行。只是诗中"春来放楫鸳湖游",指的是哪一次,尚需斟酌。

吴伟业这次出游嘉兴,在嘉兴逗留了多长时间,具体不知。但是,他从嘉兴到达杭州的时间大致可以确定在夏初端午节前,其中四月份经过了武康县,并接受了武康县令姜会昌的招待,③吴伟业有诗致谢,并高度赞美姜会昌的德政,其《简武康姜明府》诗曰:"地僻谁闻政,如君自

① 康熙《嘉兴府志》卷十四"官师上",第 4 页。

② 李明嶅:《乐志堂诗集》卷三《寄吴梅村先生》诗序:"岁甲戌,余年十七,从先生游,尝云:'昌黎《送张童子序》不可不读。'先生之期余远也。"

③《程笺》卷三第 180 页《简武康姜明府》(湖州府志:武康知县姜会昌,山东掖县举人,顺治二年任),《叶谱》第 187 页引道光《武康县志》卷十二《秩官表》,姜会昌于顺治三年至六年任武康知县。李按:据道光《武康县志》卷十七"名宦传",姜会昌,号侗伯,山东举人,顺治二年知县事,决断明敏,政声大起。卷八"建置志·学校",顺治七年,知县姜会昌重修学宫,则姜会昌任武康知县当从顺治二年至顺治七年。又,卷十"建置志·坛庙",姜公祠,在丰桥里王公祠东,祀国朝知县姜会昌。邑人卓彝有《姜公德政碑略》,详细记载了姜会昌在武康的政绩,并给予了高度评价。可见吴伟业的赞美并非泛泛之论。另外,左光斗长子左国柱曾于崇祯十六年任武康知县。

不同。放衙山色里,听事水声中。竹税官桥市,茶商客渚篷。前溪歌舞在,父老习遗风。"其二:"花发讼庭香,松风夹道凉。溪喧因纸贵,邑静为蚕忙。鱼鸟高人政,烟霞仙吏装。知君趋召日,取石压归航。"诗中所描绘的老百姓安居乐业的情形,正与卓彝在《姜公德政碑略》中的记载相一致。

吴伟业在顺治六年端午节前已经达到杭州,他的学生严正矩在自己的作品中记录了端午节那天陪同他一起在杭州游山玩水的情景。严正矩时任杭州知府,他是吴伟业担任湖广乡试主考时录取的举人,对吴伟业一直心存感激、极为关注。《叶谱》引用严正矩《涉园集》卷二十一《上大司成吴梅村先生书》,内云"己丑夏追陪先生杖履于武林山水间,躬聆提命,从游盛事,乐而且荣",以及卷十二《午日观竞渡(引)》"民部周垆岸年兄午日集诸年友于西湖楼头观竞渡,余以陪太史吴骏公老师不获践,惟倚舟遥望诸公"等资料,考订吴伟业于顺治六年五月在杭州,至为允当。

严正矩陪着吴伟业游玩了哪些武林山水,虽不得全知,但是吴伟业肯定去了西湖中孤山上的数峰阁,并作有《登数峰阁礼浙中死事六君子(鸿宝倪公、茗柯凌公、巢轩周公、四明施公、磊斋吴公、宾日陈公)》:"四山风急万松秋,遗庙西泠枕碧流。故国衣冠怀旧友,孤忠日月表层楼。赤虹剑血埋燕市,白马银涛走越州。盛事若修陪祀典,汉家园寝在昭丘。"数峰阁又名孤忠祠(诗中说"孤忠日月表层楼"),祭祀明末对抗阉党、明亡精忠殉国的六位浙江籍官员:倪元璐(号鸿宝),凌义渠(号茗柯),周凤翔(号巢轩),施邦曜(号四明),吴麟征(号磊斋),陈良谟(字宾日)。阁名用典,出自唐代诗人钱起的诗句"曲终人不见,江上数峰青"之"数峰"二字,以表斯人已逝、怀忠不见之意。这六人大多为梅村旧日相识,倪元璐不用说,陈良谟为伟业崇祯四年进士同年,施邦曜在涂仲吉上书为黄道周诉冤时曾施以援手,吴麟征等人与吴伟业亦多有交集,所以诗中说"故国衣冠怀旧友"。吴伟业曾感慨"故人慷慨多奇节",生性懦弱的他在数峰阁前凭吊六位殉节的旧友,也算是一次集中的灵魂洗礼。

吴伟业此诗,在当时流传甚广,吴蕃昌(吴麟征之子)曾有《恭谒孤山忠烈祠次吴骏公先生韵》十首,第一首就有"群公大义足千秋,樽俎空林俯夕流。归鸟泉声啼落日,断云峰影度高楼。西泠风雨悲江左,南渡衣冠忆汴州。清议尚存荆棘里,遂令一死重山邱"诸句,①相比于"群公大义"、重于泰山的殉节,吴伟业后来"沉吟不断,草间偷活",失节仕清,难逃清议,令人痛惜。

数峰阁附近还有著名景点岳王坟,吴伟业应该也去拜谒过,也许还作过诗,只是当他成了贰臣之后集子中再保留赞美岳飞、歌颂民族气节的诗作,就显得不伦不类了。之所以说吴伟业很可能去过岳王坟,是因为陪同吴伟业一起到浙江的周肇,就作有《岳王坟》诗,诗中有云"已知北狩成虚战,独有南枝捧故君",正是借古喻今,反映了当时的抗清大势已去的悲凉。在这样的心情下游览西湖,吴伟业的心情也好不到哪儿去。他在《乱后过湖上山水尽矣赋一绝》这首七言绝句中感慨:"柳榭桃蹊事已空,断槎零落败垣风。莫嗟客鬓重游改,恰有青山似镜中。"

当然,在杭州,吴伟业也不纯粹是凭吊忠烈,他还与吴山、卞梦珏这一对母女诗人有往来,并为她们的作品写诗作序、大力揄扬。其《西泠闺咏四首》的小序云:"石城卞君者,系出田居,隐偕蚕室。岩子着同声之赋,玄文咏娇女之篇。辞旨幽闲,才情明慧,写柔思于却扇,选丽句以当窗,足使苏蕙扶轮、左芬失步矣。故里秦淮,早驾木兰之楫;侨居明圣,重来油壁之车。风景依然,湖山非故。赵明诚金石之录,卷轴亡存;蔡中郎虀臼之词,纸笔犹在。予览其篇什,撷彼风华,体寄七言,诗成四律。愧非刘柳,闻白雪之歌;谬学徐陵,叙玉台之咏已尔。"赠诗四章,云:"落日轻风雁影斜,蜀笺书字报秦嘉。绛纱弟子称都讲,碧玉才人本内家。神女新词填杜若,如来半偈绣莲花。妆成小阁熏香坐,不向城南斗钿车。"其二:"晴楼初日照芙蕖,姑射仙人赋子虚。紫府高闲诗博士,青山遗逸女尚书。卖珠补屋花应满,刻烛成篇锦不如。自写雏神题小像,一帘秋水镜湖居。"其三:"五铢衣怯凤凰雏,珠玉为心冰雪肤。绿属侍儿春被褥,红牙小抹夜挦捕。琼窗日暖樱桃赋,粉箧风轻蛱蝶图。频敛翠蛾人不议,自将书札问麻姑。"其四:"石城杨柳碧城鸾,谢女诗篇张女弹。鹦鹉歌调银管细,琅玕字刻玉钗寒。双声宛转连珠格,八体浓纤倒薤看。闲整笔床摊素卷,棠梨花发倚阑干。"

这四首诗,以姑射仙子、碧玉才人、谢道韫、神女等称赞吴山母女,高度评价她们的才情、气度,而序文中的"石城卞君"指的是吴山的丈夫、卞梦珏的父亲卞琳,安徽当涂人,称为石城(南京)人也未尝不可;"岩子"为吴山的字,"玄文"为卞梦珏的字。吴伟业的友人邹漪在编选《诗媛八名家集》时,还将她们作为当时女性文学的代表,选录了她们母女的作品。[①] 当然,她们对诗坛盟主吴伟业的赞美也十分感激,积极唱和,吴山作有《和吴梅村太史赠诗》四首,卞梦珏也有《次吴梅村太史赠诗》四首,以为回应。

吴伟业与吴山母女相识,很可能与柳如是、黄媛介有关。崇祯末年钱谦益建好绛云楼后,柳如是即邀请黄媛介前来小住,一起读书作文,而吴伟业与钱谦益、柳如是关系非同一般(参见后文),因此也对黄媛介青眼有加,[②]曾以骈文作《黄媛介诗序》:"夫檇李雅擅名家,独推闺咏。玉鸳草青峨居士(范君和妻姚氏),月露吟白雪才人(黄学士家项氏)。虽寒山之再世缥缃,才兼粉绘;汾湖则一时琬琰,迹类神仙。而皆取意由拳,分流长水。岂非楼名烟雨,赋就裁云;湖号鸳鸯,词工织锦耶?黄媛介者,体自高门,夙亲柔翰。横塘杨柳,春尽闻莺;练浦芙蕖,月明捣素。照影灵光之井,纸染胭脂;看花会景之园,香分芍药。固已妍思落于纯扇,丽咏溢于缥囊矣。逮夫亲故凋亡,家门况瘁,感襄城之荀灌,痛越水之曹娥,恨碎首以无从,顾投身其奚益!蔡琰则惟称亡父,马伦则自道家君,陨涕何言,伤心而已。从此女儿乡里,恨结罗衣;乃闻新妇山头,妆开石镜。惟长杨曾经献赋,而深柳可以读书(所居深柳读书堂)。点砚底之青螺,足添眉黛;记诗中之红豆,便入吹箫。共传得妇倾城,翻为名士;却令家人窃视,笑似诸生。所携唯书卷自随,相见乃铅华不御。发其旧箧,爱出新篇,即其春日之诗,别仿元和之体,可为妙制,允矣妍辞。仆也昔见济尼,夐闻谢蕴;今知徐淑,得配秦嘉。是用览彼篇章,加

---

① 邹漪《诗媛八名家集》中所选录的八位女性作家分别是王端淑(著名文人王思任之女)、柳如是、黄媛介、吴琪、吴绡、季娴(季开生、季振宜之姊)以及吴山、卞梦珏母女。
② 钱谦益《初学集》卷三十三亦收有《士女黄皆令集序》,上海古籍出版社1985年版,第967页。

之诠次。庶几东海重闻桃李之歌，不数西昆止载蘼芜之赋尔。"这篇序文写得极为典雅得体，用典精当，文采斐然，不仅如此，吴伟业还写诗称赞黄媛介为"才比左芬年更少"，"江夏只今标艺苑，无双才子扫眉娘"，①甚至在《梅村诗话》中将黄媛介单列一条，②并大段引用黄媛介唱和自己《鸳湖闺咏》四首的诗句，给予表彰，"媛介和余诗曰：'月移明镜照新妆，闺阁清吟已雁行。花里双双巢翡翠，池中六六列鸳鸯。黄粱熟去迟仙梦，白云传来促和章。一自蓬飞求避地，诗成何处寄萧娘？''罢吟纨扇礼金仙，欲洗尘根返自然。风扫桃花余白石，波呈荷叶露青钱。山中自护烧丹井，世上谁耕种玉田？磊磊明珠天外落，独吟遥对月平川。''石移山去草堂虚，漫理琴尊葺故居。闲教痴儿频护竹，惊闻长者独回车。牵萝补屋思偏逸，织锦成文意自如。独怪幽怀人不识，目空禹穴旧藏书。''往来何处是仙坛？飘忽回风降紫鸾。句落锦云惊韵险，思萦彩笔惜才难。飞花满径春情淡，新水平堤夜雨寒。忆昔金闺曾比调，莫愁城外小江干。'此诗出后，属和者众，妆点闺阁，过于绮靡。黄观只独为诗非之，以为媛介德胜于貌，有阿承丑女之名，何得言过其实？此言最为雅正云"，③这些都令黄媛介身价倍增。施闰章给她作小传时就说"一时士大夫如吴祭酒梅村皆称异之"。④

　　正是因为"吴岩子偕其女卞玄文皆有诗名，媛介相得甚"（《梅村诗话》），所以吴伟业到了杭州，与吴山母女相见，并为之作《西泠闺咏》四首（以对应为黄媛介作的《鸳湖闺咏》四首），并加骈体小序（以对应《黄媛介诗序》），对其大加赞美。

　　陪同吴伟业到杭州的周肇也参加这次见面活动，并作有《题〈西泠闺咏〉四首次吴梅村先生韵》。这次唱和当时即成为佳话，不少文人纷

---

① 吴伟业《题〈鸳湖闺咏〉》四首，即为黄媛介而作。

② 《梅村诗话》收录闺秀仅两人，一为卞玉京，另一即为黄媛介。

③ 黄涛《和韵题鸳湖闺咏》所和为吴伟业、黄媛介诗作其三，"难兄五载忆游仙，尔后才名更籍然（皆令偕外往来虞山、白下，兄平立筮书责其女伴唱和为非礼，惧不敢见，兄殁乃归）。同井但传书画史，一生不识粉脂钱。闻琴女学猗兰操，抱璞人轮种玉田。自挽鹿车归旧里，悔多题咏遍山川"，三首对比，可见黄涛之作颇有针对性（黄传祖辑《扶轮广集》卷十一，顺治十二年黄氏依麟草堂刻本）。秀水黄涛不但为皆令同乡同族，出自香、仕宦世家，且为陈子龙门人，收藏《万岁通天法帖》的项氏家族为其舅家，所以作诗为皆令辩护，自属当然，故而梅村肯定"其言最为雅正"。

④ 施闰章：《学余堂文集》卷十七《黄氏皆令小传》，黄山书社 1992 年版，第 353 页。

纷和作，目前可见的有著名遗民李天植作的《西泠闺咏次吴骏公韵》，以及"娄东十子"之一的王昊所和《题〈西泠闺咏〉次韵为吴岩子卞玄文赋》，①后来王士禛更是将吴伟业的两次唱和，合在一起，分别给黄媛介等人赠诗，作《观黄皆令、吴岩子、卞篆生画扇，各题一诗，用吴梅村先生题鸳湖、西泠闺咏韵》，收录其《渔洋集外诗》卷一。

顺便说一句，清初吴伟业与女性作家互动频繁，除了黄媛介、吴山等人之外，他还给工诗善画的无锡女诗人龚静照的《永愁篇》作过序，而才女王端淑也与他有唱和之作（《和吴梅村太史禊饮韵》二首）。

当然，来到杭州，吴伟业理所当然地拜访了在杭州做官的进士同年张天机。张天机，字世平，号纬霞，河南兰阳人，②崇祯三年乡试亚元，崇祯四年三甲 63 名进士，授陕西渭南知县，左迁杭州府同知，升任常州府推官，丁忧，后升任户部湖广司主事，入清后，顺治三年以户部主事任江

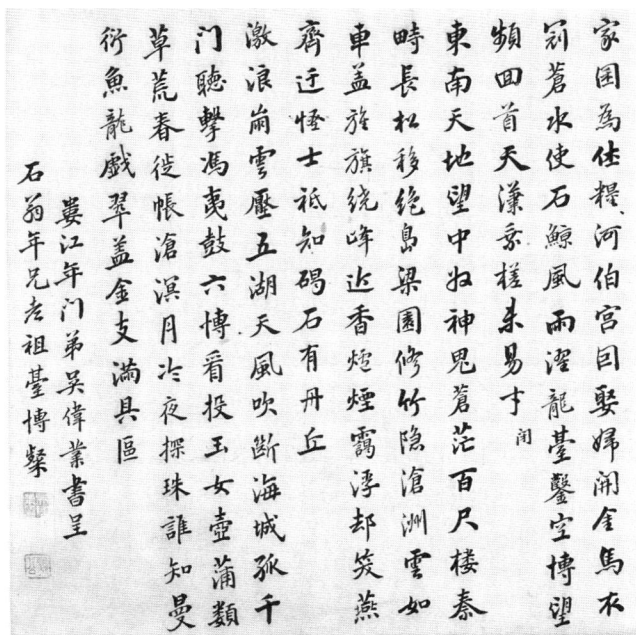

海市纪述

---

① 参见吴琳《清初闺秀与文人的交游网络与文学互动》，《福建师范大学学报》2017 年第 3 期。
② 康熙《兰阳县志》卷七有张天机传，康熙二十四年刻本，第 5 页。

南布政使司右参议分守江宁道,顺治五年任浙江按察使司副使兼布政使司参议督粮道,所以吴伟业在《武林谒同门张石平》诗题下注:"河南人,官粮储观察。"诗云:"湖山晓日鸣箛吹,杨柳春风驻羽幢。二室才名官万石,两河财赋导三江。旧时笑我连珠勒,多难逢君倒玉缸。十载弟兄无限意,夜深听雨话西窗。"所谓"十载兄弟",是指崇祯十二年(1639)吴伟业奉使封藩,曾在大梁(河南开封)与张天机相见,他说"余尝之中州,与吾友张石平相见于大梁"(《海市记》),至顺治六年(1649)在杭州与张天机再次见面,恰好为十年。经历了改朝换代、沧桑巨变之后的这次见面,两位同年有许多话要说。"别去十余年,石平官两浙观察,余访之湖上,握手话旧事,叹息久之,酒酣耳热"。谈了哪些"旧事",吴伟业没有说,"酒酣耳热"之际张天机给他介绍了自己在浙江盐官看到的"海市蜃楼",为此吴伟业专门写了《海市记》一文,并有诗歌唱和,《海市四首次张石平观察韵》:"仙人太乙祀东莱,不信蓬瀛此地开。虹跨断崖通羽盖,鱼吞倒景出楼台。碧城烟合青葱树,赤岸霞蒸绛雪堆。闻道秦皇近南幸,舳舻千里射蛟回。"其二:"灏气空蒙万象来,非烟非雾化人裁。仙家困为休粮闭,河伯宫因娶妇开。金马衣冠苍水使,石鲸风雨濯龙台。凿空博望频回首,天汉乘槎未易才。"其三:"东南天地望中收,神鬼苍茫百尺楼。秦時长松移绝岛,梁园修竹隐沧洲。云如车盖旌旗绕,峯近香炉烟霭浮。却笑燕齐迂怪士,祇知碣石有丹丘。"其四:"激浪崩云压五湖,天风吹断海城孤。千门听击冯夷鼓,六博看投玉女壶。蒲类草荒春徙帐,沧溟月冷夜探珠。谁知曼衍鱼龙戏,翠盖金支满具区。"之所以一定要完整地引这四首诗,是想说明既是应酬之作,又描写的是虚无缥缈的海市,因而诗写得真不怎么样,远远不如叙事性的《海市记》写得吸引人;当然,同行的周肇也作有《〈海市〉三首次张石平观察韵》,同样不够出彩。

在杭州,吴伟业还与陈震生、无生上人等人有往来,留下了《陈青雷以半圖索题走笔戏赠》《过南屏访无生上人》诸作。在杭州文人群中,相比较而言,他与吴百朋、丁澎等人关系更为亲密一些。① 他在《赠吴锦雯

---

① 同治《苏州府志》卷五十五,顺治十五年至十七年,吴百朋曾任苏州府理刑推官,第22页。

兼示同社诸子》中亲切地把吴百朋比作三国时期著名文人吴质（字季重），"吾家季重才翩翩，身长七尺虬须髯。投我新诗百余轴，满床绢素生云烟"，"不信扁舟偶乘兴，丁仪吴质追随欢"，这里借用三国时期的文学家丁仪代指丁澎，丁澎和吴百朋正是清初杭州诗社登楼社的主要成员，吴伟业诗题中所谓的"同社诸子"。诗中提到的"三陆"，《程笺》"谓鲲庭、丽京、梯霞也。《钱塘县志》：陆堦，字梯霞，父运昌与叔鸣时、鸣煃有名当世，号龙门三陆，而堦兄圻及培并以文章领袖一时，复号三陆"，则陆圻、陆堦、陆培兄弟亦为同社中人（另外，吴百朋、丁澎、陆圻还是当时"西泠十子"的主要成员）。从吴伟业该诗可知，他在杭州期间，登楼社诸子曾经"追随"其"扁舟"，陪同其游览，所以离开杭州之前，他赠诗告别。另外，他还专门写诗《别丁飞涛兄弟》："把君诗卷过扁舟，置酒离亭感旧游。三陆云间空想像，二丁邺下自风流。湖山意气归词苑，兄弟文章入选楼。为道故人相送远，藕花萧瑟野塘秋。"这里借晋代云间陆机、陆云、陆玄兄弟"三陆"恭维前诗所说的陆圻三兄弟，而用魏晋名士丁仪、丁廙兄弟"二丁"指杭州诗人丁澎（字飞涛）、丁潆（字素涵），用典巧妙，构思独特，切合身份。由此诗亦可知，梅村来到杭州尚属初夏，离开之际已经是初秋季节了，而临行之时丁氏兄弟曾置酒送行。

离开杭州，梅村和周肇继续往南，向桐庐进发，中间未作停留，途中曾作《客路》一诗，诗云："客路惊心里，栖迟苦未能。龙移对江塔，雷出定龛僧（武林近事）。林黑人谭虎，台荒吏按鹰。清波门外宿，潮落过西兴。"离家大半年，返程未有时，候已近深秋，客路苦栖迟。热闹、兴奋的杭州行程，与路途的冷寂落差巨大，于是思家的心绪油然而生。

吴伟业等人在桐庐张王治幕中，并未呆多长时间，也未见有多少游览、交友的记录，张鼎延之子张瑄可能是他们在桐庐认识的为数不多的新朋友。吴伟业曾说："初伟业之识淮安君于浙也，因吾友张黄门秋庵以定交。"既然这位"淮安君"是因为张王治所以才在浙江认识的，那么此事应该就是这次桐庐之行发生的。张瑄，字蓝孺，永宁（今河南洛宁县）人，顺治二年拔贡，顺治十三年任兖州知府，康熙元年任淮安知府（故此吴伟业称之为淮安君）。兵部侍郎张鼎延之子，兵部尚书、理学家吕维祺之婿。据《四库全书总目》卷一百八十，《明德堂文集》二十六卷，明吕维祺撰，维祺有《四礼约言》，已著录。维祺晚殉闯难，以节义显，其生平盖主于笃实践履，而不求以文章名世，然所论建多朴实，亦异乎空谈经济之流。集为崇祯庚辰吴伟业所编，一名《慎独堂集》，凡文十七卷、诗三卷、会约二卷、语录四卷，后载制艺三首，又张鼎延《全城定变记》一篇，纪崇祯庚辰维祺家居平土寇王之典事，则康熙二年维祺子兆璜刻集时所附入也。[①] 吴伟业还说"淮安友道敦笃，契分特深"，并应其请求为张鼎延撰写了墓志铭（《通议大夫兵部右侍郎永宁玉调张公神道碑铭》），可见他与张琯之间确实结下了深厚的友谊。

秋冬之际，吴伟业辞别张王治，和周肇一起返回太仓，有《晓发》之作："晓发桐庐县，苍山插雾中。江村荒店月，野戍冻旗风。衣为装绵暖，颜因被酒红。日高骑马滑，愁杀白头翁。"虽然天气寒冷，沿途荒凉，但是不但有朋友践行的酒（脸都喝红了），更是满载着友情而归，所以尽管口中说着"愁杀白头翁"，而通篇诗歌语调是轻松愉快的。

顺治九年春天，吴伟业再次赴浙，落脚嘉兴。朱彝尊曾记载吴伟业此次赴嘉兴，馆于嘉兴万寿宫，主要是集中时间与精力用来撰写《绥寇纪略》。吴伟业具体哪一天到达嘉兴，不得而知，很有可能在二月份甚至一月份，因为三月三日上巳节嘉兴朱氏兄弟宴请他的活动，他参加并留下了诗作，而三天后，蒋玉立等人为他专门进行的"鸳湖禊饮"的"补禊"活动，他也参加并有《补禊》诗作。只是三月初八他的舅舅朱昭芑去世，他随即就回到了太仓。因此，他在嘉兴专心修史，以及参加的其他活动，很有可能发生在二月份乃至一月份。[②]

吴伟业本次到嘉兴，主要原因是自己的进士同年霍达担任了嘉湖兵巡道。有这样一位驻扎嘉兴最高军政长官的庇护，吴伟业正可以安心编撰《绥寇纪略》。霍达（1600—1661），字非闻，号鲁斋，陕西长安人，天启四年举人，崇祯四年进士，授山东临淄令，考选江西道监察御史，入清后以监察御史巡按福建（李按：刘正宗《逋斋诗》卷二《送霍鲁斋治兵

[①]《明德堂文集》，收录于《四库全书存目丛书》，集185/1。李按：据吴伟业《太傅兵部尚书吕忠节公神道碑铭》"今吕公之子兆璜知解州，而兆琳成进士，于故家遗老访购公之遗文；淮安守吾友张公蓝孺，实公之婿，手自雠校，刻之于淮上"可知，吕维祺的集子是其子兆璜、兆琳搜集，其婿张琯刊刻的。

[②]顺治九年二月，吴伟业肯定已经到了嘉兴，因为他凭吊吴昌时旧宅时所作《鸳湖曲》诗中说"鸳鸯湖畔草黏天，二月春深好放船"，考虑到《绥寇纪略》的篇幅等因素，恐怕正月即已到了嘉兴。

嘉禾二首》有注：鲁斋先任江抚又按闽省），①顺治八年补嘉湖兵巡道，十
年举卓异第一，晋太仆寺少卿，累官至兵部尚书、工部尚书、左都御
史。② 值得注意的是，吴伟业后来仕清，曾有一段时间与他共事。③ 吴
伟业到嘉兴拜访霍达，赠诗四首，颇多誉美之词，诸如"官舍莺声里，旌
旗拂柳堤""还看鲍司隶，骢马灞桥西""闲亭供鸟雀，仙吏得莼鲈""箫鼓
催征骑，琴书压画舠"等诗句，夸奖霍达政简刑轻、治理有成，所以一派
太平祥和的景象。当然，也不忘了捎带上自己一句"独怜憔悴客，剪烛
话同袍"。吴伟业名动天下，交游遍朝野，既是遗民领袖，又随时有可能
入京为官，以霍达精于官场的世故，当然会妥善安排他的著述活动，为
其解除后顾之忧。

　　吴伟业在嘉兴，当然也拜访了嘉兴知府李国栋。《程笺》卷四《赠郡
守李秀州隆吉》笺注云："《一统志》：嘉兴府，晋天福四年吴越钱氏始奏
置秀州。《嘉兴府志》：知府，李国栋，锦州人，顺治六年任。"尽管两人过
去有可能并不认识，但是凭借梅村的声望，加上霍达的介绍，李国栋也
很给吴伟业面子，曾亲自陪同梅村出游。《程笺》卷五《送李秀州擢宁绍
道》"杨柳春风起郡楼，故人严助昔同游"句下有注："指壬辰春游。"《叶
谱》引《清世祖章皇帝实录》卷七十六："顺治十年癸巳，六月，丙辰，升浙
江嘉兴府知府李国栋为本省按察使司副使、宁绍道。"可见，李国栋也是
很会做官、仕途通畅，而吴伟业也是及时获得消息、送上祝贺。

　　吴伟业在嘉兴参加的两次上巳节修禊活动，与秀水朱氏家族有很
大关系。第一次为朱茂时兄弟所邀请，地点在朱茂时家的鹤洲草堂。
吴伟业《楚云》诗前小序曰："楚云字庆娘，余以壬辰上巳为朱子葵、子
葆、子容兄弟招饮鹤洲，同集则道开师、沈孟阳、张南垣父子，妓有畹生
者，与庆娘同小字，而楚云最明慧可喜，口占赠之。"朱茂时，字子葵，明
代以恩贡入太学，荫授国子典簿，累官至工部主事、贵阳知府，有《咸春

① 刘正宗：《逋斋诗》卷二，《清代诗文集珍本丛刊》，第 13 册，第 556 页。
② 金之俊：《金文通公集》卷十二《光禄大夫太子太保工部尚书管都察院左都御史鲁斋霍公墓志铭》，康
　 熙二十五年怀天堂刻本，第 17 页。
③《清实录》三，顺治十一年三月，辛亥，"太仆寺少卿霍达为太常寺少卿，提督四译馆"；顺治十二年正
　 月，壬子，"大理寺少卿霍达奏言"。这一时期，正是霍达官运亨通的时候。

堂遗稿》；朱茂昉，字子葆；朱茂晭，字子蓉，秀水县学生，有《镜云亭集》。这三人为同胞兄弟，均为明朝状元宰相朱国祚之从孙，万历进士、刑部侍郎朱大启之子。吴伟业对朱氏兄弟的招待很是满意，特地作诗一首《题朱子葵鹤洲草堂》："别业堂成绿野边，养雏丹顶已千年。仙人收箭云归浦，道士开笼月满天。竹下缟衣三径石，雪中清唳五湖田。裴翁旧宅松阴在，不数孤山夜放船。"不过，与座中"最明慧可喜"的楚云相比，大诗人吴伟业给主人仅仅题诗一首未免寒碜了一些，因为他给楚云张口"口占赠之"就是八首，把楚云比作西施、洛神、朝云、杨贵妃、苏小小、巫山神女等，恨不得说历史上所有的美女都不如她。也许，刚刚入道的卞玉京，让吴伟业遭受重创、倍感失落，要在楚云身上找回情感的慰藉？第二年，楚云就到了苏州，吴伟业立即赶到山塘与她相见，"宣公桥畔响轻车，二月相逢约玩花"，作《山塘重赠楚云》四首，感慨"那知阊阖千条柳，抛撇东风又一年"，赞美"五茸城外新移到，傲杀机云女侍中"（诗题下特地注明"楚云故姓陆，云间人"），表白"挟弹城南控紫骝，葳蕤春锁玉人留。花边别有秦宫活，不数人间有秭侯"，可谓痴情。可惜的是，吴伟业随后北上进京仕清，这一段感情亦无疾而终。

诗序中所说的张南垣父子指的是张涟、张然父子，均为明末清初著名的造园专家，朱茂时家的鹤洲草堂即出自张南垣之手，当然，吴伟业的梅村、吴昌时的竹亭等等，同样是张南垣的杰作。因此，在鹤洲草堂招待吴伟业，朱氏兄弟邀请已经移居嘉兴的张氏父子参加，理所当然。吴伟业过去就跟张涟很熟，这次来嘉兴，也曾经到张涟"鸳湖之侧，结庐三楹"的家中拜访。南垣"为人肥而短黑，性滑稽"，所以两人常常相互打趣，梅村曾写过一首诗《嘲张南垣老遇雏妓》："莫笑韦郎老，还堪弄玉箫。醉来惟扪腹，兴极在垂髫。白石供高枕，青樽出细腰。可怜风雨夜，折取最长条。"南垣也曾当面拿梅村的变节仕清开过玩笑。尽管如此，吴伟业还是很认真地给张南垣写过传，不但对其高超的造园艺术赞不绝口，更是上升到艺术观、人生观的"道"的层面高度评价："柳宗元为梓人传，谓有得于经国治民之旨。今观张君之术，虽庖丁解牛，公输刻鹄，无以复过，其艺而合于道者欤！君子不作无益，穿池筑台，春秋所戒，而王公贵人，歌舞般乐，侈欲伤财，独此为耳目之观，稍有合于清净。

且张君因深就高，合自然，惜人力，此学愚公之术而变焉者也，其可传也已。"可谓南垣之知音。

这次参加修禊活动的还有一位特殊的客人，那就是道开和尚。道开俗名沈自扃，明亡后出家，拜苍雪为师。① 钱谦益《道开法师塔铭》："余有方外之友曰道开扃公，长身疏眉，风仪高秀。……师事苍雪澈、汰如河。……壬辰六月，自檇李归虎丘东小庵，属疾数日，邀苍师坐榻前，手书诀别。……道开，吴门周氏子。父其乡书生，早死。……道开名自扃，世寿五十二，僧腊二十九。"②据此可知，道开是吴伟业方外好友苍雪的弟子，他在顺治九年三月份参加这次聚会后不久，六月即已去世。吴伟业在《邵山人僧弥墓志铭》中说："有僧道开者，从僧弥受书画者也，今年春遇于嘉禾，问之，曰：'豫客授步归，渡所过河，遇风船覆，溺死矣。僧弥有幼子曰观，一足不良于行，今出家于玄墓。'余闻之哭失声。无何，道开亦死。"可见，顺治九年三月吴伟业在嘉兴与道开相见，还特地打听了好友邵僧弥后人的相关情况，得知其长子邵豫溺水而亡、幼子邵观出家为僧，为之怆然泪下。

吴伟业这次在嘉兴应朱家之邀参加修禊活动，很可能还与黄媛介见了面。顺便说一句，黄媛介与吴伟业的老师张溥还有一段故事。据王士禛记载，黄媛介出名之后，"太仓张西铭溥闻其名，往求之，皆令时已许字杨氏，久客不归，父兄屡劝之改字，不可，闻张言，即约某日会某所，设屏障观之。既罢，语父兄曰：'吾以张公名士，欲以见之。今观其人，有才无命，可惜也。'时张方入翰林，有重名，不逾年，竟卒，皆令竟归杨氏"。③ 可见，黄皆令是吴伟业老师心仪之人，差点成了他的师母。而黄媛介的姐姐媛贞（字皆德），则为朱茂时继室，同为才女，著有《云卧斋诗集》《黄皆德诗草》。鹤洲草堂的这次聚会，黄媛贞很有可能也参加了，她的集子中就有《壬辰春日集饮鹤洲限韵》之作。④ 另外，嘉兴朱氏

---

①《程笺》卷四引《续图绘宝鉴》："道开，俗姓沈，名自扃，结庐吴门山塘，又住广生庵，诗字并佳，又善山水，得意象外之趣。"钱谦益《塔铭》则记载为吴门周氏子。

② 钱谦益：《有学集》卷三十六，上海古籍出版社 1985 年版，第 1268 页。

③ 王士禛：《带经堂诗话》卷二十，乾隆二十七年刻本，第 5 页。

④ 赵青整理：《黄媛贞黄媛介合集》，浙江古籍出版社 2021 年版，第 109 页。

家族与项氏家族也是世代姻亲关系，①顺治六年吴伟业于项黄中家所观赏之《万岁通天法帖》，当时即为项声国之妻、朱国祚长女所掌管。此次嘉兴之行，虽然《万岁通天法帖》可能已经转售他人，吴伟业也没有再次拜访项氏家族，但是与朱氏兄弟交往过程中，其间亦有可能述及往事（朱氏家族亦为艺术世家，与吴伟业正有共同话题）。

朱彝尊说吴伟业这次来嘉兴主要是住在万寿宫编撰《绥寇纪略》，应该得之于家族内部父辈传言，甚为可信。朱彝尊嗣父朱茂晖，字子若（朱国祚长房长孙，大兢长子），生父朱茂曙，字子蘅（大兢次子），负责接待吴伟业的朱茂时三兄弟（子葵、子葆、子蓉）则是他同族的堂伯叔父。以朱彝尊尊重历史文献尤其是留意搜集地方文献的习惯，家族内部的回忆应当属实。

由于吴伟业参加朱茂时组织的上巳节聚集活动，所以蒋玉立等人本来特地为吴伟业组织的修禊活动只得推迟到三天后补禊了。吴伟业在《补禊》诗前小序中说："壬辰上巳，蒋亭彦、篆鸿、陆我谋于鸳湖禊饮，余后三日始至，同集有道开师、朱子容、沈孟阳，征诗以补禊事，余分得知字。"从相关人物关系可以想见，吴伟业本来是答应蒋玉立等人上巳节在鸳湖举行诗酒修禊活动的，只是后来朱茂时兄弟又约了到家里（鹤洲草堂）相聚，两相权衡，吴伟业选择了上巳节当天去鹤洲草堂。所谓"余后三日始至"云云，纯属托辞，事实上，上巳节吴伟业人就在嘉兴。朱茂时无论年龄还是官场身份，都应该算是蒋玉立的前辈，何况秀水朱氏家族的地位与影响，加上还有黄媛贞姐妹的原因，吴伟业作这样的取舍也可以理解。实际上，他来参加蒋玉立兄弟与陆野组织的活动，陪同来的除了共同参加了朱氏兄弟聚会的道开和尚、沈孟阳之外，还有朱氏兄弟中最小的朱茂晡。可见，吴伟业既没有隐瞒之前行程的意思，也有由朱茂晡代表朱氏家族代为解释的用意。只是在诗歌小序里还是需要客套一下，说自己来晚了而已。

在嘉兴的这段时间里，由于写作《绥寇纪略》，吴伟业沉浸在对明朝

① 陈心蓉：《善择姻亲衍书香——明末清初秀水朱氏家族与嘉兴科举及藏书家族联姻考述》，《嘉兴学院学报》2017 年第 5 期。

轰然倒塌原因的历史追问中。当然,作为明朝灭亡的亲身经历者、旁观者、反思者,吴伟业在总结这段历史时不可避免要涉及崇祯曾经最信任并寄予所有希望的周延儒,而周延儒之败亡,显然与嘉兴的吴昌时有关。吴伟业经常徘徊在鸳鸯湖畔,伤今悼古,"为竹亭作"的《鸳湖曲》,正是这种心境下的产物。"烟雨迷离不知处,旧堤却认门前树。树上流莺三两声,十年此地扁舟住",十年光阴,堤树依旧,物是人非,陵谷沧桑。吴伟业感慨万分:"那知转眼浮生梦,萧萧日影悲风动","我来倚棹向湖边,烟雨台空倍惘然","人生苦乐皆陈迹,年去年来堪痛惜","君不见白浪掀天一叶危,收竿还怕转船迟。世人无限风波苦,输与江湖钓叟知。"平心而论,周延儒、吴昌时等人,无论是仕途上还是在生活上,对吴伟业个人都不错。因此,从私人情感上吴伟业建立不起对他们的恨意;可是梳理历史进程,却不可避免地要将他们列为明朝灭亡的罪人;甚至更自私一些说,吴伟业眼前的困境,也与他们有关。情感与理智、个人与集体、历史与现实等等问题,缠绕在吴伟业心中,"世人无限风波苦",他只能选择回避:如能携心爱之人,远离尘世是非,做个江湖钓叟,恐怕才是人生最佳选择吧!

这样的心绪,在《谒范少伯祠》一诗中,表露得同样明显。该诗诗前小注:"在金明寺中,有'陶朱公里'四字石碑。"诗云:"舣棹沧江学钓鱼,五湖何必计然书。山川禹穴思文种,烽火苏台吊伍胥。浪掷红颜终是恨,拜辞鸟喙待何如? 却嗟爱子犹难免,霸越平吴事总虚。"据《嘉兴府志》,范蠡湖在秀水县治西南一里,金明寺前,有西施梳妆台遗址,[1]范公祠则在金明寺后。[2] 计然据说是老子的弟子、范蠡的老师,"计然七策"就是范蠡整理的彰显老师战略思想的著作。吴伟业此诗借咏史透露出极其复杂的情绪,建功立业又如何,"霸越平吴事总虚";既然最终还是作了五湖之上的沧江钓叟,那又何必要去学那经世、经商的计然书?哪怕建功立业了,可是如果为此付出了巨大的代价(牺牲所爱),"浪掷红颜终是恨",这样的功业又有何意义? 联系到不久前刚刚写的《圆圆曲》中那句"冲冠一怒为红颜",范蠡与吴三桂,孰轻孰重? 范蠡后来

① 康熙《嘉兴府志》卷三"山川",康熙二十一年刻本,第 2 页。
② 康熙《嘉兴府志》卷七"祠祀",康熙二十一年刻本,第 8 页。

与西施劫后重生,吴三桂与陈圆圆破镜重圆,只是吴伟业的心上人卞赛已经下衣入道成了玉京道人。范蠡与西施、吴三桂与陈圆圆、吴伟业与卞玉京,离合之情,兴亡之感,交织在一起,构成了多色调的诗歌情绪。

第四节　渐入尘世

面对清初纷繁复杂的政治形势,吴伟业一方面小心翼翼、努力避世,惟恐祸事缠身,另一方面也主动与地方官员恢复或新建联系,以换取较为安全、安宁的生存环境。如果说顺治六年以前他与清政府官员交往,往往不留下文字记载,那么顺治六年之后的两次浙江之行就显得坦然自若、公开形之歌咏了。同时,由于他毕竟没有真正仕清,他曾经的复社党魁的身份、当下的文坛领袖的地位、脍炙人口的佳作中所蕴涵的浓厚的民族意识、伤怀情绪、精英抱负,使得他仍然是当时人们心目中理所当然的遗民领袖。官场炙手可热的权力、后世永垂不朽的名声、富足而细腻的物质品味、崇高而优越的精神享受,吴伟业其实都喜欢。只是在清初独特的背景下,吴伟业不能既作遗民领袖、道德完人,又要满足权力欲望、物质享受,两者必须取舍,他为此而犹豫不决、纠结痛苦。正是在这样的摇摆不定中,他自觉不自觉地参加了一些重大活动,发挥了巨大的影响,其中值得关注的主要有三件事:调和社事、祭祀崇祯、南京辞征。

吴伟业与清初官员的交往,首先值得关注的对象是土国宝。据文秉《甲乙事案》记载,顺治二年六月,清兵入苏州,"大帅贝勒驻师阊门外白云庵,令士绅朝见,皆行四拜礼。遂统兵入杭,命侍郎李延龄同降将土国宝镇苏州"。[①]《东塘日劄》更明确说,六月"四日,大清刑部侍郎李延龄、总兵官署督抚事土国宝到郡中"。[②] 可见,土国宝是当时驻扎苏州的最高军事长官。与吴伟业同时代的林时对《荷牐丛谈》卷三说吴伟业

① 文秉:《甲乙事案》卷下,清抄本。
② 朱子素:《东塘日劄》卷一,荆驼逸史本,第2页。

"鼎革后，投入土抚国宝幕，执贽为门生"，王于飞认为，林时对所记"似又非全无所据"，证据之一是，吴伟业有《答土抚台开刘河书》，从议费、度工、派夫、销田、定法等方面，全面出谋划策，这一方案固然是为了地方百姓的利益，同时也是为了土国宝的政绩，土国宝于顺治三年所上《筹浚三江水利疏》，就明显利用了吴伟业的建议。① 如此看来，吴伟业与土国宝建立联系，当在顺治二年六月清兵占领苏州之后不久，因为顺治三年土国宝即上疏请求兴修水利，疏浚娄江、东江、吴淞江等，"复三江之故道"（《答土抚台开浏河书》），而他来苏州不久，又是武将，忙于镇压此起彼伏的抗清活动（比如吴易、周瑞、吴志葵等），手段狠辣，动辄屠城（比如昆山），包括陈子龙等人，都是死于土国宝之毒手。这样一位屠夫根本不可能深入了解所谓东南水利形势，即使是为了收买人心，他能一下子准确找到了吴伟业，也耐人寻味。而吴伟业深思熟虑半个月，"生等不敢遽对"（这样的自称亦堪注意，难怪林时对要说吴伟业投入了土国宝幕府了），"详稽典故，旁咨父老，察其形势，参之人情"，"然后敢以书献"，献计献策，"惟老公祖裁择焉"。吴伟业在信的结尾说："祖台渐摩爱育之德浃洽于生民，而精明强固之治鼓舞乎群吏"，"今朝廷发政施仁，诏书频下，海内喁喁，黄童白叟，皆引领而望，以为可旦晓太平"，"祖台朝拜疏而夕报可也，又何患六郡之人不踊跃恐后哉？生等俟河工告成之日，当磨巨石立之海上，以昭国家之恩德，且垂祖台之功于万世，生等其与有荣焉。"当时的实际情形是，清兵正高举屠刀，先后扑向昆山、嘉定、江阴等地，肆意屠城，土国宝正是其中的急先锋。吴伟业文中所谓"今朝廷发政施仁""祖台渐摩爱育之德"，揆诸现实，反差强烈。吴伟业上述文字，这样的措辞、语气，放在那样的时代氛围中，就显得分外刺眼了。

具有讽刺意义的是，土国宝杀人如麻、贪赃枉法，加上他党附多尔衮（已经于顺治七年年底去世，随后被清算乃至掘墓），顺治八年十月被弹劾。《柳南续笔》记载，"顺治中，御史秦世贞按吴，发抚臣土国宝罪状，赃累数万，宝惧诛，自经死。吴民快之"。② 对于这位弹劾土国宝的

① 吴伟业著、王于飞编选：《吴梅村尺牍》，浙江古籍出版社 2020 年版，第 20 页。
② 王应奎：《柳南续笔》卷二，嘉庆刻借月山房汇抄本，第 18 页。

秦世桢，吴伟业同样给予了极高评价。顺治九年，秦世桢离任，吴中人士刊刻其"奏疏、文移、条约、爰书，分为四集，垂诸永久，士民歌谣附焉"，请吴伟业作序，梅村则委托陆元辅代作，《叶谱》引《陆菊隐先生文集》卷五《御史秦公柏堂类稿序》（自注：代吴宫詹）："壬辰冬，公将复命去吴。"虽是代作，但是同样反映了吴伟业本人的态度。序文中高度评价秦世桢"以清刚之才，兼缜密之识，按临吾吴。下车以来，兴利除害，激浊扬清，所至老幼扶携，焚香送迎，拥马首不得行，此诚百年所创见者"。

除了土国宝，吴伟业去嘉兴时应该还拜访了镇守嘉禾的总兵冯武卿（有《赠冯子渊总戎》）。据金之俊《息斋集》卷一（戊子）《送总戎冯子渊节镇嘉禾序》，"涿鹿冯公子渊以侍卫近臣特膺简命，往镇浙之禾郡"，"我冯公以诗书之胄，擅戎马之长，驭兵恤民，讲求者素，曩在前朝，专阃云中，理屯考最，继又领幕中枢，节制有声，今且荷新朝之宠眷，抒侍从之忠献，一莅其境，必恻然念我禾民兵燹余生之苦"等等诸语可知，[1]顺治五年，冯武卿出镇嘉兴。结合其籍贯"涿鹿"和吴伟业的诗句"自是相门双戟重，野王父子行能高"，冯武卿有可能为吴伟业故交冯铨的子侄。又，冯武卿顺治八年改任狼山总兵，而吴伟业赠诗中有"若耶溪剑凝寒水，秦望楼船压怒涛"，若耶溪和秦望山都属浙江，则吴伟业赠诗当作于顺治六年的那一次嘉兴之行中。

吴伟业两次赴嘉兴之行中，还与顺治六年始任嘉兴知府的李国栋结下了友谊，先是作有《赠郡守李秀州隆吉》，顺治十年又有《送李秀州擢宁绍道》，诗中有云"杨柳春风起郡楼，故人严助昔同游（程笺：指壬辰春游）"。另外，苏州地区的地方官或者途经的官员他也多有交往，比如顺治六年任下江学政的李荫嵩（有《赠李峩居御史》诗作，原注：督学江南），顺治七年任苏松粮道的步文政（有《赠粮储道步公》），顺治八年路过苏州、前往江西主持乡试的翰林院检讨邓旭（有《邓元昭奉使江右相遇吴门却赠》）等。[2]

---

① 金之俊：《息斋集》卷一，顺治六年自刻本，《清代诗文集珍本丛刊》第11册，第53页。

② 邓旭回复有《酬吴骏公前辈》"君房尺素慰迢遥"之作，见《林屋诗集》卷六（同卷尚有《酬吴鲁冈观察》，看来吴家兄弟都是主动攀结的），道光三年邓廷祯刻本，第4页。

易代之际,秩序大乱,那些手下有兵的武将更是权倾一时。吴伟业的前朝功名、遗民地位,不但不能给他带来任何政治、经济特权,相反成为他的负担、软肋。如果说,吴伟业在死要面子的文人贰臣们面前还有精神优越感,比如对李雯、钱谦益、龚鼎孳、陈名夏、陈之遴、曹溶、孙承泽、赵开心等人,吴伟业但凡对他们假以辞色,说几句赞美的话,他们都会感激不尽;但是对清朝新贵来说,吴伟业也就那么回事,除了可以粉饰太平、装点门面外,可就没多少利用价值了。在江南动辄屠城,百姓命如草芥、朝不保夕的背景下,那些武将的价值就非同小可了。吴伟业曾在诗文作品反复说自己"偷活草间"(《彭燕又五十寿序》)、"草间偷活"(《贺新郎·病中有感》《宋子建诗序》),为了自己和家人的生存,吴伟业无论是主动示好,还是迫于形势,他与清朝官场的联系是越来越多、越来越紧了。

除了需要结交清朝新贵,吴伟业还需要面对新近崛起的文人社团的挑战与纷争。经历了战火的摧残,江南文人元气大伤。但是,生活总在继续,文学也不会消亡,加上清兵入关后立即恢复科举,年轻的读书人很快兴趣盎然地全力以赴,于是与文学和科举极为相关的明末盛极一时的文人结社,再度风起云涌、蓬勃发展起来了。文社林立,自然就有竞争。作为前朝遗老、复社领袖、诗坛巨擘、会元榜眼,吴伟业无论是名节、资历还是地位、影响,都是这些刚刚成立、血气方刚、底气不足的社团渴望争取的对象。这也是钱谦益委托吴伟业调和社事的主要原因。

清兵下江南之后,众多有识之士(包括吴伟业的好友龚鼎孳)都建议朝廷尽快恢复开科取士,以换取知识阶层的认可,降低南明政权的支持率,减少江南士绅的对立感。尤其是由于薙发令加剧了江南地区普遍的反抗之后,清朝统治者更加认识到争取汉族知识分子支持的重要性。另一方面,由于大大小小的抗清力量相继失败,汉族知识分子整体上也面临着选择。明亡之前已经功成名就的坚持气节自是理所当然,年轻一代追求功名、实现自我、服务社会亦在情理之中。这样一来,沉寂数年的文人结社活动如死灰复燃、越演越烈。虽然明清易代,天崩地解,看似斗转星移,但是实际时间不过寥寥数年,一旦回到原有的轨道上，文人痼疾依旧，并没有彻底改观。所以党社之争纷纷而起，比如谁是松江几社的正宗传承（品行、学问、水平先不论，先论师承、家传），谁是选文评文的权威，谁能执掌诗坛牛耳？这样的争执引起了明末深陷党争之祸的钱谦益等人的高度警惕，所以顺治九年三月吴伟业从嘉兴回太仓经过苏州之际，两人曾经当面讨论这一问题。事后，钱谦益思之再三，既写了一封长信（《与吴梅村书》"论社"），专门论及"慎交、同声两社"，"颇有异同"，极其担忧"积衅渐深"，"伏以阁下聪明特达，好善不倦之心信于天下久矣，一旦出而调和焉，则朋党之衅消而归美阁下者无穷"，希望吴伟业出面调和，另一方面又让魏耕等三位"朴厚谨直，好义远大，可深与言故事"之人登门拜访，当面转达自己一些不适宜在信中明说的意见。

沈祖孝、魏耕、顾万等三人到太仓与吴伟业当面交流了哪些内容，今天不得而知，但是吴伟业随后发出了《致云间同社诸子书》《致孚社诸子书》两封公开信，这两封信写得情深义重、文采飞扬，典故丰富而贴切，谆谆教诲之意溢于言表。前一篇语尚和缓，言辞恳切，以情动人，先是叙述自己与云间诸子的往日渊源，充分肯定"十年师友，两地人文，坛坫斯存，典刑具在"，哪怕历经明清易代，许多故交如陈子龙、李雯等人已经去世，但是他们的弟子、亲人都还在，"汉室虽迁，犹识郑玄之子弟；萧梁已往，尚留任昉之故人"，然后说当今文人才士结社要"有大道为公之心，申久要不忘之谊"，切不可"偶因汝、颍之辨，几致洛、蜀之争；勉进苦言，同归旧好。夫意气总千秋共许，而才名均四海所知。初既彼此齐驱，今岂后先分献？愿披悃愊，尽释猜嫌；从此同心，永消浮论。此伟业翘首而观、耸心而听者也"。后一篇则相对端庄、说理为主，语重心长。他首先说明文人结社都是因时因地而有所为的，天下之士"其有生同时，学同方，而相去或千里，或五百里，书币之赠遗，冠盖之接见，非有征会期令可召而至也；而近者云合，远者声应，车马满道，屦屦到门，结缔绤之欢，置文酒之会，果何道而致然耶？要亦因乎其地与其时而已"，江南之地，鼎革之后，"当国家右文之治，由制艺取进者，既自力于功名之途；而故老遗黎，优游宽大，亦得以考故实而征文献。盖地之晏安而时之极盛，可谓兼之矣"，因此"诸君子之为斯社，所以乐升平之化，而润色其鸿麻也,岂不美哉"。既然如此,士人结社的宗旨就应该是审学术、持品节、考文艺、化意见。讲到这里,吴伟业有感而发:"语有之'前事不忘,后事之师'也。往者门户之分,始于讲学,而终于立社,其于人心世道有裨者,实赖江南、两浙十数大贤以身持之。其后党祸之成,攻讦者固敢为小人,而依附者亦未尽君子,主其事者不得不返而自咎也。夫盛者必衰,盈者必昃。苟于始事之初,不能尽化同异,则开端造隙,何以持其后乎?所愿老成者援接英能,继起者搜扬耆硕,或彼赞而此叹,或前推而后挽,勿以穷达而异辙,勿以夷险而易心,勿以门地自许而启其骄矜,勿以语言薄故而生其交构。所谓意见之当化者此也。"明朝灭亡,未必不与党祸有关,"主其事者"事后反省,"不得不返而自咎也",结社而产生门户之争、党同伐异,不能"尽化同异",反而"开端造隙",这样的社,不如不结!这也是吴伟业作为复社党魁撰写《复社纪事》的原因与思考的结果。

吴伟业的这次调停很有成效,顺治十年三月三日上巳节,同声、慎交两社在苏州虎丘举行集会,特邀吴伟业参会。会上吴伟业即兴赋《癸巳春日禊饮社集虎丘即事四首》,其一:"杨柳丝丝逼禁烟,笔床书卷五湖船。青溪胜集仍遗老,白袷高谈尽少年。笋屐莺花看士女,羽觞冠盖会神仙。茂先往事风流在,重过兰亭意惘然。"其二:"兰台家世本贻谋,高会南皮话昔游。执友沦亡惊岁月,诸郎才调擅风流。十年故国伤青史,四海新知笑白头。修禊只今添俯仰,北风杯酒酹营丘。"其三:"访友扁舟挂席轻,梨花吹雨五茸城。文章兴废关时代,兄弟飘零为甲兵。茂苑听莺春社饮,华亭闻鹤故园情。众中谁识陈惊座,顾陆相看是老成。"其四:"绛帷当日重长杨,都讲还开旧草堂。少弟诗篇标赤帜,故人才笔继青箱。抽毫共集梁园制,布席争飞曲水觞。近得庐陵书信否?寄怀子美在沧浪。"《程笺》引用《壬夏杂抄》记其盛况云:"癸巳春,同声、慎交两社各治具虎丘申订,九郡同人至者五百人。先一日慎交为主,慎交社三宋为主,右之德宜、畴三德宏、既庭实颖,佐之者尤展成侗、彭云客珑也;次一日同声为主,同声社主之者章素文在兹,佐之者赵明远炳、沈韩倬世奕、钱宫声中谐、王其长发也。吾娄王维夏昊、郁计登禾、周子俶肇,则联络两社者。凡以继张西铭虎丘大会","两社诸君各誓于关壮缪前,示彼此不相侵衅。"

王时敏的几个儿子不约而同地记载了这次集会,其中王抃在年谱中说,顺治十年(癸巳,1653)"上巳,郡中两社俱大会于虎丘,慎交设席在舟中,同声设席在五贤祠内","两社俱推戴梅村夫子";①而王撰则在年谱中更为明确地指出两社"大会于虎丘,奉梅村先生为宗主。梅翁赋禊饮社集四首,同人传诵";王揆则有《上巳宴集虎丘次吴梅村师韵四首》,诗中有注说"云间诸公毕集",既以"旧游零落知无数,独见灵光倍黯然",表示了老成凋谢、吴伟业硕果仅存的遗憾,又以"群贤问字人千里,一夜论文话十年""才名江左压王杨,花萼文章尽一堂"等诗句描写了聚会的空前盛况。另外,顾宸有《上巳虎丘燕集和吴梅村韵》:"香堤春露散轻烟,百部笙歌并放船。词客尽谈天宝事,良辰重记永和年。莺花曲水新游侣,冠冕瀛洲旧谪仙。谁似延陵怀挂剑,司空遗迹为潸然。"②诗中将吴伟业这位"旧谪仙"与年轻的"新游侣"相对举,进一步突出了梅村的前辈领袖形象。而任绳隗《上巳夜虎丘舟中社集即席赋呈吴梅村先生》:"上巳由来纪胜游,春深带月共登舟。诗从河岳争千古,人是中原第一流。锦缆似随双剑合,玉箫还傍夜珠浮。诸君视昔能无感,风景依然晋代愁。"其二:"今夕岂非良宴会,关西江左共登坛(时泾阳武纬天、张公辅同在座)。星临万舸传杯暖,剑聚双龙出匣寒。酒到夜深生气概,诗成水际得波澜。相看各有行藏意,金马何尝却钓竿。"③则意态平和,既有对吴伟业促成社集的高度赞美,也有对吴伟业即将北上进京的深度理解。甚至到了秋天,尤侗还补和了四首,其《西堂集》中有《宋御之五十遥和梅村癸巳禊饮四首》(存二),④而才女王端淑亦有唱和之《和吴梅村太史禊饮韵二首》,可见其影响。

吴伟业在这次社集活动中,发挥了巨大的作用。会前所写广为传颂的公开信,为集会定了基调,尤其是他亲自来到集会现场,赋诗言志,巧用典故,面面俱到,兼顾各个社团的面子,喜结"新知",不废"故人",

---

① 王抃:《王巢松年谱》,李按:上巳节还是王抃的生日。
② 陆次云编:《皇清诗选》卷二十一"七言律",康熙十七年刊本,第6页。
③ 徐世昌:《晚晴簃诗汇》,《清诗汇》200卷,卷二十八,民国十八年刻本,第9页。
④ 尤侗:《西堂集》一集《看云草堂集》卷七,康熙刻本,第7页。

尊重"遗老"，标举"少年"，整体高度评价"诸郎才调擅风流"，皆大欢喜，所以"同人传诵"，唱和纷纷，诚为一时佳话。此后不久，朝廷重申党禁、限制结社，这样的大规模活动从此成为绝响。

苏州虎丘社集后，吴伟业参加的又一重要活动是顺治十年三月十九日，太仓士绅组织的祭祀崇祯去世十年活动。与祭诸君以《新蒲绿》为题，各自题诗二首。吴伟业《新蒲绿》诗前有小序曰："三月十九日公祭于娄东之钟楼，伟业敬赋二律，以当迎神送神之曲。"诗云："白发禅僧到讲堂，衲衣锡杖拜先皇。半杯松叶长陵饭，一柱沈烟寝庙香。有恨山川空岁改，无情莺燕又春忙。欲知遗老伤心事，月下钟楼照万方。"又曰："甲申龙去可悲哉，几度春风长绿苔。扰扰十年陵谷变，寥寥七日道场开。剖肝义士沈沧海，尝胆王孙葬劫灰。谁助老僧清夜哭，只应猿鹤与同哀。"诗歌以遗老自称，虽然语气平静，但是所抒发的感情极为沉痛。同时参加活动的陆世仪亦作有《新蒲绿》两首，其一："新蒲绿，新蒲绿，韶华满眼纷成触。伤心又是十年余，转盼沧桑几翻覆。燕子飞飞高下逐，衔泥依旧巢华屋。杜鹃何处不归来，月上三更啼未足。"其二："新蒲绿，新蒲绿，嫩柳夭桃斗妍馥。独有凄凄芳草痕，天涯望断王孙目。秦宫汉苑游麋鹿，楚水吴山栽苜蓿。日落苍梧帝子愁，纷纭泪满潇潇湘竹。"[1]同样悲痛沉郁。当时还有哪些人参加了活动，现已不得尽知，王时敏次子王揆有《读山翁大师〈新蒲绿〉依韵柬寄》"江头父老话兴亡，蒲柳春光又十霜"。[2] 就"依韵"的情况看，应该是与吴伟业的第一首诗相唱和的。

这次活动一个多月后（顺治十年五月初一），王时敏曾经为吴伟业的这两首《新蒲绿》作画《菖蒲寿石图》，吴伟业亲笔将两首诗题写在图卷上。陆心源著录说："王烟客《菖蒲石寿图卷》，纸本，高九寸二分，长三尺三寸四分。西庐老人王时敏补图，昭阳大荒落之岁皋月朔日，录近著《新蒲绿》二律，伟业骏公"，题纸高同，长四尺二寸，"右《菖蒲石寿图》乃王烟客为吴梅村作也。烟客以山水驰声艺苑，人得其尺缣片楮，莫不

① 陆世仪：《陆陈两先生诗文钞》，光绪六年凝修堂刻本，《清代诗文集珍本丛刊》第62册，《桴亭先生诗钞》卷四，页十二；国家图书馆出版社2017年版，第125页。
②《太仓十子诗选》，《四库全书存目丛书》，集部第384册，齐鲁书社1997年版，第805页。

珍若璆琳,此图所作蒲石,亦本自梅村诗意。二美毕具,当为识者宝之。乾隆丁卯四月嘉兴褚平世题",另外还有段玉裁等人的题跋。① 可见吴伟业参加过祭祀崇祯的活动之后,意犹未尽,又与书画大家王时敏合作,诗画相配,寄托哀思。

吴伟业对崇祯皇帝的感情极为复杂。一方面,崇祯对吴伟业关爱有加,在汹汹非议中给予他的会元文章高度肯定,批语"正大博雅,足式诡靡"八字,人言始息,钦定了吴伟业在举业文章界的无上地位,然后钦点榜眼、赐假归娶,天下荣之。当朝中党争激烈之时,钱谦益、黄道周等人都未能幸免,先后下狱,崇祯尽最大努力保护了吴伟业,所以尽管吴伟业是所谓的复社党魁,甚至亲自到狱中探望钱谦益、瞿式耜,安排国子监太学生涂仲吉进京营救黄道周,但是他并没有受到太多党争的冲击。吴伟业平步青云,名满天下,都是崇祯赐予的。按照封建传统道德,他应该对崇祯感恩戴德、结草衔环才是。另一方面,随着两人接触的增加、了解的深入,崇祯的治国方略、管理能力、性格特征等诸多缺陷不断暴露,其优柔寡断又刚愎自用,生性多疑又残忍刻薄(包括吴伟业的恩师张溥、周延儒,以及好友宋玫、吴昌时等人,其凋亡都与崇祯有着直接或间接的关系),这些都让吴伟业对他产生了深深的失望。最终,崇祯以身殉国,而吴伟业本人的政治理想、官场地位、自我价值等,亦未能实现,这让吴伟业对崇祯既有敬佩、同情、惋惜,又有愧疚之情。尤其是顺治十年三月,新朝征召吴伟业的消息已经基本确定,对这位旧主,忠贞还是背叛,吴伟业面临着艰难的选择。

最迟在顺治九年五月,吴伟业已经知道两江总督马国柱疏荐自己了,其实可能更早。吴伟业的"家舅氏"朱明镐(吴伟业曾经说朱明镐"父讳廷璋,于余外王父为从兄弟",所以论亲情辈分,朱明镐与吴伟业的母亲朱氏平辈)去世于顺治九年三月初八,数月后,吴伟业撰写《朱昭芑墓志铭》时提到:"当君之未亡也,诏书举山林隐逸,学官以其名闻,君辞以书曰:'唐有李渤、阳城,宋有种放、常秩,元有叶李、刘因,六人之贤否不同,要必有奇才异能,足当国家异数。某何所长,敢与斯典?'"也就

---

① 陆心源:《种梨馆过眼续录》"续梨十四",光绪十七年吴兴陆氏家塾刻本,第6页。

是说，朱明镐生前曾有过被荐举的经历，所以他认为吴伟业身份、地位、名气都比他大，很有可能也会被荐举，"君殁未两月，余之困苦乃百倍于君，君平昔所以忧余者，至今日始验，愤懑不自聊，乃致抱殷忧之疾，其不与君同游者几何，而犹执笔以志君之墓。呜呼！君既死，谁复有知余者乎？不觉嗷然以哭。"可见，朱明镐去世前，就一直担心吴伟业的贞节问题，他已经以自己的实际行动为外甥做出了示范，但是他也知道吴伟业名气更大、辞征更难，更知道吴伟业生性懦弱、贪恋功名富贵，未必能抵御朝廷征召、再展宏图的诱惑。之所以"平昔"忧心，是因为他对吴伟业的为人品格了解很深，也知道一旦吴伟业把持不住，应召出山，就会名节尽失、进退失据。

吴伟业在得知马国柱向朝廷举荐自己之后，曾有借病辞却之举。他分别给两江总督、江苏巡抚、苏松巡按具揭说明情况，在《上马制府书》中说"伟业少年咯血，久治不痊，今夏旧患弥增，支离床褥，腰脚挛瘫，胸腹膨胀，饮食难进，骨瘦形枯，发言喉喘，起立足僵，困劣之状，难以言悉。岂有如此疾苦，尚堪居官效力、趋跄执事者耶？部覆确查乡评品行学问实迹共见共闻者，逐事详列，保举到部。伟业学行一无所取，固不待言，而患病则实迹也，共见共闻者也。伏乞祖台即于确查之中，将伟业患病缘由详列到部"，说自己"膏肓沉痼，狼狈不前，万难上道"。

由吴伟业这封信可以得出以下结论：第一，马国柱（或者其他朝廷重臣）已经向朝廷荐举吴伟业，得到朝廷认可，要求地方官进一步"确查"其声望、品行、学问等，"逐事详列"，以便任用；第二，吴伟业强调自己病入膏肓，无法进京赴任，并希望马国柱帮助自己说明。

两江总督马国柱在收到吴伟业的书信后，托黄总兵再次表达了对吴伟业的赏识之情、荐举之意，吴伟业有《答黄总戎书》，既表示感谢，又再次表达婉拒之情："窃伏草茅，仰聆鸿问；山川复阻，未及致书；归依之忧，匪朝伊夕。捧接瑶缄，知老先生为某筹咨出处，其谊甚殷而论甚切；且传述制台老公祖属望之厚，见过之隆，勤拳款曲，无以复加。某谨拙自守之人也，仰睹朝廷以宽厚德泽休养天下，群公师济，百辟贤能，自幸以樗栎之身，涵濡圣化，耕田凿井，咏歌太平，本志所守，止此而已。弓旌俯赉，猥及下走，大札所及，备悉殷勤。伟业自揣平生，于制台公祖无一日之雅、咫尺之书，草野疏贱，特加荐剡，此大臣虚公之道，诚不可及；而老先生千里贻札，加称誉于从未谋面之人，贤者气谊之合，不以远近为亲疏。某何人斯，敢当盛爱？知己之德，能无感哉！比者请急陈词，正以部覆宁严无滥，而贱体屡病难痊，既蒙知爱，敢不实情上告，此乃所以感制台之知，恐有以负制台之德，而吐其衷曲，以答生成也。乃承意旨谆切，自当静听部覆，岂敢以私门病苦，再四渎陈？但某之谨慎愚拙，如先生所闻，或以见知于三四大君子；而其清羸疲劣，种种不堪，亦素为三四大君子所谅，且亦怜而念之矣。量材授爵，论其可否，自在朝廷之用舍，而不在某之出处。若以著述为高，行藏自卜，则伟业惟有守分敛拙，鼓腹嬉游，以乐升平之化耳，于斯二者，所不敢出也。伏冀老先生进见制台，曲道某感德之念，输诚之怀，容俟病痊躬谢，并图与先生面晤，以申鄙忱。"从信中可以看出，吴伟业强调和这位黄总兵"从未谋面"，与马国柱也无"一日之雅、咫尺之书"，事先一点都不知道有荐举这回事，是马国柱在接到朝廷要求确查吴伟业品行学问并进行证实的时候，吴伟业才得知相关情况，于是才有《上马制府书》表示辞却。在收到吴伟业的"请急陈词"之后，黄总兵给吴伟业来信，高度赞扬吴伟业的品节、才气，并说明马国柱对其极其赏识，希望吴伟业接受荐举，"意旨谆切"，吴伟业也觉得自己应该"静听部覆"，不应"再四渎陈"，可是他担心有人会认为他辞却荐举是"以著述为高"，所以又写了这封信，强调自己确实是身体不好，只是如实反映，至于"量材授爵，论其可否，自在朝廷之用舍，而不在某之出处"，再次表明自己并不是想要借辞却荐举来自高人品、身价的。

马国柱的身份目前已经明确，他为什么要通过黄总兵来与吴伟业沟通？黄总兵为谁何，目前尚不可知。顺治四年洪承畴曾经开过一份苏松常镇四府将领的清单，其中黄姓将领只有一人，"选用苏州总兵标下听用参将黄家栋，年四十岁，系宁夏卫人，由行伍明朝历升参将，于顺治二年四月十九日随总兵杨承祖在扬州投见豫王，于本年五月初九日随王渡江收复江南，与郑贼水师对敌，大战金山，夺获银山营寨，杀戮郑兵千余，……复统所部官兵前往太仓、刘河等处，恢复地方，俱经塘报在案"。① 或许，代表清朝政权统领官兵收复太仓、驻扎浏河的正是这位黄总兵（当时还是参将），而代表太仓士绅迎接清兵的很可能就是王时敏、吴伟业。吴伟业闭口不谈他与黄总兵之间有无交往，只强调他们两人素未谋面，含糊其辞，其动机实在耐人寻味。

如果吴伟业信件中所说的都是真实的话，那么，这两位地方上手握重兵的要人之所以对他如此热心，大概是因为吴伟业朝中有人，即吴伟业信中反复提及的"三四大君子"（比如陈名夏、冯铨、陈之遴、龚鼎孳等人）。顺治九年，顺治皇帝逐步摆脱多尔衮的残余势力，开始培植亲信、加速汉化，也是陈名夏、陈之遴等人深得顺治皇帝信任、掌握权柄的时候。

吴伟业在给马国柱的信中把自己的健康状况说得非常严重，"万难上道"，但是在给黄总兵的信中则留下了余地，说自己一旦痊愈，就会去当面拜谢马国柱，"并图与先生面晤"。顺治十年三月十九日，吴伟业参加完祭祀崇祯的活动，之后随即前往南京拜见马国柱，②当面感谢并再次表明婉拒之意。他到南京后，首先是《投赠督府马公》诗二首："伏波家世本专征，画角油幢细柳营。上相始兴开北府，通侯高密镇西京。江山传箭旌旗色，宾客围棋剑履声。劳苦浔阳新驻节，舳舻今喜下溢城。"其二："十年重到石城头，细雨孤帆载客愁。累檄久应趋幕府，扁舟今始识君侯。青山旧业安常税，白发衰亲畏远游。惭愧推贤萧相国，邵平只合守瓜丘。"前一首赞美马国柱，从汉代马姓名将伏波将军马援说起，先溯源，再列数其仕宦功绩，一直说到马国柱总督江南，极尽赞美之能事；后一首以自己为主，说明自己体衰亲老，无法出仕，辜负了马国柱的推荐。这首诗用汉代名相萧何比喻马国柱，固然极为聪明（前一首诗中已经赞美了马国柱的武功），而自比邵平，则更有深意。邵平深受秦朝厚恩，被封东陵侯，秦朝灭亡后，他拒绝萧何

---

① 罗振玉辑录：《苏松常镇总兵将领清册》，于浩辑《明清史料丛书》八种，第 3 册，北京图书馆出版社 2005 年版，第 269 页。

② 吴伟业《钟山》诗"杨柳重栽驰道改，樱桃莫荐寝园荒"句下有自注"时当四月"，在《遇南厢园叟感赋八十韵》中说"四月到金陵"，可知他四月份已经到了南京。

的推荐，布衣终老，种瓜为生，继续守护秦始皇父母的陵墓。吴伟业来到南京，辞却马国柱的推荐，言辞之中把清朝比作汉朝、把明朝比作暴虐的秦朝，偏偏明朝的开国皇帝朱元璋夫妇的墓都在南京，这一系列典故，充分表现了吴伟业小心翼翼、知识渊博、巧于构思的丰富特征，可谓精心结撰之作。

在南京等待马国柱召见的日子里，吴伟业故地重游，感慨万分，有《南中八咏》杂诗，分别是《登上方桥有感》《钟山》《台城》《国学》《观象台》《鸡鸣寺》《功臣庙》《玄武湖》。其中《登上方桥有感》是因为这座新建的桥梁"极雄壮，望见天坛，崩圮尽矣"，天坛是祭祀天地的地方，天子受命于天，所以天坛是合法政权的象征，明朝南京天坛位于光华门外，本来朱棣迁都后就逐步荒废，明清易代，这里更是"崩圮尽矣"，吴伟业是借此寄寓兴衰之感的。钟山既是明孝陵之所在，也关乎过去所谓金陵王气，吴伟业借《钟山》诗以"王气销沉"代指定都南京的大明王朝的消亡，以明孝陵周边"放鹰走马""陵寝荒"说明那个王朝真的已经远去，哪怕只过去了十年时光。台城、国子监（包括功臣庙）、观象台、鸡鸣寺、玄武湖等地，那是吴伟业担任南京国子监司业期间工作、生活的场所，也是南京的标志性景点，更是历史兴亡的见证，吴伟业一路凭吊，怀古伤今，涕泗横流，"白头博士重来到，极目萧条泪满襟""扶杖重游涕泪流"。尤其是在国子监故址（"衙舍成丘墟"），遇到相识的"旧役"，更是悲从中来，情不自禁，于是有《遇南厢园叟感赋八十韵》之作。诗中回忆当初自己在国子监时，环境优美，景色宜人，"松桧皆十围，钟筦声锵锵。百顷摇澄潭，夹岸栽垂杨"；生徒众多，文风兴盛，"四海罗生徒，六馆登文章""谭笑尽贵游，花月倾壶觞"。可是，仅仅十余年，就已经败落荒芜，"却指灌莽中，此即为南厢"。不但是国子监，几乎所有的明朝的标志比如功臣庙等，"万事今尽非，东逝如长江"，甚至连明孝陵前的参天大树，也被人砍伐采薪。诗人对此感到深深的疑惑，"群生与草木，长养皆吾皇"，可是老百姓为什么就没有故国之思，"前此千百年，岂独无兴亡"？于是诗人有了"人理已澌灭，讲舍宜其荒"这样的愤激之语。不过，他冷静下来，追溯原因，认为南明时期"马阮作相公，行事偏猖狂""诛求却到骨，皮肉俱生疮"，导致老百姓生计艰难，而清人下江南后，

"新政求循良"，百姓"遭遇重太平"，"春来雨水足，四野欣农忙"，这样的情感转折，让诗人也感到茫然了，"牢落悲风尘，天地徒茫茫"。

可以想象，吴伟业的南京之行是失败的，马国柱应该是奉命推荐，其实做不了主。吴伟业真的想辞却征聘，恐怕需要亲赴京城一趟。吴伟业表现得很无奈，为此作《自叹》一诗："误尽平生是一官，弃家容易变名难。松筠敢厌风霜苦，鱼鸟犹思天地宽。鼓枻有心逃甫里，推车何事出长干。旁人休笑陶弘景，神武当年早挂冠。"至于他是否与黄总兵面晤，他闭口不谈，目前也不得而知。

显然，吴伟业的南京之行，以及南京系列诗作，为他赢得了更多的理解和同情。后来吴伟业应召北上，太仓著名遗民学者陈瑚有《读吴梅村宫詹南中杂诗却寄三首》，其一："学士风流当代师，空山明月鹤书时。黄冠投老孤臣志，皂帽全生千古思。出处不言秋水在，登临有恨落花知。即今仗剑驱车日，已赋襄阳北阙诗。"其二："十年憔悴雨花台，酾酒狂吟亦壮哉。自是曲江悲细柳，非关凝碧咏高槐。乌衣日落青山老，玄武渔歌白水哀。莫叹王侯无第宅，寝园犹见野樵来。"其三："金戈铁马日纷纷，小隐梅花天地分。放鹤故人携酒惯，换鹅道士乞书勤。征书自有归来赋，丞相何劳生祭文。不见白门双桨急，一天诗思动江云。"[1]同时，陈瑚还有《和吴宫詹南中八咏》，分别唱和"上方桥""钟山""台城""国学""观象台""鸡鸣寺""功臣庙"之作，其中"玄武湖"云："太平门外后湖深，六代繁华记古今。自与邦家存载籍，更谁车马狎登临。渔歌近罢游人禁，烟水重伤学士心。萧瑟子山诗思好，但愁何处问知音。"[2]诗中把梅村比作安史之乱中被逼担任伪职的王维和南北朝时期被迫留在北周的庾信等人，高度赞美他的文学才华、肯定他的忠贞品节、同情他的无奈处境、原谅他的违心出仕。

吴伟业在南京，不但凭吊了胜朝遗迹，还走访了秦淮旧地，尤其是大功坊附近，因为当初"玉京与我南中遇，家近大功坊底路"。虽然卞玉京已经黄冠入道、远离尘缘，但是在这儿他遇到了同为秦淮八艳之一的寇白门。乱后相遇，喜出望外，吴伟业一口气连作《赠寇白门》六首，诗

---

① 陈瑚：《确庵先生诗钞》卷二，《清代诗文集珍本丛刊》第63册，第74页。
② 陈瑚：《确庵先生诗钞》卷二，《清代诗文集珍本丛刊》第63册，第76页。

前小序曰:"白门故保国朱公所畜姬也。保国北行,白门被放,仍返南中。秦淮相遇,殊有沦落之感。口占赠之。"其一:"南内无人吹洞箫,莫愁湖畔马蹄骄。殿前伐尽灵和柳,谁与萧娘斗舞腰?"其二:"朱公转徙致千金,一舸西施计自深。今日祇因勾践死,难将红粉结同心。"其三:"同时姊妹入奚官,挏酒黄羊去住难。细马驮来纱罩眼,鲈鱼时节到长干。"其四:"重点卢家薄薄妆,夜深羞过大功坊。中山内宴香车入,宝髻云鬟列几行。"其五:"曾见通侯退直迟,县官今日选蛾眉。窈娘何处雷塘火,漂泊杨家有雪儿。"其六:"旧宫门外落花飞,侠少同游并马归。此地故人骀唱入,沉香火暖护朝衣。"诗歌既对寇白门的人生遭际给予了充分的同情,更借机表达了对明清易代之际大量青年女性尤其是高门贵胄、秦淮名姝不幸遭遇的痛惜。

第五节　情场失意

吴伟业所有作品中,最脍炙人口的一句是"恸哭六军俱缟素,冲冠一怒为红颜"(《圆圆曲》),说的是吴三桂和陈圆圆的故事。这首诗应该作于仕清之前、即将北上之际,所以一方面谴责吴三桂时理直气壮,另一方面又对他们的曲折人生给予了充分的同情。此诗感情之饱满曲折、节奏之圆润流畅、内涵之丰富复杂,均可谓臻于极致,洵为"梅村体"之翘楚、中国歌诗之杰作。此曲只应天上有,得来全不费工夫:吴伟业此作,佳句本天成,妙手偶得之,因为该诗之作与梅村本人之情感纠葛,实有莫大之关系。

首先,明清易代,对吴伟业的情感生活影响甚大,而吴三桂则是明清易代这一历史转折的关键人物;其次,吴三桂与吴伟业年龄相仿(吴三桂小三岁),都是少年成名,一文一武,曾经深受崇祯赏识,目前都惹人关注,吴伟业堪称遗民领袖,而吴三桂则是降清将领第一人;第三,吴伟业对陈圆圆曲折经历、不幸遭遇、情感世界的了解,主要来自他的红颜知己卞玉京。不仅如此,诗歌中对陈圆圆的"理解之同情",背后处处潜藏着卞玉京的身影,寄寓着吴伟业对自身情感经历、时代与个人命运的沉思。

在明清易代这一天崩地裂的独特时期，面对旱灾鼠疫、帝王殉国、连续屠城、薙发易服等宏大叙事，普通人的个人情感与曲折命运几乎微不足道。顺治九年前后，南明政权大势已去。当顺治八年鲁王政权的根据地舟山失守时，数千将士巷战战死，一万八千余人殉难，鲁王之妃张氏投井自杀，为使其遗骸不被清军所窥，锦衣指挥王朝相、内臣刘潮命人用巨石填井，两人共刎井旁而亡，梅村写下了沉痛的《勾章井》长诗作为悼念，特别是诗歌结尾以南朝陈后主与妃子的苟且偷生来反衬张妃之节烈，"羞落陈宫玉树花，胭脂井上无颜色"。从此东南沿海地区的抗清斗争进入低谷。此时，吴三桂奉命入川，征剿南明余部，正是炙手可热的时候。① 在这样的大背景下，吴伟业创作了《圆圆曲》，假借陈圆圆跌宕起伏的人生际遇，描述明末清初的历史变幻，反思个人取舍与时代走向之间的复杂关系。平心而论，吴伟业写这首诗的时候，是带着情绪的。许多诗句，诸如"尝闻倾国与倾城，翻使周郎受重名""若非壮士全师胜，争得蛾眉匹马还""妻子岂应关大计，英雄无奈是多情""全家白骨成灰土，一代红妆照汗青"等等，用词都很重。尤其是那句"冲冠一怒为红颜"，实为诛心之论。从表面上看，很显然，吴伟业是有意地、片面地夸大了陈圆圆对历史进程的影响力，甚至将陈圆圆放到了晚明社会、汉族政权和吴三桂整个家族的对立面，仿佛这一切的悲剧根源都是陈圆圆了。无论是在吴三桂的个人情感世界里，还是在清兵入关的政治进程中，陈圆圆都担当不起这么重的话语分量。如果真的是这么简单的因素，那就成了红颜祸水、美人误国的老调重弹了。只有将这首诗和吴伟业本人的情感之路放在一起看，也许才能更好地理解梅村在诗中寄寓的矛盾痛苦的复杂内涵。因为吴伟业也有自己的红颜知己，面临类似的选择时，他是否也会像他的本家弟弟吴三桂一样，为了红颜，不管什么民族大节、宗族利益、父母性命乃至天下舆论、遗臭万年而冲冠一怒？ 如果做不到，他怎么解释自己的选择，排解心中的憋闷，告慰委屈的情人？

---

① 顺治十年八月壬午，"以太宗皇帝第十四女和硕公主下嫁吴三桂子应熊"，朝廷开始羁縻平西王，这一婚姻既是笼络也是控制，吴三桂惟一的儿子从此成为留在京城的人质。

吴伟业与卞玉京的相识相知,始于崇祯末年。晚明时期,才子风流,交接名妓,极为常见,但是早年吴伟业似乎并不擅于此道。吴伟业从小跟随父亲读书,"十五六不知门外事"(《与子暻疏》),后参加复社,科考入仕,经历单一,没有晚明文人诗酒风流的历练。直到崇祯十五年(1642)秋冬之际,钱谦益于苏州虎丘送董小宛归冒辟疆,吴伟业当时也在场,孟森说已经三十四岁的吴伟业"并非曲中熟客",纯属"门外汉",①理由是冒襄说吴伟业当时仅能"寄语艳羡",若干年后才开窍,能够妙笔生花,"为题像至十首"。之所以当初不开窍,是因为伟业"弱冠元魁,奉旨归娶,后官南少司成",忙于俗务,为人师表,在此之前"何曾得一步曲中"。② 在苏州虎丘山塘与卞玉京初次见面,吴伟业也是一副典型的未见过世面的形象。据吴伟业自己回忆,当时卞玉京"与鹿樵生一见,遂欲以身许,酒酣拊几而顾曰:亦有意乎?生固为若弗解者,长叹凝睇,后亦竟弗复言"(《过锦树林玉京道人墓并传》)。可见,卞玉京不但聪明伶俐,而且颇有胆识,一下子就看中了才华横溢、年轻有为的吴伟业,主动以身相许,可是吴伟业却装痴卖傻,不予接受。玉京善解人意,并不死缠烂打。那么,吴伟业对卞玉京的感情如何,为什么不接受她的主动示好呢?

晚明时期,年轻漂亮、多才多艺的名妓喜欢选择名士从良,而且主动出击、寻找良缘、善抓机会,是一种风气。柳如是喜欢过吴伟业的老师张溥,先后选择过宋征舆、陈子龙等人,最后嫁给了钱谦益,董小宛嫁给了冒辟疆,顾横波嫁给了龚鼎孳,寇白门则选择了保国公朱国弼,尤其是号称草衣道人的王修微,先嫁茅元仪,后归许誉卿,均为当时名士。吴伟业年少鼎甲,复社党魁,清流后劲,诗文书画,无一不擅,典型的风流才子、达官贵人,前途不可限量;而卞玉京年方十八,知书识礼,幽默风趣,明慧绝伦,工书法,尤擅小楷,精绘事,尤喜画兰,能写诗,时有佳什。比如崇祯十六年春天,吴伟业在苏州送族兄、好友吴继善入蜀任成都令,玉京亦题扇一绝以送行,诗云:"茕烛巴山别思遥,送君兰楫渡江

---

① 孟森:《董小宛考编年》,心史丛刊本,《北京图书馆藏珍本年谱丛刊》,第 76 册,第 11 页。

② 冒襄:《同人集》卷十一,《和书云先生己巳夏寓桃叶渡口即事感怀原韵》,《四库全书存目丛书》,集部,第 385 册,第 466 页。

皋。愿将一幅潇湘种，寄予春风问薛涛。"(《梅村诗话》)诗思清绝，情致绵绵，语言爽利，身份贴切。卞玉京还有一首《题自画小幅》："沙鸥同住水云乡，不记荷花几度香；颇怪麻姑太多事，犹知人世有沧桑"(《晚晴簃诗汇》卷一九九)，诗意婉转，有唐人风致，正是梅村喜爱的类型。吴伟业尽管在认识卞玉京之后，又与多位妓女相处，时有赠妓之作，包括卞玉京的妹妹卞敏。但是真正动了感情的，就只有卞玉京一人而已。这样两个才子佳人如能最后终成眷属，显然又是一段风流佳话。

至于为什么吴伟业没娶卞玉京，有人说吴伟业只是欢场中的逢场作戏，对卞玉京并无真实感情；也有人说，吴伟业是因为经济问题，没有实力娶卞玉京。说吴伟业对卞玉京没有多少感情，恐怕不符合实际。当然，吴伟业也给别的青楼女子写过诗，比如《赠妓郎圆》，还很欣赏卞玉京的妹妹卞敏，为她写了《画兰曲》，等等。但是，综合各种材料来看，专注而持久的关心、怜爱、愧疚、忏悔之类感情，梅村只给了玉京一人。至于经济问题，应该不是主要原因。自崇祯四年高中榜眼、进入官场以来，十余年的仕宦生涯，梅村宦囊颇丰。自崇祯十六年至顺治十年，除了南明短暂两个月的任职之外，其余时间赋闲在家，还经历了改朝换代，他都能拿出一万多两银子修筑梅村，构建私家园林，可见其家底。何况吴伟业功成名就，是家族的主心骨、顶梁柱，不像陈子龙初遇柳如是时尚未考取进士在家里说不上话，也不像董小宛需要钱谦益资助三千多两银子才能与冒辟疆顺利结缘。吴伟业之所以如此果断拒绝，应该与当时的政治形势和他的政治抱负有关。

崇祯十四年周延儒再次担任首辅，复社功不可没。所以从崇祯十五年起，大量东林、复社人士重新起用，吴伟业的官职也一升再升，左中允、左谕德、左庶子。在张溥已去世的情况下，这位复社党魁、文社宗主，直声动朝右，文章德器倾动天下，而且曾被崇祯赏识，是首辅周延儒的世交子弟兼嫡亲弟子，还是掌握吏部大权的吴昌时的同年好友，所以议者谓旦夕入相。在这样关键时候，随时准备出山的吴伟业，显然把所谓清誉、仕途看得比爱情更重。卞玉京抛出的橄榄枝，对吴伟业来说就是个烫手山芋。吴伟业懂装不懂，自在情理之中。卞玉京七窍玲珑，从吴伟业的反应也知道自己造次了，所以浅尝辄止，不复试探，欢好如初，等待机会。①

　　曾经有学者对吴伟业这一时期"欢场放纵"的行为进行过心理动机分析："或是想以自甘沉沦的放纵引起世人的怜惜,或是自污面目以减轻政敌的猜忌,或是在游戏风尘中寻求灵魂的自我麻痹。"②结论无论怎样,都可以理解。但是,吴伟业如果真要把卞玉京娶回家,那性质完全不一样。清流领袖,需要考虑到社会舆论、轻重取舍,冲冠一怒为红颜的事,以吴伟业谨小慎微、细腻懦弱的性格,显然是做不出来的。

　　两人自苏州相识、离别之后,时隔不久,又曾在南京见面,③"玉京与我南中遇,家近大功坊底路"(《听女道士卞玉京弹琴歌》)。对于这次重逢,吴伟业讳莫如深,是有其苦衷的。崇祯十七年,崇祯自缢于北京,福王监国于南京。伟业应召,于十月兴致勃勃来到南京,本以为可于乱世建功立业,没想到很快形势急转直下,正人尽去,宵小盈朝,欲兴大狱,吴伟业被逼"入朝两月,固请病而归"(《与子暻疏》)。这样背景下,吴伟业尽管在南京与卞玉京曾经相见,但是碍于政治形势,不得已赶快归乡,根本顾不上卞玉京了。吴伟业后来写诗说"却悔石城吹笛夜,青骢容易别卢家",正是当时心境两难之真实写照。当时,卞玉京正是因为住在南京大功坊,"对门却是中山住",毗邻中山王府,所以鼎革之际亲眼见到"中山有女娇无双""谁知转盼红颜误""玉颜零落委花钿",由此感悟"贵戚深闺陌上尘,吾辈飘零何足数",从而勘破情关、最终入道。

　　明清易代之后,辗转飘零的卞玉京终于有机会再见吴伟业。顺治七年十月虞山钱谦益家中,吴伟业来访,钱谦益与柳如是夫妇热心牵线,希望两人重续前缘。卞玉京应柳如是之邀赴约,可是到了绛云楼之后却又犹豫了,因为她已经答应嫁给别人,所以不肯与吴伟业见面。吴伟业痛苦万分,作《琴河感旧》四首并序,既有"予本恨人,伤心往事。江头燕子,旧垒都非;山上蘼芜,故人安在"的感慨,更多的是"缘知薄幸逢

① 卞玉京与晚明名士万寿祺亦有交往,《全清词》"顺康卷"第一册第 169 页收录有万寿祺所作《眼儿媚·赠卞校书赛》词作。
② 王于飞:《吴梅村生平创作考论》,重庆出版社 2003 年版,第 82 页。
③ 施祖毓认为吴伟业与卞玉京初次见面是在南京,时为崇祯十四年,伟业为南京国子监司业,其后重逢于苏州,两人始相知定情,参见其论文《吴梅村与卞玉京》,《厦门教育学院学报》2005 年 3 期。这一推断,恐不符合事实。

应恨""却悔石城吹笛夜""青山憔悴卿怜我,红粉飘零我忆卿"的愧疚、悔恨、相思之情。三个月后,顺治八年正月,卞玉京改变主意,主动扁舟过访,两人从太仓一直缠绵到苏州。尤其是在横塘故地重游,吴伟业将手抄的《琴河感旧》四首赠她,并赋《临江仙·逢旧》:"落拓江湖常载酒,十年重见云英。依然绰约掌中轻。灯前才一笑,偷解砑罗裙。　　薄倖萧郎憔悴甚,此生终负卿卿。姑苏城上月黄昏。绿窗人去住,红粉泪纵横。"反复、明白地承认自己是辜负佳人的薄情郎,对自己错失这样一段姻缘满是后悔,心中充满对将来没有机会再续前缘的绝望。

此后,卞玉京"归于东中一诸侯,不得意,进柔柔奉之,乞身下发,依良医保御氏于吴中。保御者,年七十余,侯之家人"。这里的"诸侯"指的是当时正担任浙江建德县令的郑应皋,康熙《建德县志》卷五:"郑应皋,字允生,江南无锡人,由进士顺治五年任(李按:至顺治十一年),时值鼎革兵燹之后,田庐荒废,商贾不通,……秩满,升户部主事。"而这位"保御",就是与吴伟业有姻亲关系的郑三山,所以吴伟业仍有机会见到寄寓在他家的卞玉京,"生(吴伟业自称鹿樵生)于保御,中表也,得以方外礼见"(《过锦树林玉京道人墓并传》),"余与君为中表"(《保御郑三山墓表》),"伟业后十年成进士,于吴门遇三山郑君,曰余姻也,询之,则三山之兄曰某者,为伯祖婿,余姑尚在也"(《先伯祖玉田公墓表》)。玉京入道之后,虽然依人而居,确实是不见外人了。据邓汉仪《慎墨堂笔记》记载:"癸巳冬日,仆从赵编修玉森饮汪然明之不系园,编修云:……然明未信。甲午春,仆同钱宗伯牧斋访之郑三山家,果然。然终不出见宾客。"也就是说,顺治十年前,卞玉京已经谁都不见,钱谦益等人不用说,即使是旧情人吴伟业,也还是凭借与郑钦谕有姻亲关系,只能以"方外礼"偶一见之,真的是看破红尘、斩断情丝、不问世事、一心向道了。

卞玉京的毅然入道,对吴伟业的内心世界有着极大的冲击。常熟,钱谦益与柳如是在红豆山庄著书立说(牧斋编《历朝诗集》,"闺秀编"出自河东君之手);如皋,冒辟疆与董小宛在影梅庵浅斟低唱;北京,龚鼎孳与顾横波夫唱妇随,顾媚都拿到诰命夫人了;甚至历经坎坷的陈圆圆,跟着一介武夫吴三桂,都已经"飞上枝头变凤凰""有人夫婿擅侯王"。相比较而言,自始至终只爱恋着他的卞玉京,万念俱灰,青灯黄卷,暮鼓晨钟,舌血抄经,礼忏空王。这样的结局,令敏感细腻、内心丰富的吴伟业情何以堪。顺治十年的春天,这是个分水岭。随着玉京入道,吴伟业在情感上再无牵挂;三月十九日,崇祯十周年忌日,吴伟业拜祭,以诗告别,从此在道德上亦无牵绊。既然那些友朋"借吾为剡矢",当事"逼迫万状",老亲"流涕催装",那就再赌一把,重登政治舞台,也许还能扬眉吐气,重新赢回下玉京呢?

值得注意的是,这一时期吴伟业还拒绝了一位才女的主动示好。吴伟业有《无题》四首,诗云:"系艇垂杨暎绿浔,玉人湘管画帘深。千丝碧藕玲珑腕,一卷芭蕉宛转心。题罢红窗歌缓缓,听来青鸟信沉沉。天边恰有黄姑恨,吹入萧郎此夜吟。"其二:"到处莺花画舫轻,相逢只作看山行。镜因砚近螺频换,书为香多蠹不成。愧我白头无冶习,让君红粉有诗名。飞琼漫道人间识,一夜天风返碧城。"其三:"错认微之共牧之,误他举举与师师。疏狂诗酒随同伴,细腻风光异旧时。画里绿杨堪赠别,曲中红豆是相思。年华老大心情减,辜负萧娘数首诗。"其四:"钿雀金蝉笼臂纱,闹妆初不鬬铅华。藏钩酒向刘郎赌,刻烛诗从谢女夸。天上异香须有种,春来飞絮恨无家。东风燕子知多少,珍重雕阑白玉花。"诗中以自己年华老大为由,明确表示自己辜负了一位有"诗名"的"玉人"。只是诗中以郑举举、李师师比拟该女子,甚为不当(当然,如果是在南京写给寇白门的,则是合理的)。因为根据《程笺》,这位女子当为钱瞿氏,是一位有夫之妇,并不是什么烟花女子。《程笺》卷三《无题》云:"公曾孙诩,字砥亭,曰:王先辈玉书《麟来志》云:虞山瞿氏有才女归钱生,生患瘵,女有才色,不安其室,意属先生,扁舟过娄,投诗相访。先生于稼轩乃执友(李按:指瞿式耜),而受之礼尚又钱宗也(李按:指钱谦益),以义自持,因设饮河干,赋《无题》四章以谢之。氏后归石学使仲生申,钱生犹在也。梁溪顾舍人梁汾贞观,石所取,实为之做合云。里中张蒿园琰,尝话其事,蒿园字佩将,亦石所取士,又年家子也。"依据清代法式善关于学政任职的记载,石申,字仲生,直隶涿州人,丙戌进士,顺治十年任下江学政。[1] 由此可知,钱瞿氏先是看中吴伟业,被其婉拒后,

---

[1] 法式善:《清秘述闻》卷九,中华书局1997年版,第319页。

由顾贞观介绍,做了下江学政石申的侧室。考虑到吴伟业顺治十年已被朝廷征召,三月份又主持了虎丘大会,正是声誉日隆之际,等到秋天已经离家北上,而石申于该年方始到任,结合诗歌中"系艇垂杨""到处莺花"诸语,可以推断钱瞿氏"扁舟过娄"、吴伟业"设饮河干",自当在顺治十年春夏之间。

还有一位女性词人周琼,据说亦曾与吴伟业有关。周琼,字羽步,字飞卿,江苏吴江人,曾为某侧室,继又适士人,避所恶,寄栖江北。爱吹弹,善诗词,后依娄东吴伟业,复出家为性道人。有《借红亭词》,又与吴蕊仙同著《比玉新声集》。① 具体情况如何,有待进一步研究。

①《全清词》"顺康卷"曾著录其作品,第一册,中华书局 2002 年版,第 414 页。

第六章　仕清时期

　　顺治十年(1653)九月,吴伟业应召入京。不管他怎么辩解,当他跨出这一步,事情就有了质的变化,他从遗民领袖沦落为变节贰臣。毕竟所谓的当事"逼迫万状",亲人"流涕催装"都是吴伟业自己说出来的。也许吴伟业内心真的有矛盾,但是当时呈现出来的是吴伟业自己拖家带口,主动出发,北上进京,而不是被朝廷或地方政府武装押送的。[①] 从这时开始,至顺治十三年借嗣母张氏去世之机丁忧归里,这一段仕清经历,是吴伟业生平最痛苦、尴尬的时期,也是评价吴伟业产生分歧最大的原因。

第一节　应召入京

　　尽管吴伟业再三强调,他之所以应召北上,是因为清朝政权累檄相召,加上家人相逼。他还说,离家之际,"是时吾母朱淑人六十有九,善病,长恐不复相见"(《王母周太安人墓志铭》),"吾母握手长诀伤心,恐遂不复相见"(《白母陈孺人墓志铭》),搞得生离死别一般。实际上,吴伟业北上应召,虽然也有矛盾纠结,甚至内疚痛苦,但主要还是自愿的。回顾顺治二年至顺治十年与此相关的一些表现,这一点就显得尤为明显。

---

① 康熙十七年荐举"博学鸿词",傅山被逼进京,绝食七日;李颙被抬着进京,以死抗争;王弘撰虽然至京,绝不参加考试,等等,均可为对照。

吴伟业接受征召赴京北上最终入仕新朝，其实是早有征兆的。其中一个非常有意思的标志就是，他在被荐举前连续两年的除夕之夜，梦见杏花盛开，并于次日（正月初一）写诗抒怀。《庚寅元旦试笔》（庚寅为顺治七年）诗前小序："己丑除夕，梦杏花盛开，桃李数株，次第欲放，予登小阁、临曲池，有人索杏花诗，仿佛禁中应制。醒来追思陈事，去予登第之岁已二十年矣。"《辛卯元旦试笔》诗题下由小注："除夕再梦杏花。"

吴伟业连续两年在除夕之夜这一特殊时间梦见杏花盛开，其内涵非常丰富。① 在中国传统文学意象中，杏花是科举成功的象征。"这一喻意是由唐代新科进士的杏园探花宴建立起来的"，"宋以来杏园探花已为陈迹，但其'春风及第'的象征之义却成了词林常用的典故"。② 明代归有光《杏花书屋记》："昔唐人重进士科，士方登第时，则长安杏花盛开，故杏园之宴以为盛事。今世试进士，亦当杏花时，而士之得第，多以梦见此花为前兆。此世俗不忘于功名者为。"③明清时期的诗文中，这一表述也极为常见。因此，吴伟业在梦见杏花之后，立即联想到自己"登第"之岁距今已经二十年。

吴伟业少年得志，年仅二十三岁高中会元、榜眼，会试文章被年轻的皇帝高度肯定，御批"正大博雅，足式诡靡"，树为典范，其后授官编修，钦赐归娶，一举成名天下知。这一科举功名上的成功为他带来了巨大的荣耀，是他永恒的资本，顺治八年他为族弟吴世泽的八股文集写序时仍然得意地说："吾之致力于应举，一二年耳，至今山陬穷邑，知吾名字，尚以制科之时文。"（《德藻稿序》）事情过去了二十年，改朝换代也已经七八年，一直隐居避世的吴伟业，这个时候于除夕之夜频频梦见杏花，写杏花诗，"仿佛禁中应制"，其内涵不言而喻。

吴伟业不但写诗抒怀，而且还把这两首诗寄给了友人，具体寄给哪些人虽然不得而知，但是至少当时远在北京的清廷重臣龚鼎孳是看到了的（龚鼎孳顺治九年回朝，以太常寺少卿补原官，不断升官，后任左都

---

① 王于飞较早注意到这两首诗，并借两首诗中所用北宋李冠卿和东汉桓荣的典故说明吴伟业"伏处草间、秀而不实的日子也该结束"，"期待着再次在'画图金粉碧栏杆'中捧手拜舞的时刻"，见《吴梅村生平创作考论》，第119页。

② 程杰：《论中国文学的杏花意象》，《江海学刊》2009年第1期。

③ 归有光：《震川先生集》卷十五，上海涵芬楼藏康熙刊本。

御史,二品大员),因为他的诗文集中就有这两首诗的唱和之作,《立春日梦杏花盛开,元夕复梦如前,用梅村庚寅辛卯二韵纪之》(诗略)。① 如前文所述,龚鼎孳为崇祯七年进士,出任湖北蕲春县令,吴伟业崇祯九年被朝廷选派担任湖广乡试主考,而龚鼎孳则被选择担任乡试同考官,两人诗酒唱和,结下了深厚友谊。龚鼎孳和吴伟业一样,博学多闻,诗文兼擅,并称为"江左三大家"(另一人为钱谦益),而且都工书法、善山水,得自家传。尤其是龚鼎孳迷恋秦淮八艳之一的顾媚,纳妾专宠,后来更是将清廷赐予的一品诰命夫人给她(理由是龚鼎孳的正妻董氏说她只接受明朝的诰命封号),吴伟业心中念念不忘的情人也是并称为八艳之一的卞玉京(江左三大家在这一问题上也保持了一致)。入清之后,两人仕野分途,但是一直保持着联系。特别是顺治七年秋天,龚鼎孳丁忧家居,正是人生低谷,遗民领袖、诗坛盟主吴伟业主动去信安慰,龚鼎孳备受感动,回信极为谦卑,吴伟业拿着他的回信替他逢人说项,将这位先投降大顺政权、继而又卖身清廷的投机分子比喻成徐陵、庾信,为其开脱,巧为掩饰,不遗余力。这一次真是巧了,吴伟业连续两年的除夕之夜梦见杏花盛开,赋诗咏怀,已经回朝升职的龚鼎孳立即心灵感应,也在立春、元夕两个节日连续梦见杏花盛开,赋诗呼应。

吴伟业是擅长做梦的,他也相信梦境会成为现实。他出生时母亲朱氏梦见邓以讚送会元榜来,后来果然如愿以偿高中会元。所以梦境成为他们家挥之不去的功名烙印。

梦境是现实追求的折射、压抑欲望的透露。梅村本有一颗伟业的心,明末"议者谓旦夕入相",差点实现。明清易代,碍于世情常理,不得不隐居避世。即使居住在"梅花庵""娇雪庐""苍溪亭""鹿樵溪舍"这样远离俗世的清冷之地,心理状态却仍然是火热的,"不好诣人贪客过,惯迟作答爱书来"(《梅村》)。"贪客过""爱书来",那就是不甘于寂寞。终于,在守了八九年之后,吴伟业耐不住了。炽热的功名心,抑制不住,频频出现在梦里,毫不掩饰地写到诗里。这样的信号,传递到了北京,最先有反应的,当然是他的知音龚鼎孳了。北京城的"荐剡牵连",岂非无

---

① 龚鼎孳:《定山堂诗》卷二十七,康熙十五年吴兴祚刻本,第19页。

缘无故？有此心理预期，事当临头，任凭再大压力，北上伟业，那是呼之欲出的了。

不仅如此，如前所述，避居在梅村的吴伟业，时刻关注着外面的世界。眼看着弘光政权早就烟消云散，唐王、鲁王两位监国立足未稳就不断内讧，甚至互相残杀对方的使臣，桂王在建立永历政权后竟然甚至放弃广东，流窜广西，僻居一隅，倚靠明末农民起义军的余部勉强支撑（农民起义军就是吴伟业眼中的"流寇"，这一时期，吴伟业一直在编著他的《绥寇纪略》）。清兵南下势如破竹，鲁王最重要的基地舟山也被攻破了，从此流落金门，可谓大势已去，反清复明基本无望。在这样的政治形势下，吴伟业何去何从，确实颇费思量。

值得注意的是，吴伟业从来都闭口不提，他的所有文字材料也看不出，如果不是《清实录》等史书记载，我们并不知道，早在顺治三年，吴伟业就有一次被荐举的经历。《清通鉴》记载，顺治三年八月壬寅（二十九日），"苏松巡按赵弘文举明臣吴伟业等十五人，被视为滥举多员，徇情市恩，下所司议处"。① 《清实录》亦有类似记载。② 陈廷敬《吴梅村先生墓表》中说："本朝初，搜访天下文章旧德，溧阳、海宁两陈相国共力荐先生。"这里的"本朝初"，所指何时？可以明确的是，顺治二年，浙江海宁的陈之遴（吴伟业的儿女亲家）已经投诚，顺治三年，江南溧阳的陈名夏已经成为多尔衮的心腹。这两位，就是陈廷敬墓表中所说的"两陈相国"。

从吴伟业的相关材料里，目前尚未找到他与赵弘文有直接关联。赵弘文之推荐，未必是出自两人的私人友谊，但是由他推荐吴伟业却非常合理，因为他是吴伟业家乡的地方官，荐举治下人才正是他的分内事，正如顺治九年再次推荐吴伟业是由两江总督马国柱出面一样。据《江南通志》卷一百六，苏松巡按，赵弘文，泰安州人，进士，顺治二年任。《山东通志》卷十五之一，赵弘文，泰安州人，万历四十六年戊午科举人，丁丑进士。又，顺治三年前后，正是前朝党争在新朝延续、斗争激烈的时候，阉党冯铨等人得势，龚鼎孳等人落了下风，钱谦益已经回家，

---

① 章开沅主编：《清通鉴》，岳麓书社 2000 年版，第 128 页。
②《清实录》三，顺治三年八月，中华书局 2008 年版，第 233 页。

第六章　仕清时期

317

作为"复社党魁",既与冯铨交好(明末推动周延儒再相,吴伟业与冯铨正是利益共同方),又能代表江南清流,吴伟业最是合适人选。据《清实录》可知,赵弘文除了推荐故明少詹事吴伟业外,同时荐举的还有修撰杨廷鉴、都给事中钱增、御史李模等人,均为明朝末年南党的重要人物,亦多与梅村交好。奇怪的是,荐举多人,清初多有,别人很少因此获罪,比如《清实录》记载,顺治三年二月,"原任安庆巡抚李犹龙疏荐故明少詹事方拱乾、庶吉士刘余谟、姚文然等二十六人",人数远远超过赵弘文的"十五人",举荐质量也未见得就比这一批人高,可是并未获罪,而是"下部知之"。赵弘文很不幸,举荐多员,被认为是滥徇私情、收买人心、拉帮结派,因此被议处,从此一蹶不振,专心于自己喜爱的炼丹修道事业了。

　　虽然从吴伟业的文字里面看不到他与赵弘文有任何的瓜葛,但是结合相关文献,仍可发现一些蛛丝马迹。吴伟业的得意门生卢綋,是赵弘文的知己朋友。卢綋《四照堂诗集》卷一有《夜梦赵朴庵侍御访余于濠上旧馆,余先严暨鸣来师并延款久之。侍御曾以金丹诀授余,久不能行,兹因见梦感赋》二首,[①]卷三有《寄祝赵侍御朴庵七袠初度》,根据诗集排列次序,当作于顺治十七年庚子;卷五有《宿赵侍御园亭》,当作于顺治九年(壬辰),又有《寄别赵朴庵因先生留心玄教曾约偕隐并及》,卷八有《赵朴庵先生留憩园庭题赠二首步壁间韵》《赵朴庵园亭谒吕祖真像二首》(当作于顺治七年庚寅)、《赵朴庵先生留宿梅花馆》(癸巳)、《赵朴庵先生留酌话别》(甲午),卷十有《重过泰安宿赵朴庵先生梅花馆》(己亥),仅就诗歌题目即可知道卢綋与赵弘文之间的联系有多密切、感情有多深厚。而卢綋又一直关心着吴伟业,《四照堂诗集》卷五有《送万考叔还姑苏,嘱寄候吴梅村夫子,时闻海警,因并忆及》:"不立程门雪,于今二十年。太湖清映月,淮海障闻烟。黄土曾经顾,南书故借传。东昌贫郡守,为报望徒悬。"(当作于己亥)《余澹公年丈赴任姑苏嘱致候吴梅村夫子》:"宦迹频年滞,无因到虎丘。故人移郡守,遥讯托仙舟。练督吴门马,冠緜楚国猴。迷津烦代问,何日逐清游。"(当作于庚子夏秋

① 卢綋:《四照堂诗集》卷一,《清代诗文集汇编》第19册,第401页。

之际)可见只要有朋友去姑苏,无论公干还是私事,他都会托其问候、关心吴伟业。有时还会专门《遣使奉讯吴梅村夫子》(当作于辛丑)。所以,赵弘文去苏州担任苏松巡按,以卢綋的为人处世,请其关照梅村,亦属正常。值得注意的是,卢綋《四照堂诗集》卷八收录有《得吴梅村师入都之息》"旌蒲屡贲向娄东,未许高人久恋蓬。昨夜客星临帝座,方知牛蟊到燕中"(该集中前一首诗作于"甲午孟春",后一首则"时春半矣",可知本诗创作大体时间)。由此不但见出卢綋时刻关注老师行踪,尤其是出处大节,更是表明其期待老师出山,朝廷也不止一次征召吴伟业这一层含义。"旌蒲屡贲向娄东",赵弘文的这次推荐,恐怕也是卢綋关注的屡次之一。更为相关的是,卢綋的乡试同年、同样为吴伟业的得意门生的沈以曦,顺治三年四月以太常寺博士出任苏州理刑推官,苏松巡按当然与苏州推官有工作上的交接。

赵弘文向朝廷举荐的人当中,除了吴伟业,还有自己的挚友赵士春。赵士春《保闲堂集》卷五有《问道歌赠直指赵朴庵》(讳弘文,丁丑同年),《丙戌生日》诗后有注:"直指赵朴庵称玄玄子,传有《修养诀》一编。"两首诗均在顺治三年(丙戌),赵弘文正在苏松巡按任上。《保闲堂集》卷十七有《与赵朴庵书》,从书信内容来看,赵弘文亦拟推荐赵士春。由此可知,赵弘文之推荐,事先应该与被推荐人联系、征得被推荐人同意的。赵士春,常熟人,是明朝名臣赵用贤的孙子,崇祯十年的探花,与赵弘文为进士同年。后来,赵士春作有《挽赵朴庵》(李按:从排列次序来看,当作于康熙四年乙巳冬),诗云:"寒江一苇竟无功(朴庵所集丹书),岂为容成道鲜终。真诀故人无复在,远游心事与谁同?旧嫌蓬海山形浅,今觉东州岱色空。犹有匡庐并太华,不妨潇洒任飞蓬。"①

赵弘文向朝廷推荐了吴伟业为首的一批人,由于滥举多员,被下有司议处,但是不等于他推荐吴伟业没有成功。赵弘文的错误在于没有完全遵照上司的意旨,夹带了太多的私人关系(比如赵士春),冲淡了他们要力保吴伟业的主题,同时由于举荐的多为南党成员,引起了北党的

① 赵士春:《保闲堂集》卷十三《蓬客诗草中》,《清代诗文集汇编》第13册,第674页。

警惕与反扑，导致被训斥。尽管如此，朝廷仍然接受了赵弘文对吴伟业的推荐，并且准备任命其官职，很可能拟任官职为礼部侍郎。这一点，过去学界没有给予足够的重视。当时多尔衮的红人、政坛上炙手可热的李雯，其诗集中有这样一首作品，殊堪注意。该诗题为《春日小饮吴鲁冈先生斋同吴骏公宗伯朱昭芑文学赋》，诗曰："莫向樽前问乱离，东风杨柳复垂垂。多君黄绮真高致，叹我求羊亦数奇。烟火春城催社鼓，屠苏小雨散晴丝。青门瓜种知偏盛，迟日过同倒接篱。"①

李雯《蓼斋后集》所收录的作品均为入清后所作，且各卷是先按照文体再按照时间排序的，根据前后作品的排列次序可知，这次聚会应该是在顺治四年（丁亥）元宵节，②聚集地点是在太仓吴克孝家中。主人吴克孝，客人李雯，陪同人员为吴伟业、朱明镐。太仓这几个人的关系错综复杂，但多为至亲：吴克孝和吴伟业是少年同学、同榜举人，两人以兄弟相处，关系非同寻常，尤其是在吴继善被杀、吴国杰远赴外地做官后，太仓吴氏四兄弟（吴继善、吴国杰、吴克孝、吴伟业四人先后考取进士，是吴氏家族的骄傲），剩下"其宜死而不死，如余与人抚，则又穷愁疾病"（吴伟业《志衍传》，吴克孝，字人抚，号鲁冈），相依为命；吴克孝是朱明镐的老师，朱明镐则是吴伟业的舅舅（吴伟业的外祖父与朱明镐的父亲是堂兄弟）。因此，吴克孝与朱明镐可以说是这一时期吴伟业最亲近、信任的人。而吴克孝又与云间三子关系都很好，与陈子龙是崇祯十年同榜进士（陈子龙抗清失败逃亡途中，曾得吴克孝保护，吴克孝因此受牵连下狱）。这是李雯到太仓，吴克孝做东，吴伟业、朱明镐作陪的背景。

这次非同寻常的聚会，有两点值得注意：第一，李雯此次太仓之行的目的何在。崇祯末年，李雯在北京侍奉父亲，曾写诗热盼吴伟业北上，可惜吴伟业未能成行。宋征舆《云间李舒章行状》记载说，甲申之变，李自成起义军进京，李雯之父工部主事李逢申惨遭大顺军拷掠，至四月二十七日，身受五毒、胫骨碎裂而死，李雯穷困潦倒，无人相助，四五日不曾进食，絮血行乞，仅得薄棺，"朝夕捧一壶浆，跪而奠父前，哭不

---

① 李雯：《蓼斋后集》卷四，顺治十四年石维昆刻本，第7页。
② 李雯：《蓼斋后集》卷二，第4页，先后作品为《丙戌除夕》《丁亥人日》《上元日舟次娄东》。

绝声,有病且饿,形状变易几死矣"。清兵入关,进军北京,"舒章守父骨不复动,气息奄然",已经降清的曹溶、金之俊等人"见而怜之",将他带回推荐给内院大学士冯铨、洪承畴等人,由他二人转荐给多尔衮。邓之诚《清诗纪事》卷四称李雯入清后得到陈名夏、龚鼎孳的大力揄扬,龚鼎孳甚至称之为"学追古人""国士无双"。冯铨、金之俊、陈名夏等人都是深得多尔衮信任的汉人大臣,而李雯的文学才华也被多尔衮所赏识,著名的《摄政王致史可法书》就出自李雯之手(史可法拒绝招降,其答书出自侯方域之手,不卑不亢,实事求是,心平气和,可谓势均力敌、不输文采)。① 正是由于其杰出才华,廪生出身的李雯被授予内翰林弘文院诰敕撰文中书舍人,曾经担任顺治二年顺天乡试同考官(顺天乡试是清代最重要的乡试,而且其考生中包括国子监生,连举人都没有考上的李雯担任同考官,正是清朝权贵为他争取的荣誉,可谓绝无仅有、扬眉吐气),而清初许多重要的诏诰书檄,也均由其撰写,堪称清初满族大臣眼中的红人。

　　顺治三年秋天,李雯回乡葬父。临行之际,顾虑重重。他的身份如前所述,而他的家乡,曾经的江南佳丽地,而今刀光剑影、血雨腥风。就在去年,闰六月二十六日,嘉兴被屠城;七月初六,昆山被屠城;八九月间,常熟被屠城;江阴守城八十一天,城陷被屠,城内外被杀合计超过十七万人,大小仅余五十三人;离他家最近的嘉定,更是被清军将领李成栋下令先后三次屠城。这些都是拜他效劳的政权所赐。如果回去,如何面对家乡故旧尤其是积极参与组织抗清的陈子龙、夏允彝等人? 李雯离京之际,作《东门行寄陈氏》给陈子龙,述说"与君为兄弟",可而今"君在高山头""余沉海水底","闻君誓天,余愧无颜,愿复善保南山南;闻君恸哭,余声不续,愿复善保北山北",并附信一封,云"三年契阔,千秋变常;失身以来,不敢复通故人书札者,知大义已绝于君子也"。② 当然,陈子龙既讲民族大义,也认朋友情谊,李雯回乡后,两人曾经相见,李雯写诗《初春四日与张郡伯冷石陈黄门大樽小饮柯上人息庵时两君

---

① 刘勇刚:《李雯为摄政王多尔衮捉刀致史可法书考论》,《贵州文史丛刊》2011年第2期。
② 李雯:《蓼斋后集》卷一,顺治十四年石维昆刻本,第2页。

已受僧其矣》以纪其事。① 从这些描述可知,面对陈子龙等坚守气节的故人时,李雯是以失节者自居,辞气极为自卑的。

问题是,李雯回乡葬父,与同乡好友陈子龙等人相见,理所当然,可他专程来太仓又是为什么呢(此番返乡,从其集中作品来看,除了沿途必经之地外,他只到了太仓)? 而且到了太仓之后,有记录的只有那么一次聚会。从既往之交往来看,李雯来太仓想见的人恐怕不是吴克孝或者朱明镐,而是吴伟业。那两位作为吴伟业的至亲好友,才是真正的陪客。在太仓李雯还写过一首诗,很有意思,这首题为《上元日舟次娄东》的诗作,一改回江南后抑郁的情绪,笔墨轻快,描写春光早现,城市喧闹:"海色明沙树,风光入上元。乱余惊候早,小邑见人喧。市火千家合,青衫午夜温。升平如在眼,且莫辨晨昏。"元宵节,小小的太仓城,竟然"市火千家合",一派升平气象,与江南其他地方的悲惨景象截然不同,这不正归功于吴伟业、王时敏等人牺牲个人名节么? 李雯特地将太仓"升平如在眼"的景象表而出之,恐并非无意之举。

值得注意的第二个问题是,李雯记载此次聚会所作的诗题,称呼吴伟业官职为"宗伯",那是礼部主官的别称(一般情况下,称礼部尚书为大宗伯、礼部侍郎为少宗伯,有时候也会含糊地称礼部尚书、侍郎为宗伯)。② 可是,现有史料中没有任何关于吴伟业担任过礼部尚书或侍郎类似官职的记载,除了李雯,也没有其他人称呼吴伟业此职务。以李雯的身份,既不可能用错,也不可能随便给吴伟业安上这个官职。顺治四

---

① 据常琬等修、乾隆刊民国重刻本《金山县志》卷十二,页十二,张昂之,字匪激,号冷石,天启壬戌进士,曾任庐陵知县、保宁知府,后寄居郡北之息庵,以禅终。宋如林等修、嘉庆松江府学刻本《松江府志》卷六十三,页二十三,常莹,字珂雪,超果寺僧,顺治初,卓锡西郊之息庵,陈忠裕公喜得禅友,往还无间,后陈公殉节,师亦示寂。

② 吴伟业本人作品中,一般都是称曾担任礼部尚书的人为大宗伯,称担任礼部侍郎的为宗伯,如董其昌,"董为江南望姓,余犹及见大宗伯文敏公,馆阁老成,文章书画妙天下"(《董苍水诗序》),龚鼎孳,"大宗伯合肥龚先生哀其新旧所著诗"(《芝麓诗序》),王崇简、王熙父子,"惟敬哉王公以硕德巨望为时名卿,且父子相继为大宗伯,当世尤艳称之"(《宛平王氏家谱序》),当然也有的时候称董其昌为宗伯,如"云间董宗伯玄宰、陈征君眉公,相国之高弟,而编修公执友也,折辈行与游"(《王奉常烟客七十序》);而钱谦益在明朝与清朝都担任过礼部侍郎(弘光时期担任了礼部尚书,但是那段历史很丢人,他自己都不愿意提及)吴伟业基本上很默契地称他为宗伯(从未称他为大宗伯),如"余定交于先生者三十五年,凡友朋之称诗者以百数,举其最,曰海虞钱宗伯牧斋、莱阳宋少司寇九青"(《龚芝麓诗序》)。

年，吴伟业如果真有此职务，那就有两种可能：一种是南明政权（隆武或者永历）给予的，另一种可能就是清廷准备授予吴伟业的官职。从情理上看，以李雯的身份，他的诗中出现的，显然后一种可能性更大，因为如果是南明政权授予吴伟业的官职，那是吴伟业的荣耀，值得大书特书，不太可能别人都不用，只有降清的李雯用。何况吴伟业跟着王时敏带头归顺，南明政权也不太可能给予他礼部尚书或侍郎的名分了。李雯用这个称呼，正与他此次太仓之行的目的有关。顺治二年吴伟业与王时敏率众薙发以示归顺，在江南多地激烈抵抗的背景下，显得极为醒目，相关信息当然会很快传入京城。清朝统治者正需要树立这样的正面典型，何况吴伟业还有复社党魁的身份，颇具影响力，且南明时期已经官至少詹事，升一级也就是詹事、侍郎，可以入阁了，而龚鼎孳、冯铨等吴伟业的旧日好友亦需要这样的同道，所以顺治三年赵弘文荐举吴伟业恐怕就不是他个人的"徇情市恩"。作为权力中枢的重要人物，李雯利用回乡葬父的机会，特地到太仓来面见吴伟业，联络感情，劝其出山，封官许愿，称之为"骏公宗伯"，①造成既成事实，揆诸情理，庶几近之。

可惜的是，李雯返京途中染病，不治而亡，吴伟业并未随后赴京，李雯赴太仓见吴伟业所承诺之事，不了了之，吴伟业仕清胎死腹中，内情就更不为他人所知了。但是这次见面埋下的火种，却渐渐旺盛。吴伟业频频梦见杏花盛开，便是这一心态下的产物。

顺治十年，吴伟业刚刚四十五岁，正是干事业的大好年华；何况，上一年，他一封信就让争吵不休的同声社和慎交社弥合了矛盾，今年三月份两社还一起坐下来谈社论艺、共推他为宗主，可见其声望、影响。这一年，卞玉京已经许身他人，随后卞发入道，"渠会永无缘"。这一年，吴伟业已经与太仓众人一道，在三月十九日给崇祯举行了公祭，写诗两首，极尽哀思。这一年，他专门去了南京，向荐举他的两江总督马国柱当面恳辞，理由是"白发双亲畏远游"（去年秋天他刚刚得到被荐举的消

---

① 吴伟业在给朱明镐作的墓志铭中说"君平昔所以忧余者，至今日始验"，这里的"今日"是指马国柱荐举他之时，这句话正可以反过来看，从顺治三年赵弘文举荐到四年李雯来访，朱明镐一直以来就知道梅村早晚会被朝廷录用。

息时，就曾有《上马制府书》辞却，理由是自己身体羸弱善病，"膏肓沉痼，狼狈不前，万难上道"，今年却能顺利来南京，所以只得换了理由）。这一年六月，他给父亲吴琨过了七十岁生日，请钱谦益写的寿序。① 也就是说，他家事已了，情事已了，前朝恩怨已了，该做的努力都做了，对所有人都有了交代，可以心安理得地悠然北上。

吴伟业进京，还有一个极好的理由，那就是送女儿去北京完婚。据吴伟业《亡女权厝志》记载，其仲女出生于崇祯十年"丁丑七月二十八日"，与陈之遴第四子容永（字直方）同龄。陈之遴，字彦升，号素庵，浙江海宁人，出生世家，崇祯十年榜眼，与吴伟业门当户对，又同在翰林院，所以陈祖苞（陈之遴之父，时任顺天巡抚，文中所称"中丞公"）跟伟业约为婚姻。顺治十年，双方儿女已经成人，到了应该成亲的年龄了（十七岁）。而这一时期，陈之遴则是新朝红人，先是追随多尔衮，然后转投顺治，从翰林院侍读学士，升任礼部右侍郎、尚书，加太子太保，于顺治九年达到权力巅峰，二月辛酉，入阁为内翰林弘文院大学士，四月份，龚鼎孳等吴伟业的旧友已经起复。在此背景下，新朝征召吴梅村，先是由两江总督马国柱于顺治九年遵旨保举地方人才、疏荐，然后是顺治十年初礼部侍郎孙承泽疏荐吴伟业堪备顾问之选，顺治十一年正月，大学士冯铨等人再次疏荐吴伟业等"俱堪擢用"。

尽管双方没有留下文字证据，但是按照人之常情，吴伟业送女北上成亲，哪怕跟征召没有任何关系，事先自然会跟陈之遴多次沟通，或书信往来，或遣人协商。在这沟通过程中，身处权力中心的陈之遴，怎么可能不提及吴伟业的政治前途问题，更不会不尊重吴伟业的意见，擅自做主，剥夺其隐居的权利，强行征召他入京为官。实事求是地说，吴伟业说自己事先根本不知道征召的事，还是什么根本不认识的黄姓总兵告诉他的，事发突然，为此他还特地跑到南京去，找马国柱辞却推荐，并写诗作词，一再表示自己不愿应召，甚至为此大病一场，事后也反复强调自己是被逼无奈、内外交困（外，上有朝廷，中有朝中大臣，下有地方官员，长虑"收者在门"；内，上有七十岁的老父亲，"老亲惧祸，流涕催

① 钱谦益：《牧斋有学集》卷二十四，《吴封君七十序》，上海古籍出版社 1996 年版，第 947 页。

装",下有数十口家人嗷嗷待哺,"尽室更谁依"),不得已才屈服进京,哪怕出发之前都是决心不做清朝的官的,即使到了北京也说什么希望"白衣宣至白衣还"。这样的表态,恐怕是不太可信的。

值得注意的是,吴伟业北上途中曾作有《寄房师周芮公先生四首并序》,很有可能是作于镇江,因为他的功名起点是乡试中举,房师为时任镇江推官的周廷鑨,乡试结束后吴伟业曾经到镇江拜谢了这位房师。这次被朝廷征召,周廷鑨亦在被征之列,"师以同征,独得不至",所以到了镇江,他触景生情,特地给"房师"写诗言志,诉说衷肠,一方面辩解自己是被逼无奈,"但若盘桓便见收,诏书趋追敢淹留",另一方面是说明自己被荐不是自己想做官,而是朋友们不放过他,"巨源旧日称知己,误玷名贤启事中"。他临终前还说,他之所以仕清,是因为"同事者有借吾为剡矢,吾遂落彀中,不能白衣而返矣"(《与子暻疏》)。综合吴伟业本人的文字可知,并不是清朝权贵要摧毁吴伟业的遗民领袖形象,而是他的旧日朋友们在新朝掌权了,拉他下水。至于是不是吴伟业本人主动想要下水,朋友们成全他,吴伟业肯定是不承认的。只是从清初实际来看,新朝汉臣拉帮结派固然属实,为了拉帮结派而对旧日朋友威逼利诱乃至于"但若盘桓便见收",恐怕是言过其实了。

吴伟业是个心事重、没主见的人。说他早就存心做贰臣,可能是冤枉他,但说他宁死不屈坚守气节,铁心做遗民,恐怕也未必。某种意义上说,他是愿意出仕新朝的,可是也顾虑舆论,左右为难。苍雪、侯方域等人劝他时,他信誓旦旦坚守节操;李雯、陈之遴等人劝他时,他又欣然答应仕清。最终答应出山时,他言语之间反复为自己辩解,不断强调乃至夸大外在因素,以求得自己内心的安慰与平衡。

顺治十年九月,在三弟伟光等人的陪伴下,吴伟业带着一大家子三十余口,开启了浩浩荡荡的北上之旅。[①] 临行前,众多师友以诗赠行,其中特别值得注意的是太仓同乡、两位著名学者陆世仪和陈瑚,分别写下了《五君咏送吴梅村太史北赴征车》和《次韵梅村自叹诗即用赠别》。陆世仪所咏五君为《汉桓荣》:"桓公富经术,遭逢作储辅。投戈息马时,讲

---

① 吴伟业作于北京的《病中别孚令弟》十首,其六有"北来三十口,尽室更依谁"之句。带着这么庞大的亲友团进京,根本就不像坚决不肯入仕新朝的样子。

论佐公府。金玉陈庭阶，车马充牖户。诸生毋惊讶，得力在稽古。"《唐王维》："右丞本静者，偶为时所噪。诗文走诸王，画理入神妙。竹洲花坞间，弹琴复咏啸。荣名非我期，富贵岂所好。"《宋宋祁》："子京天下士，风流自标举。对策魁大廷，声名动人主。湖山消半臂，秘院修前史。烛光帘影中，飘渺神仙侣。"《元刘因》："静修清介儒，处世特从容。当其拜命时，亦与鲁斋同。驱车京洛道，脱屣明光宫。岂必箕颍侧，乃征高尚风。"《明杨维桢》："铁崖旷代才，众情所共颣。虽当鼎革际，光采独照耀。使臣日边来，征车勉赴召。前王在史策，藉手以上报。"①

陆世仪精心选择五位历史名人作为歌咏对象，耐人寻味。这五位的经历与吴伟业都有某一方面的类似之处，也都有值得梅村借鉴或者引以为戒的地方。汉代的桓荣是位学者，曾为太子师（梅村也担任过东宫讲读），王莽篡权天下大乱，他选择入山隐居、教读为生；王维诗才高妙、兼工书画（与梅村类似），可惜安史之乱中被逼担任了伪职；宋祁考进士本为第一（梅村会试第一），后让第一给兄长宋庠，自己终身事业，主要在修史，是《新唐书》列传部分的主要撰稿人；刘因为著名学者，其家世为金朝重臣，虽应元朝征召，却以教授为生，以传播儒家思想、复兴汉家文化为己任；杨维桢是元末明初著名诗人，即使被逼征召至京，也只是参与修史书，不接受官职，所谓"白衣宣至白衣归"。陆世仪借古讽今，意思很明确，希望梅村即使不得已应召，也不要接受新朝授予的官职，尽量争取全身而退，当然如果是为前朝修史，或者以文化人、防止以夷变夏，那样的工作是可以承担的。

陆世仪的想法，既有理解、宽容，也有期望、要求，代表了当时绝大多数遗民的心声。陈瑚《次韵梅村自叹诗即用赠别》也表达了类似的意见："先朝全盛久辞官，屡诏何当行路难。春色玉鞭回首暗，秋风衣带渡河宽。避人漫倚金门下，投老还求鉴水干。明月画船箫鼓待，早成青史拂黄冠（先生有铁崖之志，故云）。"②由陈瑚的赠别诗可以看出，吴伟业出发之前，主动表现出来的立场、态度，是让人满意的，符合众多遗民的

① 陆世仪：《桴亭先生诗钞》卷四，《清代诗文集珍本丛刊》集部，第62册，第127页。
② 陈瑚：《确庵文稿》卷二，《四库禁毁书丛刊》集部，第184册，第226页。

期望。可是，正如他回复侯方域的信中自矢"必不负良友"一样，①吴伟业总是正面的表态很容易，可实际结果往往是一再让步。平心而论，以道德相尚的知识分子阶层，太容易相信官场中人的口头承诺，也太宽容。当然，即使不宽容，又能如何？历史总是惊人的相似，令人唏嘘。②

在应召北上之前，吴伟业是遗民的旗帜、标杆，身隐而道愈彰，而遗民们对自己树立起来的偶像期望值也就相应地比较高。一旦吴伟业应召北上，不管是否仕清，这一选择已经让他身价大跌。期望值与实际效果之间落差越大，吴伟业所担负的压力也就越大。著名遗民诗人胡介在吴伟业进京任职前所作的《送吴梅村被征入都》四首，可为代表。其一："海外黄冠旧有期，难教遗老散清时。身随杞宋留文献，代阅商周重鼎彝。满地江湖伤白发，极天甲兵忆乌皮。重来簪笔承明殿，记得挥毫出每迟。"其二："幕府征书日夜催，宫开碣石待君来。归心更度桑乾水，伏枥重登郭隗台。花萼春回新侍从，风云气隐旧蓬莱。暮年诗赋江关重，输却城南十里梅。"其三："一樽雨雪坐冥濛，人在汪洋千顷中。老骥犹传空冀北，春鸿那得久江东。榛苓过眼成虚谷，禾黍关心拜故宫。我亦吹箫向燕市，从今敢自惜穷途。"其四："碧海黄尘事有无，此来风雪满燕都。遗京节度新推毂，盛世朝廷倍重儒。花暗凤池思剑珮，春深虎观梦江湖。悲歌吾道非全泯，坐有荆高旧酒徒。"③四首诗，对吴伟业自以

① 方濬颐《二知轩文存》卷九《书侯朝宗与吴骏公书后》说"行不顾言，君子耻之。吾不知是书之作，作于两朝应举之前乎，抑作于两朝应举之后乎？作于应举之前，犹可曰吾身未出也；作于应举之后，己则不贞而顾嗤东邻之寡为西家之健妇，独不虑其反唇相稽耶？评者曰：余见学士复侯子书，自矢云必不负良友，然则是书之作必在应举之前无疑也。以二十年文字深交，遘罹国变，方羡其披裘杖藜，栖迟海滨，身隐而道弥彰，乃有重臣推毂之事，因虑出处观望，自此而分陈三不可二不必之说，为学士剀切言之，称为前代遗老、尊为天下哲人，期之以清修重德、万世瞻仰，生之为学士谋者可谓忠"（页十三，光绪四年刻本）。

② 更明显的例子是，明朝灭亡，梅村与愿云和尚（当时还叫王瀚）"相约入山"，结果他"牵率不果"，王瀚如约出家；到四十岁了，愿云提醒他"以两人年逾不惑，衰老渐至，世法梦幻，惟出世大事乃真实学道一着，不可不勉"，他又承诺"不负吾师言，十年践前诺"；十年后，五十岁了，愿云再次提醒他"半百定将前诺践"，他再次爽约，一会儿狡辩说"时方丧乱，衰病无家，顾以高堂垂白，不能随师以去"，一会儿说自己"自惭钝根，无以追随参学"。这些情况，当初许诺的时候，就未曾考虑过？既然这样，当初为什么要承诺？梅村轻然诺、重生死，言而无信，不一而足。对侯方域的劝告亦是如此，接到信件，很轻率地表态、发誓"不负良友"，转眼就以实际行动背叛，事后再表示悔恨，并将责任推给别人，"死生总负侯嬴诺"（自注：朝宗贻书，约终隐不出，余为世所逼，有负宿诺，故及之）。

③ 胡介：《旅堂诗文集》，《四库全书未收》第七辑，第20册。

为艰难痛苦的选择，没有丝毫的安慰、理解、同情，基调是嘲讽，夹杂着批评，以及高高在上的道德优越感。著名遗民、山人阎尔梅得知吴伟业应召出山，更是直接移书指责："顺治十年癸巳，五十一岁，在狱中。孙氏心仿云：'按，是年吴梅村应诏出，补祭酒，山人移书责之，见《蹈东集》。'一同按：此孙心仿所引，未知《蹈东集》今存否。"①甚至吴伟业弟子中，也有反对的声音。吴伟业《送何省斋》诗中曾记载，自己在京期间"忽接山中书，又责以宜退"，程穆衡笺注曰：尔时昆山葛芝及公门人朱汝砺辈皆尝致书规劝。②

当然，在太仓送别的队伍中，不同的人，想法、态度是不一样的。"太仓十子"之一的黄与坚，在送行诗中流露的情感与他人就有明显的区别，堪称另一类的代表。《送吴梅村学士北上》："秋晖满林谷，兰椒被层冈。红泉映碧树，猎猎吹寒霜。万物各有时，何况推行藏。轻装发京口，凉飕满牙樯。高山郁崔嵬，淮水流汤汤。驱车事行役，鸿雁相翱翔。良朋为相送，绮席罗珍馐。小子前赋诗，凄然不成章。功名与意气，千秋感衷肠。廊庙需盐梅，苍生慰遥望。愿言保嘉德，功成还故乡。"全诗没有任何的批评、指责，而是理解（万物各有时，何况推行藏）、支持（苍生慰遥望、功成还故乡）、不舍。在吴伟业北行途中，这样的声音并不少见，比如淮安嵇宗孟《送吴骏公太史》"负弩莫教虚五辈，谢安出亦为苍生"，③把吴伟业变节仕清比喻成为了苍生百姓而东山再起的谢安，虽然不伦，但是却给了梅村极大的安慰。

至于同样作了贰臣的那一群人，他们的反应就更不一样了，比如钱谦益《送吴梅村宫谕赴召》："清和黄叶满平芜，月驾星轺肃首途。病起恰逢吴八月，赋成还比汉三都。香炉烟合朱衣在，宫扇云开玉佩趋。花院槐厅多故事，早传音信到菰芦。"④全是安慰、肯定、鼓励、期待，觉得吴伟业此去，以其文学才华、社会影响，不但可以像左思《三都赋》引发洛阳纸贵一样名满天下，甚至可以青云直上、官居槐厅、入阁为相。这样

① 鲁一同编：《白耷山人年谱》，民国刻本。
② 程穆衡等：《吴梅村诗集笺注》，上海古籍出版社1983年版，第547页。
③ 嵇宗孟：《立命堂二集》卷四，《四库全书存目丛书》集部，第245册，第308页。
④ 钱谦益：《牧斋有学集》第五卷，上海古籍出版社1996年版，第240页。

的期许,和吴伟业的杏花梦境,就更切合得多。吴伟业在顺治七年做过杏花梦,接受钱谦益的安排去常熟见卞玉京后,与钱谦益的交往更加频繁,相互唱和、吹捧,也不是没有原因的。

　　文人圈子尤其是亲朋故旧中,对吴伟业理解、宽容的人占大多数,特别是当面送行、留诸笔墨,总还是含蓄、温厚的。可是社会舆论就不那么委婉了,那首传唱一时的"千人石上坐千人,一半清朝一半明。寄语娄东吴学士,两朝天子一朝臣",就是民意的代表。甚至连自己的好友、匠人、园林设计师张涟(吴伟业的梅村就是他设计的,伟业为他写有《张南垣传》),也有意无意地拿这件事讽喻他一下:一次,在王时敏家聚会,喝酒看戏,伟业点了《烂柯山》(讲朱买臣与崔氏的),剧中有张石匠(伟业有意借此来嘲讽张涟的,张氏造园擅长叠石),演员为了避讳,唱到此处有意改成李石匠,伟业听到故意把扇子一敲,表扬演员"有窍"(乖巧懂事),等唱到后来指斥崔氏"姓朱的有甚亏你"时(朱买臣是主人公,改不了词),张涟也拿扇子一敲,假装批评演员"无窍"(伟业做了贰臣,对不起姓朱的明朝皇帝),害得梅村坐不住赶快逃席。这个故事在当时广为流传,演绎出很多版本,黄宗羲《张南垣传》、钱泳《履园丛话·太无窍》、王应奎《柳南续笔·南垣善谑》、顾公燮《消夏闲记摘抄·吴梅村被嘲》等,都有记载。虽然是朋友之间的斗嘴,可是文人们争相传诵背后,体现出的正是对梅村出仕清朝的贬低与嘲讽。

　　在所有人之中,总是亲人最温暖。吴伟业北上途中,三弟吴伟光一直陪着,送到了镇江。兄弟两人登上北固楼,黯然告别,吴伟业有《江楼别幼弟孚令》"野色沧江思不穷,登临杰阁倚虚空。云山两岸伤心里,雨雪孤城泪眼中。病后生涯同落木,乱来身计逐飘蓬。天涯兄弟分携苦,明日扁舟听晓风"之作。这位比吴伟业小十来岁的三弟,对长兄极为尊重、爱护。吴伟业入京后一直不顺利,被晾在那里,等待授官,郁郁寡欢、忧思成疾,伟光得知消息,冲风冒雪,立即赴京探望,"往来几半载,辛苦不须论"。伟业临别之际又想到去年冬天在镇江分别的情形,《病中别孚令弟》中说"昨岁冲寒别,萧条北固楼"。

　　除了兄弟,师生之情亦有可感之处。吴伟业的弟子、王时敏第五子王抃陪同老师到了苏州,并一直关注其行踪,有《扬州次梅村夫子韵》:

"牙门置酒宴公卿，锦韀雕鞍命北征。缚绔健儿谁转战，借筹策士总虚名。百年洛蜀关时运，六代烟花兆甲兵。击楫中流无限恨，夜阑欹枕听江声。"①扬州是南明政权的门户，南明政权将所有希望寄托在史可法以及他所统领的江北四镇上。吴伟业到了扬州，回顾往事，作《扬州》四首。王抃所和为其第三首："尽领通侯位上卿，三分淮蔡各专征。东来处仲无它志，北去深源有盛名。江左衣冠先解体，京西豪杰竟投兵。只今八月观涛处，浪打新塘战鼓声。"师徒二人不约而同，都将批判的矛头指向了晚明党争和贪权逐利的刘泽清、刘良佐、许定国等人。

从扬州北上途中，吴伟业一方面寻访古迹、借古抒情，另一方面探访旧友、诉说衷肠。这段时期，是梅村诗词创作的高产期，从家乡出发，沉闷了几天，到了镇江后，频频游览，于是有《满江红·蒜山怀古》（蒜山，又称算山，昔以为诸葛亮与周瑜协商抗曹之处）、《读杨文骢旧题走马诗于邮壁漫次其韵二首》（南明时杨龙友曾督兵京口）、《寄房师周芮公先生四首并序》（吴伟业乡试结束后，曾到镇江拜访时任镇江推官的房师周廷鑨）、《江楼别孚令弟》（吴伟光护送兄长全家北上，至镇江而别，兄弟俩曾同登北固楼）等作品。渡江到了扬州，作有《扬州》四首、《过维扬吊卫司马紫岫》（卫胤文为吴伟业辛未进士同年，南明时监军扬州，扬州城破，投水死）、《高邮道中》四首等作。

从扬州沿着运河北上，到达淮安，先后有《清江闸》（诗中强调"我非名利客"）、《过姜给事如农》（姜埰为梅村的进士同年，准备回山东迎接母亲，因为战乱道梗，停留在淮安，梅村赠诗，如农有《淮上逢娄东友贻诗却和》，《敬亭集》卷三）、《赠淮抚沈公清远》《淮上赠嵇叔子》（嵇宗孟回赠《送吴骏公太史》）、《过淮阴有感》《过东平故里》《黄河》《新河夜泊》《桃源县》《过古城谒三义庙》《白洋河》《胶州》《远路》《下相极乐庵读同年北使时诗卷》《过宿迁极乐庵晤陆紫霞年兄话旧有感》《云液草序》《下相怀古》《白鹿湖陆墩诗》《旅泊书怀》《过南旺谒分水龙王庙》《临清大雪》《阻雪》《途中遇雪即事言怀》《夜宿阜国》《过昌国》《任丘》《过郑州》《自信》《打冰词》《再观打冰词》等。通过这些作品排列这段时间其

---

① 陆次云：《皇清诗选》卷十八"七言律"，康熙刻本，第51页。

行程可知,从苏州、镇江,过江到扬州,沿运河北上,经淮阴、宿迁,然后进入山东境内,从河北再入京,每到一处,均有作品,纪程、抒情、怀古咏今,不断强化自己怀念故国、被逼北上、惭愧内疚、痛不欲生的忠臣形象。特别是《过淮阴有感二首》:"落木淮南雁影高,孤城残日乱蓬蒿。天边故旧愁闻笛,市上儿童笑带刀。世事真成反招隐,吾徒何处续离骚。昔人一饭犹思报,廿载恩深感二毛。"其二:"登高怅望八公山,琪树丹崖未可攀。莫想阴符遇黄石,好将鸿宝驻朱颜。浮生所欠止一死,尘世无繇识九还。我本淮王旧鸡犬,不随仙去落人间。"说得极为诚恳沉痛,其他诸如"惭余亦与山公札,抱病推迁累养生""长安冠盖知多少,头白江湖放散人""征车何用急,惭媿是无能""萧条故园树,多负向山庐"等等诗句,也都表明了自己不愿仕清、悲惭交加的态度。也许,不断的辩解,言语的暗示,反复的强化,形成条件反射,说不定他自己也觉得应召北上真的是被逼无奈的了。[1]

第二节　等待授官

吴伟业放弃名节、应召北上,到达北京后继续做表面文章,表达他希望朝廷允许他"白衣宣至白衣还",在《将至京师寄当事诸老》诗中,自称"遗老",以巢父、许由、商山四皓自居,"今日巢由车下拜,凄凉诗卷乞闲身",恳请朝廷"早放商山四老归"。这也正常,曹魏篡汉,曹丕当皇帝,至少还得辞让三回呢,历代禅让,莫不如此。不但皇帝,臣下亦当如此。即使是承平之时,即家拜相,也得上表辞却,不好应命即起的。

实际上,吴伟业对朝廷征召寄予了极高期望,陈名夏、陈之遴、龚鼎孳、孙承泽、曹溶这些明朝时期资历比他浅、影响比他小、地位比他低的朋友,降清后均已位列九卿甚至入阁为相,李雯当初来太仓可是称他为宗伯的,何况他在明朝就"议者谓旦夕入相",这次朝廷征召,好歹也要

---

[1] 赵园《明清之际士大夫研究》论明末清初士论之苛刻,鞭辟入里,切中肯綮,吴伟业的所作所为,亦可看作是为了应对士论所不得已的举动。参见其第一章"易代之际士人经验反省"第一节"戾气"之"仁暴之辨""生死"等相关内容。北京大学出版社 1999 年版。

有个符合其身份的安排吧。可是出乎吴伟业意料的是,由于他拖延了几个月,朝中政治形势已经发生了很大的变化,他的主要倚仗陈名夏已经失势。因此,他到了京城,预想中的任命、辞官、敦请、勉强接受等情节并没有出现,朝廷并没有授予他官职,他无官可辞,这搞得他进退两难。在晾了他大半年之后,顺治十一年十月十七日,方才授予他翰林院侍讲的职衔(正六品),这比他在崇祯朝的职务还低(崇祯十五年,朝廷授予吴伟业左谕德兼翰林院侍读,从五品,南明时是少詹事,正四品)。对这样一个低阶官职,吴伟业并未辞却,而是直接上任,开始了为期三年的仕清之旅。在等待授官的这大半年时间里,他主要的活动就是不断结识各式各样的现任官员(包括不同政治立场),为自己将来从政铺平道路。这一过渡时期,正是理解前后两段的最佳切入口。

吴伟业举家北上,虽然人口众多、到处逗留、行程迟缓,刻意表现出一副磨磨蹭蹭而不是迫不及待的样子,但是他自崇祯十年九月离家,还是在年底之前已经到达北京。依据吴伟业本人创作的相关作品,以及谈迁作为当事人的记录,可以梳理出吴伟业等待授官期间这近一年的主要活动如下:

吴伟业进京后首先是广泛交往各类官员,尤其是深受皇上器重的上层官员。他一到京城,立即与当时炙手可热的陈名夏联系见面。陈名夏(1601—1654),字百史,江南溧阳(今江苏省常州市溧阳市)人,崇祯十六年会元、探花及第,授职翰林院编修。李自成入京时,陈名夏曾入大顺政权弘文馆,后降清,"谄事多尔衮",超擢吏部侍郎,顺治五年升任吏部尚书,多尔衮死后他又投靠顺治,继续深得重用,顺治八年授弘文院大学士,十年复授秘书院大学士,兼署吏部尚书事。陈廷敬《吴梅村墓表》说:"本朝初,搜访天下文章旧德,溧阳、海宁两陈相国共力荐之。"可见,陈名夏(溧阳)是积极推动吴伟业复出的重要人物,他也具备推动吴伟业复出的资格。陈名夏为复社骨干,是崇祯十五年虎丘复社大会的重要组织者之一,更是清初朝廷南党领袖,龚鼎孳、陈之遴、曹溶等人奉之为核心。他与吴伟业虽然年岁相仿,但是吴伟业出道更早,崇祯四年即已高中榜眼,所谓翰林前辈。可是,入清之后,又另当别论了。所以,顺治十一年春天吴伟业拜见陈名夏,奉上《陈百史文集序》作为见面礼,该文语言极为谦卑,评价多有虚美,所谓"溧阳陈先生以诗古文词名海内者二十余年,余也草野放废,未尝一及先生之门,先生顾寓书余曰:'吾集成,子为我序之。'夫先生之文,衣被四海,乃于三千里外,欲得穷老疏贱者之一言,此其通怀好善,诚不可及,而余则逡巡未敢也。今年春,始进谒于京师,会先生刻其集初就,余得受而卒读,凡诗文若干卷,不揣为之序",恭维说"今国家鼎新景运,皇上亲儒重学,而先生膺密勿心膂之寄,高文大册,咸出其手",赞美"先生勤劳经国大业,能出其余力为文章,且自文宪公后三百年来,绍修绝学者不过数家,剽窃摹拟,抽青媲白者,榛芜塞路,先生慨然起而厘正之,此其视文宪为尤难也已。余既序先生之文,因以正告天下,俾知大雅复作,斯文不坠"云云,不但文字肉麻,尤其是将陈名夏比作明朝开国文臣之首的宋濂,甚至还在宋濂之上,作为明朝大臣,这样阿谀奉承,极其不堪。

值得注意的是,从吴伟业所作序言语气来看,仿佛是陈名夏先联系他,请他为自己的文集作序的,可是陈名夏的《答吴骏公先生》却不是这样说的,书云:"夏读先生制义,窃妄意先生必能为震川之古文,恨无由相见,一快平生所爱慕,而仅从云子(李按:朱隗,字云子,长洲人,有《明诗平论二集》)所选《诗平论》得先生吟咏数章,庶几大雅复作矣","又恨前此未能因云子尽发先生所为文,惟待异日奉杖履请教耳。乃先生不我遐弃,称引拙文,实发胸怀,何以得此于先生耶?……岂非知己之言重于金玉耶!先生家居,著述自娱,日望惠教,而夏亦求先生一序言,述其所以,庶几古人未面之交尚有心相期许如今日娄江之与濑上也。"①可见,早在顺治三年,吴伟业就主动示好,称美陈名夏之文,而且是他主动联系陈名夏的(陈名夏的信件是"答"就很说明问题)。陈名夏倒是有些受宠若惊、不知所措了,所以顺水推舟请吴伟业作序(这也正说明顺治四年元宵节李雯与吴伟业聚会背后,有着更丰富的内涵)。可是在野的遗民领袖私下里称美新朝红人则可,要公开作序,吴伟业就犹豫了,所以直到顺治十一年投奔新朝,没有了遗民表率的身份牵扯,才可以毫无顾忌将这篇序文献上。可惜的是,这个时候大形势已经变了,陈名夏本

① 陈名夏:《石云居文集》卷十五,顺治三年刻本,《四库全书存目丛书补编》,第55册,第255页。

人都危在旦夕、自顾不暇,吴伟业的这一份序言也就失去了他期望的价值。

随着陈名夏于顺治十一年三月被绞死,与陈名夏关系密切者均被纠弹。最典型的是,顺治十一年四月庚申朔,癸酉,"谕都察院科道等官,朕览今日言官,纠参章疏,都牵连陈名夏,或曰名夏亲戚,或曰名夏党与,似此纷纷,举朝几无善类矣。尔等言官既有真见,何不言于名夏未发觉之前? 乃因其已经正法,辄吹求无已,成何政体,殊非朕虚怀纳谏之意。以后论人论事,只许指实直言,不许再借陈名夏亲戚党与进奏。如有违犯者,定行重治,绝不轻恕。"①在这样的背景下,陈名夏力主推荐的吴伟业,就陷入了进退两难的境地,何去何从,颇费思量。

以吴伟业一贯稳妥的做事风格,和他对政治形势的深度了解(何况还有亲家陈之遴这样的内应介绍情况),他当然会有两手乃至多手准备。比如他在向陈名夏恭送序文的同时,又用自己的诗歌才华,频频跟北党的领袖刘正宗、冯铨等人套近乎。有一系列的诗作为证:顺治十一年正月初十,诏罢江南织造,②刘正宗为这一善政欢欣鼓舞,写诗《诏罢江南织造恭纪》吹捧圣上,③吴伟业立即也写一首《闻撤织造志喜》(其好友龚鼎孳立即响应,来一首《和吴梅村宫坊闻撤织造志喜》,扩大其影响);正月三十是顺治生日,刘正宗侍宴,回来写诗纪恩,《正月晦日万寿节侍宴纪恩》,吴伟业立即和上一首,《恭遇圣节次安丘刘相国》;二月初二,"朝日御东郊,上亲诣行礼",刘正宗有《朝日陪祀》诗,吴伟业也要写一首《朝日坛》。④ 说实话,吴伟业刚刚进京,没有一官半职,如果真想着"白衣宣至白衣还",那就应该静静地坐在寓所里,找机会回去。裁撤江南织造也好,顺治过生日也好,拜祭朝日坛也好,跟他没有丝毫关系,凑什么热闹? 刘正宗身在其位,参与其事,写诗颂圣自是必然,吴伟业过去与刘正宗并不相识,这时候却与刘正宗和这样的诗,俨然他也参与了这些活动似的,还搞得路人皆知,明白无误地边

---

① 《清实录》三,顺治十一年四月至五月,中华书局 1985 年版,第 650 页。
② 《清实录》三《世祖章皇帝实录》,顺治十一年正月,中华书局 1985 年版,第 629 页。
③ 该诗以及下引两诗,见刘正宗《逋斋诗》,《四库未收书辑刊》第八辑,第 16 册,第 299 页。
④ 《扶轮广集》该诗题下有注:次安丘刘相国韵。

表忠心边拉关系。

另外,刘正宗《逋斋诗二集》中还收录了《题南生鲁六真图》(卷一),吴伟业亦作有《南生鲁六真图歌并引》;刘正宗有《送霍鲁斋治兵嘉禾二首》(诗下有注:鲁斋先任江抚又按闽省。卷二)等作品,可见他与霍达亦有交往。而霍达是吴伟业的进士同年,刚去浙江上任,吴伟业就去拜访,作有《嘉湖访同年霍鲁斋观察》;这个时候(顺治十一年到十二年),霍达先后任太仆寺、太常寺、大理寺少卿。可见,两人在京城应多有交集。

除了刘正宗之外,这一时期冯铨也颇受顺治重用。如果说陈名夏是南党领袖,冯铨即是北党核心,顺治重用冯铨,实际上是防止汉臣南党独大,要用冯铨来做平衡。顺治十年三月,"癸巳,上幸南院,览各省官员奏章。召原任内翰林弘文院大学士冯铨入见,问铨年岁几何,某科进士,及历升官品。是夕,召铨同内院大臣洪承畴、范文程、额色黑、陈名夏入宫,问翰林官贤否,曰:'朕于翰林官躬亲考试,文之优劣毕见,可以定其高下矣。'铨奏曰:'皇上简用贤才,亦不宜止论其文。或有优于文而不能办事、行己弗臧者,或有短于文而优于办事、操守清廉者。南人优于文而行不符,北人短于文而行可嘉。今兹考试,亦不可止取其文之优者而用之,文行优长、办事有能者兼而用之,可也。'上曰:'铨之言,是也。'"①冯铨的意思很明白,就是南党长于写文章、说大话,为人既不行,且不能干实事,而北党虽然文采不足以抗衡,但是品行敦厚、能办实事,这一认识深得顺治肯定。但是,顺治也不时敲打冯铨,顺治十年四月,戊午,"谕大学士冯铨曰:'人君用人,须空鉴平衡;人臣事君,宜去私秉公,庶上下交泰、治平可望也。尔冯铨曩不孚于众论,废置业已二载,今当图治之时,惟以尔才堪办事,不念前衍,特行起用,以期更新。自召至以来,谠论未闻,私心已露。如前日面议陈名夏等一事,尔之所对岂实心忠良之臣肯出此言耶! 况尔乃密勿大臣,今议一事如此,后来用人行政将何倚赖? 朕之素性,不执己见,不讳人过,尔明白具奏,以慰朕怀。'"②可见,顺治既承认冯铨才堪办事,但又对他结党营私,尤其是揪

①《清实录》三,顺治十年三月,中华书局 1985 年版,第 580 页。
②《清实录》三,顺治十年四月,中华书局 1985 年版,第 587 页。

住陈名夏不放也是有颇多不满的。

　　顺治帝充分利用汉臣南党北党之争驾驭群臣,吴伟业也善于在南党和北党之间找平衡,在北党中除了与刘正宗套近乎外,还接续上了与冯铨的关系。冯铨与吴伟业的恩师周延儒为进士同年、儿女亲家,关系非同一般,曾参与复社为了周延儒东山再起出力出钱,吴伟业这次进京,冯铨也特地上疏荐举。顺治十一年正月初九,"庚子,大学士冯铨等疏奏原任御史郝浴、吏科都给事中向玉轩、翰林王崇简、张天植、中书舍人宋征璧、定远县知县李人龙、故明词臣杨廷鉴、宋之绳、吴伟业、方拱乾、中书舍人陈士本、知县黄国琦俱堪擢用。下所司确议"。①

　　在冯铨推荐的这一批人中,既有北党心腹,也有南党骨干,两党之中都有不少人与吴伟业关系密切。比如北党的王崇简,吴伟业曾在《宛平王氏家谱序》中说:"惟敬哉王公以硕德钜望为时名公卿,且父子相继为大宗伯,当世尤艳称之。……先生辱与余游四十年,当其早岁擅名,为海内人士所推服,乃蕴隆之久而后遇,天之所以佑王氏而光大其堂构,诚有非偶然者。余晚与司空公同事禁苑,先生尝过邸中相劳苦,其交在纪、群之间,王氏孝友敦睦之教,余深知之,故先生家谱成,不远三千里属序于余,而先生之婿陈君来贰吾州,与余故有世谊。"吴伟业用纪群之交的典故说明吴氏与王氏感情深厚、世代友好,而王崇简也应命为吴伟业的嗣母张氏写了《吴母张太孺人墓志铭》:"大司成吴梅村先生闻嗣母张太孺人讣,于京邸躄踊惊号,待命奔赴,而以太孺人之铭委予。"可见两人关系亲密,交往多年,有"四十年"的"世谊"。再比如南党的宋之绳,他是陈名夏的溧阳同乡、儿女亲家。据宋之绳年谱记载"丁丑(崇祯十年),正月,至吴门。二月,去娄东,谒中丞冯留仙(李按:指冯元飏,字尔赓,号留仙,曾任天津巡抚),亦师事之。己卯,春,读书桃叶渡之鸥天馆。夏四月,与陈百史联姻。始,次子元正为同邑进士杨文中婿,文中女殇,至是百史来南中,因缔盟焉。"②吴伟业与宋劼、宋之绳父子二人均有交往,他在为费良佐撰写的墓志铭中说:"宋如园从塞上纳节归,相

① 《清实录》三,顺治十一年正月,中华书局1985年版,第629页。
② 宋之绳自编:《柴雪年谱》,民国抄本。

遇于金陵，屈指海内人物，笑谓余曰：'君未睹其不鸣不跃者耳。吾友费仲常，真有用士也。'余虽未获亲炙仲常，而游宋氏父子间，不知其人视其友，征于宋氏，则可以知费氏矣！"（《赠奉直大夫户部福建清吏司员外郎仲常费公墓志铭》）这里的宋如园指的就是宋之绳的父亲宋劼，万历癸卯科举人，累官至太仆寺少卿，有《如园诗集》二十卷，①其子宋之绳为崇祯癸未进士、榜眼，官翰林院编修，这次被冯铨举荐后，与吴伟业一样被任命为翰林院侍读，后升日讲官。吴伟业说他"游宋氏父子间"，与宋家父子交往之深，深到只要是宋家父子认可的人，他都觉得可信。这话不管真假，总是让人爱听的。

冯铨疏中举荐的其他人，诸如宋征璧、方拱乾、张天植等人，对吴伟业来说要么是旧雨，要么是新知，吴伟业的诗文集中都有与他们唱和交往的记录。

吴伟业这次进京，还跟真定梁氏家族加深了友谊。明清之际的梁氏家族，科第连绵，功名极盛。从梁梦龙开始，历经数代，长盛不衰。梁梦龙为嘉靖三十二年进士，出自名臣张居正之门，文武兼擅，累官至兵部尚书，同乡后辈、吏部尚书、东林党党魁赵南星对他极为推许。梁梦龙长子梁忠，武略将军；次子梁思，户部郎中；三子梁慈，镇国将军，锦衣卫指挥同知；四子梁志，中书舍人。梁志之子梁维枢（1587—1662），字慎可，号西韩生，崇祯时官内阁中书舍人、工部主事，入清后官至山东按察司佥事，其子侄如梁清标，崇祯十六年进士，考选翰林院庶吉士，入清后官至兵部尚书、保和殿大学士；梁清远，顺治三年进士，顺治十一年任大理寺卿、兵部侍郎，后官至吏部左侍郎；梁清宽，顺治三年二甲第一（传胪），官至吏部侍郎。钱谦益《有学集》卷二十八有《明柱国光禄大夫太子太保吏部尚书赠少保谥贞敏梁公墓志铭》："公讳梦龙，字乾吉，其先山西蔚州人，洪武初，徙家真定。……公生子四人，忠、思、慈、志，……忠生维本，礼科都给事中；思生维基，南雄府知府；志生维枢，山东武德道佥事；而维本之子清宽，维枢之子清远，今皆吏部左侍郎；维基之子清标，今兵部尚书。"可见梁氏家族之鼎盛。吴伟业说自己"交于梁

---

① 嘉庆《溧阳县志》卷十五，嘉庆十八年修光绪二十二年重刻本，第8页。

氏父子者二十年"，就是指梁维枢及其子侄辈。吴伟业与梁维枢的交往始于崇祯时期，梁维枢先为内阁中书舍人，后升任工部主事，"慎可以孝廉入中翰，余始识之，知其为赵公交"（吴伟业《雕桥庄歌序》）。入清后，梁维枢升任工部郎中，而吴伟业这次应召入京，两人再次见面，"余与公定交于先朝，比去京师十五年，宿素已尽，唯公迎阁握手，高谭尽日"（《金宪梁公西韩先生墓志铭》）。一个"唯"字，包含着无数难言的感激之情：吴伟业顶着巨大压力，冲风冒雪来到京师，不料形势急转而下，大半年时间进退不得，要么四处讨好，盼人援手；否则枯坐寓所，等待发落，处境极为尴尬。"唯"有梁维枢这位旧朝并无深交的世家子弟，不避嫌疑，毫无鄙视，"迎阁握手，高谭尽日"。所以吴伟业对梁维枢极为感激，所求无不答应，甚至主动献技。其《致梁维枢》信中说："承老年台骨肉之雅，委以弁言，方幸奉大刻为宠，何敢当厚赐耶？今以雅爱再三，敬拜蚕䌷，以识明德。序言当为新春试笔文字，不敢迟也。《碈桥行乐图歌》，摹写老年台风流意气，读之可亲可敬。少宰公长句之妙，沉雄顿挫，直逼少陵。弟览之技痒，亦欲以一歌相赠，但未知碈桥为何地，俟报谢时面悉之耳。敬楮布谢，不一。弟伟业顿首。"①据此可知，吴伟业欣然答应为梁维枢的《玉剑尊闻》作序，而且绝不拖延，拟于新春期间完成；同时主动请缨，要为他的《雕桥行乐图》再作歌诗一首相赠（图上本来应该已经有了"少宰公"的题跋，这位"少宰公"当是指吴伟业的好友、当时任礼部侍郎的孙承泽）。

梁家对吴伟业的信札和赠诗等极为珍惜，将相关作品装裱在一起，作为传家之宝。清代著名学者梁章钜自称与真定梁氏为同宗，曾收藏此图卷并作跋云："《吴梅村雕桥庄图卷跋》：右吴梅村先生为梁慎可金事所作，前图后诗，又缀两札，盖当时梁氏合装成卷。雕桥在真定城西，庄为前明太宰梁贞敏公别业，公名梦龙，字乾一，万历中由吏部尚书致仕，居此者十九年。其孙维枢字慎可，即诗序中之西韩生、跋中之水部公也。按：慎可以孝廉考授中书，荐擢工部主事，入我

---

① 王于飞编选：《吴梅村尺牍》，浙江古籍出版社 2020 年版，第 59 页。

朝由山东佥事乞养归。西韩河在雕桥之西十余里,经郡境归滹沱河,因此自号。其跋中称大司马、玉翁,即蕉林先生。考真定梁氏清宽、清远、清标兄弟相继为卿相,清宽、清标为给事中维本子,清远为佥事维枢子,皆前明吏部尚书梦龙曾孙。又考梅村所作《西韩生墓志》云,时高邑赵忠毅公以小选家居讲学,公执经往侍云云,《庄记》本为忠毅所撰,可证此诗中所称能交大父行,雅负名贤识者,非虚语也。比年所得蕉林收藏书画甚多,雕桥主人又与余同系出安定,故乐为之详记颠末,俾吾宗留一故实云尔。"①据此可知,吴伟业不但作了《雕桥庄歌》,还发挥了自己另一特长,为梁维枢画了《雕桥庄图》,如此盛情,可见两人关系之非同寻常。

吴伟业所赠之《雕桥庄歌》,前有长序云:"高邑赵忠毅公为《雕桥庄记》曰:'吾郡梁太宰有雕桥庄,在郡西十五里大茂诸山之东,前临滹沱、西韩二水,东为大门,表之曰尚书里,有楼曰莲渚仙居,有堂曰寿槐,槐可四十围,相传数百年物。太宰功成身退,徜徉于此者二十年。今其孙慎可读书其中,自号为西韩生云。'此忠毅家居时所作也。公后拜吏部尚书,视梁公以同郡为后继,竟因党祸戍代州死。慎可以孝廉入中翰,余始识之,知其为赵公交。寻以龃龉去,相别十余年。今起官水部,家门蝉冕,当代莫与比焉。余以其名山别墅,后乱独全,高门遗老,晚节最胜,雕桥盛事,自太宰以来,百余年于此矣,是可歌也,为作《雕桥庄歌》。"言辞之间既充满了艳羡之意,亦有无限感慨。

吴伟业赠诗中有云"今年相见在长安,据鞍却笑吾衰矣",②"相逢只有江南客,头白尊前伴老夫",正是两位老臣(其实两人年龄都不算大)久别重逢的真实写照。后来吴伟业借故回乡,隐居不出,康熙元年

---

① 梁章钜:《退庵题跋》卷下,光绪刻本,第 24 页。
② 吴伟业《梁水部〈玉剑尊闻〉序》:"水部真定梁公慎可,别十八年矣,今年春,再相见于京师。"《叶谱》第 276 页考订本序及《雕桥庄歌》作于顺治十一年春,依据为谢国桢《明清笔记谈丛》记载《玉剑尊闻》有顺治十一年赐麟堂刻本卷首有吴伟业序。杨碧云的硕士学位论文《吴伟业仕清心态考论》第 9 页据上海古籍出版社 1986 年版《玉剑尊闻》吴伟业序署"顺治乙未秋日年家弟吴伟业题",判定该序作于顺治十二年秋,则两人相见于顺治十二年春。

(1662)梁维枢去世,其子梁清远曾一再恳请吴伟业撰写墓志铭,①一方面是梁氏家族蒸蒸日上,而吴伟业虽然远离仕途但是文名日盛,另一方面也是其长期友谊的接续。

当然,在所有旧交故友中,吴伟业与陈之遴、龚鼎孳、孙承泽、赵开心等人往来应该是最为密切的。虽然吴伟业与陈之遴的集子中都少有两人这段时间往来的直接记载,但是吴伟业既然以女儿婚事为由,大张旗鼓带着一大家子来到北京,而且确实在顺治十一年秋天给两个孩子完婚了,②那么这中间肯定少不了多次见面商讨,包括方方面面的世俗应酬,虽有三弟从太仓赶来帮忙,不过他只能做做具体工作,负责筹备婚礼。至于龚鼎孳,更是吴伟业出山的积极推动者,所以吴伟业到京城后,除了共同应酬别人之外,他们两人之间的应酬作品最多,吴伟业集中就有《赠总宪龚公芝麓》《题龚芝麓寿序》《满江红·题画寿总宪龚芝麓》,包括《王郎曲》之作,也与龚鼎孳有关。而时任吏部右侍郎的孙承泽,亦是吴伟业仕清的重要推手,《叶谱》曾引用《清史列传》卷七十九《吴伟业传》:"(顺治)十年,吏部侍郎孙承泽荐吴伟业学问渊深,器宇凝宏,东南人才无出其右,堪备顾问之选。"作为吏部的主要官员,推荐、考核官员本为分内之举,何况吴伟业还是自己的进士同年,又是志同道合、一心为前朝编史的同好,③所以孙承泽对吴伟业评价极高(东南人才

---

① 吴伟业《金宪梁公西韩先生墓志铭》:"伟业奉先大夫之丧在殡,真定少宰梁公讳清远,排缵其尊人金宪西韩先生行事来告,……逾月,方伯佟公再以少宰之意来速铭,……孤子交于梁氏父子者二十年,先大夫所具闻也。梁氏方贵盛,知交故吏满天下,少宰不以假名公卿手,顾重趼三千里,固以属余,其谓笃老故人,知公之生平为悉也,敢终用服为解乎? ……公生于丁亥八月之二十九日,卒于壬寅年十月之六日。……余与公定交于先朝,比去京师十五年,宿素已尽,唯公迎阁握手,高谭尽日。……余投老荒江六年,衰病坎壈,倍于畴昔。公家英嗣皆以公故辱知余,余得栖迟闾里,苟视先人之饭含者,夫犹公赐也。"《叶谱》第 429 页引乾隆《江南通志》卷一百六《职官》,考证"方伯佟公"为康熙二年任江南省右布政使之佟彭年,并据《顾谱》载伟业之父吴琨去世于康熙二年(所谓"伟业奉先大夫之丧"),推断本文作于康熙二年。联系梅村"余投老荒江六年"之语,则庶几近之。

② 吴伟业《病中别孚令弟十首》其三:"十日长安住,何曾把酒尊? 病怜兄强饭,穷忙女营婚。别我还归去,怜渠始出门。往来几半载,辛苦不须论。"描述的就是吴伟业等待授官期间,因环境恶劣、郁郁成病,其三弟吴伟光因此赶到北京,代为操持婚姻大事,匆匆往返的情形。另外,吴伟业说女儿"年十八始礼成,归于相国子孝廉容永字直方。时相国守司农卿,而直方北闱得举"(《亡女权厝志》),乾隆《海宁县志》卷八"选举上",记载陈容永是以国子监生的身份,专经为《诗经》,参加顺治十一年甲午科顺天乡试中举的,可见是在顺治十一年八月乡试结束后不久,两个孩子举行了婚礼。

③ 孙承泽有《四朝人物传》《崇祯事迹》等关于明朝历史的著作,吴伟业亦有《绥寇纪略》《复社纪事》等反思明朝历史的作品,透过谈迁的记录可知,两人曾经交换过不少史料。

无出其右)也就是很自然的了。吴伟业进京之后，同样成了孙府上的常客，相互交换史料、讨论历史见解、品评书画古董，两人颇有知音之感。孙氏退谷成了吴伟业与其他友好欢聚的重要场所，比如曹溶《静惕堂诗集》(雍正三年刻本)卷十一有《春夕行北海少宰席上同梅村作》(顺治十二年)："娄东学士新应诏，文采何辞万人羡。丽句常追长信恩，得时敢诧黄金贱。"可见吴伟业刚入京孙承泽就为他举行了欢迎宴集。吴伟业除了专门撰写《退谷歌》相赠答谢外，在《题帖》《宣宗御用戗金蟋蟀盆歌》等作品中也一再提及孙承泽的收藏。赵开心与吴伟业同出李明睿之门下，"且余与赵公后先出李太虚夫子门下，往来向慕，故知夫人尤详"(吴伟业《赵母张太夫人六十序》)，[①]其子赵而忭亦与吴伟业有交往，《梅村集》中有多首作品与其相关，如《曹秋岳龚芝麓分韵赠赵友沂得江州书三字》《送赵友沂下第南归》《哭中书赵友沂兼简其尊甫洞门都宪》等。

　　吴伟业在京城还有一些旧交，过去不太引人关注，比如无锡邹氏家族。吴伟业《邹黎眉诗序》曾经回顾说："余与梁溪邹子介同举省闱者将四十年，子介之次子于度及其孙黎眉先后从余游，盖余之交于邹氏者三世矣。……于度大廷奏名第一，天乃丰其遇而啬之年。予以暇日过惠山，则黎眉所学大进，天才隽逸，……予初叹子介之不及见其子成进士，继又于京师哭于度，私心伤之，今乃知旧门长德，源远流长。"邹兑金(1599—1646)，字叔介，号子介，邹式金之弟，崇祯三年与吴伟业同举乡试，顺治三年去世，未及见次子忠倚考取状元；邹忠倚(1623—1654)，字于度，号海岳，顺治九年状元，顺治十一年年仅三十二岁即已去世，其时梅村正在京师等待授官。另外，邹式金所选《杂剧三集》曾请吴伟业作序，其子邹流绮号称是牧斋与梅村的弟子(邹仁溥《邹氏家乘》)。[②] 结合

① 钱谦益《有学集》卷三十三第 1188 页有《长沙赵夫人张氏墓碑》："长沙赵夫人，姓张氏，今御史大夫赵公开心之室，内阁中书舍人而汴之母，享年六十有九，龙集己亥，正月□□日，考终官舍之内寝。而汴扶柩北平，返葬南国。"可知张氏六十，当在顺治七年左右，吴伟业尚未仕清，但是与赵开心父子已有较深的交往。
② 邹漪，字流绮，他在《启祯野乘》中曾说："予发未覆额，即诵张先生制举义，顾以未得御元礼、识荆州为恨，然予获侍骏公夫子，犹之乎亲见天如先生也。"(卷七，页二十，崇祯十七年刻柳围草堂康熙五年重修本)可见，邹漪确实是跟随吴伟业学习八股文的。

吴伟业前文所说邹忠倚、邹显吉（号黎眉）两代人"先后从余游"，则吴伟业在入京之后，还是有不少故旧友好相往来的。

除了这些故旧之外，吴伟业还积极、广泛地与一些清朝新贵往来，比如时任工科给事中，后升至左都御史、吏部尚书、保和殿大学士的魏裔介。吴伟业集中有《读鄁城魏裔介怀古诗》，而魏裔介有《吴骏公赠余有"自是汉廷真谏议，萧王陌上赋东都"之句，赋此答之》（《舆舫诗》卷四），可见吴伟业对魏裔介评价之高和魏裔介对此评价之满意。另外，吴伟业还为魏裔介的选本《观始诗集》作过序。再比如顺治十一年四月，癸未，"命内翰林弘文院编修李昌垣、兵科左给事中刘楗为福建乡试主考官，户部主事李宗孔、工部主事蔡琼枝为四川乡试主考官，兵部郎中张凤抱、大理寺右评事顾贽为广东乡试主考官"。① 吴伟业再次运用自己的特长，写诗相赠，为众人送行。其集中有《送李书云、蔡阆培典试四川》《送顾蒨来典试东粤》《风流子·送张编修督学河南》等作品。再比如严沆，吴伟业有佚诗《寿诗》："玉映南屏著母仪，石麟摩出近彤墀。歌筹九节哀辞淑，谏草千章率训慈。东掖捧来多凤诏，西湖望去是瑶池。当年截发今还绿，锦帨长批宝树枝。"② 该诗见严沆编《德聚堂寿言·六袞寿言前集》，《德聚堂寿言》是朝野文士应严沆之邀，为其母"丙申六月初六"六十寿辰所作的诗文汇编（丙申为顺治十二年）。严沆为"西泠十子"之一，顺治十二年进士，选庶吉士，工诗擅画。从情理上看，吴伟业类似这样的应酬之作应该还有不少，只是后来在编辑自己的集子时，将这一类作品都放弃了。

除了达官贵人之外，吴伟业这一时期还广泛结交了一批未得志的文人，交往最多的当然是谈迁。鲁梦宇曾用图表详细统计谈迁从顺治十一年二月首次寻访吴伟业未果，到顺治十三年二月离开北京，共计与吴伟业有效沟通 32 次，"谈迁游寓北京的两年半时间里，平均每十天就会与吴伟业进行一次会面或交谈，通过拜访问候、借阅图籍、共论诗文、追述记录等方式，谈迁几乎将吴伟业看成了他在京期间最信任和最钦

---

① 《清实录》三，顺治十一年四月至五月，中华书局 1985 年版，第 652 页。
② 该诗《吴梅村全集》未录，为杨碧云的硕士学位论文《吴伟业仕清心态考论》首次披露。

服的历史讲述人"。①	这也成了研究吴伟业这一时期行踪、思想、情绪等的第一手资料，比如吴伟业被授予官职的具体时间和职务，谈迁都有第一时间的精准记录。

如果说这一时期谈迁因史学追求颇得吴伟业信任的话，那么胡介就是因为诗学才华而被梅村赏识的。顺治十一年春天，也就是吴伟业《送胡彦远南归序》所云"今年春，遇诗人胡彦远于长安"，"今年"指甲午之春，吴伟业刚刚到达北京，彦远即投书相见，故诗中有"此来风雪满燕都""我亦吹箫向燕市"之句。《旅堂诗文集》中《吴宫詹梅村被征入都奉投四首》，有"幕府征书日夜催，宫开碣石待君来"以及"重来簪笔承明殿，记得挥毫出每迟"诸句，写得极为婉转贴切，深得风人之致。当年秋天，胡介南归，吴伟业有《题河渚图送胡彦远南归》《送胡彦远南归河渚》（龚鼎孳有《胡彦远南归武林，吴梅村、纪伯紫各有诗赠别，漫步原韵》二首）等诸多赠别之作，足见吴伟业对其赏识。

尽管吴伟业在京候补期间郁郁不得志，但是仍有不少文人主动前来拜访，比如清初著名小说家、戏曲家丁耀亢（有《续金瓶梅》之作），就曾慕名叩关，其《上吴骏公先生，时掩关都门候补》二首，根据集子中作品的排列次序，该诗在顺治十一年立秋和重阳节之间，其一："羽仪一代仰嶙峋，龙卧沧江梦几春。欲为汉唐存逸史，须知元魏少传人。云高秋尽山难出，鲲化涛枯海易驯。不得赤松招大隐，出林黄绮自天民。"其二："山川不隔古人心，雨雪中原梦入林。东海鲁连伧夫老，北床陈轸越吟深。从无廊下春堪赁，似有溪头钓可寻。○○三间问渔父，西山苍翠晚云阴。"②可见他对吴伟业仕清没有什么偏见，哪怕他已经在京城等待授予官职了，丁耀亢还是很理解他，给予了他很高的评价。

其实，在京等待授官的这大半年时间，是吴伟业一生中最为难熬的时光。从顺治九年到顺治十一年，政治形势发生了巨大的变化，以陈名夏为代表的南党，由炙手可热到一败涂地。陈名夏本人于顺治十一年三月被绞杀，罪名即是市恩欺罔、徇私植党、滥用匪人，刚刚来到京城的

① 鲁梦宇：《〈北游录〉的编写方式及吴伟业言谈考辨》，《古籍整理研究学刊》2020 年第三期。
② 丁耀亢：《椒丘诗》卷一，《清代诗文集汇编》，第 13 册，第 386 页。

吴伟业就是陈名夏力主推荐的,是不是"匪人"、属不属"植党"? 此前不久,吏部侍郎孙承泽已经被迫辞官、隐居退谷;同年,龚鼎孳被连降数级、一贬再贬,甚至被赶出京城、远赴广东,吴伟业作有《送旧总宪龚公以上林苑监出使广东》;接着,赵开心亦因为受陈名夏案牵连,由左都御史降补太仆寺卿;其后,曹溶亦被贬广东,吴伟业有《送曹秋岳以少司农迁广东左辖》。陈之遴也被弹劾,说他与陈名夏结党营私,被以"巧饰欺蒙"罪论死,尽管顺治帝赏识他的才华,也不想过多地株连(其实,哪怕处死陈名夏,顺治帝也是不太情愿的,只是迫于形势,不得不牺牲掉他),陈之遴也及时站队,上疏弹劾陈名夏,以此换取自己的暂时安全,但终究势单力薄、自顾不暇,被降级、罚俸。在这样的背景下,与之联姻的吴伟业的处境可想而知。

这种进退两难的尴尬境地,令吴伟业无比痛苦。更尴尬的是,这种愁苦,他还无法与人言说,只能不断地写诗向他的三弟倾诉,"此意无人识,惟应父子知"。他对自己的人生选择极为后悔,"似我真成误,归从汝仲兄。教儿勤识字,事母学躬耕。州郡羞干请,门庭简送迎。古人亲在日,绝意在虚名";对眼前的现状极为感慨,"客游三月病,世路一生难。忧患中年集,形容老辈看";对不可知的未来极为悲观,"万事愁何益,浮名悔已迟。北来三十口,尽室更依谁"(《病中别孚令弟十首》)。经过了这一段时间的煎熬,后来哪怕被授予官职了,他也心有余悸,再三表示"拙宦真无计,归谋数口资","东庄租苟足,修葺好归家"(《再寄三弟二首》),一心想着脱离宦海风波、早日归家隐居了。

吴伟业等待授官这一时期的尴尬处境和心理折磨,直接影响了他对清政权的认知,加深了原来就存在的对朱明政权的愧悔情感以及对政治权谋的恐惧抵触情绪。这些情绪在他给亲人、老师、友朋的诗作中多有表露。除了前文所引他给三弟伟光的系列诗作外,他的《寄房师周芮公先生》四首中,其二有自注:"晋江黄东崖先生和予此诗,中一联曰:'征书郑重眠餐损,法曲凄凉涕泪横。'知己之言,读之感叹。"老师周廷鑨、前辈黄景昉对吴伟业的理解、宽容、慰藉,让吴伟业极为感动,念念不忘,后来在《傅石漪诗序》中又说:"比乱离分隔,余为诗以邮寄先生于闽中,先生偕相国和之,海内追数其交游而相与为传诵。"

在送老友穆云桂归乡的诗作中，吴伟业一再表示"舍弟今年别，临分恰杪秋。苦将前日泪，重向故人流""遍欲商身计，相逢话始真""与君谋共隐，为报故园春"（《送穆苑先南还》），字里行间透露的是很多话甚至不敢在信件或诗歌里表达，只有见面了才能私下里说真话；而送别亲家王瑞国从京城回乡的时候，则说"中年存旧业，雅志毕躬耕""共知三径志，早定十年前"（《送王子彦南归》），明确表示自己早就立志躬耕陇亩，并非到了京城、仕途失意才有此念；送胡介时感慨"我有田庐难共隐，君今朋友独何心"（《送胡彦远南归河渚》）；在怀念王时敏的诗中则说自己"把君诗卷问南鸿，憔悴看成六十翁。老去祗应添鬓雪，愁来那得愈头风"（《怀王奉常烟客》）；甚至连送自己的学生时也愤激地说："岂不贪高卧？其如世路非。故园先业在，多难几时归？遇事愁官长，逢人羡布衣。君看洞庭雁，日夜向南飞。"（《送湘阴沈旭轮谪判深州四首》其四）乡试同年吴达终于可以卸甲归田时，他非常羡慕"家在五湖西，扁舟入梦寐""待予同拂衣，徐理归田计"（《赠家侍御雪航》）。尤其是悼念好友侯方域时，想到他劝谏自己不必、不可出山的忠告，沉痛不已："死生总负侯嬴诺，欲滴椒浆泪满樽（朝宗，归德人，贻书约终隐不出，余为世所逼，有负夙诺，故及之）。"（《怀古兼吊侯朝宗》）总之，吴伟业这一时期的情感基调就是厌恶官场、后悔出仕，穷愁潦倒、艰难苦恨，空有归隐之志、毫无脱身之机。

正是由于这样的生存环境和情感基调，吴伟业对朱明王朝、南明政权的态度也有了细微的变化。这在本时期诗歌创作中亦有体现。比如《题崔青蚓洗象图》之作，就颇多内涵。诗云"图成悬在长安市，道旁观者呼奇绝。……十余年来人事变，碧金鸡马争传箭。越人善象教象兵，扶南身毒来酣战。惜哉崔生不复见，画图未得开生面"。据朱彝尊《静志居诗话》卷二十一："崔丹，字道母，更名子忠，字开予，又字青蚓，顺天府学生。道母以画见知华亭董尚书，益自重。家最贫，有以金帛请者，概不纳，有二女皆善画，莱阳宋司臬玉叔曾示予《许旌阳移居图》，鬼物青红，备诸诡异之状，几与龚圣与争能，匪近日画家所及也。甲申寇变，走近郊，匿陶穴中不出，遂饿而死。'复社'一二集，道母均与焉，先后名字不同。"《皇明遗民录》卷四亦有"崔子忠"传。可见崔丹本为贞节之士,吴伟业大力表彰他本就意在言外,本诗借其《洗象图》巧妙引入近来时事,暗中歌颂南明将领李定国等人借助象阵大破清兵之功绩。顺治十一年夏六月,李定国围顺德,大败清平南王尚可喜、靖南王耿继茂等,用象。查继佐《罪惟录》卷九说李定国善用象,象十三,俱命以名、封大将军,所向必碎。屈大均《道援堂诗集》卷三《义象行》多说了一只,成了十四:"营中何物高嵯峨?十四雄象相荡摩。久向滇池习战斗,凭之触敌计长善。蛮奴一下紫金钩,蹴踏沙场山岳转。"不过,现在看来还是十三匹对。方文《涂山集》卷三《泣象行》(清顺治十二年作)说:"有象有象西南来……道傍暗数十三匹……此兽不与凡兽同,曾受本朝(明)大官职。一自两都陵谷迁,口统却在西南天。群象当关争御敌,戎马(清)不敢窥黔滇。"对这一事件,施祖毓曾有文章进行过详细论述。①

另外,吴伟业这一时期前后还有大量触景生情的咏史、怀古诗,主要描述前明旧事,比如《银泉山》是反思万历皇帝与郑贵妃(福王朱常洵生母、朱由崧祖母)的,这涉及明朝转折的关键(因立嗣之争而引发、加剧党争,一直延续到南明弘光政权);《田家铁狮歌》亦是借物喻人,由田宏遇府上门前的铁狮子,睹物思人,寄托兴亡之感;尤其是《松山哀》中"岂无遭际异,变化须臾间,出身忧劳致将相,征蛮建节重登坛",则是借洪承畴松山兵败、被俘降清,暗讽其带兵南征、镇压反清复明力量,这些赤裸裸的批评,都是以前的吴伟业不敢说、不敢写的内容。

第三节　立朝两载

经过漫长而难堪的等待后,顺治十一年十月,吴伟业被任命为秘书院侍讲,正式成为清朝官僚集团的一员;十三年二月升任国子监祭酒;十三年十月,嗣母张氏病逝,消息传到京城,吴伟业迅即上书请假守制,从此一去不复返,担任清朝官职整整两年。

---

① 施祖毓:《吴梅村〈题崔青蚓洗象图〉创作冲动钩沉》,《厦门教育学院学报》2002 年第 2 期。

吴伟业终于被授予官职,首先与顺治不愿意将陈名夏案扩大化有关。陈名夏的政敌宁完我等人曾经草拟了一份四十余人的名单,想要将陈名夏党一网打尽,奈何顺治不但置之不理,相反多次明确表示不允许斗争扩大化,并继续肯定陈名夏的才学,是真正的读书种子,这就为陈之遴、吴伟业等人留下了运作的空间。其次,吴伟业本人不但没有深陷满汉、南北党争,相反却四面出击、到处逢迎,不以前辈、大佬、权威自居,而是与元老新贵、在朝在野普遍交好,既不自高身价,又能不惜精力,尽力唱和赠诗,为自己赢得了生存空间。

吴伟业既然被任命为秘书院侍讲这样的文学侍从之官,当然要做些歌功颂德的事,他接受的第一个任务就是参与纂修《顺治大训》。顺治十二年正月,"辛亥,谕大学士额色黑等,朕惟平治天下,莫大乎教化之广宣,鼓动人心,莫先于观摩之有象。夫精微之道,难喻颛蒙,而质朴之言,未详证据。兹欲将历代经史所载,凡忠臣义士、孝子顺孙、贤臣廉吏、贞妇烈女,及奸、贪、鄙、诈、愚、不肖等,分门别类,勒成一书以彰法戒,名之曰《顺治大训》,即于新春开馆。特命额色黑、金之俊、吕宫为总裁官,能图、张悬锡、李霨为副总裁官,王无咎、沙澄、方拱乾、黄机、吴伟业、王熙……为纂修官,……卿等受兹委任,须协力同心,殚思博采,务令臣民皆可诵习、观感兴起,无负朕惓惓化导之意。"[1]正月二十九,又被召入南苑,与方拱乾、宋之绳等人一起纂修《内政辑要》,以至于耽误了一次担任会试同考官的机会。

其次是顺治十二年五月开始参与编纂《太祖太宗圣训》。这项工作以冯铨、刘正宗等人为总裁,麻勒吉、李霨、梁清宽等人为副总裁,王无咎、杨思圣、方拱乾、黄机、宋之绳以及吴伟业等人为纂修官,每个月还给纂修官额外补助八两银子为餐费。这部书是要模仿《贞观政要》《洪武宝训》等典籍,搜集清太祖努尔哈赤、清太宗皇太极的嘉言懿行,作为后代君臣学习、遵守的规范,彰显清王朝的优良政治传统以及其得天下之正。遗憾的是,不知道是不是这些编纂者不够努力,还是努尔哈赤、皇太极并没有留下足够的材料,本来就是顺治一厢情愿的美好想象,这

① 《清实录》三"顺治十二年正月",中华书局1985年版,第696页。

项工作在四个月后无疾而终。

顺治十三年正月，顺治因倡导以孝治天下，组织人纂修《孝经衍义》，以冯铨为总裁，吴伟业再次入选，与冯溥、黄机、王熙、宋之绳、曹本荣等八人为纂修官。

由于吴伟业小心翼翼、勤谨供职、不与党争，表现优异，所以顺治十三年二月，他被晋升为国子监祭酒，从四品。虽然这是一个没有多少政治实权的官职，只是国子监这个全国最高学府的长官，地位尊崇，往往由道德高尚、学问醇厚、声望素著的翰林担任，与詹事府詹事等并称"小九卿"，仍然有更进一步上升的空间。

这一时期，从现有的记载来看，吴伟业与谈迁的交往，仍是最为频繁的。从谈迁《北游录》中的记载可以看出，两人一起聊天，无所不谈，当然，主要是吴伟业说谈迁听：吴伟业刚刚写了什么作品，他会主动拿给谈迁先睹为快，比如《萧门青史曲》《王郎曲》《临淮老妓行》等等；吴伟业在朝中看到、听到的，也会及时告诉谈迁，比如顺治召见他，了解他家庭情况时讲的笑话，还有顺治考核翰詹科道时，各位词臣的表现、成绩的排名，甚至把自己的考试作品背诵给谈迁听，满洲学士讲的朝鲜风俗，等等；吴伟业对文学创作、文学批评有什么见解，对诗坛、文坛的评价，等等；最主要的是与谈迁讨论编写《国榷》的相关内容，比如提供旧朝邸抄、帮谈迁向孙承泽借到了《四朝人物传》等珍贵史料，讲述前朝人物轶事如黄道周、崔青蚓、张春等人的事迹。当然，吴伟业也曾把自己的《绥寇纪略》拿出来，请同为史学家的谈迁共同斟酌参订。也就是说，关注明朝史事、整理明朝历史，这样的兴趣爱好，仍然是两人交往的坚实基础。

需要说明的是，清初私人修明史是犯忌讳的，汤斌的年谱中曾经记载，顺治十二年乙未，"公年二十九岁。时方议修明史，公遵谕陈言。疏上，政府不悦，几得罪"。①

值得注意的是，正是由于谈迁详细记录了与吴伟业交往的若干私密性细节，我们可以知道这一时期吴伟业对顺治的印象大为改观。刚

① 方苞考订、杨椿重编：《汤文正公年谱定本》卷之上，乾隆八年重刻本。

刚到京城的时候,由于遇到陈名夏案,满心热望的吴伟业迅即掉入政治的冰窟窿,所以言辞之间对清政权、顺治皇帝是颇有微词的。入职为文学侍从后,吴伟业多了直接接触顺治的机会。这位年仅十七岁的少年皇帝,比吴伟业小三十岁,已经亲政四年,正在竭力清除摄政王多尔衮的政治遗产,向往前代圣君,很想有所作为;热爱中华传统文化,努力提高汉族大臣的政治地位;极为厌恶结党营私,有意在大臣中扶持政治对立面,相互牵制;聪明而又率性,能干却又冲动。另外,顺治本年生了皇三子玄烨(康熙),吴伟业却还一个儿子也没有。

顺治与吴伟业之间,有几件事,是吴伟业自己告诉谈迁的,值得回味。第一件是顺治在召见吴伟业时,详细询问他的仕宦履历、家庭情况,包括父母兄弟父子(吴伟业尚未有儿子,这就戳到痛处了)。其中在问到吴伟业两个弟弟的功名时(可见了解之详细,真如谈家常一般),吴伟业回答说两个弟弟都还是生员,顺治跟他开起了玩笑,说某外国曾经进贡了两个猿猴,太监拿白米喂它们,结果一食一不食,问其故,曰:"一熟猿,一生猿。"这个故事极具象征意义,吴伟业已经食君之禄,正是"熟猿",两个弟弟尚无功名职衔,可谓"生猿"。如果追究的话,正如一些学者所说,顺治拿猿猴来开吴伟业兄弟的玩笑,颇有不尊重的意味。问题是,吴伟业本人怎么看待这个故事。从谈迁的记载来看,吴伟业并没有对顺治讲的这个笑话有任何心里不快,他不但把这个故事转述给谈迁,还描述了当时其他人的反应,"众为之启齿",可见大家都很快乐,一幅君臣同乐的画面。顺治当然是皇帝,可也是一个十七岁的少年;既可以是心直口快的少年,开玩笑没轻重,也可以是平易近人的皇上,开个玩笑拉近距离。青年皇上崇祯,总是一本正经、愁眉苦脸,那皇帝当得可累了。被少年皇上顺治开了个玩笑,吴伟业可没生气,而是沾沾自喜、详细生动地讲述给谈迁听,连细节都没拉下,可见其真实心理。

第二件事,是顺治颇为看重吴伟业的艺术才华,让他"作画以进",吴伟业甚为激动,回去赶紧"点染山水",精心创作,呈递圣上;另外,顺治喜欢戏曲,熟悉吴伟业的剧作。《叶谱》曾引清初原刻本《秣陵春传奇》寓园居士癸巳孟秋七日书于尹绿楼之序,并引光绪《嘉定县志》卷十九《文学》:"李宜之,字缁仲,诸生。居南翔,庶常名芳子。三岁孤,长负异才,博综古今,……遭变,家破子歼。时宜之客金陵,归寓侯氏东园。世祖曾于海淀览其参定《秣陵春》曲,问寓园主人何姓名,祭酒吴伟业以嘉定生员李宜之对,而宜之已前卒。"可见顺治对吴伟业的《秣陵秋》剧作也颇为欣赏,并向他打听"参订"的合作者寓园主人的情况。吴伟业以擅长诗歌创作为天下所共知,但顺治连他精通书画与戏曲等艺术体裁都很清楚,并给予高度评价,这让吴伟业更有知音之感。

第三件事,是顺治对吴伟业写作能力的充分肯定。顺治帝喜欢亲自考校词臣,顺治十二年九月初四,他亲试翰詹四十八人,表、疏、判各一,显然,吴伟业名列前茅、属于甲等(据吴伟业说有的人到点还没做完),他对自己的表文尤为满意,考完试第二天谈迁来访,他曾口诵其表(如此兴奋,必有原因)。五天后,考试结果出来,吴伟业又极为迅疾地告知了谈迁词臣各自的品次。这篇名为《拟上亲征朝鲜大捷、国王率其臣民归降,群臣贺表(崇德二年)》,据说是被中书传录出来的,后来还被田茂遇选入了《燕台文选初集》。通过系列考校,一批翰詹科道因成绩不理想被外放地方官。这对守着清望之地以便更易升迁的翰詹、科道官员来说,尽管加一级,但是外放了,仍然是远离了权力中枢。这一时期吴伟业有一批送行之作,正是这一背景下的产物。

明朝崇祯四年,二十岁的崇祯帝曾经在众议汹汹中一锤定音,充分肯定吴伟业参加会试的八股文稿;24 年后,十八岁的顺治帝再一次赏识了吴伟业的考试文章,在高手如林的词臣竞赛中肯定了吴伟业的表文。如果说 24 年前的吴伟业年轻气盛(当时二十三岁),还有首辅周延儒力挺的因素,所以崇祯既可能是真的欣赏吴伟业的文章,也可能仅仅只是为了保护周延儒才肯定吴伟业的文才,那么顺治十二年的这次考校,吴伟业就真的只是凭借自己的才华博得了君主的赏识。这无疑对吴伟业是莫大的鼓励,因此,之后一段时间吴伟业就更为积极、尽心地为清王朝歌功颂德了。比如《恭纪圣驾幸南海子遇雪大猎》:"君王羽猎近长安,龙雀刀环七宝鞍。立马山川千骑拥,赐钱父老万人看(自注:赈饥)。霜林白鹿开金弹,春酒黄羊进玉盘。不向回中逢大雪,无因知道外边寒。"他的朋友龚鼎孳很懂他,立即响应,《定山堂集》卷二十三有《雪中驾幸南苑和梅村宫坊》:"玉几深宫惕宴安,密雪甘泉扈雕鞍。

三驱金鼓熊黑震,七萃形弧士女看。占岁白浮云子杭,射生红迸水晶盘。侍臣谁奏相如赋,多恐天衣五更寒。"这些作品,从内容题材到歌咏主题,显然都是阿谀奉承的颂圣之作。

顺治亲政之后,勤政爱民,孜孜求治,大兴文教,尊崇儒术,加速汉化,对汉人知识分子颇多关注,刺激了文艺创作的兴盛、学术研究的繁荣以及传统理学的复兴。① 年轻的顺治皇帝对汉籍的学习积极性很高,阅读面极广,对汉人儒士文人的了解非常详细,不仅在朝的,包括在野的,比如他称赞尤侗是真才子、认为金圣叹是古文高手等;不仅当代的,包括前朝的,比如杨继盛。丁耀亢《听山亭草》卷三有《哭傅掌雷尚书十律》,其三的诗前小序云:"世祖欲作杨椒山乐府,公荐于涿鹿冯相国,奉旨作《表忠记》,书成未及上而世祖宾天矣。"②杨继盛因弹劾奸臣严嵩而被害,顺治想通过戏曲这一雅俗共赏的形式表彰、推广其忠君爱国精神,工部尚书傅维鳞将丁耀亢推荐给冯铨,将顺治交代的这一创作任务交给了丁耀亢。这些活动与顺治布置吴伟业等人修《顺治大训》《孝经衍义》的目的是一样的。

除了考校词臣,顺治还经常组织文臣一起写诗,魏裔介曾经回忆说:"忆甲午、乙未间,值世祖皇帝褒重儒术,每以诗赋考校词林,大猎南苑,命诸侍从之臣,分题赋诗。于时谫劣如介,亦得颂扬盛美,载诸歌咏。"③比如顺治十三年二月,顺治于南苑举行阅兵礼,事后设宴款待随侍大臣,并令赋五七言律绝各一首应制。吴伟业参加了此次活动,其诗文集中有《上驻跸南苑阅武行蒐礼召廷臣恭视赐宴行宫赋五七言律诗五七言绝句每体一首应制》,分别是五言律"诏阅期门旅,铙歌起上林。风云开步伍,草木壮登临。天子三驱礼,将军百战心。割鲜亲燕罢,告语主恩深",七言律"露台吹角九天闻,射猎黄山散马群。练甲晓悬千镜日,翠旗晴转一鞭云。奇腾出架雕弓动,新兔登盘玉馔分。最是小臣惭献赋,属车叨奉羽林军",五言绝句"熊馆发云旌,春搜告礼成。东风吹

① 参见邓晓东《顺治右文与燕台诗人群体的复古诗风》,《文学遗产》2017 年第二期;潘天、刘水云《清顺治帝关注戏曲的社会文化背景及戏曲史意义》,《文化遗产》2020 年第 6 期;范秀君《丁耀亢〈表忠记〉创作特点简论》,《苏州大学学报》2010 年第 2 期等相关文章。
② 丁耀亢:《丁野鹤先生遗稿》,《听山亭草》卷三,《清代诗文集汇编》第 13 册,第 546 页。
③ 魏裔介:《兼济堂文集》卷六《屿舫友人赠答诗序》,中华书局 2007 年版,第 139 页。

紫陌,千骑暮归营",七言绝句"绿杨春绕柏梁台,羽盖梢云甲帐开。知是至尊亲讲武,日边万马射生来"。与吴伟业往来密切的魏裔介、梁清标、梁清远、王崇简、白胤谦、刘正宗、宋之绳、何采、韩诗等人,均参加了此次君王组织的诗坛盛会。

正是在这样的氛围下,因明清易代而略显沉寂的文坛重新活跃。据《魏裔介年谱》中记载,顺治十三年,"丙申,公四十一岁。时海内渐平,风雅飙起,公与巨鹿杨犹龙、永年申凫盟、内丘乔文衣、太仓吴梅村、合肥龚芝麓唱和,四方诗人多酬答之,公于是有《观始集》之选"。①

上述材料中提及的乔钵,过去较少论及,其生卒年月待考,字文衣,直隶内丘(今河北省内丘县)人,明贡生,工诗,曾与魏裔介、杨思圣等立诗社相酬唱。入清后,历任郏县主簿、宁波府经历、东城副兵马、湖口县知县、剑州知州等职。申涵光有《乔文衣诗引》。

至于申涵光,字孚孟,一字和孟,号凫盟,其父申佳胤,是吴伟业的进士同年,官至太仆寺丞,甲申之变,殉国死节,入清后赐谥端愍。据申涵光年谱记载,"顺治九年壬辰,公三十四岁,诏访甲申死难诸臣,词林王公崇简、给谏魏公裔介以端愍公名列上","顺治十年癸巳,公三十五岁。夏,以卹典如京师。时公卿能诗者皆忘分与交,公亦以布衣自待,名噪长安","顺治十一年甲午,公三十六岁。给谏张公王治再疏死难事","顺治十二年乙未,公三十七岁。冬,卹典行。都谏魏公裔介特疏行查之力也","顺治十三年丙申,公三十八岁。春,如京师。公感魏公特疏高谊,如都谢之,魏公委较《观始集》。"②可见申涵光尽管是布衣诗人,但是王崇简、魏裔介、张王治等人都愿意为他帮忙,积极呼吁给他的父亲争取谥号,而这三人都与吴伟业交好。与此同时,他投桃报李,接受忙于政务的魏裔介委托,替他选校《观始集》,润色鸿业,鼓吹教化,积极响应了顺治右文的号召。

对于顺治帝的这种汉化右文倾向,吴伟业感受也特别深,他曾多次说"世祖章皇帝稽古右文,兴贤育俊,则有东都好学,四姓横经,元祐求材,十科造士"(《佟母刘淑人墓志铭》),"值世祖章皇帝兴治右文,招延

---

① 魏荔彤编:《魏贞庵先生年谱》,光绪五年刻本。
② 申涵煜、申涵盼编:《申凫盟先生年谱略》,康熙十六年刻本。

俊乂,数举经筵,命儒臣讲论大义,或时巡游南苑,应制赋诗,一时文学侍从之臣,无不掞藻摛华,对扬休命,而公实岿然为冠首。……圣主良臣,相得益彰,于以调元赞化,经国庇民,千载一时也"(《魏贞庵兼济堂文集序》),"世祖皇帝优礼词臣"(《白东谷诗集序》),言辞之间,充满肯定、感激之情。

随着了解的深入,吴伟业不仅对年轻顺治帝"稽古右文"的举动极为欣赏,甚至对顺治的勤政爱民、文治武功也颇为认可。他曾以自己的亲身经历说明:"昔我世祖章皇帝听览之暇,命儒臣采经摭传以撰集群书,无亦以后之人制度文为鉴于前王之成训,罔或遗漏,故不厌其多闻博物而义类之弘深也。若奏对之体,贵乎指事造实,以通变而适用,其理核,其文显,一切傅会繁曲之辞,屏使弗进。伟业每南苑夜直,见诸公坐而假寐,漏下三十刻,中书犹捧督抚所上章奏以参订国书,有微文之疑,互相为之执笔彷徨,看详久而后定。然则有事于敷陈者,可不慎哉!"(《江南巡抚韩公奏议序》)"伟业尝簪笔侍世祖于西苑,仰窥睿算,得御将之道,善任知人,宽衔策以求干城,厚宠禄以收心膂。其论赏也,不以亲近而或溢其率,不以疏远而稍绌其科,用允孚于折冲,无大无小,罔不用命。"(《梁宫保壮猷纪》)

不但对顺治的右文措施、执政能力非常认可,吴伟业对顺治给予自己个人的关爱也十分感激,他在临终前《与子暻疏》中说"入京师而又病,蒙世祖皇帝抚慰备至。吾以继伯母之丧出都,主上亲赐丸药",十几年前的事,历历在目,记忆犹新,感恩不尽。

正是由于这样的原因,吴伟业这一时期心态大好,频频参加文人聚会,四处唱和,成为北京诗坛极为活跃的重要人物。从前文所引《魏裔介年谱》可知,吴伟业、龚鼎孳等前朝已经成名的诗人,带着魏裔介、申涵光等年轻后辈,相互鼓吹、彼此护持,魏裔介《吴骏公先生赠余有自是汉庭真谏议萧王陌上赋东都之句,赋此答之》:"雄谈相视客怀孤,竹槛高斋鸟共呼。燕市悲歌多酒侣,延州风雨半平芜。文成绝调空春雷,道有冰心生玉壶。北面丹书须帝佐,岂因作赋重三都。"[1]正是这种文学生

---

① 魏裔介:《溯洄集》卷八,康熙刻本,第45页。

态的生动写照。

　　除了魏裔介、王崇简等人外，这一时期北京诗坛上较为著名的人物，几乎都与吴伟业有交往。比如施闰章，其书信《与吴梅村》中说："长安车马尘中，不得过省，过亦不数及。临行拜别，语娓娓难竟，时已迫矣。德音之锡，宠逾百朋，愧未属和。抵沧州，则与第五联舟，灯下读百韵诗，涕数行下，诗之能移人情至此！益追恨前此不日侍左右，当面错过也。人之相知，贵相知心；私心向往，燕齐千里，咳唾可通，犹之在左右也。比与第五剧谈两昼夜，几致委顿。分手之夕，成此四诗，俚率罕蕴藉，不遑匿丑；亦以我辈交情，不论文词工拙也。去人索书如索逋，他何能言。"信中"第五"指何省斋，《施愚山集》中有《沧州值同年何省斋南归，时予赴官山左，联舟信宿，诗以录别》三首，其三："昨日辞城阙，今日来津门。同心二三子，出饯开芳尊。延州义更切，老去交情敦。洒落一千言，长歌声欲吞（自注：吴梅村学士有《送行百韵》）。"从信件和诗作可知，虽然吴伟业与施闰章在北京相聚次数不多，但是吴伟业对施闰章极为赏识，令施闰章颇为感动（所谓人之相知，贵在知心），尤其是施闰章离开京城奔赴山东担任学政，临行前吴伟业亦有诗作送行；赴山东途中，在沧州遇到出京返乡的同年好友何采（何采的祖父何如宠是吴伟业会试的座师，父亲何应璜与吴伟业为儿女亲家，兄弟何棠为吴伟业之婿，何采出京，吴伟业有《送何省斋》长诗，所谓"百韵""千言"），两人联舟同行，何采给他看了吴伟业赠别的这首诗，施闰章不但被这首长诗感动，而且从何采处加深了对吴伟业的认知，所以写了这封信件给吴伟业，并附上了自己这四首与何采分别时的赠诗，以弥补当时吴伟业在京城赠诗送别而自己"愧未属和"之情。

　　吴伟业在京城给施闰章的《送宛陵施愚山提学山东》三首，在诗学批评史上意义非凡，诗歌不但体现了吴伟业诗学观念、诗史认识，还有他对历代若干诗人的评价，殊堪注意。又，吴伟业的老友周肇亦有《送施尚白视学山东》，[①]新交刘正宗的集子《逋斋诗》中收录有《送施尚白视学山左》二首，其一"大雅今寥落，宣城著作殊"，其二"秋杪文星动，东临

---

① 《太仓十子诗选》，《四库全书存目丛书》，集部第 384 册，齐鲁书社 1997 年版，第 796 页。

紫气多"。① 当然,送行之作还有很多,可见施闰章当时在京城诗坛的地位。

尽管施闰章在信中说与吴伟业在京城的往来不多,但是现存文献中还是有一些他们交往的记载的。比如《叶谱》曾引沈荃《一砚斋诗集》卷六《腊月廿五日施尚白招,同彭禹峰、赵锦帆、吴梅村、张友鸿、王廷标、孙扶云、吴六益,时彭子遄行,余亦将出都矣,为赋此诗》,并考证此诗当作于顺治十二年冬,甚为可信。同席之人分别为彭而述、赵宾、张一鹄、孙云鹏、吴懋谦(王廷标,不详),这些人大多是当时京师较为有名的诗人,经常聚会,在施闰章的诗集中名字屡见。

吴伟业无疑是施闰章的文坛前辈,但是施闰章离京,吴伟业以诗相赠,谆谆惜别(信中所谓"娓娓难竟"),高度评价,寄予厚望,施闰章竟然没有唱和回应,耐人寻味。虽然目前没见到施闰章在公开场合对吴伟业的评价,可是施闰章曾经在私底下高度赞扬吴伟业的八股文,曾要求家人学习、揣摩其八股文,以吴伟业等人的文章为样板:"大抵以平正深切之理,行之以高明俊伟之笔,要议论崇竑而不填实,要笔路清晰而不油腔,如包长明、黄蕴生、杨伯麟、吴梅村,一种昌明文字,则万人皆宜矣。"②信中提到的黄淳耀、杨廷麟等人,都是吴伟业的好友,也都是当时公认的八股文写作高手。

不管施闰章怎么看待、对待吴伟业的,吴伟业一直对施闰章赞誉有加。此后他曾在《萧孟昉五十寿序》中说:"今天下士大夫讲学者,无如吾友少参愚山施公,由服官之暇,倡其道于庐陵;而青原山中无可大师,修出世之教,与之相应和。于是吉水之黑白二学,盛为海内所宗。"不但称美其才学,更褒扬其学问,甚为难得。

其他还有不少文人,也都以能够与吴伟业这样一位成名已久的文坛前辈交往而感到荣幸。比如季开生得到吴伟业所赠作品后,写诗赞美道:"芙蓉凝艳绿云湾,野客停舟心自闲。新展一编清似镜,却疑秋入藐姑山。"(《舟中读吴骏公先生新乐府》)③李昌祚也因能和吴伟业在一

① 刘正宗:《逋斋集》,《四库未收书辑刊》第八辑,第 16 册,第 271 页。
②《施愚山集》第四册,补遗一《试鸿博后家书十四通》二十一,黄山书社 1992 年版,第 136 页。
③ 魏裔介:《溯洄集》卷九,康熙刻本,第 13 页。

起欢聚唱和而非常兴奋,其《曹秋岳太仆招同顾庵宛萝彦远照千宴集适前辈吴骏公先生有藏墨诗分韵属和》中感慨:"每叹用晦说当年,此日挥毫对肆筵。正愧渝縻同赐令,敢言食字托逢仙。水从清浅频惊现,石纵磨磷自此坚。知是高贤多枕藉,独留玄赏〇松烟。"①毕竟吴伟业不但是前朝会元榜眼、复社党魁,而且以书法绘画、诗文戏曲才华深受新朝皇帝赏识,已经摆脱了陈名夏案的影响,由秘书院侍讲直升国子监祭酒,既有文采又有地位,当然值得交结。

这里顺便说一下季开生,吴伟业有《送友人出塞》,诗中的"友人"就是季开生。季开生(1627—1659),字天中,号冠月,江南省泰兴县季家市(今靖江市季市镇)人。顺治六年进士,选庶吉士,后改礼科给事中、兵科右给事中,因上疏进谏获罪,被杖一百,流戍辽东尚阳堡。吴伟业的送行诗云"上书有意不忘君,窜逐还将谏草焚。圣主起居当日慎,小臣忠爱本风闻。玉关信断机中锦,金谷园空画里云。塞马一声亲旧哭,焉支少妇欲从军"。虽然吴伟业没说季开生上书的内容,但是显然事涉及圣上了,而且吴伟业的言语之间对圣主是颇有微词的,谏官本来就可以"风闻"奏事,何况季开生消息来源确凿,皇上自己不谨慎,却对"忠爱"的谏臣恼羞成怒。据《清通鉴》记载,顺治十二年七月,"乙酉(初三日),兵科给事中季开生奏:家人自通州来称,有使者封船奉旨往扬州买女子,因请皇上速收成命","庚子(十八日),从刑部议,革季开生职,杖一百,折赎,流徙尚阳堡"。《清史稿·季开生传》中,记录了顺治反驳的话:"朕虽不德,每思效法贤圣主,朝夕焦劳。若买女子入宫,成如何主耶?"如此行径,正是欲盖弥彰。

开生被徙,同情者多,施闰章有《季天中给事以直谏谪塞外追送不及》:"策马送君君出门,朔风动地卷蓬根。孤臣抗疏甘身死,万里投荒是主恩。笳吹天山边月小,城连沙碛塞云昏。心知去国无多泪,肠断慈乌声自吞。"魏象枢《寒松堂全集》卷五更是有《送季天中给谏徙上阳》《前题和王似鹤先生韵》《前题和桑笈云先生韵》《前题和魏石生先生韵》诸作,做成了一个系列,可见这一事件的广泛影响。

---

① 李昌祚:《真山人后集·诗》卷下,康熙七年周有德大业堂刻本,第6页。

第四节　借故辞官

如果没什么意外发生，吴伟业也许会一直沉浸在文坛大佬的幸福感中，安心地做他的国子监祭酒，成为清朝少数民族政权的文学装饰，平静地等待年老致仕（也许，官职还会上升）。但是，顺治十三年十月吴伟业的嗣母（伯母）去世，消息传到京城，吴伟业申请回乡守制，获批后一去不复返，从此隐居终老，未再出山。

学术界一般认为，吴伟业由于是被逼入京仕清，所以一直寻找机会脱身，而他的伯母去世则为其提供了可能。因为伯父伯母无后，所以他自请过继，立为嗣子，这样就需要为嗣母辞官回家、守孝三年了。

从现有材料来看，吴伟业在伯母去世的消息传到京城后，临时决定认为嗣母，借以脱身清廷，这一推断基本是可信的。吴伟业其实并不适合过继给吴瑗做嗣子，因为首先吴伟业是吴琨的长子，一般情况下长子不应该出嗣，过继往往会选择次子或者其他子女；其次，吴伟业是这一辈中功名、官阶等最高的，将其出嗣，未必合理；第三，吴伟业本人年近五十，尚未有子，只能过继了三弟的儿子为嗣子。综合各种情况，临时决定由吴伟业嗣继，其主要目的正是为了给吴伟业辞官的借口。

既然吴伟业仅仅是以嗣母去世为借口辞官归隐，那么真正的原因是什么呢？其实，因素很多。首先，当初陈名夏、陈之遴、冯铨、孙承泽等人（马国柱主要是奉朝廷之命，举荐人才，他根本不了解吴伟业）先后推荐他入仕清廷，这些人都与吴伟业有着千丝万缕的联系，想利用他是有可能的，但未必是真的想害他，吴伟业也未必真的不愿意，只不过他仍然要维护形象、自高身价，所以反复强调自己不情不愿、被逼无奈（参见本章第一节）；第二，吴伟业到达京城之后，政治形势发生变化，较长时间没有授予官职，被冷处理，使得他处于进退两难的境地，产生懊悔情绪，强化了他之前故意表现出的一心归隐、不愿出仕的假象，也是正常的；第三，仕清后，顺治帝对他的关心、欣赏乃至给他升官，冯铨、魏裔介、王崇简、刘正宗等北党对他的接纳，陈之遴、龚鼎孳等一大批旧交对他的支持，使他作为贰臣的负疚心理大为减轻，前期的失落心态也基本消失。所以若无特殊情况，他并不会突然产生强烈的退隐之心，也不会临时借伯母去世之机辞官。

偏偏天有不测风云，灾难突然降临。吴伟业的同时代人林时对《荷牐丛谈》卷三"鼎甲不足贵"条，在列举崇祯时期的鼎甲在明清易代之际的表现后，特别批评了吴伟业（当然，该书其余地方也批评过梅村），说："吴伟业，辛未会元榜眼，薄有才名，诗词佳甚，然与人言，如梦语呓语，多不可了，余久知其迷心。鼎革后，投入土抚国宝幕，执贽为门生，受其题荐，复入词林。未有子，多携姬妾以往。满人诇知，以拜谒为名，直造内室，恣意宣淫，受辱不堪，告假而归。"林时对年仅十八岁时考中崇祯十三年的进士，为东林大佬倪元璐的门生，任行人司行人，弘光朝召为御史，后参加鲁王朱以海的抗清活动。他曾与吴伟业同朝为官，因此他关于吴伟业因内室被满人奸淫、不堪受辱、告假而归的说法，恐怕并非无中生有、恶意中伤。

问题是，林时对的这一段文字，无论肯定还是批评，绝大多数都符合历史真实。比如他说吴伟业与人交往、口头表达能力欠佳，这一点在同时代的其他人笔记中亦有记载；其次，他说吴伟业投靠巡抚土国宝，现在我们知道顺治二年吴伟业确实上过书为土国宝出谋划策、兴修水利、拉拢地方士绅；第三，林时对说吴伟业仕清时，未有子，多携姬妾以往。吴伟业携几位妻妾进京不得而知（反正全家三十多口去的），尚未有儿子则是事实（这才需要多娶妻妾）。至于对吴伟业这样一位知名文人、朝廷命官，满人会不会、敢不敢"直入内室，恣意宣淫"，恐怕不需要怀疑。别说是吴伟业，就是清王朝的开国功臣、位列文臣之首的范文程，在清廷权贵面前，也保不住自己的妻子。据《清实录》记载，崇德八年十月，戊子，"多罗豫郡王多铎谋夺大学士范文程妻，事觉，下诸王贝勒大臣鞫讯得状，多铎罚银一千两，并夺十五牛录；和硕肃亲王豪格，坐知其事不发，罚银三千两"。① 实际上，这还是因为皇太极刚去世，要打击皇太极与顺治父子的政治对手，为新主树立权威而采取的措施，否则

---

① 《清实录》三，中华书局1985年版，第38页。

夺也就夺了，银子也不需要罚的。这是史有明载、确凿无疑的。范文程不但是汉人大臣中地位最高的官员，还是清王朝崛起之先就已经投靠，参与打江山、定国策的大员，尚且如此遭遇，顺治十年召之即来的吴伟业，能有更大的面子，免遭荼毒？结合前文季开生事件可知，清朝皇帝都喜欢采买江南女子，清廷权贵强奸汉人妻女也就是很正常的事了。

可以佐证的是，顺治十三年的某一天，吴伟业的一位姬妾，突然去世。其好友戴明说有《为吴骏公悼亡六首》，其一："姑苏香径紫云回，轻送箫声上凤台。起坐春风吹不歇，月明哀雁一时来。"其二："雨到庭蕉梦亦疑，寒江影动见青丝。兴亡有泪凭谁识，一阕琵琶半夜时。"其三："彩笔琼英各自怜，图书曾护绿华仙。谁能拥髻谈遗事，况是金戈未定年。"其四："遗袿盈盈满壁诗，宝屏回影欲飞时。可怜客邸年光急，哭剪春风护柳枝。"其五："轻雾双鸾化彩云，半生心事我于君。只今燕市花开落，响躞廊前月未闻。"其六："春草春花处处红，单绡翠羽竟随风。如何大隐金门客，白首犹悲割肉穷。"①从诗中"姑苏"等词可知，这位妻妾是从苏州带来京城的；从"客邸""燕市"等语可知，悲剧发生在京城；结合他的学生谢泰交所作《大司成梅村老师夫人即世敬吊以诗》十首，第二首说："中年儿女自留情，说到伤心涕转清。永日喁喁谁教绣，小窗忽断剪刀声。"②从诗题称"大司成"以及"忽断"等用语可以进一步知道，此事发生在吴伟业人到中年、担任国子监祭酒之后，而且是突发性事件。

吴伟业本人亦有《追悼》一诗，显然是悼念某位在京去世的夫人的，这位夫人还给他生了女儿，诗云"秋风萧索响空帏，酒醒更残泪满衣。辛苦共尝偏早去，乱离知否得同归。君亲有媿吾还在，生死无端事总非。最是伤心看稺女，一窗灯火照鸣机"。从"君亲有愧""乱离知否得同归"来看，诗歌当写于吴伟业仕清以后，地点应该是在京城，而且是去世于京城（"同归"），"秋风萧索"则当为秋季。《程笺》曰"郁淑人先公十五年卒，为丙申，诗当在戊戌己亥间"，认为这首诗是为郁氏写的，从时间、地点来看，这样的理解显然有误，这首诗肯定不是为原配郁氏写的。郁氏并不是"丙申"（顺治十三年，1656）去世的，这首诗也不是创作于戊

第
六
章

仕
清
时
期

---

① 戴明说：《定园诗集》卷十一"七绝"，页二十，《清代诗文集汇编》第 21 册，第 111 页。
② 谢泰交：《谢天童先生集》卷一，康熙刻本。

戌、己亥（1658、1659 年）之间，因为这个时候，吴伟业已经回到家乡，是不会有"乱离知否得同归"之感慨的。

郁氏之卒年为顺治四年，是明确可考的。吴伟业为仲女（郁氏所生）作《亡女权厝志》曰："女生于京师，在震而母郁淑人以哭下殇子遘疾，弥月而濒于殆。其产也，万无母子俱全理，属有天幸无害，窃心喜，虽女绝怜爱之。知星家曰：是其长必贵。十有一岁而郁淑人卒，踯躅如成人"，"女生于丁丑七月二十八日，卒于庚子五月六日。"由此可知，崇祯十年七月郁氏生下了仲女，同年许配给陈之遴之子直方；顺治四年（1647），女儿十一岁，郁氏去世；①顺治十一年，仲女十八岁，吴伟业已经应诏入京，给女儿成亲，所谓仲女"年十八始礼成"，同行的队伍中并没有郁氏。那么作于顺治十三年秋冬之际的《追悼》一诗，就不可能如《程笺》所认为的那样是为郁氏而作。施祖毓认为顺治十三年去世的这位是吴伟业的继妻浦氏，②虽不能确定，也还是有一定道理的。

吴伟业本人的《送何省斋》诗中，曾经描述了顺治十三年这位夫人去世前后的经过以及自己当时的生存处境："扈从游甘泉，渐渐惊沙厉。藉草贫无毡，仆夫枕以块。霜风帽带斜，头寒缩如猬。入门问妻孥，呻吟在床被。幼女掩面啼，灯青照残穗。白杨何萧萧，冲泥送归槽。尔死顾得还，我留复谁为？"这段描写不同寻常，因为事先没有征兆，吴伟业"扈从"皇上出游"甘泉"之前，妻子并无疾病，回来后突然"呻吟在床被"，且没说是何恶疾，可见是吴伟业不在家的这段时间突发，而且瞬即去世。吴伟业《追悼》诗中说是"生死无端事总非"，更加深了这一事件的神秘味道。

这首诗中"掩面啼"的"幼女"和《追悼》中的"稚女"应为同一人，为去世于京城的夫人所生，吴伟业有《哭亡女》三首，也是为她而作。其一："丧乱才生汝，全家窜道边。畏啼思便弃，得免意加怜。儿女关余劫，干戈逼小年。兴亡天下事，追感倍凄然。"可见她出生于明清易代之

---

① 正因为郁氏去世，所以才有杜弢武以女儿为吴伟业继室的事情发生。《叶谱》顺治四年认为杜文焕欲以女为梅村继室，为梅村婉拒，甚为有理。参见吴伟业《送杜公弢武归浦口》诗："将军威名著关陇，紫面虬须锋骨悚。西州名士重人豪，北地高门推将种。……嗟余憔悴卧江潭，骑省哀伤初未久。君来一见即论文，讵结婚姻商不朽。蹉跎此意转成空，自恨衍期负若翁。"

② 施祖毓：《吴梅村钩沉》，天马图书有限公司（香港）2003 年版，第 196 页。

际、江南动乱之中,应该是指顺治二年五月避难矶清湖时候。其二:"一恸怜渠幼,他乡失母时。止因身未殒,每恨见无期。白骨投怀抱,黄泉诉别离。相依三尺土,肠断孝娥碑。""他乡失母时",她的母亲死于"他乡"(北京),其时她才十一二岁,可谓"幼"女(如果她出生于顺治二年,则顺治十三年母亲去世时,正是十二岁的幼女),现在投入母亲怀抱、到黄泉"相依"尽孝去了。其三:"扶病常闻乱,漂零实可忧。危时难共济,短算亦良谋。诀绝频携手,伤心但举头。昨宵还劝我,不必泪长流。"遗憾的是,这位历经飘零的孩子,未曾享受过多少人间欢乐(据《顾谱》,吴伟业有一女,字宜兴诸生周申祺,未嫁卒,①很可能就是这位快要成年的女儿),临去之前还担心着年迈的父亲。从京城回乡之后,吴伟业迭遭大案,可谓危难之时。加上白头人送黑发人,生离死别,哀婉动人。

《送何省斋》这首打动施闰章的长诗极为独特,是理解吴伟业的重要材料。吴伟业在诗中回顾自己的仕宦经历,大段倾诉自己厌弃功名、渴望归隐的想法,尤其是对仕清的尴尬、痛苦、无奈、后悔。由于何采是他的姻亲晚辈,年仅三十就放弃翰林美职,急流勇退,辞官归里,所以吴伟业将他作为知音(吴伟业三十二岁担任南京国子监司业的时候,也产生过退隐之心,而何采这次返乡实际上是因为京察未过、被迫致仕),很多内心无法对他人言说的隐秘都尽情倾吐。这是诗中大量出现其夫人去世前后场景描写的原因之一,因为这件事实在无人可说,也没办法对他人言说。

《清实录》记载,顺治十三年八月二十一日,"考察汉人京官,侍读何采、编修张表、给事中王运熙、李人龙、御史李植等七十二员分别致仕降调革职有差",②可知其离开京城当在此后。据施闰章的年谱可知,顺治十三年他接受任命督学山东,九月九日重阳节还在京城,十月份到了济

---

① 这位宜兴诸生,不知道是不是与周延儒有瓜葛。周延儒死后,崇祯起初准备抄家,后改为追赔十二万,由周延儒的两个儿子周正仪、周奕封完纳,见许重熙《明季甲乙两年汇略》卷一,清初刻本,页九。入清后,周奕封中顺治九年进士,考选庶吉士,而吴伟业顺治十年进京,两人也有可能在京城见面。周延儒是吴伟业的恩师,因此周奕封应该与吴伟业平辈,周申祺也许是周奕封的子侄。另外,由于顺治认为明朝灭亡,周延儒要承担重大责任,所以牵连到周奕封。后来冯铨谎称奕封并非延儒之子,并将其外放知县,避免在顺治身边露出破绽,见谈迁《北游录》"纪闻下"。

② 《清实录》三,中华书局 1985 年版,第 801 页。

南,[①]那么他和何采在沧州相遇,应该在九月底十月初,因此吴伟业写诗送别何采,亦当在九月中下旬,这和诗中描写的时令正相符合(本年闰五月)。此时夫人的灵柩由于何采的帮忙已经可以南还,而伯母张氏尚未去世,吴伟业并没有理由离京,所以才有“尔死顾得还,我留复谁为”的感叹。

何采与吴伟业关系非同一般,其祖父何如宠是吴伟业会试的副主考,其父何应璜与吴伟业为世交姻亲,其兄弟何棠娶了吴伟业的女儿。顺治十二年,何应璜出守赣州,吴伟业曾有诗送别,诗中有“三载为郎久,栖迟共一贫”“师恩衰境负,友道客途真”“萧条何水部,未肯受风尘”“弱息怜还幼,扶持有大家。高门虽宦迹,远嫁况天涯”诸语,所谓还幼小的“弱息”指的正是自己嫁入何家的女儿,希望高门的何家多扶持、关爱、怜惜。吴伟业与郁氏育有四女,长女适王瑞国之子王陈立,[②]仲女适陈之遴之子陈容永,然后就是这位诗中所谓“远嫁”的“弱息”,嫁给何应璜之子何棠。吴伟业入京仕清之初,处境极为尴尬,“迩籍平生交,于今悉凋替。磬折当涂前,问语不敢对。衰白齿坐愁,逡巡与之避。禁掖无立谈,独行心且悸”,何应璜、何采父子对吴伟业一如既往,“邂逅君登朝,读书入中秘。父子被诏除,一堂共昆季。呼儿争出拜,索果牵衣戏。回首十六年,踪迹犹堪记。荏苒曾几何,万事经兴废。停觞重剪烛,相对加嘘唏”,尤其是吴伟业与何采两人同在翰林任上,“同事有何郎,英怀托深契”,亲上加亲,有着更多的共同语言。这次何采年纪轻轻被迫致仕,偏偏梅村遇到如此屈辱之事,这是吴伟业在何采离京之际,抑制不住满腔痛苦,以长诗向亲人直抒胸臆的原因之一。

综合吴伟业的《追悼》《送何省斋》以及其他相关作品可知,吴伟业的这位夫人,明朝灭亡前即已嫁给吴伟业,明清易代之际育有一女,去世于顺治十三年秋天,《追悼》写于其去世后不久,灵柩尚未南还,故而有“辛苦共尝偏早去,乱离知否得同归”之叹,其后秋冬之际(九月底十月初),送别何采的时候,已经委托人(应该就是姻亲晚辈何采,因为他

---

① 施念曾编:《施愚山先生年谱》,清末木活字本,北图年谱丛刊,第74册。

② 吴伟业长女生于崇祯九年丙子,《矾清湖》诗中描述顺治元年五月避乱时的情景说“长女仅九龄,余泣犹呱呱”,可知。

祖籍安徽桐城，自从祖父开始已经移居南京，南返正是顺路，这也是吴伟业对其吐露衷肠的原因）送灵柩南返，所谓"白杨何萧萧，冲泥送归槽。尔死顾得还，我留复谁为"，在《送何省斋》的诗中用"尔""我"，显然是因为在这里情不自禁地与亡妻对话了。十月底，伯母张氏去世的消息传到京城，吴伟业于是借机嗣继，以给嗣母守孝为由，请假归乡，从此一去不复返。

　　吴伟业之继妻去世于顺治十三年秋天，很有可能就在九月份，还有一间接证据，就是本月吴伟业曾经和朋友一起为合肥诗人王纲返乡而题诗作画，吴伟业作画两幅（南京博物院藏，苏 24—0469），上有题诗曰"千峰属断垣，老树竟忘言。中有高人卧，秋声闻夜猿"，"秋色满寒汀，空山石气青。几年倪处士，此地着茅亭"，署"丙申九秋"。① 这是一次大型文艺活动，同时有庄同生（1627—1679，清初书画家、藏书家。字玉骢，号谱庵。顺治四年进士，官右庶子兼侍读、翰林院检讨等）、程正揆（1603—1677，湖北孝感人，初名正葵，字端伯，号鞠陵，又号清溪道人。少从董其昌学画。崇祯四年吴伟业同榜进士，历官尚宝寺卿。入清更名，官至工部侍郎。画入能品，百幅无一重者。有《清溪遗稿》）、戴明说（画一幅，两幅题字，另一幅为大申作）、顾大申（华亭人，本名镛，字震雉，号见山。顺治九年进士，授工部主事，累擢洮岷道金事，卒于官。留心经济，诗工乐府、七律，尝与王广心、施闰章等人唱和。兼善书画。有《诗原》《堪斋诗存》等）、方亨咸（安徽桐城人，字吉偶，号邵村。方拱乾子。顺治四年进士，官御史。工诗文，能书画，小楷及山水画尤善）、郭础（江苏江都人，字石公。顺治九年进士，官至顺德府知府。有《画法纪年》，画作之上的题诗"题颢亭画"，署名"退谷泽"，当为孙承泽所作）之作。王纲（1612—1669），江南合肥人，字燕友，号思龄。顺治九年进士，由刑部主事累迁郎中。这次众人为其写诗作画，应该是为他返乡饯行，魏裔介亦有《送王思龄归合肥》诗。吴伟业参加了此次活动，竟然还安静地画了两幅画、题了两首诗，由诗作、画作表现出的情感、心态等来看，丝毫看不出其突遭丧妻之痛的迹象。所以可以推知，其夫人突遭变

① 《中国古代书画图目》，第 7 册，文物出版社 1989 年版，第 131 页。

故，当在这一事件之后、何采返回江南之前（也就是在顺治十三年九月中下旬）。

正如前文所说，吴伟业仕清期间其夫人在京去世，目前所知有两人以诗悼念，其中戴明说有《为吴骏公悼亡六首》。戴明说这一段时期与吴伟业交往频频，除了共同参加为王纲作画饯行的活动之外，两人还经常诗歌唱和，戴明说《定园诗集》中有《读吴骏公大司成诗赋赠二首》，其一："三山才子六朝文，细雨声中静见君。彩笔玄钩禹水篆，宫袍思护孝陵云。忧时养士芝兰室，避世焚香麋鹿群。可许戴逵犹问业，横经今已到斜曛。"其二："不将金粉奉娄东，王道今传大雅功。石鼓清风昭龢黼，御莲微月俯崆峒。合离人代弦歌里，南北江山涕泪中。自是谁能深解意，潮声终夜到吴宫。"①诗中对吴伟业学术水平、文学才华、书画成就给予了高度评价，并以知音自诩，可见两人之友谊。

吴伟业对戴明说评价也很高，他在《戴沧州定园诗集序》中说："公工文章，善书画，为诗深浑奇峭，超迈绝伦。洊登三事，再世侍中，父子俱列台阁，赐召见，给笔札，……风流文采，掩映一时。嗟乎！十余年来，宿素凋谢，文事衰歇，宾朋之赏会，景物之流连，未有如今日之戴公者也。……余友合肥龚公孝升与公相知为最，其才地名位亦相亚。"《叶谱》认为此序作于顺治十二年九月左右，但是戴明说《定园诗集》有康熙平山在东阁刻本，其中收录了两篇吴伟业的序，这一篇落款"顺治丙申秋日娄东社弟吴伟业撰"，可见应为顺治十三年秋天。这一时期，由于龚鼎孳这位知音好友被贬，于是吴伟业与戴明说就走得更近了一些。

吴伟业这一时期与戴明说来往密切，还有一个原因，就是他与戴明说的长子戴王纶曾经是同事。戴王纶是顺治十二年的榜眼，与吴伟业功名相同，职授编修，同为文学侍从之臣（顺治十三年二月后吴伟业升任国子监祭酒）。吴伟业《定园近集序》云："往余在燕台，与渤海伯子共事史馆，时既序定园先生之诗矣。"这里的"渤海伯子"指的就是戴王纶。后来吴伟业与戴氏父子的交情一直延续，戴明说的次子戴王缙，考中顺

---

① 戴明说：《定园诗集》卷七"七律"，页二十六；《清代诗文集汇编》第21册，第92页。

治十五年二甲进士,继王士禛任扬州推官,吴伟业说"迩渤海仲子来为扬州法曹,不遗故交,遗札相讯。余病赴海滨,十载于兹矣。辄忆渤海寄迹东山,无由闻问,得于法曹公悉其起居。故人间隔三千余里,形景相望,俱在齿危发秃之年,后晤何期,企怀如痗",指的就是戴王缙到扬州后,写信问候吴伟业,同时希望吴伟业帮助劝说父亲同意刊刻其著作,"法曹书言,先生已绝笔不复为诗古文辞,栖心性命,励志藏秘;法曹欲检其焚余著作,汇刻存之,先生未之许也。意既以身隐矣,雪中鸿爪,何以存为? 远质于余。……今披《近集》,大旨一本于忠孝爱敬、匡时维世之心,故读其诗,可以见其阅历修省、陶铸古今之深情焉;读其文,可以见其寝食左、史,砥柱波靡之大力焉;读《赐章纪》,可以见世庙君臣鱼水之殊遇焉;读《偶见录》,可以见先生撒手世网,悟道于晚年之归宿焉。师此集行流传寰海,非比风云月录,卮言梦语,于人间世无所关系者,先生其许之也! 法曹惠政洋溢大江南北,行且冠《循吏传》,播之不朽,不止以关尹之道自画,其以余语质之过庭,俾先生颔而存之可乎? 是为序。康熙丁未上元之吉娄东社弟吴伟业拜撰。"(柯愈春《清人诗文集总目提要》著录,《定园集》,十二卷,文一卷、诗十一卷,康熙六年平山在东阁刻,中国国家图书馆藏。)文集乃王猷定等鉴定,前有王猷定、李长祥序,王序于顺治十三年,而文止于康熙元年,凡二十六篇,皆碑序墓铭之类。诗集则署吴伟业等鉴定,晚年就已刻、未刻之作手自订正,有吴伟业、杜濬、王铎、陈名夏、金之俊、胡安世、龚鼎孳、孙承泽、范士楫、韩诗、王士禄、邓汉仪、孙金砺诸序,吴、王、邓、孙四序皆作于康熙六年。值得注意的是,尽管陈名夏被赐自尽、龚鼎孳被贬外放、孙承泽被斥罢官,戴明说仍然保留了他们当初所作的序言,既可见他们之友谊,亦可见戴氏父子之为人。

平心而论,清政权对待汉人大臣并不厚道。哪怕就是早期投靠(入关之前)并立下巨大功勋的范文程、洪承畴等人,都有朝不保夕之心理恐惧。帝王刻薄寡恩,天意难测,朝局变幻,满汉之争、前朝党争,有过之而无不及。吴伟业比较亲近的文人大臣,如陈名夏、陈之遴、龚鼎孳、孙承泽、曹溶等,并无多大过错,或被杀,或被贬,给吴伟业巨大的心理震撼。同时,吴伟业刚刚进京,就被给予了一个下马威,整整晾了十个月。即使后来授予官职,但是前景堪忧。首先,吴伟业的优势在前朝,他的师生关系、家族关系、朋友关系(他所亲近的亲密关系,黄道周、杨廷麟、陈子龙、瞿式耜等人,都是抗清义士)、地域关系(江南,成了敌对势力的代表),到了本朝都成了劣势;其次,吴伟业投诚晚、积功微、出身差、能力弱,这就注定他在官场走不远;第三,顺治也仅仅是欣赏他的文学艺术才华,把他作为朝廷优待汉人的点缀、重视文化的装饰、歌功颂德的工具,顶多成为文学弄臣,并没人认为他就真是庙堂之具。

正是在这样的背景下,遭受奇耻大辱还只得忍气吞声的吴伟业,从虚假的被重视中清醒过来,丢掉了最后一丝幻想,对清王朝、对自己的仕途彻底绝望,对明王朝、对崇祯帝的感情再次起了变化。其《风流子·掖门感旧》词曰:"咸阳三月火,新宫起、傍锁旧莓墙。见残甓废砖,何王遗构;荒莽衰草,一片斜阳。记当日、文华开讲幄,宝地正焚香。左相按班,百官陪从;执缝横卷,奏对明光。 至尊微含笑,《尚书》问大义,共退东厢。忽命紫貂重召,天语琅琅。赐龙团月片,甘瓜脆李,从容晏笑,拜谢君王。十八年来如梦,万事凄凉。"从崇祯十二年离开京城奉使河南,见崇祯最后一面,到顺治十三年,正好是"十八年"。回想当初年轻的崇祯皇帝,提拔他于孤寒之中,赐予他以无限荣光,任命他为东宫讲读,期望他为未来辅弼;含笑问书,天语琅琅;赏物无数,君臣欢愉。如今入仕新朝,寄人篱下,受尽凌辱,"万事凄凉",更是形成强烈反差。至此,吴伟业如梦初醒("十八年来如梦"),这是他千方百计寻找机会、一心归隐的心理背景。

巧合的是,就在顺治十三年十月,吴伟业的伯母张氏去世。消息传到京城,吴伟业立即决定利用这个机会,自请入嗣,为嗣母守制。为此,他特地请当时执掌礼部的王崇简(先是礼部侍郎,后升尚书)为张氏撰写墓志铭,从舆论上掌握主动权。王崇简、王熙父子为人端方、学问淹洽、文采斐然,曾同为弘文院学士,当时传为佳话,所以请王崇简做墓志铭当然是上佳之选。而王崇简之所以在入清后能由遗民直接进秘书院,首先是由时任顺天府学政的曹溶力荐,然后是顺治十二年刑部右侍郎戴明说大力揄扬,说他才堪大用,于是父子二人并列六卿,盛极一时。

另外,王崇简还跟孙承泽是儿女亲家。① 戴明说、孙承泽、曹溶等人这一时期与吴伟业往来甚密,王崇简写这样一篇墓志铭,为吴伟业打掩护,也就是顺理成章的事了。不过,王崇简在铭文中特地解释,为什么吴伟业一定要请他来写,是因为王崇简本人也是"幼育于嗣母者也",别人虽然写文章厉害,但是没有这样的亲身经历所以写不出那样真切的情感,因此还是他来写比较合适。为此,两人共同编造了若干动人细节,什么张太孺人"从襁褓中乳字先生","抚育劳瘁,因先生感疾,目不交睫者十余夜,脱簪珥为医祷"等等之类。吴伟业自己回忆祖母时曾说:"汤淑人怜其(指吴伟业的母亲朱氏)多子,代为鞠育。余自少多病,由衣服饮食,保抱提携,唯祖母之力是赖。"(《秦母于太夫人七十序》)也就是说,吴伟业自己小时候,先是有三岁的哥哥,后来又有两个弟弟(父母一般最为宠爱老大和老小),自己主要是(甚至不是主要,而是"唯")祖母汤氏带大的,这就将什么伯母张氏的功劳一笔抹杀了。可见,王崇简在铭文中的说辞,主要是为吴伟业辞官守制提供合理借口而已。

吴伟业获准辞官回乡之后,随即离京南归。离京前,华亭人王广心曾给他送行。王广心曾是陈子龙等人组织的几社的骨干,后来又与彭宾、顾大申等人组建几社的分支机构"赠言社"。但是他科举蹭蹬,直到顺治四年才中举,次年连捷成进士,先后任行人司行人、兵部主事,擢御史。虽然他本人中进士较晚,但是他的三个儿子都非常厉害,长子王顼龄康熙十五年进士,举博学鸿词,官至武英殿大学士兼工部尚书、太子太傅;次子王九龄康熙二十一年进士,官至都察院左都御史;三子王鸿绪康熙十二年进士、榜眼,官至工部尚书,曾任《明史》纂修总裁官。王广心《兰雪堂诗稿》中有《坦庵年伯梅村先生特留志喜》:"强起东山领石渠,翻居下考乞悬车。人怜骑省愁时鬓,帝爱文园病里书。东观夜深趋玉杖,秋江风老念鲈鱼。亦知圣代求黄发,不遣朝臣送二疏。"②由"强起石渠"一句可知本诗作于吴伟业仕清以后,由"骑省"可知梅村时有丧妻

① 王崇简自编:《王崇简年谱》,民国间抄本。壬寅,六十一岁。田氏所生女,归于文学孙道林,吏部侍郎孙公承泽第四子。
② 王广心:《兰雪堂诗稿》二卷,道光十五年刻本,《清代诗文集珍本丛刊》第 51 册,卷下,七言律,第189 页。

之痛，由"悬车"可知吴伟业已经辞官归隐，由"秋江"可知时为秋季，综上，该诗当作于吴伟业离京南返之际，此时王广心正在兵部主事任上。

由于吴伟业辞官归乡原因的特殊性，他离开京城应该是比较沉寂冷清的。尽管龚鼎孳、曹溶等人已经被贬离京，但是当时京城文人群体中仍然有不少与吴伟业有交往的士人，可是翻阅他们的集子，目前很少找到给吴伟业饯行、送别的记载。这反过来说明吴伟业这一次离京的不同寻常。

离开京城后，吴伟业并没有像往常一样沿着大运河水路南下，有可能是腊月冬季，河流结冰，无法舟行水上。他的行程是由陆路取道山东，先是到济南，吴伟业集子中有《木兰花慢·过济南》词一首、《趵突泉》诗二首，可见离开京城之后，他倒是不急着赶路，而是沿途游览的。当时，吴伟业崇祯九年担任湖广乡试主考时录取的举人詹谨之（第二名），正在济南府担任推官，①吴伟业在京时作有《送詹司理之官济南（詹楚人，余所得士）》一诗，所以这次在济南逗留，很有可能就是詹谨之做东、陪同。

顺治十四年正月，吴伟业磨磨蹭蹭，才到达山东新泰县。时任新泰县令的杨继芳，顺治十一年前后曾在北京跟随梅村学诗，接待了吴伟业，并在日记中记载了这次会面。《颐中堂诗文集》卷九《平阳日记钞》："丁酉春正月，吴骏公司成以读礼归，道由新泰，因行署久废，借民宿居之。骏公谓门下曰：'行路得蔬饭足矣，勿需供亿，致挠贤令清政也。'临行，裁赠诗，谊甚笃。其诗曰：'置邑徂徕下，相逢泰岱傍。残民榆作垒，新树石成庄。客路齐纨暖，山城鲁酒香。当年羊太傅，何必念襄阳。'"②日记中说吴伟业因"读礼"而归，可见是回家守丧的。

距离新泰不远就是蒙阴，吴伟业到达蒙阴时已是一派春光了，其《夜宿蒙阴》云："客行杖策鲁城边，访俗春风百里天。蒙岭出泉朵辨性，龟田加火榖占年。野蚕养就都成茧，村酒沽来不费钱。我亦山东狂

---

① 道光《济南府志》卷三十"秩官八"，页九，国朝推官，顺治：詹谨之，湖北黄冈人，举人。道光二十年刻本；康熙《武昌县志》卷六"流寓"有詹谨之传，较为详细、准确，康熙二十六年刻本。

② 梅村集中所收录赠诗，语句有所不同，《赠新泰令杨仲延（其地为羊叔子故里）》："置邑徂徕下，双槐夹讼堂。残民弓作社，遗碣石为庄。野茧齐纨美，春泉鲁酒香。归来羊太傅，不用泣襄阳。"

李白,倦游好觅主家眠。"可见,离开京城之后,随着家乡日近,他的心情大有好转,一向谨小慎微的他竟然以狂放李白自居了。再往南到了郯城,就快进入江苏境内,吴伟业有点迫不及待了,作《郯城晓发》一诗:"匹马孤城望眼愁,鸡声喔喔晓烟收。鲁山将断云不断,沂水欲流沙未流。野戍凄凉经丧乱,残民零落困诛求。他乡已过故乡远,屈指归期二月头。"

进入江苏境内路过宿迁时,吴伟业再次游览了项羽庙,并赋诗抒怀。《项王庙(在宿迁。项王下相人,即其地也)》:"救赵非无算,坑秦亦有名。情深存鲁沛,气盛失韩彭。垓下骓难逝,江东剑不成。凄凉思画锦,遗恨在彭城。"对这样一位失败的英雄,充分肯定他的不朽功业和情感态度,悲叹他的不幸结局。特别是涉及男女情感问题,吴伟业历经变故之后,把感情看得更重了,他的《戏题士女图十二首》其中有《虞兮》一绝:"千夫辟易楚重瞳,仁谨居然百战中。博得美人心肯死,项王此处是英雄。"顺治十年冬吴伟业入京时在《下项怀古》中说"古来名与色,英雄不能忘""我来访遗迹,登高见芒砀。长陵竟坏土,万事同惆怅",抒发的感情是不一样的。经历了京城风波,看来对项羽的取舍、评价也有了变化。

明清时期,吴伟业往返京城,多次路过宿迁,也写过多首与项羽相关的作品,但是这首"情深"之作完成于顺治十四年正月,因为陈子龙非常赏识的诗人彭孙贻有和作,其《项王庙(和吴梅村祭酒)》:"天下英雄少,何人可敌居。功成竟东返,事去始中分。骏马千金剑,龙文五色云。悲歌慷慨意,犹使楚臣闻。"①吴伟业顺治十四年之后没有到过宿迁,彭孙贻既然称其官职为祭酒,且和的正是这一首,则当作于此次返乡丁忧途中。

---

① 彭孙贻:《茗斋集》卷十三,四部丛刊续编景写本。

第七章　晚年岁月

　　顺治十四年，借嗣母去世之机回乡守制的吴伟业，彻底打消了再度出山的念想。当然，无论是对他的同党还是对清朝皇室来说，吴伟业也失去了利用的价值，所以再也没有召他进京。随着南明政权不断衰微，清政府的军事镇压逐步让位于思想控制、文化钳制，尤其是对文人阶层的政策基调，由拉拢、引诱、宽容到毫不犹豫地利用、打击乃至镇压。在这样的文化氛围中，梅村一方面饱经折磨，使出浑身解数，努力经营关系，渡过难关，另一方面积极创作，尤其是在诗文、书画艺术创作之外，潜心治学，在经学、史学等方面取得系列成果，同时注意培植后学。这样的生活，构成了他十四年晚年生涯的主要内容。

第一节　迭经大案

　　吴伟业回到家乡后，先后遭遇丁酉乡试案、奏销案、哭庙案、通海案、明史案等系列大案要案。有些案件令吴伟业直接受到了牵连，比如奏销案、通海案；有些案件则令吴伟业的亲朋好友或者弟子后辈被牵连，比如丁酉乡试案、哭庙案、明史案，也给吴伟业的身心带来巨大冲击。

　　丁酉乡试案，是指顺治十四年丁酉科乡试中，多处考场爆发出舞弊嫌疑，其中尤以顺天乡试和江南乡试最为严重（其他包括河南、山东、山西等地）。吴伟业曾经与本次顺天乡试的主考曹本荣、副主考宋之绳一起奉旨编纂《孝经衍义》,尤其是与宋之绳关系密切,两人同被冯铨推荐,多次一起共事。本年乡试结束后,刑科给事中任克溥首先揭发北闱考官李振邺、张我朴等贿卖关节,经满汉大臣会审,情况属实,顺治先是下令将考官李振邺、张我朴、蔡元曦、陆贻吉、项绍芳,举人田耜、邬作霖,俱著立斩,家产籍没,父母、兄弟、妻子俱流徙尚阳堡;然后命令所有取中的举人,参加复试,①将正副主考降五级留用;复试之后,将涉案官员、举子先后处分,其中与吴伟业关系密切的江南举子陆庆曾、孙旸亦涉案中,吴伟业极为痛惜,分别为之作《赠陆生》《吾谷行》长诗。

《赠陆生》:"陆生得名三十年,布衣好客囊无钱。尚书墓道千章树,处士江村二顷田。京华浪迹非长计,卖药求名总游戏。习俗谁容我弃捐,才名苦受人招致。古来权要嗜奔走,巧借高贤谢多口。古来贫贱难自持,一浪误丧生平守。陆生落落真吾流,行年五十今何求?好将轻侠藏亡命,耻把文章谒贵游。丈夫肯用他途进?相逢误喜知名姓。狡狯原来达士心,栖迟不免文人病。黄金白璧谁家子,见人尽道当如此。铜山一旦拉然崩,却笑黔娄此中死。嗟君时命剧可怜,蜚语牵连竟配边。木叶山头悲夜夜,春申浦上望年年。江花江月归何处,燕子莺儿等飘絮。红豆啼残曲里声,白杨哭断斋前树。屈指乡园笋蕨肥,南烹置酒梦依稀。蓴鲈正美书堪寄,灯火将残泪独挥。君不见鸿都买第归来客,驷马轩车胡辟易。西园论价喜谁知,东观抢文矜莫及。从他罗隐与方干,不比如君行路难。只有一篇思旧赋,江关萧瑟几人看?"

陆庆曾,字子玄,华亭人,久负才名,出身世家,其祖父陆树声为嘉靖二十年会试第一,官至礼部尚书。《程笺》卷九《赠陆生》题下笺曰:"钱笺:华亭陆子玄庆曾,为余丁酉北榜同年。《鏧悦卮谈》:同时如吴江吴汉槎兆骞、常熟孙赤崖旸、长洲潘逸民隐如、桐城方与三育盛,皆有高才盛名,同以科场事贷死戍边,子玄以机、云家世,与彝仲、大樽为辈行,坎坷三十年,至垂老乃博一举,复遭诬,以白首御穷边而死,一妾挈幼子牵衣袂,行路尽为流涕。"这样一位与陈子龙、夏允彝等人同辈齐名的世

---

① 著名文人计东,以浙江秀水籍于顺治十二年贡入太学,因此以国子监生的身份参加了本次顺天乡试,中第七名举人,出自主考曹本荣门下,参加了复试,名列第二。由于复试由顺治亲自主持,所以计东号称"御试第二",名噪一时(尤侗《改亭文集序》,计东《改亭文集》卷首,乾隆十三年刻本)。

家才子,同声社的创始人之一,名动天下三十年,年过半百,却科举蹭蹬。因为精于医学(诗中说"卖药求名"),曾治好过李振邺的病,这次以国子监贡生的身份参加顺天乡试(据乾隆《华亭县志》,陆庆曾是以岁贡资格入监的,则也应算是吴伟业的学生,因为顺治十三年吴伟业是国子监的祭酒),得以中举,结果案发后因为李振邺受到牵连,被囚禁拷掠,流徙尚阳堡。如此人生,怎不令人感慨唏嘘。

吴伟业的《吾谷行》,则是为另外一位举子孙旸而作的。诗以吾谷为名,是因为常熟虞山之吾谷,"乃孙氏之世阡"(《孙母金孺人墓志铭》)。诗云:"吾谷千章万章木,插石缘溪秀林麓。中有双株向背生,并干交柯互蟠曲。一株夭矫面东风,上拂青云宿黄鹄。黄鹄引吭鸣一声,响入瑶花飞簌簌。一株偃蹇踞阴崖,半死半生遭屈辱。雷劈烧痕翠鬣焦,雨垂漏滴苍皮缩。泥崩石断迸枯根,鼠窜虫穿隐空腹。行人过此尽彷徨,日暮驱车不能速。前山路转相公坟,宰木参差乱入云。枝上子规啼碧血,道傍少妇泣罗裙。罗裙碧血招魂哭,寡鹄羁雌不忍闻。同伴几家逢下泪,羡他夫婿尚从军。可怜吾谷天边树,犹有相逢断肠处。得免仓黄剪伐愁,敢辞漂泊风霜惧。木叶山头雪正飞,行人十月辽阳戍。兄在长安弟玉关,摘叶攀条不能去。昨宵有客大都来,传道君王幸渐台。便殿含毫题诏湿,合门走马报花开。宫槐听取从官咏,御柳催成应制才。定有春风到吾谷,故园不用忧樵牧。虽遇雕枯坠叶黄,恰逢滋茂攒条绿。由来荣落总何常,莫向千门羡栋梁。君不见庾信伤心枯树赋,纵吟风月是他乡。"

孙旸,字寅仲,一字赤崖,常熟人,年十五即擅文誉,与兄孙曙(后改名承恩,顺治十五年状元,梅村诗中用"向背生"的"双株"来象征兄弟两截然不同的命运)齐名。吴伟业与常熟孙氏家族关系极为密切。孙旸的祖父孙森,号兰畹,万历三十四年与钱谦益同榜举人,历官弋阳令,升任广东高州同知;孙森之弟孙林,号芝房,循资入贡,授高邮州训导;孙林长子孙朝肃,字恭甫,万历四十四年丙辰科与瞿式耜同榜进士,历官刑部主事、广东按察副使、广东布政使;孙林次子孙朝让,字光甫,为崇祯四年吴伟业的进士同年,历官刑部员外郎、泉州知府、建南道副使、福建按察使、江西布政使;孙朝肃长子孙鲁,字孝若,顺治九年进士,授衢州推官,次子孙藩,字孝维。吴伟业与常熟孙氏祖孙三代都有交往,其中孙藩是吴伟业的学生。"余犹记通籍之岁,以年家子弟拜谒恭甫之尊人子乔先生","余门人孝维,为孝若之异母弟","孝维卯岁从余游,实受命于其母"(详情参见吴伟业《孙母郭孺人寿序》《孙孝若稿序》《孙孝维赠言序》《孙母金孺人墓志铭》《海虞孙孝维三十赠言四首》《满江红·贺孙本芝寿兼得子》等诗词文作品)。孙承恩、孙旸兄弟二人作为江南常熟人,以国子监生员身份参加顺天乡试,则均应算是吴伟业这位国子监祭酒的学生。孙旸被人诬告,差点被腰斩,幸得兄长孙承恩考取状元,顺治帝法外开恩,既没有牵连其兄剥夺其状元资格,更是满足其兄的哀求,免孙旸一死,让他和其他人一起流放尚阳堡。

北闱科场案爆发后不久,工科给事中阴应节上疏弹劾江南乡试主考官方猷(据说是受刘正宗指使上疏的),说他以权谋私,录取了同宗方拱乾之子方章钺。顺治勃然大怒,将方拱乾父子六人(方拱乾幼子因年龄太小免于流放)、全家数十口流徙宁古塔。方拱乾出自桐城世家,他与吴伟业经历类似,都是前明翰林官(先后都官至少詹事),入清后由两江总督马国柱推荐,再由冯铨上疏、皇上确认、有司任用的,然后又共同参与了各种皇帝亲自布置的编纂活动,如《顺治大训》《内政辑要》《太祖太宗圣训》等。这一次,不但方拱乾本人、涉案人方章钺,就是其长子方孝标(原名方玄成,后因避康熙名讳而改,顺治六年进士,时任内弘文院侍讲学士,死后因戴名世《南山案》牵连被掘墓挫骨,亲族多人坐死、流放)、次子方亨咸(顺治四年进士,时为御史)、三子方育盛、四子方膏茂(均为举人),均被革职流放,抄没家产,顶级高门顿时坍塌。这样的消息对吴伟业内心的震撼可想而知。

随着方猷被查,江南科场案引发了连锁反应。经过彻查,作弊属实。顺治震怒,将江南乡试的正副主考方猷、钱开宗拉到菜市口斩首,抄家,家产、妻子籍没入官,十八房同考官全部处以绞刑,妻子家产籍没入官,所有录取举人全部押送北京参加复试,涉嫌作弊的举人方章钺、张明荐、伍成礼、姚其章、吴兰友、庄允堡、吴兆骞、钱威,俱著责四十板,家产籍没入官,父母兄弟妻子并流徙宁古塔。

在这群人中,吴伟业最同情的是吴兆骞,为此他特地创作了长诗《悲歌赠吴季子》,以表同情和悲愤。诗云:"人生千里与万里,黯然消魂别而已。君独何为至于此? 山非山兮水非水,生非生兮死非死。十三学经并学史,生在江南长纨绮。词赋翩翩众莫比,白璧青蝇见排抵。一朝束缚去,上书难自理,绝塞千山断行李。送吏泪不止,流人复何倚? 彼尚愁不归,我行定已矣! 八月龙沙雪花起,囊驼垂腰马没耳。白骨皑皑经战垒,黑河无船渡者几? 前忧猛虎后苍兕,土穴偷生若蝼蚁。大鱼如山不见尾,张鬐为风沫为雨。日月倒行人海底,白昼相逢半人鬼。噫嘻乎悲哉! 生男聪明慎勿喜,仓颉夜哭良有以。受患祇从读书始,君不见,吴季子!"

由于吴兆骞全家受到牵连,均须流徙,其年迈的父亲吴晋锡亦难逃一劫。吴伟业曾赋诗给吴晋锡送别,其《送友人出塞》二首题下有注:"吴兹受,松陵人。"其一:"鱼海萧条万里霜,西风一哭断人肠。劝君休望令支塞,木叶山头是故乡。"其二:"此去流人路几千,长虹亭外草连天。不知黑水西风雪,可有江南问渡船?"可见,吴伟业对他们父子的不幸遭遇,深表同情。

吴晋锡(1600—1662),原名锡福,字兹受,号燕勒,士龙长子,崇祯十三年庚辰进士,除永州推官,南明时以郴桂道加大理寺卿,全楚既失,督师奔滇,后见事不可为,削发为僧,回乡隐居,①同治《苏州府志》卷一百五"人物三十二"有吴晋锡的传,详细记录了他在明清易代之际的表现,但是没有涉及他后来受到科场案波及被流放的情况。另外,据《穹窿山志》可知,吴晋锡遭此变故之前,已经看破世情,笃信道教。《穹窿山志》卷首有吴晋锡《本山始募建殿缘引》中说:"先君艰于举子,祷于三茅君而生余。真君之为灵昭昭也。"因与穹窿山的道士施炼师(亮生)关系密切,曾为其《正一偶商》作序,并向好友吴伟业推荐亮生和正一教,吴伟业在《穹窿山志序》中回忆说"囊年松陵中丞吴公兹受向予言,亮生之法宗"如何如何。②

综合相关资料可知,吴伟业与吴兆骞、孙旸、陆庆曾等人及其父祖亲朋都有着千丝万缕的联系,对他们三人的才学也颇为欣赏。平心而

---

① 陆林:《知非集》,黄山书社 2006 年版,第 137 页。
② 《穹窿山志》卷首,康熙刻本,《四库全书存目丛书》,史 237—68。

论,以他们三人的实际水平,如果参加乡试却不被录取,只能说是考官的遗憾,如果参加乡试还要靠通关节才能录取,那必然是制度的弊端,录取后却因为通关节的罪名被抄家流放,就更显得滑稽可笑了。吴伟业用自己饱含深情的如椽巨笔表彰他们的过人才情、描述他们的不幸遭遇,形成强烈反差,实际上表达的是江南士绅集体的愤懑不平,以及对统治者任性随意、草菅人命、荒唐无道处理方式的控诉。

顺治十四年丁酉科场案,暴露出很多问题:第一,这一年离崇祯自挂煤山仅仅十三年,虽然还有一些反清复明的势力在不屈挣扎,但是绝大多数读书人已经一心一意去追求清政权的功名了,可见政治大义在那个时代的大多数读书人眼中并没有个人功名那么重要;第二,影响最大的南闱和北闱同时爆出乡试舞弊案充分说明,为了求取功名(哪怕很多人还认为这功名是异族的),读书人甚至可以违背初心(读书本为明理修身),不惜代价,买通关节,徇私舞弊;第三,尽管这一时期不断有有识之士对四书五经八股文的科举考试制度进行深入的批评,认为其误国误民,比如顾炎武等人,但是绝大多数人已经深陷其中不能自拔;第四,运行了两百多年的四书五经八股文的科举考试制度,并没有因为明清易代而有所改进,相反却是更为黑暗,以权谋私,贿赂公行,确实千疮百孔、需要整顿;第五,满人本不懂关节为何物,这起惊天大案的源头本是汉臣南北两党借科场进行党争,[1]可是发展到后来,相互攻讦、内幕揭开,加深了以顺治为首的满人上层对汉臣的鄙视和怀疑;第六,清朝统治者采用极端方式处理科举案,社会反响不一,吴伟业等人固然觉得不妥,但也有人觉得大快人心。蒲松龄《聊斋志异》中曾借助小说人物之口说丁酉科场案发,"帘官多遭诛谴,贡举之途一肃""公道初彰",乃是顺应天意、民意,由桓侯张飞降临人世巡查的结果,并感慨张飞三十五年才来一趟人间巡查科举考试,"来何暮也"(《于去恶》)。

哭庙案、奏销案虽是两案,其原因则一,都是由经济案件引发的政治案件,根本原因仍是政治因素。明清以来,江南赋重,苏州、松江两府尤甚,不但负担沉重而且品种繁多,苛捐杂税多如牛毛,清政府早已意

---

① 参见何涛《顺治丁酉科场案背后的朝局纷争》,《甘肃广播电视大学学报》2021 年第 5 期。

识到问题严重,顺治曾经明确说要将江南地区赋税标准降低到万历时期的水准,天启、崇祯之后不断增加的负担统统扣除,即便如此,也是压力巨大,因为万历时期那是天下繁富的时节。加上历年以来欠债累累,积案如山,很难清欠。奏销案的受害者董含在《三冈杂识》中记载"江南奏销之祸"时说:"江南赋役,百倍他省,而苏松尤重,……大约旧赋未清,新饷已迫,积通常数十万。时司农告匮,始十年并征,民力已竭而逋欠如故。"统治者层层加压,顺治十四年十二月,定《户部钱粮考成则例》:"州县官,欠七分者降职四级,欠八分者降职五级;布政使、知府、直隶州知州,欠八分者降职四级,欠九分者降职五级,俱戴罪督催,完日开复。"定《兵部马价考成则例》:"州县官,欠七分者降职三级,欠八分者降职四级;布政使、知府、直隶州知州,欠八分者降职三级,欠九分者降职四级,俱戴罪督催,完日开复。"①顺治十八年正月,更是严令:"钱粮系军国急需,经管大小各官,须加意督催,按期完解,乃为称职。……今后经管钱粮各官,不论大小,凡有拖欠参罚,俱一体停其升转。必待钱粮完解无欠,方许题请开复升转。"

这样一来,各级地方官员尤其是行政主官以及其他与钱粮相关的官员,都被捆绑到清欠的战车上了,谁也不会拿自己的功名、前程当儿戏。哭庙案和奏销案的导火索,就是新任吴县县令任维初为了完成钱粮任务,逮捕尚未完成缴纳的百姓,肆意拷打,竟然将百姓杖责致死,同时自己则私吞国帑、盗卖官粮,这就激起了民变。薛尔张、丁子伟、倪用宾、金圣叹等人,借顺治去世的时候,先是到文庙哭诉任维初的罪行,顿时聚集起千余名秀才,然后到巡抚衙门(江宁巡抚驻扎苏州),请见巡抚朱国治,跪进揭帖,请求惩处任维初。朱国治本即酷吏,极为欣赏任维初这样雷厉风行、严厉苛刻的官员,加上他对江南乡绅本无好感,一直认为江南乡绅倚仗科举门第,把持官府、鱼肉百姓,生活奢靡、故意拖欠,因此他进一步怀疑这些秀才背后就是广大乡绅们在煽动、支持。于是,朱国治一方面将哭庙秀才定性为聚众倡乱、抗拒纳粮,尤其是说他们震惊先帝之灵,为大不敬,最终以抗粮谋反谋逆罪斩杀为首的十八名

---

① 《清实录》三《世祖实录》,中华书局 1985 年版,第 885 页。

秀才,另一方面将苏、松、常、镇四府一万三千五百一十七名乡绅、衙役二百五十四名,分别造册,上报朝廷,声称他们抗欠钱粮,部议现任官员降二级调用,衿士褫革,衙役照赃治罪。于是江南绅衿褫革殆尽,各地州县监狱人满为患。吴伟业、徐乾学、徐元文、汪琬等江南缙绅著名人物几乎全部罗织在内,探花叶方蔼仅欠一钱亦被黜革,民间有"探花不值一文钱"之谣,朱国治严加追比,涉案士绅难免枷责之痛,鞭扑纷纷,斯文扫地。甚至不少乡绅被逮捕,械送刑部议处。

吴伟业作为钱粮未完的居乡士绅,亦在褫革、鞭扑、械送之列。吴伟业在《与子暻疏》中说"奏销适吾素愿,独以在籍,部提牵累,几至破家"。所谓"适吾素愿",无非是吴伟业想要名节,不愿意承认自己做过清朝的官职,因为拖欠赋税而被剥夺所有功名,正好给他解套。只是没有了功名护身,人皆可欺,打入大牢,被人勒索,差点破产。吴伟业表面上说得轻巧,个中苦楚,冷暖自知,不足为外人道也。

其实在奏销案正式爆发之前,已有嘉定钱粮案为之前奏了。"太仓十子"之一、王瑞国的侄子王昊,就在顺治十七年四月受到牵连,被逮捕械送北京,《叶谱》引《娄水文征》卷五十六周云骏《硕园诗稿序》曰:"今惟夏乃坐奏销放废。先是,惟夏以邻邑株连,同人饯之吴门,举觞行觞,四座累欷泣下。"吴伟业亦有诗送行,包括五律《送王子惟夏以牵染北行》四首以及七律《别惟夏》一首,诗中以"名字供人借,文章召鬼憎""惆怅书生万事非,赭衣今抵旧乌衣"表明其冤屈,以"落木乡关远,疲驴道路寒"表达其担忧,以"昔人能荐达,名士出髡钳"勉为其难地宽慰。当时王昊的叔叔、梅村的亲家王瑞国还没从广东回来,吴伟业诗中对此表示了遗憾:"庾岭故人犹未别(维夏叔增城公子彦),燕山游子早应归。"可是没想到第二年这位增城县令回来后,马上遭遇奏销案,与吴伟业一起被黜革,而王昊再次被废,这下真是欲哭无泪了。吴伟业的《王郎》诗形容王瑞国回来后,"入门别怀未及话,石壕夜半呼仓卒""田园斥尽敝裘难,苦乏家钱典图籍"。数年之后,他在给冒辟疆的书信中还说:"(弟)百口不能自给,而追呼日扰其门,以此吟咏之事,经岁辄废。穷而后工,徒虚话耳。……此中人士,救死不赡,何暇复问诗文?""因念风雅道丧,二一遗老,汩没于穷愁催科之中,不能复出,若兄翁之陶写诗歌,流连宾从,有子弟以持门户,有田园以供鲈粥,海内诚复几人哉!"

如果说奏销案仅仅是给吴伟业带来了经济上的损失差点破产的话,那么被人告发涉嫌通海案,则几乎让吴伟业家门倾覆。吴伟业《与子暻疏》云"无何陆崟告讦,吾之家门骨肉当至糜烂,幸天子神圣,烛奸反坐,而诸君子营救之力亦多",《临终诗》其四亦云:"奸党刊章谤告天,事成糜烂岂徒然。圣朝反坐无冤狱,纵死深恩荷保全。"可见这件事对吴伟业打击至深,去世前仍然心有余悸。

所谓通海案是指顺治十六年,郑成功在内地士子的指引接应下,由崇明进长江,与张煌言会师,水陆并进,沿江而上,攻取镇江,直逼南京,进取芜湖、太平、宁国、池州、徽州、广德、无为等地望风响应,东南震动,反清复明形势一片大好。可惜由于郑成功战略失误,功败垂成,被迫退回金、厦。事后,清朝统治者大肆报复,顺治十八年七月十三日立秋,镇江涉嫌通海案的六十余名人士,以及哭庙案涉案人员共一百二十一人,在南京三山街被处决。之后仍不罢休,继续严查牵涉人员,历经数年,涉案人员近千人,魏耕、祁班孙等人先后被捕,或被处死,或被流放,尤其是魏耕、钱缵曾、钱瞻百、潘廷聪等人,于康熙元年六月在杭州被凌迟,最为惨烈。

从实际处理过程来看,镇江金坛通海案中颇多冤枉,主要是寻仇诬告,①而清朝统治者则借机镇压。② 杜登春《社事始末》:"杭人陆崟借江上以倾梅村而击两社,上书告密,首及梅村,云系复社余党兴举社事,大会虎丘,将为社稷虑。"可见,陆崟正是看到了有人借通海事件成功诬告,认为有了机会,才"借江上以倾梅村",并将吴伟业主持虎丘大会、促成党社和解、成为社团盟主,作为吴伟业密谋聚众举事造反的罪证。其实,吴伟业参加两社大会,事在顺治十年,其后仕清,陆崟即使对他不满也无可奈何。而梅村辞官回家后,因为奏销案被剥夺缙绅身份,而通海一案又有可乘之机,加上顺治十七年正月,给事中杨雍建上疏朝廷:"今之妄立社名,纠集盟誓者,所在都有,而江南之苏州、松江,浙江之杭、嘉、湖尤甚。其始由于好名,因之植党。"因此朝廷下令严禁结社订盟。

① 计六奇《明季南略》卷十六"金坛大狱""金坛一案"两条,详细记载了案情的具体情况。
② 参见吕杨等《陈于鼎事迹述略及其评价》,《常州大学学报》2015年第6期。

所以陆銮才在通海案爆发之后，将七八年前的陈年旧事包装起来，说吴伟业通过虎丘集会、聚集两党、图谋不轨、危害社稷。这样的罪名一旦坐实，显然吴伟业整个家族将为之葬送，而同声、慎交两社主要骨干亦不能幸免。钱谦益顺治九年的时候就说这两社为东南之望，而东南为天下之望，如果将两社与通海案牵连上，此案之规模、影响将远远超过此前历次大案。吴伟业说"事成糜烂岂徒然"，"吾之家门骨肉当至糜烂"，确为写实之语。吴伟业又说幸得诸君子营救、皇上圣明，此狱未成，死里逃生，幸免于难，"此吾祖宗之大幸，而亦东南之大幸也"，其实并未夸张。

有哪些君子施以援手，吴伟业没说，也不能说。从若干文献来看，吴绮应该是其中之一。吴绮六十寿辰时，尤侗有《吴园次六十征诗引》，称赞他："更有高风，能空今古：解党人之难，不让孔褒（陆銮上书告密，将兴大狱，公密为营救，得免）。"①孔褒是东汉孔融的兄长，因藏匿党人张俭而被杀。尤侗与吴伟业、吴绮均有往来，关系密切，他将吴绮比作孔褒，说他密为营救以解吴伟业等人党人之难，应属可信。吴伟业仕清期间，与吴绮有交集，吴绮《林蕙堂全集》卷十七有《呈家梅村学士》、卷十五有《偕星圻、紫来、骏公丰台看芍药，归饮祖园》二首，记载了两人交往的情形，但是，两人交往并不密切，吴伟业集子中，并没有留下这一时期两人交往的痕迹。但是，经此一案后，吴伟业与吴绮的交往急剧增加，往来互动密切，亦可觇知吴绮在此案中所起的作用。

实事求是地说，东南士人对清政权的不满乃至敌视由来已久，特别是清兵下江南过程中的残酷屠杀，加剧了民族对立情绪。郑成功沿长江而上，众人是发自内心欢欣鼓舞。通海案中的一些重要人物，也确实是社团的骨干。至于吴伟业本人是否涉嫌通海案，就目前已知的材料来看，很可能是真有关联的。积极参与反清复明、奔走联络，并给郑成功等人提供战略谋划乃至具体路线，从而成为通海案关键人物的魏耕，②就与吴伟业有着不同寻常的联系。魏耕《雪翁诗集》卷五有《寄赠

① 尤侗：《西堂杂俎三集》卷五，康熙刻本，第 10 页。
② 魏耕、钱缵曾、朱士稚等人，是联络郑成功、张煌言的主要参与者，参见何龄修《关于魏耕通海案的几个问题》，《文史哲》1993 年第 2 期。

娄东吴学士伟业》。顺治九年，魏耕、顾万、沈祖孝拿着钱谦益的介绍信，来到太仓，谒见吴伟业。表面上看，他们这次来仍然是为了请吴伟业出面调和社事，可是这一问题在吴伟业与钱谦益在苏州见面的时候已经讨论解决，而钱谦益在信中说他们三人朴厚谨直、好义远大、可与深言，可见仍有一些问题只能见面"深言"，不适合在信件上表达。除了钱谦益之外，与吴伟业关系密切的如继起和尚（弘储）等人与魏耕也交往颇深。

吴伟业哪怕没有直接参与魏耕的活动，可是这一时期他特别关注镇江前线的战事，甚至有可能在顺治十六年战事正酣时亲自到了镇江前线。因为他曾经创作了《中秋看月有感》："今年京口月，犹得杖藜看。暂息干戈易，重经少壮难。江声连戍鼓，人影出渔竿。晚悟盈亏理，愁君白玉盘。"顺治十六年中秋节的时候，郑成功刚刚从镇江败退，吴伟业看着月亮，满是愁苦，耳边回旋着江声戍鼓，心中担忧的是干戈暂息容易，重整旗鼓很难。如果把时间往前回溯一个月，就更明显了。七月份战火纷飞的时候，他有《七夕感事》："南飞乌鹊夜，北顾鹳鹅军。围壁钲传火，巢车剑挂云。江从严鼓断，风向祭牙分。眼见孙曹事，他年著异闻。"借助赤壁之战孙刘联军大败汉贼曹操的历史故事，寄寓了对郑成功、张煌言联军取得胜利的美好祝愿。因为战事胶着，他难以入睡，有《秋夜不寐》之作："秋多入众音，不寐夜沉沉。浩劫安危计，浮生久暂心。邻鸡残梦断，窗雨一灯深。薄冷披衣起，晨乌已满林。"诸如此类，正是他这段时间情绪随着抗清力量形势变化而起伏的形象写照。就凭这些蛛丝马迹，说吴伟业与通海案毫无关联，恐怕也说不过去。

尽管陆棻告发吴伟业等人结社以通江上图谋不轨未能成功，吴伟业和同声、慎交等社逃过一劫，但是此事仍然引发了严重的后果，杜登春《社事始末》说正是因为陆棻告发，文人社集引起了清朝统治者的关注，从此严禁士人结社，后来张鉴《书复社姓氏录后三》也说"圣朝龙兴，杭人陆棻尚欲为两社告密，于是始设为厉禁，有以也。丙戌仲冬，呵冻书"。① 其实，正如前文所说，顺治十七年正月，清廷已经注意到了江南

---

① 张鉴：《冬青馆集》乙集卷六，民国四年刘氏嘉业堂刻吴兴丛书本，第14页。

文人结社的情形，随后的哭庙案、奏销案、通海案等，包括陆崇对吴伟业等人的告发，进一步加剧了统治者对文人结社盟誓的警惕和打击力度，晚明以来轰轰烈烈的文人结社活动至此彻底沉寂，还是因为这样的原因终结，令人唏嘘扼腕。

庄延鑨明史案是顺康之际的又一大案，此案爆发更为奇特。明代浙江乌程人朱国桢，天启年间官至首辅，因与魏忠贤等人不合，请辞归里，潜心著述，先后有《史概》《皇明纪传》《大政记》《涌幢小品》等著作，去世后子孙将其未出版的明史书稿《史概》卖给了有志修史的同乡富户庄廷鑨。庄家召集江南文人，将其重新修订，补辑齐备，以《明史辑略》之名于顺治十七年出版，并遍邀名人作序，广列名士为参阅者（比如当时著名的史学家，共同撰写完成《明史记》的潘柽章、吴炎）。由于书中以明朝（包括南明）为正宗，颇多违禁语，被敲诈未遂的罢职知县吴之荣告发，引发连锁反应，牵连甚众，颇多冤屈，处置惨烈，作序、校阅、刊刻、贩卖、收藏者，一律治罪，七十余人被杀，其中潘柽章、吴炎等十四人被凌迟，多人已死被开棺戮尸，数百人被流放，牵连千余人，开清代文字狱之先河，对有清一代思想界、史学界影响巨大。虽然，这一案件与吴伟业没有直接关联，可是，迭经大案的吴伟业本来就是惊弓之鸟，又正在完善《绥寇纪略》《复社纪事》等史学著作，其心态影响可想而知。

除了众所周知的大案要案外，吴伟业说自己在奏销案后，"又有海宁之狱，吾之幸而脱者几微耳"（《与子暻疏》），这个顺序可能是有问题的。因为这里的"海宁之狱"，如果指的是其亲家、浙江海宁人陈之遴通内监吴良辅案，则案发在顺治十五年、奏销案之前。吴伟业说"司农再相未一岁，用言者谪居沈阳"，是指顺治十年，南党大败，陈名夏被杀，陈之遴由礼部尚书、弘文院大学士被贬调任户部尚书（故称之为司农），顺治十二年官复弘文院大学士，十三年被左都御史魏裔介等人（所谓"再相""未一岁""言者"）弹劾，以原官谪居辽阳，十四年，顺治念其效力多年，令其回京入旗，十五年，言官再次弹劾陈之遴贿赂结交内监吴良辅，审问属实，顺治下令将陈之遴父母妻子俱流徙盛京，家产籍没。交接内监是重罪。明代中晚期，交接有权势的宦官是左右党派斗争的重要手段，历来反面人物自不必说，张居正改革得到了冯保的支持，东林党通过王安而掌控朝局,在与温体仁那一派斗争激烈的时候,钱谦益和复社最终也是依靠曹化淳才转危为安。而吴良辅是顺治最为倚重的宦官,陈之遴重拾晚明陋习,试图通过结交宦官来实现自己的政治目的,彻底得罪清廷勋贵,①自此一蹶不振。而吴伟业应召进京、入仕清廷、借故辞官等,正与陈之遴的政坛起伏节奏同步。陈名夏死后,陈之遴俨然成为南党领袖,与北党冯铨、魏裔介、刘正宗等人的斗争你死我活,加上这一次得罪的是满族权贵,所以吴伟业自以为难以幸免,所幸的是顺治只想着大事化小,尽量保护吴良辅和陈之遴,于是吴伟业未受牵连,也在情理之中了。

正是由于亲身经历了系列令人胆战心惊的案件,吴伟业对于有类似遭遇的亲朋好友,有着真切的理解与同情,常常以诗歌的方式给予安慰,比如为遭受丁酉乡试案的孙旸、吴兆骞、陆庆曾,遭受奏销案的王昊等后辈,为陈之遴、吴晋锡等同辈,都曾以诗相送,再举一例为证。吴伟业的好友单恂,亦曾被人勾连入陷阱中,梅村为其作《白燕吟》,叙云:"云间白燕庵,袁海叟丙舍在焉。吾友单狷庵隐居其旁。鸿飞冥冥,为弋者所篡,故作此吟以赠之。余年二十余,遇狷庵于陈征君西佘山馆,有歌者在席,回环昔梦,因及其事。狷庵解组归田,遭逢多故,视海叟之西台谢病、倒骑乌犍牛,以智仅免者,均有牢落之感,俾读者前后相观,非独因物比兴也。"单恂,字质生,号狷庵,松江华亭人,崇祯十三年进士,曾知麻城县。明初诗人袁凯,字景文,号海叟,松江华亭人,以《白燕》一诗久负盛名,人称"袁白燕",里人筑庵祀之,遂以为名。崇祯末年,单恂即其址构白燕庵,李待问书联于柱。《程笺》:诗云"征君席上点微波"(狷庵《竹香庵集》有"陈眉翁招饮纸窗竹屋,听尤姬弦索"诗),"朱丝系足柘弓弹"(按此似狷庵亦株连海上之狱者,是狱松江守张羽明图超升,戮无罪金仲美等八十余人)。《叶谱》引谢国桢《清初农民起义资料辑录》及《明清笔记谈丛·三冈识略》以及董含《三冈识略》卷五"松郡

---

① 清人入关,皇宫事务由内务府掌管,顺治亲政后,吴良辅建议恢复明代内监十三衙门,剥夺了内务府的权力,引发了清廷权贵的强烈不满,顺治为了平息其怒火,特地在十三衙门前设置铁牌,严禁宦官窃权、受贿、结交外官、越权奏事,若有犯者立即凌迟处死。这次陈之遴贿赂吴良辅,案情属实,但顺治对两人处分极轻,这就更激发了清廷权贵对陈之遴的敌对情绪。

大狱""狱中诗"等条,说明单恂所涉及之朱光辅案的基本史实,乃地方官锻炼成狱,株连甚广,八十余人被凌迟处死,单恂亦被牵连。吴伟业借明初袁凯辞官后装疯逃过牢狱之灾,说明无论袁凯还是单恂,其实都和白燕一样,随时面临天罗地网的威胁,难以获得真正的自由,哪怕"衔泥从此依林木,窥檐讵肯樊笼辱。高举知无鸿鹄心,微生幸少乌鸢肉",也是"头白天涯脱网罗,向人张口为愁多",读来为之心碎。

吴伟业与单恂的交往、聚会,始于年轻气盛之时,入清后似亦不止一次,据萧中素(萧诗)《释柯集》(康熙刻本)记载,他曾在单恂家中见过吴伟业,有诗为证,《冬日狷庵先生见招留晤梅村吴先生醉归赋此却寄》:"东郭林泉竹径开,布袍藜杖野云来。谭清冰雪留终日,饮对烟霞醉一杯。胜地著灵题白燕,名园生色绽红梅。忘机懒入香山社,归向南村卧草莱。"①其后,中素亦作《白燕》诗十首,集中选三首,分别是"清标不与众雏同,幻出霜翎属化工""肯信乌衣化缟衣,玉堂惊有一双归""溪上云光接水光,柳烟花雾两茫茫"。另外,《释柯余集》收录有《白燕》诗八首,以及《新烟和玉峰吴元朗韵》(吴伟业之子吴暻,字元朗,号西斋,祖籍昆山,玉峰山所在地),可见,单恂的白燕庵已经成为一个经典象征,以之为核心,维系了吴伟业、吴暻父子两代人与萧中素的友谊。

第二节　经营关系

入清之后,尤其是顺治末年辞官回家后,吴伟业频频遭遇大案要案,屡屡受困,而奏销案对他打击尤大,政治特权、经济收入双双受损,恰好此时(康熙元年之后)他连举三子,主观和客观两方面都要求他更加积极地与政府官员往来互动,努力经营关系,才能为个人、家庭、家族等谋取较为安全、富裕的日常生活。在一系列努力之下,吴伟业交结了相当一批官员朋友,从中央到地方,有文臣亦有武将,组建了强大的关系网,保障了吴伟业从系列大案要案中全身而退,且一定程度上维持了

① 萧中素:《释柯集》,《清代诗文集珍本丛刊》第35册,第502页。

社会地位与经济收入，以保证他能够从事文学创作和学术研究，安度晚年。

吴伟业这一时期攀结的重要人物之一是时任苏松提督、加太子太保、左都督梁化凤（1621—1671）。吴伟业集中收录有《梁宫保壮猷纪》："提督军务总兵官、太子太保、左都督梁公，讳化凤，字冲天，一字沣源，陕西西安长安县人也，中顺治三年进士，四年，授山西大同府阳和高山卫守备。……伟业承公之命，敢备著其事，俟他日上请以藏诸故府，昭示于无极。康熙四年□月□日，具官吴伟业纪。"

梁化凤是顺治三年的武进士，以参与镇压山西姜瓖起家，后调任江南，深受前后两任两江总督马国柱、朗廷佐等人信任，他采用沿海筑坝、引水灌田的方式，逐步挤压南明军队的生存空间，多次打败张名振，吴伟业曾作《崇明平洋沙筑海堤记》以纪其功："自逆氛大作，郑成功、张名振鲸奔鳄噬，连舻如云，尝一窥金、焦，兵至佚去。既归，狡谋再逞，……会关中梁公有克复宣、云之功，分阃江左，著威名于芜湖、采石，换任宛陵，于顺治十一年再被浙东之命，未及行，而大帅罢政，镇督府以公江、湖、忻、代著有成绩，欲倚其才办寇，先用便宜俾之摄理。八月之三日，公渡海入其军中，申号令，固封守。甫十日，而张名振以三千人犯堡镇，又十日，以数万人围高桥洪土城。公皆迎击破之，……决计于十一月二十六日从小洪进兵，身率步骑以火攻，烧屯拔栅，中军李廷栋等蒙冲夹击，碎其五舟，贼大溃走，此平洋沙所由复也。……是役也，起于十一年甲午之腊月，迄于十四年丁酉之三月。……今督府郎公廷佐自中事以观厥成，共兹规划，乃分条其经始月日，并诸人之与有劳者，以告竣于朝，玺书下有司褒宠焉。"尤其是在后来郑成功打到南京城下的关键时刻，清兵望风披靡，南明胜利在望，梁化凤率众驰援，以少胜多，逼得郑成功退兵，为清政权立下大功。吴伟业在《江海肤功诗序》中吹捧他说："今我西安梁公，庸江宁一捷，再造南土。"在长达一万四千余字的《梁宫保壮猷记》中，不但以史官身份、笔法逐项描述梁化凤的丰功伟绩，大书特书他以三千人破郑成功十万大军，更是将他与古代名将如白起、韩信、周勃、李靖、李愬等人相提并论，竭尽吹捧之能事。

有着这样的态度，借助过往的名声，加上非凡的才华，文人吴伟业很快获得了武将梁化凤的青睐,这位太子太保请吴伟业为母亲撰写墓志铭,《吴伟业全集》卷第四十八有《封夫人张氏墓志铭》:"夫人姓张氏,西安府长安县人,封骠骑将军梁公讳孟玉之妻,江南总兵都督同知化凤之母也。……以顺治十四年册拜为骠骑将军,夫人夫有爵而夫则从,子既官而母以贵。已而位跻上将,略著全吴。……为将爱民,此乃吾所亲教;以身许国,勿以母老为辞。……乃以丁酉八月二十九日遘疾,终于崇明之府第,距其生年辛巳四月二十一日,春秋七十有八。……长子鸣凤,为长安县诸生;次都督也,由丙戌科进士。……于明年十月,扶榇西还。"而钱谦益则为梁化凤的父亲写了墓志铭,其《牧斋杂著》《有学集文集补遗》(下)有《诰封都督梁公墓志铭》:"府君讳孟玉,字琢之,陕西西安府长安县人也。……教以父能,爵从子贵。太保武闱起家,由守备授都督佥事,则有骠骑将军、妻张夫人之命。太保加授都督同知,则有荣禄大夫、妻张一品夫人之命。太保累进今官,则有光禄大夫之命。……府君卒之岁,享年七十有七。配一品夫人张氏,先五年卒。生男三人,长鸣凤,长安县学生;仲即今太保公;季腾凤,侧室出,尚幼。"

可以这么说,战无不胜、叱咤风云的梁化凤,凭借其战功,尤其是对南明主要军事力量毁灭性的打击,使他成为清政府极为倚仗的东南干城,是这一时期江南最为炙手可热的人物。正是由于他的保护,江南两位最有名的文人吴伟业、钱谦益,在江南一系列重大案件中即使被牵连,也能够平安渡过、没有性命之忧。

除了掌握兵权的将领,吴伟业对从朝中到地方与自己相关的各级官员也极为关注,尽可能地处好关系。比如这一时期地方上的最高行政长官,康熙元年正月十五日到任的江宁巡抚韩世琦,是天启、崇祯两朝都曾经担任首辅的韩爌的曾孙,后入正红旗籍,累官至顺天巡抚,康熙元年移抚江宁,驻扎苏州。韩世琦到任后颇多德政,《吴伟业全集》卷第四十《讲德书院记》记载:"我蒲州韩公特膺简畀,以来敷惠泽于兹土,其职任甚钜。先是江南通额未登,令下钩考,……越视事再期,有诏蠲十五年以前旧赋,又三阅月,撤姑苏驻防之兵还京师。"开篇一个"我"字,既是行文常规,亦显态度亲昵。康熙五年春,韩世琦将自己上任以来的奏议结集出版,以展示自己为朝廷、对百姓所作的贡献,邀请吴伟业、叶方蔼、顾予咸、顾贽等人（诸人均为吴伟业的朋友）为其作序，吴伟业《江南巡抚韩公奏议序》云："御史中丞蒲坂韩公巡抚江南之五载，天子洊锡公命，进秩司空。公自以幸得备位，维是地方之得失，闾阎之利病，分条其所以兴及所以革之状，当宁幸听其言，得奉行弗坠，以少逭于阙失。其副封与草稿具在，手自裒辑，得若干卷，授其部民吴伟业序之。……无何有迁擢江南之命。先是江南山越未平，萑苻数起，闽海巨寇阑入内地，以诖误吏民，当事者赤囊纷驰告变，收捕之章又数从中下。公至之日，氛祲消而奸宄息，不动声色，用拊循弹压以为政，向之所谓告急之书、穷考之案则皆无之。"落款也颇为讲究，为"康熙五年岁次丙午春正月治通家侍教生娄东吴伟业顿首拜撰"，首先表明是"治"下，然后说明是通家之好（明朝与韩世琦的长辈同朝为官），侍教生就更是谦称了。另外，吴伟业还有《大中丞心康韩公九月还自淮南生日为寿》："闾阖清秋爽气来，尚书新自上游回。八公草木登高宴，九日茱萸置酒台。兵食从容经久计，江淮安稳济时才。尊前好唱南山曲，箫鼓西风笑语开。"同样是一派欢快赞美的情调。

更为幸运的是，吴伟业的学生卢綋，于康熙元年就任江南布政司左参政，驻扎常熟，负责苏松常镇粮道，这可是负责钱粮的要害位置。这对处于奏销案等困境中的吴伟业来说可谓雪中送炭。吴伟业在给卢綋的父亲撰写神道碑铭文的时候，说："丙子岁，伟业被命偕给谏莱阳宋公九青典校湖广乡试。……以铅黄甲乙多士，锁院三试，所弋获皆为俊民，而蕲州卢大夫綋在选。撤棘，捧雉来谒，�匉然君子人也。既而询知其家世以儒业发闻，尊人吕侯公经行荦荦，为儒林长德，余嘉其学有渊源，称叹者久之。迄今两阅星移，而大夫来为参藩，董储偫于兹土，一再过存，具吕侯公素履及奉讳始末以视，泣而请曰：'……谨掇大夫自状与虞山钱先生所为传而系之左方。'公姓卢氏，讳如鼎，吕侯其字。……公生万历戊寅四月，下距癸未，寿六十有六。娶淑人罗氏，生男子二，长即大夫綋，次绂。……壬寅岁今上纪元之载，奉命督粮苏、松，而俾余书其隧道之石。"（《敕赠大中大夫卢公神道碑铭》）不仅是吴伟业，他的好友钱谦益也搭上了这一层关系。钱谦益《有学集》卷三十七有《卢府君家传》："府君讳如鼎，字吕侯，楚之蕲州人。……二子綋、绂。……丙戌冬，绂卜葬于土门珠树林，……壬寅岁，奉命督粮苏松，建节海虞，具府君行状，谒旧史氏谦益，俾为立传。"而《钱牧斋先生尺牍》亦有《致卢澹岩》书信四通，可见两人往来之密切以及卢绂对钱、吴二老之关心维护。《吴梅村全集》附录三收录有卢绂《梅村集序》："顾子湄，名宿之裔，亦娄东人，夙游司成公之门，密迩私淑，居恒每得嘉言懿行必笔而书之，珍藏于笥。积有年，得诗若干首，得文又若干篇，既成帙，谋梓而行之，公诸海内，以绂既受知于公，且适宦兹土，表章之责，抑无容辞，乃推与分任，且见属以题辞。……时康熙八年，岁次己酉仲夏，分管漕务督理苏松常镇粮储兼巡视漕河江南布政使司左参政加六级楚蕲受知及门卢绂顿首谨撰。"这位"受知及门"的现任"分管漕务督理苏松常镇粮储""左参政"写的序言，贴在《梅村集》上，无疑是吴伟业重要的保护伞之一。

当然，不仅在地方上，就是在朝中吴伟业仍有不少新朋旧友，能在关键时候比如吴伟业涉案时给他帮忙，比如曾任刑部尚书的白胤谦。《叶谱》引乾隆《阳城县志》卷九《人物》："白允谦，明崇祯癸未进士，选翰林院庶吉士。入国朝，由内院秘书检讨历侍读学士，累至吏部侍郎，晋刑部尚书。以议苏松巡按王秉衡狱不称旨，左迁太常少卿，旋擢通政使。乞归，卒，年六十九。"白胤谦既然是崇祯十六年进士，则吴伟业与他在明朝并无交集。《吴梅村全集》卷第二十七《白东谷诗集序》云："余少时得交天下士，……在南中，从张虆姑先生游（李按：指张慎言）。先生家晋之阳城，年六十余矣，德高而齿宿，忧时伤乱，有家国飘薄之叹，顾奉其经书讲诵不辍。予得侍函丈，闻绪论，心诚服之。……既而遇白公东谷于京师，知为先生之同里。……公之尊人履德先生，兄弟明经，典邑校，讲授生徒，多所成就，学者以比德河汾。公有从兄曰季文，多闻述作，高尚不仕。"更进一步说明两人之相识，在顺治十一年吴伟业仕清之后，两人同在国史院任职，此后两人亦多有交往。《叶谱》引白胤谦《东谷诗集》卷十五《赠吴骏公先生》："先辈名高四海宗，帝乡华发此相逢。即看日下人如鹤，共倚天边气是龙。双阙露凝仙子掌，十洲云拥大夫松。上林羽猎谁能赋，顾问应沾圣泽浓。"顺治十三年后，白胤谦、吴伟业先后升官，白胤谦任吏部侍郎，吴伟业任国子监祭酒；其后，白胤谦更是于顺治十四年升任刑部尚书。虽然由于在丁酉江南乡试案、苏松巡按王秉衡贪腐案等案件中，处置未得圣意，被降级使用，补太常少卿、升通政使，不能直接帮助吴伟业从系列案件中脱身，但是他的关系仍在，仍可为吴伟业减少损失。

吴伟业在前序中又云："金华陈公，文吏也，旧为公邑宰，用治行高擢任吾州，刻公之集于吴下，以公言征余弁其首。"《叶谱》引乾隆《阳城县志》卷五《职官》，知县陈国珍，浙江副贡，顺治间任，升太仓州知州。王祖畲《太仓州志》卷十一《职官》，陈国珍自康熙元年至六年任太仓州知州。可知吴伟业序中所说的"金华陈公"就是这位陈国珍，他既然要奉承白胤谦，帮他刊刻集子，并按照其叮嘱找其熟人、旧交吴伟业写序，自然可知吴伟业与白胤谦关系非同寻常。康熙元年，正是系列案件的关键时刻，地方父母官太仓知州如果鼎力相助，吴伟业的日子会好过很多，这也是他在给白胤谦集子作序时，一定要表彰陈国珍的原因。

当然，吴伟业一向与太仓的行政长官关系良好，尤其是与顺治十年到十五年之间任职的白登明，关系非同一般。《程笺》卷九《春日小园即席次白林久明府韵》引"《州乘备采》：白登明，字林九，顺治丁亥镶白旗汉军贡士，癸巳年（十年，1653）来任太仓州知州，六载报政，升去。侯晓习文法，吐决如流，开张施设，当机立办，然仁心为质，劝耕桑，修水利，恤灾荒，不专以击断为能。子浩，岁贡生，浩子焕璧、焕枢，焕枢甲午武举，平鲁，山海卫掌印守备，子焜，次炯，岁贡生，次炳，雍正壬子举人"。《吴梅村全集》卷第二十九收录有他为白登明所作《白林九古柏堂诗序》："三韩白公林九治吾娄之五年，政成而化浃，乃以其暇敷玩典坟，扬抅风雅，得所为诗一卷，属余序之。"卷第三十六收录了他为白登明的父亲所作的《白封君六十寿序》："吾州白侯林九视事之初年，余在京师，谒侯之太公双泉于邸第，……越五年，侯之报政成，而太公六十。……侯于听政之暇，举吾州之白首耆艾者七人，仿《周官》之意，饮酒于序，正其齿位，名曰娄东七老，而吾父与焉。吾父行年八十，其视太公也齿发加衰。"浏河壅塞是历史性难题，从明末以来，吴伟业等太仓乡绅曾经多次呼吁、上书献策，清初终于得到回应，而白登明做出了重要贡献，吴伟业在《潘刘家河记》中特地点名揄扬："入国朝，工科右给事中胡公之骏疏陈便宜,请开刘河,得报可;复以动支官帑,考案无故事,不果。顺治丙申冬,巡按御史李公行部至州,昆邑及州之耆老绅士,佥言刘河宜濬,且请专属州侯白公。……以丁酉二月之八日,……七千丈之工,仅阅月竣。嘉定原任邑侯刘公,御众严整,公与同心教护,程课二千丈之工,亦阅月而告竣。惟昆山势家持两端颉颃,……其千八百丈之功,凡三阅月而粗集。……乡人谓是役不当无记,乃以属余。……李公名森先,山东人。白公名登明,三韩人。嘉定则邑侯刘公名宏德,奉天宁远卫人。他若昆山县丞滕元鼎、太仓州同李棠、经历张铉,皆尝宣劳兹役,法得牵连书。"正是因为对地方上做出了重要贡献,所以后来白登明重访太仓,得到了当地乡绅的欢迎。《陆陈二先生诗文钞》中收录的陆世仪《桴亭先生诗钞》,卷七有《吴梅村太史招同吴鲁冈兵宪陪白使君谦集梅花庵》,[①]注明为戊申(康熙七年,1668)所作,同卷注明戊申所作者尚有《十二月旧令白公以事至吴门,士民百里趋迎,……予连日追陪》之诗,可见其盛况。

另外,据谈迁《北游录》"荐举"记载,"乙未正月,诏京官三品以上荐中外官可任剧郡者,时辽人白登明守太仓,治行最著,吴骏公先生具言其状,少詹事朱梅麓因荐于朝,舆论谓其无私"。乙未是顺治十二年(1655),谈迁正是朱之锡(号梅麓)的幕客,吴伟业(当时他官职尚未至三品,并无荐举资格)将家乡父母官的事迹详细说明,由朱之锡向朝廷推荐(谈迁是否为中间人,不得而知),所谓内举不避亲,舆论谓其无私,甚为不易。

不仅是知州,太仓地方官中分管钱粮的通判也很重要。顺治十三年至十七年任太仓通判的杨琳,在吴伟业的作品中也能找到踪迹。《程笺》卷九《送杨怀湄擢临安令》:"听松铃阁放衙阴,飞瀑穿阶入室琴。许椽仙居丹井在,谢公游策碧云深。山农虎善樵微径,溪女蚕忙采远林。此地何王夸衣锦?锦城人起故乡心。"诗末有原注:令,成都人,临安乃钱镠衣锦城也。《程笺》曰:"《鸟吟集小传》:杨琳,字怀湄,成都人。十余岁,献贼入蜀,爱其剽悍,给李定国为养子。定国后归明,及与孙可

① 陆世仪:《桴亭先生诗钞》卷七,《清代诗文集珍本丛刊》第62册,第298页。

望、白文选连兵屠城陷阵,怀湄尝为军锋。定国死于粤,滇亡,来降。前所积武资已高,随例换文阶,得太仓管粮通判,忤州绅,巡抚某劾去之,寻请从军,导王师南讨,有功,授杭之临安令,又移梧之岑溪令,后削职,遂家太仓州。二子皆有文,后补州诸生。"从其履历可知,杨琳在任太仓管粮通判期间,得罪了某些乡绅,却收获了吴伟业的友谊,可见吴伟业处理政府官员关系的能力。

不但是太仓,临近的松江府的管粮同知陈计长,也多次在吴伟业的作品中出现。《程笺》卷十一《赠松郡副守涪陵陈三石》,原注:官董漕。《松江府志》:管粮同知,陈计长。三石,四川涪州人,举人,前徽州府通判,康熙元年任。《程笺》于"廿载兵戈违故里"下笺曰:"《文集》:李雨然起兵击献贼,谋以妻子托三石。李公死于兵,李氏弱息赖以存。按:李雨然,名乾德,崇祯辛未进士,任偏沅巡抚,总制两川,为贼刘文房所败,投水死。诗盖指其事。"程穆衡所引用的文章是《吴梅村全集》卷第四十九《陈母夏安人墓志铭》:"安人今松江郡丞陈君三石讳计长之配,而用其子命世等之行状为请。三石余友也,……安人生于丁未之六月十七,距其卒己丑春,得年四十有三。……初文恭人之丧也,君挈子姓避贼,自涪走黔之婺县,同年生西充李乾德雨然者,怀其偏沅巡抚节,间行归家,亦抵婺,相抱恸哭。李公者智略士,自其在沅中,数以计破贼,战不利而后走。既入蜀,闻西充陷,其父被杀,益愤结思报,而与君相知,谋起事以拒献忠。安人从东厢微闻其语,既入,亟戒之曰:'李公重臣,君父遭大难,义不可以没没;君儒者,未尝居官任事,其材与地大非李公者比。我闻诸先姑,居危邦,慎毋为世指名。'因顾视诸子曰:'君独不为若等计耶?'君出而盛推让李,嗛言己不足共事者,李亦知其意,不复强,而敬君长者,谋以妻子托之,安人与君参语许诺,喜曰:'李公不负国,而君可不负李公,其胜于从李公同死者多矣!'其后李公没于兵,而君以免,室家完,其第四子德世为雨然婿,李氏弱息实赖君以存,然后知安人之言,不徒以为其诸子也。嗟乎,岂不贤且智哉!"相关文字亦可见全集卷四十五《监察御史王君慕吉墓志铭》。由此可见,吴伟业的进士同年李乾德是陈计长的生死之交、儿女亲家,而陈计长担任松江(管粮)同知的时候,康熙元年,吴伟业另外一个进士同年王范的儿子王于蕃,则同时来到松江担任推官,这是本时期吴伟业与松江官场往来频频的重要原因之一。

据《松江府志》记载,王于蕃,内江人,举人,康熙元年任松江府推官。① 吴伟业《监察御史王君慕吉墓志铭》详细记载了他与王范、王于蕃(包括其弟于宣)的交往历程:"余同年内江王君慕吉由进士起家为令,知镇江之丹阳。初视事,而余从翰林请假归,丹阳既绾毂口,而余吴人也,过江首经其邑,握手笑语甚欢。时江南最号难治,同年京邸,多以得此地为忧,君于余之过也,深自道其劳且苦,盖欲使余知之。顾余年少志得,虽与君绝厚,闻其吐露,亦未克尽知之也。逾三年,余入都,再过丹阳,同时年友之官江南者相率以事罢去,余亦以习知为令之难,而君独政成上考,则为之大喜。又四年,君以御史按浙,余在京邸别君。世故流离,分携万里,微闻君因蜀乱入吴,未获一面,窃不自意邂逅嘉禾萧寺中,感时道旧,唏嘘者久之。既君之子担四司李吾苏,未及任而君讣。比司李报最云间,以君志铭为属,盖去君殁日已七年矣。君讳范,字君鉴,一字心矩,慕吉其自号也。……君年二十有二,隽戊午贤书。……君生于万历丙申三月之二十五日,卒于顺治己亥七月之二十日。"吴伟业对镇江有着特殊的感情,几乎每次进京、返乡都会在镇江逗留,自然与王范交往较多。吴伟业在《赠松江司李王担四》中再次点出"十月江天晓放衙,茸城寒发锦城花。金堤更植先人柳,玉垒重看使者车",特别加注:"父侍御治京口湖堤。"在王范的墓志铭中亦大书特书其在练湖兴修水利的事迹,并强调"今司李(指王于蕃)岁护江南之漕达于淮,道经丹阳,望练湖而思先德,则我四郡之人,咸食共利,岂特一方哉"!

康熙三年至六年担任松江水利通判的安承启,吴伟业亦有诗相赠,其《赠松江别驾日照安肇开》云"归来好啖安期枣,不夜城头是故乡"(此送归语,时必已罢任)。《叶谱》考订梅村于康熙五年(1666)到松江,集中有遍赠知府张云路、同知陈计长与彭可谦、推官王于蕃之作,所以有赠通判的诗也就很正常。又,《山东盐法志》卷十三《人物》,安承启,灶籍信阳场人,官通判。

---

①《松江府志》卷三十七"职官表",嘉庆二十二年刊本,第10页。

同样的情况还有彭可谦。《程笺》卷十一《赠彭郡丞益甫》注曰："《松江府志》：海防同知，彭可谦，益甫，辽东杏山人，贡士，直隶大名府通判，康熙元年任。"诗中有两处原注：旧棠邑令；善书。能被吴伟业肯定为"善书"，显然水平不一般。

奇怪的是，吴伟业与这一时期松江负责管粮的同知陈计长、负责海防的同知彭可谦、负责水利的通判安承启、负责刑名的推官王于蕃都有诗相赠，同时他还有一首送给张云路的诗《赠松江郡侯张升衢》，诗中原注：从江宁迁任。《程笺》：升衢，名云路，冀州举人，由江宁管粮同知升任。《畿辅通志》卷六十五：张云路，冀州人，崇祯丙子科举人。可是查阅了多种史料记载，却不见松江府官员中有张云路其人，嘉庆《松江府志》记载康熙三年开始任松江知府的是张羽明，辽宁卫人，举人。其内情如何，待考。

除了松江府，吴伟业还利用各种缘由与在苏州府任职的官员进行交往，比如担任苏州府理刑推官的龚在升，酷爱绘画，吴伟业就有《题龚司李虞山画册》："若儁李龚公之治吾吴，斯近之矣。吾吴属城海虞，山水为尤胜。公尝行部过虞，虞人德之，尽图其所游历而系之以诗，属伟业书其首简。……况乎拂水之下，东皋之傍，其台榭陂池、车马宾客之盛，吾与公所亲见者，今已不可复作。……邑之东北被海，有故淮张时所置旧垒，而白茆为周文襄、海忠介之所疏凿，其故道已湮没不存。尝试与公登高四望，彼夫庐舍既已空，陂渠既已涸，津亭戍鼓之间作，而哀雁跛羊，村烟燧火，时影见于云霞草树之际。"吴伟业本人为诗文大家、书画名家，他对龚在升山水诗作、画作的评价当然令人信服。《叶谱》引黄与坚《愿学斋文集》卷二十三《送龚司李序》："嘉禾龚公官司李，治吴五载，丁未六月谢政归。"据同治《苏州府志》卷三十五《职官》四，龚在升，字闻园，嘉善人，进士，康熙二年五月至六年六月任苏州府理刑推官（康熙六年六月裁撤该职）。另外，顺治十五年八月至顺治十七年六月任苏州理刑推官的是钱塘人吴百朋，杭州庄社的领袖，吴伟业之前赴杭州时赠诗中所谓"吾家季重才翩翩"，这里的"季重"就是代指吴百朋（三国时期著名文学家吴质字季重）。这样的人，在苏州担任理刑推官，无疑是对吴伟业极为有利的。

为了防范郑成功、张煌言等人,清初特设苏州海防同知,顺治十八年移驻常熟。通海案爆发后,康熙三年任海防同知的是鲁超,吴伟业有《鲁谦庵使君以云间山人陆天乙所画〈虞山图〉索歌得二十七韵》,《程笺》曰:"鲁谦庵,名超,绍兴人,庚子顺天副榜,为苏州别驾,累任至右通政使,广东、江苏布政使;长子国华,累任安徽按察使,入为鸿胪太仆寺卿,次子国书,户部司务,子宏瑜,句容知县。"诗云"鲁侯鲁侯何太奇,此卷留得无人知。一官三载今上计,粉本溪山坐卧持"。《叶谱》引乾隆《苏州府志》卷三十五《职官》四,鲁超,字文远,大兴人,生员,康熙三年二月任海防同知。"一官三载今上计",则为康熙六年。今据嘉庆《松江府志》卷三十七,鲁超,大兴籍,绍兴人,康熙十五年任松江知府;卷四十三"名宦传四",鲁超为顺治十七年副贡,因为尚可喜书疏,被皇上赏识,赐翰林院庶吉士,改中书,出为苏州府同知,所以《吴梅村全集》卷第三十二有《海防鲁公赠言序》中说:"会稽鲁公,由丝纶近臣出副二千石,来莅吾吴,以防海为其职,尝与余论海事而筹之。……鲁公之驻节出治,在乎海虞。……乃即训导沈君与谋,以尊经阁倾圮日久,不可莫之治也。……沈君率其邑之士大夫征余文为贺,余因以前所闻于公者为之告,而且深有所望焉。"可见,鲁超应该是写公文的高手,转任地方,到苏州后,曾拜访吴伟业这位地方乡绅、文坛前辈,有所请益。

攻占镇江是郑成功等人溯江而上行动的关键战役,也是吴伟业这一段时间特别关注乃至亲自到了镇江的重要原因。因此,通海案爆发前后担任镇江通判的程康庄(顺治十七年至康熙六年任),其位置颇为重要。[①]《吴梅村全集》卷第二十九有《程昆仑文集序》:"程公,镇江通守也。……程公一儒者,左支右掣,日不暇给,顾以其间为诗古文词,与贻上邮筒唱酬于烟江相望之内。……余因以追溯旧游,盖识贻上在十年之前,而昆仑别去已三十余载。……昆仑制举艺,盛为当时东南诸子所推,岁月绵邈,知交零落,若余之仅存者,其衰迟已不足数矣。……昆仑之于文,含咀菁华,讲求体要,雅自命为作者。其从吾郡袁重其邮书于余也,自以身名。"程康庄(1613—1675),武乡人,字坦如,号昆仑。蒋寅

---

① 乾隆《镇江府志》卷二十四,乾隆十五年增刻本,第48页。

考订此篇作于康熙四年二月二十九日,另外,"程康庄《自课堂集》卷首载吴伟业序""梅村此序署日期为康熙四年上巳前五日"。据同书,程康庄于顺治十七年春任镇江府通判。① 结合上述材料,可知吴伟业与程康庄相识于崇祯八年(1635),这一时期往来颇多。另外,钱谦益《牧斋杂著》《牧斋外集》卷第七亦有《程昆仑诗文集序》,可见当时江南文坛大佬对程康庄的重视。

另外,到了顺康之际,吴伟业的一些旧友如龚鼎孳、曹溶等人又陆续得到了重用,他们回朝之后,也借助各种方式对吴伟业等人施以援手。比如龚鼎孳就有《送沙定峰兼柬梅村先生》:"娄东吴祭酒,云外尺书来。说汝杨雄赋,携登郭隗台。藏山名人业,入雒古人才。每见文章进,风檐喜一开。"其二:"高阁斜阳里,题诗为送秋。迹奇名姓换,客久雪霜稠。车上谁张禄,人间问马周。因风报旧雨,老残渐知休。"②沙白,字定峰,江阴人,以诸生入太学,尝为宛平王大宗伯掌书记。③ 康熙元年,龚鼎孳官复侍郎,后任左都御史、刑部尚书等职,他借给王崇简的幕客沙白送行之际,传达自己对吴伟业的关注,称其为"旧雨",提醒当地官员,这无疑有助于改善吴伟业在当地的生存环境。

说到王崇简,他对吴伟业在顺康之际顺利渡过一系列关口应该也起到了积极的作用。《吴梅村全集》卷第三十二收录的《宛平王氏家谱序》中说:"惟敬哉王公以硕德钜望为时名公卿,且父子相继为大宗伯,当世尤艳称之。……先生辱与余游四十年,当其早岁擅名,为海内人士所推服,乃蕴隆之久而后遇,天之所以佑王氏而光大其堂构,诚有非偶然者。余晚与司空公同事禁苑,先生尝过邸中相劳苦,其交在纪、群之间,王氏孝友敦睦之教,余深知之,故先生家谱成,不远三千里属序于余,而先生之婿陈君来贰吾州,与余故有世谊,其门第在王氏外传中。"这里提到的"先生之婿陈君",《叶谱》引汪琬《尧峰文钞》卷二十一《光禄大夫太子太保礼部尚书王公行状》,王崇简之长女"适太仓同知陈承吉",据王祖畬《太仓州志》卷十一《职官》,承吉于康熙二年至九年任太

---

① 蒋寅:《王渔洋事迹征略》,人民文学出版社 2001 年版,第 124、23、50 页。
② 龚鼎孳:《定山堂诗集》卷十五"五言律诗",康熙十五年吴兴祚刻本,第 24 页。
③ 乾隆《无为州志》卷十八"侨寓",乾隆八年刻本,第 7 页。

仓州州同。可以想象，王崇简之所以"不远三千里"一定要请吴伟业作序，显然就是一种姿态，他的女婿陈承吉，顺天宛平人，拔贡，担任仅次于知州的太仓州同，当然亦会给予吴伟业一定程度的关照。

第三节　经纪家园

吴伟业借嗣母张氏去世之机回乡丁忧，就不再准备服阕还朝、重新出山了。其中一个重要表现就是他开始精心打造自己的归隐之地，为自己的晚年生活营造良好的物质环境与精神享受。他的弟子王摅曾有《吴梅村夫子鹿樵草堂成却赋》："昔闻履道里，今则辋川庄。丘壑看皆美，风流久未亡。花深藏略彴，月好近沧浪。满径栽松遍，犹寻种树方。"①将吴伟业的家园比作唐代王维吟诗作画的隐居之地辋川别业，这首诗收录于《芦中集》卷一，王摅自注该卷所收作品"起丙申二月尽庚子十月"，可见吴伟业顺治十四年丁酉春天回到太仓，其后不久即营建鹿樵草堂，②至晚在顺治十七年十月之前即已建成。

当然，梅村是由一系列的建筑物组成的，应该从崇祯年间即已陆续建造，加上顺治初期不断增加，到顺治十四年吴伟业归隐之后，陆续完善，遂成为太仓的著名园林。乾隆《镇洋县志》梅村条："旧为明吏部王士骐贲园，亦名莘庄。清祭酒吴伟业拓而新之，易今名。中有乐志堂、梅花庵、娇雪楼、鹿樵溪舍、苍溪亭、桤亭诸胜。"而更早的徐崧《百城烟水》中则说"梅村，在太仓卫西，吴祭酒伟业所筑，有乐志堂、梅花庵、交芦庵、娇雪楼、鹿樵溪舍、桤亭、苍溪亭诸胜"。③除此之外，应该还有一处叫做旧学庵，因为吴伟业本人有《旧学庵记》："余梅村西偏有地数弓，盖废屋之趾，予斥而宫之，缭以土垣，而筑屋三楹，名之曰旧学庵。庵成，而图史之所藏，讲论之所集，朝夕宴处，宾游往来，皆于是乎在。"

---

① 王摅：《芦中集》卷一（起丙申二月尽庚子十月），页一，上海古籍出版社 1981 年版，据康熙刻本影印，第 13 页。

②《叶谱》认为鹿樵草堂建于顺治十四年，确有可能；但是，吴伟业丁忧守制，刚刚回来就大兴土木，似乎也不太合适。

③ 徐崧：《百城烟水》卷八"太仓"，康熙二十九年刻本，第 17 页。

《旧学庵记》据吴伟业自署时间为"戊子八月吴伟业记",也就是顺治五年(1648)天下初定,而李雯刚刚去世,吴伟业短时间内没有出仕希望,所以准备安心在其中读书、治学、创作,《吴梅村全集》卷第三十《徐季重诗序》中说:"梅村之西偏曰旧学庵,余与同里诸子读书咏诗其中,昆山徐季重僦邻舍以居,啸歌之声相接,往还十有余载。余既于役京师,季重亦还其邑之故庐以去。今年相见道旧,出所为诗示余。……余本昆人,迁而去之者三世矣。当季重侨寓东沧,相与讲枌榆之雅,比屋城南,有皋亭水木之胜,论心学古,终焉不出。世故牵挽,不克守其匹夫之节。飘蓬劳苦,为别四年,归而所谓旧学庵者坏墙蔓草,诸子或穷或达,各以散去。"从顺治十年吴伟业北上京师,到十四年春天辞官归来,差不多四年时间,旧学庵疏于打理,因此荒废,吴伟业很有可能是在此基础上重新改造,建成鹿樵草堂,导致后来的记载中只提到鹿樵溪舍,而未见旧学庵。

但是,《叶谱》曾引陈玉璂《学文堂集·文集》卷三《吴梅村先生诗集序》:"己酉春,予访先生于梅村,留旧学庵数日,先生出示近诗,予因与先生纵论自明以来诗学得失,而先生之意则主于和。"则直至康熙八年(己酉)春,旧学庵仍在,且属吴伟业与人交往的主要场所,因为陈玉璂在《许九日诗集序》中说:"予至娄东访梅村先生,流连旬日,先生与予坐旧学庵,命童子拔笋摘瓜豆为食,因作札招王端士、许九日、吴正求三君子,与予共饮。"可见一斑。

另外,叶君远《清代诗坛第一家》据《江左三大家诗钞》录《题王玄照临北苑图》(亦见《昭代诗存》卷三),而陆时化《吴越所见书画录》卷六亦著录此诗,诗原题在王鉴临北苑潇湘图立轴上,末署:"戊子春日,题于梅村之旧学庵。雨窗竹屋,如在北苑图中,众峰俱湿也。大云道人吴伟业梅村。"可见顺治五年(戊子)旧学庵建成后,即深得吴伟业喜爱,成为自己吟诗作画的主要场所。

比旧学庵建得更早的是乐志堂,①据李明嶅《乐志堂诗集》卷三《寄吴梅村先生》诗序:"岁甲戌,余年十七,从先生游,尝云:'昌黎《送张童

---

① 秦柯认为吴伟业购得贲园当在崇祯五年、六年左右,甚为有理(详见其《吴伟业梅村考略》),目前可知吴伟业购置得手后,最早的建筑应为乐志堂。

子序》不可不读。’先生之期余远也。"崇祯七年（甲戌）吴伟业返京复职之前，李明嶅跟随他读书于乐志堂，为了纪念这段岁月，就将自己的集子命名为《乐志堂集》。一直到吴伟业去世，乐志堂都是吴伟业招待友朋的重要选项。魏宪《百名家诗选》卷八十三所收录毛师柱《辛亥元夕，吴梅村先生招陪吴湖州园次同余澹心、王湘碧、惟夏、次谷、许九日、顾伊人、沈台臣讌集乐志堂，即席分赋兼呈湖州》，记载康熙十年元宵节吴绮、余怀等到太仓拜访吴伟业，吴伟业邀请太仓本地青年俊彦一起聚会，宴席就设在乐志堂。其弟子沈受宏第二年元宵节伤怀往事（其时吴伟业已经去世），与王曜升有唱和之作，其《白溇集》卷一《和王次谷元夕听雨有感》特地说明："去岁元夕，梅村师招同吴湖州园次、余澹心、王湘碧、次谷、许九日、顾伊人、毛亦史讌集乐志堂。"吴伟业长子吴暻称王曜升为表兄，[①]则乐志堂显然也是他常来之处。

　　除了乐志堂，梅花庵也应该建成于购置贲园后不久。吴伟业有《盐官僧香海问诗于梅村，村梅大发，以诗谢之》，诗云："但访梅花来，今见梅花去。何必为村翁，重寻灌园处？种梅三十年，绕屋已千树。饥摘花蕊餐，倦抱花影睡。枯坐无一言，自谓得花意。师今远来游，恰与春光遇。索我囊中诗，搔首不能对。寄语谢故人，幽香养衰废。溪头三尺水，好洗梅魂句。"既然是"种梅三十年，绕屋已千树"，那么开始种植梅花至少在崇祯十年前。吴伟业终身爱梅，将自己的园林命名为梅村，并自号梅村，种植了千余株梅花，所以拥有园地后率先建成梅花庵，自是理所当然的事情。

　　与梅花庵相关的建筑是娇雪楼，因为娇雪正是梅花的形象写照，而且两座建筑的落成时间很可能相差不远。何况梅花庵具有住宿功能，可供客人下榻，所以梅花庵和娇雪楼这两个相邻的景点成为吴伟业接待朋友的首选。比如吴伟业曾在梅花庵接待

梅花书屋图

---

① 吴暻《西斋集》卷五有《吴门送唐实君同年王次谷表兄同入京师二首》，《清代诗文集珍本丛刊》，第195册，第393页。

过前辈诗人林云凤,有《梅花庵同林若抚话雨联句》。林云凤(1579—1648),字若抚,江南长洲人,《程笺》曰:"《明诗综》:林云凤,字若抚,长洲人。《卧龙山人集》:吴门林若抚,词场耆艾,少时及见临川汤义仍,相与酬唱,凡连床刻烛,必穷日竟夜卒之气尽而止。"林云凤比吴伟业年长三十岁,两人"清斋幽事足,良会逸情兼",穷日尽夜,话雨联句。结合诗歌的内容来看,比如"夏社松阴改,周原麦秀渐""尺土剩滇黔"等句,说的是明清易代,南明政权仅剩西南咫尺之地,可知这一联句活动当在顺治三年到五年之间。不仅是长辈,晚辈如其弟子王昊亦有《十七夜饮吴梅村先生梅花庵》之作(《硕园诗稿》卷十,原注:壬辰),此为顺治九年。

其后,吴伟业入京仕清,等他从北京回来,梅花庵、娇雪楼则频频有客来访,比如《叶谱》引田茂遇《水西近咏·细论轩近诗》之《重过梅村先生梅花庵》:"我来娄东游,每到梅村里。先生高卧梅花庵,闭门不顾溪桃李。为我开君娇雪楼,消暑为君十日留。……王子(惟夏)许子(九日)皆吾友,每过楼头同握手。"并考证该诗作于顺治十四年,甚为可信;其后,顺治十六年田茂遇再次做客娇雪楼,其《水西近咏·佛园诗草》(原注:己亥)有《寄吴梅村先生兼讯周五子俶》:"梅雨重登娇雪楼,相思今已桂枝秋。"而《全清词》收录田茂遇《沁园春·呈吴梅村先生》:"江左风流,当年谁者,今日梅村。问尊汀秋碧,日归几载,兰亭春暖,托兴如云。丝竹声清,樽罍具好,尘客雄谭五亩园。溪山胜,有晴虹垂迳,烟柳当门。   生徒北面称尊。对鲁殿、巍然硕果存。想文姚继起,东林一叟,王张鼎峙,艺苑三君。道在犹龙,文成是虎,娇雪花开老树春。还争羡,是亢能匹载,衡已生鲲。"①念念不忘的还是娇雪楼。

吴伟业说:"当余初识田子,固已在宾客既衰之后,比归卧海滨,虽亲知故旧,弃我如遗迹,而田子独有过于曩时。"(《田髴渊诗序》)言语之间,虽然是为了着重表扬田茂遇之重情重义,但是也可见吴伟业对世人之见风使舵、趋炎附势,感慨良多。

顺治十六年,吴伟业曾经翰林院的同事、无锡人秦松龄来太仓拜访周肇,周肇家地方小,于是借宿梅村,就住在梅花庵。王抃《王巢松年谱》记载:"己亥三十二岁,顺治十六年,……三月初,大人为武林之游,……秦对岩与子俶相善,对老告老在家,知子俶已归,扁舟访之,借榻梅花庵中,追陪经月。无一夕不醉。是年余酒量已大进矣。对老将别,顾蒨来铨部亦过娄,又盘桓三四日,两公去后,宫声复来,始与余有婚约,在子俶斋头痛饮达旦,日高尚未别也。"

余怀来到太仓,活动场所也主要在梅花庵、娇雪楼。王昊《硕园诗稿》卷八《白门余澹心来娄,同昭苣、子俶、九日、圣符、周臣、端士、异公集梅村先生梅花庵》,余怀本人《玉琴斋词》之《满江红·重游娄上□饮梅村》则曰:"春草江□,□□□,旧游城□,还认得,园名五亩,楼名娇雪。"《叶谱》考订该作当作于余怀五十、五十一岁左右(康熙五年,1666),可信。

曾经因为奏销案,仅仅欠款一文即被革除功名的探花叶方蔼来到太仓,也住在梅花庵,两位同病相怜的科举高才,有着更多的共同语言。《叶谱》系此事为康熙五年,甚为可信。其集中有多篇作品,描述在梅村的生活,比如离别之际的回顾之作《寓梅花庵将归留别梅村先生二十韵》:"大雅宁中绝,斯文见代新。方今获娄海,在昔比庐陵。到峡渊源壮,回澜气象增。片长勤赐奖,一艺曲蒙矜。郑驿人皆仰,杨亭世共称。焦牙思润泽,倦翮借飞腾。末契惭王粲,通家托李膺。趋承心有素,衅沐礼难胜。酒垒环三匝,骚坛树百层。每容搴帊入,直许挟螫登。往往颓杯案,时时触暍镫。人言或近傲,公意乃忘憎。菱间清晨棹,芸窗静夜灯。水应穷浩渺,山必陟峻嶒。无复虞苴网,何劳畏缴缯。幽怀殊澹荡,别绪转因仍。短绶抛金(李按:金疑为衍字)全易,长镵把尚能。多年曾纳履,此日更担簦。愿作随阳鸟,终怜附骥蝇。千秋端有在,斯语信堪徵。"诗中将吴伟业比作当代的欧阳修、郑当时、李膺,表达了自己的追随、仰慕之情。而《题吴梅村先生园壁(即弇州旧园)》更是以文学史上著名的宋玉、庾信相比拟:"今日南朝庾信宅,当年宋玉是前身。他时莫笑青山异,隔代同园(李按:园疑为衍字)悬彩笔新。夏木千章云霭霭,秋池一曲月鳞鳞。此来本为问奇字,当作门前题凤人。"对梅村的自然环境、艺术生活更是极为倾倒,《同梅村先生泛舟园池》云:"春堤细雨过,绿涨一篙波。不向孤峰住,争如远兴何。谁传枕流语,共听濯缨歌。试问仙舟上,今朝载几多?"①当然,他最佩服的仍然是吴伟业的诗歌艺术成就。其《题梅村先生诗》曰:"千古茫茫事,先生一瓣香。自然推狎主,孰肯后来王。江汉波澜阔,星河焰景长。平生私淑意,未敢望升堂。"

曾经担任太仓知州的白登明,后来到太仓访问旧友,也是住在梅花庵。《陆陈二先生诗文钞》所收录陆世仪《桴亭先生诗钞》卷七《吴梅村太史招同吴鲁冈兵宪陪白使君谳集梅花庵》,注明为戊申(康熙七年,1668)所作。

清初著名选家魏宪,也曾经"小泊梅花庵"。其《百名家诗选存·魏宪诗选》有《梅村即事呈大司成吴先生》:"向读梅村诗,不识梅村路。今来事炎征,直向村中住。先生肯下交,脱衣道情愫。敦问乡典型,徐、陈半物故(自注:谓鳌峰、秋室诸公)。勉余学古人,文章遵尺度。肃听俨父师,凝神薄章句。促膝频析疑,年分忘已素。须臾惬游情,招舟与余渡。曲曲园中池,密密岸傍树;齿齿桥边石,疏疏台外圃。十里入江村,五里迷花絮。忘是城中家,山川生指顾。小泊梅花庵,听草梅边附(自注:舟名听草)。卷帘放诸峰,夏云与峰妒。酒浆列峰前,挥塵任纳吐。宾主既忘形,颠倒无回护。谬赏及小篇,愧获千秋遇。更赠诸著述,珠玑错韶護。拜受如捧盈,觌面光华聚。谁云陌路歧,枯旱沾时雨。"

曾经在梅花庵下榻的还有清初著名文人姜宸英。沈受宏《白溇先生文集》卷一《姜西溟时论序》:"今年春,姜子客娄,予访于梅村之梅花庵,乃一会面而姜子则遽促装以行,盖姜子初未尝知有予而予则久知有姜子,以予固未尝见姜子而先见其文也。"

当然,还有许多文人墨客来过梅村,他们虽然没有明确是否到过梅花庵、娇雪楼,也没说明是在梅村里面的其他建筑物,但是按照常规他们很可能也是住在梅花庵的。比如清初的著名文人李渔,他不但到过梅村,而且还满怀激情地赋诗纪念。其《梅村(吴骏公太史别业)》诗云:

---

① 叶方蔼:《叶文敏公集》卷十,抄本。同卷尚有《老树同梅村先生咏》一首,同样是描写在梅村的隐逸生活的。

"不似东山太傅家，但闻人语隔桑麻。林逋客去惟调鹤，杜老诗闲即浣花。万树寒梅千树古，十竿修竹九竿斜。更宜绿水穿林过，时向其中泛一槎。"①开篇两联四句，连举四例，将吴伟业的隐居之地，与中国历史上最著名的谢安隐居的东山、陶渊明的庐山、杜甫的成都草堂等相提并论，尤其是将喜好梅花、广泛种梅、自号梅村的吴伟业，与因为爱梅而被誉为"梅妻鹤子"的北宋文人林逋并举，足见笠翁对梅村的褒扬。

吴伟业集中有《赠武林李笠翁》诗作，原注：笠翁名渔，能为唐人小说，兼以金元词曲知名。可见吴伟业对李渔的文学艺术才华也颇为认可。另外，叶君远《清代诗坛第一家》录有吴伟业《李渔〈尺牍初征〉序》，署"顺治庚子中秋前五日梅村道士题于金阊舟次"。《叶谱》曾引李渔收到此序后复书致谢，有"揽胜名园，身去魂留者累日，……过扰芳鲜，迄今犹芳齿颊"之句（见《笠翁一家言全集·文集》卷三《与吴梅村太史》），可知笠翁于顺治十七年来到太仓，探访梅村，对吴伟业家园林之美留下了深刻印象。李渔（1611—1680），字笠鸿，号笠翁，祖籍浙江兰溪，出生于江苏如皋，多才多艺，诗文戏曲，书法绘画，无不精通，亦为造园叠石之高手（其亲手打造之芥子园，亦称名园），能得其如此赞美，足见梅村之艺术水准。又，《叶谱》还多次称引了李渔在梅村的佳作，如《笠翁余集》卷八《满庭芳·十余词，吴梅村太史席上作，词中限有十余字》："酒有余香，花有余态，都因人有余情。"《莺啼序·吴梅村太史园内看花，各咏一种，分得十姊妹》等，可见李渔与吴伟业在文学艺术上有太多的共同语言，因而在梅村流连忘返，喝酒看花，吟诗作赋，确实是"身去魂留"了。

不但是李渔"身去魂留"，著名文人余怀亦有类似的感受。余怀到梅村，多次畅饮，但是酒喝多了并不影响他准确地描述这座百亩之园的核心部分（五亩之园）的结构布局与景物特征："（六月）初七，晴。骏公招饮五亩之园。园弇州所制，因水凿石，石嶙峋若天生。长槐茂柏，颓岚荫渚，烟垂云委，岫壑冲深，萝径所绝。中敞虚堂，堂四面皆窗，含受风气，于春夏之交最宜。阶穷路转，柴门杳然。蕉桐聚绿，输于一庵。

---

① 李渔：《笠翁集》7 卷《诗集》卷六，雍正八年芥子园刻笠翁一家言本，第 5 页。

庵结三楹,左崎山峰,右瞰池水,纷红骇紫,络绎奔会。旷适霁豁,于夏最宜。庵前数十步,乃接危桥。桥岸平软,芳草溟濛,地空无树。短垣南向,远吐朱阁。枯槎颓干,绕屋离披。幽邃闲秘,于冬最宜。折而西偏,有亭森立,桂树丛生,山阿散朗,于秋最宜。凡四时之气,各置一境以领之。园之近人而可乐者,莫此为全。因思弇州生当盛世,竭其精藻,爱构斯园。取石远方,坏垣而入,经营惨淡,概复可知。今为宫尹所有,文章花鸟,久而更新。余既赏宫尹之趣,而又以贺斯园之遭也。"①

梅村构造之所以达到如此之高的艺术成就,成为文人雅士欢聚的乐园,与一个人分不开,那就是明末清初最顶尖的造园大师张南垣(张涟)。可以这么说,明末清初、大江南北,几乎最有名的园林,都有张南垣、张然父子的身影。张南垣的代表作主要集中在明末,以工部主事李逢申的横云山庄、参政虞大复的豫园、太常少卿王时敏的乐郊园、礼部尚书钱谦益的拂水山庄、吏部文选郎吴昌时的竹亭别墅等最为著名。吴伟业与张南垣关系密切,两人之间嬉笑怒骂、不拘一格,因此,吴伟业眼中的张南垣,一定程度上折射出吴伟业的性格特征,故此处将吴伟业所作之《张南垣传》,全录如下:

> 张南垣名涟,南垣其字,华亭人,徙秀州,又为秀州人。少学画,好写人像,兼通山水,遂以其意垒石,故他艺不甚著,其垒石最工,在他人为之莫能及也。百余年来,为此技者类学崭岩嵌特,好事之家罗取一二异石,标之曰峰,皆从他邑辇致,决城闉,坏道路,人牛喘汗,仅而得至。络以亘绠,锢以铁汁,刑牲下拜,劖颜刻字,钩填空青,穹窿岩岩,若在乔岳,其难也如此。而其旁又架危梁,梯鸟道,游之者钩巾棘履,拾级数折,伛偻入深洞,扪壁投罅,瞪眄骇栗。南垣过而笑曰:"是岂知为山者耶?今夫群峰造天,深岩蔽日,此夫造物神灵之所为,非人力所得而致也。况其地辄跨数百里,而吾以盈丈之址,五尺之沟,尤而效之,何异市人抟土以欺儿童哉!惟夫平冈小坂,陵阜陂陁,版筑之功可计日以就,然后错之以石,棋置其间,缭以短垣,翳以密筱,若似乎奇峰绝嶂,累累乎墙外,而人

或见之也。其石脉之所奔注，伏而起，突而怒，为狮蹲，为兽攫，口鼻含呀，牙错距跃，决林莽，犯轩楹而不去，若似乎处大山之麓，截溪断谷，私此数石者为吾有也。方塘石洫，易以曲岸回沙；邃阁雕楹，改为青扉白屋；树取其不凋者，松杉桧栝，杂植成林；石取其易致者，太湖尧峰，随意布置，有林泉之美，无登顿之劳，不亦可乎！"华亭董宗伯玄宰、陈征君仲醇亟称之曰："江南诸山，土中戴石，黄一峯、吴仲圭常言之，此知夫画脉者也。"群公交书走币，岁无虑数十家，有不能应者，用为大恨，顾一见君，惊喜欢笑如初。

　　君为人肥而短黑，性滑稽，好举里巷谐媟以为抚掌之资，或陈语旧闻，反以此受人嘲弄，亦不顾也。与人交，好谈人之善，不择高下，能安异同，以此游于江南诸郡者五十余年。自华亭、秀州外，于白门、于金沙、于海虞、于娄东、于鹿城，所过必数月。其所为园，则李工部之横云、虞观察之预园、王奉常之乐郊、钱宗伯之拂水、吴吏部之竹亭为最著。经营粉本，高下浓淡，早有成法。初立土山，树石未添，岩壑已具，随皴随改，烟云渲染，补入无痕，即一花一竹，疏密敬斜，妙得俯仰。山未成，先思著屋，屋未就，又思其中之所施设，窗棂几榻，不事雕饰，雅合自然。主人解事者，君不受促迫，次第结构；其或任情自用，不得已骫骳曲折，后有过者，辄叹息曰："此必非南垣意也。"

　　君为此技既久，土石草树，咸能识其性情。每创手之日，乱石林立，或卧或倚，君踌躇四顾，正势侧峰，横支竖理，皆默识在心，借成众手。常高坐一室，与客谈笑，呼役夫曰："某树下某石可置某处。"目不转视，手不再指，若金在冶，不假斧凿，甚至施竿结顶，悬而下缒，尺寸勿爽，观者以此服其能矣。人有学其术者，以为曲折变化，此君生平之所长，尽其心力以求仿佛，初见或似，久观辄非。而君独规模大势，使人于数日之内，寻丈之间，落落难合，及其既就，则天堕地出，得未曾有。曾于友人斋前作荆、关老笔，对峙平城，已过五寻，不作一折；忽于其颠将数石盘互得势，则全体飞动，苍然不群。所谓他人为之莫能及者，盖以此也。

　　君有四子，能传父术。晚岁辞涿鹿相国之聘，遣其仲子行，退老于鸳湖之侧，结庐三楹。余过之，谓余曰："自吾以此术游江以南也，数十年来，名园别墅易其故主者，比比多矣。荡于兵火，没于荆榛，奇花异石，他人辇取以去，吾仍为之营置者，辄数见焉。吾惧石之不足留吾名，而欲得子文以传之也。"余曰："柳宗元为梓人传，谓有得于经国治民之旨。今观张君之术，虽庖丁解牛，公输刻鹄，无以复过，其艺而合于道者欤！君子不作无益，穿池筑台，春秋所戒，而王公贵人，歌舞般乐，侈欲伤财，独此为耳目之观，稍有合于清净。且张君因深就高，合自然，惜人力，此学愚公之术而变焉者也，其可传也已。"作张南垣传。

吴伟业此文，细节生动，文笔活泼，极为传神，酷肖其人，语言风格与传主身份、性格密合无间，并且将张氏造园从技术上升到艺术、哲学的高度，巧夺天工，玄乎其技，所谓"合于道者"。张涟精心为其构造梅村，得此传可谓不朽，很是值得。其后，张涟父子（包括四子张然、孙子张元炜）与吴伟业父子（张元炜曾经为吴暻修复梅村、营造西斋）成为世交。另外，据新近出土的乔莱《张处士墓志铭》，张南垣的名字应该是张琏而不是张涟，具体的详细情况，包括他的家世、生平、作品，可参见黄晓等人的论文。①

梅村除了整体园林结构艺术高超、遍种梅花特色鲜明之外，还以牡丹著称。与顾炎武并称"归奇顾怪"的昆山归庄，酷爱牡丹，曾在江南地区广泛寻找牡丹观赏。其《看牡丹记》记载了辛丑（顺治十八年，1661）四月甲申到娄东看牡丹的情形："午后至太仓，先过郁仪臣，道所以来之意。郁遂导至其兄明经家看花，……是夜知娄东牡丹，吴司成、张给事、许嘉兴三家为盛。乙酉，过吴司成，花计百数十，而布置绝胜，纵横散朗，俯仰高下皆有致，如石家美人，妆分浓淡，佩别轻重；又如宋家邻女，不施朱白，不容增减，天然妍丽。主人留饮花前，各出新诗互观，虽复推激风骚，纵谈文史，而意终在花。罢酒，复徘徊久之而出。……同游者为陆翼王，陆以老儒授经，顾逐狂客之后，余得伴，兴益发。"②

① 黄晓等：《张南垣的生平、家族与交游——乔莱〈张处士墓志铭〉考略》，《风景园林》2020年第4期。
② 《归庄集》卷六，上海古籍出版社2010年版，第378页。

从归庄的记叙可以看出，太仓的牡丹，以吴伟业、张王治、许涣三家为最好，而梅村里种植的牡丹，不但冠绝太仓，更难得的是品种众多、布置得宜，加上主人风雅，诗酒助兴，还有游伴，所以"兴益发"。陪同的人中有陆元辅（1617—1691），字翼王，号菊隐，嘉定人，晚明著名文人黄淳耀的弟子，深得梅村赏识，曾经多次为梅村代笔，如《陆菊隐先生文集》卷五《御史秦公柏堂类稿序》（自注：代吴宫詹）、《昆山邓侯德政诗序》（自注：代吴宫詹）、卷八《赠上海邹明府序》（自注：代吴梅村先生）、卷十《徐澹斋七十序》（自注：代吴梅村先生）、卷十一《嘉定宋大尹暨程夫人合寿序》（原注：代吴梅村少詹）等，这一方面可见吴伟业极为认可陆元辅的才华文笔，另一方面也说明这一时期两人往来密切，更说明吴伟业对他的关心、扶持，因为这类应酬文章往往润笔丰厚，吴伟业交给他写，一定程度上也是变相给予他经济上的援助。

吴伟业家的牡丹，其来有自。吴暻《西斋集》卷五《醉后题牡丹并序》云："顺治丁酉，先大夫归耕江上，买故家牡丹数本，植之庭中，三十余年来，风雨飘零，不复旧观矣。乙亥春，余将以除官入都，数日之内，花丛盛开，凭栏独酌，繁艳可爱，流连不足，继以咏歌，惧余为东西奔走之人，而与此花相见者，又不知几何年矣。诗成，遂墨于斋壁。"

不但是牡丹，梅村里的菊花、荷花等亦是一景。著名学者陈瑚有《梅村斋头看菊即席作》，而与唐孙华齐名的娄东诗人王吉武亦曾《集鹿樵溪舍观芙蓉》。①

需要说明的是，吴伟业待客在梅花庵，但是自己读书、创作则往往在鹿樵溪舍，比如吴伟业所作《王石谷〈来鹤图〉题跋》："石谷兄此图为以韬道翁来鹤堂而作。……西田主人家亦有堂曰'鹤来'，蓄名画万种，而推重石谷，及见此图，以为伯驹复出，真所谓作家相见耳。以韬其宝之可也。娄东吴伟业题于鹿樵溪舍。"②《叶谱》考订伟业题跋中所称"以韬道翁"谓张文钺，吴翌凤《吴梅村诗集笺注》卷十四引《海虞文苑》："张文钺，字以韬，新安人，侨居常熟。"据陆时化《吴越所见书画录》卷六王石谷《来鹤图》自题识语可知，康熙四年（乙巳）有鹤来至以韬庭际，"飞

---

① 汪学金：《娄东诗派》卷十七，嘉庆九年诗志斋刻本，第33页。
② 陆时化：《吴越所见书画录》卷六，乾隆怀烟阁刻本，第37页。

鸣饮啄，若素驯畜者"，一时传为佳话，名辈竞为诗文咏之。《梅村家藏稿》卷十七《赠张以韬来鹤诗》、《梅村集》卷二十三《来鹤集序》即为此而作。后以韬请石谷作画，石谷于康熙八年（己酉）中秋画成《来鹤图》。此图题跋甚多，王时敏之题跋有"石谷此图为以韬道翁飞鹤来庭而作，其林木倩葱，峰峦峭拔，俨然伯驹《仙山楼阁图》，而秀逸过之"等语，……故知伟业题跋当作于王时敏题跋之后，时敏题跋末署"庚戌长夏西庐老人王时敏题"。

再比如吴伟业为赵端《驯鹤轩诗选》作序时，亦署作于鹿樵溪舍，由于此文以前未见披露，故全录如下："尝考官制品级诸书，自宰辅而下以及簿尉，其间体统相承上下相制，稍卑则稍屈，愈卑则愈屈，入其中者不能皆宰辅，则莫不有所屈也，亦甚束郁而不得逞矣。及读三唐诗集，考定其姓氏，有终古不可得而磨灭者，凡若干人，则虽黄冠缁衣、樵苏红粉，皆得进而与开元天宝会通诸帝、长孙则天诸后、燕许曲江诸钜公，分镳并路，争雄于千百年上下，而况于长江之簿、临海之丞与溧阳、龙标两尉也哉！吁！亦甚快已！虽然，诗由心生，而屈其身未有不劳其心者，故凡处王侯富盛之位者，即未必善诗，而其言必发扬条达、从容而自得；其俛首下僚者，即善诗，必多苍凉寒苦寂寞之音。吾尝妄意为使天下之能诗如郊岛昌龄诸公，既不得致身于王侯富盛之地，即当放其身，令毋入于束郁而不得逞之途，俾其逍遥凭吊肆志于古今天地之间以自快，其诗当有不止于是者而又未能也。钱塘赵子又吕，风流蕴藉，久称才子，乃同时名次后又吕者皆先后获第去，又吕数奇，不得志，卒请降格，来佐吾长洲。长，剧邑也，丞又职主仓庾，既郁束而不得逞，复烦苦不暇，凡东南之能诗者皆喜，以为赵子见厌于是途，岂复能与吾辈争雄于诗如昔之所为哉！既逾载，闻其声洋然，接其容充然，无已，索其诗读之，雍雍然，穆穆然，有骚人感触之思而无其怨，有漆园闲旷之怀而无其荡。予始起而大异之，叹曰：嗟乎！天下郁束不得逞之途，诚亦复有逍遥凭吊肆志于古今天地之间以自快者乎，然则充此心以往，又吕之诗当更有不止于是者，而吾特未知见也。时康熙庚戌仲春年家治弟吴伟业题于鹿樵溪舍。"①

　　据康熙《休宁县志》，赵端为康熙元年恩贡，选拔考试第一，授长洲丞，督抚交荐，升介休、抚宁两县令，再升太原同知。②《抚宁县志》曾为之立传："赵端，字又吕，号立山，浙江钱塘人，贡生，康熙十九年知县事"，"校士劝农，以兴利除害为任，修书院，课生童，供给不足，每质衣以佐。学使吴公校士永平，独称抚宁文风为一郡最，公之力也。"③可见，其由贡生为长洲县丞，包括后来升任知县，都符合吴伟业对他的肯定评价。同时，该集中还有赵端《赠吴梅村学士兼谢枉顾》一首，当为吴伟业到苏州后拜访赵端所作，并录如下："岳立中原望若仙，当关紫气尚森然。满堂丝竹春方晓，振古云霄鹤在天。人向小山怀大隐，天留雏社放名贤。高轩何幸来蓬荜，私喜而今与执鞭。"

　　吴伟业不仅喜欢在鹿樵溪舍读书创作，还将"鹿樵溪舍"刻成了一方闲章。据《爱日吟庐书画续录》记载，其收录有"吴伟业行楷诗翰轴，纸本，高四尺，阔一尺九寸五分"，诗云"漫写新词付管弦，临春奏伎已何年。笑它狎客无才思，破费君王十万钱"，除了"吴伟业印""梅村"两方印章外，引首一印为"鹿樵溪舍"，"朱文，长方印"。④

　　值得注意的是，陶梁《红豆树馆书画记》卷四记载了一幅王时敏的手卷，是为常州学者马升书五十寿辰所作，有多位太仓人士、梅村亲友如吴克孝、陈瑚、郁法、陆世仪、盛敬等人的题跋，亦有"娄东吴伟业题于鹿樵溪舍"，但是这幅"国朝王烟客山水卷，纸本，高一尺三寸，宽五尺三寸四分，图为马升书介寿而作"，王时敏落款为"丙子秋日画似升老道长"，⑤"丙子"为崇祯九年，吴伟业主持湖广乡试后确实曾经回乡，但是《叶谱》依据王摅诗作考证鹿樵草堂建成于顺治十四年之后，时间相距甚远。一般情况下，王时敏画作上的时间不会错，那么是王摅的诗作编排有问题呢，还是王摅说的鹿樵草堂与鹿樵溪舍不是一回事，又或者王时敏的画作是作于崇祯九年，而吴伟业等人的题词是在顺治十四年

① 古吴顾有孝茂伦选，钱塘赵端又吕著：《驯鹤轩诗选》，康熙刻本，第24页。
② 康熙《休宁县志》卷五，康熙三十二年刊本，第65页。
③ 光绪《抚宁县志》卷十二"名宦"，光绪三年刻本，第4页。
④ 葛嗣浵：《爱日吟庐书画续录》卷四，民国二年葛氏刻本，第9页。
⑤ 陶梁：《红豆树馆书画记》卷四，光绪八年吴县潘氏刻本，第6页。

之后？待考。

平心而论，从崇祯年间购置贲园旧址开始，经过近三十年的精心营造，包括张南垣父子的匠心独运，何况吴伟业本人亦精通书画，艺术造诣极高，所以梅村园林成为东南名胜，自是理所当然。吴伟业临终之前，特地交代："吾生平无长物，惟经营贲园，约费万金。今三子颇有头角，若能效陈、郑累世同居之义，吾死且瞑目；倘因门户不一，松菊荒凉，则便为大不孝，诸父尊亲以此责之，誓诸皎日可也。"（《与子暻疏》）由此可见吴伟业对此园的重视程度。另外，吴伟业是个一贯低调的人，"约费万金"恐怕是个保守的说法，何况这还不包括"种梅三十年"等所花的精力、心血。即便如此，虽历经动荡，仍万金治园，也足见吴伟业对物质环境和文化生活的追求。

吴伟业的晚年生活，内心亦有极为痛苦的一面，特别是顺治十四年到康熙元年之间，屈辱辞官，迭经大案，饱尝世态炎凉、人情冷暖。他曾有《遣闷》六首，从各个层面描述了这一阶段的苦闷心情。诗云："秋风泠泠蛩唧唧，中夜起坐长太息。我初避兵去城邑，田野相逢半亲识。扁舟遇雨烟村出，白版溪门主人立。鸡黍开尊笑延入，手持钓竿前拜揖。十载乡园变萧瑟，父老诛求穷到骨。一朝戎马生仓卒，妇人抱子草间匿，津亭无船渡不得。仰视乌鹊营其巢，天边赠燧犹能逃。我独何为委蓬蒿？搔首回望明星高。"首先说家园，时局动荡，战火连绵，家园凋敝。其二："鸡既鸣矣升高堂，问我消息来何方？欲语不语心彷徨。当年奔走虽茫茫，两亲筋力支风霜，上有王母方安康，下有新妇相扶将，小妹中夜缝衣裳，百口共到南湖庄。只今零落将谁望，出门一步纷蜩螗，十人五人委道傍。去乡五载重相见，江湖到处逢征战，一家未遂升平愿，百年那得长贫贱？"其次说家族，国破家亡，家族凋零。其三："人生岂不繇时命，万事忧愁感双鬓。兄弟三人我衰病，齿牙落尽谁能信。畴昔文章倾万乘，道旁争欲知名姓。中年读易甘肥遁，归来拟展云山兴。赤城黄海东南胜。故园烽火忧三径，京江战骨无人问。愁吟独向南楼凭，风尘咫尺何时定？故人往日燔妻子，我因亲在何敢死！憔悴而今困于此，欲往从之媿青史。"然后说家庭，万事忧愁，早生华发，忠孝两失。其四："生男欢喜生女怜，嗟我无子谁尤天。伤心七女尽亡母，啾啾乳燕枝难

408

江苏历代文化名人传·吴伟业

安。一女血泪啼阑干，舅姑岭表无书传；一女家破归间关，良人在北愁戍边；更有一女忧烽烟，围城六月江风寒，使我念此增辛酸。其余灯下行差肩，见人悲叹殊无端，携手游戏盈床前。相思夜阑更剪烛，严城鼓声振林木，众雏怖向床头伏，摇手禁之不敢哭。"接着说家小，年过半百，连失娇妻，膝下无儿，诸女不幸，姻亲无望。其五："舍南春水成清渠，其上高柳三五株。草阁窈窕花扶疏，园有菜茹池有鱼。蓬头奴子推鹿车，艺瓜既熟分里闾。忽闻兵马来城隅，南翁北叟当窗趋。我把耒锄心踌躇，问言不答将无愚。老大无成灌蔬壤，暂息干戈窃偃仰。舍之出门更何往？手种松杉已成长。"世道艰难，只得退居乡下，闭门不出，植树种菜。其六："白头儒生良自苦，独抱陈编住环堵。身历燕南遍齐鲁，摩挲漆经观石鼓，上探商周过三五，矻矻穷年竟奚补？岣嵝山头祝融火，百王遗文弃如土。马矢高于罾相圃，笺释虫鱼付榛莽。寓言何必齐庄周？属辞何必通春秋？一字不向人间留，乱离已矣吾无忧。"最后说个人，讲自己的生活与心态，闭门隐居，穷愁无助，发愤著书，面世无期。

这六首《遣闷》，是吴伟业付出巨大代价变节仕清，却被清朝贵族当头痛击后，满腔痛苦无从发泄、无人言说的真实写照。这个"闷"在心里的苦有多痛，可用他的《贺新郎·病中有感》词来解读："万事催华发。论龚生、天年竟夭，高名难没。吾病难将医药治，耿耿胸中热血。待洒向、西风残月。剖却心肝今置地，问华佗解我肠千结。追往恨，倍凄咽。

故人慷慨多奇节。为当年、沉吟不断，草间偷活。艾灸眉头瓜喷鼻，今日须难诀绝。早患苦、重来千迭。脱屣妻孥非易事，竟一钱不值何须说！人世事，几完缺？"是的，如果能像西汉龚胜一样，拒不接受王莽的国子祭酒，也就保住了自己的名节。自己一念之差，导致一钱不值，这种"追往恨"却只能"闷"住的

吴伟业其人

病,恐怕连华佗也难解。从这个角度,可以觇知吴伟业精心营造梅村这个世外桃源以逃避世俗,不断种植梅花、欣赏它凌寒独自开的孤傲意象,正和王维在安史之乱后因为曾经担任叛军伪职故而美化辋川别业,以作为精神寄托,其内在品格有着天然的相似。

第四节　潜心治学

清初著名学者陆陇其曾应吴暻之邀为吴伟业继妻朱氏(吴暻生母)作五十寿序,文曰:"梅村吴先生以文章经术彪蔚海内,不啻若永叔之在庆历、子瞻之在元祐,其学之湛深、其人之卓荦,士大夫固有定论矣。……梅村先生有丈夫子二三人,方发愤读书,莫能量其所至,古今人同不同未可知矣。三子皆出自朱孺人。……孺人五十诞辰,姻党谋所以祝之。"①康熙元年(1662)之后,吴伟业连举三子,吴暻为长子,根据陆陇其的生平经历和文章内容,该文当作于康熙十四年陆陇其任嘉定知县之后、康熙二十六年吴暻中举之前,其时吴伟业去世不久。陆陇其在寿序中将吴伟业比作北宋欧阳修、苏轼,充分肯定其学问深湛、为人卓荦,"以文章经术彪蔚海内",并说是当时士大夫阶层的"定论",亦可谓公论。

吴伟业之"文章经术",包括其文学艺术创作与经学史学研究。文学艺术创作可谓伴其一生,经学史学研究则主要集中在中晚年,现分而述之。

吴伟业的创作,起步当然是应试之文,所谓时文、策、论之类。吴伟业自己曾说"余初以制艺起家,常缺然自以为不足"(《孙孝若稿序》)。但是,吴伟业的应试教育经历跟别人不一样,起点就非常高,这对他的应试之路和文学创作帮助极大。数十年后,回顾自己的读书、应试过程时,他还感慨道:"初吾与志衍少而同学,于经术无所师授,特厌苦俗儒之所为,而辄取古人之书,攟摭其近似者,櫽括之为时文,年壮志得,不

---

① 陆陇其:《三鱼堂文集》卷九《吴母朱太孺人寿序》,四库全书本,第 32 页。

规规于进取，乃益骋其无涯之词，以极其意之所至。初谓迟之十年，析理匠心，刊华就实，庶底于有成，不意遽为主司所收，而世人遂谬许而过采之，以其言为该贯。夫学力深浅，内自验之吾心，余两人之于文，实未有所得也。自入仕以后，得宿儒大人为之讲谕，约其指要而分其条流，退而视吾之文，则胶葛漫衍，无当于古之立言者，于是惭愤窃叹，尽发箧中之书而读之，将上以酬知遇，而下以厌观听者之心。比年以来，稍有证入，虽不敢妄谓有得，而视吾始举之岁，其相去固已远矣。虽然，吾之致力于应举，一二年耳，至今山陬穷邑，知吾名字，尚以制科之时文。吾为诗古文词二十年矣，而闾巷之小生以气排之，而诋吾空言为无用。盖天下之士，止知制义之可贵而不思古学之当复，其为日也久矣。"（《德藻稿序》）

结合这段文字，分析吴伟业的文学创作道路，可以发现，青少年时期吴伟业广泛阅读经典的经史著作，培根固本，入手极正，这是他的八股文被崇祯御批"正大博雅，足式诡靡"的重要原因。清初著名学者姜宸英评价说："余故曰：时文者，速朽之物也。至近世金正希、杨伯祥、吴梅村、陈大士、陈卧子、黄蕴生诸公者出，始博取先秦两汉唐宋人以来之文，大发之于帖括，经史子集纵其驱策，横竖钩贯无所不可，而机杼自出一空从前作者，此犹杜少陵之于诗、韩昌黎之于古文、颜鲁公吴道子之于书画，古法虽从此一变而天工人巧则已极矣，故此数公者，虽其文不名为制义，亦可自作一书以行，而能使读者了然自得于文字之外。"[1]他将吴伟业与金声、杨廷麟、陈际泰、陈子龙、黄淳耀等八股文名家相提并论，认为他们对八股文文体做出了巨大贡献，为"速朽之物"赋予了新的生命，充分肯定了他们的八股文创作实绩。通过提倡古文来弥补时文的不足，晚明八股文大家艾南英等人实际上是有文体自觉的，他在给金声的八股文作序的时候说"学者之患，患不能以古文为时文"，[2]这是江西派时文家的共识，而且成了新的时代潮流，陈际泰说"天下之以古文为时文者何限，天下之以古文为时文以窃附吾豫章又且何限"，[3]言语之

① 姜宸英：《湛园集》卷一《张弘蓬制义序》，四库全书本，第78页。
② 艾南英：《天傭子集》卷三《金正希稿序》，艺文印书馆1980年版，第329页。
③ 陈际泰：《已吾集》卷十三《复刘孝若》，顺治李来泰刻本，第8页。

间充满着自豪,可见一斑。吴伟业有没有这样的文体自觉,尚不可知,但是他的八股文写作实践,符合这样的时代需求,是这一理论主张的成功典范,确是不争的事实。这一看法在当时具有普遍的代表性,陈瑚也说吴伟业"先生之文家弦户诵,虽深山幽谷儿童妇女,莫不耳熟先生之姓名者",不但是因为他高中会元、榜眼,更是因为吴伟业的八股文创作追求与实际成绩,引导了"海内士子始蒸蒸渐进于古人之业,先生之功在儒林,盖已久矣"。

实际上,吴伟业根植经史、尊崇古学所获得的收益,远远超出了他本人的预期,无论是八股文名还是诗词文赋,他都远远超过了金声等人的影响。由于他会试时写的八股文被崇祯金口玉言肯定,树为典型,因此高中会元、榜眼,入职翰林,天下闻名,吴伟业本人都觉得意外。难得的是,吴伟业并没有因此而志得意满,而是对自己的学问有清醒的认识,发奋读书,既得张溥之提携,又拜黄道周为师,学问日进(虽然他担任南京国子监司业的时候,张自烈等人还瞧不上他的学问,但从他这一时期的创作来看,学问根基已经非常扎实了),加上师友熏陶(特别是与杨廷麟、陈子龙、宋玫等人的唱和),所以文学创作起点极高。这样一来,不再需要被应试教育束缚的年轻才子吴伟业,转而从事文学创作,天赋既高,入手即正,还得名师指点,加上功名早著,清贵翰林,复社党魁,地位尊崇,诗文、词曲,诸体皆备,书法绘画,俱臻上品,为人还谦虚好学,爱惜羽毛,于是八股文名、文学声誉、艺术创造互为支撑,扩大影响,成为明清之际文坛上的一颗巨星。

吴伟业参加会试所写作的八股文以及策论等十九篇文章,曾经以《独畅篇》为名单独印行,由当时著名的八股名家、临川四大才子之一的陈际泰为之作序,序言在高度评价文章本身的同时,将文章风格与国家气运相关联,高度颂圣、称美考官,深得序言之体。《复社纪略》曾经说,吴伟业的会元稿初次印行时本来是张溥作序的,但是引起了吴伟业房师李明睿的不满(按照常规,进士房稿印行一般是由房师作序评鉴),要削吴伟业的门人籍,后经东林骨干徐汧等人从中劝和,带着吴伟业登门道歉,并诿过于书商,方才了结。现在来看,这一重新印刷的会元稿,既没有用张溥的序(张溥的集子中有许多为知名人士的会稿、房稿作的序,包括复社领袖张采的会稿序,但是没有收录为吴伟业作的会稿序),也没有用李明睿的序(如果改用李明睿的序,就显得李明睿太小气了),而是用了江西知名选家陈际泰的序,所以陈广宏说这一事件背后是江西选家与江南选家关于八股文评选之权的争夺,确为知言。

但是,《独畅篇》也没"独畅"多久,很快改名重印。因为涉及权力斗争,吴伟业的会元文章成为温体仁与周延儒两派交锋的焦点,被放到了崇祯皇帝的案头。无论是因为吴伟业的文章真的好,还是崇祯选择支持周延儒,总之崇祯给予了吴伟业的文章"正大博雅,足式诡靡"八个字的终极定论。于是,吴伟业背后的支持势力立即利用这个机会,再次重印吴伟业的会元稿,并借助崇祯的御批,改名为《式靡篇》。有皇上御批、政治正确,代表了考试文风的方向,有复社支持、推波助澜,彰显了复古实学的主张,所以《式靡篇》很快畅销全国,其影响一直到清代。清代王应奎《柳南随笔》卷五、李调元《制义丛话》卷十二、杨钟羲《雪桥诗话余集》卷一等众多笔记,都记载了吴伟业应试文稿命名为《式靡篇》的由来。可惜的是,无论是吴伟业自己保存的有崇祯朱批的南宫墨卷,还是有张溥作序的第一版会元稿,或是有陈际泰作序的第二版《独畅篇》,抑或是流传最广的第三版《式靡篇》,今日都难以见到了(清初黄中还曾见过《式靡篇》,并作有《吴梅村稿题辞》)。也许正如吴伟业自己清醒认识到的那样,那些具有敲门砖性质的应试文章,哪怕因为权力的光环流行一时,终究无法成为传世的经典之作。

与给吴伟业带来短暂的政治地位和士林名声的八股文不同,吴伟业寄予厚望、二十年苦心创作的诗古文词,确实取得了长久的影响。清代以来的各种诗歌、古文、词的选本,几乎没有不选吴伟业作品的。上自帝王(如乾隆,有《题吴梅村集》"梅村一卷足风流,往复披寻未肯休。秋水精神香雪句,西昆幽思杜陵愁。裁成蜀锦应惭丽,细比春蚕好更抽。寒夜短檠相对处,几多诗兴为君收"),下到贩夫走卒乃至家庭妇女(龚自珍小时候就是由母亲教他读《梅村集》、背诵《圆圆曲》的),梅村作品深入人心。哪怕是因吴伟业仕清而否定其人品的苛刻的评论家,绝大多数也没有因人废言,一定程度上肯定其文学创作的成就(比如计东,哪怕他对吴伟业的史德、史学、史识都有看法,全面否定其史学著作《复社纪事》,并对他诗文集的编排体例有意见,但是对梅村的文学创作成就仍然是充分肯定的,详见后文史学部分)。吴伟业本人对自己的文学创作尤其是诗歌创作也充满自信,所以临终时遗言以"诗人吴梅村之墓"立石碑。

吴伟业的文学创作,部分作品生前曾经结集出版。据钱谦益《与吴梅村书》:"荒村草具,樵苏不爨。昔贤岘山夜宿,以乳羊博市沽。比之吾辈,岂非华筵高会乎?别后捧持大集,坐卧吟啸,如渡大海,久而得其津涉。……讽诵久之,不禁技痒,遂放笔为叙引。……信心冲口,便多与时人水火。豫章徐巨源规切不肖为文,晚年好骂,此叙一出,恐世之词人,树坛立坫者,又将钳我于市矣。不敢自秘,辄缮写求政。唯箧而藏之,不惟为魏公藏拙,亦所谓免我于死也。老人放言,未知执事何以命之?大集谨封题,奉归记室。禅诵之暇,未能释然,或镂版,或副墨,早得赐教,以慰渴饥,是所颙望也。烟老有嗜痂之癖,或可传示,以博一笑。太虚小阮寨帷虞山,想当枉驾,可图接席。"①《叶谱》根据牧斋序言署时间为顺治十七年十月初一,认为吴伟业应该是在此之前不久赴虞山拜访钱谦益,并带着已经编订好的自己的集子,到虞山请牧斋作序。现在看来,钱谦益尽管写了序,却又说这份序言最好不要公开,王时敏等人倒是可以"传示",这态度就耐人寻味了。另外,从信件的内容来看,吴伟业的这本集子可能还没找到愿意资助刊刻的人,所以钱谦益才说"或镂版,或副墨,早得赐教"。

吴伟业于顺治十七年初秋到苏州、赴常熟,除了是为自己的集子请钱谦益等人作序外,还是为了十卷本的《太仓十子诗选》请人作序。《四库全书》本《太仓十子诗选》卷首有三篇序,作序者和作序时间分别是钱谦益作于康熙元年(壬寅,1662)四月初八(浴佛节)、吴伟业作于顺治十七年(庚子,1660)七月初五、苏州府学教授程邑作于顺治十七年庚子初秋。由作序时间可以推知,吴伟业为了扩大"太仓十子"的影响,在诗选基本编选完成之后,自己先写了序,然后前往苏州、常熟邀请程邑(他不仅是苏州府学教授,更是翰林院庶吉士,顺治十五年吴伟业曾给他的诗

---

① 钱谦益:《有学集》卷三十九,上海古籍出版社 1996 年版,第 1362 页。

集作过序，这次也算是还个人情），钱谦益两位为之鼓吹。据《王巢松年谱》记载："庚子，三十六岁，顺治十七年，……十子诗已刻成，全是伊人为政。"又据王昊《硕园诗稿》卷二十《九子篇》诗序："庚子岁，予方坐事北行，而里中刻太仓十子诗一集行世。"由是可知，《太仓十子诗选》虽然挂名吴伟业编选，可是实际工作主要由顾湄承担；另外，由"一集"之名可以推知，太仓诸子很可能原想续刻二集三集行世以造声势，只是由于顺治十八年以后政治、经济、文化环境恶化，续刻也就不了了之了。不仅如此，顺治十七年吴伟业第一次编选的自己十卷本诗集，尽管已经请钱谦益写了序，尽管邓之诚言之凿凿，说是《梅村先生诗集》"托之门人所编，首载钱谦益序及书""伟业声望辈行在谦益后，故倚之为重"，①并且这个十卷本"尚有六十余首"为四十卷本《梅村集》所无，可见邓之诚是亲眼查验过这一版本的。但是这个刻本未见其他人著录、描述。阚红柳说"吴伟业的著作专集，最早刻于顺治十七年（1660），是十卷本的诗集，今已不存"，②这里包含着两个结论性的话，第一是确实存在顺治十七年的刻本，第二是这个顺治十七年的刻本"今已不存"，其依据为何，不得而知。

　　值得注意的是，李少雍整理《梅村词》时，"以中国科学院图书馆藏顺治年间刊《梅村集》二十卷（简称顺治本）为底本"，③可见他所使用的底本是另一种顺治刻本《梅村集》，并非邓之诚所见的十卷本，而是二十卷本。

　　《四库全书》收录的《梅村集》四十卷，刊刻于康熙七年，这一年吴伟业六十岁，应该是卢綋、顾湄等门人弟子献给老师的祝寿礼物，次年完工。陈瑚的《梅村集序》作于康熙七年（戊申，1668），收入自己的文集时篇名为《吴梅村文集序》："往岁戊戌，梅村先生年五十，瑚尝颂之以诗，而窃拟先生于子美、退之，时人闻之，皆以瑚为知言也。越十年而为戊申，先生著作日富，门弟子顾伊人辈裒集其诗文四十卷，刻而行之。工将竣，先生以书来告曰：'君知我深，序莫如君宜。'……忆瑚燥发时，先

① 邓之诚：《清诗纪事初编》（上），上海古籍出版社 2013 年版，第 394 页。
② 阚红柳：《〈梅村家藏稿〉文献史料价值评析》，《清史研究》2010 年第 2 期。
③ 李少雍标注：《梅村词》，广东人民出版社 1985 年版，第 19 页。

生以制举义冠南宫,反天下程文腐烂之弊,而振之以东西两汉唐宋八家之学,一时号称得人。是时,先生之文家弦户诵,虽深山幽谷儿童妇女,莫不耳熟先生之姓名者,海内士子始蒸蒸渐进于古人之业,先生之功在儒林,盖已久矣。"①可知陈瑚对梅村评价极高,在吴伟业五十岁的时候曾以诗为贺,高度赞扬其诗文以及戏曲、书画创作所取得的巨大艺术成就,将吴伟业比作杜甫、韩愈、欧阳修、周瑜等人,该诗收录于陈瑚《娄江集》(起丁酉尽戊戌),题为《梅村学士生日诗四首》,兹选两首,其一:"天下文章今在兹,杜诗韩笔是吾师。焰长万丈千言外,衰起诸家八代时。隶草通神花共落,丹青得意鹤先知。风流已合人人醉,曲误能看更阿谁?"其二:"五十荀卿又见兹,故应再作瞽宗师。高僧邓尉求铭日,都讲长安献赋时。花下丽词妃子笑,座间新句雪儿知。清朝若要修唐史,眼底庐陵试问谁?"②

吴伟业六十岁时陈瑚再次作文为寿,并用作《梅村集》的序言,别有深意。陈瑚为清初著名学者,人品、学问俱佳,隐居不仕,著书讲学,品节高尚,与陆世仪等齐名,号称"太仓四先生",由他来充分肯定吴伟业的道德文章,更具有说服力。加上文坛元老钱谦益的旧序、地方大员卢绬的新序,这三篇序言成了《梅村集》成功的保证书。

尽管如此,四十卷本《梅村集》面世后,仍然有一些负面评价,比如崇祯十年的探花、常熟人赵士春有《娄东前辈近刊诗集,攀髯之悲,爰及异代,有识所嗤,因嘲一绝》:"只道桥陵曾洒涕,岂知野帐复沾巾。何如燕子楼子妓,无限悲啼为一人。"不过,赵士春虽然作了这首诗,但是本着诗人敦厚之旨,感觉话说得过分了,所以这一卷(卷二)的目录中没有这篇诗题,而且这首诗的当页有标识"应删去",后来又重新作了一首《读娄东吴前辈诗集》(放在卷四),诗云:"法官扈圣多成咏,野帐承恩复有诗。可是骚坛情性别,沧桑如此不知悲。"③这一首他觉得还可以,此页有标识,"此首不应删"。由于《蓬客诗草》是稿本,所以这些创作、

---

① 陈瑚:《确庵文稿》卷十二,康熙毛氏汲古阁刻本,第6页。
② 陈瑚:《确庵先生诗钞》卷三,《清代诗文集珍本丛刊》第63册,第144页。
③ 赵士春:《保闲堂续集》四卷,稿本,《蓬客诗草》,《清代诗文集珍本丛刊》第23册,卷二,第395页;卷四,第484页。

修改、编辑、取舍的痕迹都在,读来饶有趣味。

　　同卷,赵士春还有《读钱牧斋〈有学集〉诗集》,评价更低:"《秋槐集》至《消寒集》若干卷,大约以杂博见长,而调笑诞谩杂出其间,于忠厚和平之旨微矣。摘其甚者,为赋五绝句","其三,吴梅村艳体诗四首赠秦淮妓卞赛,和诗序中引前人评李义山无题诗,谓是臣不忘君之意。风流自咏红儿句,此念那从忠孝来。不见昔时恸哭者,也曾携妓上西台。"之后,更是情不自禁地将这两大家合而评述,作《又题钱吴两前辈诗》:"王蠋陶潜岂异人,忍于改姓作君臣。只应双咏胡笳拍,弦上他年话苦辛(有注:一缒城,一荐举,甘心就之,拟之蔡琰,非其伦矣)。"①赵士春出身世家,为赵用贤之孙,祖孙二人均曾因谏诤权臣夺情而被贬(张居正、杨嗣昌),名震一时,与黄道周、刘同升等人并称"长安五谏",入清后虽亦曾被荐举,但是最终没有出仕新朝,所以面对钱谦益、吴伟业这样的贰臣有强大的道德优势,词意之间居高临下,亦可理解。

　　赵士春对《梅村集》的讥讽主要是从政治、为人的角度,而王士禛则从艺术的角度指出梅村的作品仍有不足,《然灯记闻》(渔洋夫子口授,新城何世璂述)有云:"诗总要古,吴梅村先生诗,尽态极妍,然只是欠一古字。"②无论这样的看法是否符合梅村创作的实际,这都是与吴伟业同时代人某种认知的反映。

　　当然,当时更多的人对吴伟业的诗文作品是给予充分肯定的,比如梅村好友龚鼎孳就对其长篇歌行体倾倒不已,在《书送田髯渊归水西草堂长歌后》中说:"近来海内为长句,梅村先生最为擅场,往往阁笔不能与之抗行也。髯渊以精骑压我,不得已一交绥而退,取下驷以当上驷,宁不辙乱旗靡乎?归示梅老于娄水之上,秋山月明,当一西望而笑也。辍笔惘然。"③

　　至于同时乃至稍后的人,对吴伟业诗文创作的评价大多以褒扬为主,即使偶尔涉及为人品格方面,也大多持理解、宽容的态度。比如康

① 赵士春:《保闲堂续集》四卷,稿本,《蓬客诗草》,《清代诗文集珍本丛刊》第 23 册,卷四,第 486、489 页。

② 王士禛:《然灯记闻》,天壤阁丛书本,第 1 页。

③ 龚鼎孳:《定山堂古文小品》卷下,康熙五十三年刻本,第 60 页。

熙时的纪迈宜，晚上读完吴伟业的集子后，作词感怀，有《临江仙·夜读吴梅村先生集感赋》："帘内孤灯帘外月，照人故作凄凉。夜深生怕拂匡床，连宵不寐，更漏一何长。　且更摊书披蠹简，梅村词翰犹香。剧怜庾信共行藏，青门萧史，一曲最堪伤。"①大臣刘墉《读吴梅村集》则云："六朝金粉擅风流，射策东堂片玉收。事去不无江总恨，宦成薄有杜陵愁。凄凉法曲秦淮夜，慷慨悲歌易水秋。宝玦飘零红袖泣，几多哀艳为君留。"②而乾隆时期的诗人沈卓则是在船上读完吴伟业的诗文，感赋一绝："富贵功名草上尘，到头觑破竟何人？长安传遍梅村曲，翁子依然有后身。"诗末有注："集中有《朱翁子墓诗》，结句云：行年五十功名晚，争似空山老负薪。余美其用意而微有感也，故云。"③吴伟业的同乡后辈、著名学者毕沅，在读完梅村的集子后，有《读吴梅村先生集书后四首》："蓬莱紫海又扬尘，凄绝金门旧侍臣。浣女不知香草怨，隔江犹唱《秣陵春》。"其二："白头祭酒意无聊，泪洒铜驼满棘蒿。忍遇东厢旧园叟，夕阳菜圃话前朝。"其三："草间偷活为衰亲，绝命词成饮恨新。香海一杯埋骨后，梅花窟里吊诗人（墓在邓尉山下，前竖圆石，书诗人吴梅村墓，此先生遗命也）。"其四："儿时频过廓然堂，松竹前贤手泽长。谁料午桥觞咏地，转头又见小沧桑。"④

　　在诸多评价中，当以嘉庆时期福建著名学者陈寿祺的评价最高，他说："秀水朱氏之论明诗也（李按：指朱彝尊），曰嘉靖中元美才气十倍于麟，名虽七子，实一雄也。余亦云然。继有作者，嘉定四先生瞠乎后矣。旷世逸才、卓成诗史，其惟吴骏公乎！

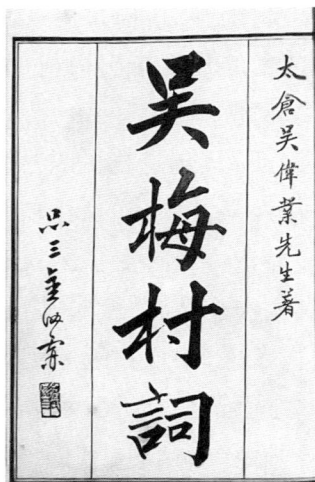

吴梅村诗词书影

吾于昭代之诗，必以娄东为巨擘也。"①

至于四库馆臣、朱彝尊、赵翼等评价，已为学人所熟知，兹不赘述，仅引晚清朱庭珍《筱园诗话》再作补充："吴梅村祭酒诗，入手不过一艳才耳。迨国变后诸作，缠绵悱恻，凄丽苍凉，可泣可歌，哀感顽艳，以身际沧桑陵谷之变，其题多纪时事，关系兴亡，成就先生千秋之业，亦不幸之大幸也。七古最有名于世，大半以《琵琶》《长恨》之体裁，兼温李之词藻风韵，故述词比事，浓艳哀感，沁入肝脾，如《永和宫词》《圆圆曲》诸篇，虽情文兼至、姿态横生，未免肉多于骨、词胜于意，少沉郁顿挫、鱼龙变化之钜观，惟《雁门尚书行》较有笔力，《悲歌赠吴季子》一作亦得杜陵神髓，惜不多见耳。五古如《临江参军》《南厢叟》《吴门遇刘雪舫》诸作，洋洋大篇，神骨俱肖少陵，较胜七古多矣。七律佳者，神完气足，殊近玉溪。五律处处求工，如剪彩为花，终少生韵。取其长而知其短，此平心之论也。"②朱庭珍的平心之论，也代表了清代以来大多数人的看法。

相对于诗文，吴伟业的词作较少，但清初著名词人尤侗仍然认为梅村词曲与诗文兼擅，并与钱谦益比较，"今日虞山号诗文宗匠，其词仅见《永遇乐》数首，颓唐殊极。兼人之才，吾目中惟见梅村先生耳"，"予尝谓先生之诗可为词，词可为曲，然而诗之格不坠，词曲之格不抗者，则

《秣陵春传奇》清初刻本书影

① 陈寿祺：《陈寿祺诗文集》18卷，《左海文集》卷六《桂留山房诗集序》，清刻左海全集本，第72页。
② 朱庭珍：《筱园诗话》卷二，清刻本，第9页。

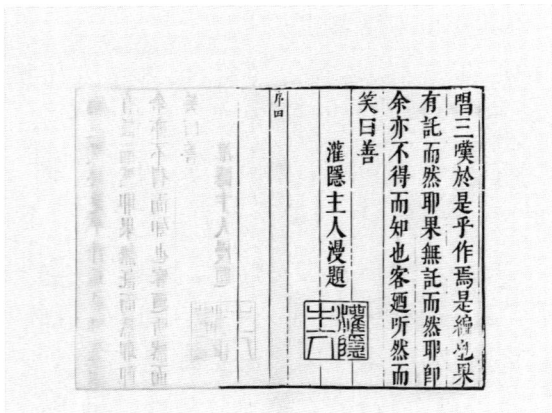

《秣陵春传奇》清初刻本书影 2

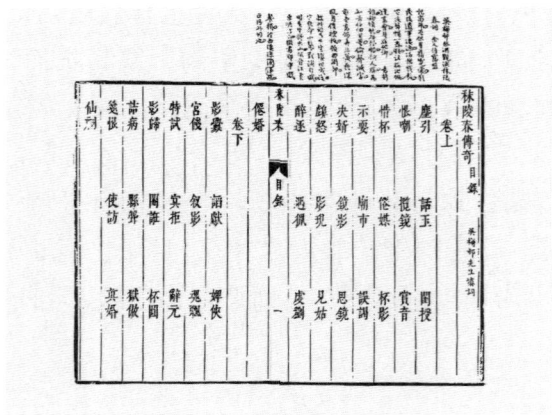

《秣陵春传奇》清初刻本书影 3

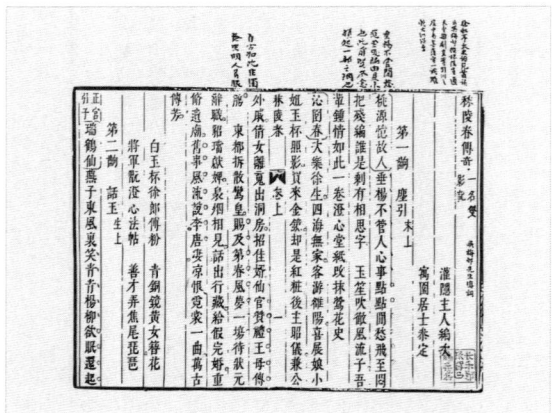

《秣陵春传奇》清初刻本书影 4

下笔之妙,非古人所及也"。① 清代著名词论家陈廷焯则说:"吴梅村词,虽非专长,然其高处,有令人不可捉摸者,此亦身世之感使然","梅村高处,有与老坡神似处。"②

除了应试文、诗古文词外,吴伟业的戏曲创作在中国戏曲史上也有一席之地。吴伟业现存戏曲作品包括传奇《秣陵春》和杂剧《临春阁》《通天台》共三种。孙书磊认为《秣陵春》应该创作于顺治四年左右,③论证有力,之后上演、刊刻,李宜之于顺治十年七月初七给《秣陵春》刻本作序,在梳理传奇发展史上的重要作品后说,"南词以《拜月》《琵琶》为二绝",而《秣陵春》成就之高,"与《拜月》《琵琶》分鼎立于三百年之上者也",何况吴伟业"又别有杂剧几种,其本色中出色,不独与(王)实甫、(关)汉卿并驱,几欲追董(解元)学士而先之,不更奇乎!宋之工词者辄不工诗,元四大家及君美(指施惠,《拜月亭》作者)、则诚(指高明,《琵琶记》作者)之徒,俱不见他著述。灌隐(指吴伟业,《秣陵春》署名灌隐主人)五古,直逼汉、魏,歌行近体,上下初、盛;叙记之文,不愧唐宋大家;而寄兴词曲,复推宗匠:又一奇也"。④

李宜之对《秣陵春》的评价,固然有一定程度的拔高,但是,李宜之对《秣陵春》的认识与理解,应该在一般人之上,因为他不但精通音律、词曲,更是参与了《秣陵春》的创作与加工。杨钟羲《雪桥诗话余集》记载:"李寓园为长蘅犹子,居南翔里,家有猗园,堂西海棠一树,大数围,乱后易主,寓居以终。集有《下发诗》廿首,《九日白下》有'脱巾落帽都休问,不是南朝晞发翁'之句。长蘅好音乐,乡人置酒趣赴,亦时时为叶子戏以耗雄心,殁于崇祯己巳,易篑时命寓园作行状,寓园有句云'不甘愁庾叔恩未报愧宏微'。尝寓安东南园睡足庵,为吴骏公参定《秣陵春》曲,世祖曾于海淀乙览及之,问参定寓园主人何姓名,骏公以嘉定县故生员李宜之对,与《万古愁》遭际略同。"⑤顺治看到的《秣陵春》肯定是刻本,而刻本上署名"灌隐主人编次,寓园居士参定",所以顺治有此一问。

① 尤侗:《西堂杂俎三集》卷三。
② 陈廷焯:《白雨斋词话》卷三。
③ 孙书磊:《吴伟业〈秣陵春〉传奇考论》,《中华戏曲》2007年第2期。
④ 李宜之:《秣陵春序》,《吴梅村全集》附录三,上海古籍出版社1999年版,第1496页。
⑤ 杨钟羲:《雪桥诗话余集》卷一,求恕斋丛书本,第5页。

至于《秣陵春》的演出，吴伟业本人有《金人捧露盘》"观演秣陵春"词作，词曰："记当年，曾供奉，旧霓裳。叹茂陵、遗事凄凉。酒旗戏鼓，买花簪帽一春狂。绿杨池馆，逢高会、身在他乡。　喜新词，初填就，无限恨，断人肠。为知音、仔细思量。偷声减字，画堂高烛弄丝簧。夜深风月，催檀板、顾曲周郎。"既然是"初填就"的"新词"，可见是创作完成不久即已搬演。后来吴伟业的恩师李明睿曾在南昌组织集会，分别演出《牡丹亭》与《秣陵春》，并"竞为诗歌以志其胜"，①吴伟业得知后颇为兴奋，在给冒辟疆的信中说："小词《秣陵春》近演于豫章沧浪亭，江右诸公皆有篇咏，不识曾见之否？"并希望冒辟疆能选择优秀演员排演此剧作。钱谦益在看到"江右诸公"的"篇咏"后，有唱和之作《读豫章仙音谱漫题八绝句呈太虚宗伯并雪堂梅公古严计百诸君子》，其三曰："《牡丹亭》苦唱情多，其奈新声水调何？谁解梅村愁绝处，《秣陵春》是隔江歌。"②王士禛听说后，也希望冒辟疆能上演此剧。可惜冒襄说当时没有剧本，直至康熙二十年夏才"偶得刻本，喜爱至极，不负老友重托，授家乐排演《秣陵春》。此剧后来成为冒氏家乐常演剧目之一，上演频率甚至到了'日日演《秣陵》'的程度。特别是冒襄举行文人雅集时常演出此剧待客，其中最有代表性的是清康熙二十七年（1688）仲春，汉阳许承钦（字敬哉，号漱雪）至如皋访冒襄，通宵观冒氏家乐所演此剧，与冒襄顾曲评点，各作观剧十绝，对冒氏家乐的演出技巧、效果及《秣陵春》关目、寓意等方面作了深入剖析"，冒辟疆对梅村此剧评价极高，所谓"读之喜心倒极，字字皆鲛人之珠，先生寄托遥深，词场独擅，前有元人四家，后与临川作劲敌矣"。③

至于《临春阁》《通天台》二杂剧，虽未搬演，刻本亦较少，但学界评价极高，如郑振铎《清人杂剧初集序》中所云："考清剧之进展，盖有四期。顺康之际，实为始盛。吴伟业、徐石麒、尤侗、嵇永仁、张韬、裘琏、洪昇、万树诸家，高才硕学，词华隽秀，所作务崇雅正，卓然大方。梅

---

① 朱则杰：《"豫章沧浪亭观演〈秣陵春〉"集会唱和考》，《井冈山大学学报》2019 年第 1 期。
② 钱谦益：《有学集》卷十一《红豆三集》，上海古籍出版社 1996 年版，第 523 页。
③ 黄语：《冒襄文人雅集对家乐戏曲的影响》，《河北学刊》2010 年第 2 期。

村《通天台》之悲壮沉郁,《临春阁》之疏放冷艳,尤堪弁冕群伦。"①

　　除了戏曲艺术,吴伟业在书画领域亦有极高之声誉。吴伟业有《画中九友歌》,记录了自己与董其昌、王时敏、王鉴、李流芳、杨文骢、张学曾、程嘉燧、卞文瑜、邵弥等人的交往,其实应该还加上陈继儒、黄道周、王铎、周亮工等人,明清之际书画界最著名的艺术家几乎都与吴伟业有交往。秦祖永《桐阴论画》将其列入首卷"书画大家"之"逸品",称其画

吴伟业《爱山台禊饮序》1

吴伟业《爱山台禊饮序》2

吴伟业《爱山台禊饮序》3

① 郑振铎:《清人杂剧初集序》,见《中国文学研究》,上海古籍出版社 2000 年版,第 701 页。

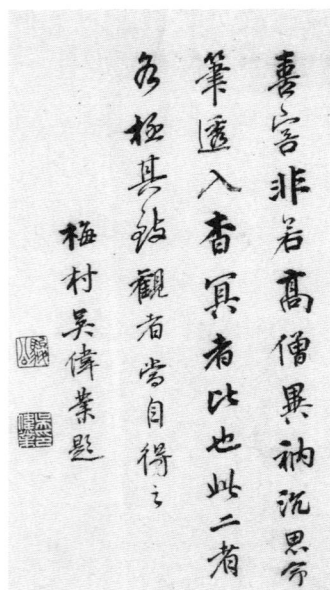

吴伟业书法

吴伟业书法 2

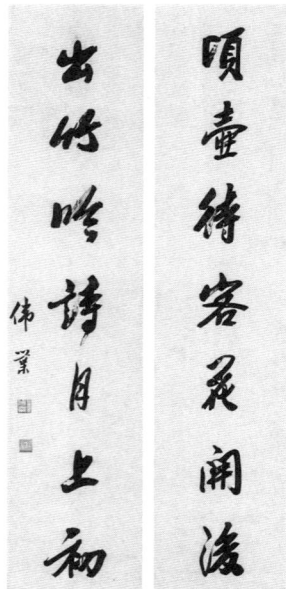

吴伟业书法两联

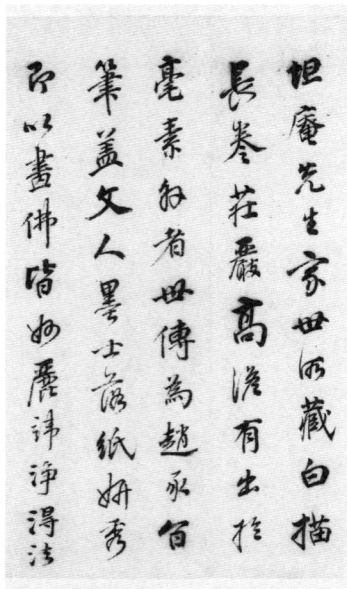

吴伟业《题十六罗汉图》1

吴伟业《题十六罗汉图》2　　　　　　吴伟业《题十六罗汉图》3

吴伟业行书扇面

作"笔意雅秀绝伦,脱尽作家习气",书法作品"姿态静逸,极有韵致"。①《中国古代书画图目》收录了吴伟业的书法、绘画作品各十幅。② 周亮工评价他:"不多为画,然能萃诸家之长而运以己意,故落笔

---

① 秦祖永:《桐阴论画》首卷,同治三年刻朱墨套印本,第 4 页。
②《中国古代书画图目》"索引"分册,文物出版社 2001 年版,第 86 页。

无不可传者。"①张庚《国朝画征录》卷上"吴伟业"条,说他"博学工诗,名满区宇。山水得董黄法,清疏韶秀,风神自足,可贵也"。② 吴伟业的许多作品,被世代收藏,比如真定梁氏家族所收藏的《吴梅村雕桥庄图卷跋》,一直到晚清,仍被收藏家所珍惜,叶昌炽就记载:"三月初三日,圯怀约长椿寺修禊,观吴骏公画梁玉立雕桥山庄卷。"③

　　吴伟业与明清之际著名书画家王铎的交往,过去少有人关注。崇祯十年冬太子出阁读书,吴伟业是讲官之一,王铎亦为侍班并晋升詹事,正是太子属官,两人同事,且均热爱书画,很可能就有了交往。南明时期,王铎以东阁大学士入阁办事,曾积极推动吴伟业入京任职。据《南渡录》记载,崇祯十七年十月丙子(二十二日),"御史沈宸荃疏荐礼部尚书黄道周,词臣刘同升、葛世振、徐汧、吴伟业等。着马上差催。

吴伟业
《仿黄公望笔意》

吴伟业
《仿元人墨笔山水册》1

吴伟业
《仿元人墨笔山水册》2

① 周亮工:《读画录》卷一,康熙十二年周氏烟云过眼堂刻本,第4页。
② 张庚:《国朝画征录》卷上"吴伟业"条,乾隆四年刻本,第20页。
③ 叶昌炽:《缘督庐日记抄》卷六,民国二十二年上海蟫隐庐石印本,第59页。

吴伟业《仿元人墨笔山水册》3　　吴伟业《仿元人墨笔山水册》4

吴伟业《晚春雨霁卷》

阁臣铎所票也"。① 王铎《拟山园选集》中,收录了三封给吴伟业的信件,分别是卷五十四的《与骏公》:"前许仆之书也,中有可观,不就俗浅,高言不止,耳目暇借,一摩挲之,十字区想,必生喜信,譬陟华巅,艰处正是快处,贼耗又如之何。数行不来,我惑于何雪之。"②以及卷五十七的《与骏公》《又与骏公》,均为谈论书画之作,可见两人的共同爱好与频频往来。

吴伟业的书画作品,在明代就已经被人赏识,崇祯元年进士、昆山人朱天麟在明末曾题过吴伟业的画,"震青子《罗浮集》二卷,明昆山朱公天麟著,凡古近体诗四百二十余首,兹录其平正可传者数首,如'寂寂山扉古木秋,临高日暮瞰溪流。乱云吹去天南北,独坐无心问马牛'(题吴骏公画)"。③ 作为画中知音,吴伟业也颇多题画之作,比如康熙年间以"中原布衣"自称的河南画家刘源,流寓苏州,曾画了二十四幅唐代凌烟阁功臣图,吴伟业为之作《题刘伴阮凌烟阁图并序》,其他如《题冒辟疆名姬董白小像八首并序》《题华山蘗庵和尚画像二首》《题石田画芭蕉二首》《题沙海客画达摩面壁图》《题二禽图》《题崔青蚓洗象图》《为杨仲延题画册》《题钱泰谷画兰》《畬山遇姚翁出所画花鸟见赠》,以及各种各样的《题画》诗(既有诗,又有词),比如曾经一次就作了十四首题画诗(包括芍药、石榴、菊花等)。可以这么说,因为吴伟业懂画,又善于表达,其题画诗词作品数量既多,质量还高,可以算是清代成就最高的题画诗人之一。

当然,在当时的书画大家倪元璐眼中,吴伟业的画还有不足,他在《题画石为吴骏公》中评价说:"骨则有余,态殊不足;问之君平,传于五鹿。"④

长期以来,由于吴伟业的文学创作成就太高,其艺术家的身份往往被遮蔽,其史学、经学成就更是被有意无意地忽略了。其实,既然吴伟业最优秀的诗歌作品可作"诗史",可见其本人应该具备史家意识与修

---

① 李清:《南渡录》卷三,《南明史料(八种)》,江苏古籍出版社 1997 年版,第 273 页。
② 王铎:《拟山园选集》卷五十四,《四库禁毁书丛刊》,集部 88—46,集部 88—77。
③ 吴骞:《拜经楼诗话续编》卷二,程宗伊抄本。
④ 倪元璐:《倪文贞诗集》卷上,四库全书本。

史才华,何况吴伟业本人入仕之后,大多数时间供职翰林院,修史正是其本分,接触史料亦甚为便利,加上经历了明清易代,为前朝存史,更是题中应有之义。顺治十年吴伟业被征召入京时,也曾幻想过像杨维桢一样,只参与修史,不担任官职,"白衣宣至白衣归",虽未能如愿,但是进京之后,与孙承泽、谈迁等商榷史实、交换史料,对其史学著述亦有重要帮助。

吴伟业其实很早就有明确的搜集史料的意识,他在《梁水部〈玉剑尊闻〉序》中说:"往余客京师,好攟拾古人嘉言轶行散见于他籍、流传于故老者,以增益其所未闻。乃有笑余者曰:甚矣子之劳也! 今以子一日之内,出入禁闼,公庭之论列,私家之晤语,诚笔而存之,皆足以为书,乃必举数世或数十世阔远而荒忽者整齐而补辑焉;虽用意之勤,其人与其事则固已往而不可追矣,不亦难乎! 余心韪其语,退而为岁抄日记,有成帙矣。久之朋党之论作,士大夫所聚讼而争持者,黑白同异,纠纷庞杂,既不足取信,而飞言微辞,咸目之以怨谤。余之书虽藏在篋衍,不以示人,恐招忌而速祸,则尽取而焚之。未几天下大乱,公卿故人死亡破灭,其幸而存如余者,流离疾苦,精神昏塞,或于畴人广坐间征一二旧事,都不复记忆,于是始悔其书之亡而不可复及也已。"可见"天下大乱"之前,吴伟业在京为官期间(崇祯九年前),他就曾经以自己亲身经历所见所闻"岁抄日记",积累史料,可惜后来因为担心"招忌而速祸"全烧了。

尽管如此,吴伟业仍然为修史作了大量准备。《拜经楼藏书题跋记》曾经著录"《读史纪要》,梅村先生手抄本,嘉庆乙丑先君子以示吴门黄荛圃主事,云的系先生亲笔,因出所藏先生手写《绥寇纪略》共观,与此笔迹无异,洵可宝也。前有秀水朱氏潜采堂图书记方印"。[①] 吴伟业曾经手抄过《读史纪要》,可见是对如何修史下过功夫的。

吴伟业的师友之中,除了谈迁、孙承泽等人热衷于广泛搜集史料、撰述明朝历史外,李明睿亦为同好。吴伟业说"先生攟拾累朝故实,抄撮成书,凡数百卷,欲以成一代之良史,好古博物,访求金石篆刻,遇有

---

① 吴寿阳:《拜经楼藏书题跋记》卷二,道光二十七年海昌蒋氏刻本,第8页。

所好,虽倾囊为之勿吝,此欧阳之修唐书,纪五代,以其余力为集古录者也"(《座师李太虚先生寿序》)。其他如杨士聪(有《玉堂荟记》)、李逊之(有《三朝野记》)、邹漪(有《明季遗闻》《启祯野乘》)、文震亨(有《福王登极实录》)、文秉(文震孟之子,有《烈皇小识》《先朝遗事》等)、陈贞慧(有《过江七事》)、李清(有《三垣笔记》《南渡录》等)等人,亦与吴伟业有着各种各样的复杂关系,对吴伟业从事史学著述有一定影响。

吴伟业等人积极修史,还与当时的官方态度有关。为前朝修史,是一个正统政权的标志性动作,以说明前朝的终结和本朝的合法性,所以清人入关之后很快成立了《明史》的修撰机构,但是当时天下并未真正统一,征战频繁,还顾不上组织健全的班子,因此并没有实质性地开展工作。随着清政权的逐步稳固,为明朝修史的工作正式开始了,据《东华录》记载,顺治八年闰二月癸丑,大学士刚林等奏:臣等纂修明史,查天启四年及七年六月实录,并崇祯一朝事迹,俱缺,宜敕内外各官,广示晓谕,重赏悬格,凡抄天启崇祯实录,或有汇集邸报者,多方购求,期于必得,或有野史外传集记等书,皆可备资纂辑,务须广询博访,汇送礼部,庶事实有据,信史可成,下所司知之。一方面可见清朝官方已经全面开展资料搜集整理,逐步进入编撰阶段了,另一方面也说明明末尤其是崇祯朝因为战乱影响,各种官方史料缺失严重,修史工作并不顺利。

正是由于这样的原因,清初文人搜集修史资料,也往往集中在明初与明末阶段。吴伟业本人的史学著述,主要有《复社纪事》与《绥寇纪略》。以个人之力修整个明史,实际上是不现实的。吴伟业选择晚明文人结社和农民起义这两个专题,实际上体现了极高的史家眼光,因为这是明朝灭亡的最为重要的两个因素,而且吴伟业是当事人、亲历者,所以他有责任、有能力将其前因后果梳理清楚。

吴伟业是什么时候开始撰写《复社纪事》的,目前尚不可知。吴江学者朱鹤龄《梅村先生过访》诗中说:"十年鱼素杳江湘,欲采芙蓉远寄将。忽访席门惊上客,旋弹瑶瑟奏清商。鲜羹白苣园菘滑,软饭红炊野稻香。感往莫论吴社事,耆英今已半凋亡(时先生述吴社始末)。"[①]结合

---

① 朱鹤龄:《愚庵小集》卷五,页十二,上海古籍出版社1979年版,据康熙刻本影印,第216页。

"十年鱼素杳江湘""耆英今已半凋亡"等句,细味诗意,这首诗很可能作于顺治十年虎丘大会前后,钱谦益、吴伟业先后过访(《愚庵小集》分体编年排序,前一首为《牧斋先生过访》),为调和社事两人来到苏州(吴伟业在前台,钱谦益在幕后),拜访朱鹤龄,在讨论对慎交社、同声社纷争看法的时候,显然会涉及对复社的反思,因此吴伟业提到自己正在撰述有关党社的著作,所以朱鹤龄在诗中有此交代,当然此时连书名也未确定。

作为复社领袖张溥的得意弟子,也是复社的重要人物,吴伟业对复社的结社宗旨、发展过程、运作方式等,了解远远超过一般人。顺便解释一下,吴伟业曾经说,当自己阵营面临陆文声、张汉儒的攻击时,"吾以复社党魁,又代为营救,世所指目"(《与子暻疏》),这里的"党魁"和我们今天理解的党首、首领的意义不同,吴伟业的意思是他属于复社的重要人物、标志性人物之一。因为陆文声、张汉儒事件发生在崇祯九年、十年期间,这一时期复社领袖张溥、张采均还健在,复社大局还轮不到吴伟业来主持;其次,吴伟业文章中不止一次用到"党魁"这个词,比如"自十余年来,士大夫以党魁被罪,刊章逮治,无虑数十人"(《吴母徐太夫人七十序》),既然有数十人,可见是党社的重要人物而不是首领,再如"逆奄起诏狱,目赵、杨为党魁"(《金宪梁公西韩先生墓志铭》),这是说阉党将赵南星、杨涟看作是东林党的主要人物,显然赵南星也不是东林党的首领。由此可知,吴伟业自称"复社党魁",也只是说自己是复社的重要成员。

平心而论,吴伟业与复社之间是一个相辅相成、水涨船高的关系。崇祯二年,张溥等人在地方官熊开元的支持下,合大江南北诸社为一,以兴复古学、致君泽民为号召,成立复社,影响迅速扩大,崇祯三年的应天乡试,复社重要成员如张溥、杨廷枢、陈子龙、吴昌时等均成功中举,吴伟业、吴继善、吴克孝这几位太仓吴氏兄弟、复社成员同样中举,可以这么说,复社的平台对吴伟业的名声、科举、仕途肯定是有帮助的;但是,崇祯四年的会试,吴伟业一举夺魁,高中会元、榜眼,入职翰林,钦赐归娶,其文章被崇祯首肯,无疑又是扩大了复社的影响;吴伟业走上仕途后,作为复社党魁,利用自己的文章声名、政治地位照顾复社利益、提升复社影响，自在情理之中；同时，复社名动朝野、声气遍天下，进一步传播了吴伟业的名声，放大了吴伟业的影响，亦属当然。

以这样的身份，经历了明清易代，痛定思痛，尤其是自己当了贰臣、身败名裂之后，再来回顾复社的初心与所作所为，吴伟业对复社的认识，显然颇为复杂，所以，尽管他早就开始了《复社纪事》的写作，但是他除了跟自己年龄相仿的朱鹤龄提及外，几乎很少与别人交流这本书的相关事项（很多人都知道他在写一本关于流贼的书，但不知道他还在写一本党社的书），直到康熙八年刊刻《梅村集》，才将这部《复社纪事》收入其中一并推出。

果然，《复社纪事》一出版，立即招致非议。康熙九年闰二月初一（1670 年 3 月 21 日），计东致信吴伟业，对该作提出强烈批评，因计东所言事关重大，故全录如下："闰二月朔，前国子监率性堂恩拔贡监生计东，谨再拜。旧冬，东度岁江宁，于友人倪闇公家见老师新刻文集，内有《复社纪事》一篇数千言，友人互相传诵，以为非老师大手笔不能作，且非老师深知社事本末，不能淹贯详悉若此。东伏读再四，窃有喜且慰者二，有不能无疑者二，谨不揣狂戆，干冒尊严，上书座下。所谓喜且慰者，一则先师西铭先生，自辛巳殁后，迄今三十年，其所评论著述诸书虽最富，然其同社及后进之士，能表章之者益少。其所教诲成就之弟子不下千余人，然三十年来，存殁升沉不一，今零落渐尽矣。若身既通显，又负文章大名，为天下人士之所依归，又确乎为先生受业之人者，天下之大，更无与老师比。今老师口口我师不置，所以推崇扬抣之甚力，使当世尚知有西铭先生，此老师深厚之谊，凡为其弟子者，无不感激踊跃，况东之先人与东皆执经其门，受其赏誉教诲者哉！二则金沙周介生，但以夙负重名，一旦临大节而不能守，污李贼伪命，若王维、郑虔之于安禄山耳。而素不快于介生者，遂加以滔天之罪，至比之王伟之从侯景，若世所传诏表之语，稍有人心者莫不冤之，然未有讼言其诬者。今得老师一为辨析，公论昭然。江宁密迩金沙，爱憎之口，纷纷不同。及闻老师之言，莫不俯首悦服，则其足传信于天下后世无疑也，此东所为最喜且慰也。若又有二者之不能无疑，请得竟其说。东生也晚，然东之先人从事于社事有年，东之妇翁吴扶九先生，则固娄东两张先生好友，而首创复社之人也，东窃闻其本末矣。复社者，社之后起者也。始庚午之冬，因鱼山熊先生自崇明调宰我邑，最喜社事，孙孟朴乃与我妇翁及吕石香辈数人始创复社，颇为吴门杨维斗先生所不快。孟朴尝怀刺谒先生，再往不得见，诃之曰：'我社中未尝见此人。''我社'者，应社也。盖应社之兴久矣，时天下但知应社耳。大江以南主应社者，张受先、西铭、介生、维斗，大江以北主应社者，万道吉、刘伯宗、沈眉生。娄东有应社十子，吴郡有应社十三子，又有五经应社，杨子常、顾麟士主《诗》，维斗、钱彦林主《书》，介生兄弟主《春秋》，受先、王惠常主《礼记》，西铭、朱云子主《易》，孟朴但为应社五经征文之人耳。当日纷纷社集文字，若《南彦》《天下》《善人》《文聚》诸书，与复社之《国表》一集、三集、四集颇相龃龉；独西铭先生一人，大公无我，汲引后进，且推鱼山先生主持复社之意，故能合应、复两社之人为前茅后劲之势。今老师因宵人告变，始于复社，几成党祸，故但序复社之盛，不能推原应社一句，疑于本末之意或有未尽。且他人皆荷表章，若子常、麟士两公，经营社事最深，岂可泯灭？即东之妇翁不惜破产以创复社，至今鱼山先生与老师之友周子俶辈，尚历历能言之，乃不得比于孟朴，附老师文以不朽，仅以吴江大姓四字括之，不知老师何意而云然也？又应社之本于拂水山房，浙中读书之本于小筑，各二十余年矣。时西泠严氏与金沙、娄东、吴门及江右之艾氏，皆鼎立不相下。迨戊辰西铭先生至京师，始于严子岸定交最欢。子岸归，始大合两浙同社于吴门。受先宰临川，首结陈大士，以稍杀艾氏之怒，故得化异同以成声气，则当日关系社事之人，尚有当存其姓氏者，而老师详略之间，有非臆见之所及，此东之所谓疑而未解也。岂老师辛未以后，方置身石渠天禄，虽为西铭弟子，于社事不复留意，不知其曲折耶？然此特事之小者耳，事之大者，亡国之罪不可居也。且党祸与社事不相蒙，而大臣亡国罪，尤与应社、复社诸公不相及，不可不辨也。社事之兴，不过诸生文字之会，自朝宁视之，无异童子之陈俎豆，习礼仪为嬉戏耳。且胜国诸生之禁甚严，非若汉唐宋之太学生，得群聚京师，伏阙百千人，横议存亡大计也。党祸之烈，若汉三君顾厨俊及唐牛李，宋洛蜀朔，必其人身为大官，仕于京朝，次亦为郡国守相。若西铭先生通籍之后，日里居读书，受先一为县令即引退，维斗、彦林终老孝廉，介生登第不数月，子常、麟士、孟朴皆颓然老诸生，岂汉唐宋诸达官贵人比，能造党祸如彼之烈哉！且首劾宜兴大罪者，即熊鱼山先生，鱼山即复社盟主也。宜兴平日之不留意社事可知矣。被劾鱼山之后，不得已以吴来之为鱼山门人，使求补牍中，不胪列其大罪，以摇惑主听，于社事何与哉！于党祸何与哉！况老师之纪事，为复社而作也。东以为西铭先生既殁，其明年，上书告变之小人随伏法，又明年，诏求其遗书，复社已稍稍吐气。叙事至此，即可作结，不必更牵引宜兴一案娓娓言之，似党人亡国罪状与复社相始终者。或老师行文之法，于一篇中必周匝前后，所叙之人不得不借为波澜，窃恐曩者衔怨不逞之徒，藉口老师之文，遂欲以疑似之谤，坐复社诸公以党人亡国之罪。窃疑于老师推述先师西铭之意，或有未合，而东前此之喜且慰者，至此而疑滋甚也。度老师必更有说以处此。伏惟鉴其惓惓之愚，于此二者，或所闻异辞，或所争者大，不绝其冒昧之罪，慨然教之，幸甚幸甚。"①

数日之后，计东读完《梅村集》，再次致信吴伟业："闰二月十日，门生计东谨再拜。昨读老师《复社纪事》，东愚昧，辄上书座下，干冒尊严，惶悚无似。旬日以来，竟读老师全集，不揣狂戆，复有所言，惟赐采纳。东窃观自古文人，身介两朝之间，又有盛名，其文章不可磨灭，使后之读者上论其世，推原其心，不敢妄置訾议，其最庾开府是已，迩代则宋文宪是已。今世所传开府集，皆其入周之后往而不返之作也。其初在江南时，子山词赋亦盛矣，而传者不一二见，岂果窜身荒谷尽失其稿耶？抑其后南北阻绝，周之滕、赵诸王次其遗文，尽削其在南之稿耶？以东度之，子山之心，夫固重有所感也。今世传宋学士集甚备，汇其在元在明之文，分类编年，此皆学士身没茂州之后，其门弟子及近日好事者所纂辑，非公原本也。公在元之《潜溪集》《潜溪续集》，未尝有明初之作一字入其中也；其后《銮坡集》《青萝馆集》《待制集》，皆煌煌然洪武十有四年以前及吴元年、二年、三年之作，未尝有在元之文一字入其中也，故能使后之人读其文者兼知其所历兴废存亡之故及公一身出处进退之本末，前后遭逢若此，虽百世之后，昭然见之，亦不得而窃议之。刘文成公集

① 计东：《改亭集》，《续修四库全书》，集部，第 1408 册，上海古籍出版社，第 195 页。

分《覆瓿》《犁眉》，其意亦然，大概见于虞山钱宗伯之论，老师所熟知也。今老师之文，其文采、论议远过庾开府，近蹑宋文宪，而集中分类铨次之处尚恐见闻固陋者不能一一深知某文作于何朝，某文作于某日，即篇中所称先皇帝天子多有未辨其为本朝为胜国者，恐于前人编纂之法或有未合，未可以传于后世。况老师之集系手自删定，与门弟子之编辑不同，尤不可不整齐划一，使后人不得施其淆讹揣测之见。东之愚，窃欲汇次其文分为两集，自崇祯朝迄顺治甲午以前，如《旧学记》之类为一集，甲午、乙未以后迄康熙丁未，如《讲德书院记》之类为一集，使老师前后立言之意截然分明，则不特文章光焰十倍，兹集且使老师三十年心事共白于天下后世，磊磊落落，委委佗佗，有如韩文公所云'质鬼神而无疑，俟圣人而不惑'者，诚门下之大愿。惟老师下采刍荛之言，东惶恐再拜。"①

计东（1625—1676），字甫草，号改亭，江苏吴江人。此两信关系甚大，不仅涉及对复社的历史地位与政治价值的评价，也关乎对吴伟业的人品、文品与史识的认知，故就其关键部分所涉及的史实略作考辨。

甫草第一封信主要针对《梅村集》中的《复社纪事》，认为该篇有两大贡献，即表彰张溥并为周钟辨诬，也存在两大问题，首先是忽略了复社的前身应社以及为创社做出贡献的吴翯等人，其次是将复社与明末党争牵连到一起，容易使"衔怨不逞之徒，藉口老师之文，遂欲以疑似之谤，坐复社诸公以党人亡国之罪"。这两点质疑，特别是后者，几乎是对《复社纪事》一文的全文否定。计东不但怀疑吴伟业在崇祯四年（1631）入仕以后，"虽为西铭弟子，于社事不复留意"，所以不知道复社的发展经过，导致此文失实，甚至怀疑吴伟业在入仕清朝成为贰臣之后，做此篇《纪事》的动机，"至此而疑滋甚"，强调自己此信"所争者大"。第二封信更是直截了当明说吴伟业既然做了贰臣，就应该爽爽快快地承认，在编自己文集的时候，就应该以应诏出仕新朝为界，分为前后两期，不要遮遮掩掩，混为一体。

计东的这两封书信，尽管口口声声称梅村为老师，以门生自居，但

① 计东：《改亭集》，《续修四库全书》，集部，第 1408 册，上海古籍出版社，第 198 页。

是他对梅村的批评却不留情面,包括他称梅村为老师,都颇含深意。他在第一封信开头就自称为"前国子监率性堂恩拔贡监生计东",是因为他曾于顺治十二年以秀水籍被贡入太学(顺治十四年丁酉科顺天乡试中举,顺治十八年因奏销案被革除功名,所以用"前"),而梅村于顺治十三年二月起任国子监祭酒,所以与计东有师生之名分(如果不是这层身份,则伟业与计东均为张溥之弟子,计东口口声声称张溥为"先师",又称梅村为"确乎为先生受业之人",则两人平辈)。计东以上两信如此批评梅村,梅村有没有复信,如何答复,现今没有文献证明。但是有关材料显示,对计东第二封信中关于文集编排体例的批评,梅村经过考虑,一定程度上接受;对《复社纪事》一文的批评,梅村坚持己见,并未修改。因为在《梅村集》刊刻之后编辑成的《梅村家藏稿》中,他已经将所有的诗歌作品分为前集后集,前集八卷为仕清前所作,后集十四卷为仕清后所作(文集则未区分前后集),而《复社纪事》并未作任何修改。窃以为梅村此举,颇得大体,因为计东对《复社纪事》的批评,多有未当,作考释如下:

计东所谓"东之先人从事于社事有年",是为事实,计东之父计名以及岳父吴翻,均为复社中人,吴翻作用尤甚。据朱彝尊《静志居诗话》卷二十一,在创建复社的过程中,为支持孙淳四处奔波联络社员,吴翻"出白金二十镒,家谷二百斛,以资孟朴",①后来又为复社活动提供场所和物质保障,计东所谓"东之妇翁不惜破产以创复社",即指此事。由于梅村在《复社纪事》中没有点明吴翻的名字,所以计东对此极为不满,责问梅村"仅以吴江大姓四字括之,不知老师何意而云然也"?梅村《复社纪事》原文为"楚熊鱼山先生开元,用能治剧,换知吴江县事,以文章饰吏治,知人下士,喜从先生游,吴江大姓吴氏沈氏洁馆舍,庇饮食于其郊,以待四方之造请者",其吴氏指吴翻,沈氏则指沈应瑞。据吴江人潘耒记载:"复社创自吾邑,娄东首与相应和。其时先府君与沈介轩、吴扶九两先生实主其事。三君之家,名贤辐辏,倾盖班荆,文酒之宴无虚日,里人至今能道之。"②由此可见,当时为复社创立与发展提供财力物力的尚

---

① 朱彝尊:《静志居诗话》,人民文学出版社 2006 年版,第 651 页。
② 潘耒:《遂初堂文集》卷十,《沈介轩八十寿序》,《四库存目丛书》,集部 250—66,齐鲁书社。

有沈应瑞、潘凯等人,沈应瑞"家故饶于资,所居有良田广宅,以喜结客,其家中落",①亦可谓为复社而破产,梅村概以"吴江大姓"出之,并未说明一人姓名,可见并非针对吴翶。计东仅为吴翶而鸣不平,如果不是对这段历史不了解,那就是带有个人意气了。

吴伟业在《复社纪事》中对这些为复社创立贡献过财力物力的人士,仅以"吴江大姓"数字括之,究其原因,可从以下方面理解:第一,《复社纪事》中所列人物,均为对复社诞生、发展产生过重大影响的知名人士。梅村写作本文的本意是借复社以反思明朝覆亡的经验教训,所以涉及人物主要是左右其进程的关键之士,那些仅仅在金钱上提供帮助的地方大姓当然不在其中。陆世仪《复社记略》卷一在记载到这一段历史时也说:"吴江令楚人熊鱼山开元,以文章经术为治,知人下士,慕天如名,迎至邑馆,巨室吴氏沈氏诸弟子均从之游学,于是为尹山大会。"与梅村之记载如出一辙。陆氏之著于复社事迹记载更为详尽,出现的人名也更多,在涉及吴江巨姓时亦未出一人名字,且特地说明吴氏沈氏提供场所也是为了自家子弟跟随张溥学习之便。王恩俊在分析复社成员的家世背景的时候,也着重讨论了世家大族为复社提供财力支持从而为子弟成名带来的影响。② 何况,世家大族人员众多,出资的是具体人,代表的却是整个家族,因此,也不适宜将功绩仅仅记载在某个具体人士头上。由此可知,吴伟业在《复社纪事》中对吴江巨室吴氏沈氏的贡献充分肯定,却不提家族中具体人士的名字,实有其合理之处。

第二,吴翶等人对复社在经济上贡献良多,因此在复社的具体事务中也具有一定的发言权。可是,他们的某些行为在政治上也给复社造成了不利影响。朱彝尊记载:"当其时,乌程温相君有子求入社,扶九坚持不可。于是乎有徐怀丹之檄,陆文声之疏,继以周之夔之弹事,又继以王实鼎之飞章。而复社祸机既发,扶九亦日在忧患中。"朱氏将复社在政治上所遭受的打击均归结为当时权相温体仁之子要求入社为吴翶

① 黄容:《明遗民录》卷六,明遗民录汇辑本,南京大学出版社 1995 年版,第 360 页。
② 王恩俊:《复社成员的家世及其影响》,《史学集刊》2007 年第 1 期。

所拒,所言或许夸大,①但彝尊与扶九为亲家(扶九"有子南龄,予女婿也"),所言应当不虚。复社成员,流品复杂,不乏势家子弟;复社所作所为,未必尽合正人君子之道,如与权相周延儒相互利用,再如利用科举,徇私舞弊,诸如此类,不一而足。既然如此,就不必以拒绝温体仁之子入社来显示该社品行高洁。扶九此举,在一定程度上将复社推向了当时朝廷的对立面,这对复社的发展壮大以及晚明的政治走向都带来了极为不利的影响。

综合以上因素,吴伟业在《复社纪事》中,不列入吴翻等人姓名,不管出于何种考虑,自有其合理之处。计东因为自己岳父曾经资助过复社,却未能被吴伟业郑重点出姓名,"附老师文以不朽",因而提出异议,似有失公允。计东还认为梅村在表彰复社诸人之时,遗漏了杨彝、顾梦麟两人,所谓"且他人皆荷表章,若子常、麟士两公,经营社事最深,岂可泯灭"? 可是据杜登春《社事始末》说"娄东又有杨、顾之学,不与社事,而与西铭称把臂交,一为顾麟士先生梦麟,一为杨子常先生彝",则两人虽为应社重要人物,亦列名复社,但并未参与复社具体事务。伟业在《复社纪事》中未特别表彰此二人,亦可理解。

至于复社与应社以及应社之前身拂水山房等前期社团之关系,计东认为梅村此文"但序复社之盛,不能推原应社一句,疑于本末之意或有未尽",此批评亦属不当。晚明社事兴盛,确实如计东所言,"复社者,社之后起者也"。但是复社立社宗旨与早先各社有根本区别,它以复兴古学为己任,张溥所谓"尊遗经,贬俗学","俗学"者,制艺之学也。切磋制艺,则是其他各社之主要内容。复社刚开始亦从选时文入手,《国表》一至四集即是时文选本,但很快二张即将工作重心转移,此梅村《复社纪事》开篇即交代张溥与张采创建复社时的复兴古学背景的原因,也是他直接切入复社、不推原应社的根据。其次,复社成立时,文社极多,即

---

① 复社与温体仁结仇并不断加深,除朱彝尊所记载复社不肯接纳温体仁之子入社外,还有一个原因,即发生于崇祯六年的《绿牡丹》传奇事件。据陆世仪《复社纪略》卷二记载,因复社领袖与弟子过于张扬,"名流自负,趾高气扬,目无前辈",温体仁之弟温育仁"心鄙之,著《绿牡丹》传奇诮之,一时争相搬演。诸门生深以为耻,飞书两张先生,求为洗刷。两张因亲莅浙,言之学臣黎元宽。黎与两张同盟也,因禁书肆,毁刊本,究待传主名,执育仁家人下于狱",体仁为此寻找机会将元宽革职,复社诸公与温体仁至此势同水火。

便是应社,亦是承匡社等文社而来,若"推原应社",则继续上推至何处?再次,若"推原应社",如果辨析复社与前此诸社之异同,岂不更显应社之短。梅村《复社纪事》全文篇幅不足四千字,下笔轻重,叙事次序,极有分寸,于此细微处可见。计东虑不及此,仓促批评,甚至怀疑梅村未留意社事,可谓未得梅村行文深意。

计东批评吴伟业于辛未入仕之后,"于社事不复留意,不知其曲折",此言尤为不经。梅村为张溥弟子,复社骨干,因为高中会元、榜眼,还成为复社的旗帜性人物。即以辛未以后而论,梅村刚刚高中会元,即深陷党争,成为复社对立面温体仁之党攻击的对象,"薛国观泄其事于朝,御史袁鲸将具疏参论",吴伟业自称"时有攻宜兴座主借吾为射的者,故榜下即多危疑",指的是刑科给事中吴执御疏参周延儒时,针对此次会试,提出质疑"何地无贤才,而辛未状元、会元、榜眼、探花,馆必出苏松常淮,况会元首篇衬贴大臣,是何经旨",对吴伟业的会元资格表示怀疑,直接指责其会试试卷"衬贴大臣";紧接着吴伟业又成为复社争权夺利斗争的牺牲品,"故事:新进士刻稿,皆房师作序,是时天如名噪甚,会元稿竟以天如先生鉴定出名。(李)明睿大怒,欲削伟业门人籍,同馆徐汧率伟业负罪,因诿之书肆,执送五城惩示以解",此事恐非伟业本人所为。为了打击温体仁,张溥"缉其通内结党、援引同乡诸事,缮成疏稿,授伟业参之;伟业立朝未久,于朝局未习练,中情多怯,不敢应。时温之主持门户、操握线索者,德清蔡奕琛为最,伟业难拒师命,乃取参体仁疏增损之,改坐奕琛"(弘光元年,蔡奕琛入相,梅村立即从南明政权辞官归里,亦与此事有关)。梅村与同乡王时敏关系极为密切,曾自称入仕后"时就奉常以访吾所不逮",无非是因为王时敏乃官宦世家,官场经验丰富,而"时敏与体仁又以两世通家谊,恩礼较他人尤厚",[1]由此可见梅村于夹缝中求生存之无奈。陆文声、张汉儒等人告钱谦益、瞿式耜,并告二张倡复社以乱天下,梅村亦受牵连,他自述"吴下有陆文声、张汉儒之事,吾以复社党魁,又代为营救,世所指目"。周之夔进京状告复社,所告之重点人物即有吴伟业。即至顺治九年、十年间,伟业能够

①《东林始末》,上海书店 1982 年版,第 243 页。

主持调和慎交社与同声社之矛盾，实因两社均为松江几社之一脉，几社为复社之重要组成部分，梅村为复社党魁，自是最佳人选。诸如此类，均可说明梅村与复社始终关联。

因此，计东说梅村自入仕后"于社事不复留意，不知其曲折"，绝非史实，亦与计东信中说《复社纪事》"友人互相传诵，以为非老师大手笔不能作，且非老师深知社事本末，不能淹贯详悉若此"的情况自相矛盾。梅村一生，与社事相始终，时人共知。计东刻意说梅村"不知其曲折"，显然是有意为之，原因可能有二：其一，用暗贬的方式进一步批评梅村。梅村如果真的不了解复社的情况，就没资格作《复社纪事》；若他了解情况却还如此写作，则居心可知。梅村一直以良史自居，两条若犯其一，计东此语即为诛心之论。其二，为梅村开脱。因为若计东所作批评均属实，则梅村作此文之罪过甚大，如果梅村因为不了解其中曲折，则可在一定程度上减轻责任。与计东后文强烈反对梅村将复社与朝廷政局相联系一样，他推测梅村如此写作的原因，"或老师行文之法，于一篇中必周匝前后，所叙之人不得不借为波澜"，用意相同。计东究竟是何用意，由于材料不足，暂难论定。

当然，在计东信中，他最在意的还是梅村将复社与明末党争导致明朝灭亡联系到了一起。计东认为，所谓社事只是诸生文字之会，复社主要人物均为下层士人，尤以普通士子居多，根本没有掌握政权，所以不能上升到党争的地步，更与明朝灭亡风马牛不相及。而梅村此文，几乎坐复社诸君以党人亡国之罪。

计东此批评，同样与事实不符。首先，吴伟业《复社纪事》并没有将明朝灭亡之罪归于复社；其次，复社并非仅是简单的文社，它与明末政治斗争确实密切相关。复社刚起，即被人目为"小东林"，陆世仪《复社纪略》说复社诸君"遥执朝政"，杜登春《社事始末》说复社"社局与朝局相始终"。王恩俊的博士论文《复社研究》第四章《复社与明清之际的政治》集中讨论了这一问题，得出结论说"复社'遥执朝政'是确实存在的事实"，[①]令人信服，此不重复。该章第三节《复社成员的政治反思》，更

---

① 王恩俊：《复社研究》，东北师范大学博士学位论文 2007 年，第 136 页。

是对侯方域、黎遂球、夏允彝、林时对、侯峒曾等人的相关反思作了深入分析，认为复社成员在政治反思中有着普遍的负罪感。当然，明朝并非亡于复社干政。只是复社的命运确实与明朝灭亡的过程纠葛在一起，这也是不争的事实。梅村此结论，既是当时大多数士人的看法，也是作为当事人深入反思的结果。值得注意的是，复社领袖们虽身处低层却积极干预政治，带有鲜明的"自下而上"的参政特征，具有极其重要的时代意义和历史影响，远非其他文人社团所能比拟。计东极力撇清复社与政治的关系，恰恰说明他对复社的历史价值没有准确的认识。

作为复社发展历程中的当事人，吴伟业对复社政治影响的认识，远比计东深刻。吴伟业较早加入复社，为张溥嫡系，科名高，文才好，"方少年，为天子贵近臣，文章德器倾动天下，议者谓旦夕入相"，所以逐渐成为"复社党魁"。复社的重要政治行动，如张溥、钱谦益、项煜、徐汧、马世奇等人聚谋策划，通过吴昌时促成周延儒再相，梅村都知之甚深。周延儒任首辅后，崇祯十五年四月，吴伟业曾赴嘉兴，拜访即将还朝的吴昌时，受到热情招待；然后在塘栖与东林元老冯元飚会面，并共同探望另一东林元老黄道周。诸如此类，均可见梅村与当时政局之密切关系。明朝灭亡后，梅村反思朝政得失，特别是复社在晚明朝局中的功过是非，认为"往者门户之分，始于讲学，而终于立社，其于人心世道有裨者，实赖江南、两浙十数大贤以身持之。其后党祸之成，攻讦者固敢为小人，而依附者亦未尽君子，主其事者不得不返而自咎也。夫盛者必衰，盈者必昃，苟于始事之初，不能尽化同异，则开端造隙，何以持其后乎"（《致孚社诸子书》）？明显是对讲学之东林、立社之复社的某些做法的批评。由于这样的思考，他在《复社纪事》中自然会着重辨析复社的发展与朝局变迁的关联，并对文人结社有了明确的定位，在《致孚社诸子书》中明确提出结社的基本原则为审学术、持品节、考文艺、化意见，明显地疏远了政治因素。这些思想，从计东批评梅村的书信来看，他都不甚了解，这也是他对吴伟业的批评不甚合理的原因之一。

从现有材料看，即使在看到《复社纪事》之前，计东对吴伟业也是颇有微词、评价不高的。比如顾有孝等人选《江左三大家诗钞》，"以《梅村先生诗钞》属东作序。夫以东之谫陋，尚不足以知先生之诗，而能序先生诗乎？窃谓天下能序先生，莫虞山先生若也。虞山之言曰，……则其论先生之诗，于才与法之间亦微矣。后之人即有能知之序之者，能更处一言轶虞山上乎？虽然，东尤叹虞山之虚怀不可及也"，①这篇《题词》写于康熙六年，其时计东尚未看到《复社纪事》，可是他的表现却耐人寻味：他答应了为吴伟业的诗歌选本写序，却拒绝评价吴伟业的作品，只是引用了钱谦益的观点（吴伟业的诗属于可学而不可能、而又非不学而可能），然后就鼓吹钱谦益，有意无意将钱谦益置于吴伟业和龚鼎孳之上。计东对吴伟业的偏见，不仅表现在对其诗歌的评论上，还表现在对其人品的认可上。比如同样是贰臣，计东对降清的钱谦益就非常宽容，对被荐的吴伟业则刻薄至极："计甫草以和钱塘陆丽京圻《无题》诗六首呈吴梅村，于其出处，备极讥刺。诗云：'广庭长恨月明多，小立阑干蹙黛蛾。胆怯几回看瘦影，夜深偷自试新歌。依稀斗帐人双宿，恍惚灵风雁独过。可惜故夫曾未识，孀居空有泪如波。''半额长眉学画成，临妆私许意盈盈。高楼柳暗谁相待，别浦莺归空复情。团扇旧经郎眼见，镜台还照妾心明。最嫌寂寞银灯上，挑得双花落又生。''边风吹落到炎州，岁岁音书滞远游。妾梦长随大岭外，欢闻翻隔楚江头。真成薄命原无怨，便祝他生是莫愁。俛仰阿婆衰鬓畔，可怜自小教箜篌。''忆年十二正调妆，短发毿毿覆额长。多摘桃花娇靧面，满裁蛱蝶点罗裳。同心早结青陵树，再笑差依白玉床。自捣守宫双约腕，不烦夫婿重提防。''嫁衣叠叠不胜秋，深锁空箱怕见愁。但得回身邀半席，敢辞碎首堕层楼。梁间栖燕惭孤女，门外藏乌学并头。一任东邻新少妇，樱花永巷斗藏钩。''不胜幽怨却生疑，又见杨花满地吹。小妹生男长宴会，阿姨新寡又于归。一时轻薄横相诱，几度踟蹰不自持。日暖游丝争入户，辘轳肠内有谁知？'"②鄙视讥刺，穷形尽相，有些语句，如"阿姨新寡又于归""夜深偷自试新歌"等，杀人诛心，这样的行为，显然就是带有明显的人身攻击色彩了。

如果说吴伟业的《复社纪事》主要是从士大夫阶层尤其是文人结社的角度，探究明王朝覆亡的反省之作，那么他的另一部历史著作《绥寇纪略》，就是一部从底层农民的角度反思明朝灭亡原因的力作。崇祯四

---

① 计东：《吴梅村先生诗钞题词》，《吴梅村全集》附录三，第1492页。
② 徐珂：《清稗类钞》"讥讽类""可惜故夫曾未识"条，民国六年商务印书馆排印本，第8—9页。

年吴伟业刚刚走上官场，正是农民起义初起之时，其同乡前辈、时任兵部职方司郎中的李继贞，曾对他讲述过延绥地区盗贼蔓延的情况，《绥寇纪略》卷一记载，崇祯四年七月，"李继贞再疏争之，……余时初登朝，李谈及世事，辄太息曰：'贼初起时，……。'李清练有识，其先几料得失，历历若指掌"。① 崇祯九年，吴伟业主持湖广乡试，时务策论考试题的第二问就是针对源起于秦晋蔓延至楚地的农民起义的，可见他一直对这一问题极为关注。崇祯十四年，周延儒再召回朝担任首辅，吴伟业关心的仍然是"兵食"问题。

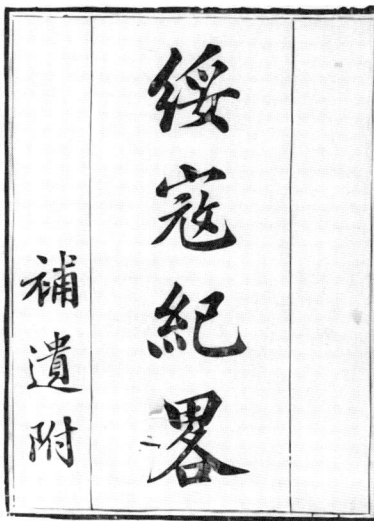

《绥寇纪略》

崇祯十六年周延儒不得已率师亲征，乃至最终被杀，说到底还是征剿不力，未能帮崇祯平定天下，而崇祯本人亦被农民起义军逼上煤山，自杀殉国。无论如何，这两位都是吴伟业人生道路上至关重要的恩人、贵人。所以入清之后，吴伟业除了反思以天下为己任的士之精英、社团活动之外，就是关注本应载舟的底层百姓，如何"亦能覆舟"的。

吴伟业何时开始撰写《绥寇纪略》，暂不能确定。朱彝尊《曝书亭集》卷四十四《跋〈绥寇纪略〉》说顺治九年春天，吴伟业在嘉兴万寿宫开始撰辑《绥寇纪略》；谈迁《北游录》说，顺治十一年，吴伟业曾将《绥寇纪略》的稿本（《流寇辑略》）给他看过。叶君远根据钱曾《今吾集》中《梅村先生枉驾相访，酒间商榷绥寇纪闻有感赋此》推断，顺治十八年（辛丑）《绥寇纪略》尚未定稿。后来陈瑚在《梅村斋头看菊即席作》诗中说："绮筵排日向花开，五色缤纷入幕来。香绕画栏人不语，光摇银烛酒频催。碑题黄绢中郎学，笼蓄丹砂吏部才。成得阳秋书一卷，茫茫往事使人哀（时辑闯贼事将竟）。"②也就是差不多完成了。

---

①《绥寇纪略》卷一《渑池渡》附记，中华书局"丛书集成"本，第33—34页。
② 陈瑚：《确庵先生诗钞》卷三，《清代诗文集珍本丛刊》第63册，第156页。

《绥寇纪略》完成后，迅速流传，好评不断。陈僖特地将自己的同类著作寄给吴伟业，以求订正，其《寄甲申上谷纪事于吴骏公太史》诗云："传信传疑不敢安，而今始解著书难。编成上谷先朝事，特寄江南旧史官。庾信谁堪不共语，蔡邕应秘帐中看。典型海内重凋谢，千古文章问钓竿。"①李逊之《崇祯朝记事》："当时破京师、弑君后者，闯之罪恶实甚于献，而蹂躏楚蜀、杀人盈野者，献之暴虐尤甚于闯，盖天实生此二贼以乱天下。迹其所为，固多史册以来所不经见之事，近娄东吴梅村先生记两寇始末颇详，兹不具述。"②当然，吴伟业对自己的著作也颇为谦虚，据潘耒《寇事编年序》说："凡为史者，将以明著一代兴亡治乱之故，垂训方来。明亡于流寇，蹂躏遍天下，自起至灭二十余年，是宜有专书纪其始末。亡兄有意编纂明代之书，先师戴耘野先生为之分任寇事，崇祯一朝无实录，取十七年之邸报与名臣章奏、私家记载采辑成书，用编年体，排日系事，不漏纤毫，依司马温公先丛目、次长编、后通鉴之法，宁详毋略，宁琐毋遗，提纲缀目，有条有理，自延绥起事迄西山余党之灭，凡十八卷。吴梅村先生作《绥寇纪略》，既刻成，有以先师之书告者，购得数卷，叹曰：'志寇事，自当以编年为正。'恨见此书晚耳。"③另外，王源《居业堂文集》卷二十有《绥寇纪略书后一》《二》《三》之作，"余读《绥寇纪略》而叹用兵之难也"，并以洪承畴为例说明，第二篇主要以杨嗣昌为例说明知人之难，第三篇主要阐述君臣相得尤其是将帅与君王之间之难。诸如此类，均可见吴伟业严谨的史学态度、丰厚的原始资料等，得到了当时史学界的普遍认可。

退居林下的吴伟业，还积极参与为地方上编纂了一部特殊的方志——《穹窿山志》，④在序言中，他说："庚子秋杪，吾州大姓太原王氏（李按：指王时敏家族）置坛修醮，延请郡西穹窿山施度，师亮生主法箓，

---

① 陈僖：《燕山草堂集》卷五"七言律"，康熙刻本，第3页。
② 李逊之：《崇祯朝记事》卷四，光绪武进盛氏刻常州先哲遗书本，第26页。
③ 潘耒：《遂初堂集》卷六，康熙刻本，第9页。
④ 《穹窿山志》卷一、卷二、卷三都有署名，为"娄东吴伟业骏公、甬东向球黻文纂修，吴门金之俊岂凡鉴定，槜里李标子建编辑，茂苑宋实颖既庭、新安程维培载翼较正"，一般认为李标为实际编纂者。该志中，除了吴伟业的序言为《吴梅村全集》失收外，还有《募塑天妃宫玉皇三十二天像疏》"亮生施度师既于吾娄之天妃宫创为大殿以崇奉玉帝圣像"（卷二）一文。康熙刻本，《四库全书存目丛书》，史部，237—80。

一时士众云集,……寻遭北堂之戚,弥留草土,犹偷视息,穷窿之期不可践矣。一日,馆甥钱非台遇予,言曰,……欲丐一言弁其首。"庚子为顺治十七年,而吴伟业母亲朱太淑人去世于顺治十八年(所谓"遭北堂之戚"),可见在吴伟业母亲去世不久,亮生等人通过钱镜征(吴伟业的女婿)希望他为穹窿山的上真观鼓吹宣传,所以编纂这部《穹窿山志》时,纂修人首先列吴伟业之名,正是想借助他的文名。不过,借此我们亦可觇知吴伟业对于道教的看法。因为吴伟业本人深受儒家思想影响,尤其是张溥、陈子龙、黄道周、杨廷麟等人经世致用、积极向上的人生态度,对他影响很大,同时,吴伟业的母亲朱氏崇信佛教,吴伟业在很多文字里都强调过这一点,这对吴伟业也有很大的影响,而吴伟业对道教的认识,过去很少有材料涉及,《穹窿山志》正可弥补这方面的不足。

晚年的吴伟业,除了集中精力将《复社纪事》和《绥寇纪略》两部反思明朝灭亡原因、教训的历史著作完稿外,其余时间主要从事经学研究。吴伟业晚年的经学研究,主要涉及《春秋》和《易经》,尤以《春秋》研究为主。

先说《易经》研究。吴伟业学习、研究《易经》,很可能有家学渊源,因为他父亲吴琨的老师李继贞就精通《易经》,其科举专经也是《易经》,所以辛未科会试,李继贞是《易》五房的房师。李继贞的父亲李春荣与吴琨的父亲吴议从小是同学,后来李继贞又聘吴琨为西席教导自己的儿子,所以两家渊源颇深。吴伟业拜师张溥以后,很可能也是跟随张溥学习《易经》,因为张溥最为擅长的经书正是《易经》。杨钟羲《雪桥诗话余集》曾经记载:"吴梅村负笈西铭门下,得传《易》旨,精熟《汉书》。庚午南榜魁卷,同西铭计偕,日诵鸿烈解。……廷对日,特命会元坐殿上,赐椅桌,内监立取红纸糊就一桌面试,传胪第二人。陪铎留都,徐阍公、宋子建皆系积分贡,尊人文衡老诸生强就封,不与试。"①这里明确说,吴伟业跟随张溥学习的就是《易经》和《汉书》,这是因为张溥精通《易经》,复社的先声应社,又称"五经应社",由当时名士分工负责五经,其中杨彝、顾梦麟主《诗经》,杨廷枢、钱旃主《尚书》,周钟兄弟主《春秋》,张采、

① 杨钟羲:《雪桥诗话余集》卷一,求恕斋刻本,第54页。

王惠常主《礼记》，负责《易经》的正是张溥和朱隗，这都是极一时之选的专家。

吴伟业学习《易经》，一定程度上到了痴迷的状态。张溥曾在《陈大士易经会稿序》中记叙其痴迷的状态："予初选易会时，大士文尚未出，迟之三年，受先宰临，始捆以归，仅得千义，出其半入选中，余半自藏为中郎谈助。已而骏公闻而好之，向余索去，比计偕，挟之入北，与卧起食器俱，辄谓'春风驴背，可忘此书'，及京师传玩，诸本散逸，竟不得全。"①可见尽管吴伟业的专经是《春秋》，但是他对《易经》也特别喜欢，哪怕是《易经》房的会试文章，也是读得津津有味。

吴伟业在考取功名、走上仕途之后，研习《易经》的劲头未减，加上又遇到了名师黄道周、同好杨廷麟。吴伟业曾经回忆说："往者在长安，石斋曾以《易传》授余及豫章杨机部，未及竟，石斋用言事得罪，相送出都城，机部慨然曰：'绝学当传，大贤难遇，余两人盍弃所居官，从石斋读书鹤鸣山中，十年不出？'余心是其语，两人者逡巡未得去。"（《送林衡者还闽序》）后来黄道周"予杖下诏狱，万死南还，余与冯司马遇之唐栖舟中，出所注《易》读之，十指困拷掠，血渗漉楮墨间，余两人愕眙叹服，不敢复出一语相劳苦"（《工部都水司主事兵科给事中天愚谢公墓志铭》），吴伟业还描述、评价黄道周在诏狱中所注《易经》著作，"其书四函，函各二帙。先正文，夹注字大如指，楮博八寸，高尺有二寸，并手书，杂引经史百氏之言，条源析委，从空几上三月办此，稿本亦雅洁，稍涂乙句字耳"，②全凭记忆，一气呵成，可见石斋《易》学功力。另据《式古堂书画汇考》著录，黄道周在狱中所著书，不但有易学著作《易象正》，还有《春秋沦断》《诗序正》等，③则吴伟业之《春秋》研究，亦有可能受其影响。

另外，吴伟业还有《赠学易友人吴燕余二首》，诗云："风雨菰芦宿火红，胥靡憔悴过墙东。吞爻梦逐虞生放，端策占成屈子穷。纵绝三编身世外，横添一画是非中。道人莫讶姚平笑，六十应称未济翁。"其二："注就梁丘早十年，石壕呼怒荜门前。范升免后成何用，宁越鞭来绝可怜。

---

① 张溥：《七录斋集》卷六，崇祯九年刻本，第 37 页。
② 谈迁：《北游录》"纪文"《黄石斋先生遗事》，中华书局 1997 年版，第 259 页。
③ 卞永誉：《式古堂书画汇考》卷二十六，蒋氏密韵楼藏本。

人世催科逢此地,吾生忧患在先天。从今郏上田休种,帘肆无家取百钱。"太仓知名学者陆世仪有《答吴燕余寄论开刘河书》,①还附录了吴燕余的来信,可见吴燕余亦是当地比较有名的学者。从梅村的诗中内容可以看出,直到晚年,吴伟业仍然对研习《易经》保留兴趣,并与同好常常交流,还著有《易经听月》六卷、《图说》一卷等著作。

至于《春秋》经研究,更是太仓地区尤其是当地太原王氏、吴氏家族的学术传统。据《太仓州志》记载:"邑乘小志云,太原王氏自文肃公后以《春秋》为世学,而其源出于潘子禄(更名德元,字子懋,见选举),子禄居昆山,徙太仓,精《春秋》,中嘉靖甲午乡试,一时治《春秋》者争师之,王文肃其入室弟子。"②王锡爵、王衡父子以《春秋》摄巍科,形成家学渊源,王时敏未经科举、以荫补官,但是他的子孙却多以《春秋》起家,据民国《太仓州志》卷二十五"艺文志"记载,王锡爵著有《春秋日录》三十卷、《左氏释义评苑》二十卷,王衡有《春秋纂注》四卷,王挺有《春秋集论》。《太仓州志》卷二十"王旦复传"记载:"王旦复,字赓旦,撼子,幼以能文名,康熙五十三年举人,与子翀同榜。世业《春秋》,精于三传。"所谓"世业《春秋》",从王锡爵、王衡、王时敏到王撼、王旦复、王翀,已经六代了,其中入清后以《春秋》获取功名的代表人物王掞、王原祁是康熙九年同榜进士,先后入翰林,王掞更是官至文渊阁大学士。吴伟业《王茂京稿序》:"吾里以《春秋》举者,是科得二人,其一则通家王子茂京也。初余早岁忝太常公执友,而端士从余问道,从此交于王氏者最深。今端士成进士十余年,又见其子贵方与太常少子藻如同计偕。"这里的"太常"指的是王时敏,"端士"为王时敏次子王揆,"茂京"为王揆之子王原祁,"藻如"则是王时敏幼子王掞(第八子,他比侄子王原祁还小三岁),梅村所谓"王氏自文肃公以经术至宰相,缑山先生相继掇上第,负重名,其于《春秋》,父子各有所讲贯",可见其精研《春秋》、世代积累,家学深厚,后继有人。

不但太仓太原王氏家族以《春秋》传家,太仓吴氏家族亦世代精研《春秋》。吴伟业说族兄吴继善"家世攻《春秋》,训诂苦穿凿"(《哭志

---

① 陆世仪:《论学酬答》卷三,道光刻同治十三年虞山顾氏山房补刻小石山房本,第5页。
② 王昶等编纂:《太仓州志》卷六十"杂缀""纪闻",嘉庆七年刻本,第4页。

衍》),著名学者陈瑚的《春秋》经师就是吴继善,陈瑚《吴匡威先生诗序》中说:"瑚少从家大人读书里塾,无外傅。长而受《易》于樽匏赵先生、受《春秋》于匡威吴先生。"①可见吴氏《春秋》学在当地的影响。

当然,吴伟业的父亲吴琨,曾经辗转多家教书,比如江用世家,吴伟业说江用世"始以乙卯举《春秋》第五人,壬戌成进士","始余年七岁,读书公家塾,识公,公即是年领乡荐"(《嘉议大夫按察司使江公墓志铭》);后来吴琨又到吴继善家教书,其家亦以《春秋》传家。诸如此类,亦可推知吴琨应该同样精通《春秋》,这就为吴伟业后来以《春秋》为专经参加科举考试,并因为精熟《春秋》进而形成他独特的文学观念、创作风格打下了基础。

吴伟业的亲朋好友中,也有不少精研《春秋》的,比如他的姻亲席氏家族,"君生而嶷然露头角,读书治《诗》《春秋》"(《太仆寺少卿席宁侯墓志铭》);而他非常尊重的文震孟,就是因为给崇祯讲授《春秋》,深孚圣心而特简为内阁大学士的;他的同年好友杨士聪亦精通《春秋》,"丁丑,会试同考,得《春秋》士二十三人"(《左谕德济宁杨公墓志铭》);崇祯元年的会魁、长洲人蒋灿(字韬仲),"吴郡蒋新又,吾友韬仲金宪公之孙也,刻其《古文汇钞》成,问序于余。……蒋氏自清流公以《春秋》起家,余交于金宪最深,知能世其家学。今新又年甚少,才甚高,将以其学游京师"(《古文汇钞序》),可见长洲蒋氏亦以《春秋》为传世家学。

正是在这样的地域、家族氛围影响下,吴伟业不但打下了扎实的《春秋》经学基础,还因为精熟《春秋》取得功名,更加对《春秋》产生学术兴趣。特别是晚年退隐乡村之后,他将主要精力用于修史治经,于是《春秋》经学研究成了他的精神寄托。他曾经不无自得地跟冒辟疆说:"弟三四年来,颇有事于纂辑,欲成《春秋》诸志,而地理与氏族先成,地志尤为该洽,病中聊以自娱,惜当世无有剖劂之者,终付酱瓿,又以自叹矣。"(《与冒辟疆书·辛亥中秋绝笔》)临终之前,他也念念不忘自己的这两部经学著作,特地交代:"吾诗文外,尚有《流寇纪略》一部,为无锡、常熟友人借去其半,娄中尚有抄本,须收葺完全,及《氏族》《地理》二

---

① 陈瑚:《确庵先生文钞》卷三《吴匡威先生诗序》。

志以付三子,此事周玄恭主之。"(《与子暻疏》)可见,吴伟业生前有研究《春秋》的全盘计划,而且《春秋氏族志》《春秋地理志》已经成稿,《春秋礼乐志》可能已经部分成稿,后由郁禾完成(详后)。

这件事之所以要周瓒(字玄恭)"主之",与周瓒跟随吴伟业的从学经历及其本身的学术背景有关,王士禛记载说:"(周)瓒熟史事,梅村晚年招与读书,或事有疑误,辄就问之。瓒庚午夏遗予书曰:'瓒于三十年前知有阮亭先生者,非今之人而古之君子也,意欲望见颜色,而生于江南蒿芦之下,志气凗鄙,见闻单陋,无以具行李,又为同里梅村先生留订《春秋》诸书,朝夕晤对,垂二十年,弗获造先生之门,亲奉謦欬。梅村殁后,饥驱出门,糊其口于四方,又逾十年而年渐迟暮,自伤将终不得见先生矣。去年践故人之订,策蹇北来,私心自喜可以一见先生,而才至都门,疾病颠连,一身孑然。及健庵南归,寄食同里钱黄门之邸,暂为蒙师。嗟乎!瓒之遭逢亦可谓之不幸矣,惟是先生为一代之名贤,三十年所愿见而不可得者,今既在此,讵可觌面失之,然又不敢贸贸而前,遂恐终不得见,故以一言介于左右。瓒自少有志于史,于有明三百年之人物,粗有纂辑,然中见尚缺十之二三,而贫家无藏书可以考证,又自以才之不充、学之不裕、识之不确,未敢出而问世,藏弆箧中有年矣,前则梅村、后则健庵,俱未寓目,今欲是正于先生,乃既无纸笔又无书人,草稿涂乙,不可以渎高明,终欲就先生谋之。倘不弃微贱而辱见焉,则请蠲吉以进。幸甚!'"①由周瓒给王士禛的信件可以看出,吴伟业晚年专心治经,留下周瓒陪他一起读书,研治《春秋》,"朝夕晤对,垂二十年",所以吴伟业去世之际,遗言《春秋》诸志由周瓒负责,事出有因。

吴伟业已经完成的《春秋》诸志,《春秋地理志》十六卷、《春秋氏族志》二十四卷,均未能刊刻。萧抡《〈春秋地理志〉书后》一文中说:"《春秋地理志》,吴梅村先生伟业著。书无序文、目次,旧八帙,今亡其一。予得之外舅用甫翁,翁即先生曾孙也。予少有志著述,舅指是书及《氏族志》言:'我老矣,不能刻先世遗书。子他日能用文章显,为我刊二书,即我死,不恨。'今忽忽十余年,舅殁既数年矣,而余颓然终无用于世,不复能追宿诺,览其

① 王士禛:《居易录》卷十三,康熙四十年刻雍正印本,第12页。

书,恒自愧焉。夫先生早负重名,为文章宗主者数十年,诗文集流布海内。士自结童入学,即无不知有梅村先生姓氏者。二书之传不传,于先生固无加损。余独惜其证引旧闻,贯串详核,殆为读《左传》者杜注孔疏外,所不可少之书,而世终不得见也。"①

　　令人惊喜的是,这部一向被人担心早已散佚、萧抡也觉得"世终不得见"的著作,不但完整地存在于天地之间,而且还被影印出版(广东省立中山图书馆编:《中国古籍珍本丛刊·广东省立中山图书馆卷》,国家图书馆出版社 2015 年影印本,第 4 册),虽然不是手稿本而是抄本,但是也弥足珍贵。陈灿彬经过认真比对,结合清初《春秋》学研究整体成就,尤其是与同类著作高士奇《春秋地名考略》、顾栋高《春秋大事年表》这两部清初《春秋》地名研究的代表作进行了比较研究,给予吴伟业的《春秋地理志》极高的评价:"梅村之研究不同死于句下的章句小儒,而是由考史进而论史,上下二千年,综汇贯通,既有史家的眼光,在地理的考证中求史识,又多议论感慨,散发着文人的气质","梅村的经学研究不斤斤于考辨,既是清初经世致用的学术风气的体现,也与其史官、文人、遗民等身份息息有关。作为入清的遗民,吴梅村的史官身份使其摆脱了春秋地名考证的束缚,而是进一步思考地理形胜在历史兴衰、朝代更迭中所扮演的角色;文人身份则使其不同于专事考证的学者,而是带着感伤的气质书写历史的变迁,寓无限悲慨于学术研究之中","以史学的方法研究《春秋》,并且取得了一定的成就。这也是不可忽视的学术创新之举","如若追溯学术史源流,那么给春秋地名别类分门的开创之功,自当归于吴伟业",总之,"无论是考证的结论、方法的变革,还是体例的创新,清代《春秋》学史都应为吴伟业留一席之位。"②

　　遗憾的是,《春秋氏族志》目前仍然杳无音信,③包括其他经学著作,

---

① 王宝仁辑:《娄水文征》卷七十七,道光十二年闲有余斋刻本。
② 陈灿彬:《广东省图藏吴伟业春秋地理志考论》,《经学研究文献集刊》第二十五辑,2021 年第 1 期,上海书店出版社 2021 年版。
③ 嘉庆《太仓州志》卷五十三"艺文"中著录吴伟业作品,在《春秋氏族志》下有案语云:"是书一本《左氏》,以正氏族之源,首周次鲁次宋卫晋楚齐郑,支分派别,证以史传碑记之文,凡七卷,未刊。"则该著确已成书,只是顾湄说有二十四卷,这里仅剩下七卷;而"一本《左传》",则与《地理志》的研究路数相一致。

如《易经听月》六卷、《图说》一卷,虽然曾经有刻本(见孙殿起《贩书偶记续编》卷一《经部·易类》),顺治间天绘阁刊,[①]但是目前未见。

至于《春秋礼乐志》,民国《太仓州志》著录为郁禾的作品,[②]按照吴伟业研究《春秋》的体例,《春秋礼乐志》显然是与《春秋地理志》《春秋氏族志》为同一系列。郁禾的《春秋》研究,应该是在吴伟业的基础、框架上继续进行的。郁禾是吴伟业妻子郁氏的娘家后辈,其为人处世、治学路径与创作追求与吴伟业颇为接近,明显受其影响。王恪《郁计登先生墓志铭》:"吾州自南郭、西铭二张先生后,遂于经学者有郁计登先生。……先生讳禾,始祖某为昆山州学正,遂置籍,其后散处于八邑。八世祖某,自崇明迁太仓,四传而至先生之父,讳藻,字采臣,好学能文,早卒,时先生十二岁,居丧尽礼,甫释服为州庠生,试辄前列,六试省门不售,甲午秋闱,吴江令某君得先生卷,以第一人荐,与主司争不得,因抗言触主司怒,置副榜第一。庚子岁,以奏销诖误。……先生之弃诸生也,专肆力于古文辞,著《就正集》《云坊集》,又尝慨经学之废,汉唐宋之注疏集传,不足以发明经义,著《五经考辨》一百卷,《十三经订误》三十卷。……昔二张先生以经学为四方偕州之英俊,无不以通经为尚,然大约掇拾字句,以为制义古文辞之资,而于经旨未能实有所折衷也,惟有先生与朱君明镐发愤自任,而朱君犹少撰述,独先生钻研义训,穷究根底,旁罗博蒐,析歧归正,勒成一书,其功更出二张先生上。……先生家本饶,以孤子持门户,嫁两妹,抚遗腹弟,及交游宾客,与吴司成梅村先生主吴中敦盘之盟,产日益落,晚几不能具饘粥,然先生处之怡如也。……忽左足生一疽,归竟不起,时康熙戊午岁,享年五十有七。"[③]

吴伟业对于外家郁氏,一向偏爱有加。与郁藻、郁滋兄弟,情感尤深,所谓"同里知交,姻家肺腑",其作品中多有流露。比如《程笺》卷十二收有《题郁静岩斋前垒石》(郁静岩,名滋,字至臣,崇明籍,诸生,甲申年贡),《全集》卷三十七有《郁静岩六十序》:"吾友郁静岩氏,世胄簪缨,

---

① 陈岸峰:《甲申诗史》,河北人民出版社2016年版,第68页。
② 民国《太仓州志》卷二十五,民国八年刊本国学扶轮社印,第6页。
③ 沈粹芬:《国朝文汇》甲集卷四十九,宣统元年刻本,第31页。

家风孝谨,垂条布叶,隐耀含华。仆为同里知交,姻家肺腑,……以其班,余忝丈人之行;使之年,君实肩随以长。"《全集》卷第六十有《郁静岩家谱序》:"余外家郁氏,为吴中右姓,向有家乘一编,簪缨奕叶,勋名累累。其后人静岩名滋,笃行君子也,孝友修饬,为士林模楷,属其犹子计登编葺其旧而广之,图高曾之像,件系其行事,展而视焉,肃乎其可敬,穆然其可风也。请余一言弁其首。"由于郁藻早逝,所以他对郁禾就更加关照,曾带他在身边读书。《程笺》卷二收录有《初春同王惟夏、郁计登夜坐奇怀堂》,诗中有"长夏谁教睡,夜深还拥书",又云"梅花侵晓发,早得伴闲居"之句,卷九则有《山居即事示王惟夏、郁计登诸子》,描写"陆倕张率呼同载,三月江南正祓除"的山居生活。因此,郁禾的《春秋》研究,显然与吴伟业有关。

值得注意的是,前引王恪为郁禾撰写的墓志铭中,著录的郁禾作品,并没有《春秋礼乐志》,其余作品就与《太仓州志》完全相同(不仅经学著作,就是文学创作的《就正集》《云坊集》,也完全一致)。出现这样一种偏差,有没有这样一种可能:即从方志编纂的角度来看,《春秋礼乐志》署名为郁禾,所以理所当然著录为他的作品,但是郁禾的家人知道《春秋礼乐志》主要是吴伟业的成果,郁禾的经学研究成绩完全不需要这部著作来支撑,所以干脆避而不谈呢?

除了《易经》《春秋》诸经之外,作为科举考试的成功人士,吴伟业对四书五经的其他作品也颇有研究,比如《中庸》,《四书经学考》中曾经收录了他关于《中庸》中"王天下有三重"的一段论述:"故君子之道本诸身,本字极妙。经世制作,不根身体上做出,便做得十分精彩,终是掇拾。君子实以至德凝至道,而三重经纶,皆从性中流出,则乘时御位,谁不信从? 征诸庶民,正以本诸身者征之也。"①《四书经学考》的《续考》,序言作于崇祯七年,而吴伟业是崇祯四年的会元,可见吴伟业在举业上的成功,一定程度上也扩大了他在经学界的影响。

---

① 陈邦佐、陈鹏霄撰:《四书经学考》"续考"卷二,崇祯刻本,页十五,《四库全书存目丛书》,经部,166—163。

第五节　培植后进

自顺治十四年回乡归隐后，吴伟业一方面专心治学，撰述史学、经学著作，另一方面培植后学，将自己的诗学主张发扬光大。

吴伟业花费心思最多培育出来的"娄东十子"，在清初诗坛上颇有影响。顺治十七年以吴伟业名义编选出版的《太仓十子诗选》，标志着"娄东诗派"的正式形成。娄东十子指的是周肇、王揆、许旭、黄与坚、王撰、王昊、王抃、王曜升、顾湄、王摅，而娄东诗派则不限于这十人，叶君远认为，"'太仓诗派'的形成，是与吴梅村的培植、提携和宣传分不开的。他就像一位园丁，滋兰种蕙，悉心垦植出了'太仓诗派'这块园地。'太仓十子'都和吴梅村有着亲密的关系。其中，年龄最长的周肇比伟业小六岁，是吴梅村的莫逆之交。其余诸人，都比吴梅村小十岁以上，最小的王摅比吴梅村小二十六岁，均为吴梅村晚辈。他们有的父辈与吴梅村交好，本人属吴梅村世侄；有的登堂入室，做过吴梅村弟子。吴梅村对他们以及毛师柱、沈受宏等人始终不遗余力地予以关心、指点、提携和奖掖"。①

"太仓十子"中，王揆、王撰、王抃、王摅四人是王时敏的儿子，吴伟业说"奉常有十子七女"（《吴孺人五十寿序》），②而王宝仁《奉常公年谱》称"子九人""女子八人"，时敏诸子中，除了名列"太仓十子"的四位外，侧室吴孺人所生长子王挺也曾跟随梅村读书，吴伟业说"余门人王周臣既官中书舍人，用覃恩封其母吴太君为孺人"（《吴孺人五十寿序》）。另外，王揆也是梅村弟子，吴伟业说"初余早岁忝太常公执友，而端士从余问道"（《王茂京稿序》），顺治十二年王揆赴京会试，曾登门拜访吴伟业，遇到谈迁。谈迁记载说，乙未，二月，"己卯，过吴太史所，值王端士揆，

---

① 叶君远：《论"太仓诗派"》，《河北学刊》2010 年第 3 期。
② 据《奉常公年谱》注引《随庵年谱》，吴氏康熙二十二年七月望日病终，时年八十有三，则其五十岁当在顺治七年，与梅村在该文中的表述相一致。梅村文中说，弘光元年（顺治二年，1645），王挺"官中书舍人，用覃恩封其母吴太君为孺人"，"又五年，孺人五十，周臣乞予言为寿"。王挺虽为长子，但其生母吴氏为王时敏侧室，所以王挺说"吾父自神宗皇帝以来，拜玺书之命有五，而吾母以例不及封"，只有等王挺做官了才能封赠其生母。

文肃公曾孙也,崇祯己卯乡书,年方冠耳"。① 一般情况下,王揆跟随吴伟业读书应该在中举之前,因此王时敏的长子和次子很可能都是在明代崇祯五年、六年左右就拜吴伟业为师,跟随他这位时文高手,研习八股文写作技巧以求取功名。入清后,王抃也拜入梅村门下,《太仓十子诗选》中王抃《健庵集》有《扬州二首次吴梅村师韵》,分和梅村《扬州》四首之第三、第一首,而拜师的具体时间,据王抃《王巢松年谱》记载:"癸卯,三十六岁,……丁酉之春,梅翁奔丧归里,余始执经于其门。"也就是说,王时敏的前五个儿子,或多或少都与吴伟业有交往,而且都有一定的文学成就。王挺(1619—1677),字周臣,号减斋,有《不盲集》(顺治十八年仲冬,王挺大病,病痊后即失明);王揆(1619—1696),字端士,一字芝廛,有《芝廛集》;王撰(1623—1709),字异公,一字大年,号随庵,有《三余集》;王抃(1628—1692),字怿民,一字鹤尹,号巢松,有《巢松集》《健庵集》《北游草》;王掞(1635—1699),字虹友,号汲园,有《芦中集》。他们能取得这样的文学成就,一定程度上与吴伟业的培育与指导相关。

"太仓十子"中,王昊、王曜升兄弟出自太仓琅琊王氏,王世懋之曾孙、王士骕之孙、王瑞璋之子(吴伟业的儿女亲家王瑞国与王瑞璋为堂兄弟)。王昊(1627—1679),字惟夏,有《当恕轩偶笔》《硕园诗稿》等;王曜升,字次谷,有《东皋集》《茶庵集》(据汪学金《娄东诗派》记载,王曜升有《茶庵集》,民国《太仓州志》卷二十五"艺文"作《茶庵诗稿》)。太仓琅琊王氏与吴伟业家族有着极为复杂的姻亲关系,可以确定的是,吴伟业的儿子吴暻称王昊、王曜升为表兄,同时又称他们两人的堂兄弟王陈立为姐夫。因此,吴伟业对这兄弟俩也非常关照。

吴伟业作品中,经常出现王昊、王曜升兄弟的身影,比如《初春同王惟夏、郁计登夜坐奇怀堂》《山居即事示王惟夏、郁计登诸子》《送王子维夏以牵染北行》《别维夏》,其《姚胤华墓志铭》中更是直接说"忆乙巳岁,余所亲王子惟夏语余曰:'有新安姚君胤华者,侨居吾娄,为某比邻。能

---

① 谈迁:《北游录·纪邮》下,中华书局1997年版,第95页。

倾财以舒人之急，昏夜叩亦辄应，其它仁心质行，足以耸善扶谊，虽邹、鲁士君子有弗逮，非更仆不能尽也。'余闻其言而疑之，以为王子所与往还其亦博矣，内而宗党姻连，外而当世豪杰，贤公卿大夫，……而为余称说不离口，乃仅姚君一人。……今年秋，姚君没已五载，君之仲子震（姚震）介王子来谒"，可见两人的亲密程度与来往频次。另外，黄与坚《愿学斋文集》卷三十八《内阁中书舍人王君墓志铭》："君讳昊，惟夏其字也。生有异质，……作《鸿门行》，兀臬警拔，有睥睨千古之概，梅村叹为绝才。"可见吴伟业对王昊评价之高。

王昊的集子《硕园诗稿》中，也有大量作品记录了他所参加的与吴伟业相关的活动，比如卷八（原注：庚寅）有《同子俶、荷百访梅村先生虎邱》二首和《次日梅村先生偕周、沈二子同集虚受刘翁园亭即事》二首，以及《吴梅村先生席招同蒋太史虎臣、徐中翰子星、徐文学州来即事》，卷十（原注：壬辰）则有《十七夜饮吴梅村先生梅花庵》，卷二十三上（原注：乙巳）又有《梅村先生堂中与詝士、九日宴集》，诗中有"当暑尘事冥，所爱昼晷长。……爰偕素心侣，同会君子堂。……携手立踟蹰，此夕诚难忘"之句，可见其对吴伟业的尊敬与眷恋。另外，王昊还有《哭从弟天植四首》，《太仓十子诗选》中选录了两首："万事俱泉壤，双亲尚客途。红颜嗟少妇，白帻动遗孤。娄水书难寄，增江眼欲枯。人间无限恨，堪诉夜台无"，"英妙同推弟，蹉跎愧作兄。羽毛方欲满，头角竟何成！彩笔生前梦，朱幡死后名。悬知摧玉润，乐广倍伤情（弟为梅村先生爱婿）。"①王昊以西晋名士领袖比喻吴伟业，以卫玠比喻他的女婿王陈立，典出自《晋书》卷三十六列传第六："玠妻父乐广，有海内重名，议者以为'妇公冰清，女婿玉润'。"用典十分贴切，吴伟业作为名士领袖固然名副其实，②王陈立相貌如何，虽然没有明确记载，但是其兄王遵晦为美男子，人以为潘安、卫玠重生，倒是有据可查的。

吴伟业离开家乡北上仕清期间，王昊有《蓟门篇上吴太史梅村》，王曜升有《寄吴梅村先生》，都表达了对吴伟业的浓烈思念之情。尤其是

---

① 《太仓十子诗选》，《四库全书存目丛书》，集部第 384 册，齐鲁书社 1997 年版，第 842 页。
② 吴伟业相貌如何，虽缺少明确描述，但是其祖上吴凯、吴愈美丰仪，其曾孙吴维鹗姿容秀美，都是有明确记载的，由此亦可知其家族有良好的容貌基因。

王曜升"犹忆吴阊路,曾停送别舟。引杯酬客难,含涕慰亲愁"诸句,说明王曜升曾与王抃等人一起,在吴伟业启程赴京之际,一直送到苏州,怅然而别。

据《太仓十子诗选》,王昊尚有《奉赠太傅弢武杜公二首》《赠张青琱》《麋泾叔自岭南弃官归阻兵未得抵家奉怀二首》《黄州杜于皇兵阻客娄赋此慰之》等诗作,王曜升亦有《赠张青琱》《送麋泾叔之粤东令四首》《赠余澹心》《饮澹心寓》《同田髯渊周子俶诸子集张给谏敉庵春褉堂分得寒字》《秦对岩太史寓娄东匝月相与流连诗酒颇极忘形于其归也怆然有作》《赠楚黄于皇》《送于皇归白门》《雪夜于皇再过》等作品,涉及的人与事,均与吴伟业有关,正是他们共同参与诗酒唱酬活动的见证。顺便说一句,王曜升等人对吴伟业的感情,一直延续到梅村去世后。吴伟业去世的时候,三个儿子均未成年,而吴暻《西斋集》卷五有《吴门送唐实君同年王次谷表兄同入京师二首》(李按:唐孙华,字实君,别字东江),可见王曜升等人还保持着这份亲情和来往。

只要有机会,吴伟业总是将这帮太仓诗人隆重推出,比如他曾带着周肇参加了众多活动,《太仓十子诗选》中选录的周肇《海市三首次张石平观察韵》《题〈西泠闺咏〉四首次吴梅村先生韵》《送何蓉庵守赣州四首》《送吴六益之大梁》《送施尚白视学山东》《赋得送秋兼送别赠长沙赵友沂还邗上二首》《九日龚芝麓先生招集慈仁寺分韵四首》等等作品,所涉及的人和事都与吴伟业有一定关系,与吴伟业的交际圈重合。

特别是在退居家乡太仓时,吴伟业经常带着烟客诸子或者太仓十子参加各种活动,积累人脉、提高水平。尤侗自撰《尤悔庵年谱》:"顺治四年丁亥,年三十岁,至太仓,谒李夫子(作楗)。太史吴梅村先生伟业引为忘年交。与周子俶肇、王端士抃、王惟夏昊辈饮酒赋诗,五旬而返。"陈玉璂《学文堂集·文集》卷三《许九日诗集序》:"予至娄东访梅村先生,流连旬日,先生与予坐旧学庵,命童子拔笋摘瓜豆为食,因作札招王端士、许九日、吴正求三君子,与予共饮。"王昊《硕园诗稿》卷八有《白门余澹心来娄,同昭芑、子俶、九日、圣符、周臣、端士、异公集梅村先生梅花庵》,都是吴伟业频频招集年轻后辈聚会的生动记载。

王时敏诸子对吴伟业的培植之力也是知恩图报的,《王巢松年谱》

记载:"辛亥,四十四岁,康熙十年。……八月中,吾父八十大庆,……王长安祝大人寿,携小优来演剧,里中颇为倾动。尔时,梅村夫子亦与集,岂知于冬底,两公同时并去,真可骇也。梅翁易箦前一日,召余至榻前,执手流涕,兼多嘱托之语。梅翁晚年,颇不以众人遇我,无奈终于穷困,不能稍有以报之,深为自愧耳。"

除了太仓十子之外,吴伟业还关心、帮助过很多青年文人,其中最典型的是陈贞慧之子陈维崧。陈贞慧与冒辟疆、侯方域、方以智并称晚明四大公子,陈维崧是清初阳羡词派的代表人物。陈维崧获得文学上的成功当然因素很多,其中一个重要原因就是吴伟业的指导与揄扬。《叶谱》曾引陈维崧《湖海楼全集·诗集》卷四《吴骏公先生招饮京口舟中,时先生将渡江北上》,又引陈宗石为《湖海楼集》所作序:"伯兄为诗凡三变,自龆龀时即随先大人,后聆诸先生绪论,究心风雅。少从陈黄门、吴祭酒游,故其诗流丽风华,多沿六朝、初唐之习。"再引卷一《五哀诗》:"娄东吴梅村,斯世之纲纪。常与宾客言,江左三凤凰。阳羡有陈生,云间有彭郎。松陵吴兆骞,才若云锦翔。"吴伟业将陈维崧列为"江左三凤凰"之首,排在彭师度、吴兆骞之前。凡此种种,均可见吴伟业对陈维崧的培育与揄扬,不遗余力。

对吴伟业的知遇之恩,陈维崧亦是终生难忘。陈维崧作客扬州时,与友朋聚会,曾经有《念奴娇》词作怀念在苏州钱中谐家与吴伟业等人的相聚情形,序云:"广陵客夜,却忆吴门同吴梅村先生,暨叶讱庵、盛珍示、王维夏、崔不雕、李西渊、范龙仙、王升吉饮钱宫声宅,时有新凰、赖凤二校书在座。"词曰:"月之十八,记诸公共饮、钱郎书屋。祭酒能为解散髻,下语千人都伏。东观名卿,南朝才子,争举觞相属。莫愁更鼓,任他烧短红烛。 何意尊合杯阑,一双么凤,齐注横波目。假使客中皆此夜,讵羡八州之督。上客如风,佳人似雨,薄命余同鞠。鞠兮惜汝,一生长被人蹴。"①陈维崧所回顾的那次聚会,在座的客人除了吴伟业外,还有叶方蔼、盛符升、王昊、崔华等人,吴伟业肯定是高度评价了陈维崧。这次扬州聚会,如果吴伟业在场,当然还会充分肯定他,而且以梅

①《全清词》"顺康卷",第七册,中华书局1994年版,第4102页。

村的文坛地位，显然是"下语千人都伏"的。顺便说一句，那次苏州聚会时在座的崔华，字不凋，太仓人，顺治十七年举人，诗画兼擅，亦曾得梅村揄扬。"国初诗人崔不雕，渔洋房考门人也，居太仓之直塘，性孤洁寡合，吴梅村祭酒目为直塘一崔"。① 看来崔华能中举，与王士禛的赏识也分不开。崔华现存有《不凋诗稿》抄本。

不但如此，吴伟业曾经公开地赞美陈维崧说"其年，奇士也"（《冒辟疆五十寿序》），并直言不讳"长头大鼻陈惊坐，白袷诸郎总不如"（《读陈其年邗江白下新词四首》其四）。对表态向来稳妥的吴伟业来说，这样的评价可谓甚为不易。另外，据陈维崧《湖海楼全集·文集》卷二《许九日诗集序》有云："戊戌秋，余过娄上，吴祭酒梅村宴余于梅村，宾客麇集。座中一人简默而飞扬，祭酒顾余言曰：'子亦识其人乎？此即所谓许九日也。'余越席而揖，因与定交去。"可见，吴伟业不但充分肯定陈维崧，还想方设法扩大他的影响，利用自己的人脉为他拓展文坛资源，用心良苦。

顺治十五年秋天，陈维崧在太仓拜见吴伟业之后，即渡江北上，投奔如皋冒辟疆，读书水绘庵，并时常随同冒辟疆出游，顺治十七年，其年陪同冒辟疆的两个儿子来到太仓，为冒辟疆夫妇五十寿辰向梅村求寿序，由此成为吴伟业与冒辟疆接续友谊的桥梁。《吴梅村全集》卷第五十九收录了七封《与冒辟疆书》，绝大多数内容与培植后辈有关，除了陈其年，包括毛师柱（字亦史）、周篔（字翼微）、周云骧（字孝逸）等人，这七封信对理解吴伟业的晚年生活状况、心理状态颇为重要，故不避繁琐，迻录于此。

其一："霜天茅屋，被褐拥火。友人索过江一札，邮致知己，则同里两诗家，一为毛生亦史，一为周生翼微也。娄东向以吟坛自命者，半为饥寒所夺，惟两兄以才地自命，声出金石。亦史为柱老安义公之侄，将以诗文谒王贻上公祖，谋读书一席于贵里；而翼微向日客授澄江，风帆烟浪，时切问渡，故与之偕发。萧辰摇落，孤篷冲雪，而远访未识面之安道。当此之时，老盟翁出桑落以饮之，割半毡以赠之，非

---

① 陈康祺：《郎潜纪闻二笔》卷十六，光绪刻本，第13页。

艺林中一快事乎！两公郎久擅潘江陆海之才，邂逅论文，百篇斗酒，知不可失也。陶公云'叩门拙言辞'，故两兄请弟札先之。老杜云'途穷仗友生'，是在老兄翁加之意耳。老病杜门，末由会面，因风一问起居，惟加餐。不一。"

　　很显然，这封信主要是为了推荐毛师柱和周篔的。据蒋寅《王渔洋事迹征略》，毛师柱到扬州在康熙四年二月，吴信当写于康熙三年冬季。而《叶谱》引冒襄《冒巢民诗文集》卷五《寄吴梅村先生》四首（原注：癸卯），其三："昨岁悬弧乱后身，年逢五十叹逡巡。"其四："衰残深惭礼节疏，毛公恰喜到寒庐。遂令研北三冬日，又得娄东一纸书。"李按：如果辟疆诗作编年不错，则吴伟业之荐书及毛、周二子在康熙二年癸卯冬季即已抵达如皋，与蒋寅之考证不合。另外，《叶谱》引《冒巢民诗文集》卷五《答别毛亦史即次见投原韵并致梅村先生》（题下原注：癸卯）四首，其一："特柱高贤勤访问，当年古谊尚如斯。"其三："破腊忽来金石句，令人如握杜蘅香。半毡可覆羁神骏，入室从今得药房。来岁同心欣有托，一泓十亩即三湘。"李按：据此诗意，则康熙二年冬亦史等持梅村书信，"谋读书一席于贵里"，其时尚无把握，而辟疆则欣然答应，于是亦史随即返回太仓，重新准备长期读书于如皋，临行前辟疆有此四诗相赠并致意梅村，康熙三年亦史正式赴如皋，在如皋相对安定后，方有四年二月赴扬州之举。

　　其二（甲辰）："江南江北，隔绝相思；逸老遗民，晤言不易。水绘园倡和大集，盈缃溢缥，沾被海内；至销夏十集，读之如偕其年诸子，同坐小三吾下也。弟少时读书，自以不至舣滞，比才退虑荒，心力大减，百口不能自给，而追呼日扰其门，以此吟咏之事，经岁辄废。穷而后工，徒虚话耳。自虞山云亡，后生才俊如研德者，忧能伤人，一二已填沟壑，此中人士，救死不赡，何暇复问诗文？毗陵赋额稍轻，故其年在潭府屡岁，尚可不生内顾。老盟翁开名园，揖文士，又有两令子縠梁、青若，如机云竞爽，此世界可易得哉！上流有杜于皇之诗，戴务旃之画，陈伯矶之识，林茂之、邵潜夫以八九十老人谈开元、天宝遗事，君家桥梓提挈其间，王贻上公祖即内除，尚以公事小留，按部延访，扬扢风雅，共商文事，石城、邗沟之间，不大落寞也，视吴会远过之矣。毛亦史感知己之爱，今远涉江湖,所恃惟翁兄力加推扬,俾主人知为重客耳。濒行深用念之,特以为托。春来鹿鹿无暇,不及答其年诗札,潜夫先辈名流,辱其先赐书,统俟之毛兄家邮后信。题董如嫂遗像短章,自谓不负尊委,因大篇追悼,缠绵哀艳,文生于情,俾读之者涉笔亦有论次,倘其可存,亦梦华佳话也。灯下率楮,临发依依。"

其三:"江干往还,欣得风问;而来讯过推,佳贶远及,自惭搴劣,有负盛雅为不安耳。秋听图勉题数行塞责,不尽揄扬。深闺妙篆,摩挲累日,老眼作细字,既不解书,又初病起,昏眵特甚,徒累便面,如何如何!再即箧中旧玩,又题二绝句,自谓'半折秋风还入袖,任他明月自团圆',于情事颇合,知己嗜痂,应勿笑其率也。弟偶入敝郡,伤暑,留卧邸中,使者久淹始发,题中牵牛女夕,非实录也,并以附闻。亦史蒙爱之至,百凡提挈,知不待言。新秋为道自重,临纸布谢,不一。"

其四(丁未):"亦史便筒,未及附信奉候。弟春夏踪迹,半在九峰、金闾之间,因访吾师蘖庵和尚于中峰。此地吴中第一山,支公道场,文、姚两公为汰公及高士朱白民结屋栖遁之处,计老盟翁所熟游。至其伐木开径,直造莲华峰绝顶,有云母怪石,落落数十丈,扶异呈奇,太湖亦荡漾心目,则弟以为得未曾有,恨不偕兄翁笑傲其间也。佛殿前檐后庑不深,诸弟子发愿募修,广求善信,作大功德。有两僧渡江特造檀护,求为布金胜果,将发而弟适至,因书弟九峰之诗寄呈教和。蘖公即楚熊鱼山先生,江南人士所宗仰,而直言予杖有声前史者也。中峰既有文、姚遗迹,文、姚与潭府为世交,翁兄于山川盛衰之后,发盛心胜缘,刻之山门,重记其事世出世间,诧为美谭,不可挫过也。九峰为诸乾老集各游志佳会,中吴诸山复得耆宿如蘖师相提唱,此间幸不寂寞,一棹犹夷,相见甚近,翁兄何不亟图把臂之缘乎?松下索笔,率尔不尽。中峰乃弟误书,此地则华山也。二山接迹,皆为文、姚所结集,故匆匆移彼作此,直所谓'山行误亦好'耳。又行。"

其五:"亦史归,接兄翁手教,回环怀袖,如获异书。赠紵之德,恨不能折窗畔梅花,江北江南,盈盈相念,以答所贶。弟比作云间游,遍历九峰,有诸乾一兄者,破家以为名山复征君之祠,修彭仙之庙,弟为之感今怀古,得诗数章。因念风雅道丧,一二遗老,汨没于穷愁催科之中,不能复出;若兄翁之陶写诗歌,流连宾从,有子弟以持门户,有田园以供饘粥,海内诚复几人哉!亦史述于皇兄贤倩赖公得济,此虽豪侠余事,往来者争诵之矣。贵年家周孝逸兄,慷慨喜谈论,亦来谒幕府,周旋之雅,琼亦无俟鄙言。亦史怀德徇知,铭心何已!岁暮过江,深为念之贤主人,弟不便通启,并道契慕也。有中州一友,向在左宁南幕中,曾合柳敬亭合一歌赠之,所谓苏昆生是也。王烟老赏音之最,称为魏良辅遗响,尚在苏生,而不免为吴儿所困,比独身萧寺中,惟兄翁可振拔之。水绘园中,不可无此客也。冗次卒复,并布谢怀。不尽。"(李按:冒广生《冒巢民先生年谱》将苏昆生到如皋系于康熙六年丁未,并引《同人集》,将两封信合并成一封信了。)

其六:"得其年札,知老盟翁将续选楼,为一代诗文开生面,诚属盛事。弟疾苦潦倒,不能与词苑诸公相上下,然得快书一读,名什纵观,未尝不可痊我头风也。大梁苏昆生兄,于声音一道,得其精微,四声九宫,清浊抗坠,讲求贯穿于微眇之间,几欲质子野、州鸠而与之辨,康昆仑、贺怀智不足道也。古道良自爱,今人多不弹。昔年知交,大半下世,沦落江湖,几同挟瑟齐王之门矣。方今大江南北,风流儒雅,选新声而歌楚调,孰有过我老盟翁者乎!弟故令一见左右,以小札先之。嗟乎!士方穷苦,扁舟铁笛,风雪渡江,以求知己,倘无以收之,将不能自还;幸开名园,延上客,朗歌数曲,后日传之,添一段佳话也。小词《秣陵春》近演于豫章沧浪亭,江右诸公皆有篇咏,不识曾见之否?江左玲珑亦有能歌一阕乎?望老盟翁选秦青以授之也。并及,不一。"

其七(辛亥中秋绝笔):"平生以文章友朋为性命,比来神志磨耗,今夏暑热非常,遂致旧疾大作,痰声如锯,胸动若杵。接手教于伏枕之中,腼觍优渥,文词款至,摩挲太息,自以相慕之殷,何相遇之不易?然以弟卧疴若此,虽蒙鹢首见过,未能握手高谈、衔杯危坐也。知尊体亦有小恙,偃息虎丘。吾辈老矣,海内硕果,宁有几人?惟有药饵不离手,善自摄卫,一切人事,付之悠悠可耳。弟三四年来,颇有事于纂辑,欲成《春秋》诸志,而地理与氏族先成,地志尤为该洽,病中聊以自娱。惜当世无有剞劂之者,终付酱瓿,又以自叹矣。长公在都门,次公温清,父子以诗文酬和,尊门家集,定垂百世不朽。拙刻附正,往来笔墨皆在其中。佳贶种种,无以为报,如何! 临纸谢,彊饭自爱。不一。"

值得注意的是,作为文学家与艺术家的吴伟业,其与冒辟疆的往来书信手迹,曾被有心人搜集整理过,作为艺术品收藏。清代著名诗人翁方纲就曾经亲眼见过,并留下《题冒巢民墨迹并吴梅村手札合卷四首》,通过诗作以及注语,介绍相关背景、典故,同样涉及吴伟业推荐年轻诗人到如皋寻求冒辟疆支持的往事,诗云:"樊退收藏迹几多,劫灰飞后想羊何。贴梅一幅空闺影,春雨浪浪梦女罗(札中女罗是巢民蔡姬,名含,吴县人,善画)。"其二:"小印犹镌阁染香,丹经礼罢礼空王。明年七十春莺宴,寒食东风话正长(康熙十九年三月望日,巢民七十初度,同时诸公唱和,有《莺啼卷序》。而此迹小印云冒巢民老人七十岁宝彝染香楼阁书画樊退收藏印记,染香阁火,在前一年十月也)。"其三:"毛周俱是娄江彦,修禊曾同水绘吟。他日西州追尺素,东皋旧雨十年心(梅村札中,毛生亦史、周生翼微云云,毛名师柱、周名襞,皆娄江人,毛有水绘园修禊诗,又有乙卯初夏再过东皋访巢翁出梅村先生手札见示诗)。"其四:"碧栏如画草如茵,桃叶飞觞迹又陈。我昨桥边听暮雨,何人记唱秣陵春(《秣陵春》是巢民家所演梅村填曲也)。"①

得到吴伟业关心、帮助的年轻诗人,还有深陷丁酉乡试案、被流放宁古塔的吴兆骞。吴伟业除了直接写诗《悲歌行赠吴季子》,为其鸣不平之外,还通过个人关系帮助吴兆骞更好地适应塞外环境。吴伟业有《题画》诗十四首,借物述志,其第七首《茧虎》:"南山五日镜奁开,彩索春葱缚轶材。奇物巧从蚕馆制,内家亲见豹房来。越巫辟恶镂金胜,汉将擒生画玉台。最是茧丝添虎翼,难将续命诉牛哀。"吴兆骞则有响应之作,其《茧虎(追和梅村夫子)》:"薰风妆阁问鍼神,五日符悬辟厌新。不见赤刀传粤咒,还从彩胜识雄寅。黄衣缀就金仍蹙,白额描来绣夬真。莫讶使君能化虎,茧丝元是负嵎身。"②另外,吴兆骞有《戊戌除夕携诸子集陈素庵先生斋即席同直方子长赋》,可见同样被流放关外的陈之遴一家,在除夕之夜招待吴兆骞等同病相怜之人,除了惺惺相惜之外,恐怕也是吴伟业等人从中牵线、为吴兆骞等人寻求帮助的结果。因

① 翁方纲:《复初斋诗集》卷二十,清刻本,页十二,《续修四库全书》,集部,第1454—55册。
② 吴兆骞:《秋笳集》卷七,雍正四年吴振臣刻本,第12页。

为陈之遴虽然被流放，但是他全家入旗，并未完全失去圣眷，而且关内关外关系甚多，有他的庇护，吴兆骞等人在关外极地的处境，自然会有一定的改善。

太仓文人唐孙华，也记载了吴伟业奖掖后辈的细节，其《陆先生父子传》云："先生姓陆氏，讳安国，字康侯，先世居太仓之直塘里，累代读书，然未有显者，至先生之祖太和公讳献明，中万历丁未科进士，历官太仆寺卿，康熙丁卯崇祀乡贤，父辛庵公讳日升，崇祯壬午科举人。先生以太仆水西功荫官生，……年八十，子孙累累四世矣，犹生一子，邑中传为美谈，其得于天者厚与，素无疾，丁亥患痢卒。子二人，长祖禹，次祖介。祖禹陆君，字淳夫，……母李孺人，为司马萍槎先生孙女。……吴祭酒梅村先生，以诗文重天下，君师事祭酒公，祭酒公不轻易许人，每君以所制诗文就质，必展卷快读，握手流连，叹赏不置也。"[1]从不轻易称赞别人的吴伟业（这有夸张之嫌），对陆祖禹的诗文作品"叹赏不置"，收为弟子，可见吴伟业的爱才之心。

对吴伟业的爱才心切，徐乾学也曾记载过。徐乾学在《赠吴石叶》二首之一中说："初日芙蕖艳，才华迥不同。吟诗官阁里，听瑟画楼中。赋就惊宗衮（梅村先生极赏石叶），篇成播国风。荷衣今羡汝，愧我已成翁。"[2]又在《王令诒制义序》中描述："戊辰南宫试，予与宛平相国诸公同事，务得精瞻宏博、有体有用之士，虽其才分大小不同，然亦往往而遇。青浦王子令诒，少孤露，不以贫困废学，童稚时即好为古文辞有声，梅村先生极嘉赏之。"[3]可见，只要是真有才华，吴伟业还是不吝赞美的。

除此之外，明清之际的许多文人，通过各种方式，记载了吴伟业对当时文人的培育、呵护、褒扬之情。比如姜宸英，《叶谱》曾引沈受宏《白溇先生文集》卷一《赠董文友归晋陵序》："丧乱以来，风流歇绝，而旧史吴梅村先生、大儒陆桴亭先生并以文章理学为时宗师，天下挟策担囊，争相请益，而四方君子之至娄东者称再盛。……以予所见君子众矣，而其中之号称贤者得二人焉。自丙午岁得姜子一人，号西溟。姜子，慈湖

---

① 沈粹芬：《国朝文汇》甲集卷三十六，宣统元年国学扶轮社印，第1页。
② 徐乾学：《憺园文集》卷四，康熙三十六年冠山堂刻本，第8页。
③ 徐乾学：《憺园文集》卷二十二，康熙三十六年冠山堂刻本，第10页。

之贤者也，由慈湖至娄东，操文谒梅村先生，予见之。……越四年，己卯，又得董子一人，曰文友。董子晋陵之贤者也。……今由晋陵至娄东，省其叔父御使玉虬公家，且操文谒桴亭、梅村两先生。予见之，既而得其古文诗词读之，又乐甚。"同卷《姜西溟时论序》："今年春，姜子客娄，予访于梅村之梅花庵，乃一会面而姜子则遽促装以行，盖姜子初未尝知有予而予则久知有姜子，以予固未尝见姜子而先见其文也。"又引顾有孝《骊珠集》卷七所录姜宸英《过娄东投赠吴梅村先生》四首，其一："风雅于今谁重陈，娄江学士邈无伦。"

还有许多文学艺术史上不太知名的人物，也曾得到过吴伟业的指点，比如《鸮吟集》云，黄祖颛项传，少奇颖，数岁能作诗古文辞，弱冠学诗吴梅村祭酒之门，才名噪一时，尝著《迎天榜》传奇，述袁了凡冒嵩少阴德诸事，以示劝诫，王奉常烟客为命优谱其声词，招集名流，揖项传居上座，引满称觞，人咸以为佳话"。① 徐旭旦《孙同人诗集引》："嗟乎！诗之滥于今日也，诚难言矣！里巷之子，无不捉笔而对字比句，即欲以诗自鸣。诗之为道何如哉？……余年十二，即载笔就道，遨游两间，足迹几遍天下，已而获问道于吴梅村先生，匡歌肆业，于兹三载。"②再如朱一是，字近修，又名恒晦、欠庵等，浙江海宁人，明崇祯十五年举人，尝游吴伟业之门。入清，绝意仕进，与屠爌、范路称三友。卒年六十二，著《为可堂集》，有《梅里词》三卷。③

被吴伟业赏识、揄扬的文人，大多怀有感激之情，比如清初著名戏由家尤侗，在自己整理的年谱中一再记载吴伟业对自己的提携之恩："康熙三年甲辰，年四十七岁。海盐彭骏孙孙通寓南园，其客张子游远为予图小像，甚似，适予生日，调《满江红》二阕题其后，自梅村而下，和者数十人。予又作《黑白卫》北剧，骏孙合四种点定之，曰：此足压《四声猿》矣。梅村先生为之序"，"康熙八年己酉，年五十三岁。予既作《水哉轩记》，复成四诗云。昆山归玄恭庄善画，醉后泼墨题于两壁，客过者皆和韵而去。予又令叶汉章璠画山水其上，以代卧游焉。东南有亭，登眺

① 王昶等编纂：《太仓州志》卷六十"杂缀""纪闻"，嘉庆七年刻本，第13页。
② 徐旭旦：《世经堂初集》卷八，康熙刻本，第1页。
③《全清词》"顺康卷"，第二册，中华书局1994年版，第716页。

最胜,梅村题曰揖青,予亦有记。至甲寅冬以防兵废其西,即鱼计亭,不及记也。宣城锺予爕作《亦园图》,海盐周子行复图之貌予垂竿其侧,梅村有题二绝云:长杨苑里呼才子,孤竹城边话使君。移作渔矶便垂钓,故山箕踞一溪云。遂初重把旧堂开,故相家声出异才。莫向卢龙梦关塞,此生何必画云台。故相,先文简公也,致政后筑遂初堂云。"①

再比如清初武进文人陈玉璂,曾到梅村拜访请益,吴伟业不但欣然为其文集作序,大加赞赏,还招集太仓当地文人王揆、许旭等人与其欢聚。吴伟业《陈玉璂〈学文堂集〉序》云:"近徐原一(李按:徐乾学,字原一)过草堂,传致昆陵陈椒峰《学文堂集》若干卷。……余早岁得谒中丞公,既而与尊先君以旧交获同官之雅,欣奉教言,知交三世。……始椒峰丁未成进士归,知者谓椒峰之文足为名重也,其不知者亦鲜不闻椒峰之名而重其文。……椒峰向过余梅村,流连旬日。与之谈论诗文,称说古今理乱得失之故,靡不各有本原,沛然如江河,莫之能御。……康熙岁次庚戌仲秋娄东吴伟业拜撰于梁溪舟次。"②陈玉璂(1636—?),字赓明,号椒峰,江南武进人,康熙六年进士。对吴伟业的提携之情,陈玉璂亦在自己的文字中留下了明确记载。《叶谱》曾引陈玉璂《学文堂集·文集》卷三《吴梅村先生诗集序》:"己酉春,予访先生于梅村,留旧学庵数日,先生出示近诗,予因与先生纵论自明以来诗学得失,而先生之意则主于和。"同卷《许九日诗集序》:"予至娄东访梅村先生,流连旬日,先生与予坐旧学庵,命童子拔笋摘瓜豆为食,因作札招王端士、许九日、吴正求三君子,与予共饮。"

清初著名文人严绳孙则以诗明志,其《岁暮杂感》二十首,第十一首就是怀念吴伟业的,诗云:"晚交吴祭酒,风雅重相期。漂泊怜王粲,揄扬及左思。别帆湖上月,残笔箧中诗。此从西州泪,娄江下海时。"③诗中对吴伟业把他比作汉魏六朝著名诗人王粲、左思,极为感激,情真意切。

又如魏宪,《吴梅村全集》附录三有魏宪《百名家诗选吴伟业诗小引》:"忆先生之元辛未也,出吾乡周芮公门,时石斋、东崖皆在朝,如草

---

① 尤侗:《悔庵年谱》卷上,康熙间刻本。
② 叶君远:《清代诗坛第一家》,中华书局 2002 年版,第 224 页。
③ 严绳孙:《秋水集》卷四,康熙间雨青草堂刻本,第 11 页。

诗人吴伟业画像

木之有臭味，无不投也，故闽人知之最先。余两过娄东，维舟江干，造庐请教。先生为下榻，出新旧诗古文辞，相与订正琴尊香茗间，甚款款也。迨辛亥维夏相遇虎丘，谋补石仓之选，先生赠序，过为揄扬，其表章古人，引援后辈，一片诚心，可镂金石，余屡志之。……近有摘而疵瑕之者，曰某篇骄纵也，某篇愤嫉也，某篇不为明人讳过也，某篇恐属忧谗畏讥也。嗟乎！先生交道太广，广则难周，今日之起而谤讪者，即平日之俯而乞怜之人，或自号名士，或妄许山人，或还俗僧流，或不识也者。"对吴伟业"表章古人，引援后辈，一片诚心，可镂金石"给予了高度评价。

总之，吴伟业在文学道路上，曾经得到过诸如张溥、宋玫、陈子龙、黄道周、杨廷麟等师友的指点、提携，所以成名之后，对年轻后辈亦颇多关爱之意，常常不遗余力地加以褒扬、推介，汲引如恐不及，充分体现出诗坛盟主的胸襟气度，对清初诗坛的百花齐放、清代诗歌的全面复兴，起到了积极的作用。

余　论

　　康熙十年十二月二十四(1672 年 1 月 23 日)，吴伟业走完了自己的人生历程，"一生遭际，万事忧危，无一刻不历艰难，无一境不尝辛苦，今心力俱枯"，留下遗言，要求殓以僧装，题碑只称诗人，溘然长逝。

　　吴伟业生活在明末清初这样一个"天崩地解"的时代，亲身经历了古今未有之大变，并且多次在风口浪尖上做过人生选择。面对亘古未有的复杂现实，吴伟业常常有无所适从的感觉。他是一个才华横溢、学识渊博、性格软弱、情感丰富、心灵敏感的传统文人，所以他用自己的文学才华记录时代的重大事件，表达自己的内心困惑，抒发自己的爱恨情仇。由于时代的禁忌，尤其是入清以后，很多思想、感情并不能自由直接地表达，所以吴伟业的作品中大量运用了古典和今典，这既使作品显得内涵丰富、摇曳多姿，也给后人理解带来了

诗人吴伟业之墓

障碍。另外，吴伟业在编辑自己的作品时，有意删改直至剔除了许多作品，这对完整地认识他带来了一定的障碍。曾经有学者说，吴伟业和他的诗是一致的。因此，要真正理解吴伟业，就需要准确解读吴伟业的作

品，要将吴伟业及其作品放在明清之际的历史时段上，放在明清之际的北京、南京、江南这些独特的历史空间里，结合时空大背景和作品中涉及的具体史实及其细节，考辨每一篇作品具体详细的创作时间与创作地点，涉及的人物、事件，重构作者创作时的立体环境，借鉴刺激与反应理论，了解作者的创作心态，揣摩作者的创作动机，诠释作品中的古典今典，扫清作品的阅读障碍，真正做到知人论世，这样的工作，充满着挑战和乐趣。

吴伟业去世时，他的三个儿子都还小，长子吴暻（1662—1707），字元朗，号西斋，康熙二十七年（1688）进士，由兵部主事历官兵科给事中，入直武英殿，充《书画谱》纂修官，工诗善画，有《西斋集》。次子吴璨（1663—1688），字中丽，早夭。三子吴暄（1664—1707后），字少融，以例监任寿光知县，有《花韵轩集》。①

由吴暻《西斋集》集中作品可知，他与当时的许多著名文人如陈廷敬、徐乾学、高士奇等人均有交往，尤其是徐乾学，吴暻曾跟随他回洞庭东山修史。另外，《西斋集》卷七有《九月六日于礼部章云招同黄自先、孔东塘、刘元叹三僚友小集分赋得元字》，可见他还与孔尚任等六部僚友们欢聚过。

至于兄弟、家族之亲情，在吴暻《西斋集》中也多有流露，卷一有《和振西赠王将军紫崖》，卷四有《检亡弟中丽手录诗卷二首》，卷五有《过淮寄少融弟二首》，卷九有《喜少融弟至京师》《振西侄至话旧二首》，中丽和少融是吴暻的二弟、三弟，振西为其侄儿。另外还有一人值得关注，那是他的堂兄吴晓。《梅村集》四十卷，卷一至卷十八为诗，卷十九至卷二十为词，署"太仓吴伟业骏公著，后学许旭九日、顾湄伊人订"，卷二十一至卷四十为文，署"后学周瓒编""太仓吴伟业骏公著，后学周肇子俶、王昊惟夏订，侄晓省初校"，这是吴伟业在世时整理其作品集，吴氏家族子弟唯一一位亲身经历者。据《太仓州儒学志》记载，吴晓，字省初，一字条闻，己未廪贡，望江训导；②而乾隆《望江县志》卷六"职官"，训导，吴

---

① 民国《太仓州志》卷二十五"艺文"，第58页；《娄东诗派》作《退庵诗集》。
② 《太仓州儒学志》卷二，康熙四十七年金陵吕仲荣刻雍正元年增修本，第23页。

晓，太仓州人，岁贡，康熙四十一年任。① 吴暻《西斋集》卷八有《从兄条闻训导望江诗以慰之》"吾家九兄弟，少小生门阀。传家有赐书，声誉未汩没。阿兄儒林秀，才笔独自拔。磨丹事铅椠，甲乙忘岁月。先公所爱怜，早赏千里骨"，②可见是吴氏家族中颇得吴伟业欢心的子侄，很有可能是吴伟业五十岁时因无子而过继的三弟吴伟光的儿子。可惜的是，吴晓没有作品留存，他本人在为王梓《罟林诗集》所作跋，亦曾有"余不能诗，窃喜论诗"之语。③

吴暻有四子，长子彦遵，字思绪，曾任乐山知县；④二、三子早夭；季子霖原名彦道，字献可，科举失利后长期为客，曾于扬州盐商江春家任西席二十余年。⑤彦遵有二子，长子维锷第一次赴礼闱即殁于京邸，次子维锁亦一令而终。巧合的是，吴维鹗乡试中举差一点出自著名诗人袁枚门下，据《随园年谱》记载，"乾隆九年甲子，先生二十九岁，知沭阳县。秋，充江南乡试同考官，得士七人。……是科荐而不售者，一为松江陈迈晴，一为太仓吴维鹗。陈故宿学，榜后作《百韵诗》来谒，吴为梅村先生曾孙，少年玉儿，嗣登癸酉贤书，均早卒"。《随园诗话》卷十三亦云："甲子，余分校南闱，……未儿，吴到沭来谒，貌如美女，年才弱冠，益器重之。癸酉，余从秦中归随园，而吴已中经魁，来见，则呕血失音，非复曩时玉貌，余心忧之。赴京会试，竟死场中，年二十七。"甚为可惜。

吴暻的三弟吴暄，曾任寿光知县，著名诗人查慎行有《寄吴少融二十六韵》(时吴宰寿光)："忽忽三年别，遥遥异地情。索居虽潦倒，结念每萦回。忆昨同晨夕，惟君独老成。吉人辞朴讷，端士意肫诚。踬步宁愁失，冲怀敢自盈。授经依北郭，请益到西清。榻愧陈蕃设，诗容顾况评。出携青镂管，归傍短灯檠。积学承名父，高才敌令兄(少融为梅村先生幼子，西斋给谏爱弟)。向来留著作，两度费咨呈。自我辞书局，凭

① 乾隆《望江县志》卷六，乾隆三十三年刻本，第21页。
② 吴暻：《西斋集》卷八，《清代诗文集珍本丛刊》，第195册，第530页。
③ 嘉庆《太仓州志》卷五十六"艺文"，第14页。
④ 同治《嘉定府志》卷二十三"文秩"，乐山知县，吴彦遵，镇洋县，举人，(乾隆)十年任。嘉庆八年纂修，同治三年刻本，第8页。
⑤ 李斗：《扬州画舫录》，广陵书社2010年版，第147页。

谁问客旌。九衢千辙轨,万事一棋枰。他日乘轩鹤,当时出谷莺。先鞭输祖逖,上第失杨英。夜雨新丰市,秋风古灌城。得官随本分,为政且神明。侧听衣冠诵,如传襦袴声。科条烦是累,民社寄非轻。示俗因奢俭,调弦戒改更。免教同列忌,休矫一时名。此外佳眠食,其他简送迎。陈编闲肯废,古道力能撑。便欲观风去,殊难抱病行。抚躬忧浩荡,回首岁峥嵘。为报鸣琴宰,应怜撤瑟生。西河余痛哉,双眼不曾盲。"①民国《寿光县志》有吴暄的传,云:"吴暄,江南太仓州人,吴伟业第三子也,康熙五十三年由例监知县事,时邑号难治,讼牒或连年不解,暄以仁厚处之,旧俗渐息,尤雅重文学,能不愧其家风。"②该志中还有关于吴暄发粟赈灾、修圣庙以及捐俸修学宫等事迹的记载,可见,确实是仁政爱民的尽职官员。

君子之泽,五世而斩。吴伟业的后代,无论功名还是文名,均未能接续前行,更不用说发扬光大了。对于吴伟业的作品,他们不但没有借助家族优势,整理、刊刻、释读,甚至都未能有效保存、传家,实在令人痛惜。

吴伟业的作品,除了其生前由弟子卢綋刊刻的《梅村集》四十卷,因收入《四库全书》而广为人知外,吴伟业本人整理的定本《梅村家藏稿》则长期湮没无闻,直至宣统三年董氏诵芬室刻印出来,才成为了解、研究吴伟业最为权威的文本。有清一代,还有各种各样的选本,比如顾有孝等人编选的《江左三大家诗钞·梅村诗钞》、邹漪《五大家诗钞·吴先生诗》、魏宪《皇清百名家诗·吴梅村诗》等,这些编者都与吴伟业有过交往,所选作品多能体现吴伟业的创作特色。当然,更为令人关注的是,乾嘉时期,著名学者程穆衡《梅村诗笺》(后来杨学沆为之补注)、靳荣藩《吴诗集览》、吴翌凤《梅村诗集笺注》等著作,结合历史背景,诗史互证,对吴伟业诗歌中的古典、今典,追根溯源,为后来之学者大开方便之门。为今日通过吴伟业的作品,理解其心路历程,提供了很好的借鉴。

---

① 查慎行:《敬业堂诗集》卷四十六《夏课集》(起丙申五月尽十二月),康熙五十八年许汝霖序,四部丛刊本,第3页。
② 民国《寿光县志》卷六"宦迹传",民国二十五年铅印本,第20页。

主要参考文献

一、吴伟业作品及相关研究著作

1. 李学颖集评标注:《吴梅村全集》,上海古籍出版社 1990 年版。

2. 程穆衡等笺注:《吴梅村诗集笺注》,上海古籍出版社 1983 年版。

3. 钱仲联笺:《吴梅村诗补笺》,《梦苕庵专著二种》,中国社会科学出版社 1984 年版。

4. 李少雍标注:《梅村词》,广东人民出版社 1985 年版。

5. 高章采选注:《吴伟业诗选注》,上海古籍出版社 1986 年版。

6. 黄永年等选译:《吴伟业诗选译》,巴蜀书社 1991 年版。

7. 李学颖点校、吴伟业撰:《绥寇纪略》,上海古籍出版社 1992 年版。

8. 施祖毓:《吴梅村歌诗编年笺注》,香港天马图书有限公司 2001 年版。

9. 陈继龙笺注:《吴梅村词笺注》,上海古籍出版社 2008 年版。

10. 《吴梅村信札辑佚》,三晋出版社 2015 年版;又《书法》杂志 2015 年第十一、十二期两期连载《吴梅村手札》(上、下)。

11. 王于飞编选:《吴梅村尺牍》,浙江古籍出版社 2020 年版。

12. 冯其庸、叶君远著:《吴梅村年谱》,江苏古籍出版社 1990 年版;文化艺术出版社 2007 年版。

13. 裴世俊:《吴梅村诗歌创作探析》,宁夏人民出版社 1994 年版。

14. 朱则杰:《清诗代表作家研究》,齐鲁书社 1995 年版。

15. 叶君远著:《吴伟业评传》,首都师范大学出版社 1999 年版。

16. 徐江著:《吴梅村研究》,首都师范大学出版社 2001 年版。

17. 叶君远著:《清代诗坛第一家——吴梅村研究》,中华书局 2002 年版。

18. 叶君远著:《吴伟业与娄东诗传》,吉林人民出版社 2002 年版。

19. 施祖毓著:《吴梅村钩沉》,香港天马图书有限公司 2003 年版。

20. 王于飞著:《吴梅村生平创作考论》,重庆出版社 2003 年版。

21. 王振羽著:《梅村遗恨——诗人吴伟业传》,江苏教育出版社 2006 年版。

22. 白一瑾著:《明清鼎革中的心灵史——吴梅村叙事诗人物形象研究》,天津人民出版社 2008 年版。

23. 楚萍著:《吴伟业戏曲作品研究》,中国社会科学出版社 2017 年版。

二、集部文献

24. 吴伟业选辑:《太仓十子诗选》,顺治刻本。

25. 汪学金编选:《娄东诗派》二十八卷,嘉庆九年诗志斋刻本。

26. 王宝仁编:《娄水文征》八十卷,道光十二年闲有余斋刻本。

27. 邓之诚:《清诗纪诗初编》,上海古籍出版社 2013 年版。

28. 钱仲联:《清诗纪事》,江苏古籍出版社 1987 年版。

29. 南京大学中文系《全清词》编纂研究室编:《全清词》"顺康卷",中华书局 2002 年版。

30. 中国古代书画鉴定组编:《中国古代书画图目》,文物出版社 1989 年版;段书安编:《索引》,文物出版社 2001 年版。

31. 李灵年等编:《清人别集总目》,安徽教育出版社 2008 年版。

32. 柯愈春编:《清代诗文集总目提要》,北京古籍出版社 2001 年版。

33. 郑文康:《平桥稿》,《四库全书》本。

34. 顾鼎臣:《顾文康公文草》,四库全书存目丛书,集部第 55 册。

35. 周振甫辑校:《文徵明集》,上海古籍出版社 1987 年版。

36. 王世贞:《弇州四部稿》,四库全书本。

37. 王世贞:《弇州山人续稿》,万历王氏世经堂刻本。

38. 王世贞:《弇州史料》,万历四十二年杨鹤等刻本。

39. 张溥:《七录斋诗文合集》,崇祯九年刻本。

40. 王时敏:《西庐诗草》《西庐怀旧集》,《清代诗文集汇编》,第 7 册。

41. 王时敏:《烟客题跋》,上海人民美术出版社 1986 年版。

42. 陈际泰:《已吾集》,顺治李来泰刻本。

43. 罗万藻:《此观堂集》,乾隆二十一年跃斋刻本。

44. 杨廷麟：《兼山集》，四库禁毁书丛刊，集 165 册。

45. 李雯：《蓼斋后集》，顺治十四年石维昆刻本。

46. 钱继登：《墅专堂集》，康熙六年自刻本。

47. 王铎：《拟山园选集》，四库禁毁书丛刊，集 88 册。

48. 周之夔：《弃草集》《弃草二集》，四库禁毁书丛刊，集 112、113 册。

49. 黎遂球：《莲须阁集》，四库禁毁书丛刊，集 183 册。

50. 徐懋曙：《且朴斋诗稿》，光绪二十五年刻本。

51. 徐枋：《居易堂集》，康熙刻本。

52. 宋懋澄：《九籥集》，四库禁毁书丛刊，集 177 册。

53. 谢泰交：《谢天童先生集》，康熙刻本。

54. 彭孙贻：《茗斋集》，四部丛刊续编景写本。

55. 陈名夏：《石云居文集》，四库全书存目丛书补编，第 55 册。

56. 陈瑚：《确庵文稿》，四库禁毁书丛刊，集 148 册。

57. 胡介：《旅堂诗文集》，四库未收书辑刊，第七辑，第 20 册。

58. 嵇宗孟：《立命堂二集》，四库全书存目丛书，集部，第 245 册。

59. 刘正宗：《逋斋集》，四库未收书辑刊，第八辑，第 16 册。

60. 钱仲联标校：《钱谦益全集》，上海古籍出版社 2003 年版。

61. 陈子龙：《湘真阁稿》，辽宁教育出版社 2001 年版。

62. 陈子龙：《安雅堂稿》，辽宁教育出版社 2003 年版。

63. 《陈子龙诗集》，上海古籍出版社 2006 年版。

64. 沈善洪主编：《黄宗羲全集(增订版)》，浙江古籍出版社 2005 年版。

65. 吴光主编：《刘宗周全集》，浙江古籍出版社 2007 年版。

66. 李金堂编校：《余怀全集》，上海古籍出版社 2011 年版。

67. 朱天曙编校：《周亮工全集》，凤凰出版社 2008 年版。

68. 朱鹤龄：《愚庵小集》，上海古籍出版社 1979 年版。

69. 魏裔介：《兼济堂文集》，中华书局 2007 年版。

70. 魏裔介：《溯洄集》，康熙刻本。

71. 侯方域：《壮悔堂文集》，中华书局聚珍仿宋版印。

72. 何法周编、王树林校：《侯方域诗集校笺》，中州古籍出版社 2000 年版。

73. 施闰章撰、何庆善等点校：《施愚山集》，黄山书社 1992 年版。

74. 阮大铖撰、胡金望点校：《咏怀堂集》，黄山书社 2006 年版。

75. 计东：《改亭集》，续修四库全书，集部，第1408册。

76. 叶方蔼：《叶文敏集》，抄本。

77. 王摅：《芦中集》，上海古籍出版社1981年版。

78. 《归庄集》，上海古籍出版社1984年版。

79. 赵青整理：《黄媛贞黄媛介合集》，浙江古籍出版社2021年版。

80. 陆陇其：《三鱼堂文集》，四库全书本。

81. 潘耒：《遂初堂文集》，四库全书存目丛书，集部，第250册。

82. 释读彻：《苍雪大师南来堂诗集》，民国二十九年王氏铅印本。

83. 熊开元：《鱼山剩稿》，康熙刻本。

84. 戴明说：《定园诗集》，康熙平山在东阁刻本。

85. 张自烈：《杞山文集》，清初刻本。

86. 丁耀亢：《椒丘诗》《丁野鹤先生遗稿》，康熙刻本。

87. 王崇简：《青箱堂诗文集》，康熙二十八年刻本。

88. 卢紘：《四照堂集》，康熙汲古阁刻本。

89. 程邃：《萧然吟》，顺治刻本。

90. 姜埰：《敬亭集》，康熙姜氏念祖堂刻本。

91. 赵宾：《学易庵诗集》，康熙二十四年刻本。

92. 邓旭：《林屋诗集》，道光三年刻本。

93. 程康庄：《自课堂集》，民国山右丛书初编本。

94. 曹溶：《静惕堂诗集》，雍正三年李维钧刻本。

95. 周肇：《东冈诗钞》，清抄本。

96. 宋徵舆：《林屋诗稿》，清抄本。

97. 尤侗：《西堂文集》，康熙二十五年刻本。

98. 黄与坚：《愿学斋文集》，娄东严瀛抄本。

99. 王昊：《硕园诗稿》，乾隆十二年刻本。

100. 王抃：《巢松集》，康熙刻本。

101. 沈受宏：《白溇先生文集》，乾隆三年刻本。

以上20种见国家清史编纂委员会编：《清代诗文集汇编》，上海古籍出版社2010年版。

102. 金之俊：《息斋集》四卷外集一卷，顺治六年自刻本。

103. 金之俊：《金文通公集》二十卷，康熙二十五年刻本。

104. 刘正宗：《逋斋诗》四卷，清刻本。

105. 钱继登：《壑专堂集》十四卷，康熙六年自刻本。

106. 谈迁：《枣林诗集》，清抄本。

107. 张采：《知畏堂文存十二卷诗存四卷》，康熙十二年刻本。

108. 熊开元：《熊鱼山先生文集》，光绪二十一年刻本。

109. 赵士春：《保闲堂续集》四卷，稿本。

110. 宋征璧：《抱真堂诗稿》八卷，顺治九年刻本。

111. 陈之遴：《浮云集》十二卷，清抄本。

112. 白胤谦：《念园存稿》四卷，康熙刻本。

113. 萧中素：《释柯集》，康熙刻本。

114. 梁清标、梁清远、梁清宽：《惹香居合稿》，顺治刻本。

115. 彭而述：《禹峰先生文集》二十四卷，顺治十六年刻本。

116. 顾如华：《顾西巘先生合稿》十卷，康熙二年刻本。

117. 彭宾：《偶存草》二卷，清刻本。

118. 王广心：《兰雪堂诗稿》二卷，道光十五年刻本。

119. 杜浚：《变雅堂文集》，康熙刻本。

120. 冒襄：《朴巢诗选不分卷文选五卷》，清刻本。

121. 宋之绳：《载石堂诗稿二卷年谱一卷》，康熙十八年刻本。

122. 陆世仪、陈瑚：《陆陈两先生诗文钞》，光绪六年刻本。

123. 程康庄：《昆仑草》一卷，清刻本。

124. 归庄：《恒轩诗稿》，稿本。

125. 陆元辅：《陆菊隐先生文集十五卷诗钞一卷》，钞本。

126. 申涵光：《凫盟集》八卷，顺治刻本。

127. 王撰：《随庵诗稿》一卷，清钞本。

128. 林时对：《留补堂文集四卷自订诗选六卷》，清钞本。

129. 王昊：《硕园诗稿三十五卷词稿一卷》，康熙四十二年王良穀钞本。

130. 陈廷敬：《午亭诗集》一卷，清钞本。

131. 王揆：《一览集》三卷，钞本。

132. 王原祁：《王麓台司农诗集》，民国二十九年钞本。

133. 吴暄：《花韵轩集》二卷，康熙刻本。

134. 吴暻：《西斋集》十二卷，稿本。

以上 33 种见陈红彦等编:《清代诗文集珍本丛刊》,国家图书馆出版社 2017 年版。

三、史部文献

135. 张廷玉等编:《明史》,中华书局 1974 年版。

136. 赵尔巽等编:《清史稿》,中华书局 1998 年版。

137.《清实录》,中华书局 1987 年版。

138. 谈迁编:《国榷》,中华书局 1988 年版。

139. 夏燮编:《明通鉴》,中华书局 2013 年版。

140. 司徒琳著、李荣庆等译:《南明史》,上海古籍出版社 1992 年版。

141. 钱海岳著:《南明史》,中华书局 2006 年版。

142. 顾诚著:《南明史》,光明日报出版社 2011 年版。

143. 章开沅主编:《清通鉴》,岳麓书社 2000 年版。

144. 程正揆:《先朝遗事》,抄本,《稀见明史史籍辑刊》第 11 册,线装书局 2003 年版。

145. 计六奇:《明季北略》,中华书局 1984 年版。

146. 计六奇:《明季南略》,中华书局 1984 年版。

147. 徐鼐:《小腆纪年附考》,中华书局 1957 年版。

148. 徐鼐:《小腆纪传》,中华书局 1958 年版。

149. 文秉撰:《烈皇小识》。

150. 顾炎武撰:《圣安本纪》。

151. 朱子素撰:《嘉定屠城纪略》。

152. 夏允彝撰:《幸存录》。

153. 夏完淳撰:《续幸存录》。

154. 邹漪辑:《明季遗闻》。

155. 佚名撰:《东林事略》《东林纪事本末》。

156. 罗振玉辑录:《苏松常镇总兵将领清册》。

157. 文震亨撰:《福王登极实录》。

158. 陈贞慧著:《过江七事》。

159. 佚名撰:《哭庙纪略》。

160. 信天翁撰:《丁酉北闱大狱纪略》。

161. 王家祯撰:《研堂见闻杂记》。

162. 黄宗羲撰:《弘光实录钞》。

163. 计六奇撰:《金坛狱案》。

以上 15 种见于浩辑:《明清史料丛书》,北京图书馆出版社 2005 年版。

164. 黄宗羲:《弘光实录钞》。

165. 顾炎武:《圣安皇帝本纪》。

166. 李清:《南渡录》。

167. 文秉:《甲乙事案》。

168. 冯梦龙:《中兴实录》。

169. 顾苓:《金陵野钞》。

以上 6 种见《南明史料(八种)》,江苏古籍出版社 1997 年版。

170. 陆世仪:《复社纪略》,清钞本。

171. 杨士聪:《玉堂荟记》,丛书集成初编,中华书局 1960 年版。

172. 法式善:《清秘述闻三种》,中华书局 1982 年版。

173. 谈迁:《枣林杂俎》,中华书局 2006 年版。

174. 谈迁:《北游录》,中华书局 2006 年版。

175. 方良著:《钱谦益年谱》,中国书籍出版社 2013 年版。

176. 周绚隆著:《陈维崧年谱》,人民出版社 2012 年版。

177. 李圣华著:《方文年谱》,人民文学出版社 2007 年版。

178. 《淄川毕少保公年谱》(毕自严),清初抄本。

179. 倪会鼎编:《倪文正公年谱》(倪元璐),咸丰四年刻本。

180. 陈才伟编:《陈忠洁公年谱》(陈纯德),嘉庆二十四年刻本。

181. 夏燮编:《忠节吴次尾先生年谱》(吴应箕),同治六年刻本。

182. 漆嘉祉编:《庄介吴公苇庵先生年谱》(吴甘来),咸丰七年刻本。

183. 堵胤锡自记、佚名编、吴骞校:《堵忠肃公年谱》,嘉庆十年抄本。

184. 王思任编、梁廷枏、龚沅补编:《祁忠敏公年谱》(祁彪佳),民国二十六年铅印本。

185. 冯贞群编:《钱忠介公年谱》(钱肃乐),民国四明张氏刻本。

186. 陈子龙自编、王沄续编:《陈忠裕公年谱》,嘉庆八年刻本。

187. 姜埰自编、姜安节续编:《姜贞毅公自著年谱》,光绪十五年刻本。

188. 金镜编、金鑪订:《金忠洁年谱》(金铉),光绪五年刻本。

189. 张杞编、水宝璐辑:《向若水公年谱》(水佳胤),光绪十八年刻本。

190. 陈乃乾编:《苍雪大师行年考略》,民国二十九年铅印本。

191. 王宝仁编:《奉常公年谱》(王时敏),道光十八年刻本。

192. 郑敷教自记,徐云祥等续编:《郑桐庵先生年谱》,民国二十三年铅印本。

193. 刘世珩编:《刘伯宗先生年谱》(刘城),光绪、民国间刻本。

194. 陈乃乾、陈洙编:《徐闇公先生年谱》(徐孚远),民国十五年刻本。

195. 王崇简自编:《王崇简年谱》,民国抄本。

196. 罗振玉编:《万年少先生年谱》(万寿祺),民国八年铅印本。

197. 鲁一同编:《白耷山人年谱》(阎尔梅),民国刻本。

198. 吴骞编:《陈乾初先生年谱》(陈确),民国四年铅印本。

199. 黄炳垕编:《黄梨洲先生年谱》(黄宗羲),同治十二年刻本。

200. 凌锡祺编:《尊道先生年谱》(陆世仪),光绪二十六年刻本。

201. 冒广生编:《冒巢民先生年谱》(冒襄),光绪至民国刻本。

202. 归曾祁编:《归玄恭先生年谱》(归庄),民国七年蓝格稿本。

203. 魏荔彤编:《魏贞庵先生年谱》(魏裔介),光绪五年刻本。

204. 尤侗自编:《悔庵年谱》,康熙间刻本。

205. 施念曾编:《施愚山先生年谱》(施闰章),清末木活字本。

206. 王之春编:《先船山公年谱》(王夫之),光绪十九年鄂藩使署刻本。

207. 申涵煜、申涵盼编:《申凫盟先生年谱略》(申涵光),康熙十六年刻本。

208. 孟森著:《董小宛考编年》,心史丛刊本。

以上 31 种见《北京图书馆藏珍本年谱丛刊》,北京图书馆出版社 1999 年版。

209. 弘治《太仓州志》。

210. 嘉靖《太仓州志》。

211. 嘉庆《太仓州志》。

212. 民国《太仓州志》。

213. 《太仓州儒学志》。

214. 民国《镇洋县志》。

215. 康熙《穹窿山志》。

216. 同治《苏州府志》。

217. 嘉庆《松江府志》。

218. 同治《嘉定府志》。

219. 嘉靖《昆山县志》。

220. 道光《昆新两县志》。

221. 崇祯《吴县志》。

222. 康熙《长洲县志》。

223. 万历《常州府志》。

224. 万历《钱塘县志》。

225. 康熙《嘉兴府志》。

226. 顺治《望江县志》。

227. 乾隆《镇江府志》。

四、今人著作

228. 陈寅恪:《柳如是别传》,上海古籍出版社 1980 年版。

229. 冯天瑜:《明清文化史散论》,华中理工大学出版社 1984 年版。

230. 朱维铮:《走出中世纪》,上海人民出版社 1987 年版。

231. 赵园:《明清之际士大夫研究》,北京大学出版社 1999 年版。

232. 孟森:《明清史论著集刊正续编》,河北教育出版社 2000 年版。

233. 李伯重:《江南的早期工业化》,社会科学文献出版社 2000 年版。

234. 蒋寅:《王渔洋事迹征略》,人民文学出版社 2001 年版。

235. 陈广宏:《竟陵派研究》,复旦大学出版社 2006 年版。

236. 陆林:《知非集》,黄山书社 2006 年版。

237. 巫仁恕:《品味奢华:晚明的消费社会与士大夫》,中华书局 2008 年版。

238. 傅衣凌:《明清社会经济史论文集》,商务印书馆 2010 年版。

239. 巫仁恕:《激变良民:传统中国城市群众集体行动之分析》,北京大学出版社 2011 年版。

240. 廖峰:《嘉靖阁臣顾鼎臣研究》,巴蜀书社 2012 年版。

241. [美]罗威廉著,陈乃宣等译:《救世——陈宏谋与十八世纪中国的精英意识》,中国人民大学出版社 2013 年版。

242. 谢国桢:《明清之际党社运动考》,北京出版社 2014 年版。

243. 樊树志:《晚明大变局》,中华书局 2015 年版。

244. 王建革:《江南环境史研究》,科学出版社 2016 年版。

245. 曾大兴:《气候、物候与文学》,商务印书馆 2016 年版。

246. 何炳棣著、徐泓译注:《明清社会史论》,中华书局 2019 年版。

247. 周绚隆:《易代:侯岐曾和他的亲友们》,中华书局 2020 年版。

248. 谢正光:《清初之遗民与贰臣》,上海文艺出版社 2021 年版。

后　记

撰写吴伟业的传记，其实有着很好的学术基础。吴伟业去世后，其弟子顾湄撰《吴梅村先生行状》，记录了梅村一生主要行迹；三十五年后，吴伟业继妻朱安人（吴暻生母）去世，为了合葬，其长子吴暻又请陈廷敬撰写了《吴梅村先生墓表》。这两篇传记记录了吴伟业的生平主要经历，应该是公认的第一手材料。遗憾的是，《行状》相对简略，《墓表》中亦有错误，比如说吴伟业"丁嗣父艰，服除，会南中立君，登朝一月归"，将吴伟业嗣父吴瑗去世安排在崇祯末年（顾师轼《吴梅村先生年谱》也依据墓表误将吴瑗卒年定于崇祯十三年），而吴伟业的嗣父吴瑗至少活到了顺治七年前后。道光年间，顾师轼在靳荣藩、程穆衡等人对梅村诗歌编年笺注的基础上，根据自己广泛搜集的资料，结合吴伟业本人作品，排比梳理，编纂了吴伟业的《世系》和《年谱》（文中简称《顾谱》）。顾师轼是太仓当地人，对乡邦文献非常熟悉，又号称是明代大学士昆山顾鼎臣的后人，而顾鼎臣之父顾恂，乃吴伟业五世祖吴凯的女婿（不过顾鼎臣不是顾恂嫡妻吴氏所生），这样一来顾师轼与吴伟业既有同乡之谊，又有通家之好，所以他编撰时极为用心，年谱内容丰富，大多翔实可信。有些资料来源，今天已经很难见到，比较重要的像李继贞自记的《萍槎年谱》，《顾谱》就转录了其中许多重要史料，包括吴伟业被录取为会元的场景、细节，以及送吴伟业伯父吴瑗进京的诗作所包含的重要信息等等。当然，该谱仍有不够完善甚至错漏之处。冯其庸、叶君远《吴梅村年谱》（文中简称《叶谱》）说"吴伟业的年谱，旧有顾师轼的《梅村先生年谱》、日本人铃木虎雄的《吴梅村年谱》和马导源的《吴梅村年谱》三种。马谱完全是抄袭铃木谱，而《顾谱》与铃木谱又多过于简略，而且谬误甚多"。《叶谱》初版于1990年，2007年修订再版，是迄今为止最为全面、完善的关于吴伟业生平研究的权威之作。另外，叶君远1999年出版的《吴伟业评传》，是在其年谱基础上撰写而成的，完整反映了吴伟业的人生轨迹、基本行实。徐江的《吴梅村研究》，其上篇为"悲剧的时代悲剧的人生——吴梅村政治生涯与文学道路论略"，对吴伟业的一生进行了充分的介绍。王于飞的《吴梅村生平创作考论》，则大胆创新、颇多新说，一些考证亦可补前人之不足，比如论证吴伟业的《升任请养疏》作于崇祯十五年而不是如《叶谱》所说是弘光时期（第38页），在崇祯末年有一次未果的还朝之行（第42页）等。施祖毓的《吴梅村钩沉》，除了结合时代背景描述了吴伟业的主要生平事迹外，特别强调吴伟业的仇清、反清政治立场，某些地方有过犹不及之嫌，其附录一还专门列举了吴伟业的交游，亦有可取之处。王振羽的《梅村遗恨——诗人吴伟业传》，是一部文学性的传记，基本按照已知的吴伟业生平经历进行演绎，细节生动，语言流畅。除了这些传记、年谱类著作外，还有不少论文，考论其生平、交游、思想、心态、创作等，亦有助于更深入、更全面地了解吴伟业的人生道路。

尽管学术界对吴伟业的一生主要事迹已经基本了解，但是仍有进一步研究的空间，甚至在一些重大问题上，目前细节知之甚少。比如，吴伟业曾自称"复社党魁"，那么，这个党魁参加过复社哪些活动、为复社作了怎样的贡献？再比如，清兵下江南时，吴伟业究竟是什么态度，有没有与王时敏一道定策迎降？还有，南明弘光政权灭亡之后，吴伟业最尊敬的师友如黄道周（1585—1646）、杨廷麟（1596—1646）等人继续组织抗清斗争，广泛联络各方仁人志士拥戴朱明宗室，陈子龙（1608—1647）等人尽管觉得难以成事，但是一旦接到召唤也是义无反顾地投身其间，最终以身殉国。他们有没有联络、争取过吴伟业参与？如果没有，为什么？如果联络了，吴伟业为什么没参加？另外，顺治十年吴伟业应召入京，在荐举之前他究竟是否知情？诸如此类，都是大是大非的涉及怎么评价吴伟业的根本问题，均还有许多不明之处，值得进一步探究。

除了很多史实不清楚外，还有一些需要从更广阔的背景上来分析的问题，也需要进一步探究。实事求是地说，吴伟业作为晚明清流的代表，也算是博学多才，而且一心向善，可是为什么最终成为悲剧人物？时代、性格，内因、外因，分别起了怎样的作用？不仅是吴伟业，那个时代的一大批清流人物，其政治才华、政治品格究竟如何？在晚明那样一个天崩地解、风起云涌的时代，他们能否支撑危局、挽狂澜于既倒？顾诚在《南明史》中曾说"刘宗周和黄道周皆非栋梁之材，他们守正而不能达变；敢于犯颜直谏而阔于事理；律己虽严而于事无补"，更严厉的话是这样的，与马士英等人相比，"相形之下，东林骨干的迂腐褊狭令人惊异。他们当中的许多人出仕以来从来没有什么实际业绩，而是以讲学结社，放言高论，犯颜敢谏，'直声名震天下'，然后就自封为治世之良臣，似乎只要他们在位，即可立见太平。实际上根本不是这么回事"。黄道周是吴伟业敬若神明的人物，按照顾诚的意见，如若在太平盛世，这样的正人君子完全可以锦上添花，其行为处事当然令人尊敬；可惜偏逢乱世，这样的政治品格恰恰于事无补，处不失为大儒，出则为孤臣孽子、惟有一死报君王了。黄道周等人尚且如此，品德、意志、才华都远远不如的吴伟业，明清易代之际，抵抗必然失败，甚至可能株连家人、牵累百姓，又该如何自处，自然颇费思量了。

特别关键的是，吴伟业一生中，最难评价的是他的入仕两朝。迄今为止，大多数人都没有怀疑过吴伟业自己所说的，他是被逼入仕新朝的。因为主动和被动的区别，对一个人的评价影响极大。跟吴伟业齐名的钱谦益、龚鼎孳等人都是主动迎降，见风使舵，臣节有亏，史有定论，毫无疑问；而吴伟业，过去的一般说法是由于朝廷征召，本人极为不愿，被逼无奈，只得入京。但是，有没有可能是吴伟业主动谋求、疏通关系、找人荐举、入仕新朝的呢？顺治九年到顺治十年间吴伟业的行踪确实有很多异常的地方，耐人寻味，值得重新讨论。目前没有任何证据说明，最高统治者出于什么特殊需要，一定要逼迫吴伟业出仕。吴伟业自己也没说是最高统治者需要他这面旗帜，只是说那些曾经的同道们，要拉他下水，所以荐举他。可是既然是朋友，为了拉他下水而以利相诱是可能的，但至于威逼到一定要用吴伟业及其家人的生命为筹码？顺治十年以前，发生过朝廷威逼某人做官的事么？即使不是吴伟业主动找关系，而是别人如陈名夏、陈之遴、冯铨、龚鼎孳等等，出于各自目的主动推荐他，如果吴伟业不答应，拒绝北上，会有什么样的结果呢？清初顺治时期，有没有因为不肯应召故而被杀、被抄家的实例？毕竟"荐剡牵连，逼迫万状"只是吴伟业本人事后的描述，清初也没有发布过类似于"寰中士大夫不为君用，是自外其教者，诛其身而没其家，不为之过"这样的诏令。何况吴伟业进京之后，朝廷并没有理他，既没说让他回去，也没有立即给他授予官职。总而言之，吴伟业仕清前后这一系列过程，扑朔迷离，需要进行更为深入细致的研究、辨析。

基于这样的目的，在前人研究的基础上，我做了以下工作：首先，通读了吴伟业的现有作品，①并对作品中涉及的时间、地点、人物、事件、典故、今典等进行考辨。这项工作实际上很早就开始了。1988 年 9 月，我从扬州师范学院中文系毕业后，来到南京师范大学，跟随陈美林教授攻读硕士、博士学位，后留校工作，一直以古代小说戏曲研究为主。2003年开始将主要精力转向明清诗文研究，当时即选择以吴伟业为突破点，尝试做"吴伟业全集编年笺注"，并获得了古委会一万元的项目资助，到2006 年完成了初稿。其次，我尽力翻阅吴伟业同时代人的作品，先是读吴伟业作品中提到的人的集子，然后是找与吴伟业生平轨迹有交叉、有可能有交往的人的作品，寻找蛛丝马迹，目标是做成"吴伟业社会关系研究"，分为吴伟业的亲属（父母、兄弟、妻妾、子女等）、亲戚（父党、母党、妻党、儿女亲家等）、老师（塾师、经师、学政、教谕、座师、房师等）、同学（少年同学、乡会试同年等）、学生（跟他学诗学文的弟子，担任乡试主考录取的举人，南监、北监的监生等）、朋友（社友、诗友、乡党、方外等）、官场关系等。人是社会关系的总和，吴伟业的人生道路，牵扯到方方面面的关系，把他放在这张关系网中，才能看清楚他这个活生生的人。花了两年左右的时间，完成了 20 多万字的"社会关系研究"初稿。

2008 年，由南京师范大学党委组织部推荐，我调到南京信息工程大学语言文化学院担任院长。由于行政工作比较繁杂，我又一心想把

---

① 搜集资料过程中，新发现吴伟业的诗词文佚作 10 篇。

事情做好，即使在学术上也想适应理工科为主高校的新情况，因此转而靠拢南信大的优势学科大气科学，将有限的研究精力投入气象文化、气象科技史的研究中，于是留给吴伟业的时间就极为可怜了，只能一边搜集新材料，一边将原先的一些半成品陆续整理成单篇论文发表。直到2018年，我辞去行政职务，专心当教师，才将全部精力放到了吴伟业研究上。

非常幸运的是，2019年，我获批江苏文脉研究院的项目，承担了《江苏历代文化名人传·吴伟业》的撰写任务。在写作过程中，我围绕吴伟业的家世、生平、时代、地域、思想、性格等因素，重点关注吴伟业生平经历的关键之点，尽量还原当时错综复杂的政治、社会环境，努力弄清事情发生发展的各种细节，着力分析其人生选择的前因后果，争取写出性格鲜明、血肉丰满、富有启发的人物形象，以同情之心理客观评价其当时地位与历史价值。巧合的是，从2019年起，南京师范大学曾经两次调我回去（两次都已经通过学校公示环节了），种种原因，最终却未能成行。数年时间，悬在半空。阴差阳错，我拥有了完整时间进行这个项目，可以专心写作，也能更好地理解吴伟业在明清之际遇到的艰难困苦、世态炎凉，能亲身体验他的进退失据、万般无奈。更巧合的是，书稿接近完成之际，我顺利来到了吴伟业的家乡，到苏州城市学院工作，可以近距离地触摸四百年前吴伟业的生活环境，感受吴伟业《望江南》十八首词中所描摹的风土人情。那青山秀水、吴侬软语、精巧园林、精致生活，真的让人流连忘返。本书的修改稿，就是在这样的情境中完成的。

躬逢盛世，生活无忧，不仅能够安心读书，还能有机会参与江苏文脉工程，为新时代文化建设添砖加瓦，何其有幸！再次感谢为我创造这样机会和环境的诸位师友，他们是姜建研究员、丁晓昌教授、冯保善教授、陈国安教授；也十分感谢匿名评审的诸位专家，正是各位的批评与鼓励、褒扬与宽容，让我能够交出这样一份初步的答卷。

李忠明

2023年6月2日